10 RLSTVN
ROBERT LOUIS STEVENSON BRANCH
803 SPENCE ST
LOS ANGELES, CA 90023

W9-AHA-633

Nostradamus

Historiador y profeta

JUL 1 7 2003

Jean-Charles de Fontbrune

Nostradamus

Historiador y profeta

Edición a cargo de
Manuel Serrat Crespo

1477 54304

S
133.3
N914Fon
2001

Editorial
Barcanova

Decimocuarta edición: octubre del 2001

Título original: *Nostradamus, historien et prophète*.
© Éditions du Rocher
28, rue Comte-Félix Gastaldi, Mónaco, 1980
©1980, Jean-Charles de Fontbrune

© de esta edición: Editorial Barcanova, SA, 1981
Plaza Lesseps, 33, entlo. 08023 Barcelona
Teléfono 93 217 20 54. Fax 93 237 34 69
e-mail: barcanova@barcanova.es
Traducción de Manuel Serrat Crespo
Depósito legal: B-43.940-2001

ISBN: 84-85923-97-9
Printed in Spain
Impreso en Romanyà Valls, S.A.
Plaza Verdaguer, 1. 08786 Capellades

*Queda prohibida la reproducción total o parcial de la presente obra,
bajo cualquiera de sus formas, gráfica o audiovisual, sin la autorización
previa y escrita del editor, excepto citas en revistas, diarios o libros,
siempre que se mencione la procedencia de las mismas*

A mi padre, el doctor Max de Fontbrune

NOTA A LA EDICION ESPAÑOLA

Al abordar la edición y traducción de la obra de Jean Charles de Fontbrune, se me plantearon una serie de problemas que creo haber resuelto satisfactoriamente, pero cuya enumeración puede ayudar al lector interesado en la lectura de la obra.

Si traducir el verso es imposible, en este caso la tarea se hacía doblemente inabordable porque debía respetarse —también— el sentido que el autor había decelado tras las cuartetas de Nostradamus. No cabía pues otra solución que incluir el original de 1555 y una traducción castellana, en la que se retomaran las palabras con el significado indicado por la posterior «versión actualizada» de Fontbrune y por sus notas a pie de página.

Posteriormente, y ya en pleno trabajo, tuve que evitar nuevos escollos:

En primer lugar, el autor utiliza fragmentos de libros, artículos y escritos de muy distinta procedencia, con lo que —en numerosas ocasiones— la transcripción de nombres árabes u orientales no es idéntica; he respetado siempre, en estos casos, la forma que figura en el original, creyendo que no me competía efectuar unas correcciones que el propio autor no se había permitido.

Luego tuve que enfrentarme con el hecho de que, en su mayoría, los textos citados por Fontbrune afrancesan los nombres de personajes históricos europeos. Ante ello decidí —en lo posible— traducir los nombres que me parecieran generalmente conocidos en castellano, como los de reyes (Jacobo I, Luis XIV, etc...) y demás figuras históricas (María Antonieta, Pío V, etc...) que llenaron, en castellano, nuestras horas escolares. En los demás casos he mantenido la nomenclatura francesa. Por lo que se refiere a los nombres geográficos, cuando eran normalmente traducidos al castellano (Burdeos, Amberes, Nápoles...), he utilizado esta traducción; en caso contrario he procurado dar el nombre en el idioma del país de que se trate (Ticino por Tessin, Frankfurt am Main por Francfort-sur-le-Main, etc...).

La variedad de fuentes ya citada motiva, también, una utilización no

1

homogénea de las mayúsculas, escribiendo unas veces Rey *o* Papa, *y otras* rey *o* papa. *He respetado siempre el original puesto que el autor ha creído conveniente conservar las distintas transcripciones.*

Por fin, he conservado todas las notas de Fontbrune, aun aquellas que puedan parecer inútiles al lector español, como la que aclara que Pamplona es una ciudad de Navarra, o la que precisa que la palabra latina rana *quiere decir «rana» (nota justificada en el original porque el vocablo francés* grenouille *en nada se parece a la* rana *latina); y lo he hecho porque todas estas notas me parecen otras tantas pruebas del minucioso trabajo del autor. En ciertas ocasiones, sin embargo, he incluido en dichas notas un complemento cuando he creído que era necesario aclarar algún aspecto histórico que, verosímilmente, no sería conocido por el lector español medio; en estos casos lo hago siempre constar por medio de las siglas (N. del T.).*

No ha sido un trabajo fácil, también mi mesa de trabajo —como la del autor— ha permanecido largo tiempo llena de diccionarios, atlas, libros de historia y enciclopedias; pero ahora, al terminarlo, tengo la esperanza de haberme alejado —en lo posible— del conocido refrán italiano:

Tradutore, traditore.

M.S.C.

Octubre, 1981

NOTA A LA 10ª EDICION

Cuando solicitamos a Jean-Charles de Fontbrune unas palabras que encabezaran la décima edición de su obra recibimos —junto al texto «Nostradamus, historiador y profeta: un best-seller, ¿por qué?», que encontrarán en las primeras páginas de este volumen— el manuscrito de trece cuartetas referidas a España y su correspondiente interpretación que el autor nos enviaba (sin ni siquiera tiempo para mecanografiarlas) como primicia y avance de su nueva obra en la que piensa incluir el resto de las profecías nostradámicas.

Tras «interpretar» (¡Cielos, también nosotros!) la caligrafía de Fontbrune, incluimos en la nueva edición de la obra las cuartetas enviadas por el autor, reuniéndolas en un «addenda» al margen para que no interfieran la unidad del libro tal como fue inicialmente editado.

Sin duda, y como afirma el propio Fontbrune, continuará...

M.S.C.
Marzo, 1982

NOSTRADAMUS, HISTORIADOR Y PROFETA:
UN BEST-SELLER, ¿POR QUE?

> *«En Francia se deja tranquilos a los incendiarios y se persigue
> a los que dan la alarma».*
> *CHAMPFORT (1741-1794), Maximes et Pensées*

I. Una pasión

Cuando, en 1961, fui enviado a Argelia como «recluta», dejé brutalmente el mundo cómodo y confortable de la sociedad de consumo occidental y me vi sumido no sólo en una nueva situación —traumatizante en muchos aspectos—, sino también en un mundo desconocido. Tuve la sensación de haber cambiado de planeta.

Tras la Segunda Guerra Mundial, cuando entré en la adolescencia, oí con frecuencia a mi padre hablar del próximo levantamiento del Islam en el Norte de África. Esta «previsión» representaba uno de los ejes principales del esquema de acontecimientos que había extraído de las Centurias de Nostradamus.

Con el bagaje de esos recuerdos, que yo había registrado sin darme cuenta, descubrí, en 1961, año en el que la «Argelia argelina» del general De Gaulle se estaba constituyendo, el comienzo de aquel levantamiento musulmán contra el Occidente cristiano.

A mi regreso del servicio militar, en 1963, no pude contener una curiosidad que me empujaba a efectuar algunas verificaciones en la obra de mi padre.

Me sumí en la lectura de su libro *Les Prophéties de Maître Michel Nostradamus expliquées et commentées*. Pero mi decepción fue grande. En efecto, aquel libro del autor de mis días era para mí muy hermético y el texto de Nostradamus, traducido por mi padre, seguía siendo para mí, en general, inaccesible.

Me decidí pues a comenzar de cero, como si nada se hubiera llevado a cabo con anterioridad sobre este tema, tomando en cuenta, sin embargo, los errores y despistes de mis predecesores, así como sus aciertos. Y, como decía Newton para explicar sus descubrimientos: «Me encaramé en los hombros de los gigantes», es decir, de los grandes sabios que le habían precedido.

Advertí que nadie había estudiado realmente el texto de Nostradamus en sus menores detalles. Todo me parecía «codificado». En una primera etapa me forgé un instrumento de base, una clasificación de las palabras principales: nombres propios, geográficos, históricos, y nombres comunes que presentaran alguna originalidad. Tomé pues un repertorio alfabético e inscribí en él esos nombres, tomando cada vez nota de su lugar en el texto, es decir, de la cuarteta y la Centuria donde podían ser hallados.

Algunos años más tarde, al exponer durante una conferencia mi método de trabajo, uno de mis amigos, experto en informática, me propuso hacer lo mismo con todas las palabras del vocabulario de Nostradamus, efectuando, además, un recuento de las palabras y una restitución de cada una de las cuartetas en la que ésta era empleada. Esto supuso un importante útil de trabajo que, de todos modos, no podía reemplazar ni la memoria del hombre, ni su espíritu analógico.

Para dar sólo un ejemplo de la utilización de este fichero, elijo la palabra AUTOUR («alrededor»), utilizada diez veces por Nostradamus: nueve veces con el sentido de *«autour de»* («alrededor de»), preposición, y una vez con el sentido de rapaz, siendo el *«autour»* («azor») una especie de buitre. Sólo confrontando las diez cuartetas reunidas en la ficha de la palabra AUTOUR, y restituyendo la palabra en su contexto general, en el contexto general de la obra, puede descubrirse esta trampa filológica.

De este modo, avanzando paso a paso, llegué, a finales del año 1979, a tener simultáneamente una visión de conjunto del «mensaje» de Nostradamus y un minucioso estudio de su lengua, de su vocabulario y su método de codificación.

II. *Historia de una edición*

Un célebre cocinero parisino, Michel Oliver, con quien desgasté mis calzones de colegial en los bancos del colegio de los Jesuitas de Sarlat, seguía desde hacía varios años mis investigaciones.

Él fue quien, apasionándose por mis descubrimientos, me impulsó a publicar los primeros resultados de mis trabajos.

Con el manuscrito bajo el brazo, me dirigí a la capital para llamar a la puerta de algunos editores. ¡Sin éxito! Continuamente chocaba con el *leitmotiv*: «¡Otro libro sobre Nostradamus!». Cuando el mío salió, había cinco más a la venta.

Desanimado confié a mi amigo Michel mis decepciones parisinas.

Decidió entonces concertarme una cita con su editor, la casa *Plon*, del grupo de *Presses de la Cité*.

Y de nuevo fuí a París en abril de 1980. La persona con la que estaba citado no pudo recibirme, ocupada por otra cita urgente, de última hora, sin duda más importante que la que me había dado a mí...

Fuí pues recibido por el Director financiero de *Presses de la Cité*, el señor Jean-Paul Bertrand. Ese joven ejecutivo, acostumbrado a la precisión de las cuentas y al rigor que su puesto exigía, se vio seducido por el modo nuevo con que yo había abordado el texto de Nostradamus. No pudo obtener la publicación en *Plon* de mi manuscrito, pero logró editarlo en *Editions du Rocher*, una de las sociedades más pequeñas del grupo de *Presses de la Cité*.

Me sentí muy feliz, obtenido este acuerdo, al ver que los años de esfuerzo iban a verse concretados en la publicación de un libro. ¡Mi primer libro! Esta fue la primera gran alegría de un hombre que no es escritor de profesión y que, ejecutivo en la industria farmacéutica, ha estudiado, por pasión y ante todo para sí mismo, los sibilinos escritos de Michel de Notredame.

Para no correr riesgos..., la primera edición fue muy modesta: ¡seis mil ejemplares!...

El libro, que comenzó a imprimirse en julio de 1980, salió de la imprenta el 9 de octubre de 1980 y se puso a la venta en la primera semana de noviembre.

Por el método del «boca a oreja», los seis mil ejemplares se habían vendido el 22 de noviembre. Se hizo una nueva edición de cuatro mil ejemplares que tampoco enmohecieron en los estantes de las librerías. Así, hasta el 10 de mayo de 1981, fecha de las elecciones presidenciales en Francia, se vendieron quince mil ejemplares.

Bebimos champaña para festejar tal éxito, pues sabíamos que pocos libros alcanzan o sobrepasan, en Francia, los diez mil ejemplares.

¿Qué hizo la prensa francesa entre octubre de 1980 y mayo de 1981? Muy poco. Sólo los periódicos *Minute* y *Le Parisien libéré* consagraron cada uno de ellos un artículo a mi libro.

El texto que anunciaba la llegada del poder socialista (la rosa, para Nostradamus) molestaba mucho a los políticos de todos los colores.

Se hizo pues la «ley del silencio», la forma más velada y menos perceptible de CENSURA.

El 10 de mayo de 1981, como había previsto... François Mitterrand era elegido Presidente de la República, elección que iba a ser seguida, en la Asamblea nacional, por lo que los medios de comunicación llamaron «la marea socialista». ¡Efectivamente, la rosa había florecido en Francia!.

Pero otro acontecimiento impresionaría los espíritus: tres días después de la elección de F. Mitterrand, en la plaza de San Pedro, en Roma, se cometía un monstruoso atentado contra Juan Pablo II por un joven fanático turco.

Yo había descubierto, en una cuarteta de Nostradamus (II, 97), que la vida del Papa estaría en peligro cuando la rosa floreciera en Francia.

Ambos acontecimientos, muy importantes y contemporáneos, inflamaron la pólvora. El primer periodista importante que se precipitó sobre el libro fue, algunos días después del 13 de mayo, Bernard Pivot, que me invitó a una emisión de *Apostrophes,* grabada en el Théâtre de l'Empire de París, el 16 de junio de 1981. El programa sólo se difundió, por la segunda cadena de la televisión francesa, el 21 de agosto siguiente.

Entretanto, a comienzos del mes de junio, una segunda periodista saltó sobre mi «Nostradamus»; fue Marie-Thérèse de Brosses, del *Paris-Match,* que vino a Aix para grabar dos importantes entrevistas que fueron publicadas durante el mes de julio.

Esos dos grandes artículos tuvieron una enorme repercusión, puesto que varios países compraron los derechos de traducción y reproducción. Luego siguieron los demás medios: prensa escrita, hablada y televisada. Los comentarios u opiniones de los periodistas fueron entonces favorables o neutros. Y luego, brutalmente, el éxito fulgurante del libro (300.000 ejemplares vendidos a finales de agosto) provocó una oleada de críticas acerbas, de insultos, de afirmaciones gratuitas, de mentiras, de invenciones, como si en Francia el éxito, sea cual sea, fuera insoportable para una cierta «intelligentsia» que no puede, probablemente por celos, aceptar que un cuadro «intermedio», provinciano además, vea como su libro se convierta en un best-seller y sobrepase a las *vedettes* del momento.

III. Los acontecimientos desde el 9 de octubre de 1981

Además del éxito socialista en Francia y del atentato contra Juan Pablo II, otros acontecimientos han venido a corroborar algunas de mis interpretaciones de las cuartetas de Nostradamus.

En efecto, los movimientos pacifistas estaban previstos como señales precursoras, (I, 91).

La guerra crónica en Iran había sido anunciada para después de la caída del Sha (I, 70).

Nostradamus indicaba que los resistentes afganos serían cubiertos de tierra (X, 31). Y un artículo del periódico *L'Express* del 6 de septiembre de 1980 nos informaba de que resistentes afganos acababan de morir en un hospital «enterrado», construido por la organización *Médicos Mundi.*

Yo había traducido la palabra BALANCE («balanza» pero también «Libra») por URSS (V, 70) debido a una triple explicación: séptimo signo del zodíaco correspondía a los 7 países del Pacto de Varsovia; Libra estaba consagrado al dios del Mal, Typhon, al que se inmolaban hombres pelirrojos, representando a los Rojos. Ahora bien, en febrero de 1981, la prensa nos informaba de que los rusos acababan de bautizar con el nombre de Typhon no sólo un nuevo tipo de submarino, mayor que sus equivalentes de la OTAN, sino también un nuevo tipo de missil que volvía a cuestionar los acuerdos Salt 2.

Finalmente, el atentado contra el presidente Sadat se hallaba también en mi libro. En efecto, en una cuarteta que yo había titulado «Conferencia entre Árabes y Judíos», se contemplaba *la muerte de modo curioso* de uno de los dos hombres, el árabe o el judío, como si la muerte de cualquiera de ambos debiera tener idénticas consecuencias para el proceso de paz iniciado en Camp David, nombre curiosamente predestinado...

El 14 de diciembre de 1981, yo estaba en Madrid y acababa de mantener numerosos contactos con periodistas españoles para presentarles mi libro y responder a las numerosas preguntas que mi obra había levantado.

Al comprar *El País,* vi, en primera página, el anuncio del golpe de fuerza militar en Polonia. La cuarteta V, 73, que yo había titulado: «Persecuciones religiosas en Polonia», comenzaba a realizarse de pronto. Y, mientras, debo señalar también que en septiembre de 1981, el coronel Ghadafi había firmado, a bordo de un barco ruso, en el golfo de Sidra, una adhesión al Pacto de Varsovia. Pero la precisión de Nostradamus iba a revelarse, una vez más, mayor de lo que yo había imaginado. En efecto, dos sacerdotes acaban de ser condenados a tres años y medio de prisión y encarcelados. Por otra parte, el semanario francés *L'Express* indicaba en su número del 5 de febrero de 1982 una nueva y sorprendente precisión: «Polonia: intensos intercambios con Trípoli. Más de 200 cadetes libios acaban de llegar a Varsovia para iniciarse en el manejo de armas especiales». ¡Y Nostradamus anunciaba, ya en el siglo XVI, una alianza entre árabes y polacos!

Continuará...

Para concluir esta historia de mi libro, sólo me queda desear que los jefes de Estado, y en especial los de las grandes potencias, tengan la prudencia y la sabiduría de destruir todos los stocks de armas nucleares, monstruosamente acumulados sobre este pobre planeta, para nutrir, con las riquezas estúpidamente dilapidadas, los millones de hombres que mueren cada día de hambre.

Puesto que algunos hombres de Iglesia me han criticado severamente les recordaré, tanto a ellos como a los «poderosos» de este mundo, una frase de Nostradamus escrita en su *Carta a César* de 1555: «Pero he querido callarme y abandonar mi obra a causa de la injusticia, no sólo de los tiempos actuales sino también *de la mayor parte de los tiempos futuros;* no he querido ponerlo por escrito porque los gobiernos, las sectas y los países sufrirán cambios tan opuestos, incluso diametralmente opuestos a los del presente, que si yo intentara contar lo que será el porvenir, *los hombres de gobierno,* de secta y de *religión* y convicciones, lo hallarían tan poco acorde a sus fantasiosos oídos, que serían llevados a condenar lo que podrá verse y reconocerse *en los siglos por venir*».

IV. *Cuartetas descifradas recientemente*

Me complace dar a España, como primicia, trece cuartetas recientemente traducidas y que le conciernen.

Siete de ellas conciernen al pasado y seis al porvenir y al importante papel del pueblo español en el tercer conflicto mundial.

He colocado cierto número de notas que permitirán restituir esas cuartetas al conjunto de la obra.

El lector hallará la cuarteta 78 de la IX Centuria, que fue atribuido a la reina Sofía, equivocadamente, puesto que en realidad concierne a María de Médicis. Podemos preguntarnos si tan fantasiosa atribución no fue guiada por personales sentimientos anti-monárquicos o anti-borbónicos..., dado que esta cuarteta predice para el personaje de que se trata, un final poco brillante. Calificando a María de Médicis de «dama griega», Nostradamus ha puesto, una vez más, una «trampa» a muchos de sus exegetas; pues la dama griega de la que habla, Laïs, había nacido en Sicilia.

En Aix-en-Provence, a 15 de marzo de 1982

BREVE NOTICIA SOBRE NOSTRADAMUS

Michel de Notredame —que sería más tarde conocido por la latinización de su nombre: Nostradamus— nació en Saint-Remy (Provenza) el 14 de diciembre de 1503. Su familia era —al parecer— de origen judío, cristianizada en la persona de su antepasado Abraham Salomon por consejo del rey René de Anjou.

Lo cierto es que, cuando Nostradamus nace, su padre goza sin duda de una posición desahogada, ejerciendo como notario en Saint-Remy, y el clima familiar es el más adecuado para despertar la vocación del futuro médico y astrólogo; sus abuelos, médicos también, parecen haberse interesado ya mucho por los estudios matemáticos, y ellos fueron quienes iniciaron al nieto en los caminos que tan bien conocían.

Tras haber estudiado en Avignon y Montpellier, pese a no tener el título, ejerce como médico en Narbona, Toulouse y Burdeos (1525-1529); regresa luego a Montpellier, obtiene el título de doctor y se establece en Agen. Contrae allí un primer matrimonio del que tiene dos hijos que mueren, al igual que su esposa, poco tiempo después.

Inicia entonces una vida de viajes que se prolongará durante diez años hasta que, en 1544, contrae un nuevo matrimonio con una rica muchacha de Salon. Cuando, al año siguiente, estalla una terrible epidemia de peste, es reclamado en Aix y Lyon, donde obtiene señalados éxitos terapéuticos que le permiten publicar más tarde su *Le remède très utile contre le peste et toutes les fievres pestilentielles* (París, 1561), obra a la que Jean Charles de Fontbrune alude en el prefacio a su estudio sobre las cuartetas. Sin embargo, no es ésta la primera publicación de Nostradamus; ya en 1552 aparece en Lyon su *Traité des fardements* y, en 1555, el *Almanach,* título con que se editan las celebérrimas profecías.

Atacado por sus conciudadanos, envidiado por unos, respetado por otros, Nostradamus prosigue dificilmente su camino en un mundo que suele condenar a la hoguera a quienes se hacen sospechosos de heterodoxia; pero la protección de Catalina de Médicis primero y, luego, la muerte de Enrique II, en unas circunstancias que parecen descritas en

11

algunas de sus cuartetas, le granjean celebridad y honores. Recibe en su casa la visita de príncipes, Manuel de Saboya, la princesa Margarita e, incluso, la del rey Carlos IX que le nombra su médico particular.

No obstante cuando, en 1566, muere en Salon, sus contemporáneos siguen divididos entre la admiración hacia el sabio o el vidente y el desprecio hacia alguien a quien consideran un charlatán. Una división, una duda que, aún hoy, acompaña indefectiblemente la figura de Michel de Nostradamus.

CAPITULO PRIMERO

METODO

*«El hombre prudente prevalecerá por encima de las influen-
cias de los planetas, las cuales no conceden necesariamente
sus virtudes a los cuerpos terrestres sino que tan sólo les
prestan inclinaciones de las que pueden preservarse con
prudencia y discreción»*

Ptolomeo

De cuantos hombres ilustres cuenta el siglo XVI. Michel de Nostredame, llamado Nostradamus, es indiscutiblemente aquel que, *post
mortem*, mayor cantidad de tinta ha hecho correr, sobre todo en el siglo
XX, objeto esencial de su visión profética.

Tal manifestación de interés por este enigmático personaje supone que
haya dejado una «gran obra», fuera de lo común, dotada de excepcional
poder de fascinación.

Si se excluyen los textos apócrifos y nos atenemos a la edición de 1568,
la obra de Nostradamus está compuesta del siguiente modo:

1º *La carta a su hijo César*: Texto en prosa que es, en realidad, una
advertencia a su futuro traductor. Dicho texto tiene una importancia capital para la comprensión de la obra.

2º *Doce centurias* repartidas del modo siguiente:

—Las centurias I, II, III, IV, V, VI, IX y X comprenden cien cuartetas
cada una.

—La centuria VII compuesta por cuarenta y seis cuartetas.

—La centuria VIII compuesta de cien cuartetas y ocho cuartetas adi-
cionales.

—La centuria XI compuesta de dos cuartetas.

—La centuria XII compuesta de once cuartetas.

Es decir, un total de novecientas sesenta y cinco cuartetas.

3º *Una cuarteta en latín*, colocada al final de la centuria VI, entre ésta
y la centuria VII, que representa una advertencia complementaria.

4º *Presagios* en número de ciento cuarenta y uno.

5º Cincuenta y ocho sextillas.

6º La carta a Enrique, rey de Francia, segundo: texto en prosa colocado al final de la centuria VII y que consiste en una especie de cuadro sinóptico de la visión de Nostradamus.

Es indispensable hacer aquí una precisión de la mayor importancia que demostrará al lector cómo se puede, casi sin aparentarlo, modificando la forma, cambiar el fondo de un escrito.

La carta va precedida por un titular que, en todas las ediciones antiguas, hasta la de Chevillot de Troyes (1611), está redactado así:

«Al Invictísimo Muy-poderoso y Muy Cristiano Enrique Rey de Francia segundo, Michel Nostradamus su muy humilde y muy obediente servidor y súbdito, victoria y felicidad».

En muchas ediciones posteriores a 1611, aparece la siguiente modificación: «Al Invictísimo Muy-poderoso y Muy Cristiano, Enrique II Rey de Francia, Michel Nostradamus...»

La transformación de Enrique Rey de Francia segundo en Enrique II cambia el sentido y el destinatario de dicha carta. En efecto, si se trata de Enrique II, los calificativos de invencible y muy poderoso no pueden aplicarse a un rey que reinó muy poco y que, además, murió lamentablemente en un torneo, el 11 de julio de 1559. Si, por el contrario, se respeta la formulación de las ediciones antiguas, colocando la palabra segundo no a continuación del nombre Enrique sinó tras rey de Francia, es epíteto de la palabra rey y hay que buscar su significado en el sentido latino de dicho término. Secundus, en sentido figurado, significa favorable, propicio, feliz. La carta se dirigía pues, no a Enrique II, sino a un rey de Francia que debiera llegar a la historia de nuestro país, en un momento particularmente crítico. Algunos autores han visto, pues, el destinatario de la carta en Enrique IV. Pero tal hipótesis no puede sostenerse pues, en varias cuartetas, Nostradamus precisa que se trata de un rey que ostentará el nombre de Enrique pero, además, el número V. La carta está por lo tanto dirigida a un personaje de valor excepcional que no ha llevado todavía a cabo la obra que la historia le reserva.

Cerrado ya este paréntesis, si se suma el número de versos escritos por Nostradamus se obtiene un total de 4.772 versos, compuestos en francés antiguo, en una lengua estrechamente vinculada todavía a sus orígenes griegos y latinos, lo que explica las dificultades halladas por los exegetas que no poseían la formación literaria indispensable para, en una primera etapa, *traducir* la obra al francés del siglo XX y, luego, reconstituir el gigantesco *puzzle* cuyas piezas son las cuartetas. Por este hecho, innumerables faltas de filología esmaltan muchos libros; lo que ha llevado a acreditar la tesis de que la obra de Nostradamus era sólo un texto oscuro e incomprensible, siendo muy frecuente la crítica de que a las cuartetas se les puede hacer decir cualquier cosa. Lo que supondría que la lengua utilizada por el profeta no tiene sentido alguno, aserto que a mí me parece inaceptable.

Cierto número de intentos de comprensión de las centurias se produce con anterioridad al siglo XX, pero es muy reducido si se compara con la importante cantidad que aparecerá, especialmente, a partir de 1938, fecha en la que mi padre, el doctor Max de Fontbrune publicó, por primera vez, un estudio casi exhaustivo de la obra.

Antes de que lo hiciera mi padre, la primera tentativa fue llevada a cabo por un amigo de Nostradamus, en 1594, Jean Aimé de Chavigny (1). Luego fue Guynaud (2) en 1693, más tarde Bareste (3) en 1840, inspirándose en los dos primeros, a continuación Le Pelletier (4), en 1867, se inspiró a su vez en los tres exegetas precedentes, posteriormente el abate Torné-Chavigny (5) en 1870 utilizó también lo descifrado por sus predecesores. Por fin, P.V. Piobb, en 1929 (6), sin tener para nada en cuenta las advertencias de Nostradamus, creyó hallar en el ocultismo la solución del problema.

Todos los autores aquí citados tradujeron sólo unas pocas cuartetas. Y si tomamos el más importante, es decir Le Pelletier, constatamos que sólo tradujo 194 cuartetas sobre 965, 4 presagios sobre 141 y 5 sextillas sobre 58. Estamos muy lejos de un estudio completo. Y este hecho podría sorprender a una razón más histórica que técnica: habiendo sido escrito para el siglo XX el «mensaje» de Nostradamus, los textos que se refieren a siglos anteriores sólo están ahí para testimoniar sobre el valor y la autenticidad de la profecía.

En 1934, mi padre, a quien le había sido entregada en Sarlat, en condiciones misteriosas y por un desconocido, una edición de 1605, copia íntegra de la edición de 1568 realizada en Lyon por Benoît Rigaud, tomó el texto de Nostradamus y comenzó a traducir lentamente, una tras otra, las cuartetas, para publicar en 1938 el primer gran estudio en el que anunciaba, además de la invasión de Francia por las tropas alemanas a través de Bélgica, la derrota de Alemania y el miserable final de Hitler. Esas sombrías previsiones le valieron ser perseguido por la Gestapo y ver su libro secuestrado y retirado de todas las librerías francesas; y para completar la obra destructora del mensaje profético, el plomo de la composi-

---

(1) *La Première Face du Janus français extraite et colligée des centuries de Michel Nostradamus, les héritiers de Pierre Roussin,* Lyon, 1594.

(2) *Concordance des prophéties depuis Henri II jusqu'à Louis Le Grand,* Jacques Morel, París, 1693.

(3) Edición de las centurias, Maillet, París, 1840.

(4) *Les Oracles de Nostradamus, astrologue, médicin et conseiller ordinaire des rois Henry II, François II et Charles IX,* Le Pelletier, impresor-tipógrafo, París, 1867, 2 volúmenes.

(5) Varias obras editadas a cargo del autor entre 1860 y 1878.

(6) *Le Secret de Nostradamus,* Aydar, París, 1929.

ción fue fundido en la imprenta de Cahors. Véase el artículo del *Journal Sud-Ouest* de 24 de septiembre de 1944, así como la orden de censura con fecha 13 de noviembre de 1940:

1º *Journal Sud-Ouest*: «Laval prohibió las profecías de Nostradamus porque hablaban de un viejo del que «todos se burlaban» y de «un general regresando triunfador».

«Hace algunos meses, por medio de una intervención personal, Pierre Laval hacía retirar del comercio y prohibía la edición de las *Profecías de Nostradamus*, por el doctor de Fontbrune. ¡Hasta dónde llega la prudencia!

«El doctor de Fontbrune vive tranquilamente en Sarlat. Este hombre de ciencia, que nos ha proporcionado la mejor traducción de los comentarios del gran iniciado, tiene ahora la reputación de adivino. En cualquier caso, y durante la guerra, manifestó, como médico, una resistencia activa que salvó, con increíble generosidad, a muchos de nuestros jóvenes camaradas.

«En su libro sobre Nostradamus, el doctor Fontbrune preveía: un asalto por Africa, la entrada en Italia de los futuros vencedores, la travesía de Italia, grandes batallas aéreas y, luego, terrestres sobre suelo francés (especialmente en Poitiers y en Belfort). Por fin las desventuras de Francia «bajo un viejo que será luego despreciado» y, dice el antiguo texto, «del que todos se burlarán»; la gloriosa salvación traída por un general que se había «alejado momentáneamente y regresaba triunfador»

«Esta última observación fue la que hizo prohibir el libro, cuyo postrer capítulo anuncia la caída de Alemania y su división. Reconocerán ustedes que no está nada mal. El doctor Fontbrune y su amigo Nostradamus han sido vengados... ¡Y nosotros también!»

2º Orden de censura:

CONTROL DE LA INFORMACION
PRENSA CINE
CENSURA-RADIODIFUSION
SECCION PRINCIPAL
DE CAHORS

Cahors, a 13-11-1940

El señor Nismes, Censor Principal de Cahors, a los señores gerentes de la Imprenta Coueslant, en Cahors.

Les confirmo por la presente que, por decisión de la Vicepresidencia del Consejo, a la obra salida de sus prensas y titulada: Les Prophéties de Maistre Michel Nostradamus, *por el doctor de Fontbrune, Michelet,*

18

*editor en Sarlat, le ha sido retirada la autorización. Está prohibido, en con-
secuencia, dejar que sea puesta a la venta y, si son ustedes quienes
surten las librerías de la región en ejemplares de esta obra, tomen las
medidas oportunas para que la totalidad de los ejemplares les sean de-
vueltos pues, sin duda, serán posteriormente secuestrados tanto en la
imprenta como en la editorial de Sarlat. El número de la edición (6ª, 7ª
u 8ª) no tiene importancia alguna puesto que, en todas las ediciones, los
comentarios del doctor de Fontbrune pueden provocar reacciones bastante vivas en las autoridades ocupantes.*

Ch. Nismes
(P.P.C.)

*
* *

Nacido el 29 de octubre de 1935, en un contexto nostradámico, puedo
afirmar que fui iniciado, formado y educado en la profecía de Nostradamus, habiendo vivido junto a mi progenitor hasta su muerte en Montpellier, el 6 de junio de 1959. Tras un eclipse de veintiocho meses debido al
servicio militar, continué en 1963 la obra de mi padre que contenía aún
bastantes errores o imprecisiones. Y a partir de la extraordinaria visión
sintética que él había tenido de la obra completa, continué, con el mayor
cuidado, el análisis del texto; ello me ha permitido situar en el pasado
algunos textos que mi padre atribuía al porvenir, así como dar por primera vez la traducción y la explicación de textos que jamás habían sido
traducidos, ni comprendidos, por exegeta alguno.

A partir de 1938 aparecieron numerosos libros sobre Nostradamus,
muchos de ellos inspirándose en el del doctor Fontbrune con, a veces,
pretenciosos plagios. Citemos, entre otros ensayos, el libro de un «repu-
tado» astrólogo, el señor Maurice Privat, que publicó, en 1938, una obra
sobre Nostradamus cuyo simple título era ya todo un programa: «1940,
año de grandeza francesa» (1)... Este libro aparecía precisamente cuando
el de mi padre anunciaba la catástrofe que iba a ser para Europa la Segunda Guerra Mundial.

Algunos autores rindieron a mi padre el homenaje que se le debía:

«Antes de la Segunda Guerra mundial, el doctor de Fontbrune publicó
un profundo estudio de las profecías (2)».

«El método del doctor de Fontbrune parece el más comúnmente uti-

(1) Ediciones Médicis, París, 1938.
(2) Michel Touchard, *Nostradamus*, Grasset, 1972:

lizado desde que Bareste, en 1840, comenzó a intentar descifrarlas (1)».

«A la memoria del doctor de Fontbrune, en cuya obra aprendí a conocer a Nostradamus (2)».

«Una de las obras más serias es, sin duda alguna, la del doctor de Fontbrune (3)».

Citemos también algunos extractos de la correspondencia entre Henry Miller y el doctor de Fontbrune, a quien conoció en Dordogne, en 1953:

«Subrayo una vez más su don de esclarecer cualquier cosa con pocas palabras. Un don raro, créame. Se nota en usted una imperturbable integridad —lo que hace lúcido cuanto usted dice».

—«Ya ve usted que, sin desearlo, se ha convertido para mí en una especie de «confesor». Lo que jamás diré a un hombre de iglesia puedo decírselo espontáneamente a usted. Me gustan los hombres que han conquistado su visión del mundo y de la vida eterna».

«Cuanto más pienso en su trabajo, su creación de intérprete, más le admiro y estimo. El modo como ha entrado usted en la profecía sigue asombrándome, pese al hecho de que fuera el único e inevitable modo de hacerlo. Descubrirlo era tarea de un genio».

> *Labor omnia vincit improbus* (4)
> Virgilio, Las Geórgicas

Por este motivo entrego hoy, aquí, los primeros resultados de cuarenta y cuatro años de trabajo, uniendo los del padre y el hijo.

El lector hallará en este volumen todos los textos a los que la historia ha dado ya la razón, presentados como una demostración difícilmente refutable del carácter de auténtico profeta que debe atribuirse a Nostradamus, pese a que, con mucha modestia, éste se niegue a adornarse con tal título.

Para comprender el carácter hermético de la obra es necesario leer la carta a César, que incluimos aquí en su traducción íntegra. Las advertencias hechas por Nostradamus a su futuro traductor son de la mayor importancia para poder penetrar el mensaje profético. Así son puestos en la picota la magia y el ocultismo.

(1) Eric Muraise, *Saint-Remy de Provence et les Secrets de Nostradamus*, Julliard, 1969:
(2) Jean Monterey, *Nostradamus, prophète du XXem. siècle*, la Nef de París, 1961:
(3) Camille Rouvier, *Nostradamus*, la Savoisienne, Marseille, 1964.
(4) Un trabajo ímprobo todo lo vence.

Ton tard advènement Cesar Nostredame, mon filz, m'a faict mettre
mon long temps par continuelles vigilations nocturnes referer par escript,
toy délaisser mémoire, après la corporelle extinction de ton progéniteur,
au commum profit des humains de ce que la divine essence par Astronomiques révolutions m'ont donné cognoissance. Et depuis qu'il a pleu au
Dieu immortel que tu ne sois venu en naturelle lumière dans ceste terrie-
ne plaige, et ne veulx dire les ans qui ne sont encores accompaignés, mais
tes moys Martiaux incapables à recevoir dans ton débile entendement
ce que je seray contrainct après mes jours desiner (1): vu qu'il n'est
possible te laisser par escript ce que seroit par l'injure du temps obli-
téré; car la parolle héréditaire de l'occulte prédiction sera dans mon
estomac incluse; consydérant aussi les adventures de l'humain désine-
ment estre incertaines, et que tout est régi et guberné par la puissance
de Dieu inextimable, nous inspirant non par bacchante fureur ne par lym-
phatique mouvement mais par astronomiques assertions, *Soli numine
divino afflati proesagiunt et spiritu prophetico particularia.* Combien que
de long temps par plusieurs foys j'aye predict long temps auparavant
ce que depuis est advenu et en particulières régions, attribuant le tout
estre faict par la vertu et inspiration divine et autres félices et sinistres
adventures de accélérée promptitude prononcées que depuis sont adve-
nues par les climats du monde — ayant voulu taire et délaisser pour
cause de l'injure du temps présent, mais aussi de la plus grande part
du futur, de mettre par escript pour ce que les regnes, sectes et religions
feront changes si opposites, voyre au respect du present diamétralement,
que si je venais à referer ce qu'à l'advenir sera, ceux de règne, secte,
religion et foy trouveroient si mal accordant à leur fantaisie auriculaire
qu'ils viendroient à damner ce que par les siècles advenir on cognoistra
estre veu et apperceu. Consydérant aussi la sentance du vray Sauveur,
*Nolite sanctum dare canibus, nec mittatis margaritas ante porcos ne con-
culcent pedibus et conversi dirumpant vos,* qui a esté cause de faire

21

retirer ma langue au populaire et la plume au papier: puis me suis voulu estendre déclarant pour le commun advènement par obstruses et perplexes sentences les causes futures, mesme les plus urgentes et celles que j'ay apperceu, quelque humaine mutation que advienne ne scandalisez l'auriculaire fragilité, et le tout escript sous figure nubileuse, plus que du tout prophétique: — combien que, *Abscondisti haec a sapientibus et prudentibus, id est potentibus et regibus et eunucleasti ea exiguis et tenuibus*, et aux Prophètes — par le moyen de Dieu immortel et des bons anges ont receu l'esprit de vaticination par lequel ils voyent les causes loingtaines et viennent à prévoyr les futurs advènements car rien ne se peult parachever sans luy — auxquels si grande est la puissance et la bonté aux subjects que pendant qu'ils demeurent en eulx, toutesfois aux aultres effects subjects pour la similitude et la cause du bon Genius, celle chaleur et puissance vaticinatrice s'approche de nous: comme il nous advient des rayons du soleil, qui se viennent jettans leurs influences aux corps elementeres et non elementeres. — Quant à nous qui sommes humains ne pouvons rien de nostre naturelle cognoissance et inclination d'engin, cognoistre des secretz obtruses de Dieu le créateur, *Quia non est nostrum noscere tempora nec momenta*, etc. Combien que de présent peuvent advenir et estre personnaiges que Dieu le créateur aye voulu reveler par imaginatives impressions, quelques secretz de l'advenir accordés à l'astrologie judicielle comme du passé, que certaine puissance et volontaire faculté venoit par eulx» comme flambe de feu apparoir, que luy inspirant on venoit à juger les divines et humaines inspirations. — Car les oeuvres divines, que totalement son absolues, Dieu les vient parachever: la moyenne qui est au milieu, les anges; la troisième, les mauvais. — Mais, mon filz, je te parle icy un peu trop obstrusement; mais quant aux occultes vaticinations que l'on vient à recevoyr par le subtil esprit du feu qui quelque foys par l'entendement agité contemplant le plus hault des astres, comme estant vigilant, mesme que aux prononciations estant surprins escripts prononceant sans crainte moins attainct d'inverecunde loquacité: mais à quoy? tout procedoit de la puissance divine du grand Dieu éternel, de qui toute bonté procède. — Encores, mon filz, que j'aye inséré le nom de prophète, je ne me veulx attribuer tiltre de si haulte sublimité pour le temps présent: car qui *Propheta dicitur hodie, olim vocabatur videns;* car prophète proprement, mon filz, est celuy qui voit choses loingtaines de la cognoissance naturelle de toute créature. — Et cas advenant que le prophète moyennant la parfaicte lumière de la prophétie lui apaire manifestement des choses divines, comme humaines: que ne ce peult fayre, veu les effects de la future prédiction s'estendant au loing. — Car les secretz de Dieu sont incompréhensibles et la vertu effectrice, contingent de longue estendue de la cognoissance naturelle, prenant son plus prochain origine du libéral arbitre, fait apparoir les causes qui d'elles mesmes ne peuvent acquérir celle notice (1) pour estre cognües ne par les humains augures, ne par aultre cognoissance ou vertu occulte comprinse soubz la concavité du ciel, mesme du faict présent de la totale éternité que vient en soy embrasser tout le temps. — Mais moyennant quelque indivisible éternité par comitiale agitation Hiraclienne (2), les causes par le celeste mouvement sont congnuës. — Je ne dis pas, mon fils afin que bien l'entendes, que la cognoissance de ceste matière ne se peult encores imprimer dans ton debile cerveau, que les causes futures bien loingtaines ne soient à la cognoissance de la créature raisonnable: si sont nonobstant bonement la créature de l'âme intellectuelle, des causes presentes loingtaines ne luy sont du tout ne trop occultes ne trop referées: — Mais la parfaicte des causes notice ne se peult aquérir sans celle divine inspiration: veu que toute inspiration prophetique reçoit prenant son principal principe mouvant de Dieu le créateur, puis de l'heur et de nature. — Par quoy estant les causes indifférantes, indifferentement produictes et non produictes, le présage partie advient ou a esté prédict. — Car l'entendement créé intellectuellement ne peult voyr occultement, sinon par la voix faicte au lymbe (3) moyennant la exiguë flamme en quelle partie les causes futures se viendront à incliner. — Et aussi, mon filz, je te supplie que jamais tu ne veuilles emploier ton entendement à telles resveries et vanités qui seichent le corps et mettent à perdition l'âme, donnant trouble au foyble sens: mesme la vanité de la plus qu'exécrable magie reprouvée jadis par les sacrées escriptures et par les divins canons: — au chef duquel est excepté le jugement de l'astrologie judicielle: par laquelle et moyennant inspiration et révélation divine, par continuelles veilles et supputations, avons nos prophéties redigées par escript. — Et combien que cette oculte Philosophie ne fusse reprouvée, n'ay onques voulu présenter leurs effrenées persuasions: — Combien que plusieurs volumes qui ont esté cachés par longs siècles me sont esté manifestés. Mais doutant ce qui adviendroit en ay faict, après lecture, présent à Vulcan, que pendant qu'il les venoit à dévorer, la flamme leschant l'air rendoit une clarté insolite, plus claire que naturelle flamme, comme lumière de feu de clystre fulgurant, illuminant subit la maison, comme si elle fust esté en subite conflagration. — Parquoy affin que à l'advenir ni feusses abusé perscrutant la parfaicte transformation tant selme que solaire, et soubz terre metaux incorruptibles, et aux undes occultes, les ay en cendres convertis. — Mais quant au jugement qui se vient parachever moyennant le jugement celeste cela te veux-je manifester: parquoy avoir cognoissance des causes futures, rejectant loing les fantastiques imaginations qui adviendront, limitant la particularité des lieux par divine

(1) Latín: *notitia:* conocimiento. D.L.L.B.
(2) Nostradamus compara su obra, que comprende doce centurias, a los doce trabajos de Hércules, para señalar su importancia.
(3) Latín: *limbus:* círculo zodiacal. D.L.L.B.

inspiration supernaturelle, accordant aux celeste figures, les lieux et une partie du temps de propriété occulte par vertu, puissance et faculté divine: en présence de laquelle les trois temps sont comprins par éternité, révolution tenant à la cause passée, présente et future: *quia omnia sunt nuda et aperta,* etc. Parquoy, mon filz, tu peulx facilement nonobstant ton tendre cerveau, comprendre que les choses qui doivent advenir se peuvent prophetizer par les nocturnes et celestes lumières que sont naturelles et par l'esprit de prophétie: non que je me veuille attribuer nomination ni effect prophétique, mais par révélée inspiration, comme homme mortel, esloigné non moins de sens au ciel que des pieds en terre, *Possum non errare, falli, decipi:* suis pecheur plus grand que nul de ce monde, subject à toutes humaines afflictions. — Mais estant surprins par foy la sepmaine lymphatiquant, et par longue calculation rendant les estudes nocturnes de souesve odeur, j'ay composé Livres de prophéties, contenant chacun cent quatrains astronomiques de prophéties, lesquelles j'ay un peu voulu raboter obscurément: et sont perpétuelles vaticinations, pour d'yci à l'année 3797. Que possible fera retirer le front à quelques-uns en voyant si longue extension; et par souz toute la concavité de la lune aura lieu et intelligence: et ce entendant universellement les causes, mon fils — que si tu vis l'aage naturel et humain, tu verras devers ton climat, au propre ciel de ta nativité, les futures adventures prévoir. — Combien que le seul Dieu éternel, soit celuy qui cognoit l'éternité de sa lumière, procédant de luy mesme: et je dis franchement qu'à ceulx à qui sa magnitude immense, qui est sans mesure et incompréhensible, a voulu révéler par longue inspiration melancholique, que moyennant icelle cause occulte manifestée divinement, principalement de deux causes principales qui sont comprinses à l'entendement de celui inspiré qui prophétise: l'une est que vien à infuser, esclarcissant la lumière supernaturelle au personnaige qui predit par la doctrine des astres et prophétise par inspirée révélation: — laquelle est une certaine participation de la divine éternité: moyennant le prophète vient à juger de cela que son divin esprit luy a donné par le moyen de Dieu le créateur et par une naturelle instigation: c'est assavoir que ce que predict est vray, et a prins son origine etheréement; et telle lumière et flambe exiguë est de toute efficace et de telle altitude: non moins que la naturelle clarté et naturelle lumière rend les philosophes si asseurés que moyennant les principes de la première cause ont attainct à plus profonds abysmes de plus haute doctrine. — Mais à celle fin, mon fils, que je ne vague trop profondément pour la capacité de ton sens, et aussi que je trouve que les lettres feront si grande et incomparable jacture, que je treuve le monde avant l'universelle conflagration advenir tant de déluges et si hautes inundations, qu'il ne sera gueres terroir qui ne soit couvert d'eau: — Et sera par si long temps que hors mis enographies et topographies, que le tout soit péri; — aussi avant telles et après inundations, en plusieurs contrées les pluies seront si exiguës et tombera du ciel si grande abondance de feu et de pierres candantes, que n'y demourra rien qui ne soit consummé: et ce ci advenir, et en brief et avant la dernière conflagration. — Car encores que la planète Mars parachève son siècle et à la fin de son dernier periode, si le reprendra-t-il; mais assemblés les uns en Aquarius par plusieurs années, les autres en Cancer par plus longues et continues. — Et maintenant que sommes conduicts par la lune, moyennant la totale puissance du Dieu eternel, que autant qu'elle aye parachevé son total circuit, le Soleil viendra et puis Saturne. — Car selon les signes celestes le regne de Saturne sera de retour, que le tout calculé, le monde s'approche d'une anaragonique (1) révolution: — et que de présent que ceci j'escriptz avant cent septante sept ans troys moys unze jours, par pestilence, longue famine et guerres, et plus par les inundations le monde entre cy et ce terme préfix, avant et après par plusieurs foys sera si diminué, et si peu de monde sera que l'on ne trouvera qui veuille prendre les champs qui deviendront libres aussi longuement qu'ils on été en servitude; — et ce, quant au visible jugement celeste, que encores que nous soyons au septiesme nombre de mille qui parachève le tout, nous approchant du huictiesme, où est le firmament de la huictiesme sphère, que est en dimension latitudinaire, où le grand Dieu eternel viendra parachever la révolution: où les images celestes retourneront à se mouvoir, et le mouvement supérieur qui nous rend la terre stable et ferme, *non inclinabitur in saeculum saeculi:* — hors mis que, quand son vouloir sera accompli, ce sera, mais non poinct aultrement: — Combien que par ambiguës opinions excédans toutes raisons naturelles par songes Mahométiques, — aussi aucunes foys Dieu le créateur par les ministres de ses messagiers de feu en flamme missive vient à proposer aux sens extérieurs mesmement à nos yeulx, les causes de future prédiction significatrices du cas futur, qui se doit à celui qui presaige manifester. — Car le presaige qui se faict de la lumière extérieure vient infailliblement à juger partie avecques et moyennant le lume extérieur: — combien vrayment que la partie qui semble avoir par l'oeil de l'entendement, ce que n'est par la lésion du sens imaginatif: la raison est par trop évidente, le tout estre predict par afflation de divinité et par le moyen de l'esprit angélique inspiré à l'homme prophétisant, rendant oinctes de vaticinations, le venant à illuminer, lui esmouvant le devant de la phantasie par diverses nocturnes apparitions, qui par diurne certitude prophétise par administration astronomique, conjoincte de la sanctissime future prédiction, ne consistant d'ailleurs que au courage libre. Vient à ceste heure entendre, mon filz, que je trouve par mes révolutions que sont accordantes à révéllée inspiration, que le mortel glaive s'approche de nous par peste, guerre plus horrible qu'a vie de trois hommes n'a esté,

---

(1) **Palabra** construida a partir del futuro del verbo ἀναρρήγνυμι: hacer estallar. D.G.F.

et famine, lequel tombera en terre et y retournera souvent, — car les astres s'accordent à la révolution: et aussi a dict: *Visitabo in virga ferrea iniquitates eorum, et in verberibus percutiam eos.* Car la misericorde du Seigneur ne sera point dispergée un temps, mon filz, que la plupart de mes prophéties seront accomplies et viendront estre par accompliement revoluës. — Alors, par plusieurs foys durant les sinistres tempestes, *Conteram ergo,* dira le Seigneur, *et confringam et non miserebor;* et mille aultres adventures qui adviendront par eaux et continuelles pluyes, comme plus à plain j'ay rédigé par escript aux miennes aultres prophéties qui sont composées tout au long, *in soluta oratione,* limitant les lieux temps et le terme préfix que les humains après venus verront cognoissant les aventures avenues infailliblement, comme avons noté par les autres, parlans plus clairement: non obstant que sous nuée seront comprinses les intelligences: *Sed quando submovenda erit ignorantia,* le cas sera plus esclairci. — Faisant fin, mon filz, prens donc ce don de ton père M. Nostradamus, esperant toy déclarer une chascune prophétie des quatrains icy mis. Priant le Dieu immortel qu'il te veuille prester vie longue en bonne et prospère félicité.

De Salon ce 1. de mars 1555.

PREFACIO DE MICHEL NOSTRADAMUS
A SUS PROFECIAS

A César Nostradamus
vida y felicidad

TRADUCCION

Tu tardía llegada, Cesar Nostredame, hijo mío, me ha hecho pasar largo tiempo en continuas velas nocturnas para entregarte por escrito y dejarte esta memoria, tras la muerte de tu progenitor (1), para el común provecho de los hombres, a partir de lo que la divina esencia me ha dado a conocer con la ayuda del movimiento de los astros. Y desde que Dios inmortal ha querido que no nacieras en esta región (2) (Provenza), y no quiero hablar aquí de los años que no han transcurrido todavía (3), sino de tus meses de guerra durante los cuales no serás capaz, en tu débil entendimiento, de comprender lo que, tras de mi muerte, me veré obligado a abandonarte: dado que no me es posible dejarte por escrito lo que sería destruido (5) por la injusticia (6) de la época (1555). Pues la palabra de la predicción oculta que tu heredarás, estará encerrada (7) en mi razón (8). Considerando también que las aventuras aquí definidas no están determinadas; y que todo es regido y gobernado por el poder inconmensurable de Dios, que nos inspira, no con la embriaguez, ni con los movimientos del delirio (9), sinó por afirmaciones astronómicas: han hecho predicciones animadas por la única voluntad divina y, particularmente, por el

(1) Latín: *progenitor:* antepasado, ancestro. D.L.L.B.
(2) Latín: *plaga:* extensión de tierra, zona, región, D.L.L.B.
(3) Sinónimo: acompañar, escoltar, seguir. D.L.L.).V.
(4) Latín: *desino:* abandono, dejo. D.L.L.B.
(5) Latín: *oblittero:* borro, destruyo. D.L.L.B.
(6) Latín: *injuria:* injusticia. D.L.L.B.
(7) Latín: *interclusus:* cerrado, encerrado. D.L.L.B.
(8) Estómago: «Dicho ventrículo tiene dos orificios, a saber, uno superior llamado estómago y vulgarmente corazón; y el otro inferior llamado píloro.» A. Paré. D.L.
(9) Latín: *lymphatiqus:* delirante, loco. D.L.L.B. Quizás una alusión a las mesas giradoras y a la telequinesia (movimiento a distancia).

27

espíritu de profecía. Cuántes veces, desde hace mucho tiempo, en varias ocasiones, he predicho con mucha antelación lo que después ha sucedido, y ello en regiones particulares, atribuyéndolo todo a la acción de la virtud y la inspiración divina, así como otras aventuras felices o desgraciadas anunciadas por adelantado, en su acelerada instantaneidad, que han sucedido en diversas latitudes del mundo. Pero he querido callarme y abandonar mi obra a causa de la injusticia, no sólo de los tiempos actuales (la Inquisición) sino también de la mayor parte de los tiempos futuros; no he querido ponerlo por escrito porque los gobiernos, las sectas y los países sufrirán cambios tan opuestos, incluso diametralmente opuestos a los del presente, que si yo intentara contar lo que será el porvenir (sobreentendido, claramente), los hombres de gobierno, de secta y de religión y convicciones, lo hallarían tan poco acorde a sus fantasiosos oídos, que serían llevados a condenar lo que podrá verse y reconocerse en los siglos por venir (el siglo XX). Considerando también la sentencia del verdadero salvador: *No deis a los perros lo que es sagrado y no arrojéis las perlas a los cerdos, por temor a que las pisoteen y se vuelvan luego contra vosotros.* Razón por la cual he escondido mi lenguaje a la gente popular y he retirado mi pluma del papel, luego he querido extender mi declaración con respecto a la llegada de lo común (el comunismo), por medio de frases ocultas (1) y enigmáticas (2) con respecto a las causas por venir, incluso las más próximas, y aquellas que he percibido, aunque se produzca algún cambio humano, no escandalizarán a los oídos frágiles, pues todo ha sido escrito en forma nebulosa, más que cualquier profecía; hasta el punto de que *eso ha sido ocultado a los sabios, a los prudentes y a los reyes, y revelado a los pequeños y a los humildes* y, por la mediación de Dios inmortal, a los profetas que han recibido el espíritu de vaticinio, por el que ven las cosas lejanas y consiguen prever los acontecimientos futuros: pues nada puede realizarse sin él; tan grande es el poder y la bondad para los sujetos a quienes han sido entregados que, mientras meditan en ellos mismos, esos sujetos son sometidos a otros efectos que tienen como origen el buen espíritu; ese calor y ese poder vaticinador se acercan a nosotros: como lo hacen los rayos del sol que ejercen su influencia en los cuerpos simples y compuestos. Por lo que se refiere a nosotros, que somos humanos, nada podemos por nuestro conocimiento natural y nuestra inclinación de espíritu (3), para conocer los secretos ocultos de Dios el Creador. *Porque no nos toca conocer el tiempo ni el momento*, etc. Hasta el punto de que personajes por venir pueden ser vistos ya ahora, porque Dios el Creador ha querido revelarlos por medio de imágenes impresas, con algunos secretos del porvenir, de acuerdo con la astrología estima-

---

(1) Latín: *obtrusus:* Encerrado, oculto. D.L.L.B.
(2) Latín: *perplexus:* complicado, liado, enigmático. D.L.L.B.
(3) Latín: *ingenium:* ingenio, inteligencia. D.L.L.B.

tiva, como los del pasado, por cierto poder y facultad queridos eran dados por ellos, como la llama aparece del fuego, que, inspirándoselos, le llevaba a juzgar las inspiraciones divinas y humanas. Pues Dios viene a terminar las obras divinas que son todas absolutas: la mediana que está entre Angeles, la tercera los malvados. Pero, hijo mío, te hablo aquí de un modo excesivamente oculto. Pero en cuanto a los vaticinios ocultos que se reciben del espíritu sutil del fuego, que excita la comprensión contemplando el más elevado de los astros, como en estado de vigilia, al igual que por publicaciones (1), estando sorprendido de publicar escritos sin temor a ser alcanzado por una impudente (2) locuacidad: pero porque todo procedía del poder divino del gran Dios eterno de quien procede toda bondad. Además, hijo mío, yo no he insertado (3) aquí el nombre de profeta, no quiero atribuirme un título tan sublime en el tiempo presente pues, quien hoy se llama profeta, antaño era llamado vidente: pues profeta, hablando con propiedad, hijo mío, es el que ve las cosas lejanas por medio del conocimiento natural de toda criatura. Y puede suceder que el profeta, por medio de la luz perfecta de la profecía, haga aparecer, de modo manifiesto, cosas divinas y humanas, porque eso no puede hacerse de otro modo, dado que los efectos de la predicción futura se extienden muy lejos en el tiempo. Pues los secretos de Dios son incomprensibles y la virtud causal (4) toca (5) la larga extensión del conocimiento natural, tomando su más inmediato origen en el libre arbitrio, hace aparecer las causas que por ellas mismas no pueden hacer adquirir estos conocimientos para ser revelados, ni por las interpretaciones (6) de los hombres, ni por otro modo de conocimiento o ciencia oculta bajo la bóveda celeste, desde el momento presente hasta la total eternidad que comprende la globalidad del tiempo. Por medio de esta indivisible eternidad, por una poderosa agitación epileptiforme, las causas son conocidas por el movimiento del ciclo. No digo yo, hijo mío, para que lo comprendas bien, que el conocimiento de esta materia no pueda imprimirse todavía en tu débil cerebro, a saber que las causas futuras muy lejanas no se hallen al alcance del conocimiento de la criatura racional, si estas causas son llevadas sin embargo al conocimiento de la criatura de alma intelectual, cosas presentes y lejanas no le son ni demasiado ocultas ni demasiado reveladas; pero el perfecto conocimiento de estas causas no puede adquirirse sin la inspiración divina; visto que toda inspiración profética extrae su principal origen de la emoción de Dios el Creador, y luego de la suerte y de la naturaleza. Porque las causas indiferentes son produci-

---

(1) Latín: *pronuntio:* publico, edito.
(2) Latín: *inverecundus:* impudente.
(3) Latín: *insero:* pongo dentro.
(4) Latín: *effectrix:* causa.
(5) Latín: *contingo:* toco algo.
(6) Latín: *augurium:* profecía, predicción, interpretación.

das y no producidas indiferentemente, el presagio se realiza en parte tal como fue predicho. Pues la comprensión creada por la inteligencia no puede adquirirse de modo oculto; sinó por la voz hecha con la ayuda del zodíaco (1), por medio de la llamita en la que se desvelarán una parte de las causas futuras. Y también, hijo mío, te suplico que jamás emplees tu entendimiento en tales ensoñaciones y vanidades que desecan el cuerpo y acarrean la perdición del alma, turbando nuestro débil sentido, y sobre todo en la vanidad de la más que execrable magia reprobada antaño por las escrituras sagradas y los divinos Cánones, al inicio de los cuales se efectúa el juicio de la Astrología estimativa: por medio de la cual, con el socorro de la inspiración y de la revelación divina, por continuas suputaciones, he redactado por escrito mis profecías. Y temiendo que esta filosofía oculta sea condenada, no he querido pues presentar su terrible persuasión; temiendo también que varios libros ocultos durante largos siglos sean conocidos, y recelando de lo que podría suceder, tras haberlos leido, los he regalado a Vulcano (los he quemado); y mientras el fuego los devoraba, la llama que lamía el aire producía una insólita claridad, más clara que la de una simple llama, como la luz de un fuego provinente de un fulgurante cataclismo, que iluminó súbitamente la casa como si ésta se hubiera incendiado de pronto. Por ello, para que no os engañéis en el porvenir buscando con atención (2) la perfecta trasmutación, tanto republicana (3) como monárquica (4) que arrojará bajo tierra las cosas más puras, por trastornos ocultos, los he reducido a cenizas. Pero en lo que se refiere al juicio que viene a completarse con la ayuda del juicio celeste, quiero hacértelo conocer: arrojando a lo lejos las fantasiosas imaginaciones, por el juicio puede poseerse el conocimiento de las causas futuras que se producirán, limitándote a la particularidad de los nombres de lugar por la inspiración sobrenatural concediendo a las figuras celestes, los lugares y una parte del tiempo por una virtud que posee una propiedad oculta, a saber, por el poder y la facultad divinas, en presencia de los cuales los tres tiempos (pasado, presente y porvenir) están comprendidos en el Tiempo cuyo desarrollo está vinculado a la causa pasada, presente y porvenir: *porque todo es sencillo y manifiesto*, etc. Por ello, hijo mío, puedes fácilmente, pese a tu joven cerebro, comprender que las cosas que deben suceder pueden ser profetizadas por las luces nocturnas y celestes que son naturales, y por el espíritu de profecía: no es que quiera atribuirme la denominación y la acción del profeta, sinó por una inspiración revelada, en tanto que hombre mortal, cuya percepción está menos alejada del cielo que los pies de la tierra. *No puedo engañar, ni embaucar, ni mentir*

(1) Latín: *limbus:* círculo zodiacal.
(2) Latín: *perscruto:* busco con atención.
(3) Griego: Σελήνη : luna: tomada por Nostradamus como símbolo de la república.
(4) Monarquía proviene del griego: μόνος : solitario.

puesto que soy en este mundo mayor pecador que cualquier otro y estoy sujeto a todas las aflicciones humanas. Pero viéndome a veces sorprendido en la semana, como en delirio, por un largo cálculo que daba a los estudios nocturnos un aroma agradable, he escrito libros de profecías cada uno de los cuales contiene cien cuartetas astronómicas, que he querido componer con cierta oscuridad, y que constituyen vaticinios perpetuos desde hoy a 3797. Es posible que eso impulse a algunos a retirar su reflexión al ver una tan larga extensión de tiempo, y ello se producirá y será comprendido en toda la plenitud de la República: y las causas serán comprendidas universalmente en toda la tierra, hijo mío. Pues si vives la edad media del hombre, conocerás en tu propio clima, en el propio cielo de tu nacimiento, los sucesos futuros a prever. Pues sólo Dios Eterno conoce la Eternidad de su luz que procede de sí mismo, y digo francamente a aquellos a quienes, en su grandeza inconmensurable, inmensa e incomprensible, ha querido dar revelaciones por medio de una larga inspiración melancólica, que con la ayuda de esta causa oculta manifestada por Dios, hay dos causas principales que son comprendidas en la inteligencia de quien profetiza: la primera está incluida en el espíritu de quien, iluminándose con la luz sobrenatural, predice por la ciencia de los astros, y la segunda le permite profetizar por la revelación inspirada que es sólo una parte de la divina eternidad; por medio de lo cual el Profeta puede juzgar, gracias a lo que le ha dado el espíritu divino, por medio de Dios el Creador y por un don natural. A saber, que lo que está predicho es cierto y ha tomado su origen en el cielo (1). Y tal luz y la pequeña llama son más eficaces que todo, y tal elevación no lo es menos que la claridad de la naturaleza, pues la luz de la naturaleza (humana) da a los filósofos tal seguridad en sí mismos que con los principios de la primera causa (natural) alcanzan las más altas doctrinas, los abismos más profundos. Pero, hijo mío, para no verme arrastrado demasiado lejos por la capacidad futura de tu perfección, sabe que los hombres de letras harán tan gran e incomparable jactancia sobre el modo como he encontrado el mundo antes de la conflagración mundial que debe aportar tantos bombardeos y tan fuertes revoluciones, que no existirá país que no sea alcanzado por los trastornos y ello durará hasta que todo haya muerto salvo la historia (2) y los lugares. Por ello, antes y después de tales revoluciones en varios países, las lluvias serán tan reducidas y caerá del cielo tan gran abundancia de fuegos y de proyectiles incendiarios que nada se librará de arder. Y ello ocurrirá antes de la última conflagración (1999). Pues, antes de que la guerra termine su siglo (siglo XX) y al final de su último periodo (1975-1999), ésta mantendrá al siglo bajo su imperio. Unos serán

(1) Ether: divinidad alegórica que personificaba la región superior del aire, las profundidades del cielo. Más tarde se le confundió con Zeus. D.L.7.V.
(2) Griego: "Ɛɓoς: del año pasado, antiguo. Enografía: la historia.

31

dominados por la revolución (1) durante varios años y otros por la ruína, durante más largos y más numerosos años todavía. Y ahora que somos conducidos por la República, con el socorro de Dios todopoderoso y eterno, antes de que haya terminado su ciclo completo, regresará la monarquía, luego la edad de oro (2) (la era de Acuario, después de 1999). Pues según los signos del cielo, la edad de oro regresará, después de que habiéndolo calculado todo, habiéndose aproximado el mundo a una revolución que lo trastornará todo de arriba a abajo y, desde el momento presente en el que estoy escribiendo, pasarán ciento setenta y siete años, tres meses y once días (3): serán la pestilencia, una larga hambruna y guerras, y más todavía, inundaciones entre el momento presente y el término fijado por adelantado; antes y después, la humanidad se verá disminuida varias veces, y habrá tan poca gente que no se encontrará a nadie que quiera ocupar los campos que habrán quedado libres tanto tiempo como habían sido mantenidos en servidumbre. Y eso tras el juicio visible del cielo antes de que hayamos llegado al séptimo milenario que lo completará todo, acercándonos al octavo en el que se halla el firmamento de la octava esfera, que es la extendida dimensión en la que el gran Dios eterno vendrá a completar la revolución, en el que las constelaciones retomarán su movimiento así como el movimiento superior que hace estable y firme la tierra, su carrera no durará por los siglos de los siglos: y estando excluido que no se haga su voluntad. A despecho de las ambiguas opiniones que sobrepasan todas las razones naturales por las ensoñaciones de Mahoma; por ello Dios el Creador por medio de sus enviados de fuego, con su llama, viene a proponer a nuestras percepciones así como a nuestros ojos las causas de las predicciones futuras, significativas del acontecimiento futuro que debe manifestarse a quien presagia. Pues el presagio que proviene de la luz exterior consigue juzgar infaliblemente en parte con ella y por medio de esta luz exterior. De tal modo que la parte que parece poseer el poder del entendimiento no es debida a una enfermedad de la imaginación. La razón debe ser puesta en evidencia. Todo está predicho por un aliento (4) divino y gracias al espíritu angélico inspirado al hombre que profetiza, dándole vaticinios consagrados por la unción que le iluminan, librándole de toda fantasía por diversas apariciones nocturnas tanto como por una certidumbre diurna, profetiza por la ciencia de la astronomía, con la ayuda de la muy santa predicción futura,

(1) Latín: *aquarius:* relativo al agua. D.L.L.B.

(2) El reino de Saturno fue la edad de oro, sus apacibles súbditos eran gobernados con suavidad. Para recordar la memoria de tan feliz edad se celebraban en Roma las saturnales. M.G.R.

(3) 1555 + 177 = 1732. «Abandonando el hospicio de los catecúmenos en Turín, J.J. Rousseau comenzó a enseñar música en Lausanne; llega a París en 1732...» D.H.B. Nostradamus considera a J.J. Rousseau como el padre de las ideas revolucionarias.

(4) Latín: *afflatus:* Tocado por un soplo o una llama. D.L.L.B.

sin considerar más que su valor en la libertad. Ven en esta hora, hijo mío, a comprender lo que he hallado con mis cálculos que concuerdan con la inspiración revelada, porque la espada de la muerte se acerca ahora a nosotros, por epidemia, por guerra más horrible que la que existió jamás en la vida, a causa de tres hombres, y por hambre; y esta espada golpeará la tierra y regresará a menudo: pues los astros concuerdan con esta revolución, tal como lo ha dicho el Señor: Les afligiré (1) con una vara de hierro por sus iniquidades y les golpeará en sus palabras; pues la misericordia de Dios no se derramará (2) más durante cierto tiempo, hijo mío, hasta que la mayoría de mis profecías se hayan cumplido y este cumplimiento sea total. Entonces, varias veces, durante las siniestras tempestades, les golpearé pues, dirá el Señor, y les romperé y no tendré piedad alguna; y mil otros acontecimientos que se producirán por inundaciones y continuas lluvias (o trastornos y revoluciones) (3) como lo he redactado más completamente por escrito en mis otras profecías que han sido compuestas abarcando toda la longitud, en un discurso sin orden, limitando los lugares, los tiempos y el término fijado de antemano que verán los hombres por venir conociendo los acontecimientos que se producirán infaliblemente, como lo he escrito para los demás en un lenguaje más claro, pues pese a esta forma velada, las cosas se harán inteligibles: pero cuando la ignorancia se habrá disipado, el caso será entonces más claro. Para terminar, hijo mío, toma pues ese don de tu padre Michel Nostradamus, deseando que hagas conocer cada profecía puesta aquí en cada una de las cuartetas. Rogando a Dios inmortal que quiera darte larga vida, en buena y próspera felicidad.

De Salon, a 1º de marzo de 1555

*
* *

Lo serio del personaje, su faceta de «científico», es tanto menos discutible cuanto que se vio obligado a refugiarse en el hermetismo para no ser inquietado y, habiéndole quemado en efigie sus conciudadanos saloneses, ante su propia casa, fue a buscar protección a la Corte de Francia,

(1) Latín: *visito:* experimento, aflijo. D.L.L.B.
(2) Latín: *dispergo:* extiendo. D.L.L.B.
(3) Símbolo bíblico constante en la obra de Nostradamus.

junto a la reina Catalina de Médicis, que no sólo se la concedió, sino que fue a visitarle en persona a Salon, lo que cerró la boca a las malas lenguas de la pequeña ciudad burguesa. «¡Nadie es profeta en su tierra!».

Descubrió así el modo como se transmitía la peste e inventó, casi cuatro siglos antes de Pasteur, el «método aséptico». En efecto, cuando se leen las crónicas del siglo XVI que describen los medios utilizados por Nostradamus para detener las epidemias de peste en Aix-en-Provence, Marsella y Lyon, se descubre que nuestro médico provenzal tomaba muy completas medidas de asepsia, habiendo fabricado un polvo de su invención para ocultar su descubrimiento científico que, si hubiera sido expresado, habría podido llevarle a la hoguera por brujería. La Iglesia consideraba entonces que la enfermedad, las epidemias, eran castigos infligidos al hombre por Dios para castigarle por sus pecados y que, por lo tanto, no podían deberse a un fenómeno natural. No olvidemos que la Inquisición hacía reinar el terror y que Galileo, nacido en 1564, dos años antes de la muerte de Nostradamus, sería también víctima de la corriente anticientífica, por haber dicho que la tierra giraba.

Una aplicación inesperada de su descubrimiento del «método aséptico» es el tratado de las confituras (1). Cocer frutos no exige genio alguno; en cambio, conservar la preparación plantea un problema muy distinto. ¿Qué ama de casa que prepare sus propias conservas no ha encontrado un bote mal esterilizado cubierto de moho? Los detractores de Nostradamus dejan de lado al hombre de ciencia, viendo sólo en ello una manera banal de enriquecerse.

Es todavía más comprensible que Nostradamus haya querido velar sus profecías tras una neblina filológica e, incluso, astrológica, pues si hubiera expuesto claramente su visión del porvenir, ésta no habría llegado ciertamente a la posteridad; habría sido probablemente destruida por las autoridades religiosas de la época.

El infortunio vivido por mi padre y su libro en 1940 es una ilustración de lo que puede suceder cuando un «mensaje» profético es expresado del modo más evidente. Lo que nos obliga a constatar que la Inquisición no tiene edad... Qué hermosa aplicación del extracto de las Sagradas Escrituras citado por Nostradramus en su carta a su hijo César: «No déis a los perros (los nazis para el doctor de Fontbrune) lo que es sagrado, ni arrojéis las perlas a los cerdos, por temor a que las pisoteen y se vuelvan luego contra vosotros...»

La profecía de Nostradamus fue escrita, pues, en el siglo XVI para describir el siglo XX, siglo que capitaliza por sí solo los dos tercios de la obra, conociendo entonces el autor que su texto sólo sería comprendido y

---

(1) *Traité des fardements et confitures*, Antoine Voland, Lyon 1555. Excelente y muy útil opúsculo de varias exquisitas recetas, Benoits Rigaud, Lyon, 1572.

revelado en el propio siglo objeto de su visión. ¿Acaso no dice en su carta a César: «Si yo intentara contar lo que será el porvenir, los hombres de gobierno, de secta y de religión y convicciones, lo hallarían tan poco acorde a sus fantasiosos oídos, que serían llevados a condenar lo que podrá verse y reconocer en los siglos por venir...»?

En lo que se refiere al término de la profecía de Nostradamus, algunos autores lo han hallado o inventado, unos por cálculos astrológicos, otros por medio de «claves» más o menos matemáticas, otros con la ayuda de la cábala, etc.

En realidad, la profecía de Nostradamus se detiene al final del séptimo milenio, según la cronología bíblica, es decir, al final de la era de Piscis, en los alrededores del año 2000 de la era cristiana. También ahí Nostradamus ha escondido el dato tras un astuto cálculo que sólo podía ser recompuesto partiendo de la cronología bíblica que proporciona en la carta a Enrique II Rey de Francia y que es la siguiente:

«El primer hombre, Adán, precedió a Noé»	1242 años
«Tras de Noé vino Abraham»	1080 años
«Luego vino Moisés»	515 años
«Entre el tiempo de David y el de Moisés»	570 años
«Entre el tiempo de David y el de N.S. J.C.»	1350 años
Es decir, entre Adán y J.C., un total de	4757 años

Ahora bien, en la carta a César Nostradamus escribe: «He escrito libros de profecías que constituyen vaticinios perpetuos desde hoy a 3797».

Del momento en el que escribe (la carta a César está fechada en 1555) hasta 3797 hay una diferencia de 2242 años.

Si se añade este espacio de tiempo a la cronología bíblica ya citada, se obtiene $4757 + 2242 = 6999$ de dicha cronología, es decir, 1999 de la cronología cristiana, fecha dada claramente por Nostradamus como punto de partida de las guerras del Anticristo:

X-72

L'an mil neuf cent nonante neuf sept mois
Du ciel viendra un grand Roy d'effrayeur
Ressusciter le grand Roy d'Angoulmois (1),
Avant apres Mars regner par bonheur.

El año mil novecientos noventa y nueve siete meses
Del cielo vendrá un gran Rey de terror
Resucitar al gran Rey de Angoulmois (1),
Antes después Marte reinará afortunadamente.

(1) El Angoumois fue conquistado por los visigodos y pronto amenazado por los hunos, raza mongola, al mando de Atila, «el azote de Dios». Nótese la perfección de la analogía en el hecho de que los hunos ocuparon antes Panonia para poder arrasar Francia e Italia.

Traducción:

El año 1999 siete meses (en julio de 1999) - llegará por los aires un gran jefe aterrorizador - que hará revivir al gran Conquistador del Angoumois - antes y después, la Guerra reinará afortunadamente.

Nostradamus ha dado claramente pocos datos. Además de 1999, escribió en la carta a Enrique II Rey de Francia: «Y ésta (la Monarquía) durará hasta el año 1792, en que se creará una renovación de siglo...»

La proyección escrita que la profecía hace de su misión nos lleva a considerar que esas dos fechas tienen menos importancia como tales que como puntos de partida y llegada: 1792 (1) representa el comienzo del fin de la era cristiana (la era de Piscis) y 1999 el fin de sí mismo, abriendo de este modo la era de Acuario, entre los dolores del parto apocalíptico necesario para que el hombre deje por fin de centrar su acción en obras de destrucción cada vez más aterrorizadoras. Esta es la razón por la que Nostradamus hizo terminar su cuarteta con tan sorprendente verso:

«Antes después Marte (la guerra) reinará *afortunadamente.*»

* *

Nostradamus: historiador y profeta, ¿Por qué este título?

Una profecía que se realiza se convierte en historia. Ilustremos este aserto con un ejemplo:

Nostradamus escribe sobre Napoleón I:

CENTURIA VII - CUARTETA 13

«De la cité marine et tributaire
la tête rase prendra la Satrapie (2)
Chassez sordide qui puis sera contraire
Par quatorze ans tiendra sa tyrannie.»

*De la ciudad marina y tributaria
la cabeza rapada tomará la Satrapía (2)
Expulsar sórdido que después será contrario
Por catorce años ejercerá su tiranía.*

Traducción:

Del puerto bajo dominación extranjera, - el pequeño de la cabeza rapada tomará el poder. - El expulsará los sórdidos revolucionarios, habiendo cambiado el viento de la historia, - y ejercerá su tiranía durante 14 años.

(1) Proclamación de la Primera República.
(2) Sátrapas: se llamaba así, en el Imperio medo-persa a los gobernadores de provincias encargados de la administración y el cobro de los impuestos. (Napoleón reformó la administración del país y está considerado como el padre del *Código Civil*).

Comentario:

Desde Alejandría, convertida en tributaria de Francia, «Bonaparte organiza Egipto en una especie de protectorado, luego embarca hacia Francia, cuya evolución política le inquieta» (1). Colabora en derribar el Directorio y, con el golpe de Estado del 18 brumario, toma el poder que ejercerá de manera absoluta hasta el día de la entrada de los aliados en París, el 31 de marzo de 1814, es decir, tras catorce años, cuatro meses y once días de reinado.

He elegido esta cuarteta porque, como muchas otras, se extiende en el tiempo. En efecto, el 18 brumario de 1799 se realiza la primera parte de la cuarteta; forma, pues, parte de la historia, pero la segunda parte es también una profecía, que deja a su vez de serlo el 31 de marzo de 1814:

Este «paseo» a través del tiempo y del espacio, que es habitual en el profeta, impide, a quien lo intente, cualquier clasificación cronológica racional.

De este modo, una cuarteta en la que se evoca la retirada de Rusia (Centuria II, cuarteta 99), ¿debería clasificarse antes o después de la cuarteta que hemos tomado como ejemplo? La retirada de Rusia es posterior al golpe de Estado del 18 brumario, pero anterior a la abdicación de Fontainebleau del 6 de abril de 1814.

La profecía de Nostradamus constituye pues una visión de la historia que nada tiene en común con la que nos han enseñado nuestros maestros en los bancos de la escuela, a través de autores que, y es lo menos que pueda decirse, no han despertado particularmente en los franceses la pasión por la historia.

Esta cuarteta sobre Napoleón I me permite enunciar otro gran principio útil para quien quiera interesarse en una profecía como la de Nostradamus y que le obligará a desembarazarse de concepciones adquiridas. Los acontecimientos en particular y la historia en general jamás se desarrollan de acuerdo con las previsiones cartesianas de los hombres.

Sólo tomaré como prueba el hecho de que nuestros eminentes y modernos economistas del «Club de Roma» preveían con gran seguridad, en 1972, que Francia sería la tercera potencia mundial en 1980. Se hacía ahí obra de prospectiva. Brutalmente, en septiembre de 1973, estalla la guerra árabe-israelí, que pone en marcha la crisis económica mundial y trastorna a Occidente, reduciendo a cero las hermosas promesas optimistas de nuestros racionalistas de la economía política.

Pero, para ilustrar esta aparente falta de lógica de la historia, tomemos de nuevo el caso de Napoleón I e imaginemos que, el 2 de diciembre de 1805, cuando acaba de brillar el sol de Austerlitz y cuando el Emperador tiene el mundo a sus pies, un profeta anuncia el fin miserable del

(1) L.C.H.3.

Emperador, prisionero de los ingleses en una isla perdida en medio del Atlántico; hay muchas oportunidades de que nuestro oráculo sea arrojado a un calabozo, ejecutado o internado en un asilo de alienados.

Mi padre fue así víctima de burlas cuando, en 1946, y durante los años posteriores, afirmó que el general de Gaulle, que acababa de abandonar cualquier acción política por lo que iba a llamarse la «travesía del desierto», llegaría de nuevo al poder gracias a un golpe de Estado. Algunos amigos que sonrieron entonces, cortésmente, le escribieron después del 13 de mayo de 1958, asombrados por la realización de un acontecimiento que, doce años antes, habían «juzgado» irrealizable.

La historia que se halla ante nosotros, los acontecimientos por venir están casi siempre en contradicción total, tanto en el fondo como en la forma, con el momento que estamos viviendo. Alfred Sauvy ha captado perfectamente esta ley cuando escribe: «La Humanidad jamás ha progresado de modo racional (1)». Y añade en la misma obra: «En materia de infortunio, el porvenir se deja explorar tanto más difícilmente cuanto que las situaciones son inéditas.

Esta es la razón por la que poca gente accede a la percepción que el profeta intentó transmitir a la posteridad. El obstáculo para la comprensión del espíritu profético estriba, esencialmente, en el antagonismo entre la visión y el racionalismo cuyos defensores no pueden salir de una lógica, para penetrar en otra forma de razonamiento. La facultad más importante requerida para abordar la profecía es, pues, una gran ductilidad de pensamiento que tan bien proporcionaban la formación y la enseñanza humanistas.

**

Prosiguiendo el trabajo fundamental llevado a cabo por mi padre, he realizado, durante cinco años, un estudio completo del vocabulario de Nostradamus. Ello me ha permitido precisar, tal vez a falta de algunos detalles, la lengua del profeta y corregir faltas de traducción cometidas por numerosos comentadores de las centurias. Podemos encontrar, de este modo, en los libros de Le Pelletier, bastantes faltas de traducción que fueron recopiadas exactamente por otros autores.

Tomaré como ejemplo la más célebre cuarteta que predecía la muerte del rey Enrique II en un torneo:

Centuria I, cuarteta 35

«Le lyon jeune le vieux surmontera,
En champs bellique par singulier duelle,
Dans cage d'or les yeux lui crèvera
Deux classes une, puis mourir mort cruelle.

El león joven superará al viejo,
en campo bélico, por singular duelo,
en jaula de oro le reventará los ojos,
dos combates uno, luego morir de muerte cruel.

(1) Alfred Sauvy, *Croissance zéro*, Ed. Calmann-Lévy, París, 1973.

Traducción:

El joven león vencerá al viejo en un torneo (duelo singular). Le reventará los ojos en una jaula de oro, en uno de los dos combates (1), luego morirá de modo cruel.

El conde de Montgomery, teniente de los guardias escoceses y cuyas armas eran «en oro el león de Escocia pasante en gules», combatió con Enrique II, que acababa de efectuar un torneo con el duque de Guisa. La lanza de Montgomery se rompió y penetró en el yelmo dorado del Rey.

Por lo que concierne a esta cuarteta, Le Pelletier y los exegetas que han recopiado su traducción, hacen proceder la palabra *clase* de la palabra griega χλασις, rompimiento, poda, y traducen: «He aquí la primera de las dos podas». Lo que no han advertido los «discípulos» de Le Pelletier es que éste último traduce la palabra *clase* correctamente en la cuarteta 99 de la Centuria II (2) haciendo proceder la palabra del latín *classis:* flota, armada, combate; la palabra es siempre utilizada por Nostradamus en este sentido.

Sin comprender, por lo tanto, que era en uno de los dos torneos disputados por el rey cuando éste sería herido, Le Pelletier, por conveniencia personal, ha hecho en esta ocasión proceder la palabra *clase* de una palabra griega, escamoteando una de las dos S de la palabra (3).

Para citar sólo otro ejemplo de los errores de filología que se hallan en numerosas obras (¡los errores son duros de pelar!) tomaré la palabra *oruche* (Centuria VI, cuarteta 99) que los exegetas hacen, por error, proceder de la palabra griega 'ορος que significa montaña, mientras que procede la la palabra . 'ορυχη que quiere decir zanja, excavación.

Esta es la razón por la que algunos han podido afirmar que a Nostradamus se le puede hacer decir cualquier cosa.

Por ello intento aquí demostrar que el profeta compuso un texto preciso al que no pueden hallársele varios sentidos sin engañarse a uno mismo.

El lector descubrirá, a través de la traducción de cada cuarteta, cómo he procedido para ceñirme con rigor al texto, considerando que la única «clave» posible es filológica; cosa que, por lo tanto, exigía un trabajo de investigación idéntico al que hubiera debido efectuar Sherlock Holmes, no dejando ningún detalle al azar, para descifrar un enigma policíaco. Eso me ha parecido tanto más evidente cuanto que Nostradamus, utilizando el anagrama, los juegos de palabras, la etimología, ha llevado a cabo un trabajo de verdadero alquimista de la lengua latina «afrancesada» para velar su mensaje profético, añadiendo a esta prestidigitación intelec-

(1) Nótese la construcción latina: *dos clases una* en vez de «una de las dos clases».
(2) Les Oracles de Michel de Nostredame, tomo I, p. 203.
(3) El autor se refiere, naturalmente, a la ortografía francesa de la palabra *clase*, ortografía que exige las dos S: *classe*. (N. del T.)

tual una inmensa cultura humanista que desalienta a muchos de los que creen poseer vocación de intérpretes de las centurias.

Uno de los primeros libros escritos, después de Jean Aimé de Chavigny y Guynaud, sobre el texto de Nostradamus es el del cura de Louvicamp: *La Clé de Nostradamus isagoge ou introduction du véritable sens des Prophéties de ce fameux Auteur* (1). Este autor sólo es citado muy raras veces, pese a ser el primero que comprendió cuál había sido el método de Nostradamus para redactar sus profecías. Le Pelletier, por otra parte, se inspiró ampliamente en él. «Quiero decir y concluir, escribe este sacerdote, que cuando el Oráculo de Francia escribió sus Profecías galas, tanto prefacios como cuartetas y sixtillas, con frecuencia no se alejó mucho del modo de hablar de los latinos, hablando a menudo latín y fingiendo hablar francés, no sólo en la Etimología de las palabras, como cuando dice de un Príncipe *Flagrand d'ardent libide*, que es como si dijera *flagrans ardenti libidine*: para decir ardiendo *en un horrible fuego de concupiscencia*; sinó que incluso ha hablado a menudo latín en francés, prestando atención y haciendo alusión a la frase latina, en la colocación o situación de las palabras unas con respecto a otras, lo que nosotros llamamos Sintaxis... Los poetas latinos recurrieron a menudo al metaplasmo, quiero decir al cambio o a la transformación de las palabras, eliminando, añadiendo, cambiando o transponiendo letras o sílabas de las palabras para hacer y embellecer sus versos: del mismo modo Nostradamus también ha cambiado o transformado, a veces, un poco las palabras ordinarias en sus versos, tanto para lograr el ritmo y la medida ordinaria como para desviar, al mismo tiempo, del verdadero sentido de sus Profecías, a las personas que no conocen el uso de las bellas letras. Pues debemos señalar que se hallan en este autor ejemplos de aféresis, metátesis, anástrofe, síncopa, apócope, próstesis, epéntesis, antítesis, etc., al igual que en los poetas latinos, excepto la paragoge, que añade una letra o una sílaba a final de palabra».

Definamos pues, con el cura de Louvicamp, estas figuras gramaticales:

1º *La aféresis* es una figura que elimina una letra o una sílaba del comienzo de una palabra: bundancia por abundancia, ramado por derramado, celona por Barcelona, tendiente por pretendiente.

2º *La síncopa* es una figura que elimina una letra o una sílaba del centro de una palabra: lirá por librará, toda por tomada.

3º *El apócope* es una figura que elimina una letra o una sílaba a final de palabra: «De fino pórfiro profun colum hallada», por «una profunda columna hall da».

4º *Próstesis, epéntesis* y *paragoge*, en vez eliminar una letra o una sílaba, se añade al comienzo, en el centro o al final de las palabras: así

(1) En París, Pierre Griffart, 1710:

40

como Virgilio dice, por epéntesis, metátesis e incluso por apócope: Tymbre por Tyberis (el Tiber), del mismo modo también Nostradamus ha hablado a veces del Tymbre, imitándole, en vez de decir Tiber.

Nostradamus, por otra parte, como él mismo dice en la carta a su hijo César, ha «arreglado» sus profecías bien por necesidad de oscurecer su texto o bien, a menudo, para conservar en sus versos el número de pies deseado, puesto que compuso sus centurias en versos decasílabos.

Por lo tanto, sólo con un estudio extremadamente minucioso de las palabras, de las frases y de su construcción, puede llegarse a traducir al francés actual las sentencias proféticas de nuestro médico salonés.

Entre las construcciones latinas existe un giro que ha usado abundantemente, me refiero al ilustre «ablativo absoluto» que tanto nos hizo sudar, cuando éramos unos mocosos, en nuestros bancos de escuela. A menudo también escamoteó las preposiciones como si la lengua francesa, al igual que el latín, tuviera casos como el genitivo, el dativo o el ablativo, lo que obliga a pensar de nuevo la palabra en su contexto para descubrir el caso que debe atribuírsele: así *la voye auxele...* equivaldrá al latín: *Medium auxillio*: el medio con cuya ayuda *(le moyen à l'aide duquel)* (VIII, 27).

Nostradamus, en el siglo XVI, escribió pues en francés pensando en latín, de donde procede la aparente incomprensibilidad de sus escritos y las desalentadoras dificultades con las que han topado la mayoría de los exegetas.

Finalmente, para complicarlo todo y despistar a los «profanos vulgares» hacia erróneos caminos, afrancesó palabras griegas. Lo que permite suponer que, con ello, deseaba eliminar, de la comprensión de sus profecías, a todos los exegetas que no hubieran hecho sus «humanidades», es decir que no hubieran adquirido una cultura greco-latina absolutamente indispensable.

Fabricó, por ejemplo, las palabras *oruche* y *genest*: la primera procedente, como hemos visto antes, de la palabra ὀρυχή que significa excavación y la segunda proviniente de γενέσθαι, infinitivo aoristo del verbo γίγνομαι que quiere decir «nacer».

El lector comprenderá que si no se sabe leer griego, no hallándose por otra parte las palabras *oruche* y *genest* en ningún diccionario francés o latín, nadie podrá penetrar el sentido de la cuarteta en la que se ha incluido cada una de ambas palabras.

Los textos de Nostradamus que doy aquí han sido tomados de la segunda edición de 1605 realizada por Benoist Rigaud en Lyon, y entregada a mi padre en 1934, copia íntegra de la edición de 1568, considerada como la mejor, con el menor número de faltas de tipografía. Leyendo numerosas obras modernas advertimos, a primera vista, que la mayoría de las ediciones proponen textos repletos de faltas con respecto a la edición de referencia. Tomemos por ejemplo el cuarto verso de la cuarteta 61 de la Centuria VIII:

« *Portant au coq don du TAG armifère*».

Muchas ediciones posteriores a la de Chevillot de Troyes, en 1610, mencionan:

«*Portant au coq don du TAO armifère*», lo que permite a los esforzados exegetas del esoterismo introducir el taoismo en el texto de Nostradamus.

Me ha parecido pues muy importante dar a conocer a mis lectores el documento auténtico sobre el que he trabajado.

He querido, por primera vez, llevar a cabo una gran confrontación entre el texto de Nostradamus y la propia historia; escamado por las numerosas críticas con las que han sido abrumados la mayoría de los «comentaristas», a quienes se les ha reprochado con mucha frecuencia haber utilizado la obra de Nostradamus para los fines de su ideología personal.

Para llevarlo a cabo he utilizado, no sólo un libro de historia, sino varias obras de autores muy distintos y de concepciones políticas, filosóficas o religiones opuestas. He buscado incluso mi documentación en manuales escolares. El lector advertirá así que la profecía de Nostradamus no es, en realidad, más que historia en estado puro, pese a la estrechez de miras de los historiadores. Se sorprenderá sin duda, incluso se asombrará a veces, ante los juicios de valor que Nostradamus formula, como por ejemplo: «la República miserable desgraciada» (1); o «que parecerá menos príncipe que carnicero» (2) refiriéndose a Napoleón I.

Me he visto obligado a compulsar numerosos libros de historia porque ninguno de ellos era bastante completo para cubrir la visión de Michel de Nostradame. Por ello una cuarteta será frecuentemente confrontada a extractos de varias obras. Por otra parte, a menudo ha sido para mí divertido reunir, con este fin, dos historiadores como Victor Duruy, republicano, ateo y anticlerical convencido, por una parte, y Pierre Gaxotte, conservador, de la otra; demostrando así que existe una trascendencia de la historia más allá de las concepciones rígidas, partidistas, efímeras y, sobre todo, orgullosas de los hombres, y eso es particularmente cierto en el siglo XX, cuando el maniqueísmo ha invadido todos los campos del pensamiento, levantando al hijo contra el padre, un país contra otro país, un partido político contra otro partido político y también, lo que es más grave, un pueblo contra sí mismo mediante movimientos de liberación,

(1) I, 61 - Centuria I, cuarteta 61.
(2) I, 60 - Centuria I, cuarteta 60.

realizando así la profecía del Cristo: «Oiréis hablar de guerras y ruidos de guerra, guardaos de ser turbados pues es preciso que estas cosas sucedan. Pero no será todavía el final. Una nación se levantará contra otra nación, y un reino contra otro reino, y habrá en distintos lugares hambre y terremotos. Todo ello será solo el comienzo de los dolores». Mateo, capítulo 24.

Por lo que concierne a la elección de tal o cual definición tomada en tal o cual diccionario, debo precisar que, en cada ocasión, la elección ha sido dirigida por el sentido del verso, colocado él mismo en el contexto de la cuarteta. En efecto, si se toman algunas palabras, bien con su significado moderno o bien en su sentido primigenio y concreto, el texto es incomprensible. Es preciso pues buscar la explicación de la palabra en su significación etimológica o en su sentido figurado. Tomemos como ejemplo la cuarteta 34 de la Centuria IX:

«*Par cinq cens un trahyr sera titré...*»

Si se admite que el verbo *trahir* (traicionar) ha sido tomado aquí como sustantivo, puesto que va precedido de un artículo indefinido, no puede darse al verbo *titrer* (titular) su sentido moderno o corriente. En efecto, «una traición será titulada» no quiere decir nada. Si se busca pues en un diccionario, se hallará un verbo *titrer* que significa maquinar, urdir. El texto toma entonces, bruscamente, un sentido preciso: una traición será maquinada o urdida por quinientas *(cinq cents)* personas. Ésta es una buena ilustración de las trampas filológicas que Nostradamus ha tendido a sus futuros traductores.

Mi propio padre cayó en algunas de estas trampas, confiando demasiado en sus conocimientos y sin controlar de modo suficiente las palabras, las expresiones y los galicismos abundantemente usados por Nostradamus.

Por otra parte, en el libro de mi padre (1) sólo hay setenta y tres cuartetas para cubrir el período de historia que va de 1555 a 1945; lo que me pareció muy poco dada la importancia de la obra de Nostradamus y el cúmulo de detalles que dio para ciertos acontecimientos. Era pues indispensable tomar la obra de Nostradamus de punta a cabo, y en detalle, para, avanzando paso a paso y con obstinación, reconstruir el rompecabezas eliminando, de paso, ciertas piezas (cuartetas) sin alcance profético o de múltiples sentidos, y puestas por Nostradamus en medio de su

(1) *Ce que Nostradamus a vraiment dit,* Ediciones Stock, 1976.

obra para desorientar más todavía a la mayoría de los comentadores, y en particular a quienes no vieran en su obra más que un astuto medio de enriquecerse, usando y abusando del renombre de este ilustre personaje con fines puramente comerciales.

La confrontación con la historia exige investigaciones muy importantes; lo que precisa numerosas lecturas de libros de historia. En efecto Nostradamus, como dice en la carta a César, dio a su traductor puntos de orientación geográfica de gran precisión. Cuando se trata de la pequeña ciudad de Varennes (IX, 20), es muy fácil situar la cuarteta, pues la detención del rey Luis XVI en esta pequeña ciudad es muy célebre. Y por ello esta cuarteta ha sido comentada, con mayores o menores errores por otra parte, en todos los libros posteriores a 1792. En cambio, cuando una cuarteta menciona la ciudad de Vitry-le-François, y se ignora que fue allí donde Kellermann reunió el ejército francés para dar la batalla de Valmy, el exegeta no podrá situar dicha cuarteta. Tomaré también otro ejemplo significativo: Nostradamus cita en una cuarteta la pequeña ciudad italiana de Buffalora (VIII, 12). Muy poca gente sabe, sin duda, que fue allí donde acampó el general Mac Mahon con su ejército para iniciar la campaña de Italia que debía conducir a las victorias de Magenta y Solferino, dos nombres mucho más célebres, naturalmente.

Nostradamus ha ocultado pues nombres de ciudades, que se han hecho célebres a causa de importantes acontecimientos, tras algunos pueblecitos vecinos. Así Aquino, en Italia, designará Nápoles, de la que está muy cerca; el pueblo de Apamesta designará Calabria, a la que pertenece; el eje Rimini-Prato, el lugar de nacimiento de Mussolini que equidista de ambas ciudades. Para exigir mayores esfuerzos de investigación, Nostradamus banalizó nombres de ciudades ocultándolos detrás de nombres comunes, escritos naturalmente sin letra mayúscula. Así el pueblo de Apamesta, en Calabria, se escribe: *apamé*, suprimiendo la última sílaba por apócope (IX, 95). Pero el más sorprendente ejemplo para ilustrar este método es la palabra *herbipólico* que Nostradamus fabricó a partir de la palabra HERBIPOLIS nombre latino de la ciudad WURTZBOURG en Alemania (X, 13).

Finalmente, Nostradamus afrancesó nombres geográficos de países extranjeros, respetando reglas de fonética o de correspondencia de letras de una lengua a la otra. Así, la ciudad de Alemania del Este BALLENSTEDT se convierte en BALLENES por afrancesamiento y apócope; así, la ciudad de LUNEGIANE se convierte en LUNAGE por una combinación de apócope y anagrama, y LLANES, pequeño puerto de Asturias, en España, se convierte en LAIGNE por afrancesamiento.

Algunas faltas de tipografía, afortunadamente raras, hacen todavía más difícil la descodificación. Algunos errores son fáciles de corregir, como el de MADRIC por MADRID; pero otros son más difíciles de descubrir y sólo puede hacerse teniendo en cuenta el contexto y otras cuartetas que se refieren al mismo personaje o al mismo acontecimiento. Así, la cuarteta 49 de la Centuria VI cita la palabra MAMMER que debe relacionarse con la palabra MAMMEL de la cuarteta 44 de la Centuria X, puesto que ambas palabras designan el NIEMEN, río que hasta 1772, año en que se desmembró el reino de Polonia, se hallaba en el centro de este país. Además, los tipógrafos del siglo XVI utilizaban corrientemente la letra Y en vez de la I, la letra U en vez de la V, influenciados por la escritura latina, la Z en vez de S o, al contrario, la S en vez de la Z. A veces también, la letra H ha sido suprimida o añadida a una palabra, como en *Ebreo* por *Hebreo*.

Los múltiples errores, a menudo groseros, cometidos por los numerosos exegetas, lo han sido por una falta de investigación, una falta de rigor, pero sobre todo por un patente exceso de subjetividad o de compromiso político, filosófico o religioso.

Por necesidades de la poética en general, y de la rítmica en particular, Nostradamus se vio obligado a reducir palabras utilizando una o, a veces, dos figuras de gramática, como la palabra D'MOUR en vez de DUMOURIEZ (X, 46), que fue modificada por síncopa y por apócope.

Como algunos autores latinos, en numerosas cuartetas, Nostradamus no ha incluido los auxiliares *être* y *avoir* (ser o estar y tener), que, en consecuencia, deben ser restituidos a su lugar para restablecer la construcción moderna. Parodiando a Tácito ha escamoteado también substantivos, como personaje o verbos de movimiento como ir, dirigirse, atacar, etc. y que sólo el contexto permite hallar de nuevo.

Compréndase bien la colosal cantidad de trabajo necesaria para lograr descifrar cuartetas en las que el profeta lo ha codificado todo, o casi todo, con la ayuda de construcciones latinas, sentidos etimológicos de las palabras, figuras gramaticales, lugares geográficos poco conocidos y, por fin, anagramas combinados a veces con figuras gramaticales.

Numerosos exegetas especularon con el siguiente pasaje de la carta a su hijo César: «Temiendo también que varios libros ocultos durante largos siglos sean conocidos, y recelando de lo que podría suceder, tras haberlos leído, los he regalado a Vulcano (es decir: los he quemado)». Esta frase ha hecho suponer que Nostradamus había poseído libros secretos de los que habría extraído toda su profecía, quitándole con ello todo mérito personal para atribuírselo a ocultistas, magos, astrólogos o cabalistas anteriores a él. El estudio muy «positivista» que yo he realizado me condujo a una conclusión mucho menos esotérica o misteriosa y que, sin duda, decepcionará a los afectos al ocultismo.

En efecto, a medida que iba avanzando en el estudio filológico e histórico del texto de Nostradamus, una idea iba imponiéndoseme poco a poco. Ciertamente se conoce la inmensa cultura que poseían los humanistas del siglo XVI, en particular en el campo de las lenguas y la historia antiguas, pero cuanto más me adentraba en mi estudio, más imposible me parecía que el cerebro humano hubiera podido almacenar tantos conocimientos. Y terminé imaginando a Nostradamus, en su gabinete de trabajo, compulsando numerosas obras de conocimientos literarios, históricos y geográficos, para codificar la visión que acababa de imponérsele. Esta idea se convirtió para mí en certidumbre viendo la enorme documentación que he debido consultar para conseguir comprender, en una primera etapa, el sentido de las cuartetas, y luego para confrontarlas a las páginas históricas que describían.

Los libros utilizados por Nostradamus constituían, pues, las claves de las centurias; y conociendo el uso que se haría de su mensaje, si era comprendido de inmediato, destruyó los libros que había utilizado, arrojando al fuego, de una sola vez, la llave y la combinación de la caja fuerte que su obra representa. Por lo tanto para perforar esta caja fuerte sería preciso, inicialmente, preparar un utillaje muy importante, lo más completo posible, en numerosas disciplinas.

Era necesario, por fin, alejarse de cualquier fantasía del espíritu y de cualquier subjetividad humana, olvidar la imaginación, «esta amante de error y falsedad, tanto más trapacera cuanto no siempre lo es», como escribía tan justamente Blaise Pascal en sus Pensamientos. El propio Nostradamus dio este consejo, que casi nunca fue seguido. Escribió, así, en la carta a César: «Arrojando a lo lejos las fantasiosas imaginaciones, por el juicio puede poseerse el conocimiento de las causas futuras que se producirán limitándose a la particularidad de los nombres de lugar...» Esta advertencia constituye una verdadera llamada al racionalismo y a la objetividad.

En este libro, voluntariamente, lo he referenciado todo, entregando al juicio del lector un exhaustivo trabajo por completo controlable: definiciones, citas, extractos de libros de historia. Estas referencias deben permitir a quien lo desee, profundizar en tal o cual punto de la historia aludido por una cuarteta o sixtila. He repetido también definiciones de palabras utilizadas con frecuencia, para que al avanzar en la lectura del libro, el lector memorice poco a poco cierto número de palabras usuales, lo que le facilitará la tarea, dándome perfecta cuenta de que tal obra no podrá leerse como una novela.

Me he abstenido, tanto en las cuartetas ya reveladas por la historia como en aquellas que lo serán por los acontecimientos venideros, de hacer comentarios más o menos fantasiosos, queriendo así comportarme con el texto de Nostradamus de un modo distinto al de los «comentaristas», respetando la advertencia dada por el médico y profeta provenzal, que escribió en su carta a su hijo César: «Pero, hijo mío, para no verme arrastrado demasiado lejos por la capacidad futura de tu percepción, sabe que los hombres de letras harán tan gran e incomparable jactancia sobre el modo como he encontrado el mundo...» Nostradamus anunciaba pues con ello, y no proféticamente, que gran número de libros concernientes a su obra no serían, a fin de cuentas, más que una «gran e incomparable jactancia»; pruebas hallará el lector en la importante bibliografía que se halla al final de esta obra.

Solicito, pues, a mi lector que me perdone la ausencia de verborrea —demasiadas logorreas han perjudicado suficientemente ya la obra de Nostradamus y su seriedad— negándome a participar en las múltiples escrituras que permitieron a gran número de detractores afirmar que se podía sacar de las centurias casi todo lo que quisiera encontrar en ellas, ya que esta obra maravillosa ha sido a menudo transformada en un vulgar «cajón de sastre» por algunos «duendes» de la literatura.

Trabajando para descifrar cuartetas particularmente precisas en lo referente a los nombres de lugar que mencionan, advertí que los exegetas las habían dejado de lado sistemáticamente para conservar sólo aquellas que podían ser torturadas a discreción, para poner en ellas sus propias convicciones o, mejor, acontecimientos históricos inventados o deformados para las necesidades de la causa. Y las traiciones cometidas con respecto al texto de Nostradamus no pertenecen sólo a la historia; en efecto, he descubierto, en numerosos libros, definiciones de palabras o traducciones de palabras latinas que no podían hallarse en ningún diccionario, lo que me obliga a sacar la conclusión de que dichas definiciones han sido inventadas al albur del deseo de los traductores de encontrar, a cualquier precio, un sentido cualquiera a tal o cual palabra.

Por otra parte, y puesto que Nostradamus escribió en su carta a César que había redactado sus cuartetas sin orden alguno, me pregunto a menudo cómo ciertos exegetas, ciertamente convencidos de buscar en la buena dirección, han escrito libros para demostrar que habían descubierto una plantilla de código o un sapiente cálculo que, ante la evidencia y examinando los resultados, les han conducido a un camino sin salida.

Por lo que se refiere a la astrología, debemos preguntarnos por qué ningún astrólogo ha anunciado jamás, antes del hecho naturalmente, un suceso cualquiera. Si la posición de los astros en el cielo determinara la historia del hombre, hace ya mucho tiempo que todos los acontecimientos habrían sido programados, día tras día, mes tras mes, año tras año. De modo que hubiéramos debido saber que el primero de septiembre de 1939, de acuerdo con la posición de los astros aquel día, iba a estallar la Segunda Guerra Mundial o que, el 13 de mayo de 1958, Argelia sufriría un sobresalto que la llevaría a la Independencia. Se comprende pues la severa puesta en guardia de Nostradamus dirigida a los astrólogos: «Que todos los astrólogos, los tontos y los bárbaros se alejen de mi obra». Semejante proposición arrebataría al hombre cualquier libre albedrío, le convertiría en una especie de robot programado por una sucesión ininterrumpida de catástrofes y nos transformaría a todos en un rebaño de irresponsables cuya vida carecería ya de sentido alguno. El profeta no hace pues otra cosa que ver por adelantado el comportamiento de los hombres que escriben ellos mismos su historia, con sus propias voluntades, sus decisiones y, sobre todo, sus enteras, pesadas e inalienables responsabilidades.

El estudio del texto de Nostradamus ha sido, desde hace muchos años, y continúa siéndolo hoy para mí, un maravilloso instrumento de enriquecimiento personal y de cultura, tan enciclopédico es el espíritu y el contenido de las centurias, que abren la inteligencia a numerosas disciplinas y reconcilian al adulto con materias que, cuando era un mocoso, había hallado pesadas y sin atractivo alguno.

*
* *

Tenemos ahora que ocuparnos de la profecía de Nostradamus. ¿En qué dominio, en qué país, sobre qué cambios de la historia ha «recibido» Nostradamus una visión detallada?

Esta es la cuestión acerca de la que más han palabreado los exegetas; los autores anglosajones y americanos, en particular, han intentado hallar en ella el mayor número de acontecimientos posibles concernientes a los Estados Unidos de América.

Advirtamos, en principio, que Nostradamus es francés y buen católico, que la Iglesia a la que pertenece será, en su obra, la única referencia a una dependencia cualquiera.

Su mensaje estará centrado pues en Francia y en la historia de la Iglesia católica, vista a través del Papado, verdadera columna vertebral de la civilización occidental cristiana, puesto que representa la única continuidad histórica de dicha civilización. Y cuando se sabe, gracias a Nostradamus pero también a Malaquías (1), que el final de la civilización occidental corresponde al final de la Iglesia Católica, con la destrucción de Roma, se comprende fácilmente porqué los países más citados por Nostradamus son, por este orden, Francia, Italia y España, las tres hermanas latinas, portadoras del catolicismo.

Por ello gran número de autores, animados por un anticlericalismo visceral y primario, y sin lograr elevarse por encima de sus partidistas intolerancias, no han podido acceder al sentido profundo del mensaje de Michel de Nostredame. Por ello también, los Estados Unidos de América interesaron poco al profeta, puesto que representan, en la civilización occidental, una potencia material y tecnológica, no espiritual, y además se

_____
(1) Primer obispo de Armagh, en Irlanda; escribió la célebre profecía de los papas.

trata de un país protestante, relativamente poco concernido, en el plano metafísico, por, en un primer tiempo, la destrucción de París, capital de Francia, hija primogénita de la Iglesia, y por la de Roma, cuna del catolicismo.

Y tal vez sea ese estado de hecho el responsable de la constante y repetida ceguera de los dirigentes norteamericanos ante los peligros que amenazan a la Europa católica; la excepción está evidentemente representada por la lucidez de John Kénnedy, primer presidente de los Estados Unidos que fue católico.

Nostradamus dio pues una larga mirada al período que se extiende de 1792, año del comienzo del fin de la civilización occidental, a 1999, que es el fin propiamente dicho.

Y se comprende entonces que Nostradamus haya consagrado a Napoleón I un importante número de cuartetas, formulando sobre el personaje un severo juicio en función de su lucha con la Iglesia católica; el anticlericalismo de los filósofos del siglo XVIII, puesto en aplicación por los revolucionarios de «prairial» (1), fue proseguido por el hijo de la revolución: «el general vendimiario» (2). Por ello, también, Napoleón III y Garibaldi, cuyo común combate contra el Papado conducirá al final del poder temporal del Papa, tuvieron derecho a numerosos detalles de sus vidas. Para Nostradamus, la historia de la civilización cristiana se halla estrechamente vinculada a la del pueblo de Israel, pues jamás hay que olvidar que el cristianismo se extendió por el mundo a partir de Palestina. Por lo tanto, todo cuanto concierne al mundo musulmán, y particularmente en la segunda mitad del siglo XX, interesó a Nostradamus hasta el punto de que reservó a ello un número muy importante de textos, describiéndolo con múltiples calificativos: Bárbaros, a causa de las costas de Berbería, Arabes, Media Luna, Ismaelitas, Moros, Lunares, Persia, Túnez, Argelia, Bizancio, Turquia, Marruecos, Fez, Mahoma, Aníbal y Púnica, a causa del odio que los cartagineses sentían por Roma, Siria, Judea, Palestina, Hebrón, Solimán, Mesopotamia (Irak); todas estas palabras representan al menos ciento diez cuartetas. Este simple dato estadístico constituye ya una demostración profética pues Nostradamus vio simultáneamente la detención de la expansión del Imperio otomano, en Lepanto, 1571, y el regreso del poder musulmán en la segunda mitad del siglo XX.

Si Nostradamos ha colocado en su obra una importante cantidad de cuartetas particularmente precisas, como aquellas en las que se encuentran, Varennes (IX, 20), Buffalora (VIII, 12), Magnavacca (IX, 3), etc., fue para que el día en que sus textos fuesen —!por fín!— comprendidos,

---

(1) *Prairial,* nombre de uno de los meses en el calendario puesto en vigor por la Revolución Francesa (1792). «Los revolucionarios de prairial» son los republicanos que, el 18 de julio de 1799, iniciaron una ofensiva contra los moderados que supuso una victoria para los republicanos. (N. de T.)
(2) Es decir Napoleón I. (N. del T.)

se reconociese el valor de su obra; cosa que predijo ya en la carta a César: «Y las causas serán comprendidas universalmente en toda la tierra... Pues la misericordia de Dios no se extenderá ya durante cierto tiempo, hijo mío, hasta que la mayoría de mis profecías se hayan cumplido y este cumplimiento sea total... pese a esta forma velada, esas cosas se harán inteligibles: pero cuando la ignorancia haya sido disipada, el caso estará entonces más claro».

Aix-en-Provence, 1 de junio de 1980

ABREVIACIONES

A.E.	:	«ALPHA» Encyclopédie — 17 volúmenes.
A.V.L.	:	Atlas Vidal-Lablache.
A.U.	:	Atlas Universalis.
C.U.C.D.	:	Chronologie Universelle — Ch. Dreys — Hachette, 1873.
D.A.F.L.	:	Dictionnaire d'Ancien Français Larousse.
D.D.P.	:	Dictionnaire des Papes. Hans Kuhner. Buchet-Chastel, 1958.
D.E.N.F.	:	Dictionnaire étymologique des noms de famille. Albert Dauzat. Librairie Larousse, 1951.
D.G.F.	:	Dictionnaire Grec-Français. A. Chassang.
D.H.3.	:	Documents d'Histoire —3°— Cours Chaulanges.
D.H.4.	:	Documents d'Histoire —4°— Cours Chaulanges.
D.H.B.	:	Dictionnaire d'Histoire — N.M. Bouillet. Hachette 1880.
D.H.C.D.	:	Dictionnaire d'Histoire. Ch. Dezobry. 2 vol.
D.L.	:	Dictionnaire Littré. 4 volúmenes.
D.L.L.B.	:	Dictionnaire Latin. Le Bègue.
D.L.7.V.	:	Dictionnaire Larousse. 7 volúmenes.
D.P.	:	Dictionnaire de la Provence et du Comté Venaissin. Jean Mossy. Marseille, 1785.
D.S.G.M.	:	Dictionnaire de la Seconde Guerre mondiale. Jean Dumont. Historama, 1971.
D.S.H.	:	Dossiers secrets de l'Histoire. A. Decaux. Librairie académique Perrin, 1966.
E.U.	:	Encyclopaedia Universalis. 20 vol.
G.P. & M.R.	:	Garibaldi. Paolo et Monika Romani. Les géants de l'Histoire. Fayolle, 1978.
H.A.B.	:	Hitler. Allan Bullock. Marabout Université, 1963.
H.C.4:	:	Histoire classe de 4°. Fernand Nathan.

H.D.A.	:	Histoire de l'Allemagne. André Maurois. Hachette, 1965.
H.D.C.A.E.	:	Histoire de Chypre. Achille Emilianides. PUF «Que sais-je?» n° 1009.
H.D.G.M.	:	Histoire de la Grèce moderne. Nicolas Svoronos. «Que sais-je?» n° 578.
H.D.M.J.G.	:	Histoire de Malte. Jacques Grodechot. «Que sais-je?» n° 509.
H.D.V.F.T.	:	Histoire de Venise. Freddy Thiriet. «Que sais-je?» n° 522.
H.E.F.D.P.	:	Histoire d'Espagne. Fernando Díaz Plaja. France-Loisirs.
H.F.A.	:	Histoire de France. Anquetil. París, 1829.
H.F.A.C.A.D.	:	Histoire de France et des Français. André Castelot et Alain Decaux. 13 volúmenes. Plon et Librairie académique Perrin, 1972.
H.F.A.M.	:	Histoire de France. Albert Malet.
H.F.J.B.	:	Histoire de France. Jacques Bainville.
H.F.P.G.	:	Histoire des Français. Pierre Gaxotte.
H.F.V.D.	:	Histoire de France. Victor Duruy.
H.R.U.	:	Histoire du Royaume Uni. Coll. Armand Colin, 1967.
H.I.S.R.	:	Histoire de l'Italie, du Risorgimento à nos jours. Sergio Romano. Coll. Point. Le Seuil, 1977.
H.L.F.R.A.	:	Histoire de la Libération de la France. R. Aron. Fayard.
H.S.F.	:	Histoire de la Société Française. L. Alphan et R. Doucet.
L.C.H.3. y 4.	:	La Classe d'Histoire en 3°, en 4°.
L.C.I.	:	La campagne d'Italie. Maréchal Juin. Ed. Guy Victor, 1962.
L.D.G.	:	La Dernière Guerre. Ed. Alphée. Monaco.
L.D.R.	:	Le Dossier Romanov. Anthony Summers. Tom Mangold. Albin Michel, 1980.
L.F.L. XIV	:	La France de Louis XIV. Culture, Art, Loisirs.
L.G.E.S.G.M.	:	Les Grandes Enigmes de la Seconde Guerre mondiale. Ed. St-Clair. París.
L.G.R.	:	Les Guerres de Religion. Pierre Miquel. Fayard, 1980.
L.G.T.	:	La Grande Terreur. Robert Conquest. Stock, 1970.
L.M.C.	:	Le Monde Contemporain. Hatier.
L.M.S.H.	:	Le Mémorial de Saint-Hélène. Las Cases.
L.R.F.P.G.	:	La Révolution française. Pierre Gaxotte. Fayard.
L.S.E.O.A.	:	Le Second Empire. Octave Aubry. Fayard.
L.T.R.	:	Le Temps des Révolutions. Louis Girard.
L.XIV.J.R.	:	Louis XIV. Jacques Roujon. Ed. du Livre Moderne, 1943.

M.A.B.   : Mussolini, le Fascisme. A. Brissaud. Cercle Européen
              du Livre, Robert Langeac, 1976.
M.C.H.   : Mussolini. Christopher Hibbert. R. Laffont, 1963.
M.G.R.   : Mythologie grecque et romaine. Classiques Garnier.
N.E.E.   : Napoléon et l'Empire. Hachette, 1968.
N.E.L.G.I.   : Napoléon et la Garde Impériale. Commandant Henry
              Lachouque. Ed. Bloud et Gay.
N.L.M.   : Napoléon. Louis Madelin. Hacuette.
P.C.H.F.   : Précis chronologique d'Histoire de France. G. Dujarric.
              Albin Michel, 1977.
P.G.B.   : Pétain. Georges Blond. Presses de la Cité, 1966.
V.C.A.H.U.   : Vingt-cinq ans d'Histoire Universelle. Michel Mourre.
              Ed. Universitaires, 1971.

CAPITULO SEGUNDO

NOSTRADAMUS: HISTORIADOR

LAS CUARTETAS DE ADVERTENCIA

I, 1.

Estant assis de nuict secret (1) estude,
Seul, reposé sur la selle (2) d'aerain?
Flambe (3) exiguë sortant de sollitude,
Fait prospérer (4) qui n'est à croire vain.

Estando de noche estudiando en mi secreto (1) retiro
Sentado, solo, en un sillón (2) de cobre
Pequeña llama (3) de la soledad surge
Hace prosperar (4) lo que no puede creerse vano.

Traducción

Sentado, de noche, estudiando solo en un lugar retirado, apoyado en un sitial de bronce, una pequeña llama sale de la soledad y hace que se logren cosas (predicciones) que no deberán creerse vanas.

La historia:

Varios exegetas han querido, a toda costa, que Nostradamus hubiera sido un «gran iniciado» y hubiera trabajado en grupo, secta, logia, taller, etcétera, ahora bien él mismo desmiente formalmente este aserto en la primera cuarteta de su primera Centuria, repitiendo por dos veces, en dos versos distintos, que ha sido inspirado y ha trabajado *solo* en su gabinete de Salón.

Este sitial de bronce se ha prestado a numerosas interpretaciones esotéricas más o menos fantasiosas. Sin intentar buscarle tres pies al gato, es más sencillo referirse al simbolismo cristiano para hallar en él la búsqueda de cierta mortificación corporal. Sentado sobre un sitial duro y trabajando de noche, Nostradamus podía luchar contra la somnolencia y mantener despierto su espíritu.

(1) Latín: *secretum:* lugar retirado, retiro. D.L.L.B.
(2) Latín: *sella:* silla, sitial. D.L.L.B.
(3) Proviene del francés antiguo: llama. D.A.F.L.
(4) Latín: *prospero:* favorezco, hago tener éxito. D.L.L.B.

57

Por lo que se refiere a la pequeña llama, es idéntica a la que descendió sobre la cabeza de los apóstoles en Pentecostés. Simboliza el ESPIRITU y es pues la inspiración divina.

I, 2

La verge (1) en mains mise au milieu de Branches (2)
De l'onde (3) il moulle (4) et le limbe (5) et le pied,
Un peur (6) et voix fremissent par les manches (7),
Splendeur divine le divin près s'assied.

Con la varita (1) en la mano en medio de Branco (2)
Moja (3) con la ola (4) el borde (5) y el pie,
Un miedo (6) y una voz se agitan en los débiles (7)
Divino esplendor, el divino se sienta junto a él.

Traducción:

Con la varita mágica o su símbolo de médico, el caduceo de Mercurio, entre las manos puesta por quien tiene el don de profecía, de la ola, el chorro (de palabras), modela el pie y la medida (de sus versos); hay ahí de qué hacer que se estremezcan de terror los débiles: esplendor divino, lo divino se sienta a su lado.

Esta cuarteta ha dado también lugar a interpretaciones mágicas y esotéricas mientras que, siguiendo el impulso de la 1ª cuarteta, continúa explicando cómo será la profecía. Y para que su lector no se pierda en escabrosas hipótesis referentes a la inspiración que le hace escribir, Nostradamus, como en la precedente cuarteta, repite por dos veces lo que es más importante, es decir la palabra «divino»; retomando de este modo como un leitmotiv, lo que afirmaba ya en la carta a César: «... con el auxilio de la inspiración y de la revelación divina, en continuadas velas y suputaciones, he redactado mis profecías».

(1) Latín: *virga:* rama delgada, varita mágica, pero también el caduceo de Mercurio. D.L.L.B.
(2) Branchus, sacerdote de Apolo a quien éste había concedido el don de la profecía. D.L.L.B.
(3) Latín: *unda:* agua en movimiento, chorro. D.L.L.B.
(4) Latín: *mollire:* que ha modelado (*modler* en francés antiguo). D.A.F.L.
(5) Latín: *limbus:* borde, entorno, orilla. D.L.L.B.
(6) Latín: *pavor:* sustantivo masculino: miedo, terror. D.L.L.B.
(7) Francés antiguo: manco, débil. D.A.F.L.

Qui legent hosce versus natura censunto:
Prophanum vulgus et inscium ne attrectato:
Omnesque Astrologi, Blenni. Barbari procul sunto,
Qui aliter faxit, is, rite sacer esto.

Traducción:

Precaución de regla contra las críticas estúpidas.

Que quienes lean estos versos los juzguen naturalmente:
Que la multitud profana e ignorante no sea atraída:
Y que todos los Astrólogos, los tontos y los bárbaros se alejen.
Que quien actúe de otro modo sea justamente consagrado.

Se trata aquí de una serie de advertencias capitales, y muy particularmente en lo que concierne a los Astrólogos, asimilados a los tontos y a los bárbaros. Podría creerse que hay una contradicción con lo que Nostradamus escribe en su carta a César cuando afirma haber utilizado la Astrología estimativa.

Sin embargo, no existe ahí contradicción alguna pues la Astrología, en el siglo XVI, no era más que el estudio de los astros y, por lo tanto sinónimo de astronomía. En cambio, en el siglo XX esas dos palabras aluden a disciplinas muy distintas; es pues evidente que Nostradamus se refiere a los astrólogos modernos. Ilustraré esta cuarteta con el ejemplo de un libro escrito en 1938 por un «eminente» astrólogo que aplicaba su «ciencia» a Nostradamus; me refiero a Maurice Privat que titulaba así su obra: *1940, prédictions mondiales, année de grandeur française* (2), es decir: «1940, predicciones mundiales, año de grandeza francesa».

Este libro salía de la imprenta algunos meses después del de mi padre, en el cual se anunciaba la guerra franco-alemana.

(1) Esta es la única cuarteta que Nostradamus escribió en latín. No está numerada y, en la obra, se sitúa entre la cuarteta 100 de la VI Centuria y la cuarteta 1 de la VII Centuria, es decir, exactamente en medio de las XII Centurias.
(2) Ediciones Médicis, París, 1938.

LA SUBLEVACION DEL DUQUE DE ALBA
CONTRA EL PAPA PAULO IV - 1557
GUERRA ENTRE EL DUQUE DE ALBA
Y EL DUQUE DE GUISA - 1557

VII, 29

Le grand Duc d'Albe se viendra rebeller (1),
A ses grands pères fera le tradiment (2):
Le grand de Guise le viendra debeller (3),
Captif mené et dressé monnument (4).

El gran Duque de Alba se rebelará (1)
Y traicionará a los grandes padres (2):
El grande de Guisa vendrá a terminarlo victoriosamente (3).
Cautivo llevado y levantado monumento (4).

Traducción

El gran duque de Alba se rebelará y traicionará a los padres (de la Iglesia), concluirá la guerra con una victoria sobre el duque de Guisa, habiendo sido llevados los prisioneros y se le recordará.

La historia:

«Paulo IV había sorprendido las cartas del ministro de España a su corte dando cuenta al *duque de Alba* de la leva de tropas de ciertos barones romanos y de su predisposición *a la revuelta*, por poco que él les apoyara. Enterado de ello, no sólo despoja a unos y excomulga a otros, sino que incluso hace detener a uno de los enviados de España. En vano reclama el duque, en vano ofrece acomodos, el Papa está sordo a todas las proposiciones. *El duque hace entonces penetrar sus tropas en tierras de la Iglesia* y toma posesión de distintas ciudades, de las que se apodera en nombre de la Santa Sede y del futuro Papa... El Papa necesitaba mucho ya la ayuda de Francia. La decisión del consejo de Francia le devolvió pronto toda su altura, y él dio un esplendoroso testimonio de ello declarando a Felipe, rey de España, *rebelde* a su soberano y como tal, privado de su reino de Nápoles. Felipe, por su lado, utilizaba todas las malas artes que podían provocar la guerra con Francia. *El intercambio de prisioneros* (cautivo llevado), que había sido el motivo de la tregua, sufría cada día nuevos retrasos... De pronto, el *duque de Guisa*, a la cabeza de un ejército, cruza los montes y avanza hasta el Milanesado para dirigirse inme-

(1) Latín: *rebello:* recomienzo la guerra, me levanto, me rebelo. D.L.L.B.
(2) Latín: *trado:* traiciono. D.L.L.B.
(3) Latín: *Debello:* termino la guerra con una victoria. D.L.L.B.
(4) Latín: *monumentum:* todo lo que reclama un recuerdo. D.L.L.B.

diatamente hacia Nápoles. El duque de Alba, virrey, no teniendo tropas suficientes, se sintió al comienzo muy indeciso ante tan poderoso ejército... El duque de Guisa, mal secundado, no hizo progreso alguno; el ejército de tierra se agotaba en marchas y contramarchas para atraer al duque de Alba a una batalla; pero éste había comprendido que permanecer a la defensiva ante un enemigo que intenta una invasión equivalía a vencer. No pudieron forzarle a trastornar el plan que se había forjado, y todos los *honores* (levantado monumento) de la campaña le correspondieron» (1).

MUERTE DE ENRIQUE II - 10 de julio de 1559

I, 35

Le Lyon jeune le vieux surmontera,
En champ bellique (2) par singulier duelle,
Dans cage d'or les yeux lui crèvera,
deux classes (3) une puis mourir mort cruelle.

El león joven superará al viejo,
En campo bélico (2), por singular duelo,
En jaula de oro le reventará los ojos,
Dos combates (3) uno, luego morir de muerte cruel.

Traducción:

El joven león vencerá al viejo por medio de un torneo en la liza. Le reventará el ojo en el yelmo dorado, en uno de los dos combates, luego morirá de muerte cruel.

La historia:

«El tercer combate va a comenzar, el rey monta un caballo que pertenece a Emmanuel-Philibert. Está encantado con el alegre ardor que muestra su cabalgadura y hace que se lo comuniquen a su futuro cuñado, que le responde solicitándole, en nombre de la reina, «que no siga lidiando», pues era tarde ya «y el tiempo extremadamente caluroso». Efectívamente, acaban de dar las doce del mediodía, pero Enrique responde que el es *tenant* y que, como tal, según es costumbre, debe correr tres lanzas. Su adversario ha montado ya. Es el comandante de la guardia escocesa: Gabriel de Lorges, conde de Montgomery.

(1) H.F.A.
(2) Campo bélico: liza, empalizada que cierra el espacio destinado a los torneos. D.A.F.L.
(3) Latín: *classis:* ejército, flota, combate; *classes depugnare:* librar un combate. D.L.L.B.

«Trompetas y clarines suenan y charanguean a todo trapo y aturden los oídos». Los dos hombres han elegido campo, luego se arrojan uno sobre otro. El choque es terrible, ambas lanzas se rompen, pero los combatientes no muerden el polvo. El rey podría detenerse ya, pero quiere romper una nueva lanza (dos clases una). «Sire, le suplica Vieilleville, juro por Dios vivo que hace más de tres noches que no hago más que pensar que hoy va a sucederos una desgracia, y que esta última justa os será fatal, haced lo que os plazca». Montgomery insiste también para detener el combate, pero el rey decide proseguir. El mantenedor *(tenant)* y el asaltante se precipitan uno contra otro. De nuevo el choque es terrible, ambas lanzas se rompen, les es difícil a caballeros y monturas recuperar su equilibrio. Llegados al extremo del corredor, ambos combatientes dan media vuelta. Enrique II toma una nueva lanza, pero Montgomery olvida arrojar el trozo de asta que lleva en la mano. Inhabitualmente, no se sabe por qué, las trompetas han enmudecido. Los caballeros cubiertos de hierro vuelven a galope tendido, y sólo se oye el chirrido del acero y el martilleo de las herraduras en la arena que cubre la calzada. Los espectadores retienen su respiración, todos advierten que el comandante de la guardia escocesa no ha arrojado su arma rota, sigue llevándola delante de él. Ambos hombres chocan de nuevo, el pedazo de lanza de Montgomery resbala sobre la coraza, levanta *la visera del casco* y penetra en la cabeza del rey... El rey es conducido a las Tournelles. La herida es atroz. La lanza ha penetrado por el *ojo* derecho y salido por la oreja... Mientras el rey *agonizaba* (muerte cruel), Diana permanecía encerrada en su casa... El 10 de julio por la mañana el rey expiró» (1).

LA CONJURA DE AMBOISE
Marzo de 1560

IV, 62

Un coronel (2) machine (3) ambition (4)
Se saisira de la plus grande armée:
Contre son prince feinte invention
Et descouvert sera sous la ramée (5)

Un coronel (2) maquina (3) ambición (4),
Se apoderará del mayor ejército,
Contra su príncipe imagina estratagemas,
Y será descubierto bajo las ramas (5).

(1) H.F.A.C.A.D.
(2) Latín: *coronalis:* de corona. D.L.L.B.
(3) Latín: *machina:* en sentido figurado: estratagema, intriga. D.L.L.B.
(4) Latín: *ambitio:* intriga, complot. D.L.L.B.
(5) Latín: *raim:* ramaje. D.A.F.L.

Traducción:

Ardides e intrigas para apoderarse de la corona conducirán al prendimiento de las principales fuerzas militares del país. Contra el rey se imaginará una estratagema que será descubierta bajo las ramas.

La historia:

«Los protestantes *complotaron para secuestrar* al rey en el castillo de Amboise alejándole de la influencia de los Guisa. Un gentilhombre desconocido, La Renaudie, fue el jefe nominal del complot, cuyo jefe secreto era el príncipe de Condé. Pero la conjura de Amboise fue descubierta; *sorprendidos en los bosques vecinos* (bajo las ramas) los conjurados fueron ahogados, decapitados, colgados hasta en las almenas del castillo» (1).

Cuando el primer movimiento de furor hubo pasado, se pensó en dar cierta apariencia de justicia a las ejecuciones precedentes, condenando jurídicamente a algunos jefes de los conjurados.

Uno de los *más considerables* fue Castelnau. Se había entregado por su propia voluntad confiando en la palabra de Jacques de Saboya, duque de Nemours; habiéndole atacado éste, con fuerzas muy superiores, en el castillo de Noizai, *depósito de armas* de los conjurados, entró en conversaciones con él... Nemours juró ponerle a salvo. Castelnau le siguió, pero en cuanto llegaron a Amboise, fue encerrado y encadenado» (2).

EL TUMULTO Y LA GUERRA DE LOS GUISA - 1560
LA GUERRA DE CONDE - 1562

XII, 62

Guerres, débats (3), à Blois guerre et tumulte,
Divers aguets (4), adveux inopinables (5):
Entrer dedans Chasteau Trompette (6), insulte (7),
Chasteau du Ha (8), qui en seront coupables.

Guerras, debates (3), en Blois guerra y tumulto,
Distintas emboscadas, (4), increíbles confesiones (5):
Penetrar en el castillo Trompette (6), ataque (7),
Castillo del Ha (8), los que serán culpables.

(1) H.F.A.M.
(2) H.F.A.
(3) Los estados de Blois, en 1976; fueron un triunfo para la Liga. Los diputados reivindicaron los derechos de la nación a administrar la cosa pública. Y votaron la continuación de *la lucha* contra los protestantes. Los segundos estados de Blois, en 1588, fueron también un triunfo para los de la Liga, que se mostraron *más violentos* todavía que en 1576. D.L.7.V.
(4) Emboscada, acecho. D.A.F.L.
(5) Latín: *inopinabilis:* inconcebible, increíble. D.L.L.B.
(6) Célebre fortaleza que se levantaba, en Burdeos, a orillas del Garona y que fue demolida en 1785. D.L.7.V.
(7) Latín: *insulto:* ataco, enfrento. D.L.L.B.
(8) Ham: capital del cantón del Somme, célebre castillo construido en 1470 y que sirve de *prisión de Estado.* D.H.B. *Ejemplo de apócope.*

63

Traducción:

Habrá guerras y debates (estados generales) en Blois, así como tumultos, distintas emboscadas e increibles confesiones. Se atacará el castillo Trompette para penetrar en él, pero los culpables serán encarcelados.

La historia:

«Para conseguir la absolución de Calvino, era preciso ganarse a los príncipes de la sangre. Ellos se guardaban de tomar partido, limitándose a alentar, bajo mano, a los opositores que así parecían *conspiradores*. Condé, quien menos tenía que perder, era el más atrevido. Borbón no se movía. Por fin se halló un gentilhombre sin fortuna, la Renaudie, para tomar la cabeza de un extraño *complot* que quería acusar a los Guisa de crímenes de concusión y lesa majestad. Condé aceptó ponerse a la cabeza del complot. Cuando La Renaudie envió a las provincias mensajeros para que incitaran a la gente fiel al rey a unirse para hacer fracasar la nefasta política de los Guisa, miles de hombres se pusieron en camino. En febrero de 1560, un *inmenso tumulto* se producía en la embocadura del Loira. La Corte, que estaba en *Blois*, creyó prudente refugiarse enseguida en el castillo de Amboise.

«Condé, mientras, enrolaba, tenía el campo libre: Borbón era el rehén de Catalina. En las regiones, los hugonotes se movilizaban, todo el mundo tomaba las armas. Mientras, en París, Condé duda. Guisa se le adelanta, se precipita hacia el castillo de Fontainebleau, se lleva por fuerza, a París, al rey y a la reina. Condé puede creer y hacer decir que están prisioneros. Pero Catalina multiplica las declaraciones favorables a los Guisa, denuncia a los conspiradores hugonotes. Los Guisa deben dejarle hacer: ella toma la cabeza de su partido... Desde Meaux, Condé se ha dirigido a Orleans que ha «liberado» con un puñado de caballeros. Todo el valle del Loira cae en sus manos. Las ciudades se le entregan, en el entusiasmo de las *asambleas* (debates) reformadas, muy numerosas en Tours, *Blois* y Angers. Es la revancha del *«tumulto»* fracasado. A comienzos de abril, el levantamiento en armas llega a las provincias como un reguero de pólvora... Duras había fracasado, en 1562, cuando había *intentado tomar*, por orden de Condé, el *castillo Trompette*. Montluc le había alejado de la ciudad. Tras su intervención, los magistrados o «jurados» habían prometido «no escatimar ni sus bienes ni su sangre por el servicio del rey y de la buena religión antigua, católica y romana». La persecución había eliminado físicamente a los calvinistas más destacados. Los otros se mantenían tranquilos o regresaban al catolicismo...» (1).

(1) L.G.R.

EL REY DE NAVARRA, ANTOINE DE BORBON
SE ENTREGA AL TRIUNVIRATO - 1561.
MUERTE DE ANTOINE DE BORBON
EN EL SITIO DE ROUEN - 1562

IV, 88

Le grand Antoine (1) du nom de faict sordide,
De Phtyriase (2) à son dernier rongé:
Un qui de plomb (3) voudra estre cupide,
Passant le port d'esleu sera plongé.

El gran Antoine (1) del nombre de hecho sórdido,
Roído en su final por la pitiriasis (2):
Uno que de plomo (3) querrá ser ávido,
Será sumergido pasado el puerto elegido.

Traducción:

El gran Antoine del nombre (Borbón) (se entregará) a un acto sórdido, en su último (día) será roído por la plaga, porque habrá sido uno de los que se habrán mostrado ávidos de plomo, al pasar por el puerto, será sumergido (en la tumba) por quienes le han elegido.

La historia:

«Para vincular el rey de Navarra al triunvirato, el rey de España, como compensación por la parte de Navarra que retenía, prometió el reino de *Cerdeña.* Se publicaron las descripciones más pomposas de esta isla, de su fertilidad, de sus *puertos,* de sus ciudades. Se hizo comprender también al débil *Antoine* que éste era el único medio de lograr de España el equivalente de las tierras que esta monarquía retenía y que, uniéndose a los reformados, se cerraba para siempre el camino de la fortuna. Estas consideraciones decidieron al rey de Navarra: se alió abiertamente con los Guisas, se declaró sin reservas en favor de los católicos... Rompió también con los calvinistas...»

«El sitio de *Rouen* (4) es famoso por la muerte del rey de Navarra.

(1) Antoine de Borbón, rey de Navarra, duque de Vendôme, nacido en 1518, se convirtió (1548) en rey de Navarra por su matrimonio con Jeanne d'Albret. A la cabeza del ejército católico tuvo que *combatir a su propio hermano,* Condé, que se hallaba al frente de los protestantes. Nacido en el seno de la Reforma, se atrajo el odio de los protestantes, al abandonar su culto; los propios *católicos le echaron poco de menos.* D.H.D.

(2) Enfermedad pedicular, plaga. D.L.7.V.

(3) Cerdeña: Las riquezas minerales son abundantes: las minas explotadas ya por los romanos, producen *plomo,* plata, hierro y zinc. D.L.7.V.

(4) Rouen: *puerto* en el Sena, a 120 kilómetros del mar. D.L.7.V.

Recibió una herida de la que los cirujanos, en principio, no tuvieron mala opinión, pero, en pocos días, su mal le condujo a la tumba. *Descendió* a ella con las halagüeñas esperanzas que le había dado el rey de España de poseer Cerdeña; y la agradable idea de la vida que esperaba llevar en aquella isla (1)».

MUERTE DE NOSTRADAMUS
2 de julio de 1566

Presagio 141

De retour d'Ambassade, don de Roy mis au lieu
Plus n'en fera: sera allé Dieu
Parans plus proches, amis, frères du sang,
Trouvé tout mort près du lict et du banc.

Regresando de Embajada, don del Rey puesto en lugar
No hará más: se habrá ido a Dios
Parientes más próximos, amigos, hermanos de sangre,
Hallado muerto junto al lecho y al banco.

Traducción:

Al regreso de una visita, y habiendo puesto en lugar seguro el don que el Rey le hizo, no podrá actuar más, pues habrá muerto. Sus parientes cercanos, sus amigos, sus consanguíneos lo habrán hallado muerto junto a su cama y a su banco.

La historia:

Esta célebre cuarteta en la que Nostradamus predice su muerte se halla en todos los exegetas.

En 1564, Nostradamus visitó a Carlos IX, que le ofreció trescientos escudos de oro. Su familia y sus amigos lo hallaron muerto junto a su cama y al pie del banco en el que acostumbraba a sentarse.

Su obra estaba terminada.

Esta cuarteta es la última de la obra de Nostradamus, puesto que es seguida de las 58 sextillas que cierran la obra. Debe señalarse que en la carta a César con la que comienza la profecía, Nostradamus hablaba ya a su hijo de «la corporal extinción de tu progenitor».

(1) H.F.A.

EL SITIO DE MALTA POR LOS TURCOS - 1565
PARTICIPACION DE LOS MALTESES
EN LA BATALLA DE LEPANTO - 1571
REUNION DE LA FLOTA CRISTIANA EN MESINA -
24 de agosto de 1571

IX, 6

La pille faite à la coste marine,
Incita (1) nova (2) et parens amenez:
Plusieurs de Malte par le fait de Messine,
Estoit serrez seront mel (3) guerdonnez (4).

Pillaje hecho en la costa marina
Nuevos (2) impulsos (1) y parientes llevados:
Muchos de Malta por el hecho de Mesina
Estar oprimidos serán miel (3) recompensados (4)

Traducción:

Realizado el pillaje en las costas marinas, nuevas incursiones y el secuestro de parientes conducirán a varios hombres de Malta a participar en la acción de Mesina; los que estaban sitiados serán recompensados dulcemente.

La historia:

«En 1565 no podía ya caber duda: en Constantinopla, el viejo Solimán II preparaba gigantescos pertrechos de guerra. El objetivo permanecía misterioso. Pero *Malta* parecía el más probable... Entonces, al alba del 18 de mayo, los vigías señalaron en el horizonte ciento treinta y ocho galeras turcas. Al mando de Piali Pachá, transportaban un cuerpo de desembarco de más de treinta y ocho mil hombres con cincuenta cañones a las órdenes de Mustafa Pachá... Por fin, el 26 de agosto, la expedición de socorro sale de Siracusa. Los turcos, sin tentar más su suerte, comenzaron a embarcar de nuevo. El 12 de septiembre los últimos navíos musulmanes habían salido ya de las aguas de Malta. El gran *sitio* (oprimidos) había terminado. Pareció que de la suerte de Malta dependiera la de todo el Occidente... La victoria de Malta marca el comienzo del declive marítimo de Turquía. No se creyó así en seguida y, durante los siguientes años, se temió todavía un regreso ofensivo de los musulmanes. Pero seis años después del sitio de Malta, la gran

(1) Latín: *incitus:* impulsado, lanzado, impetuoso. D.L.L.B.
(2) Latín: *novus:* nuevo. D.L.L.B.
(3) Latín: *mel:* miel, cosa dulce. D.L.L.B.
(4) Recompensar. D.A.F.L.

victoria conseguida en Lepanto, en el golfo de Corinto, el 7 de octubre de 1571, por la Santa Liga (en la que colaboraron cuatro galeras de la *Orden de Malta*), mostró muy a las claras que el turco había perdido el dominio del Mediterráneo: doscientos treinta barcos de guerra turcos capturados o destruidos, treinta mil muertos o heridos, tres mil prisioneros, quince mil esclavos cristianos liberados (parientes llevados). Se decidió entonces la construcción de una nueva ciudad rodeada de gigantescas fortificaciones. Todos los soberanos católicos enviaron *dones*, el Rey de Francia entregó la suma mayor, 140.000 libras (miel recompensados) (1)».

«La batalla de Lepanto: toda la nobleza italiana y española se apresuró a alistarse bajo el estandarte de don Juan de Austria. La cita fue fijada en Messina. De Génova levaron anclas veinticinco galeras mandadas por los más ilustres patricios... Llegado a Messina el 24 de agosto con 90 galeras españolas, don Juan salió de nuevo el 16 de septiembre. Escribe al Rey que ha tomado la decisión de salir a la busca de la flota turca (2)...»

LA TOMA DE CHIPRE POR LOS TURCOS - 1571
EL SAQUEO DE LA ISLA

XII. 36

Assault farouche en Cypre se prépare,
La larme à l'oeil (3), de ta ruine proche:
Bysance classe, Morisque si grand tare;
Deux différents le grand vast par la roche.

Asalto feroz en Chipre se prepara,
La lágrima en el ojo (3), de tu ruina próxima:
Bizancio flota, morisco tan gran mal;
Dos distintos gran devastación por la roca.

Traducción:

Se prepara un asalto feroz contra Chipre, que se dispone a llorar pues su ruina está cercana, por la flota turca; el Islam producirá grandes perjuicios, y dos (ejércitos) distintos devastarán esos rocosos lugares.

La historia:

«El ascendente poderío turco alarma a la República de Venecia que, para conservar sus posesiones, quiere guardar la más estricta neutra-

---

(1) H.D.M.J.G.
(2) «Lepanto, una batalla de gigantes para salvar el Occidente»; André Thévenet, en *Historama*
(3) Tener la lágrima en el ojo: estar a punto de llorar. D.L.7.V.

lidad. Pero no podrá hacerlo. En 1566, los turcos ocupan la isla de Chio. En 1567, se apoderan de Naxos. El sultán Selím II se hace cada vez más arrogante para con los venecianos, *no oculta ya su intención de ocupar Chipre*. En 1570, envía a Venecia un embajador que solicita la cesión de la isla por razones de seguridad y de vecindad geográfica. Pero el Senado de la República rechaza con desprecio esta petición y hace saber al embajador que Venecia quiere conservar Chipre a cualquier precio.

A partir de aquel instante, comienza el *Conflicto armado*. El sultán, ofendido por la respuesta negativa de los venecianos, ordena a Lala Mustafá, jefe de su ejército, que *prepare una expedición contra Chipre*, y algunos meses más tarde, el 1.º de julio de 1570, la *flota turca* desembarca en el puerto de Larnaca, que ocupa sin resistencia. Pero los venecianos han reservado sus fuerzas para la defensa de Nicosia, la capital, y de Famagusta, el puerto principal.

Los turcos, pese a sus sucesivos asaltos, no consiguen vencer a los venecianos, y proponen entonces a sus adversarios la rendición voluntaria de la ciudad, a lo que los defensores se niegan sin discusión. Entonces, los sitiadores, reforzados por el ejército de Piali Pachá, que acaba de desembarcar, recomienzan sus asaltos. Desde los primeros días de septiembre, la posición de los venecianos se hace cada vez más desesperada y, el 9 de septiembre, Nicosia capitula. La bandera de la Media Luna es izada en las almenas. Durante tres días *todo es pillado, la masacre de los cristianos es general*, la catedral de Santa Sofía es convertida en mezquita.

En abril de 1571, Mustafá, cuyo ejército había sido reforzado por tropas de Siria y de Asia Menor (dos distintos), comienza el sitio del último bastión veneciano en Chipre. En la ciudad sitiada, Marco Antonio Bragadino, su valiente comandante, luchará hasta el fin con sus 7.000 hombres.

A comienzos del mes de agosto, deciden proponer a Mustafá la rendición de Famagusta en condiciones honorables, que Mustafá acepta.

Pero cuando Bragadino llega a su cuartel general, Mustafá no cumple su palabra: detiene a Bragadino, le encadena y le obliga a presenciar el suplicio de sus gentileshombres, antes de ser despellejado vivo (1).»

(1) H.D.C.A.E.

LA BATALLA DE LEPANTO
7 de octubre de 1571

III, 64

Le chef (1) de Perse remplira grands Olchades (2)
Classe trirème (3) contre gent mahométique
De Parthe et Mede (4), et piller les Cyclades (5)
Repos longtemps au grand por Ionique (6).

El jefe (1) de Persia llenará grandes bajeles (2),
Flota trirreme (3) contra gente mahometana
De Partia y Media (4) y saquear las Cícladas (5),
Descanso mucho tiempo en el gran puerto Jónico (6).

Traducción:

El Sha de Persia llenará grandes navíos, cuando una flota romana se dirigirá contra los musulmanes a causa de aquél que será como un parto y un medo, y del pillaje de las Cícladas; lo que asegurará por largo tiempo la tranquilidad en Jonia.

La historia:

«Fue en aguas del golfo de Lepanto donde tuvo lugar, en 1571, una gran batalla naval, en la que las flotas combinadas de Venecia, España y el Papa, mandadas por don Juan de Austria, derrotaron a la de los turcos, que perdieron, se dice, 200 galeras y 30.000 hombres, y con esta derrota *fueron detenidos en sus invasiones*».

«Selím II, llamado el borracho; sultán otomano 1566-1574, sucedió a su padre, Solimán II, tomó la isla de Chipre a los venecianos, perdió en el mismo año la batalla de Lepanto y murió de *intemperancia.*
El inauguró la serie de sultanes afeminados y sin gloria (7).»

«El orgullo, la crueldad, la bellaquería de los partos eran proverbiales. El Rey y los grandes habían adoptado muy pronto las costumbres fastuosas, *los vicios y la corrupción* de los monarcas orientales (7).»

«La *debilidad* de los príncipes medas alentó las insurrecciones (7).»

(1) *Sha:* del persa: rey, soberano. D.L.7.V.
(2) Ολαας,αδος : bajel de transporte. Por extensión: cualquier navío.
(3) Trirreme: bajel de guerra con tres hileras de remos superpuestos. Fue adoptado por todas las marinas griegas. El trirreme siguió siendo el tipo ordinario del bajel de guerra. Los romanos lo adoptaron también. D.L.7.V.
(4) Partia, Media y Persia eran provincias del Imperio Persa que se extendía al oeste hasta Turquía.
(5) Archipiélago del mar Egeo.
(6) Jonia: parte del Asia Menor que comprende, de modo general, el litoral del mar Egeo entre los golfos de Esmirna al norte y de Mendelia al sur. D.L.7.V.
(7) D.H.C.D.

DON JUAN DE AUSTRIA
MANDA EN LEPANTO LA FLOTA CRISTIANA
1571
COMBATE A LOS REBELDES EN LOS PAISES BAJOS - 1578

VI, 75

Le grand Pilot sera par Roy mandé,
Laisser la classe pour plus haut lieu attaindre:
Sept ans après sera contrebandé,
Barbare armée viendra Venise craindre.

El gran Piloto por el Rey será ordenado
Dejar la flota para alcanzar lugar más alto:
Siete años más tarde será contrabandado,
Bárbaro ejército llegará temer Venecia.

Traducción:

El gran jefe de la flota será nombrado por el Rey. Dejará la flota para llegar a un lugar más al norte. Siete años más tarde combatirá contra las bandas (rebeldes). El ejército musulmán tendrá que temer Venecia.

La historia:

«La Santa Liga, constituida por iniciativa del papa Pío V, con *Venecia y España*, consiguió al menos vengar el desastre de Chipre, tomada por los turcos el 1.° de agosto de 1571. Don Juan de Austria y Sebastián Venier consiguieron cortar completamente la ruta del oeste a los navíos turcos, aplastando la flota turca en Lepanto (7 de octubre de 1571) (1).»

«*Felipe II*, hijo y sucesor de Carlos Quinto en España, encargó a don Juan de Austria, hijo natural de Carlos Quinto (por el Rey será ordenado), en 1570, que sofocara un levantamiento de los moros de Granada. Elegido en 1571 por los príncipes cristianos para mandar *la flota* (el gran Piloto) que enviaban a luchar contra los turcos, ganó la célebre batalla de Lepanto, en la que los turcos perdieron treinta mil hombres y casi doscientos navíos. En 1573, se apoderó de Túnez, pero perdió de nuevo la plaza al año siguiente. En 1576, fue enviado por Felipe II a los Países Bajos, que se habían sublevado (lugar más alto), y derrotó a los rebeldes (contrabandado) en la llanura de Gembloux (enero de 1578) (2). Murió pocos meses después, cerca de Namur, de una fiebre maligna (3).»

(1) H.D.V.F.T.
(2) 1571-1578: siete años
(3) D.H.B.

LA MATANZA DE LA NOCHE DE SAN BARTOLOME
24 de agosto de 1572

Sextilla 52

La grand Cité qui n'a pain qu'à demy
Encore un coup la Sainct Barthelemy
Engravera au profond de son âme
Nismes, Rochelle, Genève et Montpellier
Castres, Lyon; Mars (1) entrant au Bélier (2),
S'entrebatront le tout pour une dame.

La gran Ciudad sólo a medias tiene pan
Un golpe más la San Bartolomé
Grabará en lo profundo de su alma
Nimes, Rochelle, Ginebra y Montpellier
Castres, Lyon; Marte (1) entrando en el carnero (2).
Combatirán entre sí por una dama.

Traducción:

París, que sufre penuria, al segundo toque (de campana), grabará en sus anales la noche de San Bartolomé. Nîmes, La Rochelle, Ginebra, Montpellier, Castres y Lyon serán teatro de combates por causa de una dama, la guerra (de religión) comenzará (al sonido de) la campana.

La historia:

«La guerra civil aprovecha siempre sólo al extranjero. Carlos IX y su madre, desprovistos de dinero, habían mendigado ya el auxilio del Rey de España y del duque de Saboya (3).»

«La reconciliación de ambos partidos parecía un hecho. Los gentileshombres protestantes regresaron en gran número a la corte. Carlos IX había incluido en su consejo al almirante de Coligny... El favor de Coligny iba a resultar fatal para los protestantes. *Catalina de Médicis,* cuya influencia disminuía, creyó que el poder iba a escapársele. Acababa de firmar un edicto, análogo al edicto de Amboise, que concedía a los protestantes *cuatro plazas de seguridad* en las que pudieron emplazar guarnición (1570). Se puso de acuerdo con el duque Enrique de Guisa para desembarazarse de Coligny por medio de un crimen... Catalina proyectó entonces, de acuerdo con Guisa, una matanza general de los jefes protestantes (4).»

«La campana de Saint-Germain l'Auxerrois tenía que dar la señal, a las tres, en la noche del 24 de agosto. No se aguardó hasta entonces. *A las dos* (un golpe más) *la campana* se puso en movimiento y, algo más tarde, le respondía el rebato de todas las iglesias (4).»

---

(1) Dios de la guerra: símbolo de los combates y de las luchas y matanzas.
(2) Carnero: campanilla, porque el carnero, jefe del rebaño, lleva al cuello el cencerro que sirve *para reunir a los demás.* D.L.7.V.
(3) H.F.P.G.
(4) H.F.A.M.

72

«El ejemplo de París fue imitado *en gran número de ciudades.* El número total de víctimas fue de unas *ocho mil* (1).»

LA NOCHE DE SAN BARTOLOME. ASESINATO DE COLIGNY
24 de agosto de 1572
EL DEFENSOR DE SAN QUINTIN - 1557

IV, 8

La grand Cité d'assaut prompt et repentin (2)
Surprins de nuict, gardes interrompus (3):
Les excubies (4) et veilles Sainct Quintin
Trucidez (5) gardes et les portails rompus.

La gran Ciudad de asalto pronto y repentino (2)
Sorprendida de noche, guardias cogidos (3):
Los centinelas (4) y vigías San Quintín
Degollados (5) guardas y rotas las puertas.

Traducción:

París será sorprendido de noche por un rápido asalto, habiendo sido intercerptados los guardias. Masacrados los centinelas y vigías de San Quintín, las puertas de la ciudad fueron derribadas.

La historia:

«Dos cosas honran para siempre su nombre (el del almirante Coligny): su primera acción de guerra: *la defensa de San Quintín* (6)...»

«La noche de San Bartolomé: la municipalidad de París estaba dispuesta. El preboste de los mercaderes, enviado al Louvre, recibió del Rey la orden de *cerrar las puertas...* La campana de Saint-Germain l'Auxerrois debía dar la señal a las tres, *en la noche* del 24 de agosto, fiesta de San Bartolomé... Un alemán, Besme, entró primero en la habitación. Coligny estaba de pie... Besme le hundió la espada en el pecho (6).»

«Philibert-Emmanuel, duque de Saboya, cayó de pronto sobre *San Quintín,* en donde se reunieron siete mil ingleses. El almirante de Coligny se encerró con setecientos hombres... Philibert-Emmanuel atacó y le derrotó por completo... Hubo más de *diez mil muertos* o heridos. (10 de agosto de 1557.) (6).»

(1) H.F.V.D.
(2) Latín: *repentinus:* súbito, imprevisto. D.L.L.B.
(3) Latín: *interrumpere:* interceptar. D.L.L.B.
(4) Latín: *excubiae:* guardas, centinelas. D.L.L.B.
(5) Latín: *trucidare:* masacrar, degollar. D.L.L.B.
(6) H.F.V.D.

«Coligny se encerró en San Quintín, sitiado por los españoles, y su valerosa defensa dio al país tiempo para armarse (1).»

ASESINATO DEL ALMIRANTE COLIGNY
24 de agosto de 1572

III, 30

Celui qu'en luitte et fer au fait bellique
Aura porté plus grand que lui le pris:
De nuict dans lict six lui feront la picque,
Nud sans harnois (2) subit sera surpris.

Aquél que en lucha y hierro al hecho bélico
Haya llevado más grande que él el precio:
De noche en el lecho seis le atravesarán
Desnudo sin arnés (2) pronto será sorprendido.

Traducción:

Aquél que habrá luchado con armas en la guerra y habrá sostenido a alguien más grande que él, será tomado: por la noche, seis le atravesarán en su cama, y él será sorprendido de pronto desnudo, sin vestiduras.

La historia:

«Gaspard de Châtillon, señor de Coligny, almirante de Francia, tras haberse distinguido en *varias campañas,* fue nombrado en 1552 por Enrique II coronel-general y almirante; contribuyó a la victoria en la *batalla de Renty* y defendió San Quintín contra los españoles. Tras el tratado de paz firmado en Saint-Germain (1570), reapareció en la corte y fue cubierto de halagos como todos los de su partido. Pero la matanza de la noche de San Bartolomé se estaba preparando y el almirante fue una de las primeras víctimas (3).»

«El vengativo Guisa apenas aguardó la señal para dirigirse a casa del almirante. Tres coroneles del ejército francés, acompañados por Petrucci, de Siena, y por Besme, un alemán, suben precipitadamente la escalera... Besme le hunde la espada en el cuerpo; *mil golpes* siguen al primero y el almirante cae bañado en su propia sangre. Entre los gritos, los aulli-

---

(1) D.L.7.V.

(2) Arte militar: *armadura* de hierro que llevaban los hombres de armas del siglo XV al XVII... Se llevaba todavía bajo el reinado de Carlos IX e, incluso, en el de Enrique III, como lo hicieron los *hugonotes* en la batalla de Coutras. D.L.7.V.

(3) D.H.B.

dos, el espantoso estrépito que se oyó por todas partes en cuanto sonó la campana del palacio, los calvinistas salen de sus casas *semidesnudos*, dormidos todavía y sin *armas* (1).»

LA GUERRA DE LOS POLITICOS - 1574-1575
ENTRE ENRIQUE III Y EL DUQUE DE ALENÇON

VI, 11

Des sept rameaux à trois seront réduicts,
Les plus aisnez seront surprins par morts,
Fraticider les deux seront séduicts,
Les conjurez en dormant (2) seront morts.

De siete ramas a tres serán reducidas,
Los de más edad serán sorprendidos por la muerte.
Los dos serán seducidos por el fratricidio
Los conjurados durmiendo (2) serán muertos.

Traducción:
   Cuando de los siete retoños sólo queden tres. Habiendo muerto los mayores, dos (de los tres) se entregarán a un combate fratricida, los conjurados morirán reducidos a la inacción.

La historia:
   Muerte de los 4 primeros hijos de Enrique II:
— Francisco II, muerto en 1560
— Elisabeth, muerta en 1568
— Claude, muerta en 1573
— Carlos IX, muerto en 1574

   En 1574 quedan, pues, tres hijos de Enrique II:
— Enrique III
— Margarita (la reina Margot)
— El duque de Alençon

   «Entre los católicos exaltados y los protestantes fanáticos se había formado un nuevo partido, el de los políticos... El hermano del rey, el duque de Alençon, se había puesto a su cabeza... El nuevo rey se irritó ante la actuación de su *hermao* y *pensó en deshacerse de él* (3).»
   «*En el momento decisivo* el duque de Alençon lo reveló todo (3).»
   «La Mole, favorito del duque de Alençon, y el conde piamontés Conasso, otro confidente del duque, fueron *condenados a muerte* y ejecutados (4).»

(1) H.F.A.
(2) Latín: sentido figurado: estar inactivo, sin trabajo. D.L.L.B.
(3) H.F.V.D.
(4) D.L.7.V.

III, 98

Deux Royals frères si fort guerroyeront,
Qu'entre eux sera la guerre si mortelle,
Qu'un chacun places fortes occuperont,
De règne (1) et vie sera leur grand querelle.

Dos reales hermanos tan fuerte guerrearán,
Que entre ellos la guerra será mortal,
Que cada uno ocupará plazas fuertes,
De reino (1) y vida será su gran querella.

Traducción:

Dos hermanos de sangre real se harán tal guerra, que ambos morirán en ella. Cada uno de ellos ocupará plazas fuertes y se pelearán por el poder y por la vida.

La historia:

«La corona pasó al último hijo de Enrique II, Enrique, duque de Anjou... El reino, con tal rey, cayó en la más completa anarquía. Los hugonotes comenzaron de nuevo *la guerra* en 1574; esta vez tenían por aliados a un grupo de señores católicos, partidarios de la paz religiosa, que se reunieron alrededor del último *hermano* de Enrique II, el duque de Alençon; se les llamaba los «políticos» o los «descontentos». Con treinta mil hombres, los protestantes y los descontentos marcharon sobre París y forzaron a Enrique III a firmar el edicto de Beaulieu (1576) (2).»

«El duque de Anjou, puesto a la cabeza del ejército del Loira, descansó tras la toma de La Charité y de Issoire, y Enrique III se aprovechó de tan mediocres éxitos para firmar con los hugonotes la paz de Bergerac, que concedía a los protestantes ocho *plazas de seguridad* (3).»

(1) Latín: *regnum:* gobierno monárquico, poder absoluto. D.L.L.B.
(2) H.F.A.M.
(3) H.F.V.D.

EL ORIGEN DE LA LIGA
EL ASESINATO DEL DUQUE DE GUISA
23 de diciembre de 1588

III, 51

Paris conjure (1) un grand meurtre commettre
Blois le fera sortir en plein effect:
Ceux d'Orléans (2) voudront leur chef remettre,
Angiers, Troyes, Langres, leur feront grand forfait.

París conjura (1) un gran crimen cometer
Blois lo hará salir en pleno efecto:
Los de Orleans (2) querrán su jefe reponer,
Angiers, Troyes, Langres, les harán gran fechoría.

Traducción:

En París se proyecta por un complot cometer un gran crimen que tendrá pleno efecto en Blois; los que tendrán Orleans (los protestantes) querrán reponer a su jefe en el trono (los de la Liga) de Angers, Troyes y Langres les harán una gran fechoría.

La historia:

«La Liga fue una asociación católica formada en Francia por el duque Enrique de Guisa en 1568. Tenía como objetivo confesado la defensa de la religión católica contra los hugonotes. Pese a que hubiesen existido, desde el comienzo de la lucha, uniones locales de defensa contra el movimiento de reforma (1563 en Toulouse, 1565 en *Angers*, 1567 en Guijon, 1568 en *Troyes* y Bourges), se puede ver en ella el origen de la confederación cuya iniciativa tomó, en Picardía, el mariscal de Humières a la mañana siguiente del edicto de Beaulieu (1576)... Enrique III, desde el comienzo, se había proclamado jefe de la Liga; pero fue el duque Enrique de Guisa, llamado el de la cicatriz, quien tomó casi en seguida la dirección real y la hizo servir para sus designios de destronar al Rey en provecho suyo, sobre todo tras la muerte del presunto heredero, el duque de Anjou, que entregaba *la esperanza de esta real sucesión al Rey de Navarra* (el futuro Enrique IV)... La jornada de las Barricadas estuvo a punto de decidir un cambio de dinastía. El golpe falló por la falta de

(1) Complotar, proyectar por medio de un complot. D.L.7.V.
(2) «Enrique I de Lorena, duque de Guisa, el de la Cicatriz, hijo mayor de Francisco de Guisa, nacido en 1550, fue testigo del asesinato de su padre entre los muros de *Orleans*, y alimentó desde entonces un implacable odio a los protestantes... Fue él quien comenzó la *matanza de la noche de San Bartolomé* ordenando el asesinato del almirante (1572).»

decisión del duque de Guisa; pero el Rey, expulsado de su capital, sólo pudo hallar en el *asesinato* del temible *faccioso* y de su hermano, en los estados generales de Blois (1588), un remedio al creciente desapego.»

ENRIQUE III Y ENRIQUE DE GUISA
Asesinado el 23 de diciembre de 1558

III, 55

En l'an qu'un oeil (1) en France régnera,
La Cour sera en un bien fascheux trouble,
Le Grand de Bloys son amy tuera,
Le regne mis en mal et doubte double.

En el año en que un ojo (1) reinará en Francia,
La Corte se hallará en un trastorno muy molesto,
El Grande de Blois matará a su amigo.
El reino puesto en mal y duda doble

Traducción:

El año en que el poder en Francia estará partido en dos, la corte se hallará en un trastorno muy molesto; el rey matará a su amigo en Blois, el poder será puesto en mal a causa de una doble duda.

La historia:

«Designado de antemano, el jefe de la Liga, Enrique de Guisa llevó más lejos sus *deseos*. La Liga debía ser, para él, el estribo del trono... Pero la conducta del Rey estropeaba los mejores actos, implacables panfletos desvelaban las ignominias de aquella *corte licenciosa y feroz*, en la que el crimen alternaba con los placeres... Los estados generales, reunidos en la ciudad de *Blois* el 6 de diciembre de 1576, mostraron a Enrique III la magnitud del peligro... Cosa extraña, aquellos deplorables tiempos vieron llevarse a cabo importantes reformas legislativas. La ordenanza de Blois (1579) contiene liberales disposiciones en lo tocante a derecho civil.»

«La muerte del duque de Anjou, hermano y heredero de Enrique III, había encendido de nuevo las pasiones religiosas y políticas. Hasta entonces no se había pensado, sino muy vagamente, en que un Borbón un herético relapso, pudiera convertirse en heredero de los Valois; ahora el peligro existía, pues Enrique III, el último superviviente de los hijos de Enrique II, no tenía *posteridad.*»

«Matar al duque de Guisa no significaba matar la Liga. Ante la noticia de su muerte, se produjo en París un instante de estupor, luego estalló

(1) Poder: como se habla del ojo del dueño.

el furor. La Sorbona decretó que el pueblo francés quedaba liberado del juramento de fidelidad prestado a Enrique III. Era difícil derribar *la fidelidad monárquica del Parlamento; fue depurado.*»

«Enrique III no se había salvado por la emboscada de *Blois*, pero había salvado la fortuna del Rey de Navarra, en cuyos brazos se vio obligado a arrojarse. Antes de la última tragedia, el bearnés se había visto muy entorpecido (1).»

ASESINATO DE ENRIQUE III - 2 de agosto de 1589 Y DE LOS GUISA - 23 y 24 de diciembre de 1588

IV, 60

Les sept enfants (2) en hostage laissez
Le tiers (3) viendra son enfant trucider,
Deux par son fils seront d'estoc (4) percez,
Gennes, Florence viendra enconder (5).

Los siete niños (2) en rehén dejados,
El tercero (3) vendrá para matar a su hijo,
Dos por su hijo serán atravesados con estoque (4),
Génova, Florencia no estarán en reserva (5).

Traducción:

Los siete niños dejados como rehenes (por Enrique II), el del tercer - (orden) vendrá para matar a su hijo (Enrique III). Dos (personajes) serán atravesados con la espada por su hijo (de Enrique II), las ciudades cercanas a Génova y Florencia no serán ya puestas en reserva.

La historia:

«Cuando María Estuardo aparece en las fiestas de la consagración de su esposo, Francisco II, con las joyas arrancadas a Diana, éste es el signo de que, por mucho tiempo, el verdadero soberano es Catalina de Médicis (6).»

(1) H.F.V.D.
(2) Del matrimonio con Catalina de Médicis nacieron diez niños, dos de ellos nacieron muertos y un muchacho murió prematuramente. Los demás son: El mayor, futuro esposo de María Estuardo, Francisco II, nacido en 1544; Elisabeth, esposa de Felipe II, nacida en 1545; Claude, duquesa de Lorena, nacida en 1547; Carlos IX, nacido en 1549; Alexandre, futuro Enrique III, nacido en 1551: Margarita, la reina Margot, esposa de Enrique IV, nacida en 1553; Hercule-François, duque de Alençon, nacido en 1555. E.U
(3) *Tercer-orden*: nombre dado a los seglares, incluso a los casados, que se vinculaban a ciertas órdenes religiosas (Franciscanos, Agustinos, Dominicos). Se les llamaba también Terciarios y Terceros. D.H.C.D.
(4) *Estoque*: espada larga y recta. D.A.F.L.
(5) Latín: *inconditus*: no creado, no puesto en reserva. D.L.L.B.
(6) E.U.

«La víspera por la mañana, un joven hermano del convento de los *dominicos,* Jacques Clément, salió de París y se dirigió hacia Saint-Cloud... Llevado a presencia del Rey, el asesino sacó un cuchillo de su manga y se lo hundió en el bajo vientre (1).»

«Los primeros actos de Enrique III mostraron lo que cabía esperar de él. En Turín pagó con pródiga magnificencia la hospitalidad del duque de Saboya, devolviéndole *Pinerolo y Savigliano* (cerca de Génova) y *Perugia* (cerca de Florencia) (1).»

«Enrique distribuyó los puñales... Uno de los cuarenta y cinco le tomó por el brazo y le hundió su *puñal* en el seno... Los demás puñales se levantaron inmediatamente... ¡Ah!, gritó el cardenal al oír el ruido, matan a mi hermano. El mariscal de Aumont hizo que se lo llevaran y a la mañana siguiente le mataron a *alabardazos* (1)...»

ENRIQUE IV, REY - 1589
ABSOLUCION DEL PAPA CLEMENTE VIII - 1595

IX, 18

Le grand Lorrain fera place à Vendosme (2),
Le haut mis bas et le bas mis en haut,
Le fils d'Hamon (3) sera esleu dans Rome
Et les deux grands seront mis en défaut.

El gran lorenés dará paso a Vendosme (2)
Lo de arriba abajo y lo de abajo arriba,
El hijo de Hamón (3) será elegido en Roma
Y los dos grandes serán puestos en falso.

Traducción:

Carlos de Lorena cederá su lugar a (Enrique IV) duque de Vendôme. Quien estaba arriba se someterá; quien estaba sometido será rey. El hijo de hugonote será elegido en Roma y los dos grandes (de sangre real) no reinarán.

La historia:

«Carlos de *Lorena,* duque de Guisa, fue detenido tras el asesinato de su padre, aunque no tuviera más que 17 años, y encarcelado en Tours. Con-

(1) H.F.V.D.
(2) Condado erigido, en 1515, en ducado-procerato por Francisco I en favor de Carlos de Borbón, abuelo de Enrique IV. Este concedió el título de *duque de Vendôme* a uno de los hijos que había tenido con Gabrielle d'Estrée. D.H.B.
(3) Amon: rey de Judá, hijo de Manasés, imitó las impiedades de su padre y fue *asesinado* por sus propios servidores. D.L.7.V.

siguió escapar en 1591 y, al comienzo, se levantó en armas contra Enrique IV, pero poco después se *sometió* y recibió el gobierno de Provenza (1).»

Clemente VIII envía a España un cardenal para convencer a Felipe de que no se oponga a la reconciliación del rey (Enrique IV)... El Santo Padre declaró que la materia era bastante importante como para que se discutiera con mayor madurez que otra, y que no creía poder lograrlo mejor que escuchando a cada cardenal en secreto. Con ello, el Papa se hacía dueño de los *sufragios*... Durante estas deliberaciones se hacían en *Roma* rogativas públicas por orden del Papa... Se leyó la requisitoria del Rey y las condiciones para la absolución que du Perron y d'Ossat, en nombre del príncipe, prometieron observar. A continuación, abjuraron, de acuerdo con la fórmula prescrita, de los errores contrarios a la fe católica (2).»

«Mayenne (primo de Enrique IV) aguardó la absolución del Papa para efectuar su sumisión... Su sobrino, el *duque de Guisa,* lo hizo todavía mejor: reconquistó Provenza y Marsella al duque de Saboya, las tropas de Felipe II y de los traidores (3).»

EL SITIO DE PARIS POR ENRIQUE IV - 1589-1594
SU CONSAGRACION EN CHARTRES - 27 de febrero de 1594
SU ENTRADA EN PARIS - 22 de marzo de 1594

IX, 86

Du bourg Lareyne parviendront droit à Chartres
Et feront près du pont Anthoni (4) pause:
Sept pour la paix cauteleux (5) comme martres (6)
Feront entrée d'armée à Paris clause (7).

Del burgo Lareyne llegarán directo a Chartres
Y harán junto al puente Anthoni (4) pausa:
Siete por la paz cautelosos (5) como mártires (6)
Harán entrada de ejército en París cerrado (7).

Traducción:

Desde Bourg-la-Reine (Enrique IV y los suyos) llegarán directamente a Chartres y harán una pausa cerca de Anthony (en Etampes), y gracias a

(1) D.H.B.
(2) H.F.A.
(3) H.F.V.D.
(4) Bourg-la-Reine y Anthony se hallan en el eje Montrouge- Etampes.
(5) Cautelar: tramar, maquinar. D.A.F.L.
(6) Forma popular salida de *martyrem.* Permanece en Montmartre, «monte de los mártires». D.A.F.L.
(7) Latín: *clausum:* participio pasado de *claudo:* cierro. D.L.L.B.

siete (personas) dispuestas a convertirse en mártires y que conspirarán para recuperar la paz, entrarán en París, que había sido cerrado.

La historia:

«El 1.° de noviembre de 1589, Enrique IV está en *Montrouge*, Issy et Vaugirard. Está a punto de ganar la orilla izquierda... La puerta de Saint-Germain resiste. El rey no insiste. Luego abandona de nuevo el sitio marchando esta vez hacia el sur. La toma de *Etampes* le permitía completar el asedio de la capital. El propio rey había ocupado (pausa) la Beauce: los parisinos no tendrían ya trigo...

«En 1593 Enrique IV, desde la colina de *Montmartre*, puede contemplar París, los privilegiados del reino, impacientes por volver a encontrar su tranquilidad, le han entregado ya la ciudad...»

«Orleans y Bourges se alían. Las ciudades de Picardía están ya maduras. Para precipitar las adhesiones, Enrique IV sabe que debe impresionar las imaginaciones, aparecer como el rey verdadero, vestido con los ornamentos de la consagración. Reims pertenece a los Guisa: Se hará consagrar en *Chartres*, donde su familia posee una capilla... El 27 de febrero de 1594, comienza el antiguo ceremonial... Las condiciones poco habituales de la consagración no le perjudican en absoluto: a partir de ahora, el rey de Navarra es verdaderamente rey de Francia. Los españoles no pueden ya nada contra él. Y París debe rendirse. El 22 de marzo de 1594, menos de un mes después de la consagración, el rey *hace su entrada*. Un *complot* le ha entregado la ciudad. ¿Quiénes son los conjurados? *Charles de Cossé*, conde de Brissac, gobernador. *Jean L'Huillier*, preboste de los mercaderes. *Martin Langlois*, abogado en el Parlamento, y el primer presidente *Le Maistre*. La *duquesa de Neumours*, madre del Neumours de Lyon y de Mayenne, ha sido informada. «Parece claro, dice Cazaux, que *Mayenne* consintió en la rendición de la capital.» En la noche del 21 al 22, Brissac y L'Huillier van en persona a la puerta Nueva para ordenar a los soldados que la desbloqueen: estaba *taponada* (cerrada) por altos taludes. La puerta Saint-Denis también es liberada. Un destacamento de mil hombres, al mando de Saint-Luc (siete), entra de inmediato (1).»

(1) L.G.R.

EL PODER DE ENRIQUE IV CONTESTADO
SU LEGITIMACION POR ENRIQUE III - 1.° de agosto de 1589
CAMBRAI TOMADA POR ENRIQUE III,
PERDIDA POR ENRIQUE IV
1581 y 1595

X, 45

L'ombre (1) du règne de Navarre non vray,
Fera la vie de fort illégitime,
La veu promis incertain de Cambrai,
Roy Orléans (2) donra mur (3) légitime.

La sombra (1) del reino de Navarra no verdadera,
Hará la vida del fuerte ilegítima,
El voto prometido incierto de Cambrai
Rey de Orleans (2) dará defensa (3) legítima.

Traducción:

La apariencia del reinado (de Enrique) de Navarra no será real y convertirá en ilegítima la actividad de este valiente. Lo que había sido prometido en Cambrai será visto incierto (Enrique III) duque de Orleans lo legitimará con su sostén.

La historia:

«Se creyó al principio que la herida de Enrique III no sería mortal; pero pronto se apoderó del enfermo una fiebre violenta que anunció el próximo fin. Enrique de *Navarra* fue a visitarlo. «Hermano mío, dijo el rey, ved cómo me tratan mis enemigos y los vuestros: estad seguro de que no seréis rey si no os convertís al catolicismo.» Luego, volviéndose hacia quienes le rodeaban: «Os ruego, les dijo, como amigos míos y os ordeno, como vuestro rey, que reconozcáis tras de mi muerte a mi hermano aquí presente; prestad juramento en mi presencia» (dará defensa legítima). Todos juraron.

«Vos sois el rey de los *valientes* (fuerte), había dicho a Enrique uno de los señores católicos. Pese a la leal palabra, muchos católicos se alejaron; para retener a los demás, Enrique se comprometió solemnemente, en una asamblea de los principales señores, a mantener en su reino la religión católica... En París se estaba de acuerdo con la religión, pero no con las personas (4).»

«Cateau-Cambrésis: allí se firmó en 1559 un tratado entre Enrique II,

---

(1) Latín: *umbra:* sombra, simulacro, apariencia. D.L.L.B.
(2) Enrique III fue duque de *Orleans* (1560) luego duque de Anjou (1566), antes de suceder a su hermano Carlos IX, muerto el 31 de mayo de 1574. E.U.
(3) Figurado: defensa, anoyo, sostén. D.L.7.V.
(4) H.F.V.D.

rey de Fran cia, y Felipe II, rey de España; Francia recobraba San Quintín y Ham; se le aseguraba la posesión de Calais y la de los tres obispados (Metz, Toul y Verdún). En 1581, los franceses tomaron *Cambrésis;* los españoles se lo arrebataron en 1595 (incierto). Recuperado en 1677; quedó definitivamente incorporado a Francia, en 1678, por el tratado de Nimègue (1).»

LA CONVERSION DE ENRIQUE IV - 23 de julio de 1593
LA BATALLA DE IVRY - 14 de marzo de 1590
OCUPACION DEL CONDADO DE SABOYA - 1596
TENTATIVA DE ASESINATO DE ENRIQUE IV
POR CHATEL - 1595

VI, 62

Trop tard tous deux les fleurs (2) seront perdues
Contre la loi serpent (3) ne voudra faire,
Des ligueurs forces par gallots (4) confondus (5)
Savone, Albingue (6), par monech (7) grand martyre.

Demasiado tarde los dos flores (2) se habrán perdido
Contra la ley serpiente (3) no querrá hacer
De la liga fuerzas por galopes (4) confundidas (5)
Savona, Albenga (6), por monje (7) gran martirio.

Traducción:

Siendo demasiado tarde, ambos perderán la monarquía, el protestante no querrá actuar contra la ley (católica), las fuerzas de la liga serán puestas en desorden por asaltos de caballería, el duque de Saboya, después de que el monje (de la liga) sea martirizado.

La historia:

Enrique III y Enrique IV, los dos últimos reyes que llevaron el nombre de Enrique, fueron asesinados.

«Aunque al hijo de Jeanne d'Albret le costó mucho romper con los

(1) D.H.B.
(2) Las tres flores de lis: símbolo de la monarquía francesa.
(3) Los católicos acusaban a los protestantes de hacer obras diabólicas.
(4) Variante ortográfica de «galope».
(5) Latín: *confundere:* poner en desorden, trastornar. D.L.L.B.
(6) Los estados saboyanos comprendían entonces Bresse y Le Bugey, la cuenca del Leman, el condado de Niza y los *distintos territorios piamonteses* cuya capital era Turín. En el siglo XVI, la casa de Saboya sufrió simultaneamente por la Reforma, que le arrebató sus posesiones suizas, y más todavía por las *ambiciones francesas sobre Italia.* Perdió Bresse y Le Buguey, cedidos a Enrique IV en 1601, y vio cómo sus territorios eran varias veces ocupados por los ejércitos franceses que utilizaban el *Piamonte* como barrera defensiva. D.H.C.D.
(7) Latín: *monachus:* monje, religioso, eremita. D.L.L.B.

hugonotes que le habían llevado sobre sus hombros hasta las orillas del Loira, siguió la opinión de los más prudentes y el 23 de julio de 1593, tras un debate de algunas horas con los doctores católicos reunidos en Nantes, se declaró convencido... «*Juro*, dijo en presencia de Dios todopoderoso, *vivir y morir en la religión católica;* protegerla y defenderla de todos y contra todos, *renunciando a todas las herejías contrarias a ella.*»

«El rey (Enrique IV) sitiaba Dreux. Mayenne, para salvar la ciudad, libró batalla en la llanura de Saint-Andre, cerca de Ivry (14 de marzo de 1590). *Los de la liga* tenían de 15 a 16.000 hombres, *4.000 de los cuales a caballo,* de modo que su línea parecía un espeso bosque de lanzas. Los realistas tenían 8.000 infantes y *3.000 jinetes... Todos los escuadrones* avanzaron a la vez. El rey cargó contra los lanceros franceses y valones... Al cabo de dos horas, todo el ejército de la liga *era puesto en fuga.*»

«Tal vez España no fuera ajena a una tentativa de asesinato contra el rey. Jean Châtel (1) le asestó una cuchillada en la garganta. Enrique, al inclinarse para abrazar a uno de los señores, evitó el golpe y sólo fue alcanzado en el labio. Châtel había estudiado en los *Jesuitas,* y esos *padres* se habían mostrado, en la liga, como los más ardientes defensores de las pretensiones españolas. *Uno de ellos fue ejecutado después de Châtel.*»

«Mayenne salvó quizá, frente a Amiens, el ejército real. Su sobrino, el duque de Guisa, lo hizo todavía mejor, reconquistó Provenza y Marsella al *duque de Saboya* (2)», llevando así las fronteras hacia Albenga y Savona.

PERSECUCIONES DE LOS ASTRONOMOS EN LOS SIGLOS XVI y XVII. COPERNICO Y GALILEO

IV, 18

Des plus lettrez dessus les faits celestes,
Seront par princes ignorans reprouvez (3)
Punis d'Edit, chassez, comme scelestes (4),
Et mis à mort la où seront trouvez.

Los más letrados sobre los hechos celestes
Serán reprobados (3) por príncipes ignorantes
Castigados por edictos, expulsados como criminales (4)
Y muertos donde quiera que sean hallados.

(1) Jean Châtel: «*Los jesuitas,* acusados de haberle impulsado a tal crimen, fueron expulsados del reino. El famoso Jean Boucher escribió una apología de Jean Châtel y los coaligados inscribieron al asesino en su *martirologio.* D.H.C.D.

(2) H.F.V.D.

(3) Latín: *reprobo:* repruebo, condeno. D.L.L.B.

(4) Latín: *scelestus:* malvado, criminal. D.L.L.B.

Traducción:

Algunos de los más instruidos en astronomía serán condenados, castigados con edictos, perseguidos como criminales y muertos allí donde se les encuentre.

VIII, 71

Croistra le nombre si grand des Astronomes
Chassez, bannis et livres censurez:
L'an mil six cens et sept par sacre glomes (1)
Que nul aux sacres ne seront assurés.

Crecerá el gran número de los Astrónomos
Expulsados, proscritos y libros censurados:
El año mil seiscientos y siete por sagradas bulas (1)
Que nadie en los sagrados estarán seguros.

Traducción:

El número de los astrónomos aumentará mucho, de modo que serán perseguidos, expulsados y sus libros censurados, en 1607, por medio de bulas, así pues, no estarán en seguridad frente al Santo-(oficio).

La historia:

«Para el astrónomo, Galileo seguirá siendo célebre por las siguientes razones: por una parte, como heraldo y *mártir* de la lucha del espíritu científico contra las fuerzas del oscurantismo que, en aquella época, estaban muy vivas en, al menos, una parte de la *Iglesia* católica; por otra parte, como introductor en 1610, del uso de la lente para observación astronómica...

«Si Galileo se limita a asegurar así, con muchas precauciones, las semejanzas entre la tierra y la luna y las relaciones recíprocas de los intercambios luminosos que les acercan una a otra en una misma situación de conjunto, lejana, en relación al sol, es que la clave de las concepciones recibidas, a saber la paradójica asociación, para la tierra, del privilegio de ser el centro del mundo y de la propiedad de ser el reino de la corrupción y de la muerte, constituía, en el camino de una solución razonable, un obstáculo mayor. La afirmación de la homogeneidad de los astros, con la Tierra incluida, había aportado su parte en la *condena* de la hoguera de Giordano Bruno en 1604:

«A finales de 1615, Galileo se dirigió a Roma para intentar conjurar una molesta decisión; habló abiertamente en favor de los argumentos convergentes que permitían sus observaciones pero, pese a su talento,

---

(1) Latín: *glomus;* de *globus:* globo, bola, esfera. D.L.L.B. En el bajo imperio las actas importantes de la administración civil fueron autentificadas por medio de un sello unido al pergamino. Este sello era redondo y se denominaba *bulla;* de ahí, por extensión, se tomó la costumbre de denominar bulas a las actas selladas de este modo. D.L.7.V.

no obtuvo la firme convicción de suficiente número de personas. El 3 de marzo de 1616, la *obra* de Copérnico fue *puesta en el índice...* *Condenado* por el *Santo-Oficio* el 22 de junio de 1633, Galileo sólo conocerá, hasta su muerte, la libertad condicional.»

DE LA PAZ DE CATEAU-CAMBRESIS - 1559
A LA PAZ DE VERVINS - 1598
LAS EJECUCIONES BAJO EL PONTIFICADO
DE CLEMENTE VIII.

IX, 29

Lors que celuy qu'à nul ne donne lieu,
Abandonner viendra lieu prins non prins:
Feu Nef par saignes (1), Regiment (2) à Charlieu (3),
Seront Guines (4), Calais, Oye (5) reprins.

Cuando aquel que a nadie da lugar,
Vendrá a abandonar lugar tomado no tomado:
Fuego Nave ensangrentada (1), Regimiento (2) en Charlieu (3),
Serán Guines (4), Calais, Oye (5) retomados.

Traducción:

Cuando aquél (Felipe II de España), a quien no querrán ceder territorio alguno, abandonará un territorio tomado y vuelto a tomar, la Iglesia hará correr la sangre por el fuego, el Charolais será ocupado y Guines, Calais y Oye serán reconquistados (a los españoles).

La historia:

«La paz de Cateau-Cambrésis: Enrique II se obligó a devolver *Calais, Guines* y el condado de *Oye...* Enrique II devolvía Luxemburgo y el *Charolais* (6) a cambio de las plazas que Felipe II había ocupado en Picardía.»

«Enrique IV terminó la guerra religiosa por el Edicto de Nantes (13 de abril de 1598)... Era la ruptura definitiva con la Edad Media. Diecinueve días después, los diputados del rey firmaban en Vervins (2 de mayo de 1598) la paz con España. Felipe II, vencido por Inglaterra, por las

(1) De *saignier* (sangrar): ensangrentar. D.A.F.L.
(2) Latín: *regimentum:* acción de regir. D.L.L.B.
(3) Ciudad del Charolais, a 45 kilómetros al sur de Charolles. D.H.B. y A.V.L.
(4) Capital de cantón de Pas-de-Calais. D.H.B.
(5) País de Oye: Pequeña región de la antigua Francia (Baja-Picardía), formaba parte del *País reconquistado.* Hoy está incluido en el departamento de Pas-de-Calais. D.H.B.
(6) H.F.A.

Provincias-Unidas de Holanda y por aquél a quien llamaba el príncipe de Bearn, veía, tras tantos esfuerzos, su ambición fracasando por todas partes (ningún lugar), agotada, como él mismo, su monarquía. Quiso al menos terminar en paz. El tratado de Vervins estableció entre ambos Estados las fronteras trazadas cuarenta años antes por el tratado de Cateau-Cambresis. *España y Francia parecían regresar, tanto una como otra, al mismo punto de partida* (tomado no tomado) (1).»

«El tratado de Vervins: España devolvía Calais, Ardres, la Chapelle, Doullens y le Catelet, es decir, todo el Vermandois y una parte de Picardía. Francia cedía Cambrai y el *Charolais* (2).»

«Dos tragedias, que continuaron ocupando la posteridad, tuvieron lugar bajo el pontificado de Clemente VIII: la ejecución del célebre hereje Giordano Bruno y la de la parricida Beatriz Cenci. En ambos casos, el Papa se vio obligado a tomar partido (3).»

«Giordano Bruno: fue detenido en Venecia por la Inquisición, conducido a Roma y *quemado vivo,* por hereje y violador de sus votos, en 1600:

«Francesco Cenci tenía cuatro hijos y una hija, Beatriz Cenci; les maltrataba cruelmente o les utilizaba para sus brutales placeres. Rebelándose ante tanto horror, su hija Beatriz, de acuerdo con dos de sus hermanos y con Lucrecia, su madre, hizo asesinar a Francesco Cenci. Acusados de parricidio, los cuatro perecieron en el cadalso por sentencia de Clemente VIII. (4.)»

TRAICION DE BIRON CON ESPAÑA - 1599
SU EJECUCION - 1602

Sextilla 6

Quand de Robin (5) la traistreuse entreprise
Mettra Seigneurs et en peine (6) un grand Prince,
Sceu par La Fin, Chef on lui trenchera:
La plume au vent (7), amye dans Espagne,

Cuando de Robin (5) la traidora empresa
Pondrá señores y en pena (6) un gran Príncipe
Sabido por La Fin, cabeza le cortarán:
La pluma al viento (7), amigo en España,

(1) H.F.A.M.
(2) D.L.7.V. y D.H.B.
(3) D.D.P.
(4) D.H.B.
(5) Anagrama de Biron.
(6) Tormento, dificultad, compromiso. D.L.7.V.
(7) Poner la pluma al viento: ir a donde el viento le lleve. D.L.7.V.

Poste attrapé estant dans la campagne
Et l'escrivain dans l'eau se jettera (1).

Correo cogido estando en el campo
Y el escritor se arrojará (1) al agua.

Traducción:

Cuando la traidora empresa de Biron pondrá en un compromiso a señores y a un gran príncipe, será descubierto por La Fin y le cortarán la
cabeza: por su extravío y su amistad con los españoles; habiendo sido
interceptadas en el campo unas cartas, el que las escribió, para evitar un
mal caerá en algo peor.

La historia:

Charles de Gontaut, duque de Biron, célebre por la amistad de Enrique
IV y por su *traición...* Enrique le había salvado la vida en el combate
de Fontaine-Française (1595). Pese a tales beneficios, Biron, *extraviado*
por el orgullo, la ambición y la avidez, *conspiró* contra su rey, pactó con
España y Saboya y se comprometió a tomar las armas contra su país.
El *complot* fue descubierto por La Fin, que había sido su instigador.
Biron quiso *negarlo todo* (arrojarse al agua), pero fue convicto a causa
de sus *escritos.* Enrique IV intentó varias veces, aunque inútilmente,
obtener la confesión de su nuevo crimen y su arrepentimiento, para
perdonarle. Le *cortaron la cabeza* en 1602 (2).»

«Se ignora el grado de complicidad del conde de Auvernia y del duque
de Bouillon con el mariscal. Si se cree a Siri, ambos *señores* no fueron los
únicos complicados en aquel caso (3).»

ENRIQUE IV. EL EDICTO DE NANTES. BRETAÑA
1589 - 1598 - 1610

X, 26

Le successeur vengera son beau-frère,
Occuper règne sour (4) ombre de vengeance:
Occis ostacle son sang mort vitupère (5)
Longtemps Bretagne tiendra avec la France.

El sucesor vengará a su cuñado,
Ocupar reino bajo (4) sombra de venganza:
Muerto el obstáculo su muerta sangre vitupera (5)
Bretaña estará mucho tiempo con Francia.

(1) Arrojarse, meterse en el agua: para evitar un mal, caer en algo peor. D.L.7.V.
(2) D.H.B.
(3) H.F.A.
(1) *Sous* en vez de *sans* (es decir, *bajo* en vez de *sin*): probablemente un error tipográfico.
«Sin sombra de» es una expresión corriente.
(2) Latín: *Cur omen mihi vituperat?*: «¿Por qué es él, para mí, de mal presagio?». Plauto.
(D.L.L.B.) Advertir la construcción latina del tercer verso.

Traducción:

El sucesor vengará a su cuñado y mantendrá el poder sin la menor idea de venganza. Habiendo sido muerto aquél que representaba un obstáculo (para el poder), mal presagio para su sangre, Bretaña permanecerá mucho tiempo unida a Francia.

La historia:

Enrique IV, cuñado de Enrique III, sucede a éste que representaba un obstáculo para la reconciliación de católicos y protestantes.

«El asesinato de Enrique III por Jacques Clement era el resultado de un proyecto concebido por Mayenne. Enrique de Navarra se dirigió a su lado. Hermano mío, dijo el rey, ya véis cómo me tratan vuestros enemigos y los míos: convenceos de que jamás seréis rey si no os hacéis católico.»

Conseguida la victoria de Ivry, el Bearnés recordó que era rey: *¡Dad cuartel a los franceses!*, gritó.

«Mercoeur, príncipe lorenés, que había convertido *Bretaña en una especie de soberanía,* negociaba desde hacía cuatro años su sumisión. Viendo que el ejército real marchaba contra él, creyó prudente hacer la paz antes de que llegara a su provincia. Ofreció la mano de su hija, *con su herencia,* a César de Vendôme, hijo del rey y de Grabielle d'Estrées. Mercoeur renunció *a su gobierno* en favor de su yerno. Era el último de los grandes jefes coaligados. La guerra civil había terminado.»

«Poco después, Enrique acabó *la guerra religiosa* por el Edicto de Nantes, el 13 de abril de 1598.»

«Enrique abrazó a Mayenne y le hizo pasear, a grandes pasos, por los jardines. Mayenne, muy gordo y pesado, sudaba y jadeaba. Enrique se detuvo por fin, tendiéndole la mano: Este ha sido el único mal que recibiréis de mí. Aquella fue, efectivamente, la única *venganza* que hizo sufrir al jefe de la Liga. (1.)»

(1) H.F.V.D.

90

EL SITIO DE LA ROCHELLE - 1625-1628
EL PRINCIPE DE ROHAN EN EL BLAVET, EN ROYAN Y EN LA ROCHELLE

VI, 60

Le Prince hors de son terroir Celtique,
Sera trahy, deceu (1) par interprete (2):
Roüan (3), Rochelle par ceux de l'Armorique
Au port de blave deceus par moyne et prestre

El Príncipe fuera de su tierra Céltica,
Será traicionado y engañado (1) por intérprete (2):
Roüan (3), La Rochelle por los de Armórica
En puerto de Blavet serán engañados por monje y sacerdote.

Traducción:

El príncipe (de Rohan) abandonará Francia tras haber sido traicionado y engañado por un negociador (Walter Montague). Royan y la Rochelle serán atacadas por tropas de Bretaña (del duque de Vendôme). Tras la expedición del Bravet, serán engañados por un eclesiástico.

La historia:

«En *La Rochelle*, la política de fuerza inquietaba a la población. Frente a las murallas de la ciudad, el rey había construido el fuerte Louis. El duque de Guisa había convertido la isla de Ré en base de la flota real: de este modo, los corsarios de La Rochelle estaban bajo vigilancia y los navíos de comercio no estaban ya seguros. En plena paz, los de La Rochelle sufrían la amenaza. Llamaron a Rohan y Soubise. Para liberar la ciudad, Soubise imaginó una expedición de rara osadía: con algunos bajeles débilmente armados, llenos de soldados del Poitú enrolados en secreto, atacó y tomó por sorpresa la isla de Ré en enero de 1625. En la desembocadura del *Blavet* (en el puerto de Blave), tomó siete grandes navíos de la flota real. Escapó a las tropas del duque de Vendôme, gobernador de *Bretaña* (los de Armórica), y se apoderó de la isla de Oleron. Richelieu se encoleriza al no poder movilizar y armar gente contra él: sus fuerzas combaten en Italia contra los españoles. Soubise lanza sus bajeles contra *Royan*, remonta el Gironde, amenaza Burdeos...

En la isla de Ré, la resistencia de los realistas detiene las fuerzas inglesas de desembarco. Los de La Rochelle se han declarado, por fin, a favor de la guerra, tras dos meses de duda. Inmediatamente, Richelieu ordena

(1) *Dezeu* de decevoir: engañar. D.A.F.L.
(2) Latín: *interpres pacis:* negociador de la paz. D.L.L.B.
(3) Adviértase la ü en lugar de y.

que se bloqueen todos los accesos por tierra... La flota es confiada a un hombre de Iglesia (monje y sacerdote): Sourdis, obispo de Maillezais, animador extraordinario y lleno de recursos... Gracias a sus esfuerzos, un convoy de treinta y cinco velas consigue abordar la isla, el 16 de octubre... De octubre de 1627 a enero de 1628, un ejército de albañiles del Limousin trabajó en el dique... Buckingham, que preparaba una expedición, es asesinado a comienzos de septiembre. La flota inglesa se hace sin embargo a la mar, mandada por Lindsey. El 18 de septiembre se encuentra con Soubise y cinco mil soldados ante St.-Martin-de-Ré. Cañoneado, ametrallado por los defensores del puerto, no se atreve a desembarcar. Envía un embajador (intérprete), Walter Montague, para proponer la mediación inglesa y se hace a la vela. La Rochelle capitula contra la promesa de vida y de libertad religiosa para sus habitantes. La mayoría de los supervivientes tuvieron que exilarse, las murallas fueron derribadas (engañado) (1).»

«Enrique, duque de Rohan, *príncipe* de León, nacido en 1579 en el seno de la religión reformada, tras la muerte de Enrique IV se puso a la cabeza de los calvinistas franceses y mantuvo tres guerras contra el gobierno de Luis XIII (1620-1622, 1625-1626, 1627-1629); la última le fue fatal: La Rochelle, que era defendida por él, fue tomada por Richelieu y *tuvo que dejar Francia* (fuera de su tierra Céltica) (2).»

LA REVUELTA DE GASTON DE ORLEANS
Y DEL DUQUE DE MONTMORENCY
CONTRA RICHELIEU - 1632
EL SITIO DE BEAUCAIRE
SU DEFENSA POR MONSEÑOR, EL HERMANO DEL REY

Sextilla 43

Le petit coing (3), Provinces mutinées,
Par forts Chasteaux se verront dominées,
Encore un coup par la gent militaire,
Dans bref seront fortement assiegez,
Mais ils seront d'un tres-grand soulagez,
Qui aura fait entrée dans Beaucaire.

El pequeño rincón (3), provincias amotinadas,
Por fuertes castillos se verán dominadas,
Un nuevo golpe de la gente militar,
En breve serán fuertemente sitiadas,
Pero recibirán alivio de un muy grande,
Que habrá hecho entrada en Beaucaire.

(1) L.G.R.
(2) D.H.B.
(3) Porción poco extensa de un lugar cualquiera. D.L.7.V.

Traducción:

Una pequeña porción de Provenza será marco de una revuelta, pero será dominada por poderosos castillos, una nueva manifestación de fuerza del ejército. Estarán sitiados poco tiempo, pero serán aliviados por un gran personaje que habrá hecho su entrada en Beaucaire.

La historia:

«El duque Gastón de Orleans se detuvo en el ducado de Montpensier, en donde esperaba hallar muchos gentileshombres dispuestos a marchar bajo sus estandartes; y nadie se presentó. Esa estancia dio oportunidad a las tropas reales, que siempre le habían seguido de cerca, de aproximarse más; temió ser atacado y, pese a las admoniciones del duque de Montmorency, Gastón se dirigió hacia el Languedoc. Era esperado por dos ejércitos que, bajo las órdenes de los mariscales de la Force y de Shomberg, penetraron en la *provincia* en cuanto la Corte estuvo segura de la defección del gobernador. El apoyo de los estados de la provincia, que esperaba poder lograr que declarasen en su favor, le faltó porque los miembros que parecían sospechosos al gobierno fueron detenidos o vigilados tan de cerca, que no pudieron ayudarle. Los españoles, pese a sus promesaas, no le enviaron hombres ni dinero. Por fin, cuando por primera vez quiso probar las tropas de Monseñor (hermano del rey: un muy grande), atacando el *castillo de Beaucaire*, pudo advertir, al verse obligado a levantar *el sitio*, que no debía contar ni con el valor de los soldados ni con la habilidad de los capitanes. *Los ejércitos del rey*, por el contrario, avanzaban de todos lados: y, a medida que progresaban, todo aquel que era hallado con las armas en la mano, pagaba con la cabeza *su rebelión*, aterrorizador presagio para Montmorency. Su posición era muy crítica. Aunque muy estimado por su gobierno, no podía contar con ningujna *ciudad*, porque todas ellas eran *mantenidas bajo control* (dominadas) por las tropas del rey que llenaban la *provincia* (1).»

(1) H.F.A.

IX, 18

Le Lys Dauffois (1) portera (2) dans Nansi
Jusques en Flandre Electeur de l'Empire (3).
Neufve obturée (4) au grand Montmorency (5),
Hors lieux (6) prouvez (7) délivre (8) a clere (9) peine.

El Lis del Delfín (1) entrará (2) en Nancy
Hasta en Flandes Elector del Imperio (3)
Nueva cerrazón (4) al gran Montmorency (5)
Fuera de lugares (6) probada (7) su culpa entregado(8) a clara (9) pena.

Traducción:

El Delfín (convertido en) rey llevará (la guerra) a Lorena y hasta
Flandes y Alemania. Habiendo estado el gran (almirante) frente a la
nueva cerrazón (el dique de La Rochelle). En otra parte (Castelnaudary)
será hallado culpable y entregado a una pena ejemplar.

La historia:

«El duque de *Lorena* pagó los gastos de la guerra. Luis XIII huyó de
Bar-Le-Duc y *ocupó militarmente el ducado* (1634), que permaneció en
manos francesas hasta finales de aquel siglo.»

«Los numerosos tratados firmados por Richelieu anuncian la *magnitud
que tomará la guerra.* Richelieu *la llevó* a todas nuestras fronteras:
a los *Países-Bajos* para compartirlos con Holanda; al Rhin, para cubrir
Champagne y *Lorena, a Alemania* para tender la mano a los suecos y
romper la omnipotencia austríaca (10)...»

(1) Delfines de Francia: Luis XII subió al trono sin haber sido delfín. Tuvo dos hijos que
murieron a corta edad y llevaron este título. Luego, el nombre fue dado al hijo de Francisco I. Posteriormente vienen, de modo sucesivo, Enrique II y Francisco II. Enrique IV
no fue delfín. Bajo su reino se encuentra Luis XIII. D.L.7.V.
(2) Llevar: introducir: llevar la guerra a un país. D.L.7.V.
(3) Enciclopedia Histórica: Electores del Imperio germánico: príncipe u obispo invitado
a concurrir a la elección del Emperador de Alemania. D.L.7.V.
(4) Latín: *obturo:* cierro, tapono. D.L.L.B.
(5) Enrique II, duque de Montmorency, nacido en Chantilly en 1595, muerto en Toulouse
en septiembre de 1632.
(6) En plural: lugar preciso en donde ha ocurrido un hecho. D.L.7.V.
(7) Probar: demostrar la culpaabilidad. S.A.F.L.
(8) Librar: poner una cosa en manos de otra persona. D.L.7.V.
(9) Latín: *clarus: clara exempla:* ejemplos célebres. D.L.L.B.
(10) H.F.V.D.

«Henri de Montmorency, nombrado almirante por Luis XIII en 1612, conquistó en 1625 las islas de Ré y de Oleron. Cuando *La Rochelle* fue atacada por Richelieu, le vendió, a cambio de un millón, el cargo de almirante. Descontento con la Corte, que le negaba el título de condestable, se rebeló, con Gastón de Orleans, hermano del rey; pero fue vencido por Schomberg en Castelnaudary, *cogido*, juzgado y *decapitado* en Toulouse (1).»

«Este *terrible ejemplo* supuso para Richelieu diez años de paz (2).»

«Richelieu rodeó por tierra la ciudad con un atrincheramiento de 12 kilómetros. Por mar, para *cerrar el puerto* e impedir la entrada de todo socorro inglés, hizo construir en *seis meses* un dique de piedra de 1.500 metros de largo y 8 metros de altura máxima (2).»

LAS TROPAS DEL REY LUIS XIII SITIAN BARCELONA 1640
OCUPACION DEL DUCADO DE MONFERRAT
POR LAS TROPAS DE LUIS XIII - 1640
EL TITULO DE «REY DE FRANCIA Y DE NAVARRA»

VIII, 26

De Catones (3) trouvez en Barcelonne
Mys descouvers lieu terrouers (4) et ruyne:
Le grand qui tient ne tient voudra Pamplonne (5),
Par l'abbage de Montferrat (6) bruyne.

Hombres licenciosos (3) encuentran en Barcelona,
Puestos al descubierto lugar (4) y ruinas:
El grande que tiene no tiene querrá Pamplona (5),
Por la abadía de Montferrat (6) neblina.

Traducción:

Hombres licenciosos que se hallarán en Barcelona, serán descubiertos, y el lugar será presa del terror y la ruina. El rey no ocupará Navarra pero

(1) D.H.C.D.
(2) H.F.A.N.
(3) Latín: *cato, catonis:* catón: D.L.L.B. Comúnmente, en el siglo XVI y como una burla, se llamaba catones a quienes se mostraban graves y severos en palabras y desordenados y *viciosos* en hechos. Amyot. D.L.
(4) Latín: *terreo:* aterrorizo, asusto. D.L.L.B.
(5) Capital de Navarra, Enrique III de Borbón, hijo de Antoine, rey de Navarra, subió al trono de Francia en 1589, con el nombre de Enrique IV; sus sucesores añadieron el título de rey de Navarra al de rey de Francia. D.H.B.
(6) Antiguo ducado de Italia, limitado al norte y al oeste por el Piamonte, al sur por la República de Génova, al este por el Milanesado, tenía como capital *Cusale*. D.H.B.

querrá el título de «Rey de Navarra», y ocupará el Ducado de Montferrat en otoño.

La historia:

«El marqués de Léganez había puesto sitio a *Casale*, que seguía *teniendo* guarnición francesa y cuya posesión hubiera protegido ventajosamente el Milanesado por ese lado. El conde de Harcourt, aunque dos veces más débil, se dirigió en auxilio de la plaza. El marqués, en vez de salir a su encuentro, perdió la ventaja del número dejando que le atacaran en sus propias líneas. Estas fueron rotas por tres lugares. El vizconde de Turenne se distinguió particularmente en la acción. Los españoles perdieron gran parte de su artillería, la cuarta parte de sus tropas, y se vieron obligados a levantar el sitio...»

«La inmensidad de los fondos necesarios para una guerra tan cara, provocaba revueltas tanto en España como en Francia. El deseo del duque de Olivares de que Cataluña contribuyera a la defensa común les pareció a los catalanes una violación de sus privilegios. Su descontento se acrecentó con las penalidades a las que se les sometió en beneficio del ejército castellano enviado para defender el Rosellón y, sobre todo, por los excesos a los que se entregó la indisciplinada milicia. Algunos soldados de entre los que se habían *abandonado a la licencia* (Catones), *reconocidos* (descubiertos) en *Barcelona*, cierto día en que una multitud de campesinos se encontraba en esta ciudad, despertaron la indignación y fueron objeto del furor general. El tumulto creció debido a la resistencia que los campesinos hallaron en el gobernador, y el asesinato de éste determinó la *revolución* (ruina) en esta ciudad, que solicitó el auxilio de los franceses... Considerables socorros enviados a Cataluña, fruto de la resolución que tomaron los catalanes de renunciar a su primer proyecto de república y entregarse a Luis XIII, reanimaron su valor. De común acuerdo con los franceses, desafiaron a los españoles bajo los cañones del Mont-Joui (1), *ciudadela de Barcelona* (2).»

(1) Transcripción afrancesada de *Montjuïc*. (N. del T.)
(2) H.F.A. [Es, naturalmente, el episodio conocido como «Guerra de los Segadores», origen del himno nacional catalán (N. del T.)]

LA GUERRA DE LOS TREINTA AÑOS
LA FLOTA FRANCESA HUNDIDA
FRENTE A LAS COSTAS DE CORCEGA - 1646
LA FRONDA DE LOS PRINCIPES

III, 87

Classe Gauloise n'approche de Corseigne,
Moins de Sardaigne tu t'en repentiras:
Trestous mourrez frustrez de l'aide grogne (1),
Sang nagera, captif ne me croiras.

Flota gala no te acerques a Córcega,
Menos a Cerdeña, te arrepentirás:
Todos moriréis privados de ayuda gruñido (1)
Sangre nadará, cautivo no me creerás

Traducciön:

Flota francesa no te acerques a Córcega ni a Cerdeña, te arrepentirás: moriréis todos, privados de ayuda a causa de la Fronda, la mar estará ensangrentada y el prisionero no me creerá.

La historia:

«El 1646, Italia es el principal teatro de la guerra. Mazarino y de Lionne piensan coronar rey de los napolitanos al príncipe Thomas de Saboya-Carignan. El papa Inocencio X se muestra abiertamente hostil a tal proyecto. *Una flota francesa*, reunida en Toulon y colocada bajo el mando del duque de Brezè, gran almirante de Francia, se dirige hacia las costas de Toscana y desembarca tropas francesas y piamontesas que sitian Orbitello (frente a Córcega y Cerdeña). El asedio no prospera. El príncipe Thomas demostraba poco ardor y el duque de Brezè se hacía *matar* en un combate naval que libraba con fortuna contra los españoles. El efecto producido por el desgraciado final de esta empresa es considerable en París. El príncipe de Condé lo aprovecha para solicitar el almirantazgo para el duque de Enghien, que se había casado con la hermana del duque de Brezè (2). Mazarino se niega; inmediatamente los Condé se acercan a Gastón de Orleans (3)».

«Condé se rodea de todos *los descontentos* y se prepara para la guerra: es la Fronda de los príncipes. Mazarino se decide a ordenar la detención de Condé (cautivo), su hermano Conti y su cuñado el duque de Longue-

(1) *Descontento* que se demuestra gruñendo. D.L.7.V.
(2) Se comprende el vínculo que establece Nostradamus entre el duque de Brezè y la Fronda de los príncipes.
(3) L. XIV. J.R.

ville (18 de enero de 1650... Dueño de París, Condé gobierna por medio del terror, hace *masacrar* a los partidarios de Mazarino (1)».

EL SIGLO DE LUIS XIV

X, 89

De brique en marbre seront les murs réduicts,
Sept et cinquante années pacifiques,
Joye aux humains, renoué l'aqueduict,
Santé, grands fruits, joye et temps melifique (2).

De ladrillo a mármol serán los muros reducidos,
Siete y cincuenta años pacíficos,
Gozo a los humanos, renovado el acueducto
Salud, grandes frutos, gozo y tiempos de miel (2).

Traducción:

Los muros de ladrillo serán reconstruidos en mármol, cincuenta y siete años conocerán la paz, gozo para los hombres, el acueducto renovado, salud, grandes frutos, época de alegría y dulzura.

La historia:

«El castillo de Versailles es un resumen de arquitectura... Han existido, al menos, tres Versailles. El «Castillo de Cartes», que hizo construir Luis XIII a partir de 1631, fue el primero... Hoy forma lo esencial del *«patio de mármol»*. Cuando Luis XIV decidió adoptarlo en 1661, se limitó a *embellecerlo*... Hacia los jardines está el cuerpo central del actual jardín... Piso y ático se retiraban bruscamente: profundo agujero de sombras, que dejaba por encima de la planta baja una terraza enlosada de *mármol* con un surtidor...»

«El 24 de noviembre de 1658, ante la indecisión de España en lo que respectaba a la boda de la infanta con Luis XIV, Mazarino simuló en Lyon un proyecto de negociaciones matrimoniales con la pricesa Margarita de Saboya. De inmediato, Felipe IV, temiendo que la *paz* se le escapara, envió un mensajero secreto a Lyon, ofreciendo *la boda y la paz*, ofrecimiento que fue aceptado en seguida por el rey... El 7 de noviembre de 1659, Francia y España firmaron el tratado de los Pirineos» (3).

De 1659 a 1715, muerte de Luis XIV, van cincuenta y siete años.

«Si Luis XIV no fundó el Estado, lo dejó singularmente fortalecido... Durante *cincuenta años*, el Parlamento no rechazó los edictos ni combatió

(1) D.L.7.V.
(2). La miel es siempre símbolo de bienestar en Nostradamus.
(3) L.F.L. XIV.

los ministros o el poder. Solo había en Francia una autoridad. Los contemporáneos supieron reconocer perfectamente que la fuerza de *la Nación francesa*, lo que le había permitido resistir los ataques de Europa, venía precisamente de ahí... Versailles simboliza una civilización que fue *durante largos años* la civilización europea, *nuestro adelanto* sobre los demás países era considerable y nuestro prestigio político ayudaba a propagar nuestra lengua y nuestras artes» (1).

EJECUCION DE CARLOS I DE INGLATERRA - 1649
OCUPACION DE BELGICA
POR FRANCIA - 1658-1714
LAS DIFICULTADES DE INGLATERRA

IX, 49

Gand et Bruceles marcheront contre Anvers,
Senat (2) de Londres mettront à mort leur Roy:
Le sel et vin luy seront à l'envers,
Pour eux avoir le règne en désarroy.

Gante y Bruselas marcharán contra Amberes.
Senado (2) de Londres condenará a muerte su Rey:
La sal y vino le estarán invertidos.
Para tener ellos el reino en desorden.

Traducción:

(Los franceses), tras Gante y Bruselas, marcharán contra Amberes. El parlamento inglés condenará a muerte a su rey. Sufrirá reveses económicos por haber tomado en desorden el poder.

La historia:

«En agosto de 1658, Turenne se apodera de Gravelines que permanecerá francés. Luego toma Audenarde e Ypres. Amenaza *Gante* y *Bruselas*. Flandes está casi por completo conquistada. Sin embargo los ingleses piensan apoderarse de Calais y Felipe IV de España espera que estalle la discordia entre el protector (Cronwell) y Mazarino. Pero Cronwell muere e Inglaterra conoce un nuevo período de *trastornos* (desorden)...»

«En febrero de 1677, Luis XIV quiere dar un gran golpe para poder negociar en posición de fuerza. Al frente de un ejército de ciento veinte mil hombres se dirige hacia Lorena, lo que engaña a su enemigo; luego

(1) H.F.J.B.
(2) Latín: *senatus:* reunión, asamblea deliberante. D.L.L.B.

pone rumbo a Flandes y, llegado ante *Gante*, ataca la ciudad que capitula tras cinco días de sitio (9-12 de marzo). La fortaleza se rinde tres días más tarde. Ahora es *Amberes* la que está amenazada...»

«El 22 de marzo de 1701, Inglaterra y Holanda entregan al embajador de Francia en La Haya la lista de sus condiciones. Exigen la evacuación de Bélgica por los franceses, la promesa de que ninguna posesión española será cedida a Francia, la ocupación de diez ciudades «de barrera» por los holandeses y la de Ostende y Nieuport por los ingleses. Luis XIV responde a este memorial proponiendo simplemente que se confirme la paz de Ryswick —lo que no le impide fortificar Amberes y las principales ciudades belgas ocupadas por Francia» (1).

«Comenzada en 1642, la revolución desemboca el 30 de enero de 1649 en la ejecución de Carlos I y la votación de un Acta que prohibía proclamar su sucesor; una semana después la Cámara Alta y la realeza es abolida (reino en desorden)... A la muerte del protector (Cromwell), le sucede su hijo Richard, pero es incapaz de mantener el equilibrio entre un ejército politizado y un Parlamento cuyos miembros exigen el respeto a la legalidad. Un nuevo Parlamento, reunido en enero de 1659, debe ser disuelto en abril, y Richard, desalentado, dimite. Víctima de la *anarquía*, Inglaterra conoce entonces, durante algunos meses, los más contradictorios destinos» (2).

LA REVOLUCION DE 1688
LA CONSPIRACION CONTRA JACOBO II
EL DESEMBARCO DE GUILLERMO DE ORANGE
7 de noviembre de 1688.
EL "BILL OF THE RIGHTS"
GUILLERMO Y MARIA, REYES DE INGLATERRA-1689

IV, 89

Trente de Londres secret conjureront,
Contre leur Roy, sur le pont (3) l'entreprise:
Luy   fatalites la mort desgouteront
Un Roy esleu blonde, natif, de Frize (4).

Treinta de Londres secreto conjuraron,
Contra su rey, sobre el puente (3) la empresa:
El fatalidades la muerte degustarán.
Un rey elegido rubio, nativo, de Frisia (4).

(1) H.F.A.C.A.D.
(2) H.R.U.
(3) Griego: πόντος : el mar. D.G.F.
(4) Una de las provincias del reino de Holanda. D.H.B.

Traducción:

Treinta personajes de Londres conjurarán contra su rey, la empresa se hará por mar; las fatalidades de la muerte (de su padre) le hastiarán, luego un rey nativo de Holanda será elegido con una rubia (María).

La historia:

"En 1685, cuando sube al trono, Jacobo II conoce los peligros que le amenazan y sabe que su fe le granjeará enemistades tan numerosas como sus proyectos políticos... La emoción alcanza su cenit el 20 de junio de 1688 cuando nace un príncipe heredero católico, Jacobo-Eduardo. Este suceso aniquila cualquier esperanza de ver pronto suceder a un rey, que entonces tiene cincuenta y cinco años, un soberano protestante. Diez días después del nacimiento, Arthur Herbert, antiguo vicealmirante de Inglaterra, lleva a Guillermo de Orange (nativo de Frisia) una petición de auxilio firmada por varios grandes señores (treinta de Londres) conocidos e influyentes. El yerno de Jacobo II, el esposo de María, después de varios meses de *conversaciones con los adversarios del soberano inglés,* es invitado a capitanear la segunda revolución inglesa... La revolución de 1688 sorprende por su brevedad. El 7 de noviembre de 1688, Guillermo desembarca en Torbay, en el Devon (sobre el puente la empresa). El 25 de diciembre, Jacobo II, cuya fuga se ha favorecido, desembarca en suelo francés. El 23 de febrero de 1689, la cuestión del trono está resuelta... Jacobo II es torpe y no sabe hacer con rapidez las concesiones indispensables, mientras la cuestión del trono no estaba, teóricamente, planteada por un Guillermo cuya popularidad personal permanecía incierta. *El recuerdo de la ejecución de su padre* pesó sobre la actitud del rey y le impulsó a abandonar la partida (la muerte le hastiará)... El 13 de febrero de 1689, la Convención adopta una ley para la declaración de los derechos y libertades de los súbditos y para la *regulación de la sucesión a la corona,* (rey elegido), más conocida bajo el nombre de "Bill of Rights"... *La ley atribuye* conjuntamente a Guillermo y María la corona de Inglaterra, de Francia y de Irlanda y territorios que dependen de ellas, regula su sucesión y excluye cualquier futuro príncipe católico. El 23 de febrero, los dos nuevos soberanos son proclamados en cuanto se adhieren al "Bill of the Rights" (1).»

(1) H.R.U.

VILLARS Y LA GUERRA DE LA LIGA DE AUGSBURGO
LIBERACION DE PROVENZA OCUPADA
POR EL DUQUE DE SABOYA-1707
VILLARS Y LA REVUELTA DE LOS *CAMISARDS*-1702-1705

Presagio 2

La mer Tyrrhene, l'Occean par la garde,
Du grand Neptune (1) et ses tridens soldats:
Provence sure par la main du grand Tende (2),
Plus Mars Narbon l'héroiq de Vilars.

El mar Tirreno, el Océano por la guardia
Del gran Neptuno (1) y sus tridentes soldados:
Provenza será por mano del gran Tende (2)
Más Marte Narbon el heroico de Villars

Traducción:

El mar Tirreno y el Océano serán guardados por Inglaterra y sus marinos, Provenza será liberada del duque de Saboya y el heroico duque de Villars pondrá fin a la guerra en el Languedoc.

La historia:

«El mayor desastre tuvo lugar en el *Océano*. El rey no había perdido todavía las esperanzas de colocar otra vez a Jacobo en su trono; un desembarco de veinte mil hombres debía ser protegido por una flota de sesenta y cinco velas, cuando todas las reuniones de las escuadras se hubieran efectuado. Una parte estaba *en el Mediterráneo;* las tempestades y los vientos les impimdieron llegar a tiempo... El éxito obtenido por *Villars* le hizo extender sus planes... Se le privó de distintos destacamentos que le arrebataron para llevarlos a *Provenza,* invadida entonces por el *duque de Saboya...* La invasión de *Provenza* no respondió a las medidas de prudencia con las que había sido planeada. Una *flota inglesa* secundaba al ejército de tierra, y se había encargado del transporte de artillería pesada, que habría sido difícil de manejar a través de las montañas. El enemigo, que no podía ser detenido por plazas fuertes, penetró sin obstáculo en el corazón de Provenza y se acercó a Toulon a fines de julio (1707)... Los aliados (ingleses y duque de Saboya) fueron más afortunados en Nápoles (mar Tirreno), ciudad que arrebataron a Felipe II de España. Esta última expedición fue *la salvación de Provenza* que tal vez hubie-

(1) Dios del mar entre los romanos. D.L.7.V. Tomado por Nostradamus como símbolo del poderío naval inglés.
(2) Título de un condado que perteneció a los Lascaris de Ventimiglia, y que luego pasó por matrimonio a la casa de Saboya. D.H.B.

ra sucumbido ante la reunión de las fuerzas que fueron empleadas por separado... El elector de Baviera, que no podía actuar como segundo bajo su sobrino el príncipe, fue enviado al Rhin contra el príncipe Eugène, a quien no era excesivo oponerle *Villars*. Y éste fue destinado al Delfinado y a Provenza, amenazada todavía por el duque de Saboya (grande de Tende) (1)...»

«La revuelta de los *camisards* (2) fue uno de los contragolpes de la revocación del edicto de Nantes... Durante dos años, Luis XIV tuvo que enviar contra los rebeldes ejércitos que llegaron a los 20.000 hombres al mando de mariscales de Francia: primero el conde Victor Maurice de Broglie, luego el mariscal de Montrevel, por fin Villars, destacó como hombre de guerra (Marte) y diplomático. Ayudado por Nicolás Lamoignon de Basville, intendente del *Languedoc*, Villars negoció con Cavalier, a quien convenció para que abandonara la causa de la insurrección; privados de su principal jefe, los insurrectos no tardaron en ser vencidos (3).»

LA REGENCIA EN 1715

III, 15

Coeur, vigueur, gloire, le règne changera,
De tous points, contre ayant son adversaire:
Lors France enfance par mort subjuguera,
Le Grand Régent sera lors plus contraire.

Corazón, vigor, gloria, el reino cambiará.
De todos los puntos, contra teniendo su adversario:
Entonces Francia infancia por muerte subyugará
El Gran Regente será entonces más contrariado.

Traducción:

Pese al valor, la fuerza, la gloria, el poder cambiará habiéndose su adversario opuesto en todos los dominios: la infancia (del rey) colocará entonces a Francia bajo un yugo mortal, el Gran Regente le será todavía más perjudicial.

La historia:

«El trono de Francia correspondía a Luis XV que era hijo del duque de Borgoña y, en consecuencia, bisnieto de Luis XIV, pero este príncipe sólo tenía *cinco años*. Luis XIV había previsto en su testamento la composición del Consejo de Regencia que debía gobernar a la es-

---

(1) H.F.A.
(2) Los «camisards» eran calvinistas que se rebelaron a causa de las persecuciones que siguieron a la revocación del edicto de Nantes. (N. del T.)
(3) D.L.7.V.

pera de que Luis XV alcanzara la mayoría de edad. Pero el sobrino de Luis XIV, Felipe, duque de Orleans, intervino; hizo conculcar el testamento de Luis XIV por el Parlamento que le transfirió sin condiciones la regencia. Por lo general este personaje se designa siempre bajo el nombre de *Regente:* del mismo modo, el periodo durante el cual gobernó es el único de nuestra historia al que normalmente se le da el nombre de regencia sin otro calificativo.

El duque de Orleans era de superior inteligencia, y conocido por su valor: pero la ligereza de su espíritu, su afición a los placeres y su debilidad de carácter fueron causa de *grandes desgracias* para Francia (1). »

LA PESTE DE MARSELLA — 1720

II, 53

Le grande peste de cité maritime
Ne cessera que mort ne soit vengée;
Du juste sang par pris damné sans crime, (2)
De la grand dame par feinte n'outragée.

La gran peste de ciudad marítima
No cesará hasta que muerte sea vengada;
Del justo sangre tomada condenada sin acusación (2)
De la gran dama por simulación no ultrajada.

Traducción:
La gran peste de Marsella sólo cesará cuando la muerte sea vengada, la sangre del justo tomada por el condenado sin que se le acuse por miedo a que la monarquía sea ultrajada por este engaño.

La historia:
«El *luto* que había cubierto Francia con ocasión de la *muerte* del gran delfín se renovó a comienzos de 1712, y de un modo mucho más lúgubre, por la del duque de Borgoña, que había tomado el título de delfín, la de la amable princesa de Saboya, su esposa, y por fin la del duque de Bretaña, el mayor de los dos hijos que dejaron tras de sí; los tres sucumbieron en menos de un mes. *Tal acumulación de pérdidas* en la familia real *no se consideró natural;* y la irreflexión pública acu-

(1) P.C.H.F.
(2) Latín: *crimen:* acusación. D.L.L.B.

104

só con indignación al duque de Orleans que, por desgracia, por su evidente desprecio hacia el decoro y su desvergonzada ostentación del vicio, se prestaba a todas las sospechas del odio y el dolor.''

« En 1720, Marsella fue víctima de un terrible azote por la negligencia de los oficiales de sanidad que dirigían su lazareto. A fines de mayo, su imprudencia dio lugar a la prematura salida de cuarentena de la tripulación de un bajel provinente de Siria e infectado por la *peste*... A fines de septiembre el viento del norte comenzó a disipar los miasmas pútridos que sobrevolaban la ciudad y que habían reducido casi a la mitad una población de cien mil almas. Los grandes estragos cesaron entonces pero los últimos síntomas sólo desaparecieron un año después de la primera invasión. (1). »

LA REPUBLICA DE LAS LETRAS - 1720
LOS FILOSOFOS DEL SIGLO XVIII

IV, 28

Lors que Venus (2) du Sol sera couvert:
Soubs l'esplendeur sera forme occulte:
Mercure (3) au feu les aura descouvert,
Par bruit bellique sera mis à l'insulte (4)

Cuando Venus (2) será cubierto por el sol:
Bajo el esplendor se hallará forma oculta:
Mercurio (3) al fuego les habrá descubierto,
Por ruido bélico será sometido al ataque (4).

Traducción:

Cuando la venenso palabra sea cubierta por la monarquía, bajo su esplendor se ocultará la verdadera idea, el fuego de la elocuencia la sacara a la luz, (la monarquia) será atacada por un ruido belicoso.

La historia:

« En principio los hombres de letras están *bajo la vigilancia* de la autoridad, guardiana de la religión, de las buenas costumbres y del orden social. En realidad hacen, *dicen* y publican lo que quieren... En

(1) H.F.A.
(2) Veneno: en latín: *Venus*, veneris: deseo sexual personificado en *Venus*, diosa del amor. D.L.7.V.
(3) Hijo de Júpiter, mensajero de los dioses y, a su vez, dios de la elocuencia. D.L.7.V.
(4) Latín: *insulto*: ataco. D.L.L.B.

su conjunto, la literatura del siglo XVIII, la que cuenta y la que actúa, es anti-cristiana. Es una literatura *militante*, ambiciosa y *agresiva*. Los escritores se hacen filósofos. La literatura deja de ser un noble divertimento, con el que el espíritu se alegra en libertad, para reivindicar contra la Iglesia, *contra la autoridad*, y contra la tradición, un papel de maestra del pensamiento...»

« Durante treinta años, Voltaire, más audaz, más fuerte, más *impertinente* ejercerá sobre el pensamiento del siglo una dictadura sin igual en la historia...»

« La república de las letras es, en 1720, una alegoría ; medio siglo más tarde es una realidad (1). »

LA LITERATURA DEL SIGLO XVIII
PREPARA LA REVOLUCION
LA REVOLUCION, CAUSA DE LA GRANDES GUERRAS
DE LOS SIGLOS XIX Y XX

I, 62

La grande perte, las que feront les lettres,
Avant le cicle de Latona (2) parfait,
Feu grand déluge plus par ignares sceptres
Que de long siècle no se verra refait.

La gran pérdida, ¡ay!, que harán las letras,
Antes el ciclo de Latona (2) perfecto,
Hubo gran diluvio más por ignaros cetros
Que por largos siglos no se verá rehecho.

Traducción:

La literatura causará grandes males antes de que la revolución haya cumplido su ciclo, luego poderes incompetentes serán causa de grandes guerras que se perpetuarán durante largos siglos (XIX y XX).

La historia:

« Los filósofos y los economistas tuvieron una enorme influencia, ciertamente no sobre el pueblo, demasiado ignorante y por lo general analfabeto, sino sobre las clases instruidas, en particular la burguesía. Para extender las nuevas ideas, como no existían todavía grandes periódicos políticos, se sirvieron del teatro, de los libros y de pan-

(1) H.F.P.G.
(2) Madre de Apolo. Alusión a la I República que hará nacer a Napoleón, el nuevo Apolo. Véase I, 76.

fletos anónimos cuyo éxito era tanto mayor cuanto más los persiguiera el Parlamento o más los recogiese la policía. En la misma época, la publicación de la Enciclopedia sirvió poderosamente para la propaganda de los filósofos y los economistas. La publicación terminó en 1772: comprendía veintiocho volúmenes. Era una pesada aunque poderosa máquina de guerra destinada a *socavar los fundamentos* (gran pérdida) del antiguo régimen y a propagar, con la irreligión, todas las ideas maestras de la nueva filosofía.

« De Francia, las ideas nuevas se extendieron a toda Europa (1). »

« La guerra contra Europa: desde 1792, la victoria había provocado muchos problemas. ¿Se iba a negociar o se iba a *proseguir la guerra?* ¿Revolucionar los territorios conquistados o respetar en ellos el antiguo orden de cosas? ¿Convertirlos en estados protegidos o anexionarlos? El pacifismo de 1789, el cosmopolitismo girondino, los planes de revolución universal, el viejo sueño de las fronteras naturales, el temor a lanzarse a *una guerra sin fin*, todo se agitó al unísono. La solución radical no tardó en imponerse. Humanitaria en su principio, la Revolución se había convertido muy pronto en *belicosa...* la *Revolución se hundirá en la guerra* continental; su *heredero*, el emperador Napoleón, terminará sucumbiendo y *Francia pagará los gastos de la lucha (2).* »

FRANCIA EN VISPERAS DE LA REVOLUCION - 1789 LA EJECUCION DE LUIS XVI. MARIA-ANTONIETA.

X, 43

Le trop bon temps, trop de bonté royale
Faicts et défaicts prompt, subit, négligence,
Léger croira faux d'espouse loyale.
Luy mis à mort par sa bénévolence (3).

El exceso de bonanza, excesiva bondad real
Hace y deshace pronto, súbito, negligencia,
Ligero creerá falso de esposa leal
El ejecutado por su benevolencia (3).

Traducción:

Siendo la época demasiado buena, y el rey demasiado bueno también, serán pronta y rápidamente aniquilados por negligencia. Se cree-

(1) H.F.A.M.
(2) H.F.P.G.
(3) Latín: *benevolentia:* buena voluntad, buenos deseos. D.L.L..B

rá erroneamente en la ligereza de la esposa del rey que será ejecutado a causa de su buena voluntad.

La historia:

«Francia a fines del siglo XVIII: es el estado europeo más extenso (500.000 Km.) *y uno de los más ricos* y más evolucionados. Sin embargo, un malestar general pesa sobre el país (1)." (El exceso de bonanza).

«La miseria puede provocar motines. Pero no provoca revoluciones. Estas tienen causas más profundas, y, en 1789, los franceses no se sentían infortunados. Los documentos más seguros nos prueban, por el contrario, que *la riqueza se había incrementado considerablemente* desde hacía medio siglo y que la situación material de todas las clases de la sociedad, salvo la nobleza rural, había mejorado de modo sensible (2).»

«Por otra parte, desde hace siglos, los reyes han adquirido la costumbre de pedir prestado; pero una parte de las recaudaciones fiscales es devorada por los intereses que deben pagarse (1). » (Por negligencia.)

«La reina Maria-Antonieta se hizo impopular por su *futilidad* (3)" *(Ligero creerá falso de esposa leal).*

«Luis XVI, *lleno de buena voluntad,* llamó incluso a ministros capaces de hacer reformas: Turgot y Necker (1).» (Por su *benevolencia.*)

LOS ASIGNADOS Y LA BANCARROTA DEL ESTADO - 1789-1796
LAS PERSECUCIONES
Y LAS EJECUCIONES DE HOMBRES DE LETRAS
LOS EMIGRADOS

VI, 8

Ceux qui estoient en regne pour scavoir,
Au Royal change (4) deviendront appovris:
Uns exilez sans appuy, or n'avoir,
Lettrez et lettres ne seront a grand pris.

Los que estaban en reino por saber,
Con el real cambio (4) serán empobrecidos:
Unos exilados sin apoyo, oro no tener,
Letrados y letras no serán en grande aprecio.

(1) L.C.H.3.
(2) L.R.F.P.G.
(3) Latín: *benevolentia:* buena voluntad, buena disposición. D.L.L.B.
(4) Letra de cambio: nombre que se daba antaño al papel moneda, a los *valores de créditos* emitidos por el Estado, con facultad, para el tenedor, de reclamar a voluntad el pago. D.L. 7.V.

Traducción:

Quienes estaban en el poder a causa de su saber (los nobles) serán empobrecidos por los asignados. Algunos serán exiliados sin ayuda y sin fortuna. Los literatos y sus letras serán poco considerados.

La historia:

«Los asignados: papel-moneda cuyo valor estaba asignado sobre los bienes llamados "nacionales" (real cambio)... El papel del asignado aparece precisamente al alba de la revolución de 1789... Las emisiones se sucedieron sin freno y sin límite. La depreciación iba a aparecer rápida, casi fulminante. Por un instante pudo detenerse la baja por medio de la conversión de 558 millones de papel en billetes al portador, por la supresión de la Caja de descuento y pago de las acciones por parte *de los ricos*, decretado por la Convención...

«Las leyes del 29 messidor, 5 thermidor del año IV y 16 de pluvioso del año V abolieron el curso legal entre particulares de los asignados y de las órdenes de pago territoriales. *El estado* (los que estaban en el reino), tras haber hecho él mismo bancarrota (empobrecido), organizó una especie de quiebra concordataria entre los particulares. La experiencia del *papel-moneda* (real cambio) había terminado. Como combinación financiera había sido deplorable, causando la ruina de numerosas familias (1)."

«La historia de la *emigración francesa* comienza a la mañana siguiente del 14 de julio de 1789 y no se cierra hasta 1825, con la ley de los "mil millones de los emigrados". La semana que siguió a la toma de la Bastilla fue señalada por un primer éxodo de príncipes de la sangre (conde de Artois, duques de Angoulême y de Berry, príncipe de Broglie, Vandreuil, Lambest-Conti). (Los que estaban en el reino)... Más tarde, la Convención dictó la expulsión perpetua de los emigrados. (23 de octubre de 1792) (1).»

«La señora Roland, el gran químico Lavoisier, Malesherbes, miles de cabezas cayeron (2).»

«André Chénier, sublevado por los excesos de la Revolución, se atrevió a reprochárselo en voz alta en *Cartas* que hizo publicar en el *Journal de París*. Llevado por ello frente a un tribunal revolucionario fue condenado a muerte en 1794 (3).»

(1) D.L.7.V.
(2) H.V.D.
(3) D.H.B.

109

LA TOMA DE LA BASTILLA - 14 de julio de 1789
LA GUERRA - 20 de abril de 1792

II, 57

Avant conflit le grand mur tombera,
Le Grand à mort, mort trop subite et plainte,
Nef imparfait (1) la plus part nagera (2),
Auprès du fleuve de sang la terre teinte.

Antes del conflicto el gran muro caerá
El Grande a muerte, muerte demasiado súbita y lamentada,
Nave imperfecta (1) la mayor parte nadará (2),
Cerca del río de sangre la tierra tinta.

Traducción:

Antes de la guerra caerá el gran muro, el rey será ejecutado, su muerte será demasiado súbita y lamentada, antes de que haya terminado su reinado. La mayoría (de los guardias) nadará en sangre; junto al Sena la tierra estará tinta en sangre.

La historia:

« Marat escribe en el *Ami du peuple* (3) del 14 de abril de 1791: Cuando una inaudita concurrencia de circunstancias hubo hecho *caer los muros* mal defendidos de la Bastilla, los parisinos se presentaron ante la fortaleza: sólo la curiosidad les llevó allí (4). »

« De Launay, gobernador de la Bastilla, y *toda* la guarnición, a excepción del lugarteniente del rey Du Puget, fueron *masacrados* por la muchedumbre, así como los inválidos Ferrand y Bécarel (4)."

« Desde *junio de 1791* se habla de *guerra*. En el extranjero progresa también el espíritu belicoso. Es precisa la subida al trono del hijo del Emperador Leopoldo, el agitado Francisco II, para que la *guerra* estalle. A su requerimiento de que se devuelva Avignon al Papa, el Rey, de acuerdo por una vez con sus ministros y la mayoría de la Legislativa, responde con una *declaración de guerra* (20 de abril de 1792) (5). »

« La ejecución de Luis XVI levanta la indignación de los realistas y la *horrorizada reprobación* de los reyes extranjeros (muerte demasiado súbita y lamentada) que piensan en aliarse contra la Francia republicana y belicosa que acaba de declarar *la guerra* a Inglaterra. (1.º de febrero de 1793) (5). »

(1) Que no está terminado. D.L.7.V.
(2) Locuciones diversas: nadar en sangre: estar cubierto de sangre. D.L.7.V.
(3) Uno de los periódicos más célebres y más violentos de la Revolución francesa, redactado por Jean-Paul Marat. (N. del T.)
(4) D.L.7.V.
(5) L.C.H.3.

1792: FIN DE LA MONARQUIA

CARTA A ENRIQUE REY DE FRANCIA SEGUNDO

«... Et durera ceste cy jusqu'à l'an mil sept cens nonante deux que l'on cuidra estre une rénovation de siècle...»

«... *Y durará éste hasta el año mil setecientos noventa y dos, que se creerá ser una renovación de siglo...*»

Traducción:

Y durará ésta (la monarquía) hasta el año 1792 que se creerá una renovación de siglo.

La historia:

1792 fue indicado por Nostradamus, y no 1789. El final del antiguo régimen se sitúa en realidad el 21 de septiembre de 1792, fecha en la que comienza el año I de la República.

Nostradamus formula un juicio que pudiera sorprender cuando dice que "se creerá una renovación de siglo". En realidad, sobrevolando el tiempo y el espacio, sabe que la monarquía en 1792, desde la consagración de Clovis en Reims, 496, habrá durado 13 siglos, pero sabe también que ni una sola de las 5 repúblicas llegará a tener un siglo:

—La 1.ª República del 21 de septiembre de 1792 al 15 de diciembre de 1799: 7 años y 3 meses.

—La 2.ª República de febrero de 1848 al 2 de diciembre de 1851: 3 años y 7 meses.

—La 3.ª República del 4 de septiembre de 1870 L 22 de junio de 1940: 69 años y 9 meses.

—La 4.ª República de octubre de 1946 a septiembre de 1958: 11 años y 11 meses.

—La 5.ª República de septiembre de 1958 a... (continuará). Ello justifica esa expresión de "renovación de siglo".

II, 2

La teste bleue (1) fera la teste blanche (2),
Autant de mal que France a faict leur bien,
Mort à l'Anthene (3), grand pendu sus la branche (4),
Quand pris des siens le roi dira combien.

La testa azul (1) hará la testa blanca (2).
Tanto mal como Francia ha hecho su bien,
Muerte a la Antena (3), grande colgado bajo la rama (4).
Cuando tomado de los suyos el rey dirá cuánto.

Traducción:

El poder republicano hará al poder monárquico tanto mal como este último ha hecho (bien) a Francia. Muerte a la flor de Lis, el rey experimentará una gran duda cuando podrá decir cuántos de los suyos han sido detenidos.

La historia:

« Si Napoleón no salvó la República, salvó cuanto pudo ser salvado de la Revolución: la mística, el personal, la política extranjera, el cosmopolitismo, la organización social. Hasta entonces, Francia no concebía el regreso al orden más que en forma de una *restauración monárquica;* en diez años, la Revolución había desmentido todos los cálculos y decepcionado todas las esperanzas. Se aguardaba un gobierno metódico y estable, de buenas finanzas, leyes prudentes, la paz en el exterior y la tranquilidad en el interior. *Había producido la anarquía, la guerra, el terror, la quiebra, el hambre y dos o tres bancarrotas...* Los doctrinarios de 1789 quisieron regenerar la humanidad y reconstruir el mundo. Para escapar a los Borbones los doctrinarios de 1789 se veían obligados a entregarse a un sable.»

« Luis XVI y María-Antonieta habían mostrado, primero, sentimientos enérgicos. Terminaron por entregarse al pánico... En el último momento el rey tuvo *todavía una duda...*»

« Al cabo de diez días todo está dispuesto: la lista de *proscripciones* impresa, los degolladores elegidos y enrolados en brigadas... Se mata en los Carmes, en la Abbaye, en la Farce, en la Salpêtrière, en el

(1) Nombre que la gente de la Vénde daba a los soldados de la *República* a causa del color de su uniforme. D.L.7.V.

(2) El blanco, en el antiguo régimen, fue casi constantemente el color nacional y *real* en Francia. D.L.7.V. Véase X, 20: la piedra blanca.

(3) Griego: ἄνθινος : flor. D.G.F. Adviértase la A mayúscula.

(4) Véase X, 20: *Deux pars voltorte.*

Châtelet, en Bicêtre... En cuatro días se perpetraron más de mil cien asesinatos. Entre los muertos se encontraban el *antiguo ministro* Montmorin, el arzobispo de Arles, los obispos de Saintes y de Beauvais, los *suizos* escapados del asunto el 10 de agosto (1).»

«La comuna insurrecta impone el internamiento de la familia real en la prisión del Temple y la *detención de numerosos sospechosos* (2).»

LOS SIETE AÑOS DE LA 1.ª REPUBLICA
21 de septiembre de 1792 al 15 de diciembre de 1799

VI, 63

La Dame seule (3) au règne (4) demeurée,
L'unic (5) éteint premier au lict d'honneur,
Sept ans sera de douleur explorée,
Plus longue vie au règne par grand heur.

La Dama sola (3) en el reino (4) permanece,
El único (5) siendo primero en el lecho de honor
Siete años será de dolor explorada
No larga vida en el reino por gran hora.

Traducción:

Habiendo llegado la república al poder, muerto el rey, primero en el rango de los honores, será conocida en el dolor durante siete años, pero afortunadamente no durará mucho tiempo.

La historia:

«La Convención se reunió el 20 de septiembre de 1792, abolió la realeza. A la mañana siguiente decreta que los actos oficiales serán a partir de entonces fechados en el *Año I* de la República (6).»

«El gobierno, al recurrir a la intimidación con amenaza de graves penas, siendo la pena de muerte la que se aplica más normalmente, lleva el nombre de TERROR. La ley sobre los sospechosos del 17 de septiembre de 1793 derriba todas las formas posibles de oposición... En París, el Tribunal revolucionario manda a los acusados al cadalso, tras un *juicio sumario* (María-Antonieta, los girondinos, etc.). Robes-

(1) L.R.F.P.G.
(2) L.C.H.3.
(3) Mariana, la mujer sin esposo, símbolo de la República francesa.
(4) Latín: *regnum:* reino, poder. D.L.L.B.
(5) El rey es único en el ejercicio del poder monárquico.
(6) L.C.H.3.

pierre obtiene la condena de los hebertistas (1) en marzo y, luego, de los partidarios de Danton en abril de 1794...

« Tras esa especie de apoteosis, Robespierre toma una de sus más implacables medidas: la ley de Prairial (10 de junio de 1794) que no deja prácticamente oportunidad alguna de escapar de la guillotina a los acusados. Durante ese GRAN TERROR se llevarán a cabo en París más de 1000 ejecuciones en 45 días. »

El 20 de mayo de 1795 un *motín de la miseria* subleva a los parisinos al grito de "¡pan y constitución de 1793!" Los thermidorianos hacen que la tropa cargue contra los insurrectos... De las peleas callejeras los realistas llegan a las masacres organizadas en las regiones. El TERROR BLANCO produce numerosas víctimas en el S.E... Los chuanes (2) favorecen un desembarco inglés en Quiberon, rápidamente cercado y aniquilado por las tropas del general Hoche... Los realistas intentan provocar una insurrección en París, el 5 de octubre de 1795. Los partidarios de la Convención confían su defensa a un joven general, Bonaparte, que ametralla a los insurrectos.

«En la escalinata de la iglesia de Saint-Roch... El Directorio se halla de nuevo frente a los mismos adversarios: los realistas y los jacobinos. De modo que practica la política de péndulo golpeando unas veces a la derecha (ejecución, en la primavera de 1796, de los jefes chuanes Stofflet y Charette), y otras a la izquierda (aniquilamiento de la Conspiración de los Iguales, animada por Gracchus Babeuf) (3)...»

De 1792 a 1799, Francia vive un período de trastornos y masacres como jamás había conocido, ni siquiera en los más sombríos días de la Inquisición (siete años será de dolor explorada).

«La gente del comercio, los burgueses, tranquilizados y contentos, son favorables a Bonaparte que apacigua los espíritus. Autoriza el regreso a Francia de los emigrantes y se gana a muchos de ellos dándoles plazas en la Administración. Ofrece a los chuanes una amnistía.»

«La Constitución del *Año VIII* (15 de diciembre de 1799) atribuye el poder ejecutivo a tres Cónsules, elegidos por diez años; pero el primer Cónsul, Bonaparte, *es el único que tiene poder de decisión;* además Bonaparte ejerce la iniciativa de las leyes (3). La 1.ª República habrá vivido pues siete años y un poco más de dos meses. (No larga vida en el reino por gran hora).»

(1) Nombre con el que se conocía a los ultra-revolucionarios partidarios de Jacques René Hébert. (N. del T.)

(2) *Chuanería:* Guerra de los partidarios realistas contra-revolucionarios que tuvo lugar a partir de 1793 al norte del Loira, en Bretaña, en Normandía, en el Maine y el Anjou. Toma su nombre del apodo utilizado por los hermanos Cottereau *(Jean Chouan),* que fueron sus jefes. (N. del T.)

(3) L.C.H.3.

LAS TULLERIAS
20 de junio de 1792 y 20 de agosto de 1792

IX, 34

Le part (1) soluz (2) Mary sera mittré (3)
Retour conflict passera sur le thuille (4)
Par cinq cens un trahyr (5) sera tiltré (6),
Narbon et Saulce par contaux (7) avons d'huille (8).

La resolución (1) sólo (2) marido será mitrado (3)
Regreso conflicto pasará sobre la teja (4)
Por quinientos un traidor (5) será titulado (6)
Narbona y Sauce por condales (7) tenemos aceite (8).

Traducción:

Habiendo tomado una resolución el rey será cubierto con el gorro frigio, tras su regreso (de Varennes) el conflicto llegará hasta las Tullerías, se preparará una traición por quinientas personas. Sin fuerza a causa del conde de Narbona y de Sauce.

La historia:

«La población parisina, alertada por los clubs, se levanta contra el mal deseo del rey; el 20 de junio una muchedumbre de manifestantes armados invade las *Tullerías,* acorrala al rey en el marco de una ventana y reclama la *retirada del veto;* el rey se pone *el gorro frigio,* pero *no cede...* El 10 de agosto, federados marselleses y pueblo de los barrios invaden las Tullerías, masacran a los guardias suizos (9)...»

«*Narbona:* En 1791, promovido mariscal de campo tras su regreso a París. Se hizo cargo el 6 de diciembre de la cartera de la guerra. Pero pronto, *sospechoso* para el partido progresista y para el partido de la Corte, dimitirá de sus funciones el 10 de marzo de 1792 para dirigirse al ejército del Norte. De regreso a París, tres días antes del 10 de agosto, *intentará salvar la monarquía* (10).»

«Por fin, el 30 de junio, llegaron los marselleses. Eran quinientos (11)...»

(1) Nombre masculino: partido (D.A.F.L.): determinación, resolución (D.L.7.V.) «Bajo la revolución el veto suspensivo fue otorgado a Luis XVI» (D.L.7.V.)

(2) Latín: *solus:* solo, solitario. D.L.L.B.

(3) Mitra: «Entre los autores griegos y latinos el término mitra designa un gorro llevado por los hombres y las mujeres de la India y de *Frigia.*»

(4) *Tuilerie:* Lugar en donde se hacen tejas *(tuile).* (D.L.7.V.)

(5) Verbo tomado como sustantivo, del mismo modo que puede decirse «el comer» o «el beber».

(6) Titular: figurado: maquinar, planear. (D.L.7.V.)

(7) Condal, condales: que pertenecen a los condes o a un conde. (D.L.7.V.)

(8) Popularmente: fuerza (D.L.7.V.) [Traduzco *aceite* pese a la doble l de *huille.* (N. del T.)]

(9) I.C.H.3.

(10) D.L.7.V.

(11) Historia de la revolución francesa, A. Thiers.

115

«Cuando llegó la berlina, fue rodeada de pronto por guardias nacionales en armas, que mandaba el procurador de la Comuna *Sauce*... Cada vez más molesto, *Sauce* tiene tiempo de mandar un expreso a París... Veinte horas después, sus apoderados entregaban a Luis XVI, en el dormitorio de Sauce, la orden de detención y Luis XVI gritaba: Ya no hay rey en Francia (1).»

EL AÑO 1792:
REVUELTAS EN PROVINCIAS
LA FAMILIA REAL EN EL TEMPLE

Sextilla 9

Deux estendars (2) du costé de l'Auvergne.
Senestre (3) pris, pour un temps prison regne,
Et une Dame enfans voudra mener,
Au (4) Censuart (5) mais descouvert l'affaire,
Danger de mort murmure (6) sur la terre,
Germain (7), Bastille (8) frère et soeur prisonnier.

Dos estandartes (2) del lado de Auvernia.
El izquierdo (3) tomado, por un tiempo reina prisión,
Y una Dama niños querrá llevar,
Por (4) Censuart (5) pero descubierto el asunto,
Peligro de muerte murmura (6) sobre la tierra,
De los mismos padres (7), Bastilla (8) hermano y hermana prisioneros.

Traducción:

Cuando se produzcan revueltas en la región de Auvernia, habiendo tomado el poder la izquierda, los encarcelamientos reinarán durante cierto tiempo y la reina querrá llevarse a sus hijos, pero el asunto será descubierto por Sauce; el descontento popular constituirá un peligro de muerte; el hermano y la hermana de los mismos padres serán encarcelados en un castillo flanqueado por torres (el Temple).

La historia:

«En febrero de 1792, no pasa día que no llegue la noticia de alguna insurrección alarmante... Pillajes, masacres en el Yonne y en el Nièvre,

(1) L.R.F.P.G.
(2) Levantar el estandarte de la revuelta: rebelarse. D.L.7.V.
(3) Latín: *senester:* izquierda.
(4) Por la preposición latina *a o ab:* por.
(5) Anagrama de SAUCE: las letras N, R y T se añaden por epéntesis y paragoge.
(6) Acción de quejarse; quejas de personas descontentas: las murmuraciones del pueblo. D.L.7.V.
(7) Frutos del mismo padre y de la misma madre: hermanos o hermanas. D.L.7.V.
(8) Castillo flanqueado por torres; por extensión una prisión cualquiera. D.L.7.V.

donde los asaltantes son esta vez *los del Morvan*. En marzo y abril de 1792, *Cantal* es víctima de una sublevación que llena de espanto una veintena de comunas: castillos incendiados, propiedades sometidas a requisas forzosas, autoridades inactivas o cómplices (1).»

«De hecho, en medio de la agitación que siguió al 10 de agosto, los poderes regulares, Asamblea y Consejo ejecutivo, tuvieron que pactar sin cesar con el poder insurreccional, *la Comuna de París* (izquierda). Apoyándose en los clubs y las secciones populares, ésta ejerció una verdadera dictadura. Pese a que la Asamblea había decretado el internamiento de Luis XVI y de la *familia real* en el palacio de Luxemburgo, les hizo *encerrar* en la *torre* del Temple. Pronto, millares de «sospechosos» fueron *encarcelados* (2).»

Por lo que concierne a la huida de Varennes y al papel de Sauce, véase IX, 34

LA BATALLA DE VALMY - 20 de septiembre de 1792
EL TRIUNVIRATO - 1790
ROBESPIERRE Y MIRABEAU
MIRABEAU EN EL PANTHEON

IX, 58

Au costé gauche (3) à l'endroit de Vitri,
Seront guettez les trois rouges de France:
Tous assoumez rouge (4), noir (5) non meurdry (6):
Par les Bretons remis en asseurance.

A causa izquierda (3) en el lugar de Vitri
Serán acechados los tres rojos de Francia
Todos machacados rojo (4), negro (5) no muerto (6):
Por los bretones puesto de nuevo en seguridad.

Traducción:

A causa de la izquierda (se combatirá) cerca de Vitry. Los tres rojos

(1) L.R.F.P.G.
(2) H.F.A.N.
(3) Política: lado derecho, lado izquierdo. En una asamblea deliberante, serie de bancos colocados a la derecha o a la izquierda del presidente; miembros que ocupan esos bancos. D.L.7.V.
(4) Latín: *rubeus*. Se dice de los republicanos muy avanzados. D.L.7.V.
(5) Negros: nombre dado a los diputados de la Asamblea Constituyente que se sentaban a la derecha de la sala. El nombre de negros fue dado a los aristócratas tanto por analogía como porque muchos de ellos vestían hábito eclesiástico. D.L.7.V.
(6) *Meurtrir:* significó antaño matar, eliminar por medio de un crimen D.L.7.V. [Significado actualmente en desuso. En frances actual *meurtrir* debe traducirse por maltratar, magullar. (N. del T.)]

de Francia serán espiados y aniquilados por el rojo, el aristócrata (Mirabeau) no será puesto a salvo por los jacobinos.

La historia:

«El 17 de septiembre de 1792, Kellermann sube de Vitry-le-François hacia el nordeste. Todas las tropas aliadas, así como todas las tropas francesas, están frente a frente. El 20 de septiembre acontece la victoria de Valmy.»

«Hay *a la izquierda* muchos hombres de leyes como Tronchet o el abogado Le Chapelier, fundador del club *bretón*, que será el futuro club de los Jacobinos... Muy pronto, la izquierda se divide en facciones y bandos. La más famosa: el *Triunvirato*, con Adriene du Port, Charles de Lameth y Barnave. Se opusieron a La Fayette y a Mirabeau... Los hermanos Lameth *emigraron*. Pero el hombre importante es Barnave. Cuando Mirabeau se acerca a la corte, Barnave se opone violentamente a él. En 1791 defenderá el club de los Jacobinos contra el club de los Monárquicos. Se sabe ya cómo se acercó al rey, después de Varennes, hasta convertirse en partidario de una monarquía constitucional. Será detenido, condenado, *ejecutado* (1).»

«Vino a continuación el decreto de la ley marcial. Se había estatuido que, en caso de una aglomeración considerada peligrosa, el cañón de alarma sería disparado; que una bandera *roja* se colgaría en una de las ventanas del Ayuntamiento, como indicación y como orden al pueblo de que se dispersara... El decreto fue apoyado por Mirabeau y atacado por Robespierre (2), cuya *demagogia*, manifestada ya más de una vez, comenzaba entonces a brillar con mayor esplendor.»

«Las discusiones, las decisiones de los *jacobinos* eran enunciadas con énfasis... Casi una sesión entera se ocupó del destino de la iglesia de Sainte-Geneviève, todavía no consagrada por el culto católico. El decreto fue pronunciado pomposamente en estos términos: se denominará Pantheon... El *conde* de Mirabeau fue *el primero* que recibió en él honores fúnebres (3).»

(1) H.F.A.C.A.D.
(2) Véase VIII, 19 y 80 - Robespierre: la piedra roja.
(3) H.F.A.

EL PROCESO DE LUIS XVI - 17 de enero de 1793
EL ASUNTO DEL ARMARIO DE HIERRO

VIII, 23

Lettres trouvées de la Royne les coffres (1),
Point de subscrit (2) sans aucun nom d'autheur:
Par la police seront cachez les offres (3),
Qu'on ne sçaura qui sera l'amateur.

Cartas halladas de la reina los cofres (1).
Ninguna suscrita (2) sin ningún nombre de autor:
Por la policía serán ocultos los regalos(3).
Nadie sabrá quién será el amador.

Traducción:

Las cartas de los armarios de la reina serán descubiertas sin firma y sin nombre de autor. La policía ocultará las actas de defensa de modo que no se sabrá quién habrá sido el beneficiario (de los fondos).

La historia:

«Una carta de Laporte, que se le dice fechada de su propia mano, Luis. Dice no reconocer ni la carta ni la fecha. Lo mismo con otras dos, ambas apostilladas por la mano de Luis, 3 de marzo y 3 de abril de 1791: Declara no reconocerlas en absoluto... Un documento *sin firma*, conteniendo un estado de defensas, antes de interpelar a Luis acerca de este documento, el presidente le hace la siguiente pregunta: ¿Habéis hecho construir en un muro del castillo de las Tullerías un *armario* cerrado con una puerta de hierro y habéis encerrado en él algunos papeles? Luis: No tengo conocimiento de ello, ni del documento *sin firma* (4)...»

«Observé que incluso en los precintos que la justicia hace poner en los papeles de todo acusado, jamás se ha hecho inventario de los documentos que lo precintado pudiera contener sino en presencia del acusado en cuestión. Añadiré que, de no ser así, nada sería más fácil, a malevolentes o enemigos, que depositar bajo los precintos documentos capaces de comprometer a un acusado, así como *retirar los que le justificasen...* El domicilio de Luis ha sido invadido; sus *armarios* han sido forzados... Durante el tumulto de la invasión alguien pudo *perder o apoderarse* de

(1) La importancia de los cofres disminuye a mediados del siglo XVI debido al uso más frecuente de los escritorios y los *armarios*. D.L.7.V.
(2) Latín: *subscriptio:* firma al pie de un documento. D.L.L.B.
(3) Acta por la cual se propone pagar lo que se debe, o cumplir una obligación, con el fin de detener o prevenir una acción judicial. D.L.7.V.
(4) Interrogatorio de Luis XVI. H.F.A.

119

los documentos; pudieron perderse, sobre todo, aquellos que explican los que se le oponen... Septeuil, en una declaración que ha hecho pública, explica esta especulación, confiesa él mismo que no sólo le interesaba únicamente a él, sino que existía un registro particular de los *fondos* de Luis, del cual *nada se nos ha comunicado,* y que indica el uso de esos mismos fondos (1).»

«Luis XVI, en su interrogatorio, intentó sin embargo negar que tuviera conocimiento del famoso *armario* y de los *papeles* que contenía. Por lo demás, los documentos más importantes debieron ser metidos en una gruesa cartera y confiados a la camarera de *María-Antonieta,* la señora Campan (2).»

LA HUIDA DE VARENNES - 20 de junio de 1791
VOTACION DE LA MUERTE DEL REY
LA GUERRA: 1.º de febrero de 1793

IX, 20

De nuict viendra par la forêt de Reines (3),
Deux pars voltorte (4) Herne (5) la pierre blanche (6)
Le moine (7) noir (8) en gris dedans Varennes
Esleu cap (9) cause tempeste, feu, sang, tranche.

De noche vendrá por el bosque de Reines (3).
Dos partes sentimiento (4) torturado hernuta (5) la piedra blanca (6)
El monje (7) negro (8) en gris dentro de Varennes
Elegido cabeza (9) (Capeto) causa tempestad, fuego, sangre, degüella.

(1) Defensa de Luis por el ciudadano de Sèze. H.F.A.
(2) D.L.7.V.
(3) Todas las ediciones antiguas mencionan REINES. Puede pues pensarse que se trata bien de una falta de tipografía, o bien de una modificación que Nostradamus aportó por necesidades de la rima. El bosque de Reims se halla antes de Varennes y fue cruzado por la carroza real.
(4) Palabra fabricada con 2 palabras latinas: *voluntas:* voluntad, sentimiento y *tortus:* torturado. Los primeros exegetas tradujeron: «difícil atajo» o «camino poco frecuentado», al igual que todos los exegetas que les siguieron (Hutin, Guerin, Monterey, Colin de Larmor, etcétera). Ahora bien, Propercio utiliza la expresión «torta via», que quiere decir: recodos del laberinto. En las ediciones posteriores a 1610 se lee *vaultorte* en vez de *voltorte.*
(5) *Herne:* Abreviación de hernuta: nombre dado a una secta cristiana que se distinguía por una gran pureza de costumbres. D.L.7.V.
(6) La piedra blanca: la piedra es símbolo del establecimiento: «Tú eres Pedro y sobre esta piedra levantaré mi Iglesia», Jesucristo. El blanco es el color de la monarquía. Compárese con II, 2: «La testa azul hará la testa blanca».
(7) Del greigo: μόνος : solo, único. D.G.F. Debe compararse con VI, 63. «El único apagado...», pero retomado también de la idea del rey-monje.
(8) Negros: El nombre de negros fue dado a los aristócratas tanto por analogía como porque muchos de ellos llevaban hábito eclesiástico. D.L.7.V.
(9) Cap: magnífico juego de palabra abreviada, por medio del cual Nostradamus deja la elección entre *caput,* cabeza en latín, y la abreviación de Capeto.

Traducción:

Llegará de noche por el bosque de Reims, torturado entre dos elecciones en su voluntad de beato de la monarquía, el monje noble (en librea) gris en Varennes. La cabeza de Capeto puesta a votación engendra la tempestad, la guerra, la efusión de sangre, la guillotina.

La historia:

«En Francia reina un rey absoluto (que gobierna *solo*) de *derecho divino* (hernuta)... El rey fue demasiado débil para imponer *su voluntad* (voltorte)... Luis XVI, a despecho de sus *virtudes privadas* (hernuta) no tiene las cualidades de un soberano (1).»

«Luis XVI era profundamente *piadoso*... *Turbado en su conciencia* tomó entonces la decisión de escapar (2)...»

«El rey es *guillotinado* el 21 de enero de 1793. Esta ejecución levanta la indignación de los realistas y la horrorizada reprobación de los reyes extranjeros, que planean unirse contra la Francia republicana y belicosa que acaba de declarar la guerra a Inglaterra (1.° de febrero de 1793) (1).»

«Por seiscientos ochenta y tres *votos*, Luis Capeto fue declarado culpable de conspiración contra la seguridad del Estado (3).»

EJECUCION DE LUIS XVI
21 de enero de 1793

I, 57

Par grand discord la trombe (4) tremblera
Accord rompu dressant la tête du Ciel
Bouche sanglante dans le sang nagera
Au sol la face oincte de laict et de miel

Por gran discordia la tromba (4) temblará
Acuerdo roto levantando la cabeza al Cielo
Boca sangrante en la sangre nadará
En el suelo el rostro ungido de leche y miel

Traducción:

En medio de un gran desacuerdo, la trompa de caza sonará, habiéndose roto el acuerdo, (el verdugo) levantando al Cielo la cabeza (del rey),

(1) L.C.H.3.
(2) H.F.A.M.
(3) H.F.D.G.
(4) Forma de trompa: trompa de caza: D.A.F.L.

la boca sangrante nadará en sangre, su rostro ungido de leche y miel (de la consagración) estará en el suelo.

La historia:

«El rey ha sido encarcelado tras la jornada del 10 de agosto de 1792 (toma de las Tullerías y masacre de los guardias suizos). Los *montagnards* (1) exigen su enjuiciamiento. Los girondinos desean impedir el proceso (2).» (Por gran discordia.)

«Ejecución de Luis XVI: el verdugo *muestra la cabeza* del rey al pueblo (2). (Levantando la cabeza al cielo.) La cabeza del rey que había sido consagrada en Reims en 1754 caerá al suelo en el cesto de la guillotina.

LA EJECUCION DE LUIS XVI. SU DESCENDENCIA

IV, 49

Devant le peuple sang sera respandu,
Que du haut ciel ne viendra eslonger (2);
Mais d'un long temps ne sera entendu,
L'esprit d'un seul le viendra témoigner.

Ante el pueblo se verterá la sangre.
Que de lo alto del cielo no vendrá alejar (3)
Pero por largo tiempo no será escuchado.
El espíritu de uno solo le vendrá a testimoniar.

Traducción:

La sangre será vertida ante el pueblo, y él no estará lejos del cielo. Durante un largo período de tiempo no será ya escuchado, hasta que el espíritu de uno solo venga a testimoniar.

La historia:

«El rey descendió lentamente del coche, se dejó atar las manos, subió los escalones y, en lo alto de la plataforma, pronunció en voz muy fuerte: «¡Pueblo, muero inocente!»

«En su testamento, escrito el 25 de diciembre de 1792, tras perdonar a sus enemigos y ordenar a su hijo que olvidara, como él, cualquier odio y cualquier resentimiento... terminaba, declarando ante Dios y dispuesto a *comparecer en su presencia*, que no se reprochaba ninguno de los crímenes de los que le acusaban (4).»

(1) *Montagnard* o montañés: Miembro de la Convención perteneciente a la Montaña, es decir, los bancos más elevados de la Asamblea donde se sentaban los diputados de la izquierda dirigidos por Robespierre y Danton. (N. del T.)
(2) L.C.H.3.
(3) Véase I, 57: «Levantando la cabeza al cielo.»
(4) D.H.C.D.

«El abate Edgeworth calmó la corta resistencia del rey con algunas palabras de las que una leyenda ha forjado la famosa frase: «Hijo de San Luis, *subid al Cielo* (1).»

Los dos últimos versos dejan suponer que Luis XVII no murió en el Temple y que uno de sus descendientes vendrá un día para testimoniarlo.

LA EJECUCION DE LUIS XVI. EL TERROR
21 de enero de 1793

IX, 11

Le juste à tort à mort l'on viendra mettre
Publiquement et du milieu estaint (2).
Si grande peste (3) en ce lieu viendra naistre
Que les jugeans fouyr seront contraints

Al justo con injusticia darán muerte
Públicamente y en medio ejecutado (2).
Tan gran peste (3) en este lugar nacerá
Que los jueces a huir serán obligados.

Traducción:

Será una injusticia matar al justo ejecutado en medio del pueblo. Eso acarreará en este lugar (París) tan gran calamidad (el Terror), que quienes hayan o no votado (la muerte del rey) se verán obligados a huir.

La historia:

«Luis no es un acusado, vosotros no sois *jueces*... No tenéis que dictar sentencia a favor o en contra de un hombre, tenéis que tomar una medida de salvación pública... La victoria y el pueblo han decidido que sólo él era rebelde. Por lo tanto, Luis no puede ser *juzgado*, está condenado ya (4).»

«Los *montagnards* toman el poder y tienen que hacer frente al levantamiento de la Vendée, instigado por los girondinos contra la dictadura de París. Constituyen un gobierno revolucionario. Es el régimen del

(1) H.F.A.M.
(2) Latín: *exstinguo:* hago morir, ejecuto. D.L.L.B.
(3) Latín: *pestis:* desgracia, plaga, desastre, calamidad. D.L.L.B. Véase VI, 63. «Siete años será de dolor explorada.»
(4) Discurso de Robespierre a la Convención Nacional (3 de diciembre de 1792).

Terror... El 9 Thermidor (27 de julio de 1794), Robespierre es acusado. *Huye,* es alcanzado y ejecutado sin juicio (1).»

«Con Robespierre tendido a mis pies, me dicen que Henriot *se escapa* por una escalera oculta; me quedaba todavía una pistola cargada; corro detrás de él. Alcanzo a *un fugitivo* en la escalera: era Couthon, al que estaban salvando (2).»

MARIA-ANTONIETA
Y LA DUQUESA DE ANGULEMA EN EL TEMPLE - 1793

X, 17

La Royne Ergaste (3) voyant sa fille blesme (4)
Par un regret dans l'estomach (5) enclos:
Crys lamentables seront lors d'Angoulesme,
Et au germain mariage forclos (6).

La reina cautiva (3) viendo pálida a su hija
Por una pesadumbre en el seno (5) encerrado:
Gritos lamentables serán entonces de Angulema
Y al hermano matrimonio inadmisible. (6)

Traducción:

La reina, detenida como una esclava, viendo ajarse a su hija, sentirá haber llevado hijos en su seno ante los lamentos de la duquesa de Angulema, casada con su primo hermano en un matrimonio inadmisible.

La historia:

«María-Antonieta de Austria, reina de Francia: ... Encarcelada en el Temple hasta el 1.° de agosto de 1793, sufrió allí todos los ultrajes, todos los tormentos como reina, como esposa, *como madre,* y su cautividad fue un verdadero martirio.»

«Marie-Thérèse-Charlotte de Francia, duquesa de Angulema, nacida de Luis XVI y de María-Antonieta, entró en el Temple para compartir la cautividad de su familia... Se casó con su primo, el duque de Angulema, hijo del conde de Artois (futuro Carlos X), tercer hermano de Luis XVI (7).»

(1) D.H.C.
(2) Informe del gendarme encargado de detener a Robespierre, que acaba de ser puesto. por la Convención, fuera de la ley.
(3) Latín: *ergastulus:* esclavo, detenido, prisionero D.L.L.B.
(4) *Blesmer:* Ajarse. D.A.F.L.
(5) Seno de mujer: D.L.7.V.
(6) Término legal: inadmisible. D.A.F.L.
(7) D.H.C.D.

SUPERVIVENCIA DE LOS BORBONES
DESPUES DE TREINTA GENERACIONES

VI, 51

Peuple assemblé voir nouveau expectacle
Princes et Roys par plusieurs assistans,
Pilliers faillir, murs, mais comme miracle
Le Roy sauvé et trente des instants (1)

Pueblo reunido ver nuevo espectáculo
Príncipes y reyes entre muchos asistentes,
Pilares derribados, muros, pero como milagro
El rey salvado y treinta de los presentes. (1)

Traducción:

El pueblo se reunirá para un espectáculo todavía nunca visto (la ejecución de un rey en la plaza pública) en presencia de varios príncipes y jefes de sangre real; los pilares y los muros (de la Bastilla) serán abatidos, pero por milagro la sangre real se salvará después de los treinta siguientes.

La historia:

Tras la demolición de la Bastilla, la ejecución de Luis XVI se llevó pues a cabo ante el pueblo. Pero no olvidemos que su muerte había sido votada por el príncipe de sangre real Philippe Egalité (2).

He aquí las treinta generaciones que van de Robert Le Fort (3), padre del rey Eudes, hasta Luis XVII: Robert Le Fort, duque de Francia; Robert rey (hermanos de Eudes); Huges duque; Huges Capeto rey; Robert II; Enrique I; Felipe I; Luis VI: Luis VII; Felipe II; Luis VIII; Luis IX; Robert de Francia, conde de Clermont; Luis, duque de Borbón; Jacques, conde de la Marche; Juan I, conde de Vendôme; Luis, conde de Vendôme; Charles, duque de Vendôme; Antonio de Borbón; Enrique IV; Luis XIII; Luis XIV; Luis Delfín; Luis, duque de Borgoña; Luis XV; Luis Delfín, Luis XVI y Luis XVII.

Todos los historiadores están ahora de acuerdo en aceptar la tesis de la evasión del Delfín de la prisión del Temple. Si se cree a Nostradamus, esta hipótesis debería convertirse un día en realidad histórica.

(1) Latín: *insto:* estoy D.L.L.B.
(2) Luís Felipe José, duque de Orleans. Casado con la bisnieta de Luís XIV fue, sin embargo, hostil al régimen y a la corte. Exilado en 1789, regresò a Francia, fue elegido diputado en la Conyención, tomó el nombre de *Philippe Egalite* (Felipe Igualdad) y votó la muerte de su primo el Rey. Fue por fin condenado a muerte y guillotinado (N. del T.).
(3) Roberto el Fuerte. antepasado de los Capetos que defendió la región entre Loira y el Sena contra los normandos. (N. del T.).

II, 58

Sans pied ne main (1) dent aiguë et forte
Par globe (2) au fort du port (3) et l'aisne nay (4),
Près du portail desloyal se transporte,
Silène (5) luit, petit grand emmené.

Sin pie ni mano (1) diente agudo y fuerte
Por muchedumbre (2) al fuerte del porte (3) y el mayor nacido (4),
Junto al portal desleal se transporta,
Sileno (5) brilla, pequeño gran llevado.

Traducción:

Sin base y sin fuerza, el que tiene la mandíbula acerada y fuerte, llevado al poder por la masa y habiendo muerto el mayor poco después de haber nacido, se transporta deslealmente junto al portal (del Temple). La República reina, el pequeño (por edad) grande (por nacimiento) es llevado.

La historia:

«El nombre de Robespierre surgió de la *urna electoral* en los escrutinios convocados en París para las elecciones a la Convención... Desempeñó, en el proceso de Luis XVI, el más *odioso* de los papeles, alentó encarnizadamente el fúnebre desenlace del 21 de enero de 1793... Los girondinos sucumbieron, en la jornada del 31 de mayo, en la que él tomó una parte decisiva. Desde aquel momento, su poder fue inmenso... Entra en el Comité de Salvación pública, en el que impone el yugo de la *fuerza* y el terror, sacrifica sin piedad la vida de los hombres a los fríos cálculos de su política... Detenido en la gran sala del Ayuntamiento el 10 de Thermidor, pereció en el cadalso (6)...»

«El Temple era en efecto un palacio: incluía una gran y noble mansión... La disposición era bastante similar a la de la mansión Soubise: un largo patio, rodeado de arcadas, terminado en hemiciclo del lado del portal... El cortejo que llevaba a los cautivos sufrió un considerable retraso (7)...»

(1) Latín: *manus:* mano, fuerza. D.L.L.B.
(2) Latín: *globus:* grupo de hombres, turba, muchedumbre. D.L.L.B.
(3) Acción de llevar. D.L.7.V.
(4) Luís XVII, nacido el 27 de marzo de 1785, llevó primero el título de duque de Normandía, y tomó el de Delfín a la muerte de su hermano mayor, Louis-Joseph (4 de junio de 1789).
(5) Dios frigio. D.L.7.V. El gorro frigio fue tomado como símbolo de la República.
(6) D.H.T.D.
(7 *Louis XVII et l'Enigme du Temple.* G. Lenôtre, Flammarion, 1920.

LUIS XVII EVADIDO DEL TEMPLE
GRACIAS A LOS ESPOSOS SIMON

IX, 24

Sur le palais (1) au rocher (2) des fenestres
Seront ravis les deux petits royaux,
Passer aurelle (3) Luthèce, Denis Cloistres (4)
Nonnain (5), mollods (6) avaller verts noyaux.

Sobre el palacio (1) en el roquedal (2) de las ventanas
Serán raptados los dos pequeños reales
La brisa (3) pasar Lutecia, claustros (4) de Denis
Monjas (5) miserables (6) (malos) verdes carozos.

Traducción:

En el palacio de escarpadas ventanas, serán raptados los dos niños reales, cruzarán París como una brisa, escapando a los claustros de Saint-Denis gracias a un religioso (7), los miserables malvados tragarán verdes carozos.

La historia:

«Si París vivió estupefacto la sombría jornada del 21 de enero de 1793, en el *tercer piso* de la torre del Temple transcurrió entre la angustia y la desesperación (8).»

«Antoine Simon: guardián de Luis XVII en el Temple. Maestro zapatero en París, se convirtió en miembro del distrito y formó parte del club de los Jacobinos (9).»

«Otro enigma se injerta en este misterio: Simon dejó el Temple el 19 de enero, aparentemente muy mortificado y gruñendo contra la ingratitud de Chaumette y de la Comuna. Ahora bien, a la mañana siguiente, se va a la pobre morada donde viven en retiro dos ancianas damas nobles, ambas habían sido *religiosas* y reciben en su casa a *un sacerdote*, escapa-

(1) La torre del Temple, edificio cuadrado formado por gruesas murallas y flanqueado por torreones en las cuatro esquinas. El palacio del gran priorato fue construido en 1767. D.L.7.V.

(2) Roquedal: gran masa de piedra dura, escarpada. D.L.7.V.

(3) *Aurelle:* del latín *aura:* viento; diminutivo: brisa. D.L.L.B.

(4) «Dagobert quiso ser enterrado en *Saint-Denis,* pero sólo con los reyes de la tercera estirpe la abadía de Saint-Denis tuvo el privilegio de las sepulturas reales» D.L.7.V.

(5) *Nonnain:* pequeña monja, monja en general. D.L.7.V. Religioso.

(6) Palabra formada de dos palabras: *mol:* mal, malo y *lods:* miserable. D.A.F.L.

(7) Jacobinos: Monje o religiosa de la orden de Santo Domingo, miembro del club de los Jacobinos constituido en 1789. D.L.7.V.

(8) *Louis XVIII et l'Enigme du Temple.* G. Denôtre. Flammarion, 1920.

(9) D.L.7.V.

do como ellas de los policías del Terror. En su buhardilla se celebra la misa, por ello, cuando oyen llamar a la puerta, son presas del miedo. Abren, sin embargo, y se hallan en presencia de un hombre al que no conocen: "No temáis, les dijo, yo sé que tenéis aquí a un sacerdote. Soy Simon, pero no os traicionaré..." Muchos de los más ardientes y sinceros partidarios de la República permanecían ligados a las viejas creencias y eran respetuosos con las tradiciones del pasado: ¿Se piensa en el hecho de que, hasta 1792 como mínimo, la inmensa mayoría de quienes fueron convencionales, los *jacobinos*, los miembros de la Comuna habían frecuentado las iglesias, asistido a los oficios, cumplido sus deberes *religiosos*? El hecho que acaba de leerse, por sorprendente que sea, demuestra que Simon era de ésos... Los comisarios supieron así que, entre otras personas, la ciudadana Simon, alojada, como hemos visto, en una casa vecina al Temple, se procura así el paso. ¿Qué va a hacer la esposa del zapatero? (1).»

LA EJECUCION DE MARIA-ANTONIETA - 16 de octubre de 1793
MADAME REAL EN EL TEMPLE

Sextilla, 55

Un peu devant ou après très grand Dame (2)
Son âme au Ciel (3) et son corps sous la lame,
De plusieurs gens regrettée sera,
Tous ses parents seront en grand'tristesse:
Pleurs et soupirs d'une Dame (4) en jeunesse
Et a deux grands (5) le deuil délaissera.

Un poco delante o después muy gran Dama (2)
Su alma al cielo (3) y su cuerpo bajo la cuchilla,
De mucha gente añorada será,
Todos sus parientes sentirán gran tristeza:
Lloros y suspiros de una Dama (4) en juventud,
Y a dos grandes (5) el luto desamparará.

Traducción:
Ante (el pueblo) poco después (de la ejecución de Luis XVI) la reina será guillotinada y su alma irá al Cielo. Será añorada por mucha gente.

(1) *Louis XVII et l'Enigme du Temple.* G. Denôtre. Flammarion, 1920
(2) Superlativo para referirse a la reina.
(3) Comparese con IV, 49 «que de lo alto del cielo no vendrá alejar.»
(4) Marie-Thérèse-Charlotte de Francia, duquesa de Augulema, hija de Luis XVI y de María-Antonieta, recibió al nacer el título de *Madame* Real. Tras el 10 de agosto de 1792, entró en el Temple para compartir el cautiverio de su familia. D.H.C.D.
(5) Luis, Delfín de Francia, hijo de Luis XV y de Marie-Leczinska dejó tres hijos: Luis XVI, *Luis XVIII y Carlos X,* y dos hijas: Clotilde, reina de Cerdeña, y Madame Elizabeth. D.L.7.V.

Sus parientes se sentirán muy afligidos: los lloros y los suspiros de su hija. Dejará en luto a sus dos (cuñados).

La historia:

«Maria-Antonieta, encarcelada en el Temple hasta el 1.° de agosto de 1793, sufrió todos los ultrajes, todos los tormentos, como reina, *como esposa,* como *madre,* y su cautiverio fue un verdadero martirio. Llevada ante el tribunal revolucionario, fue *condenada a muerte...* Esta infeliz princesa tenía, sin embargo, cualidades bastante relevantes para ser *apreciada por todo el mundo,* en tiempos ordinarios cuando se hubiera podido, o querido, juzgarla sin pasión... Conducida al suplicio en una carreta, demostró mucha firmeza y, como su esposo, murió *perdonando a sus enemigos* (1).»

EL PROCESO DE MARIA-ANTONIETA - 14 de octubre de 1793 SU EJECUCION - 16 de octubre de 1793

I, 86

Le grande Royne quand se verra vaincue,
Fera excez de masculin courage:
Sur cheval, fleuve passera toute nuë (2),
Suite par fer, a foy fera outrage.

La gran reina cuando se vea vencida,
Hará exceso de masculino valor:
Sobre caballo, río pasará desnuda (2),
En seguida por hierro, a fe hará ultraje.

Traducción:

Cuando la gran reina (María Antonieta) se verá desnuda, hará un exceso de valor masculino. Pasará sobre el río (el Sena) arrastrada por un caballo y malvestida. Luego morirá por el hierro (la guillotina), y se hará ultraje a la fe.

La historia:

«Reclamado desde el mes de agosto por las secciones, los clubs, los diputados de las asambleas primarias y las sociedades populares, el proceso a la reina se abre el 14 de octubre ante el tribunal revolucionario presidido por Hermann, Fouquier-Timville desempeña las funciones

(1) D.H.C:D.
(2) Por exageración, mal vestida D.L.7.V.

de acusador público. Se le hacen las preguntas más insidiosas. Se vuelven a lanzar contra ella acusaciones hechas ya en tiempos de la monarquía por panfletarios hostiles a la austriaca. Sencilla y digna, la reina responde que ella sólo ha obedecido a su esposo. Para impulsar el debate, Hébert le arroja la más *ultrajante* de las acusaciones. Aquella mujer abrumada halla entonces conmovedores acentos para responder a la infamante imputación... Pese a las defensas de Tanson-Ducoudray y de Chauveau-Lagarde, la reina es condenada a muerte... El 16 de octubre por la mañana, sube a una mala carreta y se sienta en un banco de espaldas al *caballo: vestida con un justillo y unas faldas,* cubierta con un gorro blanco, las manos atadas a la espalda, los ojos semi-cerrados, *impasible y erguida* (exceso de masculino valor), aquella mujer que fue la más adulada de las reinas, escucha a la multitud aulladora que le *insulta.* María-Antonieta subre muy deprisa los escalones que la separan de la plancha. Algunos instantes más tarde su cuerpo *supliciado* (en seguida hierro) se reúne con los restos de Luis XVI en el cementerio de la Madeleine.»

«El 14 de octubre de 1793, María-Antonieta comparece ante el tribunal revolucionario, vestida con un traje negro *muy gastado* (desnuda) y cubierta con un gorro de lino adornado con cendales de luto (1).»

«Acabo de ser condenada no a una muerte vergonzosa, puesto que sólo lo es para los criminales, sino a reunirme con vuestro hermano: inocente como él, espero mostrar *la misma firmeza* en los últimos momentos (masculino valor) (2).»

ALIANZA DE FELIPE DE ORLEANS
CON LA REVOLUCION.
SU MUERTE - 6 de noviembre de 1793

II, 98

Celui du sang resperse (3) le visage,
De la victime proche sacrifice,
Venant en Leo (4) augure (5) par présage,
Mis estre à mort lors pour la fiancée.

Quien de sangre rocía (3) la cara
De la víctima cercano sacrificio,
Viendo en Leo (4) augur (5) por presagio,
Será ejecutado a causa de la desposada.

(1) H.F.A.C.A.D.
(2) Testamento de María-Antonieta, en forma de carta a su cuñada Elisabeth. H.F. A.
(3) Latín: *respergo:* inundo, riego. D.L.L.B.
(4) Latín: *Leo:* sacerdote de Mitra adorado por los persas en la forma de un león. D. L.L.B. —Mitra: es representado en forma de un joven cubierto por el gorro *frigio.* D.H. C.D.
(5) Latín: *auguro:* predigo, D.L.L.B.

Traducción:

Aquél cuyo rostro está inundado de la sangre de la víctima, su cercano (pariente) sacrificado, la adopción del gorro frigio será para él un mal presagio y será condenado a muerte a causa de su alianza.

La historia:

«Luis-Felipe de Orleans, llamado Felipe Igualdad: ... *Se alió* con Mirabeau y fue uno de los primeros en integrarse al tercer estado (1). Su entorno, sino él mismo, no fue ajeno a los acontecimientos que desembocaron en la toma de la Bastilla... Apoyó secretamente a los republicanos del Campo de Marte (julio de 1791) y se hizo miembro del club de los Jacobinos... *Se alió más íntimamente* con los *Cordeliers* (2), los jacobinos, la Comuna de París... Desplazado por la Montaña. Se vinculó a sus jefes que, viendo que pensaba abstenerse en el proceso a Luis XVI, le forzaron con amenazas a votar con ellos; *votó pues por la muerte sin demora del rey,* sin recurso al pueblo, y no por ello *se hizo menos sospechoso* cuando se tuvieron los primeros indicios del proyecto concebido por Dumoriez de restablecer la Constitución de 1791 y entregar el trono a un príncipe de Orleans. Fue detenido el 7 de abril de 1793, conducido a París, juzgado como girondino por el tribunal revolucionario, condenado y *ejecutado* (3).»

EJECUCION DE FELIPE-IGUALDAD
6 de noviembre de 1793

III, 66

Le Grand Baillif (2) d'Orléans mis à mort,
Sera par un de sang vindicatif:
De mort merite ne mourra ne par fort,
Des pieds et mains mal le faisoit captif.

El Gran Bailio (4) de Orleans ejecutado,
Será por uno de sangre vindicativo:
De muerte merecida no morirá, no por fuerza,
De pies y manos mal le hacía cautivo.

Traducción:

El gran diputado de Orleans será ejecutado por orden de un personaje sanguinario y vengativo, no morirá de una muerte merecida, sino por la fuerza, pues el mal le encadenaba pies y manos.

(1) *Tercer estado:* Diputados que no pertenecían ni a la nobleza ni a la clerecia y que, por lo tanto, eran representantes del pueblo llano, de la burguesía. (N. del T.)
(2) *Club de los Cordeliers,* o *Sociedad de los amigos de los derechos del hombre y del ciudadano:* Club revolucionario fundado en París (mayo de 1790) por Danton. (N. del T.)
(3) D.H.C.D.
(4) Antigua forma de bailio: gobernadores que fueron reemplazados por los diputados. D.A.F.L.

La historia:

«Defensor de los derechos del tercer estado en la *Asamblea* de los notables de 1787 y en los estados generales de 1789, protector del pueblo... Enemigo declarado de la familia real, abiertamente revolucionario. Miembro de la Convención, militó en la extrema izquierda... Pese a que votase la muerte del rey, pariente suyo, y que se hubiera apoyado siempre en la Montaña, se hizo sospechoso a sus amigos de la víspera... El mismo día en que compareció ante el tribunal revolucionario, murió valerosamente en el cadalso (1).»

LA COMISION DE LOS DOCE - mayo de 1793
EL ARRESTO DE LOS DOCE - 2 de junio de 1793

IV, 11

Celuy qu'aura couvert de (2) la grand cappe,
Sera induict à quelques cas (3) patrer (4):
Les Douze rouges viendront fouiller (5) la nappe (6),
Soubz meurtre, meurtre se viendra perpetrer.

Aquel que estará cubierto (2) por la gran capa,
Será inducido a ejecutar (4) algunas caídas (3),
Los Doce rojos vendrán a registrar (5) el manto (6)
Bajo crimen, crimen vendrá a perpetrarse.

Traducción:

Aquel (Robespierre) que habrá cubierto de infamia al gran Capeto (Luis XVI) será llevado a cumplir algunas caídas: los Doce rojos estudiarán con atención los planes, y con la excusa de un crimen, perpetrará sus crímenes.

La historia:

«Investida de grandes poderes y compuesta de diputados cuyos nombres ofrecían garantías a toda la gente honesta, *la comisión de los Doce* podía desbaratar todas las tentativas dirigidas contra la Convención

(1) D.L.7.V.
(2) Colmar en buena o en mala parte: cubrir de vergüenza, de infamia, de gloria. D. L.7.V.
(3) Latín: *casus:* caída, fin, declive, muerte. D.L.L.B.
(4) Latín: *patro:* hago, ejecuto, cumplo. D.L.L.B.
(5) En sentido figurado escrutar, buscar, estudiar con atención: hurgar en las llagas de la sociedad. D.L.7.V.
(6) Por analogía: capa llana. D.L.7.V.

o contra alguno de sus miembros. Era romper todos los *planes* de los jacobinos y de los de la Montaña. De este modo, los *Doce* fueron señalados al furor de los *asesinos* en cuanto entraron en funciones, y la guerra que se les hizo fue una guerra *a muerte*. Las informaciones que llegaron multitudinariamente a esta comisión, le demostraron la evidencia de que se tramaba un complot contra la vida de los 22 diputados... Una vez adquirida la certidumbre de que se tramaba un complot contra una parte de la representación nacional, se decidieron a lanzar una orden de detención contra Hébert... La comisión juzgó que este escritor era cómplice del complot que se tramaba y que, con buena o mala intención, sus escritos provocaban el *asesinato* de los representantes del pueblo... Couthon se hizo llevar a la tribuna y, uniendo la ironía a la arrogancia, dijo: «Ciudadanos, todos los miembros de la Convención deben tranquilizarse en lo referente a sus libertades.» Y solicitó que la Convención decretara que los 22 fueran arrestados en sus domicilios, así como los miembros de la Comisión de los Doce (1).»

El golpe de fuerza del 2 de junio provocó insurrecciones en varias regiones. La Convención, sin que le asustara la magnitud del peligro, decidió proseguir la lucha a ultranza contra todos sus enemigos. Confió el poder a los de la Montaña, los más intransigentes: Robespierre y sus amigos, Couthon y Saint-Just... Hasta finales de 1794, *2.596 personas fueron ejecutadas* también en París (2).»

LAS MASACRES DE NANTES
16 y 17 de noviembre - del 9 al 10 de noviembre de 1793

V, 33

Des principaux de cité rebellée
Qui tiendront fort pour liberté ravoir:
Destrencher (3) masles infelice (4) meslée
Cris, hurlemens à Nantes; piteux voir.

De los principales de ciudad rebelada
Que se batirán con fuerza para recobrar la libertad
Despedazar (3) machos infelices (4) mezclados
Gritos. aullidos en Nantes; lamentable ver.

Traducción:
De los principales rebeldes de la ciudad que habrán combatido hasta el final para conservar su libertad, los hombres serán guillotinados,

(1) H.F.A.
(2) H.F.A.N.
(3) *Détrenchier:* Despedazar, cortar a pedazos. D.A.F.L.
(4) Latín: *infelix:* Desgraciado. D.L.L.B.

habiéndose mezclado algunos infelices, en Nantes los gritos y los aullidos serán un espectáculo lamentable.

La historia:

«*En Nantes,* gobernaba el convencional Carrier; era un procurador auvernés de treinta y siete años...»

«Fue visto en Cholet, pero huyó ante el fragor de la batalla y, desde entonces, corroído por el miedo, sólo tiene una idea: *matar,* para que no le maten, sombría obsesión que llegará, con ayuda de la embriaguez, hasta la locura...»

«Había sobre los pontones *de Nantes* un centenar de sacerdotes ancianos o enfermos que no habían podido ser deportados a Guayana y que eran paseados de cárcel en cárcel. En la noche del 16 al 17 de noviembre, con el pretexto de llevarles una vez más a tierra, se les hizo embarcar en una vieja chalana que había servido, antaño, para la navegación por el bajo Loira y que el estancamiento del comercio hacía inútil. *Atados de dos en dos,* obedecieron sin desconfianza, aunque previamente se les hubiera despojado de su dinero y sus relojes. De pronto, uno de los cautivos, Hervé, cura de Machecoul, advirtió que la chalana había sido agujereada en numeroso lugares, un poco por debajo de la línea de flotación y que, por esas aberturas mal taponadas, el agua entraba suavemente. Era la revelación del suplicio: los curas cayeron de rodillas y, por lo que pudiera pasar, pronunciaron *unos sobre otros* las palabras de absolución. Un cuarto de hora más tarde, la chalana se hundía con todos sus pasajeros, menos cuatro. De éstos, tres fueron atrapados de nuevo y ejecutados. Sólo uno, recogido por pescadores, consiguió ocultarse, y por él se conoce lo poco que sabemos de los últimos momentos de las víctimas...»

«El 5 de diciembre: Nueva llegada de "no juradores (1)", 58 curas impotentes. "Hay que echar al agua a todos esos tipos", ordena Carrier. En la noche del 9 al 10 son ahogados en la punta de Indret. El procónsul anuncia en seguida a la Convención el nuevo "naufragio" y termina su despacho con esta cínica broma: "¡El Loira es un torrente muy revolucionario!". *Siguieron nuevos ahogamientos,* unos nocturnos, otros diurnos: *Al menos once que causaron 4.800 víctimas.* A lo que hay que añadir *los guillotinamientos* tras juicio: tres comisiones trabajan en la ciudad y el tribunal de París no desdeñaba el pienso que se le expedía desde Bretaña. Un historiador nos asegura, es cierto, que Carrier no causó más víctimas que el tifus y demás enfermedades que asolaban las prisiones de Nantes: Seguramente debe de ser un consuelo (2).»

---

(1) *Insermenté:* Se llamaba así a los sacerdotes que se negaron a prestar juramento de obediencia a la constitución civil del clero durante la 1ª República francesa. (N. del T.)
(2) L.R.F.P.G.

EL ABATE VAUGEOIS;
PRESIDENTE DEL COMITE DE INSURRECCION - agosto de 1792
LA TOMA DE CHALONNES-SUR-LOIRE
POR LOS DE LA VENDEE - 22 de marzo de 1793
MATANZAS DE SACERDOTES EN EL LOIRA
17 de noviembre y 5 de diciembre de 1793

IX, 21

Au temple (1) hault de Bloys Sacre (2) Salonne
Nuict pont de Loyre, Prelat, Roy pernicant (3):
Cuiseur victoire aux marests de la Lone, (4)
D'ou prélature de blancs (5) abormeant (6).

En el templo (1) alto de Bloys maldito (2) Salonne
Noche puente del Loira, prelado, rey ligero (3):
Escocedora victoria en las marismas de la Lone (4)
De donde prelados de blancos (5) ligamento (6).

Traducción:

El alto personaje de Iglesia de Blois será maldecido en Chalonnes-sur-Loire, un sacerdote se encontrará de noche en los puentes del Loira, el rey hecho ligero (depuesto), la gente de Olonne conseguirá escocedoras victorias en las marismas; habiendo sido atados los sacerdotes realistas.

La historia:

«Concentración de los federados, agitación de las secciones: tales fueron los dos elementos preparatorios de la jornada del 10 de agosto (1792). Todo fue dirigido por un comité de insurrección que presidía el cura Vaugeois, vicario general del *obispo de Blois...* Robespierre redactó las peticiones presentadas por los federados con respecto a la *deposición del rey* (7).»

«El 22 de marzo de 1793 el ejército de la Vendée se apodera de *Chalonnes* (8).»

«Había sobre los *pontones* de Nantes un centenar de sacerdotes ancianos o enfermos. *En la noche* del 16 al 17 de noviembre, se les hizo

(1) Poético: la Iglesia católica. D.L.7.V.
(2) Latín: *sacro:* entregar a los dioses vengadores, maldecir. D.L.L.B.
(3) Latín: *pernix:* ligero. D L L B.
(4) Modificación de Olonne: comuna de la Vendée, a cinco Km. de Sables-d'Olonne; castillo de la Pierre Levée («Piedra levantada»). uno de los cuarteles generales de los vendeanos en 1793. D.L.7.V.
(5) El blanco, en el antiguo régimen, fue casi siempre el color nacional y real de Francia. D.L. 7.V.
(6) De *ormeger:* ato. D.A.F.L.
(7) L.R.F.P.G.
(8) H.F.A.C.A.D.

embarcar en una vieja chalana. *Atados* de dos en dos, obedecieron sin desconfianza. De pronto, uno de los cautivos, *cura* de Machecoul, advirtió que la chalana había sido perforada en numerosos lugares... Era la revelación del suplicio. Un cuarto de hora más tarde, la chalana se hundía con todos sus pasajeros... El 5 de diciembre: nueva llegada de "no juradores", 58 curas impotentes. En *la noche* del 9 al 10 de agosto, son ahogados en la punta de Indret. El procónsul Carrier termina su despacho con esta cínica broma: "¡El *Loira* es un torrente muy revolucionario!".»

«Carrier fue llamado en febrero de 1794. Su partida puso fin a los ahogamientos, pero el general Turreau, sucesor de Marceau en la Vendée, recomenzó a su modo la obra terrorista. Casi todos los jefes vendeanos habían sido muertos. Los dos supervivientes, Charette y Stofflet, se vieron obligados a tomar de nuevo las armas: uno en el *Marais* (es decir «marisma»), el otro en el Bocage (es decir «boscaje»). Fue una nueva guerra inútil, horrible. Puede decirse pues que, a principios de 1794, la Revolución había triunfado plenamente de sus enemigos interiores».

PITT EL JOVEN CONTRA LA REVOLUCION
1793-1796
AYUDA INGLESA A LOS VENDEANOS -1795
RETORNO AL PODER DEL HIJO PITT

X, 40

Le jeune nay au regne Britannique,
Qu'aura le père mourant recommandé:
Iceluy mort LONOLE (2) donra topique (3)
Et à son fils le regne demandé.

El joven nacido en el reino británico
Que habrá recomendado el padre agonizante:
Muerto aquél LONOLE (2(dará tópico (3)
Y a su hijo el reino solicitado.

Traducción.

(Pitt) el joven (4) llegado al poder en Inglaterra y que habrá recibido de su padre agonizante algunas recomendaciones, tras la muerte de éste

(1) L.R.F.P.G.

(2) Anagrama de Ollone u Olonne: comuna de la Vendée; castillo de la *Pierre Levée* ("Piedra levantada"), uno de los cuarteles generales de los vendeanos en 1793. D.L.7. V.

(3) Se dice de los medicamentos que actúan sobre puntos determinados en el exterior y el interior del cuerpo. D.L.7.V.

(4) Estadista inglés hijo de William Pitt (1708-1778)

prestará ayuda a los de la Vendée (los de Olonne) y se pedirá al hijo que tome el poder.

La historia.

«De 1793 a 1802, el esfuerzo de guerra británico no cesa de aumentar, estimulado hasta 1801 por PITT *el Joven*. Este *ha heredado de su padre* una innegable desconfianza con respecto a Francia (1)».

«En los departamentos del Oeste, el partido realista se había sublevado con una audacia que era alentada por las intrigas de *Inglaterra*. Charette y Larochejacquelin habían reaparecido a la cabeza *de las fuerzas de la Vandée* (los de Olonne). Tras haber hecho esperar a los ingleses un levantamiento general en el país si se llevaba a cabo un desembarco de emigrados, de armas y de municiones, el marqués de Puisaye se había puesto de acuerdo con los chuanes y estaba convencido de poder asestar un golpe funesto a la república. *El ministerio inglés*, desolado ante el poco éxito de la coalición contra nuestros ejércitos, había acogido este proyecto con ardor y se había comprometido a proporcionar *sesenta mil fusiles*, así como el *material completo* (tópico) para un ejército de cuarenta mil hombres (2)».

«Para hacer frente a los gastos de la guerra, Pitt tuvo que someter Inglaterra a un régimen de excepción, sin poder evitar las victorias de Francia ni la ruina del comercio británico. Dimitió en 1801. Addington, su sucesor, concluyó la paz de Amiens (1802). Cuando la guerra volvió a comenzar, *Pitt aceptó de nuevo el poder* (1804) (3)».

ROBESPIERRE, SUS AMIGOS Y SUS ENEMIGOS

VIII, 19

A (4) soustenir la Grand Cappe troublée
Pour l'esclaircir les rouges marcheront
De mort famille sera presque accablée,
Les rouges rouges le rouge assomeront.

Sin (4) sostén el Gran Capeto turbado
Para diezmarle los rojos marcharán
De muerte familia será casi aniquilada,
Los rojos rojos al rojo abatirán.

Traducción:
Sin sostén la gran familia Capeto será perturbada. Los rojos se pondrán

(1) H.R.U.
(2) H.F.A.
(3) D.L.7.V.
(4) Alfa privativo: sin.

en marcha para diezmarle. La familia real será casi aniquilada por la muerte. Los rojos abatirán al rojo (Robespierre) y a otros rojos.

La historia.

Con la ejecución de Luis XVI, de Maria-Antonieta, de la hermana de Luis XVI, Madame Elisabeth y la supuesta muerte de Luis XVII en la prisión del Temple, la familia Capeto ha quedado muy diezmada.

«Por lo que respecta a Robespierre, sus incontestables virtudes son eclipsadas, a ojos de sus colegas, por su orgullo, su fanatismo, su intransigencia: da miedo. Sus *adversarios* se unen para *desembarazarse* de él (1)».

«Los partidarios de Robespierre que la Convención ha puesto fuera de la ley, son detenidos; a Robespierre le rompen el maxilar de un tiro de pistola: la misma noche del 10 de thermidor, *es guillotinado con 22 de sus partidarios;* al día siguiente y al otro les llega el turno a 83 más. Así el gran Terror termina con una nueva hecatombe (2)».

ROBESPIERRE, EL ROJO SANGUINARIO
LA CAIDA DE LA MONARQUIA - 1792

VI, 57

Celuy qu'estoit bien avant dans le regne,
Ayant chef rouge proche à la hierarchie,
Aspre (3) et cruel et se fera tant craindre,
Succedera à sacrée (4) monarchie.

Aquél que está mucho antes en el reino,
Teniendo cabeza roja próximo a la jerarquía,
Aspero (3) y cruel y tanto se hará temer
Sucederá a sagrada (4) monarquía

Traducción:

Aquél que mucho antes formaba ya parte del poder, teniendo la cabeza roja se acercará a la cima de la jerarquía; intratable y cruel se hará temer mucho y sucederá a la consagrada monarquía.

(1) L.C.H.3.
(2) L.T.R.
(3) Latín: *asper:* duro, feroz, intratable. D.L.L.B.
(4) Alusión a la consagración de los reyes.

La historia.

Maximilien Robespierre, nacido en 1752, en Arras, era hijo de un abogado del *Consejo Superior* de Artois y desempeñaba, él mismo, estas *funciones* en 1789. Diputado por Arras en los estados generales, llega a ellos imbuido de las ideas democráticas del Contrato Social de J.-J. Rousseau, se situó en la extrema izquierda (cabeza roja), y manifestó siempre su *odio a la monarquía.* Nombrado, en junio de 1791, acusador público del tribunal de lo criminal del Sena, se afilió a los jacobinos y a la Comuna y fue elegido en 1792 (1) miembro de la Convención. Dirigió, junto a Danton, el proceso de Luis XVI, luchó violentamente por su condena a muerte, paralizó los esfuerzos hechos por los girondinos para salvar al rey, logró, tras la ejecución, instituir por decreto el tribunal revolucionario y estableció en toda Francia el sistema del Terror. Permaneciendo casi perpetuamente en el Comité de Salvación pública, hizo sancionar las más sanguinarias medidas... Había logrado que pesara sobre Francia la más odiosa tiranía y ni siquiera había exceptuado a sus colegas: los que sobrevivieron, irritados por su poder o asustados por sus amenazas, se unieron finalmente contra él...» (2).

1793 - MUERTE DE LUIS XVI
ROBESPIERRE AL PODER

III, 34

> Quand le deffaut du Soleil lors sera,
> Sur le plein jour le monstre sera veu:
> Tout autrement on l'interprétera,
> Cherté n'a garde, nul n'y aura pourveu.

> *Cuando la ausencia del sol se producirá entonces.*
> *A pleno día el monstruo será visto:*
> *se le interpretará de modo muy distinto,*
> *carestía no tiene protección, nadie habrá previsto.*

Traducción:

Cuando caerá la monarquía, se verá al monstruo (Robespierre) a pleno día. Se le considerará de muy otro modo. Nadie sabrá protegerse de la carestía porque no habrá sido prevista.

(1) La República Francesa fue proclamada el 21 de septiembre de 1792. La Convención sucede a la Asamblea legislativa, durando del 21 de septiembre de 1792 al 26 de octubre de 1795. Había sido convocada, tras la insurrección del 10 de agosto de 1792 y la caída de la realeza, para hacer una nueva constitución. En la primera sesión proclamó la república. D.H.B.

(2) D.H.B.

La historia.

«Entre la ejecución del Rey (21 de enero de 1793) y la proscripción de los girondinos (2 de junio), ni siquiera transcurrieron cinco meses. Un plan de acción preparado por Robespierre, entre el 16 y el 19 de mayo, descubrió el mecanismo por el que fueron depurados a su vez... El Comité de Salvación pública, instituido el 5 de abril de 1793, estuvo al comienzo bajo la influencia de Danton, luego, a partir del 10 de julio, bajo la de Maximilien Robespierre. Le llamaron el Incorruptible (¡se le interpretará de modo muy distinto!). Se une al jacobinismo que, al igual que él mismo, es oscuro y sombrío. Al igual que él mismo sufre delirio de persecución (monstruo). Siempre en la línea del partido, supo con una seguridad de *fanático* aplastar las facciones culpables de desviación...»

«Las victorias de 1793 y 1794 no provocaron una suavización de la dictadura jacobina. Por el contrario, *el terror* aumentó. La agitación partió de un pequeño grupo de comunistas inspirados por el antiguo cura Jacques Roux. Aprovechando las dificultades de la conexión entre las cosechas en 1792 y 1793, mantienen las secciones en efervescencia y las animan contra la Convención, a la que acusan de conducir el pueblo al *hambre*... A consecuencia de diversas manifestaciones, la Convención inicia una política que pone bajo la dirección absoluta del Estado todas las ramas esenciales de la actividad económica... Surgió entonces la verdadera dificultad: aplicar aquellas leyes imposibles. En cuanto el máximo fue promulgado, los almacenes se vaciaron en un instante, apresurándose todo el mundo a comprar, a un precio ficticiamente rebajado, lo que la víspera había pagado dos o tres veces *más caro*... la *hambruna* se instala en las ciudades. En un abrir y cerrar de ojos no quedó en París ni azúcar, ni aceite, ni velas. El pan era incomible. El mercado negro hacía estragos (1).»

ROBESPIERRE,
EL TERROR Y LA FIESTA DEL SER SUPREMO
8 de junio de 1794

VIII, 80

Des innocents le sang de veufve et vierge,
Tant de maux faicts par moyen ce grand Roge,
Saints simulachres trempez (2) en ardent cierge:
De frayeur crainte ne vera nul que boge.

De los inocentes la sangre de viuda y virgen
Tantos males hechos por medio del gran Rojo,
Santos simulacros arreglados (2) en ardiente cirio:
De horrible temor no verá nadie que se mueve.

(1) H.F.P.G.
(2) En vez de *temprer*: forma antigua de *tremper*: arreglar.

140

Traducción:

La sangre de los inocentes, de las viudas y las vírgenes correrá; cúantas desgracias llevadas a cabo por aquel gran Rojo. Un culto simulado, arreglado con cirios ardientes. Nadie se moverá a causa de un terror pánico.

La historia:

«Los de la Vendée se introdujeron en Le Mans; allí fueron sorprendidos el 2 de diciembre, a la caída de la noche, y tras una salvaje batalla de 14 horas, derrotados y *masacrados*. Sólo se veían cadáveres por todas partes, cuenta un soldado... Y entre los cadáveres *muchos de mujeres* desnudas que los soldados habían despojado y matado tras haberlas violado. Los que consiguieron escapar, alrededor de seis mil fueron alcanzados, cercados y fusilados en Savenay (1).»

«Robespierre (2) decreta *que una nueva religión* de carácter austero y cívico será impuesta a todo el mundo. El preside la primera gran ceremonia, la Fiesta del Ser Supremo, el 8 de junio de 1794. Tras esta especie de apoteosis, toma una de las más implacables medidas: la ley de Prairial (10 de junio de 1794) que no deja prácticamente oportunidad alguna a un acusado de escapar a la guillotina. Durante este *gran terror* tuvieron lugar en París más de mil ejecuciones en 45 días.»

«El gobierno revolucionario: tras el golpe de fuerza que abate a los girondinos, *ninguna oposición se atreve a manifestarse* en la Convención que sigue dominada por los *montagnards* (3).»

LOS MONTAGNARDS. EL TERROR BLANCO - 1794

IV, 63

L'armée Celtique (4) contre les montaignars
Qui seront sceus et prins à la pipée (5):
Paysans fresz (6) pulseront tost faugnars (7)
Précipitez tous au fil de l'espée.

El ejército céltico (4) contra los montagnards
Que serán descubiertos y cogidos en la trampa (5).
Campesinos aplastados (6) pisarán pronto el barrizal (7)
Precipitados todos al filo de la espada.

(1) L.R.F.P.G.
(2) Del latín *robeus*: roio: D.L.L.B. Robespierre significa pues "piedra roja". Compárese a IX, 20: Luis XVI: «La piedra blanca».
(3) L.H.C.3.
(4) Los chuanes de Bretaña, país celta.
(5) Se dice también dados *pipés*, es decir dados *cargados*, dados con trampa.
(6) Del latín *fressus* de *frendo*: aplasto, machaco, D.L.L.B.
(7) *Faugnars*: fangoso. D.A.F.L.

Traducción:

El ejército de los chuanes (se levantará) contra los *montagnards* que, advirtiéndolo, le tenderán una trampa; rechazarán rápidamente a los campesinos aplastándoles en las marismas; les aniquilarán a todos.

La historia:

«´El Terror Blanco hace numerosas víctimas. *En Bretaña* los chuanes favorecen un desembarco inglés en Quiberon, *rápidamente cercado y aniquilado* por las tropas del general Hoche (1).»

«Ante el avance victorioso de la insurrección de los chuanes, fue preciso enviar al ejército republicano regular, mandado por Kleber y Marceau. *Rechazados* ante Granville y derrotados en Le Mans, los de la Vendée sufrieron, al cruzar por segunda vez el Loira, un espantoso desastre. Continuaron la resistencia en las *marismas* y el boscaje hasta 1795. El cuerpo de emigrados que había sido desembarcado por los ingleses fue vencido en Quiberon. *La Convención hizo fusilar a todos los prisioneros* (2).»

NACIMIENTO DE BONAPARTE
15 de agosto de 1769

I, 60

Un Empereur naistra près d'Italie
Qui à l'empire sera vendu bien cher,
Diront (3) avec quels (4) gens il se ralie
Qu'on trouvera moins Prince que boucher.

Un emperador nacerá cerca de Italia
Que será vendido muy caro al imperio
Dirán (3) con qué (4) gente se alía
Que les parecera menos Príncipe que carnicero.

Traducción:

Un Emperador nacerá cerca de Italia que costará muy caro al imperio. Se dirá con cuánta gente se alía y se le considerará menos príncipe que carnicero.

(1) L.C.H.3.
(2) H.F.A.M.
(3) *Dirán* por *se dirá:* latinismo.
(4) *Quels* (cuales) en el sentido de cuántos.

La historia:

Cuando Bonaparte nació, el 15 de agosto de 1769, hacía sólo dos años que Córcega había sido comprada por Luis XV. No era pues ya italiana pero tampoco era todavía francesa; de ahí proviene la expresión de Nostradamus «cerca de Italia».

«El Congreso de Viena (septiembre de 1814-junio de 1815) pretende borrar del mapa de Europa las modificaciones introducidas por la Revolución y el Imperio... Francia rodeada de "estados-barrera" no puede esperar ya alcanzar las "fronteras naturales " (1)". Francia lo pagará pues muy caro en muertos, en derrotas y en ruinas de toda clase.

«Napoleón ha puesto en pie el Gran Ejército: 700.000 hombres *de todas las naciones* (2).»

La batalla de Eylau, llamada *"carnicería* bajo la nieve"* será una de las batallas más sangrientas libradas por Napoleón. Señalemos que Nostradamus atribuye aquí al Emperador un calificativo que la historia retendrá.

«Por el tratado de París, 1815, Francia perdía todas sus conquistas y se hacía más *pequeña* que antes de comenzar las guerras de la Revolución (3).» ¡Que costará caro al Imperio!

EL NOMBRE PREDESTINADO DE NAPOLEON

I, 76

D'un nom farouche tel proféré sera
Que des trois seurs (3) aura fato (4) le nom,
Puis grand peuple par langue et faicts dira (5)
Plus que nul autre aura bruict et renom.

De un nombre hosco será proferido
Que de las tres hermanas (3) tendrá fatídicamente (4) el nombre
Luego gran pueblo por lengua y hechos podará (5).
Más que ningún otro tendrá ruido y renombre.

Traducción:

Será llevado hacia adelante con un nombre tan hosco que será, de modo predestinado, parecido al de las tres Parcas, luego por sus dis-

(1) L.C.H.3
(2) D.H.C.
(3) Las tres Parcas: hermanas en la mitología, encargadas de cortar el hilo de la vida humana. Divinidades destructoras.
(4) Latín: ablativo de *fatum:* por el destino.
(5) Latín: *dirare:* despejar (un árbol cortándolo). D.L.L.B. Todos los exegetas han transformado la palabra *dirá* en *conducirá,* comenzando por Le Pelletier.

cursos y sus acciones ilustrará a mucha gente, será famoso más que cualquier otro por el ruido que hará.

La historia:

El nombre de Napoleón viene, etimológicamente hablando, de dos palabras griegas: νεος : *nuevo* y 'απολλύων participio presente de 'από-λλυμι : *exterminante*, tomado como sustantivo, por lo que Napoleón quiere decir: nuevo exterminador.

El sentido del verso siguiente concuerda pues perfectamente con la significación etimológica del nombre del Emperador. Citemos las masacres de Eylau "carnicería bajo la nieve", de la retirada de Rusia, de Waterloo y esta terrible descripción de las atrocidades de la guerra de España: "Desde entonces, en todas partes, nuestros enfermos, nuestros rezagados, nuestros oficiales enviados en misión, sorprendidos y tomados prisioneros, fueron, los más afortunados, degollados de inmediato; otros muchos arrojados a calderas de agua hirviendo; otros también serrados entre tablas o quemados a fuego lento (1)…"

"La guerra de España toma un carácter de feroz fanatismo: las emboscadas incesantes corroen (¡podará!) el ejército francés (2)…"

EL EJERCITO SARDO SE ENTREGA A BONAPARTE EN CHERASCO - 29 de abril de 1796 LOS EJERCITOS AUSTRIACOS VENCIDOS EN 3 MESES - LEOBEN - 18 de abril de 1797.

III, 39

Les sept en trois mois en concorde,
Pour subjuguer les Alpes Apennines (3),
Mais la tempeste (4) et Ligure (5) couarde,
Les profligent (6) en subites ruyne.

Los siete en tres meses en concordia.
Para subyugar los Alpes Apeninos (3)
Pero la tempestad (4) y Liguria (5) cobarde,
Les derrotan (6) en súbitas ruinas.

(1) *Mémoires d'un aide de camp.* General de Segur.
(2) L.C.H.3.
(3) Apeninos: larga cordillera que cruza Italia en toda su longitud, se desprende de los Alpes en Cassino, al norte de Génova, traza un semicírculo alrededor del golfo de Génova y termina en Sicilia. D.H.B.
(4) En sentido figurado: acción impetuosa D.L.7.V.
(5 Región de la antigua Italia, formaba la parte S.O. de la Galia Cisalpina: se extendía, primero, desde el norte hasta el Po, pero luego fue reducida a los países situados entre el mar y los Apeninos. D.H.B. Parte de los Estados sardos.
(6) Latín: *profligo:* derribo, venzo por completo, arruino D.L.L.B.

Traducción:

Los siete (ejércitos) estarán aliados durante tres meses para subyugar los Apeninos. Pero la acción impetuosa (de los ejércitos de Bonaparte) y la cobardía del ejército sardo les harán vencer y arruinar de pronto.

La historia:

«Mientras, nuestra situación en Italia se hacía peligrosa por los grandes preparativos que hacía Austria *para reconquistar* este país.»

«El abatimiento reinaba en los ejércitos coaligados. Los espíritus se hallaban muy agitados en el Piamonte; los franceses sólo se encontraban a diez leguas de Turín y los austriacos sólo pensaban en proteger Milán. Estando así las cosas, la corte de Cerdeña no sabía qué decisión tomar... El rey, aunque prevenido contra los franceces, no consintió en entregar sus tres primeras plazas a su ambicioso vecino de Lombardía: Prefirió *arrojarse en los brazos del vencedor* (cobardía), a quien no podía, por otro lado, oponer larga resistencia... El armisticio se firmó, el 9 de floreal del año IV (29 de abril de 1796), en Cherasco. Las condiciones de este armisticio fueron que el rey de Cerdeña dejaría la coalición, las tropas sardas serían repartidas en las guarniciones, los caminos del Piamonte permanecerían abiertos para el ejército francés y, finalmente, las plazas de Ceva, Coni, Tortona o, en su defecto, Alejandría, serían devueltas de inmediato con los almacenes y la artillería que contenían (1).»

«El conjunto de estas órdenes pretendía reunir en la meseta de Rivoli, a primeras horas del *14 de enero* (1797), más de veinte mil hombres, de los cuales 1.500 jinetes y una treintena de cañones... Hoche y Moreau se agitan por fin y los austríacos firman, el *18 de abril de 1797* (2), en Leoben, los preliminares que Bonaparte les había propuesto dos días antes. Ponen fin a esta campaña durante la cual Bonaparte ha derrotado a *siete ejércitos* y triunfado de los cuatro generales que Viena le ha opuesto sucesivamente, desde los veteranos de la guerra de los siete años hasta el joven archiduque Carlos, el propio hermano del Emperador de Austria (3).»

«Bonaparte avanzó rápidamente a través de las montañas de Kärntan, empujando las retaguardias del enemigo... Los soldados del Rhin se arrojaron sobre los austríacos con *un ímpetu* que no les permitió resistir en parte alguna: todo fue pasado a la bayoneta (4)...»

(1) Los Estados Sardos: Se componían de dos partes distintas: la isla de Cerdeña y los estados de tierra firme. Estos se hallaban en el norte de Italia, en parte al este de los Alpes y en parte al oeste de estas montañas, entre Suiza al norte, Francia al oeste, Lombardía al este y el Mediterráneo al sur. D.H.B.

(2) H.F.A.

(3) Del 14 de enero al 18 de abril: 3 meses y 3 días.

(4) N.E.E.

LAS CAMPAÑAS DE ITALIA A TRAVES DE LOS ALPES
1796-1800
LA ANEXION DE TOSCANA POR NAPOLEON - 1801
EXPULSION DEL GRAN-DUQUE DE TOSCANA,
FERNANDO III

V, 20

Dela les Alpes grand'armée passera,
Un peu devant naistra monstre vapin (2):
Prodigieux et subit tournera (3),
Le grand Toscan à son lieu plus propin (4).

Más allá de los Alpes gran ejército pasará,
Algo más adelante nacerá monstruo de Gap (1)
Prodigioso y súbito llevará (2),
El grande de Toscana a su lugar más próximo (3)

Traducción:

El gran ejército cruzará los Alpes. Un poco antes nacerá el monstruo de Gap que, de un modo prodigioso y súbito, obligará al Gran duque de Toscana a volverse hacia un lugar vecino.

La historia:

«La primera campaña de Italia: *En los Alpes, el ejército de los Alpes,* a las órdenes de Kellermann, domina las alturas desde el Montblanch hasta el collado de Largentière, y el ejército de Italia, que manda Scherer, se extiende del collado de Tende al Mediterráneo.

«Si todo el mundo está de acuerdo en estimar que la campaña de Italia es "su *obra maestra* indiscutible", el propio Bonaparte parece creerlo así, puesto que dijo: "La guerra es un arte singular. Les aseguro que he librado sesenta batallas, pues bien, no he aprendido nada que no supiera ya desde la primera".»

«Pese a las grandes dificultades, los planes de Bonaparte se realizan, puesto que 40.000 hombres del ejército de reserva habían cruzado el San Bernardo con su artillería, 5.000 hombres descendían del Pequeño-

---

(1) *Vapincuum:* Hoy Gap. D.H.B. Alusión a los 100 días: "Napoleón sólo había pasado por Sisteron para *ir a dormir a Gap,* el 5 de marzo de 1815." N.E.E. Ejemplo de apócope,

(2) Dirigir, gobernar, hablando de una persona. D.L.7.V.

(3) Latín: *propinquus:* próximo, vecino, cercano. D.L.L.B. Nótese la similitud de apócope realizado entre *vapincuum* y *propinquum.*

146

San-Bernardo, 4.000 llegaban del Mont Cenis y el cuerpo de Moncey descendía del San Gotardo hacia Milán (mayo de 1800) (1).»

«Fernando III, *gran duque de Toscana,* nacido y muerto en Florencia (1769-1824) (2). Durante las primeras guerras de la Revolución, se esforzó, pese a las amenazas de Inglaterra, por permanecer en la neutralidad, lo que le valió no ser muy maltratado por Bonaparte en 1796. Pero habiéndose, más tarde, dejado arrastrar por la segunda coalición, fue *expulsado de sus Estados por los franceses* (1799); pudo, es cierto, regresar algunos meses después, pero fue de nuevo despojado, tras la batalla de Marengo, por el tratado de Luneville. Se retiró a Viena (lugar vecino) mientras Luis de Parma y Elisa Bonaparte ocupaban su trono (3).»

EL EJERCITO DE BONAPARTE DE VERONA A VENECIA POR VICENZA - 1797 DERROTA DEL GENERAL LUSIGNAN CERCA DE BELLUNO - 10 de marzo de 1797 LA SUMISION DE LOS OLIGARCAS DE VENECIA A BONAPARTE - 14 de mayo de 1797

VIII, 11

Peuple infiny (4) paroistre à Vicence,
Sans force feu bruler la basilique (5),
Près de Lunage (6) deffait grand de Valence (7),
Lorsque Vinise par morte prendra pique.

Pueblo infinito (4) aparecerá en Vicenza
sin fuerza fuego quemar la basílica (5)
Cerca de Lunage (6) derrota grande de Valence (7)
Cuando Venecia por muerte tomará pica.

(1) N.E.E.
(2) Nostradamus establece una correlación entre Bonaparte y Fernando III; nacidos ambos en el mismo año: 1769.
(3) D.L.7.V.
(4) La expresión «pueblo infinito» es siempre utilizada por Nostradamus para referirse a los franceses, en los dos sentidos de pueblo eterno y pueblo muy numeroso. La Francia de Napoleón era el país más poblado de Europa. Véase I, 98.
(5) Griego: βασιλικός : real. D.G.F.
(6) Afrancesamiento de Lunegiane, región en la que se halla Belluno.
(7) Lusignan: además de la rama llamada de ultramar, de la familia Lusignan surgieron las casas nobles de Lezé, Eu, Pembroke, La Rochefoucauld, Die, *Valence,* Marais, etc. D.L.7.V.

Traducción:

Los franceses aparecerán en Vicenza y sin utilizar la fuerza del Fuego, destruirán la aristocracia. El general Lusignan será derrotado cerca de Belluno, cuando Venecia tome la pica para dar la muerte.

La historia:

«El 20 ventoso año V (10 de marzo de 1797); el *general en jefe* del ejército de Italia puso en movimiento todas sus líneas. El intrépido Massena se arrojó sobre el cuerpo central rechazándolo hacia Feltre, *Belluno*, Cadore, y avanzó hasta las gargantas del Ponteba que preceden al collado de Tarwis. En esta rápida marcha, hizo un millar de prisioneros entre los que se hallaba *el general Lusignan.*»

«Todo estuvo en movimiento y *combustión* en la alta Italia. Los regimientos esclavonios, desembarcados de las *Lagunas*, avanzaron hacia las ciudades sublevadas; mientras, los campesinos las saqueaban. *Degollaban* y *asesinaban* a cuantos franceses o patriotas podían coger.»

«Como todos los cuerpos gastados, *la aristocracia de Venecia* se hallaba dividida. De modo que los principales miembros del gobierno no pudieron ponerse de acuerdo. Todos se hallaban aterrorizados ante los horrores de un asedio. Los viejos *oligarcas* se vieron en la dura necesidad de ofrecer a Bonaparte las modificaciones de su constitución que él había solicitado algún tiempo antes. Satisfecho de haber arrojado el espanto entre los venecianos, Bonaparte, considerando que era mejor *llevarles al sometimiento que vencerles*, les concedió algunos días para reflexionar y regresó a Milán, a donde no tardaron en llegar los *plenipotenciarios* (1).»

«El 25 floreal del año V, *el dux de Venecia* es depuesto y los franceses entran en la ciudad (2).»

(1) H.F.A.
(2) H.F.A.C.A.D.

148

LOS 4 AÑOS DE PONTIFICADO DE PIO VI - 1795-1799
RESISTENCIA DE LOS ESTADOS PONTIFICIOS
CONTRA BONAPARTE
EL RAPTO DE PIO VI - 1798

VI, 26

Quatre ans le siège (1) quelque peu bien tiendra,
Un surviendra libidineux (2) de vie:
Ravenne et Pyse Veronne soustiendront (3)
Pour eslever (4) la croix de Pape envie (5).

Cuatro años la sede (1) más o menos aguantará
Uno llegará libidinoso (2) de vida
Ravena, Pisa y Verona sostendrán (3)
Para quitar (4) la cruz del Papa deseo (5)

Traducción:

A trancas y barrancas se mantendrá la Santa Sede durante cuatro años. Llegará entonces un personaje licencioso. Ravena, Pisa y Verona resistirán contra aquél que desea arrebatar al Papa su cruz (su poder).

La historia:

« Pío VI: elegido y consagrado en 1775, muerto en Francia, en Valence, en 1799. El Directorio ordenó *invadir el territorio pontificio*, y el papa tuvo que firmar con Bonaparte, el tratado, desastroso para él, de Tolentino (1797). A consecuencia del asesinato, en las calles de Roma (1798), del general Duphot, representante del gobierno francés, el Directorio se *apoderó* de la persona del papa y proclamó en Roma la República. Detenido por el general Berthier, Pío VI fue conducido sucesivamente a Siena, a la cartuja de Florencia, a Turín, *llevado* por fin a Francia (abril de 1799), a Grenoble, luego a Valence en donde murió (6). »

« El 8 de enero de 1797, Bonaparte quien, desde Bolonia a donde se había dirigido para *amenazar* al papa, no había dejado un sólo instante de mantener la mirada sobre el Adigio, supo que todos sus puestos de vanguardia habían mantenido *escaramuzas*. De inmediato, vuelve a cruzar el Po con dos mil hombres y se persona en *Verona* para adivinar los proyectos del mariscal Alvinzi. »

(1) Utilizado siempre por Nostradamus en el sentido de Sede Pontificia.
(2) Latín: *libidinosus:* licencioso, orgiástico. D.L.L.B.
(3) Latín: *sustineo:* resisto. D.L.L.B.
(4) Latín: *elevo:* arrebato, quito. D.L.L.B.
(5) Desear para sí. D.L.7.V.
(6) D.L.7.V.

«El tratado de Tolentino fue firmado el 19 de febrero de 1797. El papa cedía las legaciones de Bolonia y de Ferrara, así como la hermosa provincia de la Romaña (1). (2).» Véase I, 12 - IX, V - VIII, 33.

LAS MASACRES DE VERONA Y VENECIA - 1797
ANEXION DE LA VENEZIA
Y VENGANZA FRANCESA
LA CAPTURA DE NAPOLEON
POR EL CAPITAN MAITLAND - 15 de julio de 1815

VIII, 33

Le grand naistra (3) de Véronne et Vicence (4),
Qui portera un surnom (5) bien indigne,
Qui à Venise voudra faire vengeance,
Lui-même pris homme du guet (6) et signe (7).

El grande nacerá (3) de Verona y Vicenza (4)
Que llevará un apodo (5) muy indigno
Que en Venecia querrá tomar venganza
Preso él mismo hombre de acecho (6) y estandarte (7).

Traducción:
La grandeza de quien llevará un apodo despreciable provendrá (de las campañas) de Verona y Vicenza, y será él mismo hecho prisionero por un hombre de acecho y de bandera roja.

La historia:
« (El 23 nivoso del año V), (1797) el general Alvinzi atacó a Joubert y le empujó hacia Rívoli. El mismo día Provera hacía avanzar dos vanguardias, una hacia *Verona* y la otra hacia Legnago. Massena, que estaba en Verona, salió, derrotó a dicha vanguardia e hizo novecientos prisioneros... *Bonaparte llegó a Verona* cuando Massena acababa de derrotar a los austríacos. »

(1) Antigua provincia del estado eclesiástico, tenía como capital *Ravena.* D.H.B.
(2) H.F.A.
(3) Nacer de: provenir. resultar de. D.L.7.V
(4) Napoleón I constituyó un ducado ue Vicenza en favor del general Caulaincourt. D.L.7.V.
(5) Alusión a la etimología de Napoleón. Nuevo exterminador. Véase I, 76
(6) Vigilancia de noche en una plaza de guerra. D.L.7.V.
(7) Latín: *signum:* Bandera roja que se despliega en el momento del ataque. D.L.L.B.
El pabellón de guerra de la marina inglesa es una cruz roja sobre fondo blanco D.L.7.V.

«Mientras en Francia se alegraban, la alta Italia seguía en la más viva agitación. Las ciudades *venecianas* de tierra firme mantenían sus hostilidades con la población del campo. Sobre todo en *Verona* parecían prepararse grandes acontecimientos. El 28 germinal del año V, bandas de campesinos *penetraron en Verona* gritando muerte a los jacobinos. Balland hizo que sus tropas se retiraran al fuerte, pero todos los franceses hallados en las calles fueron degollados y arrojados al Adigio... Pero el instante de *la venganza* no estaba lejos. De todas partes las tropas acudieron en auxilio de *Verona*. Tras un sangriento combate contra las tropas venecianas, el general Chabran cercó Verona que se rindió sin condiciones. Algunos de los jefes de la insurrección fueron fusilados. Este acontecimiento, que se llamó la *pascua veronesa,* no fue el único que los franceses tuvieron que *vengar.* Una pequeña embarcación francesa que se había refugiado bajo las baterías del Lido, en *Venecia,* fue recibida a cañonazos y la tripulación masacrada por marinos esclavonios. Cuando Bonaparte supo las masacres de Verona y el asesinato del Lido, no quiso escuchar a los dos enviados de Venecia. Publicó inmediatamente un largo manifiesto en el que se resumían todas las afrentas que los franceses tenían *contra los venecianos* y declaró comenzadas las hostilidades. El león de San Marcos fue abatido en todas las provincias. En todas partes se proclamó la *abolición del gobierno de Venecia...* Así, sin comprometerse, Bonaparte había derribado la absurda aristocracia que le traicionó y había colocado a Venecia en la misma situación que Lombardía, el Boulonnais, la región de Modena y Ferrara. La revolución efectuaba cada día nuevos *progresos* en todos los puntos de Italia. »

«Mientras un bajel inglés, el Bellèrophon, del capitan Maitland, comenzó a reconocer la rada. Una fragata de la misma nación acudió también para *vigilar* los movimientos de las fragatas y, a partir de entonces, su salida presentó algunas dificultades... »

«Otro bajel de línea, el Northumberland, recibió al *gran prisionero* (1). »

(1) H.F.A.

V, 29

La liberté ne sera recouvrée,
L'occupera noir (1), fier, vilain, inique,
Quand la matière du pont (2) sera ouvrée,
D'Hister (3), Venise faschée la république.

La libertad no será recobrada
La ocupará negro (1), orgulloso, feo, inicuo,
Cuando la materia del mar (2) será obrada
De Hister (3), Venecia enojada la república.

Traducción:

La libertad (de Venecia) no será recobrada. Un personaje (Bonaparte) (de sombrero) negro, orgulloso, la ocupará vergonzosa e injustamente cuando la materia marítima (la flota) será puesta en obra. Luego la República de Venecia será enojada por los del Danubio (los austriacos).

La historia:

«En 1797, Venecia, pese a que en apariencia hubiera permanecido neutral, fue *ocupada* por Bonaparte, quien, por el tratado de Campoformio, entregó todo su territorio a Austria (conservando sólo las islas del S.E.), contra la cesión del ducado de Milán y el límite del Rhin. En 1805, la paz de Presbourg unió Venecia y su territorio al reino de Italia, pero todo pasó a *Austria* en 1814, y, unido a Lombardía, formó el reino Lombardo Veneciano. Bajo dominio austríaco, Venecia no hizo otra cosa que declinar. En 1848, proclamó la *república,* pero fue *dominada* en 1849 tras un largo y glorioso sitio y vio como su suerte se agravaba. Fue unida al reino de Italia en 1866 (4).»

«Legislador, árbitro, consejero de los pueblos de Italia, Bonaparte se ocupaba también de preocupaciones todavía mayores. Se había apoderado de la *Marina de Venecia* y había llamado al Adriático al almirante Brueys, con cuatro mil marinos franceses, para que fuera

---

(1) Alusión al castillo negro de Bonaparte. Véase I, 74: «El negro pelo crespo».
(2) Griego: πόντος : mar. D.G.F.
(3) Antiguo nombre del Danubio. D.H.B.
(4) D.H.B.

a tomar posesión de las islas venecianas de Grecia. Malta era también objeto de la ambición de Bonaparte.

«De tan distintos puntos, escribía al Directorio, dominaremos el Mediterráneo (1)...»

CARLOS-ENMANUEL II, REY DE CERDEÑA
1798-1802

VIII, 88

Dans la Sardaigne un noble Roy viendra,
Qui ne tiendra que trois ans le royaume,
Plusieurs couleurs (2) avec soy conjoindra,
Lui mesme après soin sommeil marrit (3) scome (4).

En la Cerdeña un noble rey vendrá
Que sólo tendrá tres años de reinado
Varios colores (2) con él unirá
El mismo tras su sueño unido (3) al compañero (4).

Traducción:

A Cerdeña llegará un rey de noble estirpe que solo guardará su reino durante tres años. Unirá a su reino otros varios estados, tras haber cuidado de sí mismo (de su sucesión) morirá ligado a la Compañía (de Jesús).

La historia:

«Carlos-Enmanuel II, ligado a los infortunios de los Borbones, de quienes era aliado, se vio obligado a ceder a Francia *sus estados continentales* tomados por Napoleón y se *retiró a Cerdeña* en diciembre de 1798. Tras *tres años* de infructuosos esfuerzos para dominar los fermentos de la revolución, abdicó en favor de *su hermano* Victor-Enmanuel y se fue a vivir a Roma, en donde murió vistiendo el hábito de los *Jesuitas* (5)»

(1) H.F.A.
(2) Colores: banderas = estados.
(3) Latín: *maritus:* unido. D.L.L.B.
(4) Anagrama de la palabra latina: *comes:* compañero.
(5) H.F.A.M.

I, 61

La république, miseráble infélice,
Sera vastée (1) du nouveau Magistrat,
Leur grand amas de l'exil malefice,
Fera Suève (2) ravir leur grand contract.

La república, miserable, infeliz
Será devastada (1) por el nuevo Magistrado
Su gran montón del exilio maleficio
Harán Suevia (2) arrebatar su gran contrato.

Traducción:

La República miserable desgraciada será devastada por un nuevo magistrado, el gran número de los exiliados que traen desgracia harán que los alemanes retiren su tratado de alianza.

La historia:

«Inmediatamente después del golpe de estado de brumario, Bonaparte presenta una nueva constitución en la que se le otorga *el poder preponderante*. El 1er. cónsul, Bonaparte, es el *único* que tiene poder de decisión; además Bonaparte tiene la *iniciativa de las leyes.*»

«A él corresponde la gloria de publicar el *código civil* (1804) comenzado en la constituyente (3). »

«*El Gran Imperio* domina Europa, al menos hasta 1812. Muchos estados adoptan un código de leyes y una administración imitados de los de Francia (3). »

«Prusia, dudosa aliada en 1812, estaba con los rusos en 1813... La propia Austria tomó partido contra Napoleón, y el ejemplo fue seguido, pese a la victoria de Dresde, por Baviera, Würtemberg y los sajones, a quienes su rey intentó vagamente retener en la *alianza francesa* (4). »

«El descubrimiento de un nuevo complot realista permite a Bonaparte restablecer la monarquía en provecho suyo: finge creer que querían asesinarle para reemplazarle por un príncipe de sangre, el joven duque de Enghien; lo hace coger prisionero *en territorio alemán* y fusilar en los fosos del castillo de Vincennes. Marzo de 1804 (3). »

(1) Latín: *vastus:* desierto, desolado. D.L. L.B:
(2) Suevia: gran pueblo de la antigua Germania. D.H.C.D.
(3) L.C.H.3.
(4) D.H.C.D.

LA GUERRA ACARREA LA CAIDA DE LA MONARQUIA
1792
LA RUINA DE LOS ESTADOS PONTIFICIOS
LOS INFORTUNIOS DE PIO VI
EL GOLPE DE ESTADO DEL 18 BRUMARIO 1799

VI, 25

Par Mars contraire sera la Monarchie,
Du grand pescheur (1) en trouble ruyneux:
Jeune noir (2) rouge prendra la hiérarchie,
Les proditeurs (3) iront jour bruyneux.

Por Marte contraria será la Monarquía.
Del gran pescador (1) en ruinoso trastorno
Joven negro rojo (2) tomará la jerarquía
Los traidores (3) irán día neblinoso.

Traducción:

La guerra será desfavorable a la monarquía. La revolución será ruinosa para el papa. El joven negro arrebatará la jerarquía a los rojos y los conspiradores tomarán el poder un día de brumario.

La historia:

«El 20 de abril de 1792, Dumouriez arrancó al rey la declaración de una *guerra* que durante diez años hizo correr torrentes de sangre y cuyo resultado Europa estaba muy lejos de prever. La Asamblea no agradeció al rey su complacencia y, cada vez más sombría y exigente, abandonó la guarda constitucional del monarca, envió a su jefe, el señor de Brissac, a la corte de Orleans, reduciendo de este modo al infeliz príncipe a no poder oponer la menor defensa contra los golpes que se disponían a asestarle (4).»

«La Revolución Francesa estalló en el cielo romano como un trueno, el levantamiento revolucionario de los Estados pontificios franceses y, luego, la constitución civil de la clerecía, revelaron a Roma la magnitud del peligro. El movimiento revolucionario francés tenía admiradores en la propia Roma... Fue en 1796 cuando los romanos advirtieron realmente el peligro, cuando el ejército francés entró en Italia al mando de Bonaparte. El papa entró en relaciones con el general, tuvo que pa-

---

(1) El anillo del pescador: cuando Napoleón I obligó a Pío VII, prisionero en Savona, a entregarle el anillo del pescador, el Papa lo consintió tras haberlo roto. Pío VII lo reemplazó por un sello de hierro que representaba a San Pedro con sus llaves... El anillo del pescador servía desde el siglo XV para sellar los breves pontificios. D.L.7.V.

(2) Alusión al sombrero de fieltro negro que llevaba Napoleón, pero también calificativo peyorativo. Véase V, 29; I, 74; III, 43.

(3) Latín: *proditor:* revelador, traidor, el que viola las leyes. D.L.L.B.

(4 H.F.A.

gar las contribuciones sobre los Estados pontificios, quinientos manuscritos antiguos y cien obras de arte (¡ruinoso!)... En el tratado de Tolentino (19 de febrero de 1797), el papa tuvo que renunciar definitivamente a Avignon y al condado Venaissin y pagar cuarenta y seis millones de scudi... El 20 de febrero, el papa fue hecho prisionero y trasladado. Bonaparte ordenó que se tomaran como botín de guerra inestimables obras de arte, cargando con ellas quinientos coches (1)..."

«El 18 brumario (día neblinoso) (2) fue el *día* elegido para la traslación de los consejos, y el 19 el de la sesión definitiva... Aunque el secreto de la *conspiración* fue bien guardado, se esperaba en todas partes un gran acontecimiento (3).»

BONAPARTE CONTRA LOS REVOLUCIONARIOS - 1799
LA OCUPACION DE ITALIA - 1797

VI, 38

Aux profligez (3) de paix les ennemis,
Après avoir l'Italie suppérée (4):
Noir sanguinaire, rouge sera commis (5)
Feu, sang verser, eau de sang colorée (6).

A los derrotados (3) de paz los enemigos,
Tras haber vencido (4) a Italia
Negro sanguinario, rojo será vencido (5)
Fuego, sangre derramar, agua de sangre coloreada (6).

Traducción:

Los enemigos de la paz (los revolucionarios) serán vencidos (por Bonaparte) después de que éste haya vencido a Italia. Este personaje negro y sanguinario comprometerá a los rojos. Luego, por medio de la guerra, hará correr la sangre que coloreará el agua.

La historia:

«Las gestiones de los emigrados ante las cortes extranjeras para inmiscuirse en los asuntos de Francia habían levantado el orgullo nacional contra las pretensiones del extranjero, y de ahí provino un *grito de guerra* inmediata lanzado por el órgano de los Brissot, los Vergnaud,

(1) D.D.P.
(2) Brumario *(Brumaire)* proviene de la palabra *brume*, es decir "bruma", "niebla". (N. del T .)
(3) H.F.A.
(4) Latín: *profligo:* venzo por completo, aniquilo, arruino, D.L.L.B.
(5) Latín: *supero:* venzo, derroto, D.L.L.B.
(6) Comprometer, exponer. D.L.7.V.
(7) Alusión al paso del Bérézina.

los Danton y otros energúmenos, de sangre más o menos alterada, conocidos por el nombre de *cordeliers* y girondinos» (enemigos de la paz).

«Las elecciones del año V no prueban, precisamente, que el pueblo francés esté contento o confíe en sus dueños. Sólo una vigésima parte de los diputados salientes que se presentaron hallaron gracia a los ojos de sus electores. Los ciudadanos envían a las asambleas no ya personalidades elegidas en el seno del régimen, sino republicanos muy moderados o incluso realistas. Los presidentes de las asambleas son dos enemigos de la Revolución (rojo será vencido). Cuando se conoce el resultado de estas elecciones deplorables para la tranquilidad de los Directores, el texto de los preliminares del Leoben llega a París ¿Qué hacer? Aquel Bonaparte se distingue por sus actos de indisciplina, por su desprecio a la legalidad y a las prerrogativas del poder civil, trata, sin haber sido autorizado a ello, en nombre de Francia. Se aprueban los preliminares de Leoben. Luego, los Directores se ven forzados a dejar que Bonaparte actúe a su gusto y reine cómodamente en Italia. Pues Bonaparte *reina en Italia* (vencido a Italia) (1).»

EL GOLPE DE ESTADO DEL 18 BRUMARIO - noviembre de 1799
LOS 14 AÑOS DE REINADO:
Del 9 de noviembre de 1799 al 6 de abril de 1814

VII, 13

De la cité marine et tributaire,
La teste raze prendra la Satrapie (2):
Chassez sordide qui puis sera contraire,
Par quatorze ans tiendra la tyranie.

De la ciudad marina y tributaria,
La testa rapada tomará la Satrapía (2)
Expulsar sórdido que después será contrario,
Durante catorce años mantendrá la tiranía.

Traducción:

Del puerto que le paga un tributo (de guerra) ‘«el pequeño rapado» tomará el poder (civil). Expulsará a la gente sórdida contra la que se levantará, mantendrá la tiranía durante catorce años.

La historia:

«Desplegando una inmensa actividad, Bonaparte organiza Egipto en una especie de *protectorado...* Pero está impaciente por regresar

(1) H.F.A.
(2) Sátrapas: eran, en el Imperio medo-persa, los gobernadores de las provincias (prefectos) encargados de la administración y de cobrar los impuestos (perceptores). D.L.7.V.

a Francia, cuya evolución política le inquieta, y se embarca secretamente en Alejandría (1).»

«Bonaparte derriba el régimen del Directorio y se impone como Cónsul. Este último golpe de estado *pone fin al periodo revolucionario* (2).»

«La reorganización del país: Bonaparte utiliza los poderes inmensos de los que está investido para reorganizar Francia:

—La centralización administrativa: crea los Prefectos, representantes del gobierno en los departamentos.

—La reorganización de las finanzas: se pone en marcha una nueva administración fiscal. Crea nuevos funcionarios: los controladores v los *perceptores* (2)» (¡los sátrapas!).

Del 19 de noviembre de 1799 al 6 de abril de 1814, Napoleón habrá ocupado el poder durante catorce años, tres meses y veintisiete días.

«...Yo había pasado a caballo, una hora antes, y mis ojos habían sido atraídos por una inscripción escrita en grandes caracteres negros en la primera pilastra del puente: "*¡Abajo el tirano!*". Sólo tuve tiempo de mandar que la borraran (3).»

ANEXION DE VERONA - 1805
MUERTE DE NAPOLEON - 1821
Y CONGRESO DE VERONA - 1822

I, 12

Dans peu dira (4) faulce (5) brute (6) fragile (7)
De bas en hault eslevé promptement:
Puis en istant (8) desloyale et labile (9)
Qui de Veronne aura gouvernement.

Dentro de poco podará (4) guadaña (5) estúpido (6), frágil (7)
De abajo a arriba elevada rápidamente:
Luego siendo (8) desleal y quebrantado (9)
Quien de Verona tendrá gobierno.

Traducción:

Dentro de poco tiempo la guadaña (de la muerte) segará al personaje insensato y perecedero: aquél que habrá sido elevado rápidamen-

---

(1) D.H.C.
(2) L.C.H.3.
(3) "L'Impopularité de l'Empereur en 1814", *Mémoires* de Pasquier, Plon.
(4) Latín: *dirare:* podar. D.L.L.B.
(5) Latín: *falcem:* guadaña. D.A.F.L.
(6) Latín: *brutus:* estúpido, insensato. D.L.L.B.
(7) Latín: *fragilis:* frágil, débil, perecedero. D.L.L.B.
(8) *Istre:* forma de *estre: être* (ser o estar) D A E L
(9) Latín: *caduc:* D.L.L.B. Se dice de un hombre quebrantado. D.L.7.V.

te de abajo a arriba (1). Luego, siendo desleal, el que tenga el poder sobre Verona será quebrantado.

La historia:

«En 1796, Bonaparte maniobra alrededor de la ciudad (Verona) para cubrir el bloqueo de Mantua contra las tentativas de los austríacos. Pero el 17 de abril de 1797 tuvo lugar en la ciudad, por instigación de los austriacos, una matanza general de franceses. En 1805 el tratado de Presbourg *dio Verona a Francia,* que la convirtió en *capital* del departamento del Adigio. La ciudad volvió a caer, en 1815, en poder de Austria que reunió en ella, en 1822, el célebre congreso cuya historia ha escrito Chateaubriand (2).»

Nostradamus señala aquí que en Verona se efectuará una reunión de la Santa-Alianza, inmediatamente después de la muerte de Napoleón.

«La república llevaba a todas partes la libertad de los pueblos, hacía hombres libres de todos los súbditos de los pequeños tiranos que derribaba; el imperio, por el contrario, hacía desaparecer estos hombres libres para convertirles en súbditos de los nuevos soberanos. ¡Cúanto habían *degenerado* la revolución y sus hombres después del atentado del 18 brumario...! El senado no tenía ya incienso bastante para Napoleón, pero fueron los obispos quienes vencieron en el campeonato de adulaciones. Que nadie se sorprenda pues si Bonaparte se creyó *el más grande* de los *mortales* y el predestinado de Dios (3).»

EL DUQUE DE BRUNSWICK Y LAS DIVISIONES DE ORANGE AUERSTADT - 1805 SU ACUERDO SECRETO CON DUMOURIEZ - 1792

X, 46

Vie fort mort de l'OR (4) vilaine indigne,
Sera de Saxe non nouveau électeur (5)
De Brunsvic mandra d'mour (6) signe
Faux le rendant au peuple séducteur.

Vida fuerte muerte del OR (4) fea indigna,
Será de Sajonia no nuevo elector (5)
De Brunsvic pedirá de mour (6) firma
Falso devolviéndolo al pueblo seductor.

(1) Véase: VIII, 57; V, 26 y IX, 5.
(2) D.L.7.V.
(3) H.F.A.
(4) Apócope de Orange.
(5) Auerstadt, ciudad de los Estados prusianos (*Sajonia*). Victoria de Davout sobre los prusianos (14 de octubre de 1805). Le valió el título de duque de Auerstadt. D.H.B. En vez del duque de Brunswick, muerto en esta batalla.
(6) Contracción de Dumouriez.

Traducción:

Perderá la vida por muerte violenta pese a los indignos y feos actos (de las divisiones) de Orange; no será el nuevo elector de Sajonia, Brunswick, a quien Dumouriez habrá solicitado una firma, habiendo su falso espíritu seducido al pueblo.

La historia:

«El 8 de octubre de 1805, el 1er. boletín presenta la situación política, la entrada en Sajonia de las tropas prusianas y el progreso del Gran Ejército. Prusia no ha sacado provecho de la iniciativa diplomática que había tomado. Sus fuerzas están dispersas; 140.000 hombres tan sólo, a las órdenes de Rüchel, *Brunswick* y Hohenlöhe, desamparados por las órdenes y contraórdenes, defienden el camino de Thüringe (1).»

«Auerstadt: a la izquierda, la situación es bastante crítica, *Brunswick* hacía recaer allí el esfuerzo de las divisiones de *Orange* y de Wartensleben, así como una parte de la infantería de Schmettau. Las tropas francesas tuvieron que abandonar Hassenhausen, que el general Morand consiguió reconquistar. Pero el príncipe Guillermo de Prusia cargó con furia contra la división Morand formada en cuadros... El duque de Brunswick y el general Schmettau fueron gravemente heridos (vida fuerte muerte) (2).»

«Brunswick-Lunebourg (Carlos-Guillermo-Fernando, duque de), general al servicio de Prusia, nombrado, durante mucho tiempo el *príncipe heredero,* fue elegido como general en jefe de los ejércitos coaligados contra Francia en 1792. Tras haber publicado un manifiesto injuriador (fea indigna) (25 de julio de 1792), entró en Champagne con un considerable ejército pero, vencido en Valmy, trató con Dumouriez (de mour firma). Habiendo recuperado un mando en 1805, fue vencido en Jena y *mortalmente herido* de un disparo cerca de Auerstadt (3).»

(1) N.E.L.G.I.
(2) L.E.E.
(3) D.H.B.

PRIMER MATRIMONIO DE NAPOLEON - 1796
LA CONSAGRACION - 1894
EL DIVORCIO Y EL SEGUNDO MATRIMONIO - 1809

Sextilla 57

Peu après l'aliance faicte,
Avant solemniser la feste,
L'Empereur le tout troublera,
Et la nouvelle mariée,
Au franc pays par fort liée,
Dans peu de temps après mourra.

Poco después la alianza hecha,
Antes solemnizar la fiesta,
El Emperador el todo turbará,
Y la nueva desposada,
Al país franco por fuerte vínculo,
poco tiempo después morirá.

Traducción:

Poco después de haberse casado, antes de hacer una fiesta solemne, el Emperador se divorciará y la nueva casada, fuertemente vinculada a Francia por el matrimonio; poco tiempo después morirá.

La historia:

«El 8 ventoso (8 de marzo de 1796) Bonaparte era nombrado general en jefe del ejército de Italia; el 16 se casaba con su hermosa criolla (Josefina de Beauharnais)... *La consagración.* diferida continuamente a causa de contratiempos y de Su Santidad Pío VII, que retrasaba su viaje a Francia, sólo tendrá lugar el *2 de diciembre de 1804.* *La víspera* (antes) Napoleón y Josefina procedieron a su matrimonio *religioso.* El 2 de diciembre de 1804, consagración de Nôtre-Dame. Antes de salir hacia la iglesia, el Emperador recibe a Talleyrand que ha dejado el siguiente boceto de la entrevista: Sin la *solemnidad* del momento, me hubiera costado conservar mi sangre fría...»

«En octubre de 1809 estaba decidido a *divorciarse y a casarse de nuevo* a las pocas semanas. Lo difería lleno de compasión por la pobre Josefina, y sólo el 30 de noviembre se lo confesó. Dolorida, ella terminó por resignarse y, el 16 de diciembre, el divorcio se había consumado... Inmediatamente, Austria ofreció una de sus grandes-duquesas, *María-Luisa.* El aceptó la oferta y, el 2 de abril, en la capilla del Louvre, el cardenal Fesch, tío del Emperador, bendecía el *matrimonio* de Napoleón y María-Luisa.»

«La noche del 4 al 5 de mayo de 1821, todos los servidores permanecieron junto a él. Ya balbuceaba. En cierto momento pudieron distinguirse las palabras: Francia... Mi hijo... Ejército... Cabeza del ejército... *Josefina*... Estas fueron sus últimas palabras. Parecen un resumen de su vida... Así desapareció a los cincuenta y un años, el hombre que había vivido doscientos (1) ».

LA CAMPAÑA DE EGIPTO - 1799
LA PROCLAMACION DEL IMPERIO - 2 de diciembre de 1804

I, 74

Après séjourné vogueront en Epire (2)
Le grand secours viendra ver Antioche (3),
Le noir poil (4) crespé (5) tendra fort à l'Empire
Barbe d'airain (6) le rostira en broche.

Tras una estancia bogarán a Epiro (2)
El gran auxilio irá hacia Antioquía (3)
El negro pelo (4) crespo (5) mantendrá fuerte el Imperio
Barbe de bronce (6), le asará en espetón.

Traducción:

Tras una estancia (en Egipto), sus soldados bogarán hacia otro continente, irán a buscar gran socorro hacia Antioquía, el que lleva un sombrero negro pretenderá el Imperio y asará en el espetón a la República.

La historia:

«Preparada con gran secreto, la expedición de Egipto comienza con éxito, escapando a las escuadras del inglés Nelson que cruzan el Mediterráneo... Pero el 1º de agosto de 1798, Nelson destruye la flota francesa en la rada de Aboukir. La expedición francesa es *prisionera* de su conquista... Napoleón rechaza los ataques turcos en *Siria* y en Egipto; pero está *impaciente* por regresar a Francia ... (7)»

(1) N.L.M.
(2) Del griego 'Ηπειρος, continente, tierra firme. D.G.F.
(3) Latín: *Antiochia:* capital de Siria. D.L.L.B.
(4) Negro pelo: el fieltro está hecho con pelo rizado. D.L.7.V.
(5) *Crespé:* rizado, crespo. D.A.F.L.
(6) Aenobarbo (Latín: *Aeneus:* bronce). Marido de Agripina representa en Nostradamus la República por razones de paralelismo histórico. Tuvieron un hijo, Nerón, que hizo asesinar a su madre; del mismo modo, Napoleón ejecutará a la República que le había llevado al poder.
(7) L.C.H.3.

LA PRIMERA CAMPAÑA DE ITALIA - 1796-1797
LA ASCENSION DE NAPOLEON - 1796-1800
LA NOBLEZA DEL IMPERIO

IX, 5

Tiers, doigt du pied, au premier semblera
A un nouveau monarque de bas en haut:
Qui Pyse et Luques (1) Tyran (2) occupera,
Du précédent corriger le deffault.

Tercero, dedo del pie, al primero parecerá
A un nuevo monarca de abajo a arriba:
Que Pisa y Lucca (1) tirano (2) ocupará
Del precedente corregir el defecto.

Traducción:

El tercer estado, que no es más que un dedo del pie, llegará a parecerse al primero (orden), gracias a un nuevo jefe salido de abajo y llegado a la cima (de la jerarquía) que ocupará como tirano Pisa y Lucca; así corregirá el defecto (de poder) del monarca precedente (Luis XVI).

La historia:

«La sociedad, a fines del siglo XVIII, comprende oficialmente tres órdenes, la nobleza, la clerecía y el tercer estado (3).»

«En el tercer estado se advierten las mayores diferencias: los ricos burgueses que han ganado fortunas en el comercio marítimo, la industria o las operaciones financieras son los más considerados... Los comerciantes enriquecidos son compradores de títulos que les *ennoblecen* (3).»

«Aunque de gustos personales sencillos, Napoleón considera oportuno realzar su prestigio rodeándose de una numerosa y brillante *corte*, regida por una minuciosa etiqueta, copiada de la de Versalles (3).»

«La guerra y la *ascensión* de Bonaparte: Bonaparte, general a los 27 años, es sólo, todavía, el general Vendimiario (3).»

«*Las contribuciones de guerra tomadas a los vencidos* han permitido a Bonaparte mantener su ejército y enviar al Directorio los fondos indispensables. De modo que decide como *un dueño* las condiciones de paz firmadas con Austria en Campo-Formio (octubre de 1797): constituye en el norte de Italia una *República Cisalpina,* aliada de Francia (3).»

(1) Ciudades de Toscana
(2) Véase VII, 13: "Por catorce años mantendrá su tiranía."
(3) L.C.H.3.

La punta sur de esta República está formada por la Toscana con las ciudades de Pisa y Lucca.

«La República francesa, que ha jurado odio a los *tiranos*, ha jurado también fraternidad a los pueblos (1)».

EL PLEBISCITO
LA MEGALOMANIA DESTRUCTIVA DE NAPOLEON I

V, 60

Par teste rase viendra bien mal eslire
Plus que sa charge ne porte passera
Si grand fureur et rage fera dire,
Qu'à feu et sang tout sexe tranchera.

Por testa rapada vendrá muy mal elegir
Más que su carga lleva pasará
Tan gran furor y rabia hará decir,
Que a fuego y sange cualquier sexo cortará.

Traducción:

«El pequeño rapado» por desgracia se hará elegir, hará más cosas de las que su poder puede llevar, hará decir de él que está lleno de furor (guerrero) y de rabia, lo pasará todo a fuego y sangre sin diferencia de sexos.

La historia:

«En la práctica, Bonaparte *designa* a los miembros de las Asambleas: todo nace en él, todo vuelve a él. El *plebiscito organizado* le proporciona un brillante testimonio de la confianza popular, más de tres millones de ''sí'' contra mil seiscientos ''no'' (2).»

Carta de un oficial francés: Moscow, el 30 de septiembre de 1812: «... La ocupación de Moscow y, *por desgracia*, el incendio casi total de esta rica y soberbia ciudad... Vivimos del *pillaje* y de la rapiña... Se pretende que ha sido el gobierno ruso quien ha hecho incendiar esta hermosa capital para privarnos de los recursos que habríamos podido hallar en ella. Ignoro lo que de cierto hay en ello; pero puedo decir que nuestros soldados le han secundado bien; imagínese unos soldados borrachos, registrando las casas de madera con velas encendidas, antorchas, tizones, éste es el espectáculo que presentaba Moscow al día siguiente de nuestra llegada. *El incendio* ha durado tres días. Jamás se ha visto espectáculo más terrible y desolador... A mi entender, es la *catástrofe más espantosa* de nuestro siglo, tan fértil en acontecimientos desastrosos (3)...»

(1) Napoleón, Correspondencia, tomo I.
(2) L.C.H.3.
(3) Colección del señor Chaulanges, ''Textos históricos.''

GUERRAS CONTRA ITALIA, ESPAÑA
E INGLATERRA
MATRIMONIO CON MARIA-LUISA DE AUSTRIA

IV, 54

Du nom qui oncques ne fut au Roy Gaulois (1),
Jamais ne fut un fouldre (2) si craintif:
Tremblant l'Itale, l'Espagne et les Anglois
De femme estrange (3) grandement attentif.

Del nombre que nunca tuvo el Rey Galo (1),
Jamás existió un rayo (2) tan temible:
Temblando Italia, España y los ingleses
De mujer extraña (3) muy atento.

Traducción.

Con un nombre que nunca fue llevado por el rey de Francia (Napoleón), jamás se vio tan temible rayo (de guerra): Hará temblar a Italia, España e Inglaterra, muy atento con una mujer extranjera.

La historia.

«Por los decretos de Berlín y de *Milán* (diciembre de 1807) Napoleón prohibe el comercio con Iglaterra en la mayoría de los puertos europeos. Para que el bloqueo sea eficaz es preciso que se aplique en todas partes. Ahora bien, el *papa* y el rey de Portugal se niegan a aplicar el bloqueo: Napoleón se anexiona los *Estados Pontificios*, encarcela al papa y decide ocupar Portugal. Un ejército francés cruza *España* para llegar a Portugal (4)...»

Nostradamus, como la historia, une esos tres países confrontados con el mismo problema.

Divorciado de Josefina se casa con una extranjera: María-Luisa de Austria.

(1) Anuncio de la nueva dinastía.
(2) *Foudre* (rayo): empleado en sentido figurado es de género femenino o masculino, según la metáfora se refiera, en el pensamiento, al sentido físico o al sentido mitológico: pero, comúnmente, el sentido mitológico prevalece cuando se quiere designar a un guerrero o a un orador impetuoso: *Napoleón était un foudre de guerre* (Napoleón era un rayo de la guerra) D.L.7.V. (5)
(3) *Etrange* (extraño) en la mayoría de los casos es utilizado por Nostradamus como *extranjero*.
(4) L.C.H.3.
(5) D.L.7.V.

TRAFALGAR (1) - 21 de octubre de 1805
LOS DISTINTOS SITIOS DE PAMPLONA
NAVARRA Y ESPAÑA

Sextilla 41

Vaisseaux, gallères avec leur estendar,
S'entrebatteront près du mont Gibraltar
Et lors sera fort faict à Pampelonne (2),
Qui pour son bien souffrira mille maux,
Par plusieurs fois soustiendra (3) les assaux,
Mais à la fin unie à la Couronne.

Bajeles, galeras con su estandarte,
Combatirán cerca del monte Gibraltar (1)
Y entonces será fuerte hecho a Pamplona (2)
Que por su bien sufrirá mil males
Varias veces soportará (3) los asaltos,
Pero al fin unida a la Corona.

Traducción.

Flotas con sus estandartes se enfrentarán cerca de Gibraltar, luego se cometerán desaguisados en Pamplona, que sufrirá mil males por su bien. Varias veces resistirá los asaltos, pero por fin se unirá a la corona (de España).

La historia.

«Trafalgar: *batalla naval* ganada, el 21 de octubre de 1805, por la *flota* inglesa de Nelson contra las *flotas* combinadas de Francia y España, que mandaba el almirante Villeneuve... La flota francesa desempeñó un papel insignificante en las guerras del primer Imperio (4)».

«Los franceses ocuparon Pamplona en 1808 y 1829. La ciudad ha sido a menudo (varias veces) tomada y retomada durante las últimas guerras civiles de España (1831-1842) (5)».

«Navarra, provincia de la España septentrional, capital Pamplona. La historia de la Navarra española se confunde, hasta 1512, con la del reino de Navarra. Desde entonces, Navarra ha destacado por su apego a sus antiguos privilegios, *su resistencia*, de 1808 a 1814, a las tropas francesas y, en el siglo XIX, por su devoción al carlismo (unida a la Corona) (6)».

(1) Cabo de España, a la entrada del estrecho de Gibraltar. D.H.B.
(2) Pamplona, ciudad de Navarra.
(3) Latín: *sustineo:* resistir: D.L.L.B.
(4) D.L.7.V.
(5) D.H.B.
(6) D.L.7.V.

LA BATALLA DE TRAFALGAR - 21 de octubre de 1805
LOS 7 «TRES-PUENTES» DE LA FLOTA INGLESA
LAS HERIDAS DEL ALMIRANTE GRAVINA
LOS BARCOS FRANCESES ESCAPADOS

VII, 26

Fustes (1) et gallères autour de sept navires,
Sera livrèe une mortelle guerre:
Chef de Madric recevra coup de vires (2),
Deux escchapez et cinq menés à terre.

Fustas (1) y galeras alrededor de siete navíos
Será librado mortal guerra:
Jefe de Madrid recibirá un disparo girador (2)
Dos escapados y cinco llevados a tierra.

Traducción:

Con corbetas y fragatas alrededor de siete navíos, se librará una batalla mortal. El jefe español será herido. Dos barcos que se habrán escapado serán llevados a tierra por otros cinco.

La historia:

«El 21 de octubre, a las 7 de la mañana, frente al cabo Trafalgar, divisaron al enemigo que, prevenido por sus fragatas, llegaba del noroeste. La flota combinada contaba 33 bajeles (18 franceses y 15 españoles) y 5 fragatas, arbolando 2.856 cañones. La escuadra de Nelson sólo comprendía 27 bajeles (de los cuales 7 *tres-puentes*, es cierto, contra 4) y 6 fragatas o corbetas con 3.214 cañones... El combate cesó antes de las seis de la tarde, pero durante la noche, una violenta tempestad hizo que se perdieran numerosos bajeles desamparados: 4 bajeles de la escuadra combinada, que habían sido capturados, se hundieron o se rompieron contra la costa, los ingleses barrenaron o quemaron otros 4. En revancha, el 22 de octubre, el capitán Cosmao salió de puerto con 5 *bajeles* y consiguió *recuperar 2 presas.* (Dos escapados y cinco llevados a tierra.) Las pérdidas de los franco-españoles llegaron a los 14.000 hombres, de los cuales 4.408 *muertos y ahogados* y 2.549 heridos, con más de 7.000 prisioneros (mortal guerra). El contralmirante Magon resultó muerto y *Gravina mortalmente herido (3).»*

(1) Especie de navío largo y bajo de borda que funcionaba a vela y a remo. D.L.7.V.
(2) Disparo de ballesta con plumas dispuestas en forma de hélice, lo que imprimía a la flecha un movimiento rotatorio. D.A.F.L.
(3) N.E.E.

«Gravina: almirante español era, se dice, hijo natural de Carlos III...
Habiéndose firmado la paz con Francia, *mandó la flota española* (jefe de
Madrid) unida, ante Cádiz, a la flota francesa mandada por el almirante
Villeneuve, 1805, *fue herido* (recibirá un disparo girador) en la batalla de
Trafalgar y murió, poco después, de sus heridas, 1806 (1)».

WURTZBOURG, PUNTO DE PARTIDA
DE LAS CONQUISTAS NAPOLEONICAS - 1806
EL REGRESO DE LA ISLA DE ELBA
DESEMBARCO CERCA DE ANTIBES

X, 13

Soulz la pasture d'animaux ruminants,
Par eux conduicts au ventre herbipolique (2):
Soldats cachez, les armes bruits menants,
Non loing temptez de cité Antipolique (3).

En los pastos de animales rumiantes,
Por ellos conducidos al vientre herbipólico (2):
Soldados ocultos, las armas ruidos conduciendo,
No lejos tentar de ciudad Antipólica (3).

Traducción:

Tras haber hecho pastar y conducido sus caballos hasta Wurtzbourg,
(Napoleón) con los soldados ocultos que conducirá con ruido de armas,
efectuará una tentativa (de desembarco) no lejos de Antibes.

La historia.

«Todas las informaciones que Napoleón recibía indicaban que la guerra
se hallaba muy próxima. El 21 de septiembre de 1806, comunicó a Duroc y
a Caulaincourt su intención de estar en Mayence el 29... El Emperador
dejó París el 25 de septiembre y llegó a Mayence el 28 por la mañana. Al
llegar a orillas del Rhin, Napoleón pudo contar con una masa de 200.000
combatientes... Napoleón salió de Mayence el 1º de octubre por la tarde,
cruzó Francfort por la noche, llegando a *Wurtzbourg,* donde se alojó en
el palacio del gran-duque, antigua residencia episcopal. Fue recibido por
gran número de príncipes alemanes con quienes charló demostrando muy

(1) D.H.B.
(2) Herbipolis: Wurtzbourg, ciudad de Baviera. D.H.B. La palabra vientre es utilizada
por Nostradamus para designar la importancia de esta ciudad para el desarrollo de los
acontecimientos.
(3) Antípolis: Antibes. D.H.B.

buen humor. Mientras, en Erfurt, un consejo de guerra prusiano reunía al rey, al duque de Brunswick, al príncipe de Hohenlohe, al mariscal de Mollendorf y varios ministros y generales. Se preparó una nota para Napoleón: Francia era acusada de malos procedimientos para con Prusia, y sus tropas debían evacuar Alemania a partir del 8 de octubre (1).»

«Wurtzbourg fue ocupada por los franceses en 1896. Fue devuelta a Baviera en 1814 (2).»

«El 26 de febrero de 1815, por la noche, el Emperador sube a bordo del *Inconstant*, con su estado mayor y una parte de los *1.100 hombres que lleva consigo*. Los demás se amontonan en 6 barcos heteróclitos. El 1º de marzo, por la mañana, la flotilla pasa frente a Antibes y poco después del mediodía fondea en el golfo Juan. El vivac se estableció en un olivar (soldados ocultos) entre el mar y la carretera *de Cannes a Antibes* (1).»

ANEXION DE NAPOLES Y SICILIA - 1806
LAS TROPAS FRANCESAS EN ESPAÑA - 1807-1808

III, 25

Qui au Royaume Navarrois (3) parviendra
Quand le Sicile et Naples seront joincts,
Bigores (4) et Landes par Foix Loron (5) tiendra,
D'un qui d'Espagne sera par trop conjoinct.

Quien al reino de Navarra (3) llegará
Cuando Sicilia y Nápoles estarán unidos,
Bigorre (4) y Landes por Foix Loron (5) tendrá
De uno que de España estará demasiado unido.

Traducción:

Aquel que llegue al reino de Navarra, cuando Nápoles y Sicilia estén unidos, ocupará Bigorre y la Landas por Foix y Oloron, a causa de un rey de España que le estará en exceso unido.

(1) N.E.E.
(2) D.H.B.
(3) La historia de la Navarra española se confunde hasta 1512 con la del reino de Navarra. Desde entonces, Navarra ha destacado por su apego a sus antiguos privilegios, su resistencia, de 1808 a 1814, a las tropas francesas. D.L.7.V.
(4) En 1284 el matrimonio de Juana de Navarra y Felipe el Hermoso valió a Francia la adquisición del condado, pero luego pasó a las casas de *Foix* y de Albret, y fue definitivamente unido a la subida al trono de Enrique IV. D.L.7.V.
(5) Ciudad de Bigorre.

La historia:

« En 1805, el infante Don Carlos, a cambio de Parma y Piacenza, obtuvo del emperador la cesión de *Nápoles y Sicilia,* así como los puertos de Toscana, para él y para sus descendientes. »

« En 1806, *el rey* de España llama a los españoles a las armas. Napoleón no pudo dudar de que tal provocación estuviera dirigida contra Francia. Sin duda está encantado de que le den pretexto para atacar a los *Borbones de España* pero se ve obligado a disimular la inquietud que acaba de proporcionarle tan tímido *aliado...* Desde ese mismo instante jura destruir tal monarquía y se vanagloria de que arrebatará la corona de España a los Borbones de Madrid, como acaba de arrebatar la de las dos *Sicilias* a los Borbones de *Nápoles.* »

« Napoleón dio órdenes al general Junot de que se pusiera a la cabeza del cuerpo de ejército de observación de *la Gironde* y marchara sobre Lisboa. Junot llegó a Bayona (a través de la Landas) el 5 de septiembre y cruzó los Pirineos algunos días después. »

« Mientras el cuerpo de ejército del general Junot se instalaba en las provincias centrales de Portugal, un nuevo ejército francés se formaba en los alrededores de *Bayona,* y otro se reunía en el *Rosellón...* España no puso ya dificultades para permitir el paso a esas tropas y, en pocos días, los cuerpos franceses invadían Cataluña y *Navarra* (1). »

NEGOCIACION DE LOS ESTADOS PONTIFICIOS - 1807
RETIRADA DE RUSIA - 1812

II, 99

Terroir Romain qu'interprétait (2) augure (3),
Par gent gauloise par trop sera vexée
Mais nation Celtique craindra l'heure
Boréas (4), classe (5) trop loin l'avoir pousée.

Territorio romano que negociaba (2) Augusto (3),
Por gente Gala será vejado en exceso,
Pero nación Céltica temerá la hora.
Viento frío (4), ejército (5) demasiado lejos haber llegado.

(1) H.F.A.
(2) Latín: *interpres pacis:* negociador de la paz. Tito Livio. D.L.L.B.
(3) Latín: *augur:* ha producido *Augustus:* título de los emperadores romanos D.L.L.B.
(4) Latín: *Boreas:* Boreas o Aquilón, viento del norte. D.L.L.B.
(5) Latín: *classis:* ejército, flota. D.L.L.B.

Traducción:

El territorio romano que negociaba el Emperador será excesivamente vejado por los franceses, pero Francia deberá temerlo todo cuando llegue la hora del frío, porque habrá llevado demasiado lejos su ejército.

La historia:

« Al igual que *Augusto,* Napoleón quiere eternizar su memoria (1)... »

«Las dificultades religiosas provienen de que Napolón mantiene prisionero al papa (en Savona y luego en Fontainebleau desde 1812): el papa se negaba a aplicar el bloqueo en sus estados; él los ocupa (1). »

«El 14 de septiembre de 1812, Napoleón entra en Moscú, pretendiendo instalar allí sus cuarteles de invierno. Por la noche, un incendio destruye la ciudad y las reservas que contenía. Napoleón espera que el Zar solicitará la paz, pero eso no sucede, pues recibe refuerzos. Comprendiendo que se ha equivocado, Napoleón da orden de retirada. La marcha de regreso es penosa. El país, devastado, no ofrece recurso alguno, los cosacos atacan sin cesar, el hambre y *un invierno precoz y riguroso agotan* a los soldados (1).»

«Pregunté a Napoleón a qué atribuía el poco éxito de la expedición. *"Al prematuro frío* y al incendio de Moscú", dijo; yo iba con algunos días de retraso; había calculado el frío que había hecho en cincuenta años y el frío extremo jamás había comenzado antes del 20 de diciembre, veinte días más tarde de lo que comenzó esta vez (2). »

NAPOLEON SE APODERA DE LA IGLESIA

II, 36

Du grand prophète (3) les lettres seront prinses.
Entre les mains du tyran deviendront,
Frauder (4), son Roy seront les entreprises
Mais ses rapines bien tost le troubleront.

Del gran profeta (3) las cartas serán tomadas
Entre las manos del tirano caerán
Despojar (4) a su rey serán las empresas
Pero sus rapiñas pronto le turbarán.

(1) L.C.H.3.
(2) L.M.S.H.
(3) Latín: *propheta:* sacerdote. El gran sacerdote: el Papa. D.L.L.B.
(4) Latín: *fraudare:* despojar por medio del fraude, frustrar. D.L.L.B.

Traducción:

Se apoderarán de las bulas del papa que caerán en las manos del tirano, éste comenzará a despojar por medio de fraudes a su jefe (espiritual) pero sus rapiñas no tardarán en turbarle.

La historia:

· «Ningún bajel sueco, inglés, ni ruso debe entrar en los Estados del papa; de lo contrario haré que lo *confisquen.* Deseo que la Corte de Roma no se mezcle ya en política. Protegeré sus Estados contra todo el mundo. Es inútil que tenga consideraciones con los enemigos de la religión. Haced que se *manden bulas* para mis obispos (1).»

«Si no hubiera puesto la mano sobre los Estados pontificios, dijo Napoleón, y creído que podía reducir por la fuerza un poder espiritual, todas mis desgracias no habrían ocurrido (2).» ¡Pero sus rapiñas pronto le turbarán!

LA ASCENSION DE BONAPARTE
NAPOLEON Y LA IGLESIA

VII, 57

De soldat simple parviendra en empire,
De robe courte (3) parviendra à la longue
Vaillant aux armes en église ou plus pyre,
Vexer les prêtes comme l'eau faict l'esponge.

De simple soldado llegará a imperio
De la ropa corta (3) llegará a la larga
Valiente en las armas en iglesia mucho peor,
Vejar a los sacerdotes como el agua empapa la esponja.

Traducción:

De simple soldado llegará a emperador, de militar se convertirá en magistrado, tan valiente en la guerra como perjudicial para la Iglesia, y vejará a los sacerdotes tanto como agua absorbe una esponja.

(1) Carta de Napoleón a su pariente el cardenal Fesch, fechada del 13 de febrero de 1806. L.C.H.3.
(2) L.M.S.H.
(3) Cota de armas: *corta falda* plisada en la cintura que llevaban los heraldos de armas en la Edad Media, y que conservaron hasta la Revolución. D.L.7.V.

La historia:

«Con la *Iglesia,* las relaciones son aparentemente buenas hasta el 1808. Pero cuando su política le lleva a ocupar los estados pontificios y a encarcelar al papa, que protesta y le excomulga, *la clerecía* y los católicos toman partido por el jefe de la Iglesia: pierde así el apoyo de los católicos. »

«Os habéis dejado arrastrar por los *sacerdotes* y los nobles que quisieran restablecer el diezmo y los derechos fiscales. Yo haré justicia: *¡Sabrán quien soy yo!* ». Napoleón al pueblo llano en 1815.

«El conflicto con España se hace cada día más agudo y desvía al Emperador de su primer objetivo que era, simplemente, someter al jefe de los Estados Romanos. Ya comienza a mostrar *hostilidad* por ciertas categorías de *sacerdotes,* lo que produce el alejamiento de otros (1).»

«Algunos historiadores se asombraron de que Pío VII eligiera, para hacer definitiva la ruptura, un incidente absolutamente político. En 1810, Pío VII dirá a Chabrol: Fuí llevado hasta el límite; *tenía el agua al cuello* cuando comencé a gritar (2). »

NAPOLEON Y LAS PERSECUCIONES DE LOS RELIGIOSOS EN ITALIA - 1809 LA EFIGIE DE NAPOLEON EN LAS MONEDAS: EL NAPOLEON SU FIN EN TIERRA EXTRANJERA - 1821

VI, 9

Aux temples saincts (3) seront faits grands scandales,
Comptez seront pour honneur et louanges
D'un que l'on grave d'argent, d'or les medales (4)
La fin sera en tourmens bien estranges (5).

En los templos santos (3) se harán grandes escándalos,
Contados serán para honores y alabanzas
De uno con el que se graban de plata y oro medallas (4)
El fin estará en tormentos muy extranjeros (5).

(1) L.C.H.3.
(2) N.E.E.
(3) Sacerdote, obispos, monjes, papas. Véase la construcción latina.
(4) Antigua moneda de los griegos o de los romanos. Bajo el 1er. Imperio las monedas francesas llevan, en el anverso, la efigie de Napoleón, con la leyenda: Napoleón Emperador y, en el reverso, República Francesa. D.L.7.V.
(5) Véase IV, 35 y VIII, 85

Traducción:

Grandes escándalos se harán a los personajes santos de la Iglesia Católica a quienes les serán reducidos honores y alabanzas por uno cuya efigie se grabará en las monedas de oro y de plata, pero que terminará atormentado por extranjero (los ingleses).

La historia:

«El 10 de junio de 1809, una proclama, firmada por Miollis, Salicetti y altos funcionarios civiles, comunicaba a los romanos la anexión de su ciudad y del resto de los dominios de la Iglesia al Gran Imperio... La oposición, hasta el rapto del *Papa*, el 6 de julio de 1809, en su palacio, cuyas puertas fueron derribadas por el general Radet, y su traslado a Savona, permaneció pasiva... Con el Papa prisionero, los 7 *cardenales* que en diciembre de 1809 permanecían todavía en Roma fueron expulsados a su vez... Fue preciso pues, primero, dispersar y secularizar los *monjes*. Dominicos, franciscanos, agustinos e incluso tres maronitas fueron expulsados de sus conventos: 600 en Roma, 731 en los departamentos del Tiber y del Trasimeno... Más graves fueron los incidentes con la clerecía secular y sobre todo con el episcopado, del que se exigía un juramento de apoyo al Emperador que Pío VII., desde Savona, había prohibido en secreto... Vino luego la resistencia de los *canónigos* y los *curas*, que debían también prestar juramento y cuya negativa significaba la evacuación hacia Piacenza en donde se habían creado, a su intención, auténticos campos penitenciarios: 424 eran evacuados el 6 de junio de 1810; 370, el 14 de agosto. La emoción popular, sublevada por tan rigurosas medidas, fue tal que el Tribunal decidió no seguir deportando sacerdotes que hubiesen sobrepasado los 60 años. Estos regresaron, pues, de Piacenza y los romanos les recibieron con conmovedoras muestras de *veneración* (honor y alabanzas) (1).»

(1) N.E.E.

174

LOS PILLAJES Y LAS GUERRAS NAPOLEONICAS
NAPOLEON CONTRA LA IGLESIA CATOLICA
ARRESTO DE LOS SACERDOTES - 1809
INTERNAMIENTO DE PIO VII EN FONTAINEBLEAU - 1810

VII, 73

Renfort de sièges manubis (1) et maniples (2)
Changez le sacre (3) et passe sur (4) le prosne (5),
Prins et captifs n'arreste les preztriples (6),
Plus par fonds (7) mis eslevé, mis au trosne.

Refuerzo de sitios botines (1) y tropas (2)
Cambiado lo sacro (3) y pasa sobre (4) la prédica (5),
Tomados y cautivos arresta a los clérigos (6)
Más aún, puesto en la fuente (7), puesto en el trono.

Traducción:

Habrá todavía más pillajes y más ejércitos. Las leyes santas serán cambiadas y ya no se practicará la religión. Se detendrá y se encarcelará a los sacerdotes. ¡Más aún!, quien había sido puesto en el trono (de San Pedro), será llevado a Fontaine (bleau).

La historia:

« Jamás habíamos tenido *tantas tropas* y tan buenas, escribía Napoleón el 7 fructidor del año XIII (25 de agosto de 1805), a Duroc, gran mariscal de Palacio... Se estima en 1.600.000 hombres el número de franceses que habían servido bajo las armas de 1802 a 1815.»

Por lo que concierne al arresto de los sacerdotes, véase VI, 9.

« La aplicación en el Estado romano de las medidas de la *legislación eclesiástica surgida de la Revolución* (cambiado lo sacro) engendra resistencias mucho más acentuadas que en el valle del Po, en Toscana. Los miembros del Tribunal extraordinario hubieran deseado diferir o moderar su aplicación. Pero Napoleón deseaba la uniformación de las *leyes* de su Imperio. Fue pues preciso, primero, dispersar y secularizar a los monjes.

(1) Latín: *manubiae:* dinero provinente del botín arrebatado al enemigo D.L.L.B.
(2) Latín: *maniples:* síncopa de *manipulus:* tropa. D.L.L.B.
(3) Latín: *sacer:* sagrado, sacro. D.L.L.B.
(4) *Passer par-dessus* ("Pasar por encima"): no tener ningún respeto; se dice también *passer sur* en el mismo sentido. D.L.7.V.
(5) *Prône* (prédica): instrucción cristiana que un sacerdote hace el domingo en la misa parroquial. D.L.7.V.
(6) *Presterie:* clerecia, vida de clérigo. D.A.F.L. Ejemplo de paragoge por necesidades de la rima.
(7) Latín: *fons* (de *fundo*): Fuente (es decir, en francés, *fontaine*). D.L.L.B.

«La intervención imperial en la Iglesia *alcanza su punto culminante con el* catecismo imperial *publicado en 1806.*

«La Iglesia católica, por privilegiada que sea, sólo debe contar con ella misma para combatir las hostilidades declaradas u ocultas, así como para *conducir a los indiferentes a la práctica* (pasa sobre la prédica). La *incredulidad* se alimenta —con una vaga coloración teísta— con los sarcasmos y objeciones de los que Voltaire dio el más notable ejemplo.

« En la mañana del 6 de julio de 1810, Pío VII es detenido en el Quirinal y así comienza un cautiverio que durará más de 4 años: primero Savona, luego Fontainebleau (1). »

EL SITIO DE ZARAGOZA - 1808-1809
DESPUES DE ITALIA, LA GUERRA DE ESPAÑA

III, 75

Pau, Véronne, Vincence, Saragosse,
De glaives (2) loings, terroirs de sang humides:
Peste si grand viendra a (3) la grande gousse (4),
Proches secours, et bien loin les remèdes.

Pau, Verona, Vicenza, Zaragoza,
Espadas (2) lejanas, terrores húmedos de sangre:
Tan gran peste vendrá por (3) la gran vaina (4)
Cercanos socorros y muy lejos el remedio.

Traducción:

El ejército de los Pirineos, después de Verona y Vicenza, llevará la guerra lejos, hasta Zaragoza, e inundará de sangre esos territorios. Una gran calamidad será provocada por un gran sitio y, pese a los cercanos socorros, el remedio estará lejos.

La historia:

«En 1808, ante la posibilidad de verse obligado a dirigirse rápidamente a la frontera de los *Pirineos* o incluso a *España,* Napoleón ordena que se escalonen por el camino, en etapas (entre ellas Pau), elementos de infantería y caballería reforzados con algunas piezas de artillería... Murat, lugarteniente del Emperador, corre hacia *Bayona*... No son mercenarios que hayan renunciado a su nacionalidad, sino una hermosa juventud que acude libremente tras la de *Rivoli,* de Novi (cam-

(1) N.E.E.
(2) Sentido figurado: símbolo de la guerra, de los combates. D.L.7.V.
(3) Latín: *a* o *ab:* por. D.L.L.B.
(4) Envoltura de algunos granos. D.L.7.V. Imagen para designar un cerco que envuelve una ciudad.

paña de Italia) para defender la libertad de los pueblos y la civilización (1).»

«Don José de Palafox, gobernador de *Zaragoza*, organizó en la ciudad una rigurosa resistencia: tras *un sitio* de 61 días, forzó a los franceses a retirarse (14 de agosto de 1808). Pero estos volvieron a la carga y tuvo que sufrir un nuevo *sitio* (gran vaina) de 2 meses (20 de diciembre de 1808 - 20 de febrero de 1809), más *mortífero* que el primero, en el cual cada calle, cada casa fue duramente disputada: *privado de todo medio de defensa* (muy lejos el remedio), se vio obligado a capitular (2).»

«El ejército inglés que, en enero de 1809, había penetrado *en el corazón de España* (próximo socorro), se vio comprometido por los resultados de la batalla de Tudela. Napoleón había dado órdenes para que los ingleses fueran aislados del mar: Moore, asustado al ver que iba a encontrarse sin puntos de retirada, se apresuró a dirigirse, a marchas forzadas, hacia las costas de Galicia... En aquel momento, Saint-Cyr se había establecido en Cataluña; el mariscal Launes ocupaba Aragón y trabajaba para reducir *Zaragoza* (3).»

LA GUERRA DE ESPAÑA EN 1808
DESEMBARCO DE WELLINGTON - 1808
SU MARCHA
HASTA LOS PIRINEOS - 1813
LA FAMILIA REAL ESPAÑOLA EN FRANCIA - 1808

IV, 2

Par mort la France prendra voyage à faire,
Classe par mer, marcher monts Pyrénées,
Espagne en trouble, marcher gent militaire:
De plus grand Dames en France emmenées.

Por muerte Francia tomará un viaje por hacer.
Ejército por mar, marchar montes Pirineos,
España trastornada; marchar gente militar:
De muy grande Damas a Francia llevados.

Traducción:

Francia iniciará un viaje de muerte; un ejército llegado por mar marchará hasta los Pirineos. España estará revuelta; ejércitos marcharán por ella y el más grande y sus damas (esposa e hija) serán llevados a Francia.

(1) N.E.L.G.I.
(2) D.H.B.
(3) H.F.A.

La historia:

« El 24 de marzo de 1808, el nuevo rey, Fernando VII, entra en su capital entre las aclamaciones de los habitantes ebrios de júbilo. Este fue el primer acto del gran drama que debía proporcionar al pueblo español ocasión para salir de la blanda holganza en la que se había hundido (trastorno), y mostrarse, a un tiempo, heroico y cruel en la larga y sanguinaria guerra que sostuvo para defender su independencia; guerra *desastrosa para Francia,* a quien costó sus más valientes soldados (viaje de muerte).

« La primera insurrección portuguesa estalló el 16 de junio, en Oporto, y se extendió tan rápidamente por las provincias del norte que los franceses se vieron obligados a evacuarlas. En esta misma época tuvo lugar, en Leiria, el *desembarco de 14.000 ingleses* a las órdenes de Wellington (ejército por mar) y de cinco mil más mandados por el general Spencer... »

« En 1813, Wellington, tras haberse apoderado de San Sebastián, pasó el Bidasoa (marchar montes Pirineos) y se estableció con fuerzas considerables en territorio francés (1).»

"El 10 de abril de 1808, Fernando se pone en camino; en cada posta se encuentra un puesto francés: el monarca querido por los españoles es ya, virtualmente, un *prisionero*. El 20 de abril llega a Bayona (a Francia llevado)... Carlos IV, su padre, y *María-Luisa* (Dama) no han puesto dificultad alguna para subir a una carroza y, custodiados por el general Exelmans, *han tomado la dirección de Francia.* El 30 de abril, en Bayona, son recibidos con honores reales y Napoleón les abre los brazos... El 6 de mayo, Carlos y María-Luisa son conducidos al Castillo de Compiègne. A Fernando se le asigna una prisión dorada: el castillo de Valençay, perteneciente a Talleyrand. "Manejé bastante mal aquel asunto", declarará Napoleón en Santa Elena, "la inmoralidad tuvo que aparecer demasiado patente, la injusticia demasiado cínica, y el conjunto sigue siendo muy desagradable, puesto que *sucumbí*" (viaje de muerte) (2).»

(1) H.F.A.
(2) N.E.E.

LA INVENCION DE LOS COHETES - 1806
NAPOLEON Y LA IGLESIA - 1809
LAS MATANZAS EN ESPAÑA - 1809-1810

IV, 43

Seront ouys au Ciel les armes batre (1):
Celui an mesme les divins ennemis,
Voudront loix sainctes injustement debatre
Par foudre (2) et guerre bien croyants a mort mis.

Se oirán en el cielo las armas batir (1)
El mismo año los divinos enemigos
Querrán leyes santas injustamente debatir
Por rayo (2) y guerra muy creyentes inmolados.

Traducción:

Se escuchará el ruido de las armas aéreas; el mismo año en el que querrán debatirse las leyes de la Iglesia, los católicos se convertirán en enemigos (de Napoleón); los creyentes serán inmolados por Napoleón y la guerra.

La historia:

« Parece que Napoleón se haya preocupado muy poco, en la práctica, de perfeccionar el armamento. El armero Pauly pudo, al parecer, proporcionar a la infantería un fusil que se cargaba por la culata. De hecho fue Prusia la que aprovechó, más tarde, las investigaciones de este inventor y sus alumnos. Varios ingenieros y oficiales franceses propusieron al Emperador *cohetes:* no fueron en absoluto alentados; y, finalmente, en Inglaterra, los trabajos de Congreve desembocaron en la creación del Rockets Corps, el cuerpo de cohetes, y tales ingenios fueron utilizados en Leipzig y en Waterloo por los aliados... Los cohetes inventados por William Congreve fueron utilizados por primera vez, en 1806, contra Bolonia, por la marina inglesa.»

«No es el hecho de la ocupación integral, en 1808, del territorio pontificio el que producirá la ruptura entre los dos poderes (Napoleón y Pío VII). No son en absoluto factores económicos, insignificantes en el caso del Estado romano, sino *consideraciones religiosas* (leyes santas) por parte del Papa, necesidades políticas y militares acuciantes por parte del Emperador, las que trastornaron el acuerdo de ambos soberanos a finales de 1809 e *introdujeron el trastorno en toda la Iglesia católica* (divinos enemigos).»

(1) Batir el hierro: hacer armas. D.L.7.V.
(2) Véase IV, 54

« La guerra de España: Han surgido jefes, la mayoría de los cuales se destacaron a lo largo de los años *1809* (el mismo año) y 1810... Algunos son nobles. Más numerosos son los eclesiásticos (muy creyentes)... Exasperados, los franceses no se quedaron atrás en lo que respecta a violencia. El sargento de un destacamento estacionado en Navarra revela la orden recibida por su formación: al primer pueblo que tire sobre nosotros, *pasadlo todo a sangre y fuego* (inmolados), sin exceptuar los niños de pecho (1). »

LA "CUMBRE" DEL IMPERIO - 1807
EL EMBARQUE HACIA SANTA ELENA - 1815

I, 77

Entre deux mers (2) dressera promontoire (3)
Que puis, mourra par le mors du cheval,
Le sien Neptune (4) pliera voile noire
Par Calpte (5) et classe (6) auprès de Rocheval (7).

Entre dos mares (2) levantará promontorio (3)
Que luego, morirá por mordedura de caballo
El suyo Neptuno (4) plegará vela negra
Por Capeto (5) y flota (6) cerca de Rochefort (7).

Traducción:

Entre dos mares alcanzará su punto culminante y luego morirá tascando su freno; el Dios del mar le envolverá en su sudario (Santa Elena) tras el retorno de L. Capeto y la flota (inglesa) cerca de Rochefort.

La historia:

«Consagrado por la paz de Tilsit el "Gran Imperio" aparece entonces como algo *formidable*. Todas las potencias europeas gravitan en torno a Napoleón, aliadas o sometidas por la fuerza." (El punto culminante).

En este momento "Napoleón *anexiona los Estados pontificios* y encarcela al Papa (8)."

(1) N.E.E.
(2) Los Estados pontificios están situados entre el mar Adriático y el mar Tirreno.
(3) Latín: *promontorium:* punto culminante. D.L.L.B.
(4) Albion: nombre dado por los griegos a Inglaterra, por la blancura de sus acantilados o por Albion, hijo de Neptuno. D.L.7.V.
(5) Anagrama de Luis Capeto: Luis XVIII.
(6) Latín: *classis:* flota, ejército. D.L.L.B.
(7) Roche-Val: Latín: *vallo:* fuerte *(fort),* atrincheramiento: Rochefort.
(8) L.C.H.3.

« La Cámara exige la abdicación de Napoleón. El desea llegar a los Estados Unidos pero *la flota inglesa* bloquea las costas. *Se rinde* finalmente a los *ingleses* que le tratan como prisionero de guerra y le deportan a la pequeña isla de santa Elena (1). »

Se embarcará cerca de *Rochefort* en el Bellérophon que debe conducirle de la isla de Aix (2) a Santa Elena. «Si no hubiera puesto las manos sobre los Estados Pontificios, dice Napoleón, y creído que podía reducir por la fuerza un poder espiritual, todo el cúmulo de mis infortunios no se habría producido (3).»

LA ANEXION DE LOS ESTADOS PONTIFICIOS - 1807
EL BLOQUEO CONTINENTAL - diciembre de 1806-1807

I, 75

Le tyran Sienne (4) occupera Savone (5),
Le fort gaigné tiendra classe (6) marine (7),
Les deux armées par la marque d'Ancone (8),
Par effrayeur le chef s'en examine.

El tirano Siena (4) ocupará Savona (5)
El fuerte ganado tendrá flota (6) marina (7),
Los dos ejércitos por la marca de Ancona (8),
para asustar el jefe se examina.

Traducción:

El tirano ocupará Siena y Savona, habiendo ganado (batallas) al ser el más fuerte, contendrá la flota inglesa, los dos ejércitos (vencidos) (ocupará también) la marca de Ancona, el Jefe hará su examen de conciencia sobre este acto horrendo.

La historia:

« Sin aguardar la llegada de las tropas rusas aliadas, el rey de Prusia comienza las hostilidades: aquel mismo día su *ejército* es vencido en Jena por Napoleón y en Auerstaedt por Davout (14 de octubre de 1806). Debe vencer todavía al *ejército ruso* (los dos ejércitos), la indecisa y mortífera batalla de Eylau (febrero de 1807) no aporta soluciones, pe-

(1) L.C.H.3.
(2) Aix, isla fortificada que defiende la entrada del Charente, frente a la cual se halla la rada de la isla de Aix, que constituye un vasto antepuerto para Rochefort. D.L.7.V.
(3) L.M.S.H.
(4) Ciudad de Toscana.
(5) Savona: ciudad de Liguria.
(6) Latín: *clasis:* flota, ejército. D.L.L.B.
(7) Compárese con I, 98: "La marina Grange."
(8) En 1532 fue unida a los Estados del Papa. Los franceses la tomaron en 1797. En 1809 se convirtió en capital del departamento de Metauro D.H.C.D.

ro Friedland (14 de junio) significa para Napoleón un claro éxito que provoca conversaciones de paz: es la paz de Tilsitt (9 de julio de 1807)... Napoleón piensa terminar entonces con Inglaterra, solitaria en su isla, pero, *dueña del mar...* Es el bloqueo continental. Napoleón se anexiona los *Estados pontificios* y encarcela al papa en Savona (1). »

NAPOLEON Y LOS ESTADOS PONTIFICIOS
EL CODIGO CIVIL
LA LUCHA CONTRA LOS INSURRECTOS REALISTAS

V, 79

Par sacrée pompe (2) viendra baisser les aisles,
Par la venüe du grand Législateur:
Humble haussera, vexera les rebelles
Naistra sur terre aucun aemulateur.

Por sagrada pompa (2) vendrá a bajar las alas,
Por la venida del Gran Legislador:
Humilde alzará, vejará a los rebeldes
Ningún emulador nacerá en la tierra.

Traducción:

La llegada del Gran Legislador rebajará el poder de la Iglesia Católica. Este ennoblecerá a los humildes y vejará a los rebeldes. No tendrá en la tierra émulo alguno.

La historia:

« El consulado no limitó sus reformas al derecho público, consiguió unificar por medio del Código civil el conjunto del derecho privado... En esta obra colectiva, en la que Cambacérès, Tronchet, Portalis y Treilhard desempeñaron un papel importante, Bonaparte, que presidió 55 sesiones del Consejo sobre 107, intervino a menudo (el gran Legislador), y en varias ocasiones útilmente (3).»

«La negativa de Pío VII a someterse al bloqueo había servido de pretexto al Emperador para *confiscar las Marcas pontificias,* luego para ocupar Roma en donde el general de Miollis había entrado, el 3 de febrero, a la cabeza de su división. Pío VII, que se había encerrado en el Quirinal, amenazaba con excomulgar a los violadores de la Ciudad Santa y al tiempo que, grave falta, Napoleón afrontaba la exasperación del pueblo español, se enfrentó, otra grave falta, con el Papa en una guerra abierta (4). »

(1) L.C.H.3.
(2) Aparato solemne y suntuoso: las pompas del catolicismo. D.L.7.V.
(3) N.E.E.
(4) N.L.M.

« Para que su trono, nacido de la Revolución, estuviera rodeado de "instituciones monárquicas", el Emperador creó una *nobleza del imperio* y agregó, a sus colaboradores civiles y militares de *oscuro nacimiento* (humilde), gran número de los anteriores nobles del Antiguo Régimen que, antaño realistas, iban uniéndose poco a poco, desde hacía siete años, al régimen.»

«El 11 vendimiario (3 de octubre de 1795), los electores parisinos fueron ilegalmente convocados por *líderes realistas* (rebeldes) que preparaban al mismo tiempo una fuerza armada... Se organizó una operación militar contra la sección Le Pelletier, la de la Bolsa, la de los Realistas. Los insurrectos, (rebeldes) disponían de unos 25.000 guardias nacionales. La Convención sólo podía oponerles alrededor de 5.000 hombres. Confió el mando a Barras. Al nuevo jefe no le faltó ni decisión ni vigor, se rodeó de oficiales en quien tenía confianza y que comenzaron, así, una deslumbradora carrera: Brune, el futuro mariscal, Murat, el futuro príncipe y rey, y *sobre todo Bonaparte.* »

MONUMENTOS ERIGIDOS POR NAPOLEON

III, 43

Gens d'alentour de Tarn, Loth et Garonne
Gardez les monts Appennines passer
Votre tombeau près de Rome et d'Anconne
Le noir poil crespe (2) fera trophée (3) dresser.

Gente de los alrededores de Tarn, Loth y Garona
Guardad los montes Apeninos pasar
Vuestra tumba cerca de Roma y de Ancona
El negro pelo crespo (1) hará trofeo (2) levantar.

Traducción:

Gente de diversas regiones (Tarn, Lot y Garona), guardaos de pasar los Alpes Apeninos, vuestra tumba estará cerca de Roma y de Ancona, aquél que lleva un sombrero de fieltro negro hará erigir un monumento de victoria.

La historia:

« Al igual que Augusto, Napoleón quiere eternizar su memoria embelleciendo las ciudades y, particularmente, París. Hace *erigir* grandiosos monumentos (arco de Triunfo del Carrousel, columna Vendôme, Templo de la Gloria que será, luego, Iglesia de la Madeleine, Bolsa, pro-

(1) Latín: *tropaeum:* trofeo, monumento de victoria, D.L.L.B.
(2) Véase I, 74: *"El negro pelo crespo* mantendrá fuerte el Imperio."

yecto de un gigantesco Arco de Triunfo en un extremo de la Avenida de los Campos Elíseos) para que sirvan como recordatorio de sus victoriosas campañas (1).»

ADQUISICIONES TERRITORIALES DEL DIRECTORIO
APRESAMIENTO DE PIO VI - 1798
Y DE PIO VII - 1808
ANEXIONES DE LOS ESTADOS PONTIFICIOS
Y GUERRA DE ESPAÑA - 1808

IV, 36

Les ieux nouveaux en Gaule redressez,
Après victoire de l'Insubre (2) campaigne:
Monts d'esperie (3), les grands liez, troussez (4),
De peur trembler la Romaigne (5) et l'Espaigne.

Los nuevos juegos en Galia levantados,
Tras victoria de Insubre (2) campaña:
Montes de Hesperia (3), los grandes ligados, trasladados (4),
De miedo temblar Romaña (5) y España.

Traducción:

Los nuevos poderes serán establecidos en Francia, tras las victorias de la campaña de Italia. Por las montañas de Italia, los grandes serán hechos prisioneros y arrebatados; los estados de la Iglesia y de España temblarán de miedo.

La historia:

« Llegado a Tolentino desde donde se proponía marchar sobre Roma, si se hacía necesario, Bonaparte se detuvo para esperar el efecto que su rápida marcha había debido producir... El Papa envió a Tolentino a su sobrino el duque Braschi y otros tres plenipotenciarios para tratar la paz con el vencedor. El tratado fue firmado el 1º ventoso (19 de febrero de 1797). El Papa renunciaba a sus pretensiones sobre Avignon y el condado Venaissin: cedía las legaciones de Bolonia y Ferrara, así como la hermosa provincia de *la Romaña* (6). »

(1) L.C.H.3.
(2) Pueblo de la Galia Cisalpina, habitaba al norte del Po, entre el Agga, el Tesino y los Alpes, en la región que corresponde al actual Milanesado, y tenía por capital Mediolanum (Milán). D.H.B.
(3) Hesperia: nombre dado primero por los griegos a Italia. D.H.B.
(4) *Trousser quelqu'un en malle* ("liar el petate a alguien"): trasladarlo, llevárselo. D.L.7.V.
(5) Romaña: antigua provincia del Estado eclesiástico, tenía como capital Ravena. D.H.B.
(6) H.F.A.

«El Directorio hizo invadir el territorio pontificio y el Papa Pío VI tuvo que firmar con Bonaparte el tratado, *desastroso* para él, de Tolentino. A consecuencia del asesinato en las calles de Roma (1798) del general Duphot, representante del gobierno francés, el Directorio *se apoderó* de la persona del Papa y proclamó en Roma la República. *Detenido* por el general Berthier (1798), Pío VI fue conducido sucesivamente a Siena, a la cartuja de Florencia, por fin *llevado* (abril de 1799) a Francia, a Grenoble y luego a Valence donde murió (1).»

«Pío VII se negó a adherirse al bloqueo continental. Napoleón se apoderó entonces de Roma (1808) y confiscó los estados pontificios. Pío VII respondió excomulgando a todos aquellos que habían participado en la expoliación de la Santa-Sede. Inmediatamente, el general Rabet *se apodera de él,* así como del cardenal Pacca, y lo hace transportar a Génova, luego a Savona y por fin a Fontainebleau (2).»

"El fanatismo religioso, añadiéndose, en aquella *España,* a la pasión nacional, iba a hallar, entre otros muchos, un alimento en *la expoliación del Papa.* Pío VII, que se había encerrado en el Quirinal, amenazaba con la excomunión a los violadores de la Ciudad santa y al tiempo que, grave falta, Napoleón afrontaba la exasperación del pueblo español, se enfrentó, otra grave falta, con el Papa en una guerra abierta (3).»

VICTORIA SOBRE LOS INGLESES EN AMBERES
24 de diciembre de 1809
DIVORCIO DE NAPOLEON - 12 de enero de 1810
EL MEDITERRANEO CENTRO DEL CONTRABANDO
CONTRA EL BLOQUEO CONTINENTAL - 1811
MUERTE DEL ARZOBISPO DE PARIS
Y ARRESTO DE PIO VII

Presagio XVII, junio

Victor naval à Houche (4), Anvers divorce,
Né grand (5), du ciel feu, tremblement haut brule:
Sardaigne bois, Malte, Palerme, Corse,
Prélat mourir, l'un frappe sur la Mule (6).

Victoria naval en Houche (4), Amberes divorcio,
Nacido grande (5), del cielo fuego, alto temblor quema:
Cerdeña bosque, Malta, Palermo, Córcega,
Prelado morir, uno golpea la Mula (6).

(1) D.L.7.V.
(2) D.L.7.V.
(3) N.L.M.
(4) Barrio de Amberes.
(5) Pío VII, conde de Chiaramonti. H.D.P. (nacido grande).
(6) Puede ser una alusión al carácter intransigente de Pío VII.

Traducción:

Tras una victoria naval en Houke, cerca de Amberes, se divorciará, el que será grande por nacimiento, pondrá en marcha los rayos del cielo, y se inflamará a causa del trastorno provocado por el alto personaje (Napoleón). Cerdeña, Malta, Sicilia, y Córcega (resistirán el bloqueo). Un prelado morirá, y uno (Napoleón) atacará al Papa.

La historia:

« Mientras los plenipotenciarios de Napoleón y del emperador Francisco se ocupaban en regular las bases de la paz, los ingleses, que desde hacía mucho tiempo preparaban una expedición, se presentaron con fuerza en la desembocadura del Escaut. Su plan consistía en apoderarse de la ciudad de *Amberes* y de la flota francesa fondeada en el Escaut... Los ingleses, dueños de la isla de Walcheren, amenazaban simultaneamente Bélgica y Holanda; la escuadra de Amberes corría los mayores peligros... El mariscal Bernadotte salió hacia Amberes y no tardó en reunir más de doce mil hombres. La defensa de Amberes estuvo desde entonces asegurada. Se ordenó que la escuadra remontara hasta llegar bajo los muros de la ciudad, donde se apoderó. El 30 de septiembre, la invencible escuadra de Lord Chatam había abandonado sucesivamente sus posiciones para regresar a Inglaterra. El 24 de diciembre, los ingleses demolieron los arsenales de Flessingue y reembarcaron (victoria naval). »

« La disolución del matrimonio de Napoleón y Josefina fue pronunciada el 12 de enero de 1810 (1).»

« A comienzos de 1810, las vías por las cuales el comercio inglés llegaba al continente fueron cerrándose unas tras otras, y el contrabando se hundió... En 1811, el comercio inglés con Europa del norte y del oeste fue muy débil... En cambio, el contrabando se mantuvo en *el Mediterráneo*, a partir de *Malta*, y a través de los Balcanes en dirección a Austria (1).»

«El final del año 1810 fue marcado por la llegada a *Sicilia* de las tropas francesas, que no tuvo otro resultado para el rey de Nápoles que un gasto de ocho millones y la pérdida de mil doscientos hombres abandonados en las costas de la isla (2). »

«El 9 de *junio* de 1808 muere el cardenal de Belloy (prelado morir), arzobispo de París. Napoleón designa para sucederle al cardenal Fesch, que el capítulo nombre administrador el 1º de febrero de 1809. Pero tras reflexionar, Fesch lo rechaza y Napoleón nombra a Maury arzobispo de París el 15 de octubre de 1810...»

« En la mañana del 6 de julio de 1810, Pío VII es detenido en el Quirinal y comienza así una cautividad que durará más de cuatro años: Savona, luego Fontainebleau (uno golpea la Mula) (1). »

(1) N.E.E.
(2) H.F.A.

LA GUERRA DE ESPAÑA Y LA CAIDA DEL AGUILA
WELLINGTON EN LOS BAJOS PIRINEOS - 1812

IV, 70

Bien contigue des grands monts Pyrénées,
Un contre l'Aigle grand copie (1) addresser:
Ouvertes veines (2), forces exterminées,
Que jusqu'à Pau (3) le chef viendra chasser.

Muy cerca de los grandes montes Pirineos.
Uno contra el Aguila gran ejército (1) dirigir:
Abiertas venas (2), fuerzas exterminadas,
Que hasta Pau (3) el jefe irá a expulsar.

Traducción:

Muy cerca del macizo de los Pirineos, un (país) levantará grandes tropas contra el Aguila (Napoleón): habiéndose abierto trincheras y exterminadas las fuerzas, le perseguirá hasta los bajos Pirineos.

La historia:

« El año 1811 termina. No ha sido decisivo. Los franceses han sido *expulsados* de Portugal... Resuelto a atacar Rusia, Napoleón desea que las comunicaciones entre Francia y España estén perfectamente aseguradas. Ordena a Marmont que se dirija a Salamanca para, de allí ir, si es necesario, a proteger la gran carretera de Madrid a *Bayona.* Eso deja campo libre al *comandante en jefe* británico. Lo aprovecha para llevar *la mayor parte de sus tropas* ante Badajoz. Tras quince días de *abrir trincheras,* el asalto a la ciudad comienza el 6 de abril. Los franceses, tras una heroica defensa, se ven finalmente obligados a capitular. *Los excesos* a los que se entrega la soldadesca anglo-portuguesa llegan *al colmo del horror* y arrancan lágrimas al poco emotivo Wellington... El 21 de junio de 1812, la batalla de Vitoria libera casi toda España a través de las provincias Vasca y Navarra, los franceses retroceden hacia la frontera y sólo conservan *en la región pirenaica* Pamplona y San Sebastián... Siempre metódico, Wellington desearía *expulsar* de España a las fuerzas francesas que todavía se defienden. Pero el gabinete de Londres le da prisa para que penetre en Francia... Soult, llegado el 13 de julio a *Bayona,* ha pasado a la ofensiva, a fines de agosto su ejército comienza a descender la vertiente meridional de los *Pirineos* dirigiéndose a Pamplona, cuando Wellington, tras un duro combate, lo rechaza. Sin poder socorrer a Pamplona, Soult tiene

(1) Latín: *copia:* cuerpo de ejército, tropas, fuerzas militares. D.L.L.B.
(2) Abrir una vena: practicar una sangría. D.L.7.V.
(3) Capital de los bajos Pirineos, hoy Pirineos atlánticos.

que dirigirse a San Sebastián. El inglés retrocede y le obliga a cruzar de nuevo la frontera. El 8 de septiembre, San Sebastián capitula y es *saqueada*. El 8 de octubre, Wellington cruza el Bidasoa. Diez días después, Napoleón, aplastado por el número pierde, ante Leipzig, la "batalla de las Naciones". Mientras los aliados cruzan el Rhin, Soult se ve forzado a abandonar la línea del Nivelle, luego la del Nive, y a refugiarse en el campo atrincherado de *Bayona*. Por lo que se refiere a Wellington, fija su cuartel general en *San Juan de Luz*. (1).»

SOULT EN BAYONA - WELLINGTON EN SAN JUAN DE LUZ RUSIA IMPONE LA ABDICACION - 1814 MUERTE DE NAPOLEON EN SANTA ELENA - 1821

VIII, 85

Entre Bayonne et à Saint Jean de Lux,
Sera posé de Mars le promontoire (2):
Aux Hanix (3) d'Aquilon (4) Nanar (5) hostera lux (6),
Puis suffoqué au lict (7) sans adjutoire (8).

Entre Bayona y San Juan de Luz
Será puesto de Marte el promontorio (2):
Los esfuerzos (3) de Aquilón (4) Nanar (5) perderá luz (6).
Luego sofocado en el lecho (7), sin ayuda (8).

Traducción:

Entre Bayona y San Juan de Luz, la guerra alcanzará su punto culminante, los esfuerzos de Rusia borrarán la gloria de Napoleón que se ahogará en su lecho sin socorro alguno.

La historia:

Por lo que concierne a Bayona y San Juan de Luz, véase la cuarteta precedente (IV, 70).

«Algunos días más tarde, Mayence estaba a la vista. Entonces pu-

---

(1) N.E.E.
(2) Latín: *promontorium:* punto culminante. D.L.L.B.
(3) Latín: *annixus:* esfuerzo. D.L.L.B.
(4) Designa siempre a Rusia, el imperio del norte.
(5) Abreviación de Napoleón Bonaparte.
(6) Latín: en sentido figurado: luz, brillo, gloria. D.L.L.B.
(7) Morir en su cama: morir de muerte natural. D.L.7.V.
(8) Latín: *adjutorium:* ayuda, socorro. D.L.L.B.

do escucharse a un zapador de la guardia que decía, mirando a la ciudad: "¡Mil diablos!; hemos hecho un buen trabajo, hemos ido a buscar a los rusos en Moscú para traerles a Francia". Las guarniciones dejadas en las plazas del Vístula, del Oder y del Elba, tuvieron que capitular unas tras otras. El desastre era completo (1).»

« El zar *Alejandro*, que no podía ya temer nada de una reacción de Napoleón, exigió inmediatamente la abdicación pura y simple que Caulaincourt y sus compañeros debían encargarse de obtener (2).»

« *Los sufrimientos de los últimos días fueron atroces:* luchando contra el dolor, agotado por los remedios de curandero, hostigado por los mosquitos y las moscas, hinchado a lavativas, se debate contra el *aniquilamiento* (1).»

El fin de la guerra de España y la batalla de Leipzig llamada "la batalla de las Naciones" fueron efectivamente el punto culminante de las guerras napoleónicas.

LA DERROTA DEL GRAN EJERCITO - 1812-1813
LAS TRAICIONES - LA ABDICACION DEL EMPERADOR

IV, 22

La grand copie (3) qui sera déchassée
Dans un moment fera besoin au Roy (4),
La foy promise de loing sera faulsée,
Nud se verra en piteux désarroy.

El gran ejército (3) que será perseguido
En cierto momento será necesario al Rey (4).
La fe prometida de lejos será traicionada.
Y él se verá en penosa confusión

Traducción:

El Gran Ejército que será perseguido hará falta al Emperador en cierto momento; la palabra dada será traicionada de lejos y él se verá despojado y en penoso desorden.

La historia:

« El cuerpo de ejército de Davout debe convertirse en el núcleo del nuevo *Gran Ejército*. Un ejército muy heterogéneo pues, al margen de

(1) N.E.E.
(2) N.L.M.
(3) Cuerpo de ejército, tropas, fuerzas militares. D.L.L.B.
(4) La palabra rey es utilizada normalmente por Nostradamus para designar a los jefes de estado sea cual sea su título.

las tropas provinentes de los 130 departamentos del Imperio, incluirá contingentes de todos los países europeos aliados o antiguos amigos.»

« El 3 de junio de 1812, Napoleón llega a su Cuartel General en Thorn, junto al Vístula. Se halla en el centro de su ejército. Dispone de unos 400.000 hombres repartidos en tres cuerpos principales. »

«·El 6 de noviembre, escribe Caulaincourt, fue el día de las noticias desagradables . El Emperador, muy preocupado ya por los detalles que había recibido sobre los retrocesos de sus tropas en el Dvina, precisamente cuando más necesitaba de sus éxitos, se sintió muy afectado por los primeros detalles que recibió sobre la *conspiración Malet*. Desde entonces, su deseo de regresar a París aumentó.'' El Gran Ejército está ahora reducido a 24.000 combatientes, seguidos de 25.000 rezagados.»

« Vuelto a partir, en la noche del 6 al 7 de abril, Caulaincourt oye al Zar agradecer al príncipe del Moskowa el celo que había puesto en obligar al Emperador a abdicar. Mientras los falsos rumores corren por París, en donde *intrigas y camarillas* se multiplican, el duque de Vicenza defiende párrafo a párrafo los artículos del tratado. Es conmovedor leer en su informe al Emperador del 8 de abril: los polacos, cuyos intereses tanto me ha recomendado vuestra Majestad, serán bien tratados. Ultimos aliados fieles, recorrían, durante la noche del 6 al 7 de abril, las calles de Fontainebleau junto a una parte de la Vieja Guardia, gritando: ''¡Viva el Emperador! ¡Muerte a los traidores!» .

«Ney permaneció en París, habiéndose adherido al nuevo orden de cosas. El Emperador, que le conocía bien, dijo a Caulaincourt: ''Ayer estaba contra mí y mañana estaría dispuesto a dejarse matar por mí.'' Dijo también: ''¡La vida me es *insoportable!*'' (penosa confusión) y en la noche del 12 al 13 de abril, Napoleón intenta en vano suicidarse con una bolsa de veneno que llevaba encima desde la retirada de Rusia (1). »

(1) N.E.E.

LA CAIDA DE NAPOLEON - WALERLOO - 1815
EL SEÑOR DE SAINT-AGNAN, ENVIADO POR NAPOLEON
A FRANKFURT - 1813
LA BATALLA DE REIMS - 13 de marzo de 1814

I, 26

Le grand du fouldre tombe d'heure diurne,
Mal et prédict par porteur postulaire: (1)
Suivant présage, tombe d'heure nocturne,
Conflict Reims, Londres, Etrusques (2) pestifère.

La grandeza del rayo cae en hora diurna,
Mal y predicho por portador postulante: (1)
De acuerdo con el presagio, cae en hora nocturna,
Conflicto Reims, Londres, Etruscos (2) pestífero.

Traducción:

La grandeza del rayo de la guerra comenzará a declinar durante el día, habiéndole sido comunicada la desgracia por un portador de peticiones: de acuerdo con el presagio caerá de noche; tras el combate de Reims, el etrusco que trajo la desolación será derrotado por los ingleses.

La historia:

« El 2 de noviembre de 1813, el ejército francés, reducido a setenta mil hombres, había cruzado el Rhin. Allí termina aquella *sangrienta* campaña llamada de Saxe... Ya no le quedaba más salida que intentar tratar con los aliados o combatir hasta el último aliento. Las proposiciones de paz fueron renovadas: el señor De Saint-Agnan fue llamado a Francfort por el señor De Metternich, y el 9 de noviembre, en presencia de los ministros de Rusia, y de *Inglaterra*, se pusieron las bases de una pacificación general. Las potencias *pedían* que Napoleón abandonara España, Italia, Alemania y Holanda. El señor De Saint-Agnan fue el encargado de *llevar* esas bases a Napoleón, las potencias declaraban que, si las admitía, se abrirían las negociaciones en una ciudad a orillas del Rhin; pero al mismo tiempo anunciaban que estas negociaciones no suspenderían las operaciones militares... Fue preciso prepararse para el combate. »

«El 13 de marzo de 1814, Napoleón llegó a los altos del Moulin-à-Vent, a una legua de *Reims*, que acaban de ser ocupados por el cuerpo de ejército del general ruso Saint-Priest. Este cuerpo coronó los altos frente

---

(1) Latín: *postulo:* demando, reclamo, requiero. D.L.L.B.
(2) La familia Bonaparte se dividió en dos ramas: una se extinguió en Treviso, en 1447, la otra se estableció en Florencia (capital de Toscana, es decir Etruria) y dio nacimiento a los Bonapartes de Sarzane, de quienes descendería Napoleón I. D.L.7.V.

a *Reims*... El general Krasinsky había cortado la carretera de *Reims* a Berry-au-Bac, por lo que los aliados abandonaron la ciudad y se retiraron en desorden. Los franceses hicieron en esta batalla seis mil prisioneros. El ejército imperial permaneció en los alrededores de *Reims* hasta el 16 de marzo. Durante esta estancia, Napoleón recibió informes referentes a la situación general del imperio.»

«El 18 de junio de 1815, *por la mañana*, Napoleón examinó toda la línea *inglesa* y comunicó sus órdenes de batalla a los distintos comandantes. Todo se puso en movimiento... Napoleón se dirigió hacia Planchenoit, a una segunda posición, e hizo nuevos esfuerzos para contener algunos cuerpos, pero cualquier conjunción se hizo imposible *durante la noche* y todo aquel hermoso ejército no fue más que una confusa masa en la que se oía gritar: ¡Sálvese quien pueda! *Las pérdidas* que los franceses sufrieron en Waterloo fueron *muy grandes*. Diecinueve mil hombres quedaron en el campo de batalla. Los aliados perdieron más gente todavía. Pero no por ello su victoria dejó de ser completa (3).»

EL REGRESO DE LA ISLA DE ELBA
1 de marzo de 1815

X, 24

Le Captif Prince aux Itales (2) vaincu,
Passera Gennes par mer jusqu'à Marseille,
Par grand effort des forens (3) survaincu (4),
Sauf coup de feu, barril liqueur d'abeille (5).

El Cautivo Príncipe en Itales (2) vencido
Pasará a Génova por mar hasta Marsella.
Por gran esfuerzo de los foráneos (3) sobrevencido (4),
Salvo disparo, barril licor de abeja. (5).

Traducción:

El príncipe vencido, prisionero en Italia, pasará por el golfo de Génova en dirección a Marsella. Haciendo grandes esfuerzos (de guerra) los (ejércitos) extranjeros le vencerán por su superioridad. Sano y salvo de los disparos, tendrá barriles (de pólvora) en vez de miel.

(1) H.F.A.
(2) Latín: *Aethalis:* Antiguo nombre de la isla de Elba D.L.L.B.
(3) Exterior, extranjero (en inglés, *foreign*). D.A.F.L.
(4) *Sur* (sobre): Acción de sobrepasar, de ahí la idea de superioridad.
(5) La miel simboliza la dulzura. Véase X, 89: *"Joye et temps mellifique"* [goce y tiempo de miel (dulce)].

La historia:

« Desde la isla de Elba, Napoleón está informado de que los sentimientos de los franceses evolucionan a su favor. *Desembarca del Golfo Juan el 1º de marzo... Los aliados* están todavía reunidos en el Congreso de Viena y sus ejércitos acampan cerca de las fronteras francesas. Declaran a Napoleón "desterrado de Europa". Obligado a recomenzar la guerra, Napoleón se dirige hacia el norte con 125.000 hombres contra 100.000 ingleses y 250.000 prusianos. (*Sobre* vencido)... La noche del 18 de junio el pánico y la derrota se apoderan del ejército francés. Y Napoleón, que ha *intentado hacerse matar* en la batalla (salvo disparo) se rinde a los ingleses (1). »

EL REGRESO DE LA ISLA DE ELBA
UNION DEL MARISCAL NEY
A NAPOLEON EN BORGOÑA - 17 de marzo de 1815
LAS DECLARACIONES DE LYON
LA CARTA DE 1815

II, 76

Foudre (2) en Bourgogne (3) fera cas portenteux (4)
Que par engin (5) homme ne pourrait faire,
De leur Sénat (6) sacriste (7) fait boiteux
Fera scavoir aux ennemis l'affaire.

Rayo (2) en Borgoña (3) hará caso presagiado (4)
Que por ingenio (5) hombre no podría hacer.
De su Senado (6) muy sagrado (7) hecho cojo
Hará saber a los enemigos el asunto.

Traducción:

Napoleón, en Borgoña, hará un funesto presagio que el hombre no podría hacer con su inteligencia a causa de los cojos hechos promulgados por el muy sagrado Senado, hará conocer sus intenciones a sus enemigos.

(1) L.C.H.3.

(2) Véase I, 26 y III, 13. Napoleón: el rayo de la guerra. D.L.7.V.

(3) Borgoña estaba dividida entre las siguientes comarcas: Auxois, Dijonnais, Châlonnais, Charolais, Mâconnais, Auxerrois, Autunois, el país de la Montagne, Bugey, Valromey, el país de Dombes y el país de Gex. D.L.7.V.

(4) Latín: *portentum:* presagio (de desgracia). D.L.L.B.

(5) Latín: *ingenium: esprit:* inteligencia. D.L.L.B.

(6) Nombre dado, en ciertos estados que tienen dos asambleas legislativas, a la considerada principal entre ambas, y que proviene de modo menos directo o no proviene en absoluto de la elección popular. (En ese sentido toma mayúscula). D.L.7.V.

(7) Latín: superlativo de *sacer:* muy sagrado.

La historia:

«Más valía, pensó Napoleón, canalizar esa renovación del espíritu revolucionario que combatirlo de frente. Esta táctica se refleja en la serie de decretos dados en *Lyon* por Napoleón, que habla ya como dueño. Las Cámaras son disueltas... Se contaba con la audacia y la resolución del mariscal Ney, él era el encargado de mandar las tropas reunidas en el Franco-Condado; una enérgica acción llevada a cabo por ese cuerpo podía arrojar la confusión en la vanguardia del ejército napoleónico situado a lo largo de la carretera de *Lyon a Auxerre,* por *Chalon y Autun.* "Bonaparte es cosa mía, rugía Ney. Atacaremos a la bestia salvaje." En Lons-le-Saunier le alcanzaron, la noche del 13 al 14 de marzo, unos emisarios llegados de Lyon. Le traían, con el testimonio de lo que habían visto, una larga carta de Bertrand y unas palabras del propio Emperador... Uníos a mí en *Chalon,* os recibiré como a la mañana siguiente de la batalla del Moskowa. En la mañana del 14, la resolución de Ney estaba tomada. Debía encontrarse con Napoleón en *Auxerre* el 17 de marzo (1).»

«Algunos días después de la firma del famoso tratado (20 de mayo de 1814) el gobierno de Luis XVIII reunió cierto número de *senadores* y convocó los mismos diputados del cuerpo legislativo que Napoleón había despedido el 31 de diciembre anterior. Esos dos simulacros (hecho cojo) de legislatura fueron reunidos en el Palais Bourbon, y tuvo lugar una sesión real en la que Luis XVIII comunicó el tratado y presentó la Carta que concedía.»

«La sesión real tuvo lugar el 16 de marzo. Luis XVIII leyó un discurso que terminaba con estas palabras: el que viene a encender entre nosotros las antorchas de la guerra civil trae también la plaga de la guerra extranjera (caso presagiado); viene, por fin, a destruir esta Carta constitucional que os he dado; esta Carta que todos los franceses aman *(muy sagrado)* y que yo juro aquí mantener (2).»

(1) N.E.E.
(2) H.F.A.

LOS CIEN DIAS
WATERLOO - 18 de junio de 1815
SANTA ELENA

I, 23

Au mois troisième (1) se levant du Soleil (2)
Sanglier (3), liépard (4) au champs Mars (5) pour combattre,
Liépard lassé au ciel (6) estend son oeil (7),
Un aigle autour du Soleil voit s'esbattre.

Al mes tercero (1) levantándose el Sol (2)
Jabalí (3), leopardo (4) en el campo de Marte (5) para combatir,
Leopardo cansado a la celda (6) extiende su mirada (7),
Un águila alrededor del Sol ve debatirse.

Traducción:

En marzo, habiéndose levantado contra la Monarquía, cerca de las Ardenas, a Inglaterra combatirá en el campo de batalla; Inglaterra cansada (por Napoleón) extenderá su vigilancia sobre él hasta una celda tras haber visto al Emperador debatirse alrededor de los monárquicos.

La historia:

«Napoleón desembarca en Golfo-Juan el *1º de marzo; evitando* el valle del Ródano, realista, toma el camino de los Alpes y llega a París el *20 de marzo.* Su desatino se ha convertido en una marcha triunfal. Las tropas *que el Rey envió contra él* le han aclamado... *Un furioso combate* tiene lugar en la meseta del Mont-Saint-Jean cerca de *Waterloo* contra los *ingleses* de Wellington... El quisiera llegar a los Estados Unidos, pero la flota *inglesa* bloquea las costas. Finalmente se rinde a los *ingleses* que le tratan como a un prisionero de guerra y le deportan a la pequeña isla de Santa Elena (8).»

« Vivió allí seis años estrechamente *vigilado* en la *villa-prisión* de Longwood (9).»

(1) Marzo: el tercer mes del año.

(2) Sol: el emblema de los Capetos. Luis XIV, "el Rey Sol".

(3) Jabalí: "El jabalí de las Ardenas", nombre dado al conde Guillaume de la Marck (1446 - 1485). D.L.7.V.

(4) Leopardo: blasón: el leopardo heráldico es un león que, en vez de ser rampante, es pasante... El león de Waterloo, la victoria del *León* sobre el *Aguila,* obra —medio alegórica, medio realista— del pintor belga Wiertz. Los aliados erigieron en Waterloo, en la cúspide de una pirámide de 50 metros de altura, un colosal león de fundición. D.L.7.V.

(5) Marte: Dios de la guerra.

(6) *Ciel:* Utilizado aquí como celda del latín *cella.* D.A.F.L.

(7) *Oeil* (ojo): mirada y por extensión vigilancia. D.L.7.V.

(8) L.C.H.3.

(9) H.F.A.N.

LA BATALLA DE WATERLOO
18 de junio de 1815

IV, 75
Prest à combattre fera défection,
Chef adversaire obtiendra la victoire:
L'arrière-garde fera défension (1),
Les défaillans (2) mort au blanc territoire.

Presto a combatir hará defección.
Jefe adversario obtendrá la victoria:
La retaguardia hará defensión (1),
Los ausentes (2) muertos en el blanco territorio.

Traducción:

(El ejército) listo a combatir faltará, el jefe enemigo obtendrá la victoria, la retaguardia se defenderá haciendo falta los muertos en el territorio nevado.

La historia:

El ejército mandado por Grouchy había sido encargado por Napoleón de perseguir al ejército de Blücher. Pero no sólo dejó escapar a éste último sinó que hizo mucha falta en la batalla de Waterloo.

« Napoleón se dirige hacia el norte con 125.000 hombres contra 100.000 ingleses y 250.000 prusianos... Tras un éxito en Ligny (16 de junio) se inicia un furioso combate en la meseta del Mont-Saint-Jean, cerca de Waterloo, contra los ingleses de Wellington, pronto secundados por los prusianos de Blücher (18 de junio). Por la noche el pánico y la derrota se apoderan del ejército francés: sólo *la Guardia "muere y no se rinde* (3)».

Napoleón había perdido gran parte de su ejército en la campaña de Rusia: "Napoleón ha puesto en pie el Gran ejército: 700.000 hombres... El hambre y *un invierno precoz y riguroso* agotan a los soldados. El Gran Ejército, reducido a 30.000 hombres, cruza penosamente el Berezina (3)." (¡Muertos en el blanco territorio!)

---

(1) Acción de defenderse, defensa. D.A.F.L.
(2) *Défaillir* (desfallecer): faltar, hacer falta. D.A.F.L.
(3) L.C.H.3.

III, 13

Par foudre (1) en l'arche (2) or et argent fondu (3),
De deux captifs l'un l'autre mangera (4):
De la cité le plus grand estendu,
Quand submergé la classe (5) nagera.

Por rayo (1) en el arca (2) oro y plata fundidos (3),
De dos cautivos el uno al otro comerá (4):
De la ciudad el de mayor extensión,
Cuando sumergido el ejército (5) nadará

Traducción:

A causa del rayo (Napoleón) a bordo de un barco, la riqueza se fundirá. De dos prisioneros uno se levantará contra el otro, el más grande de la ciudad (París) será derribado cuando habiendo sido sumergido el ejército francés, la flota (inglesa) bogará.

La historia:

« El 18 de junio de 1815, tras haber sido rechazados los prusianos, el Emperador intentó con la guardia el ataque definitivo. Pero en el instante decisivo, entró en línea de combate un segundo cuerpo prusiano. El ejército francés, agotado, fue súbitamente presa del pánico y emprendió la *huida,* siendo *perseguido y acuchillado* por los prusianos hasta las dos de la madrugada (6). »

« El ejército enemigo era menos numeroso que el nuestro; pero el presidente del gobierno provisional, Fouché (7), quería llevar al trono la rama menor de los Borbones o, si no podía conseguirlo, regresar a la rama primogénita. Cuando Napoleón se ofreció para tomar el mando de las tropas, Fouché respondió con una negativa, y *obligó* al Emperador a abandonar la Malmaison, a donde se había retirado (8). »

« Tras su abdicación llegó al puerto de Rocherfourt pensando en embarcar hacia los Estados Unidos. Pero un crucero inglés bloquea-

(1) Napoleón era un rayo de la guerra. D.L.7.V. Véase. IV. 54.
(2) Especie de gran barco cerrado que Noé, según dice. la Biblia, construyó por orden de Dios. D.L.7.V.
(3) Desaparecer rápidamente: el dinero se funde entre las manos. D.L.7.V.
(4) Comer a alguien: irritarse mucho contra él. D.L.7.V.
(5) Latín: *classis:* ejército. flota. D.L.L.B. Nostradamus toma aquí. por elisión. la palabra en sus dos sentidos, evitando repetirla.
(6) H.F.A.M.
(7) Joseph Fouché: De regreso en París. elegido presidente de los jacobinos. se peleó con Robespierre que contribuyó a derribarlo. Durante la reacción se ordenó detenerle. D.L.7.V.
(8) H.F.V.D.

ba la costa. Entonces Napoleón decidió pedir asilo al gobierno inglés. Se embarcó a bordo del *bajel* inglés Bellérophon. Los ingleses le consideraron como *prisionero* de guerra y le hicieron transportar a Santa Elena...

«Inglaterra, *dueña de los mares,* conservaba Malta y las islas Jónicas (1).»

«La segunda restauración *costó cara* a Francia. Fue preciso, para comenzar, pagar a los aliados 100 millones, luego otra indemnización de 700 millones y, por fin, 300 millones de reclamaciones particulares. Pero eso no fue todo: 150.000 soldados extranjeros permanecieron durante tres años en nuestro suelo, alimentados y alojados a nuestra costa... Francia no sólo estaba *debilitada* por lo que había perdido, sino también por todo lo que sus rivales habían ganado (2).»

LA SEGUNDA ABDICACION - 21 de junio de 1815

II, 11

Le prochain fils de l'aisnier (3) parviendra
Tant élevé jusqu'au règne des fors
Son aspre (4) gloire un chacun la craindra
Mais ses enfans du règne gettez hors.

El próximo hijo del mayor (3) llegará
Tan elevado hasta el reino de los fuertes
Su dura (4) gloria cualquiera la temerá
Pero sus hijos del reino arrojados fuera.

Traducción:

El hijo que seguirá al mayor conseguirá elevarse hasta el reino de los poderosos, todos temerán su hosca gloria, pero sus parientes le arrojarán del poder.

La historia:

«Napoleón llegó a Laon y, desde allí, a París en donde pensaba todavía organizar la defensa del territorio. Se lo impidieron. Ante la noticia de la derrota, los diputados sólo tenían un pensamiento: el Em-

(1) H.F.A.N.
(2) H.F.V.D.
(3) Charles-Marie Bonaparte: se casó en 1767 con Laetitia Ramolino de la que tuvo cinco hijos y tres hijas, a saber: Joseph, *Napoleón,* Marie-Anne-Elisa, Lucien, Louis, Marie-Paulina, Marie-Annonciade-Caroline y Jérôme. D.H.C.D.
(4) Latín: *asper:* hablando de seres animados: duro, hosco, intratable, terrible. D.L.L.B. Compárese con I, 76: *«D'un nom farouche tel proféré sera.»* («De un nombre hosco será proferido»).

perador iba a utilizar su propia derrota y la amenazadora invasión para disolver la Cámara y hacerse con la dictadura de salvación pública. Para prevenir el acontecimiento *era preciso obligarle a abdicar...* Recibió en su baño a Davout que le aconsejó de inmediato suspender las cámaras: pues con *su apasionada hostilidad,* añadió, la Cámara de los representantes paralizaría todas las abnegaciones... ¡Sí!, los diputados están *contra él...* Confió al propio Fouché —*cuya máscara había penetrado perfectamente*— el encargo de llevar a la Cámara su abdicación (1). »

NAPOLEON, TRAICIONADO POR LAS MUJERES
NAPOLEON PRISIONERO DE LOS INGLESES
SU AGONIA DEL 4 AL 5 DE MAYO DE 1821

IV, 35

Le feu estaint, les vierges (2) trahiront,
La plus grand part de la bande nouvelle:
Fouldre (3) a fer, lance les seuls Roys garderont
Etrusque et Corse, de nuict gorge allumelle.

El fuego apagado, las vírgenes (2) traicionarán,
La mayor parte del bando nuevo:
Rayo (3) de hierro, lanza sólo los reyes guardarán
Etruria y Córcega, de noche garganta encendida.

Traducción:

Cuando la guerra se haya detenido, las mujeres traicionarán (a Napoleón) así como la mayor parte del nuevo movimiento (monárquico). Napoleón será prisionero, los ministros querrán conservar la espada de quien era originario de Toscana y Córcega, luego, de noche, tendrá fuego en la garganta.

La historia:

« El general Belliard lleva a Napoleón la noticia de la capitulación de París, firmada durante la noche, según la cual las tropas enemigas deben ocupar la capital... Llega, a las 6 de la mañana, a Fontainebleau en donde se le reunen su guardia y el resto de su ejército. Aquí comienza la serie de intrigas de salón que condujeron a la restauración de los Borbones. Algunos diplomáticos, un puñado de realistas y emigrados se agitan por todas partes: *sus mujeres, sus parientes* se encargan de agitar pañuelos blancos (traición).»

«El modo en que los *ministros* deseaban que fuera tratado Napoleón

(1) N.L.M.
(2) Latín: *virgo:* Mujer joven. D.L.L.B.
(3) Véase IV, 54; I, 26; II, 76 y III, 13.

era muy poco generoso: incluso habían dado órdenes de que le quitaran su espada (lanza guardarán) (1). »

«El día siguiente fue horrendo. *La noche* del 4 al 5 de mayo de 1821, todos los servidores permanecieron a su lado. El alma se debatía. El *hipo* agónico era terrible (2).»

NAPOLEON EN SANTA ELENA - LONGWOOD HOUSE
1815 - 1821

I, 98

Le chef qu'aura conduict peuple infiny
Loing de son Ciel, de meurs et langue estrange,
Cinq mil en Crète (3), et Tessalie (4) finy,
Le chef fuyant sauvé (5) en la marine grange.

El jefe que habrá conducido pueblo infinito
Lejos de su cielo, de costumbres y lengua extraña,
Cinco mil en Creta (3), y Tesalia (4) terminado
El jefe huyendo salvado (5) en el marino granero.

Traducción:

El jefe que habrá conducido al pueblo inmortal lejos de su cielo, terminará su vida en medio del mar, en una isla rocosa de cinco mil habitantes, de lengua y costumbres extranjeras; el jefe que quería huir será guardado en una granja en medio del mar.

La historia:

«Cuando Napoleón regresa a París, la Cámara exige su abdicación. El *quería llegar a los Estados Unidos,* pero la flota inglesa bloquea las costas. Se rinde finalmente a los ingleses que lo tratan como prisionero de guerra y le deportan a la pequeña isla de Santa Elena (6).»

« Santa Elena es sólo una *roca* africana situada en el Atlántico a 1.900 kilómetros de la costa... Longwood House, en donde los ingleses instalaron al Emperador y sus fieles, fue construido para servir de granero a la granja de la Compañía (7). »

(1) H.F.A.
(2) N.L.M.
(3) Latín: *creta:* roca. D.L.L.B. Santa Elena: Isla rocosa de Africa, en el Océano Atlántico. Población 5.000 habitantes. D.H.C.D.
(4) Griego: θασαλη; en vez de θάλασσα : el mar. D.G.F.
(5) Latín: *salvo:* conservar. D.L.L.B.
(6) L.C.H.3.
(7) B.L.M.

HUNDIMIENTO DEL IMPERIO

I, 88

Le divin mal surprendra le Grand Prince,
Un peu devant aura femme espousée
Son appuy et crédit à un coup viendra mince,
Conseil (1) mourra pour la teste rasée.

El divino mal sorprenderá al Gran Príncipe,
Un poco antes habrá desposado mujer,
Su apoyo y crédito de un solo golpe se hará escaso,
Consejo (1) morirá por la cabeza rapada.

Traducción:

La maldición divina sorprenderá al Gran príncipe, poco tiempo después de su boda, de pronto sus apoyos y su crédito disminuirán, el buen sentido del pequeño rapado se extinguirá.

La historia:

« Desde su matrimonio con la archiduquesa María-Luisa de Austria, con la que se casa forzando a Josefina de Beaharnais a consentir en el divorcio, Fouché, Bernadotte y varios otros tienden a separarse de Napoleón; el Papa Pío VII, a quien quiere despojar de sus estados, le excomulga y las violencias de las que es objeto no hacen más que provocar nuevas dificultades. Pese a ello, Napoleón no teme comprometerse en una guerra formidable contra Rusia (2). »

LA PRIMERA CAMPAÑA DE ITALIA
1796 - 1797
EL REGRESO DE LOS BORBONES: LUIS XVIII Y CARLOS X
1815 - 1830

I, 58

Tranché le ventre (3) naistra avec deux testes (4),
Et quatre bras: quelques ans entiers vivra
Jour qui Alquiloye (5) célebrera ses fetes
Fossen, Turin, chef Ferrare suivra.

Abierto el vientre (3) nacerá con dos cabezas (4),
Y cuatro brazos: vivirá algunos años enteros
Día que Aguila (5) celebrará sus fiestas
Fossen, Turin, jefe Ferrara seguirá.

(1) Latín: *consilium:* juicio, buen sentido. D.L.L.B.
(2) D.H.C.B.
(3) La parta por el todo: la genitora.   Compárese con X, 17 "En el estómago encerrado".
(4) Cabeza: caput = Capeto. Compárese con IX, 29: *"Elu cap"* ["Elegido jefe (o cabeza, o Capeto)"].
(5) Latín: *aquila:* El águila. D.L.L.B.

201

Traducción:

Cuando la madre habrá sido decapitada, (la monarquía) renacerá con dos reyes y cuatro príncipes, sobrevivirá aún algunos años, (entre tanto) el Aguila imperial celebrará sus fiestas (en Francia) luego seguirán Fossano, Turin, el Papa.

La historia:

Pese a la ejecución de la reina-madre, los Borbones regresarán al trono con 2 cabezas: la de Luis XVIII y la de Carlos X. Los 4 príncipes que no reinarán son: Luis Delfín (Luis XVII), Charles Ferdinand duque Berry, Louis Antoine duque de Angulema, Henry-Charles-Ferdinand duque de Burdeos y conde de Chambord.

« *Fossano:* plaza de guerra con arsenal, tomada al asalto por los franceses en 1796 (1.ª campaña de Italia) (1). »

«Napoleón es entonces dueño de la carretera de *Turín.* pero no se detiene, empuja al ejército sardo batiéndolo en brecha y lo aplasta en Mondovi, lo obliga a deponer las armas por el armisticio de Cherasco que firma a 10 leguas (2) de *Turín* (18 de abril de 1796) y que, cambiado el 3 de junio por un tratado de paz, da a Francia Saboya con los condados de Niza y de Tende... »

Pío VI, tembloroso, firmó la paz de Tolentino; aquello le costó 30 millones. La Romaña (Raven, Rimini) que se unió, junto con las delegaciones de *Ferrara* y de Bolonia, a la República Cispadana y Ancona (3).''

SEGUNDA RESTAURACION DE LUIS XVIII
julio de 1815
LAS PROSCIPCIONES

II, 69

Le blonds au nez forche (4) viendra commettre (5)
Par le duelle (6) et chassera dehors,
Les exilés dedans fera remettre.
Aux lieux marins commettant les plus forts.

El rubio de nariz ganchuda (4) será puesto a la cabeza (5)
Por el duelo (6) y arrojará fuera.
A los exilados hará reponer dentro
En lugares marinos enviando a los más fuertes

(1) D.H.C.B.
(2) 40 Kilómetros.
(3) H.F.V.D.
(4) El perfil de los Borbones es célebre.
(5) Encomendar, confiar, poner a la cabeza. D.L.7.V.
(6) *Duelle* en vez de *deuil* (duelo, luto). D.A.F.L.

Traducción:

El rubio de nariz aquilina (Luis XVIII) llegará a la cabeza (del país) a causa del luto (por Luis XVI) y arrojará fuera (a los bonapartistas), hará que los exilados (realistas) sean repuestos en sus funciones. Enviando a los más fuertes (los generales) al otro lado del mar.

La historia:

« Apenas se hubo asegurado el gobierno la sumisión del ejército del Loira, comenzaron las proscripciones. Diecinueve generales y oficiales, acusados de haber abandonado al rey, antes del 23 de marzo, y de haberse adueñado del poder, fueron inmediatamente puestos en una lista confeccionada por la venganza, para ser detenidos y llevados ante consejos de guerra. Treinta y ocho *generales más o funcionarios del imperio* (los más fuertes) son simultáneamente *alejados de sus domicilios...* El ministro cree, con ello, satisfacer las exigencias del *partido ultra-realista...* Cuando se llegó a las fatales categorías, un largo estremecimiento recorrió la asamblea y las tribunas. Los *realistas* cierran sus filas, se cuentan y parecen seguros de forzarle la mano al rey... Se aborda por fin el castigo de los regicidas. La *expulsión* propuesta por la comisión es adoptada: art. 7: Aquellos de los regicidas que, con desprecio de una clemencia sin límites, votaron el acta adicional o aceptaron funciones o empleo del usurpador, y que, por ello, se declararon enemigos irreconciliables de Francia, *son excluidos* a perpetuidad del *reino,* debiendo *salir* en el plazo de un mes. No podrán gozar en él de ningún derecho civil, ni poseer bien alguno, títulos ni pensiones que les hayan sido concedidos a título gratuito... No por ello Francia dejó de estar *entregada a la facción realista... Mientras el partido realista seguía con sus depuraciones y los tribunales prebostales diezmaban* a los más valientes *generales,* los ministros ocupaban la cámara con la discusión del presupuesto... Los diputados, todos *aristócratas,* no temieron doblar el derecho de las patentes, en un momento en el que el comercio sufría grandes dificultades (1). »

(1) H.F.A.

CHARLES -FERDINAND DE BORBON, DUQUE DE BERRY MATRIMONIO-ALIANZA CON EL PRINCIPE DE CONDÉ Y ASESINATO - 1820

IX, 35

Et Ferdinand blonde (1) sera descorte (2),
Quitter la fleur, suyvre le Macédon (3):
Au grand besoin (4) défaillira sa routte,
Et marchera contre le Myrmiden (5).

Y Ferdinand rubia (1) estará en desacuerdo (2),
Abandonar la flor, seguir al Macedonio (3):
Con gran privación, (4) desfallecerá su ruta,
Y marchará contra el Mirmidon (5).

Traducción:

Ferdinand estará en desacuerdo (a causa de una mujer) distinta de una rubia (una morena); abandonará la monarquía para seguir al Ma-(riscal de) Condé; morirá en camino (sufriendo) gran privación y marchará contra el pequeño (cabo).

La historia:

« *Emigrado* con sus padres *en 1789* sirvió en el *ejército de Condé* de 1792 a 1797, luego, en 1801, se estableció en Inglaterra donde se casó con una inglesa *Anna Brown*... En 1814 Luis XVIII le eligió, tras el retorno a la isla de Elba, como general en jefe del Ejército que *debía disputar a Napoleón* las puertas de París. *Su familia, que no había querido reconocer su primer matrimonio,* le hizo casarse, en 1816, con Marie-Caroline-Ferdinande-Louise de Nápoles (6). »

« El 13 de febrero de 1829, fue asesinado, a *la salida* de la Opera, por Louvel que quería *extinguir* en él *la estirpe de los Borbones* (7). »

(1) Inglés: *brown:* moreno (de ahí el juego de palabras).
(2) Latín: *discors:* que está en desacuerdo, distinto. D.L.L.B. Aquí Nostradamus, por una abreviación cuyo secreto conoce, utiliza la palabra en sus dos sentidos. (Es decir el *desacuerdo* que se produce y la *diferencia* de la Brown. N. del. T.)
(3) Macedonio *(Macedon):* anagrama de Ma(riscal) Condé.
(4) *Besoin:* necesidad, privación. D. L.7.V.
(5) Mirmidón : hombre de talla muy pequeña. D.L.7.V.
(6) D.L.7.V.
(7 D.H.C.D.

ASESINATO DEL DUQUE DE BERRY POR LOUVEL
13 de febrero de 1820

VI, 32

Par trahison de verges (1) à mort battu,
Puis surmonté sera par son désordre (2):
Conseil frivole au grand captif sentu,
Nez par fureur quand Berich viendra mordre (3).

Por traición de verges (1) golpeado a muerte,
Luego superado será por su desorden (2):
Consejo frívolo al gran cautivo escuchado,
Nacidos por furor cuando Berry venga a morder (3).

Traducción:

Acusado de traición (Louvel) será ejecutado en (la plaza) de Grè-ves, tras haber sido dominado por su desorden mental. Será acusa-do de haber pedido un consejo fútil al gran cautivo (Napoleón) cuan-do irá a hundir (su puñal) en el cuerpo del duque de Berry por odio a los nacidos (Borbones).

La historia:

« Tras más de tres meses de investigaciones e interrogatorios, y pese a todo el celo del ministerio público y de algunos realistas por llegar a descubrir en el crimen de Louvel rastros de *complicidad* (trai-ción), el señor Bellar, procurador general, se vio forzado a declarar en su acta de acusación que no se habían hallado cómplices. Los rea-listas lamentaron ese resultado, pues querían a toda costa compro-meter al partido liberal. Pero estaba demasiado claro que Louvel ha-bía actuado solo y sin más instigador que *su odio* profundo (por furor) hacia los Borbones (nacidos). Confesó los hechos, reconoció el puñal de que se había servido (morder) y respondió de nuevo a las pregun-tas que se le hicieron: que premeditaba su atentado desde hacia seis años, que el príncipe no le había hecho mal alguno; pero que todos los Borbones habían hecho mucho mal a Francia; que odiaba a la fami-lia real; que su designio era matar al propio rey; y que había comen-zado por atacar al príncipe porque era la esperanza de los Borbones. Confesó que, afligido por la presencia de los extranjeros en Francia, había viajado, en 1814, a la isla de Elba; pero que había regresado *sin haber hablado con Napoleón* y *sin haber consultado* con nadie sus proyectos (consejo frívolo al gran cautivo escuchado). El tribunal de

(1) Anagrama de Gréve.
(2) Por analogía, trastorno de la razón. D.L.7.V.
(3) Penetrar, entrar, hundirse en. D.L.7.V.

los pares había nombrado de oficio, para defender al reo, a un célebre abogado del tribunal de París, el señor Bonnet. Este sólo pudo
presentar a Louvel como aquejado de monomanía (1) (desorden)...
Fue condenado y conducido, el día siguiente, a la plaza de *Grève*, en
medio de una silenciosa multitud (2).»

EL OBISPO KYPRIANOS EN CHIPRE - 1810
LA MATANZA DE LOS PRELADOS
Y DE LOS NOTABLES GRIEGOS - 1821

III, 89

En ce temps-là sera frustrée Cyprie (3),
De son secours de ceux de mer Egée:
Vieux trucidez mais par mesles (4) et Lypres (5)
Seduict leur Roy, Royne plus outragée.

En aquel tiempo Cypria será privado (3)
De su socorro de los del mar Egeo:
Viejos destrozados, por oscuros (4) y miserables (5)
Seducido su Rey, Reino, más ultrajado.

Traducción:

En aquel momento, Kiprianos será privado en Chipre del socorro
de los griegos; los viejos (prelados) serán masacrados por una maniobra oscura y miserable, habiendo sido seducido su jefe, la madre (la
Iglesia) será más ultrajada aún.

La historia:

« A partir de 1810, Chipre tuvo el privilegio de tener como arzobispo a un prelado joven y activo llamado *Kyprianos*, que sintió un vivo
interés... por los asuntos eclesiásticos...

« La guerra de independencia de Grecia encontró tranquila la isla,
Pero Kutchuk Mehmed, su gobernador, temiendo que los griegos de
Chipre tomaran también las armas contra los turcos, como lo hacían
los griegos de las islas del *mar Egeo*, pidió a Kyprianos seguridades
de su lealtad, que el obispo le dio de buena gana. Sin embargo, Kutchuk
Mehmed seguía abrigando sospechas. Pidió, por razones de seguridad,
que se enviaran a la isla 2.000 soldados turcos. Ordenó que todos los

(1) La monomanía se caracteriza esencialmente por un delirio parcial, variable en su
objeto, y que se manifiesta por obsesiones, impulsos, temores irresistibles. D.L.7.V.
(2) H.F.A.
(3) Nostradamus deja el doble significado de Chipre y Kyprianos.
(4) Griego: μελας : negro, sombrío. D.G.F.
(5) Griego: λυπρός : miserable. D.G.F.

griegos de la isla fueran desarmados y, como si eso no le bastara, hizo proceder al arresto de los *notables griegos* y a la *ejecución del dragoman.* La distribución de algunos panfletos revolucionarios despertó en él nuevas sospechas. Ya no creía en las seguridades dadas por el arzobispo. Escribió entonces a la Sublime-Puerta, acusando a los prelados y notables griegos de hallarse en contacto secreto con los insurrectos. Solicitó su castigo que, en principio, el sultán se negó a ordenar. Pero Kutchuk Mehmed insistió hasta que obtuvo el consentimiento del Sultán. Provisto por fin de la orden de ejecución, el gobernador *invitó a los prelados a su palacio de Nicosia con el pretexto* de hacerles firmar una "declaración de fidelidad" (oscuros y miserables). La invitación se había fijado para la mañana del 9 de julio de 1821; cuando el arzobispo y los obispos entraron en el palacio, seguidos por los demás dignatarios de la *Iglesia,* el gobernador ordenó que se cerraran las puertas y que se los presentaran encadenados. En vez de proponerles un texto al que debían dar aprobación, les leyó su *condena a muerte* que fue ejecutada sin perder tiempo en la gran plaza de Nicosia. Tras su ejecución, Kutchuk ordenó también la *confiscación de los bienes de la Iglesia* y la *matanza de notables griegos* en todos los pueblos de la isla. Más de 450 personas perecieron; sólo se salvaron los que pudieron refugiarse en los consulados de Francia, de Inglaterra o de Rusia, para salir de inmediato y en secreto hacia el extranjero (1). »

LA INDEPENDENCIA DE GRECIA - 1825-1833
LA BATALLA DE NAVARIN - 1827

IX, 75

De l'Ambraxie (2) et du pays de Thrace (3),
Peuple par mer, mal et secours Gaulois,
Perpétuelle en Provence la trace,
Avec vestiges de leurs coutumes et loix.

De Ambracia (2) y del país de Tracia (3),
Pueblo por mar, mal y socorro Galo,
Perpetuo en Provenza el rastro,
Con vestigios de sus costumbres y leyes.

(1) H.D.C.A.E.
(2) Ambracia: hoy Arta, ciudad de Epiro, en la costa septentrional de un pequeño golfo al que da su nombre. D.H.B.
(3) Región del imperio Otomano en 1827.

Traducción:

Desde Arta hasta Tracia, el pueblo griego será auxiliado en su desgracia, por mar, por Francia. Se conservará el recuerdo perpetuo en Provenza, con restos de sus costumbres y de sus leyes.

La historia:

« En 1825, Imbrahim pacha, hijo de Mohamed-Aly, habiendo ahogado primero la Revolución en Cassos y Creta, desembarcó tropas regulares importantes en el Peloponeso. Durante dos años, de 1825 a 1827, Imbrahim asoló el país. Con la toma de Missolonghi (1826), cuyo éxodo *legendario* reavivó el *filohelenismo europeo*, y la de la Acrópolis de Atenas, los turcos se convirtieron en dueños de la Grecia continental y la Revolución pareció a punto de extinguirse.»

« Rusia, Inglaterra y *Francia* firmaron en julio de 1827 la Triple Alianza que iniciaba la mediación entre la Grecia sublevada y la Puerta, en base a la autonomía de Grecia bajo la soberanía del sultán, y exigía a los dos beligerantes un armisticio inmediato. La negativa formal de la Puerta a someterse a la voluntad de la Triple Alianza, tuvo como resultado la *batalla naval* de Navarin (20 de octubre de 1827) en la que la flota turco-egipcia fue aniquilada.»

« Organización del Estado: la Revolución nacional y liberal de los griegos desembocó en la creación de un Estado monárquico cuya organización era confiada a un príncipe y un gobierno extranjero. El rey Otón, menor todavía, desembarcó el 25 de enero (calendario ortodoxo, 6 de febrero en el calendario gregoriano) de 1833 en Nauplion, capital provisional del nuevo reino, que comprendía el Peloponeso, las islas Cícladas y la Grecia continental hasta la *línea de demarcación del golfo de Arta* al golfo de Volo en el norte. Iba acompañado de un Consejo de Regencia, bajo la presidencia del conde Armansperg (1). »

"Una intervención militar en Morea se efectúa sin dificultad alguna, habiéndose llegado a un acuerdo con Mehemed Aly (noviembre de 1828).

Finalmente, los protocolos de Londres fijan los límites de Grecia... Rusia reconoce los acuerdos de Londres por el tratado de Andrinopla (ciudad de *Tracia*), el 14 de septiembre de 1829. En febrero de 1830, en la Conferencia de Londres, Grecia es proclamada independiente (2). »

(1) H.D.G.M.
(2) H.D.T.

FIN DEL IMPERIO OTOMANO - DE 1686 A 1829
LA TOMA DE BUDA
POR EL DUQUE DE LORENA - 1686

X, 62

Près de Sorbin (1) pour assaillir Ongrie.
L'héraut (2) de Brudes (3) les viendra advertir (4)
Chef Bizantin, Sallon (5) de Sclavonie (6)
A loy d'Arabes les viendra convertir.

Cerca de Sorbin (1) para atacar Hungría
El heraldo (2) de Brudas (3) vendrá a castigarlos (4)
Jefe Bizantino, Sallón (5) de Esclavonia (6)
A ley de árabes vendrá a convertirles.

Traducción:

Cerca de Serbia, para atacar Hungría, el jefe militar vendrá a castigar (a los turcos) en Buda; el jefe turco habiendo convertido a la ley árabe (territorios) desde Salónica hasta Rusia.

La historia:

« Los emperadores de Austria-Hungría tuvieron que combatir las sucesivas sublevaciones de Bethlem-Gabor, de Tekeli y de los Ragotsky. Durante estas disensiones, los *turcos* habían invadido la mayor parte del país. Sólo fueron definitivamente *expulsados* (castigarlos) en 1699, por la paz de Carlowitz, y luego por las hazañas del príncipe Eugène, que condujeron a la paz de Passarowitz, en 1718. Los húngaros permanecieron desde entonces fieles a la casa de Austria. »

« Mahomet II tomó Constantinopla (1453) y con esta importante conquista aniquiló el imperio griego (Salónica)... Turquía se hizo todavía más grande bajo Selim I... Solimán II le añadió, en Europa, parte de *Hungría*, Transilvania, *Esclavonia*, Moldavia... La gran guerra de 1682 a 1699, que terminó con la paz de Carlowitz, arrebata casi toda Hungría a los turcos... Los rusos, con los que están en lucha desde 1672, comienzan a obtener la superioridad... La guerra de 1790 a 1792 arrebata a la Puerta distintos cantones del Cáucaso. De 1809 a 1812, nueva

(1) Serbios o sorabios, pueblo eslavo que ha dado su nombre a Serbia. D.H.B.
(2) Oficial público que se encargaba antaño de declarar la guerra y cuya persona era sagrada. D.H.B.
(3) Ejemplo de epéntesis y de paragoge: Brudas en vez de Buda, capital húngara.
(4) Latín: *adverso:* actuó contra alguien, castigo. D.L.L.B.
(5) Ejemplo de epéntesis y de apócope: en vez de Salónica: puerto de la Turquía europea (Rumelia). D.H.B.
(6) Esclavonia debe su nombre a los sármatas. La Sarmacia europea, entre el Vístula y el Tanais, comprendía todas las regiones que forman hoy Rusia y Polonia. [*Tanais:* Antiguo nombre del Don (N. del T.)]

guerra y pérdida de las provincias entre el Dnieper y el Danubio, entregadas a *Rusia* por la paz de Bucarest. En 1819, pérdida de las islas Jónicas; de 1820 a 1830, pérdida de *Grecia*, definitivamente liberada por la victoria de Navarin (1827); pérdida de parte de la Armenia turca, cedida a Rusia en 1829; Valaquia, Moldavia y Serbia se convierten, por el tratado de Andrinopla (1829) en libres y son colocadas bajo la *garantía rusa.*»

«Buda: gran ciudad de los Estados austríacos, capital de *Hungría. Fue ocupada por los turcos de 1530 a 1686. Reconquistada en 1686 por el duque de Lorena (heraldo de Buda), permanece desde entonces bajo la dependencia de Austria.* »

«*Tras el congreso de Berlín (1878), un nuevo problema se plantea en los Balcanes: Austria, convertida en potencia balcánica, incrementará su influencia sobre los cristianos de estas regiones y, al mismo tiempo, intentará asegurarse la posesión de Salónica,* de ahí surgirán los futuros conflictos con Rusia, cuyo resultado será la primera guerra mundial (1).»

LA CUESTION DE ORIENTE DE 1821 A 1855
LA INDEPENDENCIA DE GRECIA
LAS MATANZAS DE CHIO
LA GUERRA DE CRIMEA - 1854-1856

V, 90

Dans les cyclades (2), en perinthe (3) et larisse (4),
Dedans Sparte (5) tout le Peloponnesse (6),
Si grand famine, peste par faux coninsse (7)
Neuf mois tiendra et tout le cherronesse (8).

En las Cícladas (2), en perinto (3) y larisa (4)
En Esparta (5) todo el Peloponeso (6),
Tan gran hambre, peste por falsa alianza (7)
Nueve meses mantendrá y toda Crimea. (8).

Traducción:

En las Cícladas, en Grecia y en todo Morea, habrá una gran hambruna y una calamidad a causa de falsas alianzas, y Crimea será ocupada durante nueve meses. (10 de septiembre de 1855 a julio de 1856).

(1) D.H.B.
(2) Archipiélago del mar Egeo al que pertenece la isla de Chio. A.V.L.
(3) Ciudad de Tracia en el mar de Mármara. A.V.L.
(4) Ciudad de Tesalia. D.H.B.
(5) Ciudad de Morea. D.H.B.
(6) Hoy Morea, península en que termina el sur de Grecia. D.H.B.
(7) Latín: *connexus:* unión, alianza. D.L.L.B.
(8) La *Khersonesos* Táurica: Crimea. D.H.B.

La historia:

« En *Morea*, el arzobispo de Patras, Germanos, proclama la guerra de liberación (25 de marzo de 1821); en Constantinopla tienen lugar matanzas de griegos, en Grecia matanzas de turcos. El 12 de enero de 1822, la asamblea de los diputados griegos proclama la independencia del país. En abril tienen lugar las famosas matanzas de Chio, y en mayo Janina cae en manos de los turcos. Los griegos aguardan, en vano, socorro del Zar (falsa alianza) siempre fiel a los principios de la *Santa Alianza*... Por su lado el Sultán no permanece inactivo: encarga a Mehemed Aly que intervenga en Morea (febrero de 1824); las tropas egipcias habían ya reconquistado Creta (1822). En 1825, Ibrahim, hijo de Mehemed Aly, ha tomado de nuevo las *principales ciudades de Morea*, pero su política de deportación a Egipto le priva de la simpatía francesa. La muerte de Alejandro I y su sustitución por Nicolás I (diciembre de 1825), partidario de los métodos fuertes y directos, inquietan a Inglaterra. Desde marzo de 1826, Nicolás dirige a la Puerta un ultimatum cuya consecuencia es el tratado de Akkerman: Rusia obtiene el derecho a comerciar en todos los mares del Imperio Otomano. No se hace referencia alguna a Gracia. Inglaterra, descontenta con este tratado, interviene entonces, y los acuerdos de Londres prevén la mediación de las tres grandes potencias (Inglaterra, Francia y Rusia). Habiendo rechazado el sultán un ofrecimiento de mediación, la flota de los aliados alcanza las flotas turca y egipcia en Navarin (1) donde un incidente tiene como consecuencia la destrucción de estas últimas. Por fin, los protocolos de Londres (noviembre de 1828 y marzo de 1829) fijan los límites de Grecia... En febrero de 1830, en la conferencia de Londres, Grecia es proclamada independiente... »

«Habiendo fracasado otras negociaciones con Rusia durante el invierno, el 12 de marzo de 1854, Francia, Inglaterra y Turquía firman un tratado de alianza; en junio se concluye un acuerdo entre Austria y Turquía para obtener la cooperación de las tropas turcas y expulsar a los rusos de los principados del Danubio. Desde fines de marzo de 1854, tropas francesas e inglesas son desembarcadas en Gallipoli (ciudad de Tracia a la entrada del mar de Mármara), para ser dirigidas hacia el Danubio. Pero a consecuencia de la evacuación rusa se decide llevar la guerra a *Crimea*... Sebastopol cae el 10 de septiembre de 1855 y será evacuada por las tropas anglo-francesas en junio de 1856 (9 meses) (2). »

(1) Ciudad de Morea:
(2) H.D.T.

LA AUSENCIA DE PODER EN ESPAÑA
E ITALIA EN 1855
LA TRAMPA DE SEBASTOPOL - 1854-1855

III, 68

Peuple sans chef d'Espagne d'Italie,
Morts profligez dedans la Cheronese (1),
Leur dict trahy par légère folie,
De sang nagez partout à la traverse (2).

Pueblo sin jefe de España de Italia
Muertos afligidos en Crimea (1).
Lo dicho traicionado por ligera locura.
Nadando en sangre por todas partes de las fortificaciones (2)

Traducción:

Los pueblos españoles e italianos serán privados de jefe de Estado cuando Sebastopol sea abrumado por la muerte. Las palabras (de los franceses) traicionarán una ligera locura y la sangre correrá por todas partes en las fortificaciones.

La historia:

« Durante los años que van de 1840 a 1875 en España sólo se oyen nombres de generales que se disputan el poder... A lo largo de todos estos años, los generales actúan en la sombra o a la luz de una reina, Isabel II, con respecto a la cual los historiadores más benevolentes se limitan a señalar su bondad natural así como una educación tan deplorable que no puede sorprendernos *que haya carecido totalmente de capacidad de gobierno* (3). »

« En 1848, Sicilia se levanta contra el rey de Nápoles y proclama su independencia; Nápoles, Florencia y Turín se hacen otorgar constituciones; Roma se erige en república; Parma y Modena *expulsan a sus duques;* el Rey de Cerdeña, Charles-Albert, se pone a la cabeza del movimiento y durante algún tiempo hace frente a Austria; pero, debilitado pronto por la discordia de los suyos, es derrotado en Novara (23 de marzo de 1849) y toma la decisión de *abdicar* (4). »

« La prensa de Londres, el gabinete, el príncipe Alberto reclaman la ocupación de Crimea y el ataque a Sebastopol... La empresa es audaz. El conde Benedetti, nuestro encargado de negocios en Constantinopla, escribía a Thouvenel el 30 de agosto de 1854: "Arrojar 80.000 hombres y 200 piezas de artillería en una costa abierta, a 700 leguas de distan-

---

(1) Sebastopol: puerto militar de Crimea... Fundado de 1786 por la emperatriz Catalina II cerca de las ruinas de la antigua *Kherson.* D.H.B.

(2) Fortificaciones: macizo rectangular de tierra, construido en el terraplén de una obra, perpendicularmente al parapeto. D.L.7.V.

(3) H.E.F.D.P.

(4) D.H.B.

cia, al pie de una formidable ciudadela. Vamos hacia lo desconocido. No conocemos ni el terreno, ni la fuerza del enemigo... Todo depende de los *azares* y de los accidentes" (ligera locura).

«La antigua *Khersonesos* Táurica sólo es una estepa herbosa... Las ciudades son raras. Sólo Sebastopol ofrece un gran puerto, mal protegido por tierra, pero provisto de fuertes defensas (fortificaciones) sobre el mar Negro. »

« La batalla de Inkermann, tan disputada, costó 3.000 hombres a los ingleses, 800 a nosotros mismos, más de 10.000 a los rusos (nadando en sangre por todas partes). Ciertamente una victoria, pero estéril sin embargo, y que prueba a los aliados que la partida dependerá mucho del *azar*... El 18 de junio de 1855, los ingleses marchan hacia el Gran Redan (fortificación), los franceses hacia el Pequeño Redan y Malakoff. La maniobra, muy poco preparada, fracasa pese al espléndido valor de las tropas. Los rusos resisten. Pelissier hace tocar retirada. Hay *tantos muertos* que se acuerda una tregua de un día para enterrarlos (1). »

CAIDA DE LOS BORBONES - 29 de julio de 1830
LUIS FELIPE, REY. LA BANDERA TRICOLOR

II, 69

Le Roy Gaulois par la Celtique Dextre (2)
Voyant discorde de la Grand Monarchie
Sur les trois pars fera florir son sceptre,
Contre la cappe (3) de la Grande Hierarchie.

El Rey Galo por la Céltica Diestra (2)
Viendo discordia de la Gran Monarquía
Sobre las tres partes hará florecer su cetro,
Contra la capa (3) de la Gran Jerarquía

Traducción:

El Rey de los franceses a causa de la derecha francesa, viendo en discordia la gran monarquía, hará florecer su cetro sobre las tres partes (de la bandera) contra la jerarquía de los Capetos.

La historia:

«El soberano debía reinar a partir de entonces por voluntad nacional,

(1) L.S.E.O.A.
(2) Latín: *dexter:* que está a la derecha. D.L.L.B.
(3) Hugues Capeto: el sobrenombre Capeto, dado al rey de Francia, es traducido al latín, en las antiguas crónicas, por la palabra *Capatus,* lo que demuestra que Hugues fue apodado así a causa de una capa que llevaba corrientemente. Con el tiempo, el sobrenombre se aplicó como patronímico a todos los príncipes de la tercera estirpe de los Reyes de Francia... No está de más señalar que la resurrección del viejo nombre de Capeto se debe a los escritores *ultra-realistas.* D.L.7.V.

el título de rey de Francia fue pues reemplazado por el de «Rey de los *franceses...*»

«Sólo la burguesía sacaba, pues, provecho de la revolución de 1830: en ella se apoyó Luis-Felipe, cogido entre la hostilidad de las masas populares, decepcionadas en sus esperanzas, y la hostilidad de la *nobleza* que permanecía casi por completo fiel a la familia de los *Borbones...*»

«Hasta 1835, el gobierno estuvo ocupado, sobre todo, en luchar contra los partidos *insurreccionales, legitimistas* y republicanos. Los legitimistas eran los partidarios de los *Borbones.* Reconocían como rey *legítimo* al duque de Burdeos, en favor del cual había abdicado su abuelo Carlos X. Organizaron algunas ridículas conspiraciones que fueron fácilmente reprimidas (1)».

«Habitantes de París, los diputados de Francia, reunidos ahora en París, me expresaron el deseo de que me dirigiera a esta capital para ejercer las funciones de lugarteniente general del reino... Al entrar en la ciudad de París, *llevé con orgullo los colores gloriosos* que habéis recuperado y que yo mismo había llevado durante mucho tiempo. Las Cámaras van a reunirse y determinarán los medios de asegurar el reinado de las leyes y el mantenimiento de los derechos de la nación (2)».

«El Príncipe fue recibido en el Ayuntamiento por el general Dubourg, que le dirigió estas palabras: «Príncipe, la nación os contempla con amor *llevando sus colores...*» (3)

EL ASESINATO DEL ULTIMO DE LOS CONDÉ
26 de agosto de 1830
EL SEGUNDO IMPERIO REEMPLAZADO
POR LA III REPUBLICA
EL CASTILLO DE SAINT-LEU

I, 39

De nuict dans lict supresme (4) estranglé,
Pour trop avoir seiourné blond esleu,
Par trois l'Empire subroge (5) exancle (6),
A mort mettra carte, et paquet (7) ne leu.

De noche en la cama supremo (4) estrangulado,
Por haber permanecido demasiado rubia elegida.
Por tres el Imperio reemplazado (5) agotado (6).
A muerte llevará carta, y paquete (7) en Leu.

(1) H.F.A.M.
(2) Proclama del duque de Orleans el 1º de agosto de 1839. H.F.A.
(3) H.F.A.
(4) Ultimo: D.L.7.V.
(5) Latín: *subrogo:* substituyo. D.L.L.B.
(6) Latín: *exanclo:* agoto. D.L.B.
(7) Reunión de varias cosas atadas o envueltas juntas. Paquete de lencería, jirones. D.L.7.V.

Traducción:

De noche, en su lecho, el último (Condé) será estrangulado por haber vivido demasiado tiempo con una rubia elegida (de su corazón). El Imperio agotado será reemplazado por la Tercera (República). Será ejecutado a causa de su testamento, y con lienzos en (Saint)-Leu.

La historia:

«Louis-Henri-Joseph, duque de Borbón, príncipe de Condé, el *último* de los Condé, nacido en 1756, muerto en 1830. Confinado en su pequeña corte de Saint-*Leu*, tenía como única ocupación la caza. Durante la revolución de 1830, reconoció sin dificultad alguna a su sobrino como rey de los franceses. El débil anciano se hallaba entonces completamente *dominado por una inglesa* Sophie Dawes, de soltera Clarke, cuyo pasado era bastante equívoco y que él había casado con un gentilhombre de su casa, el barón de Feuchères, soldado leal, cuya buena fe engañada sirvió para ocultar durante algún tiempo el escándalo de los amores adulterinos. Bajo su influencia, el príncipe se decidió a redactar *un testamento* por el cual designaba al duque de Aumale como legatario universal y aseguraba a la baronesa, en tierras o en dinero, un legado de unos 10 millones. El 26 de agosto de 1830, el príncipe se acostó como de costumbre, en el castillo de Saint-*Leu*. Le encontraron ahorcado o, mejor, colgado en la falleba de la ventana, con *dos pañuelos unidos*. Esta circunstancia parecía negar la hipótesis del suicidio» (1).

«Le encontraron colgado en su apartamento. Se pretendió entonces, aunque sin pruebas, que había sido *estrangulado* por su amante, madame de Feuchères. Con él se extinguió la familia de los Condé (2)».

(1) D.L.7.V.
(2) D.H.B.

VIII, 42

Par avarice (1), par force et violence
Viendra vexer (2) les siens chef (3) d'Orléans
Près Sainct-Memire (4) assault et résistance,
Mort dans sa tente (5) diront qu'il dort léans.

Por avaricia (1), por fuerza y violencia
Vendrá a vejar (2) a los suyos jefe (3) de Orleans.
Cerca de Sainct-Memire (4) asalto y resistencia.
Muerto sin tienda (5) dirán que duerme dentro.

Traducción:

Por ambición, por fuerza y por violencia, el duque de Orleans perjudicará a los suyos. Luego habrá un asalto y resistencia en la calle Saint-Merri; habiendo abandonado una parte (del poder) se dirá que el rey duerme.

La historia:

«En el interior, el presidente del consejo seguía con idéntica *energía* la línea de conducta que se había trazado. Los legitimistas agitaban los departamentos del oeste: columnas móviles ahogaron la *revuelta*. Tras una horrenda *refriega* los obreros de Lyon fueron desarmados. Grenoble quedó, a su vez, *ensangrentada*. En París estallaron los complots llamados de las Tours Notre-Dame y de la calle de Prouvaires. Así fue el ministerio Casimir Pelier: una enérgica lucha, en la que su fuerte voluntad no retrocedió, por la causa del orden, ante ningún obstáculo; colegas, Cámaras, el propio rey, lo dominaba todo (6)».

«La calle Saint-Merri es célebre en la historia de las revoluciones parisinas por el *combate* que se libró en ella el 5 y 6 de junio de 1832, a consecuencia de los funerales del general Lamarque. El jefe de los insurrectos se llamaba Jeanne; era un condecorado de Julio, la resistencia duró dos días, tras las improvisadas barricadas y produjo muchas víctimas» (7).

«Un mes después (22 de julio de 1832), la muerte del hijo de Napoleón,

---

(1) Latín: *avaritia:* vivo deseo, ambición. D.L.L.B.
(2) Latín: *vexare:* trastornar, sacudir, perjudicar. D.L.L.B.
(3): *dux:* jefe. (Ha dado nacimiento a la palabra *duque*). D.L.L.B.
(4) Aquí hay que suponer una falta de imprenta; la palabra *Memire*. no existe.
(5) Retirarse bajo su tienda significa apartarse, abandonar por despecho una partida o una causa. D.L.7.V.
(6) H.F.V.D.
(7) D.L.7.V.

216

el duque de Reichstadt, libró de un temible competidor a la dinastía *de Orleans*. Otro pretendiente perdía también su causa. *La duquesa de Berry* (1) había encendido en el oeste la guerra civil, en nombre de *su hijo Enrique V.* La región, plagada de tropas, fue rápidamente pacificada, y la duquesa, descubierta en Nantes el 7 de noviembre, fue encerrada en Blaye (2)».

LAS REVOLUCIONES DE 1830 Y 1848
ABDICACIONES DE CARLOS X Y DE LUIS-FELIPE

I, 54

Deux révolts faits du malin falcigère (3)
De règne et siècles fait permutation (4)
Le mobil (5) signe (6) à son endroit s'ingère
Aux deux esgaux et d'inclination (7).

Dos revueltas hechas por el maligno portador de guadaña (3)
De reino y siglos hace permuta (4)
El móvil (5) signo (6) en su lugar se ingiere.
A dos iguales y de inclinación (7).

Traducción:

Dos revoluciones llevadas por el espíritu del mal que lleva la muerte, cambiarán por completo el poder y sus leyes seculares: el rojo móvil del estandarte se instalará a la derecha (del estandarte) y producirá el debilitamiento de dos (reyes) del mismo modo.

La historia:

«Las prédicas de Robert Owen, en Inglaterra, de Fourier en Francia, dieron nacimiento a peligrosas utopías que, tras haberse deslizado sordamente por debajo de la sociedad oficial, estallarán (1830-1848) en una terrible *guerra civil...* Comenzaban ya a mostrarse así los hombres que, levantando un proceso a toda la sociedad, a sus leyes y su religión, se proponían *cambiarlo todo...*»

1) Carlos X y la revolución de 1830:

«El 26 de julio de 1830 aparecieron las ordenanzas que suprimían la libertad de prensa, anulaban las últimas elecciones y creaban un nuevo

(1) Esposa de Carlos X, madre del duque de Burdeos
(2) H.F.V.D.
(3) Latín: *falciger:* que lleva una guadaña. D.L.L.B. Símbolo de la muerte.
(4) Latín: *permutatio:* cambio completo, vicisitud, revolución. D.L.L.B.
(5) Latín: *mobilis:* que puede desplazarse. D.L.L.B.
(6) Latín: *signum:* estandarte rojo desplegado en el momento del ataque. D.L.L.B.
(7) Latín: *inclino:* rebajo, hago doblar, debilito. D.L.L.B.

sistema electoral. Era un golpe de Estado contra las libertades públicas y contra la Carta que había sido la condición del retorno de los Borbones al trono de *sus padres*. París respondió a la provocación de la corte con las *tres jornadas* del 27, 28 y 29 de julio de 1830... Carlos X fue vencido. Cuando *abdicó en favor de su nieto*, el duque de Burdeos, se le respondió con la frase *de las revoluciones: es demasiado tarde*... Seis mil hombres habían caído, *muertos* o heridos... Tomando de nuevo *el estandarte de 1789*, Francia parecía también tomar de nuevo posesión de las libertades que la Revolución había prometido sin haber todavía concedido (1)».

2) Luis-Felipe y la revolución de 1848:

«Viva discusión en la cámara de los diputados referente al derecho de reunión. Organización del banquete del 12º *arrondissement* por noventa y dos miembros de la oposición para el 22 de febrero de 1848. Los diputados desisten el 21. Voto de acusación contra el ministro presentado por la oposición (martes 22 de febrero), comienzo de los alborotos; nueva *revolución de tres días. Abdicación del rey en favor de su nieto*. La proposición de la regencia de la duquesa de Orleans, hecha en una sesión tormentosa de la cámara de los diputados, no impide *la caída de la dinastía*, el 24. *Sangriento combate* ante el Palais-Royal (2)».

LA RAMA MENOR AL PODER - 1830
LOS MOTINES DEL 23 DE FEBRERO
Y LA CAIDA DE LUIS-FELIPE - 24 de febrero de 1848

IV, 64

Le deffaillant (3) en habit de bourgeois,
Viendra tenter (4) le Roy de son offense:
Quinze soldats la plupart Ustagois (5),
Vie dernière et chef de sa chevance (6).

El desfalleciente (3) en vestido de burgués.
Vendrá a poseer (4) al Rey por su ofensa:
Quince soldados la mayoría Ustagois (5).
Vida última y jefe de su hacienda (6).

(1) H.F.V.D.

(2) C.U.C.D.

(3) Que falta, que ha cesado: en lugar de la rama mayor *desfalleciente*, la rama menor ocupó el trono. D.L.7.V.

(4) Latín: *teneo:* tengo, poseo, ocupo, domino. D.L.L.B.

(5) Derecho señorial pagado por el domicilio. D.L.7.V. [No he podido hallar traducción española, respeto el término de Nostradamus aclarado por la nota de Fontbrune (N. del T.)]

(6) Bienes, fortuna, lo que se posee o se adquiere. D.L.7.V.

Traducción:

El representante de la rama menor, vestido de burgués, vendrá a ocupar el reino por su ofensa, quince soldados, la mayoría de la guardia nacional, harán que viva por última vez como jefe burgués.

La historia:

«La Fayette había dicho, mostrando el duque de Orleans al pueblo, en el Ayuntamiento: «He aquí la mejor de las repúblicas». Las virtudes privadas del príncipe, su familia política, sus antiguas relaciones con los jefes del partido «liberal», los recuerdos cuidadosamente reavivados de Jemmapes y de Valmy, sus *costumbres burguesas*, todo alentaba las esperanzas... Luis-Felipe de Orleans, jefe de la rama menor de la casa de Borbón, fue proclamado rey el 9 de agosto... Supresión del artículo que reconocía la religión católica como religión del Estado y de todas las dignidades creadas por *Carlos X* (1)».

«Una ley instituyó una guardia nacional encargada de «defender la realeza constitucional». Como se imponía a la guardia nacional la obligación de *equiparse a su costa*, la guardia sólo se compuso de *burgueses* acomodados. Aquel régimen solo favorecía *a la burguesía*».

«En la noche del 22 al 23 de febrero de 1848, comenzaron a levantarse barricadas. A la mañana siguiente, 23, la actitud de los *guardias nacionales* que, en la plaza de las Victoires, impidieron a los coraceros cargar contra los manifestantes, asustó a Luis-Felipe y le decidió a separarse de Guizot. Pero, la misma noche del 23 de febrero, un sangriento incidente provocaba la reanudación de la lucha: cuando una banda de manifestantes llegó al bulevar de los Capucines, se disparó un tiro contra la tropa. Esta respondió con una descarga a quemarropa que dejó en el suelo *quince* muertos y una cincuentena de heridos. El jueves por la mañana, 24, París estaba cubierto de barricadas y por todas partes se gritaba: ¡Viva la República¡».

(1) H.F.V.D.

MUERTE POR ACCIDENTE DEL HIJO MAYOR
DE LUIS-FELIPE - 13 de julio de 1842

VII, 38

L'aisné Royal sur coursier (1) voltigeant,
Picquer (2) viendra si rudement courir:
Gueule lipée (3), pied dans l'estrein pleignant (4)
Trainé tiré, horiblement mourir.

El primogénito real sobre corcel (1) caracoleante,
Caer (2) vendrá tan rudamente correr:
Morro en el labio (3), pie en el estribo lamentando (4)
Arrastrado, tirado, horriblemente morir.

Traducción:

El hijo mayor del rey corriendo a caballo, caerá tan rotuntamente de cabeza en su carrera, que habiendo sido herido en el labio el morro del caballo, atrapado el pie, gimiendo, tirado y arrastrado morirá de modo horrible.

La historia:

«Ferdinad-Philippe-Louis-Charles-Henri-Rose de Orleans, hijo mayor de Luis-Felipe y de María-Aurelia de Borbón-Sicilia, nacido en Palermo el 3 de septiembre de 1810; en el mes de julio de 1842, disponiéndose a partir para inspeccionar los regimientos de Saint-Omer, iba a Neuilly para despedirse de su padre; *sus caballos se desbocaron* en el camino de la Révolte, saltó del coche y, *cayendo al suelo, se rompió la cabeza* (5)».

(1) Nombre poético del caballo de lujo, de batalla o de torneo. D.L.7.V.
(2) *Piquer une tête* (zambullirse): por extensión: caer con la cabeza por delante. D.L. 7.V.
(3) *Lippe:* labio. D.A.F.L.
(4) Lamentarse, lanzar gemidos. D.L.7.V.
(5) D.H.C.D.

LOS SIETE AÑOS DE CONQUISTA
DE ARGELIA - 1840-1847
LA REVOLUCION DE FEBRERO DE 1848

IX, 89

Sept ans sera PHILIP. fortune (1) prospère,
Rabaissera des BARBARES (2) l'effort:
Puis son midy perplex, rebours (3) affaire,
Jeune ogmion (4) abysmera son fort.

Siete años será FELIPE, fortuna (1) próspera,
Rebajará de los BARBAROS (2) el esfuerzo:
Luego su mediodía perplejo, asunto a contrapelo (3),
Joven ogmion (4) abismará su fuerte.

Traducción:

La suerte sonreirá a Luis-Felipe durante siete años, rebajará las fuerzas de los berberiscos (Argelia) luego caerá en la perplejidad, a mediodía, por causa de un asunto de (caballo) a contrapelo, un joven elocuente provocará su decadencia.

La historia:

«La población de Argelia estaba formada por árabes y *bereberes*... Desde el siglo XVI, los piratas argelinos eran, en el Mediterráneo, el terror de los navíos mercantes. La caída de Carlos X estuvo a punto de costarle Argelia a Francia. Luis-Felipe pensaba tan poco en la conquista, que hizo regresar todas las tropas de Argel, salvo una división de 8.000 hombres. Querían limitarse a una ocupación restringida... Fueron los indígenas quienes le impusieron la conquista a Francia. Por sus ataques renovados sin cesar, le obligaron a pasar, así, de la ocupación restringida a la ocupación extensa y, luego, a partir de *1840*, después de diez años de dudas, a la conquista total... A finales de 1847, acosado por dieciocho columnas móviles, expulsado de Marruecos, donde había buscado asilo por segunda vez, Abd-El-Kader se rindió (23 de diciembre de 1847). Su sumisión señalaba el final de la gran guerra y de la conquista... Pese a que la iniciativa correspondiera a Carlos X, la conquista de Argelia fue el principal *título de gloria* de la monarquía de julio.»

«La campaña de los banquetes desembocó, por sorpresa, en la revolución de febrero de 1848... Luis-Felipe, *desconcertado* y dudoso, decidió

(1) Latín: *fortuna:* suerte, destino. D.L.L.B.
(2) Berbería: Estados berberiscos, región de Africa septentrional que comprende los estados de Trípoli, Túnez, *Argel*, Marruecos... D.H.B.
(3) Equitación: *cheval rebours* (caballo a contrapelo): el que se detiene, retrocede o *se desmanda*, pese a las amenazas y los golpes. D.L.7.V.
(4) Dios de la *elocuencia* y de la poesía entre los galos. D.H.B.

retirar las tropas. A *mediodía*, el rey se resignó a abdicar. Su hijo mayor, el duque de Orleans, príncipe muy popular, se había matado en Neuilly al querer *saltar del coche*. Luis-Felipe abdicó pues en favor de su nieto, el conde de París, un niño de diez años... Los insurrectos invadieron la Cámara gritando: "¡Abolición!". A propuesta de Ledru-Rollin y de *Lamartine*, se constituyó por aclamación un gobierno constitucional... La República democrática sucedía a la monarquía burguesa de Luis-Felipe... Ante la escalinata del Ayuntamiento, *Lamartine*, subido a una silla, pronunció un discurso en el que opuso, *elocuentemente*, la bandera tricolor que había dado la vuelta al mundo a la bandera roja que jamás dio más vueltas que la del Campo de Marte (5).

LA SUBIDA AL PODER DE NAPOLEON III
EL IMPERIO REEMPLAZADO POR LA III REPUBLICA

III, 28

De terre faible et pauvre parentele (2)
Par bout et paix parviendra dans l'Empire
Longtemps regner une jeune femele (3)
Qu'oncques en regne n'en survint un si pire.

De tierra débil y pobre parentela (2)
Por agotado y paz llegará al Imperio
Mucho tiempo reinar una joven hembra (3)
Que nunca en reino sucedió algo peor.

Traducción:

Originario de una tierra débil (Córcega) y de pobre parentela, estando (el país) en las últimas y deseoso de paz, llegará al Imperio. Hará reinar después una joven república. Jamás llegó al poder un personaje más desastroso.

La historia:

«Un senado-consulto propuso al pueblo el restablecimiento de la dignidad imperial en la persona de Luis-Napoleón Bonaparte, *hereditaria* en su descendencia directa, legítima o adoptiva... Napoleón III, antes de ser coronado, había dicho: El Imperio es la *paz*. Feliz fórmula si hubiera podido aplicarse (4).»

«Al igual que los burgueses, los campesinos quisieron un gobierno

(1) H.F.A.M.
(2) Conjunto de todos los parientes. D.L.7.V.
(3) Alusión a "Mariana", símbolo de la República.
(4) H.F.V.D.

que asegurara el respeto a la propiedad y la tranquilidad interior. El Segundo Imperio debía nacer de tal estado de espíritu.»

«En virtud de los poderes que le había concedido el plebiscito, Luis-Napoleón redactó una constitución, tomando como modelo *la constitución del año VIII*. Fue promulgada el 14 de enero de 1852 (1).»

«Por primera vez, desde hacía cuatro siglos, *Francia retrocedió*. En 1815 había, por lo menos, conservado aproximadamente las fronteras que le había dado su vieja monarquía. Por el tratado de Frankfurt, el 10 de mayo de 1871, perdió Alsacia-Lorena (2).»

EL ATENTADO DE ORSINI - 14 de enero de 1858

V, 10

Un chef Celtique dans les conflict blessé
Auprès de cave (3) voyant siens mort abbattre:
De sang et playes et d'ennemis pressé,
Et secourus par incogneux de quatre.

Un jefe Céltico en el conflicto herido
Junto al teatro (3) viendo a los suyos la muerte abatir:
De sangre y llagas y de enemigos acosado,
Y socorrido por desconocidos de cuatro.

Traducción:

Un jefe francés herido en el conflicto, viendo la muerte abrumar a los suyos cerca del teatro, acosado por sus enemigos, entre sangre y heridos, será reconocido por la muchedumbre (escapando) a las cuatro (bombas).

La historia:

«El jueves 14 de enero de 1858, el Emperador y la Emperatriz deben asistir, en la *Opera*, a la última actuación del barítono Massol... A las ocho y media, el landó de los soberanos llega a la calle Le Pelletier. Suenan entonces tres violentas explosiones... Los gritos de terror se mezclan a los lamentos agónicos de los lanceros, los agentes y los curiosos tendidos en el suelo... Napoleón sale del coche, con su sombrero agujereado y un *arañazo* en la nariz... La Emperatriz salta a tierra, con su vestido blanco y su abrigo salpicados de *sangre... Los heridos* son ciento cincuenta y seis, de los que ocho no sobrevivirán.

(1) H.F.A.M.
(2) H.F.V.D.
(3) Latín: *cavea:* parte de un teatro o de un anfiteatro en donde se sentaban los espectadores. Por extensión: teatro. D.L.L.B.

223

«Orsini se unió a mediocres acólitos, Simón Bernard, cirujano desca-
rriado que proporcionó el explosivo, Pieri, truhán redomado, y dos hijos
de buena familia, Gómez y Rudio... El 14 de enero, sus preparativos están
listos. De las *cuatro* bombas que llevan, tres son arrojadas (1).»

TENTATIVA DE ASESINATO DE NAPOLEON III
EL CONGRESO DE PARIS - 25 de febrero de 1856

IV, 73

Le nepveu grand par force prouvera
Le pache (2) fait du coeur pusillanime (3)
Ferrare (4) et Ast (5) le Duc (6) esprouvera,
Par lors qu'au soir sera la pantomime (7).

El sobrino mayor por fuerza probará
El pacto (2) hecho con el corazón pusilánime (3)
Ferrara (4) y Asti (5) el Duque (6) pondrá a prueba,
Cuando por la noche será la pantomima (7).

Traducción:

El sobrino mayor probará su fuerza, por una paz firmada con excesiva
prudencia, el que vendrá del Piamonte y de las Marcas pondrá a prueba al
soberano cuando por la noche se representará la obra de teatro.

La historia:

«*La paz* será acordada por un congreso reunido en París. La reunión se
abre el 25 de febrero de 1856... El 30 de marzo la pluma de un águila
del *Jardín des Plantes* (8) sirve para firmar el tratado de paz. Esta paz,
que pone término al fin a una empresa azarosa, adormece más que solu-
ciona la cuestión de Oriente... Por mucho que se haya dicho, Francia
obtiene de ese tratado una importante ventaja. *El valor de sus soldados
ha vuelto a colocarla en cabeza de las naciones... Además, la situación
personal de Napoleón III ha obtenido el relieve* que, desde la caída del
Imperio, ningún soberano francés había podido reconquistar... Reunido
para poner fin a una guerra, *el Congreso de París preparó otra.* Para estallar sólo necesitará tres años.»

«El jueves 14 de enero de 1858, el Emperador y la Emperatriz deben
asistir, en la Opera, a la última actuación del barítono Massol. El espec-

(1) L.S.E.O.A.
(2) Latín: *pax, pacis:* paz. D.L.L.B.
(3) Dícese de una persona cuya prudencia y timidez son tan grandes que limitan con
la cobardía. D.L.7.V.
(4) Ciudad de las Marcas.
(5) Ciudad del Piamonte.
(6) Guía, príncipe, soberano. D.L.L.B.
(7) Representación teatral.
(8) Nombre que se da al parque zoológico de París. (N. del T.)

táculo comienza con el segundo acto de Guillermo Tell. A las ocho y media, precedido por un pelotón de lanceros, el landó de los soberanos llega a la calle Le Pelletier. Cuando el coche da la vuelta para colocarse ante el peristilo, resuenan casi sin intervalo tres violentas explosiones.»

«El propio Felice Orsini conspira, desde su infancia, para lograr la liberación de su país. Subleva las *Marcas* contra los austríacos. Termina reclutando cómplices para asesinar a Napoleón III... Mientras se instruye su proceso, el Imperio atraviesa por una doble crisis, interior y exterior, cuya gravedad se ha medido todavía mal... Al recibir en las Tullerías, el 16 de enero, a los grandes cuerpos del Estado, llegados para felicitarle por haber escapado a las bombas, escucha, pálido y severo, las arengas de los presidentes del Senado y del Cuerpo legislativo... Morny, abandonando las formas de la cortesía, utiliza un lenguaje indignado: "La población se pregunta cómo gobiernos vecinos y amigos son impotentes para destruir verdaderos laboratorios de asesinos." Golpe asestado directamente a Bélgica, *al Piamonte* y sobre todo a Inglaterra, que ofrece refugio a todos los desterrados y les deja urdir, tranquilamente sus tramas (1).»

NAPOLEON III CERCA DE BUFFALORA - 3 de junio de 1859
ENTRADA DE NAPOLEON III Y DE VICTOR-ENMANUEL EN MILAN - 6 de junio de 1859
ARMISTICIO DE VILLAFRANCA - 9 de julio de 1859
LA RUPTURA DE LA SANTA-ALIANZA
(RUSIA, AUSTRIA, PRUSIA, FRANCIA, INGLATERRA)

VIII, 12

Apparoistra auprès de Buffalore,
L'hault (2) et procere (3) entré dedans Milan,
L'Abbé (4) de Foix (5) avec ceux de Sainct Morre (6),
Feront la forbe (7) habillez en vilain (8).

Aparecerá cerca de Buffalora
El alto (2) y prócer (3) entrado en Milán.
El abate (4) de Foix (5) con los de Sainct Morre (6).
Harán el engaño (7) vestido de feo (8).

(1) L.S.E.O.A.
(2) Latín: *altus:* noble, elevado. D.L.L.B.
(3) Latín: *proceres:* los primeros ciudadanos (por nacimiento y posición). D.L.L.B.
(4) Latín: *abbas:* derivado del sirio *abba,* padre. D.L.7.V.
(5) Gaston III, conde de Foix, fue llamado *Phoebus...* El sobrenombre Phoebus, fue, después de Gaston III, llevado por algunos miembros de la familia. D.L.7.V.
(6) Latín: *mos, moris:* Ley, regla. *Pacis impossere morem:* Decidir la paz. (Virgilio). D.L.L.B.
(7) Engaño: D.A.F.L.
(8) Sinónimo: vergonzoso, mezquino. D.L.7.V.

225

Traducción:

El emperador aparecerá cerca de Buffalora, el noble y primer personaje (el rey de Italia) hará su entrada en Milán, pero el propietario de Phoebus (1) (Napoleón III) y los de la Santa-Alianza, harán un vergonzoso engaño.

La historia:

«La Santa Alianza: el zar Alejandro, el emperador de Austria y el rey de Prusia firmaron el pacto, en primer lugar, el 26 de septiembre de 1815... Luis XVIII y el príncipe regente de Inglaterra se adhirieron al tratado (2).»

«Napoleón, alojado en un albergue de San Martino, aguarda para comenzar la batalla a que Mac-Mahon llegue a Magenta. Suenan las doce del mediodía, se escucha, *hacia Buffalore*, el cañón del general (3).»

«La batalla de Magenta abre a los aliados todo Lombardía, el ejército francés *entra en Milán*, donde es aclamado y festejado. El Emperador Napoleón III y el rey Víctor-Enmanuel marchan, *a caballo*, en cabeza de las tropas victoriosas (2).»

«Los austríacos han proseguido su retirada tras el Adigio... Prusia acelera su movilización. El zar Alejandro envía a la Emperatriz su ayuda de campo para decirle: "Apresuraos a tratar la paz, de lo contrario seréis atacados en el Rhin". En lo que se refiere a Inglaterra, no puede contarse con su intervención en caso de conflicto con Prusia... Decepcionado, el Emperador resuelve dirigirse directamente a su adversario Francisco-José. Va a *traicionar* a Cavour... Napoleón III se dirige, frente a Villafranca, al encuentro del joven Emperador... Cuando Napoleón, tras haber pasado por *Milán*, atraviesa a su vez la capital piamontesa, es acogido con una dramática frialdad. Italia no le perdonará jamás haber *engañado* su esperanza... De regreso a Francia, halla una opinión pública sorprendida y tensa. Tras las victorias que tanto ruido han hecho, el abandono de Venecia suena como una *retirada* (3).»

(1)« Montado sobre su alazan *Phoebus*. Napoleón III... » L.S.E.O.A.
(2) H.F.A.M.
(3) L.S.E.O.A.

ANEXION DE LOS ESTADOS PONTIFICIOS - 1870
VICTOR-ENMANUEL Y CLOTILDE DE SABOYA.
LOS FRANCESES EN TURIN Y NOVARA - 1859

I, VI

L'oeil (1) de Ravenne (2) sera destitué
Quand à ses pieds les aisles failliront:
Les deux de Bresse (3) auront constitué (4),
Turin, Versel (5) que Gaulois fouleront.

El ojo (1) de Ravena (2) será dstituido
Cuando a sus pies las alas fallarán:
Los dos de Bresse (3) habrán constituido (4).
Turín, Versel (5) que los galos pisarán.

Traducción:

El poder temporal del Papa será destituido cuando las alas (del águila, Napoleón III) caerán a sus pies, cuando los dos de Saboya (Víctor-Enmanuel II y su hija Clotilde de Saboya) hayan dado una constitución (a Italia) y los franceses hayan pisado el suelo de Turín y de Novara.

La historia:

Víctor-Enmanuel II defendió enérgicamente, contra la Iglesia, los derechos del Estado y estrechó su intimidad con el gobierno imperial francés por medio del matrimonio de su hija Clotilde de Saboya (los dos de Bresse) con el príncipe Napoleón; apoyado por Francia en la guerra contra Austria; debió a esta alianza primero Lombardía (junio de 1859), luego Toscana, Parma, Modena y la Romaña que se le ofrecieron. Las poblaciones del reino de Nápoles y de los *Estados Pontificios,* consultadas por medio de sufragio universal, se le entregaron y se convirtió en rey de Italia (habrán constituido), con Florencia como capital. En septiembre de 1870, entró en Roma que se convirtió en capital del reino de Italia (6).»

«El capitán general austríaco Giulay cruza el Tesino, el 19 de abril, y marcha sobre *Turín,* a la velocidad de 6 kilómetros por día. A dos etapas

(1) Nostradamus utiliza regularmente la palabra ojo u ojos en el sentido de "poder".
(2) Pipino el Breve cruzó los Alpes y atacó a los lombardos, pueblo germánico que se había establecido en el valle del Po. Pipino arrebató a los lombardos el territorio que se llamaba exarcado de Ravena y lo donó al Papa. Este fue el primer núcleo de lo que más tarde se llamaron Estados de la Iglesia, que no desaparecieron hasta 1870. H.F.A.N.
(3) Bresse se dividió en pequeños señoríos, el principal de los cuales fue el de Baugé, unido en 1292 a la casa de Saboya. D.H.B.
(4) Dar una constitución, una organización. D.L.7.V.
(5) Vercelli: ciudad fortificada de la alta Italia en los antiguos estados sardos (Novara). D.H.B.
(6) D.H.B.

de la capital piamontesa se detiene para, pronto, retroceder hacia Mortara. Admirable suerte para Napoleón. Esta falta permite que el ejército francés, tras pasar por Susa y Génova, se concentre en Alejandría, donde se les unen los piamonteses... La noche del 3 de junio, *los franceses acampan*, en un triángulo demasiado alargado, de Turbigo a Trecate y a *Novara*. No saben dónde están los austríacos. Sólo al día siguiente el estado mayor asegura que vivaquean en torno a Magenta (1).»

LA TORRE DE SOLFERINO - 24 de junio de 1859
UNION DE SABOYA A FRANCIA
TRATADO DE TURIN - 1860
EL PRINCIPIO DE LAS NACIONALIDADES

V, 42

Mars eslevé à son plus haut beffroy (2),
Fera retraire (3) les Allobrox (4) de France:
La gent Lombarde fera si grand effroy,
A ceux de l'Aigle compris (5) sous la Balance (6).

Marte elevado a su más alta torre (2)
Hará regresar (3) a los Allobrox (4) de Francia:
La gente lombarda tendrá tan gran espanto,
A los del águila tomados (5) bajo la Balanza (6)

Traducción:

La guerra llegará a su punto culminante en la Torre (de Solferino) y forzará a Saboya a regresar a Francia. Lombardía estará muy asustada por los del Emperador y tomada con pretexto de derecho.

La historia:

«La capital *lombarda*, donde los viejos recuerdan todavía el deslumbrante paso de Bonaparte, se cubre de banderas francesas e italianas... Desde el campanario de la iglesia de Castiglione, con el catalejo en los ojos, Napoleón intenta enlazarlos. Para cortar en dos al adversario,

(1) L.S.E.O.A.
(2) Del alto alemán: *becvrit:* torre de defensa. Torre de la ciudad en la que se apostaban guardias para vigilar el campo. D.L.7.V.
(3) Latín: *retraho:* obligo a regresar. D.L.L.B.
(4) Su nombre reapareció en tiempos de la Revolución con los departamentos alobrogos, refiriéndose a los saboyanos. D.L.7.V.
(5) Latín: *comprehendo:* tomo. D.L.L.B.
(6) Política: equilibrio de los Estados, relativo a la distribución de los territorios y de las alianzas. D.L.7.V.

ordena que el esfuerzo se dirija al centro. En la *Torre* de Solferino, la famosa Spia (1) de Italia que se levanta, cuadrada y roja, *en la cima* de un macizo rocoso. La lucha se prolonga, *muy dura*, durante horas... En el centro, tras *encarnizados combates, las alturas* abruptas de Solferino son tomadas, el cementerio y la *Spia*...»

«*Más aún* que en Montebello y en Magenta, *el horror de la carnicería* se le hace palpable a Napoleón, a la mañana siguiente, mientras visita los alrededores de Solferino (2).»

«Tras numerosas vicisitudes, Saboya fue cedida a Francia, en 1860, por el rey de Cerdeña, y la cesión fue confirmada en seguida por el *sufragio universal* de sus habitantes (3).»

«Aparece en la capital francesa un opúsculo anónimo debido a la sosa pluma del consejero de Estado La Guéronnière, que el Emperador ha corregido de puño y letra. Este folleto titulado *Napoleón III e Italia* expone audazmente sus proyectos y sus intenciones... Celebra *la teoría de las nacionalidades* y termina con el deseo de una Italia federada, de donde sea eliminada cualquier influencia extranjera.»

VICTOR-ENMANUEL II REY DE ITALIA - 1860
FLORENCIA CAPITAL

V, 39

Du vray rameau (4) des fleurs de lys yssu,
Mis et logé héritier d'Hetruric (5):
Son sang antique de longue main tyssu (6)
Fera Florence florir en l'armoirie.

Del verdero ramo (4) de flores de lis salido.
Puesto y alojado heredero de Etruria (5).
Su antigua sangre tejida (6) de mucho tiempo atrás.
Hará florecer Florencia en el escudo.

Traducción:

Nacido del verdadero ramo de flores de lis, habiendo sido colocado y alojado en Etruria, su antigua sangre tejida de mucho tiempo atrás hará florecer sus armas en Florencia.

(1) Solferino: ruinas de un viejo castillo con una *torre* llamada *Spia de Italia.* D.L.7.V.
(2) L.S.E.O.A.
(3) D.H.B.
(4) Los Borbones cuyas armas son tres flores de lis.
(5) Toscana: Tuscia y Etruria entre los antiguos. D.H.B.
(6) Participio pasado del verbo *Tistre:* tejer. D.L.7.V.

La historia:

«Víctor-Enmanuel II, rey de Italia (1820-1878), descendía, en línea directa, de Carlos-Enmanuel II (1634-1675), duque de Saboya y del Piamonte, cuya madre era Cristina de Francia, hija de Enrique V, y del hijo de este último: Thomas-François, que se casó con Marie de *Borbón*, hija de Charles, conde Soisson (1).»

«El padre de Víctor-Enmanuel II, Carlos-Alberto (1789-1849), fue obligado a retirarse ante la intervención austríaca el 21 de marzo de 1821. Exilado en *Toscana*, permaneció mucho tiempo en desgracia. Llamado al trono en 1831, a falta de *heredero* directo, llevó a cabo útiles reformas. En 1817 se había casado con María-Teresa de Toscana (2).»

«Víctor-Enmanuel II, apoyado por Francia en la guerra contra Austria, debió a esta alianza, primero, Lombardía (junio de 1859), luego *Toscana*, Parma, Modena y las Romañas que se le ofrecieron. Las poblaciones del reino de Nápoles y de los Estados Pontificios (menos la ciudad de Roma), consultadas por medio del sufragio universal, se le entregaron y se convirtió en *rey de Italia*, con *Florencia como capital*... Gozó durante todo su reinado de gran popularidad; y, como soberano, permaneció siempre fiel a las reglas del gobierno parlamentario, establecido en el Piamonte bajo el reinado de Carlos-Alberto (3).»

VICTOR-ENMANUEL II Y CAVOUR
LA UNIDAD ITALIANA - 1859-1861
VICTOR-ENMANUEL II EN FLORENCIA, CAPITAL

V, 3

Le successeur de la Duché viendra,
Beaucoup plus oultre que la mer de Toscane,
Gauloise branche la Florence tiendra (4)
Dans son giron d'accord nautique Rane (5).

El sucesor del ducado vendrá,
Mucho más allá que el mar de Toscana,
Rama gala Florencia tendrá (4)
En su halda de acuerdo naútica Rana (5)

(1) C.U.C.D.
(2) D.H.B.
(3) D.H.B.
(4) En lo que concierne al origen francés de Victor-Enmanuel II y Florencia capital, véase V, 39.
(5) Latín: *rana*. D.L.L.B. Las ranas simbolizan todos los pueblos de la historia. D.L. 7.V.

Traducción:

El sucesor del ducado de Toscana vendrá a ocupar mucho más que las riberas toscanas. Una rama francesa se instalará en Florencia con el acuerdo de aquél que habrá estado en el halda de Inglaterra.

La historia:

«En vez de retirarse a sus fronteras y renunciar a toda ambición, Víctor-Enmanuel II, que sucedía a Carlos-Alberto vencido, comenzó a preparar el regreso de las tropas piamontesas a la llanura de Lombardía...

«Junto a Víctor-Enmanuel estaba, desde 1833, Camilo Cavour, un piamontés que había permanecido mucho tiempo *en Londres*, en París y en Ginebra... Londres, tras una primera estancia en París (1835), le había inspirado una gran admiración por la habilidad de que habían dado prueba los ingleses al afrontar los grandes problemas de una sociedad industrial, por su sentido común, por su pragmatismo...

«En dos años, de marzo de 1859 a junio de 1861, un nuevo Estado (mucho más allá que el mar de Toscana) surgió en Europa. Tenía una extensión de 259.320 kilómetros cuadrados y 24.770.000 habitantes (1).»

EL PONTIFICADO EXCEPCIONAL DE PIO IX - 1846-1878
LA ANEXION DE BOLONIA
POR VICTOR-ENMANUEL II - 1859

VIII, 53

Dedans Bologne voudra laver ses fautes
Il ne pourra au temple (2) du Soleil (3):
Il volera (4) faisant choses si hautes,
En hiérarchie n'en fut onq un pareil.

En Bolonia querrá lavar sus faltas.
No podrá en el Templo (2) del Sol (3):
Volará (4) haciendo cosas tan altas,
Que en jerarquía nunca hubo igual.

Traducción:

Querrá lavar sus faltas en Bolonia que no podrá conservar para la Iglesia a causa del Borbón (Víctor-Enmanuel II). Actuará por sí mismo para

(1) H.I.S.R.

(2) Poético: la Iglesia católica. D.L.7.V.

(3) Referencia a los lazos de parentesco entre Víctor-Enmanuel II y los Borbones. Véase V, 39.

(4) Volar con sus propias alas: Actuar por sí mismo. D.L.7.V.

hacer cosas tan importantes que jamás habrá habido un Papa semejante en la jerarquía católica.

La historia:

«En 1848, resonó el grito de guerra nacional contra Austria: Cerdeña, el Piamonte, así como las provincias ocupadas de Venecia y Lombardía se sublevaron. Pío IX se negó a declarar la guerra a Austria y renegó así del movimiento popular (sus faltas). Su ministro Pellegrino Rossi fue asesinado el 15 de noviembre de 1848, se tiró sobre el Quirinal y la guardia suiza fue desarmada... El Papa emprendió, entre 1857 Y 1863, algunos viajes a través de sus Estados (entre ellos Bolonia). Sólo la presencia del cuerpo expedicionario francés mantenía la soberanía temporal. En 1860, se desencadena el conflicto con el Piamonte. Este comienza ocupando el norte del Estado pontificio (Bolonia). El Papa lanza contra él una solemne excomunión, Antonelli protestó contra el título de rey de Italia que Víctor-Enmanuel (el Sol) había adoptado el 26 de febrero de 1861 (1).»

«En 1859, la ciudad y la provincia de Bolonia se liberan de la autoridad del Papa y reconocen al rey de Cerdeña, Víctor-Enmanuel.

«Pío IX se reservó (volará) las cuestiones religiosas de las que se ocupa con gran actividad. *Tres grandes actos* marcan (cosas tan altas), en el aspecto religioso, todo el pontificado de Pío IX: la definición de la Inmaculada Concepción, en diciembre de 1854; la publicación de la Encíclica Quanta cura, en diciembre de 1864, con el anexo conocido con el nombre de Syllabus. La apertura en 1869, en el Vaticano, del primer concilio ecuménico celebrado después del de Trento (1545-1563), en donde fueron proclamados, el 18 de julio de 1870, el pleno poder del Papa en la Iglesia y la infalibilidad de sus juicios solemnes... Su óbito acaeció el 10 de febrero de 1878, y la noticia de aquella muerte fue, en el mundo entero, objeto de unánimes testimonios de respeto y de veneración (2).» (Nunca hubo igual.)

(1) D.D.P.
(2) D.H.B.

EL DESPACHO DE EMS - 13 de julio de 1870
DE BAZAINE A METZ - 18 de agosto
LA CAPITULACION - 27 de octubre de 1870

X, 7

Le grand conflit qu'on appreste à Nancy,
L'Aémathien (1) tout je soubmets:
L'Ile Britanne par vin, sel en solcy,
Hem. (2) mi. (3) deux Phi. (4) longtemps ne tiendra Metz.

El gran conflicto que se prepara en Nancy.
El Emaciano (1) dirá todo lo someto:
La Isla Británica por vino, sal en abundancia
Hem. (2) mi. (3) dos Phi. (4) por mucho tiempo no tendrá Metz

Traducción:

La gran guerra que se prepara en Lorena hará decir al rey: «Lo someto todo»; Inglaterra sólo se preocupará de su comercio; tras el envío de Ems, Metz no resistirá mucho tiempo pese a dos veces quinientos mil (soldados).

La historia:

«El rey Guillermo tomaba las aguas en Ems... Gracias a mutuas concesiones, aun manteniendo su negativa en el futuro, el rey había declarado dar su entera aprobación, sin reservas, a la renuncia. Una vez más la paz parecía asegurada. Mientras, en Berlín, Bismarck *preparaba* a sangre fría la catástrofe. Recibió del rey un telegrama en el que éste relataba los incidentes del comienzo de la jornada hasta el *envío* del ayuda de campo de Benedetti... El texto, mutilado por Bismarck, fue transmitido en seguida a los representantes de Prusia en el extranjero. Los cálculos de Bismarck eran correctos. En Alemania aquello produjo un estallido de furor contra Francia. El 19 de julio la declaración de guerra era oficialmente notificada en Berlín.

«Formando, al comienzo, un ejército único bajo el mando de Napoleón III; los 200.000 hombres fueron divididos en dos ejércitos, el de Alsacia (67.000 hombres) y el de *Lorena* (alrededor de 130.000 hombres) bajo el mando de Bazaine...

1) *Macedonia:* Se dividía en un número bastante grande de provincias o regiones: *Emacia,* cuna y centro de la monarquía cuyo nombre se ha hecho extensivo, algunas veces, a toda Macedonia,... los habitantes eran muy valientes e incansables... Filipo II *reconquistó las antiguas provincias,* añadió otras nuevas y sometió toda Grecia a su dominio... Alejandro realizó sus proyectos, pero a su muerte el imperio se desmembró. D.H.B. [el Filipo II citado por Fontbrune, reinó en Macedonia del 359 al 336 a. de C. (N. del T.)]. Nostradamus estableció un paralelismo entre la historia de Macedonia y la de Alemania.

(2) Hems es la antigua Emesa. D.L.7.V.

(3) Abreviatura de la palabra latina *missio:* acción de enviar, envío. D.L.L.B.

(4) Vigésimo primera letra del alfabeto griego. Como cifra *phi* (fi) vale 500.000 D.G.F.

«La derrota de Froeschwiller acarreó la pérdida de Alsacia. El ejército de Mac-Mahon, desorganizado, cruzó de nuevo los Vosgos en el collado de Saverne y se retiró hacia *Nancy*. El mismo día de la batalla de Froeschwiller, el 1er. ejército alemán había entrado en *Lorena* y derrotado, en Forbach, al cuerpo del general Frossard. A consecuencia de ese doble fracaso, Bazaine, nombrado generalísimo, hizo que el ejército se retirara hacia Metz...

«Al margen del ejército de Bazaine, bloqueado en *Metz*, Francia contaba todavía con 95.000 hombres pertenecientes a las tropas regulares dispersas en París y en los departamentos... El 19 de septiembre, los alemanes completaban el bloqueo de París. Para defender la ciudad, Trochu disponía de más de *500.000 hombres*... En los departamentos, Gambetta improvisó ejércitos con una rapidez absolutamente increíble. En algunos meses puso en pie de guerra, armó, equipó y lanzó a la batalla *600.000 hombres*. Estos ejércitos improvisados, como el ejército de París, eran de mediocre valor. La mayor parte de las tropas alemanas estaban inmovilizadas ante París y *Metz*. La estúpida y criminal conducta de Bazaine les arrebató esta oportunidad de éxito. El 27 de octubre, Bazaine entregó *Metz* (1).»

«El *comercio* exterior *británico* se coloca, con mucha ventaja, en cabeza de todos los demás: en *1872* importa 547 millones de libras esterlinas, más que los comercios francés, alemán e italiano reunidos (2)...»

(1) H.F.A.N.
(2) H.R.U.

III, 50

La république de la grande cité,
A grand rigueur (1) ne voudra consentir:
Roy (2) sortir hors par trompette (3) cité,
L'eschelle au mur, la cité repentir.

La república de la gran ciudad.
Con gran rigor (1) no querrá consentir:
Rey (2) salir fuera por trompeta (3) ciudad.
La escala en el muro, la ciudad arrepentir.

Traducción:

La república de París no querrá consentir en la necesaria austeridad; el jefe del gobierno saldrá ruidosamente de la ciudad que será sitiada y se arrepentirá.

La historia:

«Se constituyó un gobierno de defensa nacional: compuesto de once diputados de París, entre los que se hallaba Gambetta... El 19 de septiembre de 1870, los alemanes completaban el *bloqueo de París*. Desde aquel momento París fue el pivote de la defensa nacional y todos los esfuerzos hechos, durante casi cinco meses, en provincias tuvieron como objetivo levantar el *sitio* de la capital... En los departamentos, donde apenas si quedaban 25.000 hombres, la resistencia parecía imposible. Pero mientras el gobierno permanecía en París, uno de sus miembros, Gambetta, *se escapó en globo,* y llegó a Tours para organizar la defensa. Gambetta fue el alma de la defensa nacional...

«París se hallaba bajo la doble amenaza del hambre y de la revolución. Los partidos revolucionarios se agitaban. Ya el 31 de octubre, los guardias nacionales de Belleville habían intentado derribar al gobierno. Después de Buzenval, tuvo lugar una nueva tentativa de insurrección el 22 de enero. Conocida por Bismarck le hizo intratable cuando, la mañana del día 23, Jules Fabre fue a Versalles para solicitar un armisticio que permitiera reavituallar París. Impuso una verdadera *capitulación:* desarmar las tropas regulares, ocupación de todos los fuertes y una contribución

---

(1) Extrema severidad, austeridad, dureza. D.L.7.V.
(2) Latín: *rego:* gobierno. D.L.L.B. El que gobierna.
(3) Tocar la trompeta: hacer algo con gran ruido, con gran estrépito, aludiendo a la trompeta que los antiguos atribuían a la Fama. D.L.7.V.

de 200 millones. El 28 de enero fue necesario aceptar estas condiciones: *la caída de París* y el armisticio de Versalles señalaron el fin de la guerra. (1.)»

GARIBALDI, SU FUERZA, SU FIN EN LA MISERIA

VII, 19

Le fort Nicene (2) ne sera combattu,
Vaincu sera par rutilant metal:
Son faict sera un long temps débatu,
Aux citadins (3) estrange (4) espouvantal (5).

El fuerte Nizardo (2) no será combatido,
Vencido será por rutilante metal:
Su acto será mucho tiempo debatido,
A los ciudadanos (3) extranjero (4) espantajo (5)

Traducción:

El poderoso vencedor nizardo no será combatido; será vencido por el dinero. Sus actos serán durante mucho tiempo objeto de debates; este extranjero sembrará el terror entre los burgueses.

La historia:

«Europa del siglo XIX, Europa de las Revoluciones. El campo está libre para el joven *nizardo* Garibaldi, que sueña en aventuras, en socialismo y en libertad... Garibaldi se mezclará en los asuntos de Europa... Sin transigir, conduce su política, constituye su ejército, lleva a cabo sus campañas, sigue su doctrina e impone su presencia en la escena europea.»

«Los diputados conservadores (burgueses) siguieron encarnizándose contra él... Era, más bien, algo comparable al odio de los versalleses hacia los internacionalistas llegados para combatir junto a los *communards* (6). Una mezcla de *miedo y horror* ante la revolución, la subversión y el socialismo que tuvo libre curso durante "la semana sangrienta".»

(1) H.F.A.M.
(2) *Niceno:* nizardo (nacido en Niza) pero también relativo a Nice, sobrenombre de varias divinidades griegas consideradas como garantes de la victoria: D.L.7.V. Nostradamus juega con el doble significado: vencedor y nacido en Niza.
(3) No se llamaban burgueses todos los habitantes de un burgo, y por derivación, de una ciudad, sino aquellos que podían tomar parte en la dirección y la administración. D.L.7.V.
(4) Niza no era francesa en 1894, cuando nació Garibaldi, sólo lo fue en 1860 gracias al tratado de Turín.
(5) Sentido figurado: objeto que inspira vanos terrores. D.L.7.V.
(6) Son los partidarios de la Comuna de París 1871. (N. del T.).

«Ninguna de las potencias europeas se levantó para defender Francia que tantas veces había combatido por la causa de Europa (bravos a la izquierda). Ni un solo rey, ni un solo Estado, ¡nadie! A excepción de un hombre. (Sonrisas irónicas a la derecha, bravos a la izquierda.) Las potencias no intervinieron, pero un hombre intervino, y *este hombre es una potencia* (el fuerte nizardo). Y este hombre, ¿qué poseía? Su espada, que había liberado ya a un pueblo y podía salvar otro. Vino, *combatió*. No quiero herir a nadie, pero no hago más que decir la pura verdad declarando que *sólo él*, entre todos los generales que han luchado por Francia, jamás fue vencido.«Este arrebato de Víctor Hugo provocó un increíble escándalo. De pie en sus bancos, *los diputados de la derecha* amenazaban con el puño al orador.»

«Los derechos de autor de las dos novelas, *Clilia* y *Cantoni*, se habían agotado rápidamente. El héroe publicó una tercera, en 1873, titulada los *Mil*, pero que sólo obtuvo escaso éxito. Tuvo entonces que resignarse a vender el yate que le habían regalado sus admiradores ingleses. Sacó de él 80.000 liras, una buena suma. Pero confió el dinero a su viejo compañero de armas Antonio Bo, para que lo pusiera en el banco de Génova. El amigo del alma prefirió huir a América con el *pequeño peculio* (rutilante metal). Los periódicos italianos tuvieron noticia de sus preocupaciones y publicaron artículos patéticos: "Garibaldi en la más negra miseria"; "¡Italianos, ayudemos a Garibaldi!". Un enviado especial esbozó un retrato del viejo *condottiero* que, "cada mañana, apoyado en su bastón y, a veces, incluso en muletas, empuja penosamente una carretilla cargada de melones de los que sacará, en el mejor de los casos, 5 liras en total (1)".»

(1) G.P. y M.R.

GARIBALDI Y LA EXPEDICION DE LOS MIL
LA CONQUISTA DE SICILIA Y DE NAPOLES - 1860
CAMPAÑA DE NAPOLES
CESION DE SABOYA A FRANCIA

VII, 31

De Languedoc, et Guienne plus de dix
Mille voudront les Alpes repasser:
Grans Allobroges (1) marcher contre Brundis (2)
Aquin (3) et Bresse (4) les viendront recasser (5).

Del Languedoc y Guyenne más de diez
Mil querrán los Alpes cruzar:
Grandes alobrogos (1) marchar contra Brindisi (2)
Aquino (3) y Bresse (4) vendrán recuperar (5).

Traducción:

Con más de diez, venidos del Languedoc y de Guyenne, los Mil querrán entrar de nuevo en Italia. El duque de Saboya marchará contra los ocupantes de la Italia meridional (Brindisi). Irán a recuperar Saboya y Nápoles.

La historia:

«Víctor-Enmanuel II, nieto de Víctor-Amadeo II, apoyado por Francia en la guerra contra Austria, debió a esta alianza, primero, Lombardía (junio de 1859), luego Toscana, Parma, Modena y las Romañas que se le ofrecieron y que pudo anexionar a sus estados cediendo, a Francia, Niza y *Saboya*. Después de la expedición de Garibaldi a Sicilia y la Italia meridional (Aquino y Brindisi) (1860) que él alentó, primero en secreto y luego abiertamente, las poblaciones del reino de *Nápoles* (Aquino) y los Estados Pontificios (menos la ciudad de Roma), consultados por medio del sufragio universal, se le entregaron (recuperar), y se convirtió en rey de Italia (6).»

«*Los Mil*. Desde 1859, el reino de *Nápoles* estaba muy agitado. Las ideas unitarias y liberales ganaban adeptos, y su propagación condujo a la insurrección que estalló, en Palermo, el 3 de abril de 1860. Esta era la

(1) Pueblo de la Galia transalpina: la mayor parte de Saboya. D.H.B. Víctor-Amadeo II, primero duque de Saboya, recibió en 1713 el título de rey de Sicilia.

(2) Brindisi: Latín *Brundisium*, ciudad italiana del Adriático. D.H.B. "Las regiones meridionales de la "bota", así como Sicilia, formaban el reino de Nápoles o de las "dos Sicilias" el más vasto desde el punto de vista territorial. Nápoles, la capital, era la primera ciudad de la península." G.P. y M.R.

(3) Ciudad del reino de Nápoles.

(4) Bresse se dividió en pequeños señoríos, el principal de los cuales fue el de Baugé, anexionado en 1292 a la casa de *Saboya*. Fue cedido por Carlos Enmanuel I a Enrique IV por el tratado de Lyon en 1601. D.H.B.

(5) Latín: *recedo, recessum:* Doy la vuelta, recupero. D.L.L.B.

(6) D.H.B.

ocasión que Garibaldi aguardaba. El pequeño ejército que reunió en Génova (los Alpes), el 5 de mayo de 1860, se componía de *1.085* hombres. Toda Italia se hallaba representada en él. Algunos extranjeros se le unieron, entre otros un inglés, un joven ruso y algunos *franceses:* Ulric de Fontvielle (1), un estudiante, Burès, Cluseret (2), Durand, Maxime du Camp (3), Lockroy (4), Henri Fouquier (5) y, por fin, de Flotte, comandante de un cuerpo de franceses (más de diez)... Desembarcó el 11 de mayo en Marsala con *1.015* hombres. El 15 derrotaba a un cuerpo napolitano en Calatafini y entraba por sorpresa en Palermo el 27. Tras 3 días de combates, la intervención del cuerpo consular acarreaba la retirada de los *napolitanos.* Garibaldi volvía a derrotarles en Milazzo. El 28 de julio Mesina capitulaba. A partir del 21 de agosto comenzó a cruzar el estrecho de Mesina. Casi sin luchar llegó a Salerno y, luego, a Nápoles: en aquel momento el gobierno piamontés (Víctor-Enmanuel II, duque de Saboya) que había ayudado bajo mano a Garibaldi, intervino y comenzó la doble campaña diplomática y militar que desembocó en la anexión de Nápoles (6).»

REUNION DE LOS MIL EN GENOVA - 1859

IV, 16

La cité franche (7) de liberté fait serve (8)
Des profligez (9) et resveurs fait Azyle:
Le Roy changé à eux non si proterve (10),
De cent seront devenus plus de mille.

La ciudad franca (7) de libertad hecha sierva (8)
Depravados (9) y soñadores hecho asilo:
De rey cambiado por ellos desvergonzadamente (10).
De cien se convertirán en más de mil.

Traducción:

La ciudad cuya libertad había sido esclavizada, siendo liberada dará asilo a gente depravada y a utópicos. Habiendo cambiado desvergonzadamente de rey, de cien se convertirán en más de mil.

(1) Familia de Toulouse, capital del *Languedoc.* D.L.7.V.
(2) Fomentó un movimiento insurreccional en Marsella y fue diputado por Toulon. D. L.7.V.
(3) Familia originaria de Burdeos, capital de *Guyenne.* D.L.7.V.
(4) Diputado de las Bouches-du-Rhône. (Aix). D.L.7.V.
(5) Nacido en Marsella.
(6) D.L.7.V.
(7) En 1895, el Estado de Génova fue incorporado al imperio francés (de libertad hecha sierva) y formó los departamentos de Génova, de los Apeninos y de Montenotte. En 1814, Génova fue entregada al rey de Cerdeña por el Congreso de Viena. D.H.B.
(8) Latín: *servus:* esclavo. D.L.L.B.
(9) Latín: *profligatus:* Perdido, depravado, ajado. D.L.L.B.
(10) Latín: *proterve:* osadamente, desvergonzadamente, impudentemente. D.L.L.B.

La historia:

«Garibaldi había establecido su cuartel general en un barrio de *Génova,* Quarto, en casa de su antiguo amigo Augusto Vecchi, que había combatido con él en Roma... El problema más importante era el del armamento... Fue, sobre todo, la fábrica Ansaldo, en *Génova,* el principal proveedor, sosteniendo secretamente las operaciones... Cavour no se sentía muy satisfecho con esta agitación. Temía, por encima de todo, que las potencias extranjeras acusaran al Piamonte (Génova) de ser demasiado complaciente (hecho asilo) con los revolucionarios... La noche del 5 de mayo de 1860, todo estaba listo. Una vez en el puente del Piamonte, Garibaldi preguntó: "¿Cuántos somos?". "*Más de mil* con los marinos..." Para mayor exactitud conviene precisar que quienes pasaron a la posteridad como los "Mil" eran, de hecho, *mil ciento cuarenta y nueve,* pero Garibaldi no perdió el tiempo contándolos... En primer lugar, los garibaldinos tomaron por asalto la oficina del telégrafo de Marsala (Sicilia), desde donde transmitieron falsos mensajes para engañar al enemigo... Garibaldi se proclamaba dictador en nombre de Víctor-Enmanuel, "*rey de Italia*" (1).»

GARIBALDI EN MAGNAVACCA Y RAVENA
PIO IX Y EL PODER TEMPORAL
LA UNIDAD ALEMANA
POR DOS GRANDES GUERRAS - 1866 y 1870

IX, 3

Le magna vaqua (2) à Ravenne grand troubles,
Conduicts par quinze (3) enserres à Fornase (4):
A Rome naistra deux monstres (5) à teste double,
Sang, feu, déluge, les plus grands à l'espase.

La magna vaca (2) en Ravena grandes trastornos,
Conducidos por quince (3) encerrados en Fornase (4):
En Roma nacerán dos monstruos (5) de doble cabeza,
Sangre, fuego, diluvio, los más grandes al espacio.

Traducción:

(Garibaldi) sufrirá grandes perturbaciones en Magnavaca y Ravena. Llevados por quince barcas se refugiarán en la granja de Zanetto [*FER*

(1) G.P. y M.R.
(2) Ciudad de Italia en la desembocadura del Po.
(3) El libro de Paolo y Mónica Romani sobre Garibaldi habla de 13 barcas; parece, según Nostradamus, que hubo dos más.
(4) Anagrama y abreviatura de la granja de Zanetto donde Garibaldi encontrará refugio.
(5) Latín: *monstrum:* presagio divino, prodigio, cosa increíble. D.L.L.B.

(me) de ZAN (ett)O]: nacerán entonces en Roma dos prodigios a causa de un poder doble (espiritual y temporal del Papa) luego la sangre, la guerra, la revolución llegarán a las más grandes naciones por problemas de espacio.

La historia:

«Garibaldi ordenó al alcalde de Cesenatico que le diera *trece* barcas... Una hora más tarde, los austríacos entraban en el pueblo. Las trece barcas avanzaban rápidamente. A la noche siguiente pasaban frente a *Ravena*... Las barcas fueron divisadas, cerca de las marismas de Comacchio, por un navío de guerra austríaco. El capitán Scopinich ordenó a los garibaldinos que se rindieran. Al negarse éstos, el enemigo se lanzó en su persecución. Los austríacos ganaban terreno y, por lo tanto, decidieron dirigirse hacia la costa. Ametrallados por los cañones adversarios, las trece barcas pusieron rumbo a *Magnavacca*, pero sólo tres llegaron. Finalmente no fueron más de treinta los que pusieron pie a tierra, entre ellos Garibaldi, Anita, Ugo Bassi... Los austríacos y la policía pontificia habían organizado ya una batida para hallar a los fugitivos. Bonnot les explicó que era imposible llegar a Venecia porque todos los caminos que llevaban al norte estaban vigilados por los austríacos. Según él, era mejor probar suerte por los alrededores de *Ravena*, en donde había numerosos patriotas. Añadió que era preciso dejar a Anita, pues no sobreviviría a tal viaje. Pensaba transportarla al norte de la isla, a la *granja de Zanetto* (1)...»

«Pocos papas han suscitado juicios tan contradictorios como Pío IX, por una parte una veneración llena de alabanzas, por la otra una franca hostilidad. Las razones deben buscarse, esencialmente, en los trastornos italianos y en el "Kulturkampf" alemán, que produjeron el dogma de la infalibilidad y el Syllabus (dos monstruos) de 1864... Con la perspectiva de la Historia, puede pensarse que a Pío IX le faltó energía para disociar los *dos planos*, temporal y espiritual, de la monarquía pontificia (2).»

«En Alemania, al igual que en Italia, la cuestión de la unidad se estaba planteando desde 1815. Los patriotas liberales habían intentado aprovechar la crisis revolucionaria de 1848 para fundar la unidad alemana. Pero, entre los 38 Estados alemanes, había dos que eran *grandes* potencias: Austria y Prusia... Por medio de *dos grandes guerras*, deseadas por Bismarck, éste realizó la unidad alemana: la guerra de 1866, contra Austria, la guerra de 1870, contra Francia (3).»

(1) G.P. y M.R.
(2) D.D.P.
(3) H.F.A.M.

LA GUERRA DE 1870
Y EL FIN DEL PODER TEMPORAL DEL PAPA
EL ANTICLERICALISMO

I, 15

Mars nous manasse (1) par la force bellique,
Septente fois fera le sang espandre:
Auge (2) et ruyne de l'Ecclesiastique (3),
Et plus ceus qui d'eux rien voudront entendre.

Marte nos amenaza (1) con fuerza bélica,
Setenta veces hará verter la sangre:
Gamella (2) y ruina del Esclesiástico (3),
Y además quienes de ellos nada querrán oír.

Traducción:

La guerra nos amenaza con su fuerza belicosa y hará verter la sangre en (1870). El eclesiástico será despreciado y arruinado y más aún los que nada querrán saber de él.

La historia:

«El 8 de diciembre de 1879, Pío IX abrió el vigésimo concilio ecuménico (concilio del Vaticano) durante el cual fue proclamada la infalibilidad del Papa (18 de julio de 1870). A la mañana siguiente, Francia declaraba la *guerra* a Prusia. El 22 de julio, el Papa, en una última esperanza, intenta mediar entre Guillermo I y Napoleón III. El 2 de septiembre, Napoleón III capitulaba en Sedan; a renglón seguido Italia daba a conocer al gobierno francés su intención de ocupar Roma. Pío IX se niega a renunciar al Estado pontificio, como se le pedía, y Austria se niega a enviarle los socorros que le pide contra los invasores. Prusia habló también en favor de los ocupantes. Por fin, el 20 de septiembre de 1870, el general Cardona *bombardeaba* (ruina) la Puerta Pía; el Papa, tras una heroica defensa de sus tropas, ordenó que se izara la bandera blanca de capitulación, mientras que, aquel mismo día, la soberanía temporal del Papa era anulada en el Capitolio. El estado pontificio había dejado de existir; Pío IX, de hecho, estaba prisionero. Los monarcas y los gobiernos del mundo no se interesaban (desprecio) por la anexión del patrimonio de San Pedro. El 21 de marzo de 1871, el gobierno promulgó la ley llamada de las "Garantías" que el papa calificó, con razón, de absurdidad, bellaquería e in-

---

(1) *Manasse:* forma de *menace:* amenaza. D.A.F.L.
(2) Proverbio: *"Mieux vaudrait porter l'auge".* (Mejor sería llevar la gamella). Se dice para expresar el desprecio hacia un empleo o trabajo. D.L.7.V.
(3) Nótese la E mayúscula para designar al Papa.

juria, dado que las *medidas contra la Iglesia*, las represiones y los malos tratos continuaron. En Roma circulaban parodias ateas sobre su persona.»

PIO IX A LA CABEZA DE LA IGLESIA - 16 de junio de 1846
APOYO DE FRANCIA - 1848-1870
SU PODER TEMPORAL ANULADO EN EL CAPITOLIO
20 de septiembre de 1870

VI, 13

Un dubieux (2) ne viendra loin du règne,
La plus grand part le voudra soustenir:
Un Capitole ne voudra poinct qu'il règne,
Sa grande charge ne poura maintenir.

Un dudoso (2) no vendrá lejos del reino,
La mayor parte querrá apoyarle:
Un Capitolio no querrá que reine
Su gran carga no podrá mantener.

Traducción:

Un (papa), que estará a menudo indeciso, llegará al poder. La mayor parte (el Imperio francés de Napoleón III) querrá apoyarle. En el Capitolio no querrán que reine y él no podrá mantener su gran carga (poder temporal)

La historia:

« Pío IX tenía el defecto de no poder reaccionar más que con efusiones sentimentales donde hubiera sido preciso el lúcido razonamiento de un estadista para dominar un movimiento que se precipitaba. Así fue como el *dilema* (dudoso) entre su función pontificia y su función de soberano deseoso de lograr la felicidad de su pueblo le hundió en una *confusión* cada vez más profunda, sobre todo cuando resonó el grito de guerra nacional contra Austria... El 24 de noviembre de 1848, Pío IX, viéndose tratado casi como prisionero, huyó a Gaeta, en territorio napolitano. En Roma, se le declaró *privado* de sus derechos temporales y se proclamó la república romana. Pío IX rogó a las potencias que intervinieran... Francia, donde Luis-Napoleón había sido elegido presidente algunos días después de la huida del papa, intervino. El 2 de julio de 1849, los franceses tomaron Roma; el 12 de abril de 1850, Pío IX, *invitado por Francia* (la mayor parte querrá apoyarle) hizo de nuevo su entrada en la Ciudad eterna... »

« El 20 de septiembre de 1870, la soberanía temporal del Papa era anulada en el *Capitolio (3)* »

(1) D.D.P.
(2) Latín: *dubius:* que duda entre dos resoluciones: irresoluto, incierto. D.L.L.B.
(3) D.D.P.

EL CONCILIO DEL VATICANO - 1870
NAPOLEON III EN MILAN - 1859
EL BOMBARDEO DE LA PUERTA PIA EN ROMA
20 de septiembre de 1870

III, 37

Avant l'assaut l'oraison prononcée (1),
Milan prins d'Aigle par ambusche (2) déceus,
Muraille antique par canons enfoncée,
Par feu et sang à mercy peu receus.

Antes del asalto la oración pronunciada (1),
Milán tomada por el Aguila en emboscada (2)
Muralla antigua por cañón derribada,
Por fuego y sangre pocos recibieron gracia.

Traducción:

Antes del asalto se meditará sobre la doctrina, el águila (Napoleón III) que había ocupado Milán será derribada por una maquinación. Las viejas murallas (de Roma) serán derribadas a cañonazos. Pasado todo a fuego y sangre, pocos recibirán misericordia (del Papa).

La historia:

« La capital lombarda, donde los viejos recuerdan todavía el deslumbrante paso de Napoleón, se cubre de banderas francesas e italianas. Napoleón III y Víctor-Enmanuel, codo a codo, hacen su entrada el 8 de junio de 1859. *Milán* les acoge bien (3). »

« La presencia del cuerpo expedicionario francés mantenía la soberanía temporal de Pío IX. En 1860 estalló el conflicto con el Piamonte; éste comenzó ocupando el norte del Estado pontificio. El Papa lanzó contra él una solemne excomunión (pocos recibieron gracia). En virtud de la convención llamada de septiembre, firmada el 15 de septiembre de 1864 *a espaldas* (maquinación) del Papa, y por el que el Piamonte se comprometía a no atacar los territorios pontificios, Napoleón retiró sus últimas tropas de Roma, entregada entonces sin defensa al Piamonte. La legislación italiana se hizo cada vez más hostil a la Iglesia. Las tropas de Garibaldi, que arrasaban (por fuego y sangre) el Estado pontificio, fueron derrotadas el 3 de diciembre de 1866 en Mentana por las tropas pontificias y las tropas francesas que habían regresado a ocupar Roma para proteger al Papa.

« El 8 de diciembre de 1869, Pío IX abrió el vigésimo concilio ecuménico (concilio del Vaticano) (oración pronunciada), durante el cual fue *proclamada* la infalibilidad del Papa (18 de julio de 1870). El 2 de septiem-

---

(1) Hacer oración: meditar sobre la doctrina cristiana y nuestros deberes. D.L.7.V.
(2) Maquinación, trampa, artimaña. D.I..7.V.
(3) L.S.E.O.A.

bre, Napoleón capitulaba en Sedán, a renglón seguido Italia hacía conocer al gobierno francés su intención de ocupar Roma... Por fin, el 20 de septiembre de 1870, el general Cardona *bombardeaba la Porta Pía* (muralla antigua por cañón derribada); el Papa, tras una heroica defensa de sus tropas, ordenó que se izara la bandera blanca de la capitulación, mientras que, aquel mismo día, la soberanía temporal del Papa era anulada en el Capitolio (1). »

LA TRAICION DE BAZAINE
METZ Y SEDAN. GARIBALDI - 1870

II, 25

La garde étrange trahira forteresse
Espoir et umbre de plus hault mariage:
Garde déceuë, fort prinse dans la presse
Loire, Saone, Rosne, Gar à mort outrage.

La guardia extraña traicionará fortaleza
Esperanza y sombra del más alto maridaje:
Guardia decepcionada, fuerte tomado en opresión
Loira, Saona, Ródano, Gar a muerte ultraje

Traducción:

La guardia de la fortaleza traicionará extrañamente con la secreta esperanza de una alianza más fuerte, la guardia quedará decepcionada, tomada la plaza fuerte en una tenaza, los ejércitos del Loira, del Saona, del Ródano y de Garibaldi serán terriblemente abrumados por la muerte.

La historia:

« Pero Bazaine, disgustándole abandonar las defensas de Metz, no se mueve durante dos días. Se protege tras la autoridad del Emperador, sin dar una orden, sin ni siquiera hacer saltar los cuatro puentes del Mosella, por donde pasará el enemigo... Para *encerrarle entre los fuertes* de Metz, Moltke, que parece ya haberse formado una opinión de él, no cree útil inmovilizar ante la explanada todo el efectivo de los ejércitos Steinmetz y Frédéric-Charles... Siete cuerpos, es decir más de doscientos mil hombres, acampados en los altos que *rodean* por todas partes la *plaza fuerte*, asegurarán el *cerco*, aguardando su rendición... El campo de Châlons, desprovisto de toda organización defensiva quedará amenazado. Mac-Mahon se ve obligado, muy a pesar suyo, a tomar una decisión. Da órdenes de que se evacúe el campo y de que las tropas se dirijan

(1) D.D.P.

hacia Reims. Solución de espera: sigue aguardando poder *estrechar la mano* a Bazaine...

« 83.000 prisioneros por la capitulación, más de 23.000 provinentes de los anteriores combates. La batalla de Sedán había costado *3.000 muertos* y 14.000 heridos... El III y IV ejércitos alemanes han llegado ante París. El gobierno luchará lo mejor posible, reuniendo los despojos militares, mientras Thiers corre por las ingratas rutas de Europa en busca de una ayuda, una intervención que, con corteses palabras, le niegan en todas partes. Sólo *Garibaldi*, adversario de la Francia imperial, acude en socorro de la Francia republicana. Los ejércitos improvisados en *provincias* obtienen algunos éxitos. Pero Bazaine, tras oscuras negociaciones con Bismarck, tras un intento de intriga rechazado por la Emperatriz, *capitula*, entregando hasta sus banderas (1). »

LA DERROTA DE SEDAN. LA III REPUBLICA

II, 44

L'aigle poussée entour des pavillons (2),
Par autres oyseaux d'entour sera chassée
Quand bruit des cymbres (3), tubes (4) et sonnaillons (5)
Rendront le sens de la Dame insensée.

Empujada el águila en torno a los pabellones (2)
Por otros pájaros de alrededor será expulsada.
Cuando rumor de cimbrios (3), tubas (4) y sonajeros (5).
Devolverán el sentido a la Dama insensata.

Traducción:

El emperador, tras haber llevado su avance hasta el campo de batalla, será expulsado por otras águilas (germánicas) vecinas, cuando el rumor de las trompetas y los cascabeles de la caballería alemana devolverán sus facultades a la República que las había perdido.

La historia:

« El rey de Prusia, descendiendo del bosque de la Marfée, se ha dirigido a Fresnois. El y los suyos creen que Napoleón ha dejado Sedán. Cuando se le informa, queda estupefacto y repite: "¡El Emperador está ahí"!

«Después, es el sálvese quien pueda, la derrota. Salvo algunas com-

(1) I.S.E.O.A.
(2) Alojamiento portátil de forma redonda o cuadrada que servía, antaño, para la acampada de los guerreros. D.L.7.V.
(3) Pueblo germánico establecido en la orilla derecha del Elba. D.L.7.V.
(4) Latín: *tuba:* trompeta militar. D.L.L.B.
(5) Sonajero *(sonnaille):* en plural conjunto de cascabeles o campanitas con que se adornan los collares y jaeces de caballos, mulas, etc. D.L.7.V.

pañías dispersas bajo la meseta de Illy, los regimientos de la división Liebert en los accesos a Cazal que continúan la lucha; todas las unidades, *todas las armas,* espantosamente entremezcladas, retroceden hacia la explanada de Sedán. La infantería prusiana les empuja, haciendo ya numerosos prisioneros. Son las dos: la batalla ha terminado, todo el ejército se ha hundido y *el Imperio está perdido.* »

«La Emperatriz, sola en las desiertas Tullerías, ve desde sus ventanas el paseo de la muchedumbre por la calle de Rívoli, a la luz de las antorchas, banderas cubiertas de crespones. Los clamores hacen vibrar los cristales: "¡Abajo el Imperio! *¡Viva la República!*"... Los republicanos consiguen su revancha; no la soltarán. *Hace 18 años que esperan...* Esa guerra en la que el régimen ha precipitado al país, el modo como la ha llevado, no permiten perdón. El Imperio se ha condenado por sus actos. Sin piedad, los republicanos se encargan de su ejecución (1). »

NAPOLEON III EN LAS ARDENAS
LA III REPUBLICA

V, 45

Le grand Empire sera tost désolé,
Et translaté (2) près d'arduenne (3) silve (4)
Les deux batards (5) par l'aisné décollé (6),
Et regnera Aenobarb (7). nez de milve (8).

El gran Imperio será pronto desolado,
Y transportado (2) cerca de las Ardenas (3) bosque (4)
Los dos bastardos (5) por el mayor privados (6),
Y reinará Aenobarbo (7), nariz de arpía (8).

Traducción:

El gran Imperio pronto será devastado, habiendo sido llevado el Emperador cerca del bosque de las Ardenas. Los dos personajes surgidos de

(1) L.S.E.O.A.
(2) Latín: *translatus:* transportado. D.L.L.B.
(3) Latín: *Arduenna:* Las Ardenas. D.L.L.B.
(4) Latín: *silva:* Bosque, espesura, selva. D.L.L.B.
(5) Que ha nacido de padres no casados entre sí. D.L.7.V.
(6) Latín: *decollo:* privo de algo. D.L.L.B.
(7) Domitius Aenobarbus: familia patricia de Roma que obtuvo su apodo de "barba de bronce" por el hecho de que la barba negra de uno de sus miembros se volvió de pronto. rcja. Domitius Aenobarbus era esposo de Agripina, de la que tuvo a Nerón. De natural violento, habituado al desenfreno, había dicho que de Agripina y de él sólo podía nacer un monstruo. D.H.C.D. Nostradamus establece un paralelismo con la República francesa que añadió el *rojo* a la bandera nacional. Surgida de las ideas "socialistas" del siglo XVIII, que propagó por Europa, terminará por dar nacimiento al comunismo.
(8) Latín: *milva:* milano *hembra;* figurado: arpía, termino injurioso. D.L.L.B.

dos regímenes opuestos (el Imperio y la República) privados de la monarquía por el mayor (el pretendiente legitimista), reinará entonces la República, Mariana la arpía.

La historia:

«Napoleón parece, sin embargo, al comienzo, engañarse de nuevo, lo prueba su extraño despacho a Trochú preguntando si los soldados italianos deben ser dirigidos hacia Belfort o hacia Munich. Quiere regresar. El Emperador, que está entonces en las *Ardenas,* le ruega que permanezca donde está...

«Mientras sobre nuestro país gravitaron pesadamente las consecuencias de *la catástrofe en la que se hundió el Segundo Imperio,* no fue posible para los franceses considerar esta época y sus actores con la serenidad que la Historia requiere (1).»

«*Monárquico* al principio, Thiers se había acercado a la República por la razón. Habiendo tomado Thiers, en el mes de mayo de 1873, tres diputados francamente republicanos, la Asamblea manifestó sus sentimientos hostiles. Thiers presentó su dimisión. La Asamblea eligió en seguida, para reemplazarle, al mariscal de Mac-Mahon. Desde entonces, los monárquicos trabajaron para restaurar la realeza. La Clerecía dirigía la más vigorosa campaña a favor del conde de Chambord, que era llamado ya Enrique V... Las negociaciones se rompieron y la restauración con el conde de Chambord fue considerada imposible. (2.)»

(1) L.S.E.O.A.
(2) H.F.A.M.

DIVISION ENTRE ORLEANISTAS
Y LEGITIMISTAS - 1871
LOS TRIBUNALES MARCIALES DESPUES DE LA COMUNA

VI, 95

Par detracteur calomnié a puisnay (1),
Quand istront (2) faicts enormes et martiaux:
La moindre (3) part dubieuse (4) à l'aisnè,
Et tost au regne seront faicts partiaux.

Por detractor calumiado a menor (1),
Cuando saldrán (2) hechos enormes y marciales:
La más pequeña (3) parte dudosa (4) al mayor,
Y pronto al reino serán hechos parcial.

Traducción:

El representante de la rama menor será calumniado por un detractor, cuando se saldrá de los juicios marciales por actos excesivos, el partido más pequeño (los orleanistas) tendrá dudas con respecto al mayor; los partidos llegarán entonces rápidamente al poder.

La historia:

«Proclamada la República en París, el 4 de septiembre de 1870, tuvo comienzos difíciles. No pudo evitar la *derrota*. Los republicanos eran todavía poco numerosos en el país y desorganizados; sin embargo, se aprovecharon de la *división* de los realistas, escindidos entre legitimistas y orleanistas, para organizar una república provisional presidida por Thiers... Los monárquicos separaron del poder a Thiers, a quien reprochaban haberse aliado definitivamente con la república. Bajo la presidencia del mariscal Mac-Mahon, prepararon la restauración de la monarquía; pero no lograron superar sus divisiones, lo que permitió a los republicanos hacer votar las leyes constitucionales de 1875 que organizaban definitivamente la república (5).»

«Los tribunales *marciales* funcionan en París con inaudita actividad. Desde la mañana (domingo 28 de mayo de 1871) un espeso cordón se forma ante el Châtelet, sede permanente de un tribunal marcial. De vez en cuando, se ve salir un grupo de quince o veinte individuos, condenados a muerte (6)...»

(1) *Puiné* (después nacido): el que ha nacido en segundo lugar, hermano menor. D.L. 7.V.
(2) Forma de *issir:* salir. D.A.F.L.
(3) Más pequeño por sus dimensiones, su cantidad o su valor. D.L.7.V.
(4) Latín: *dubiosus:* dudoso. D.L.L.B.
(5) D.H.3.
(6) Aimé Dupuy: *1870-1871, la Guerre, la Commune et la Presse.* A. Collin, 1959.

«Los primeros actos del gobierno republicano estuvieron encaminados a decidir el regreso de las cámaras a París. Pero la victoria de los republicanos no puso fin a la lucha de los *partidos* (1).»

LA CAIDA DE NAPOLEON III - 4 de septiembre de 1870
MAC-MAHON EN VERSALLES - 1871
Y SU SEPTENARIO - 1873-1879
LA CONSTITUCION DE 1875 (febrero-julio)

VI, 52

En lieu du grand qui sera condamné (2),
De prison hors, son amy en sa place:
L'espoir Troyen (3) en six mois joint (4), mort né,
Le Sol à l'urne seront prins fleuves en glace.

En vez del grande que será condenado (2),
De prisión fuera, su amigo en su lugar:
La esperanza Troyana (3) en seis meses unidos (4), nacido muerto,
El Sol en la urna serán tomados ríos en hielo.

Traducción:

En vez del grande (Emperador) que será expulsado, una vez salido de prisión, su amigo tomará el poder en su lugar: la esperanza monárquica será encadenada en seis meses, nacida muerta, la monarquía será abandonada, a causa de un voto, después de que los ríos hayan sido invadidos por el hielo.

La historia:

«La capitulación del Emperador y del ejército de Sedan tuvieron como consecuencia inmediata la caída del Imperio.»

«A partir del 5 de enero de 1871, los alemanes hicieron llover obuses sobre los fuertes y los barrios de la orilla izquierda del Sena... París se hallaba bajo la doble amenaza del hambre y de la revolución... No había ya leña ni carbón, *en uno de los inviernos más rigurosos del siglo,* cuando incluso el vino se helaba en los toneles (5).»

«Mac-Mahon, herido al comienzo de la batalla de Sedán del 1º de

(1) H.F.A.M.
(2) Latín: *damno:* condeno, declaro culpable, rechazo. D.L.L.B.
(3) La Franciada: poema épico inacabado de Ronsard: Francus, hijo de Héctor, príncipe *troyano,* ha escapado al furor de los griegos tras el saqueo de Troya... El destino le llama a fundar un nuevo imperio... Hyanthe, que es profetisa, desvela el porvenir de Francus y hace desfilar ante sus ojos a todos los reyes de Francia que descenderán de él, desde Pharamond hasta Carlomagno. D.L.7.V. Nostradamus toma aquí a los troyanos como símbolo de la monarquía francesa. [Sin embargo, Ronsard no dio a conocer los primeros cantos de su epopeya hasta 1572 (N. del T.)]
(4) Latín: *junctus:* ensamblado, ligado. D.L.L.B.
(5) H.F.A.M.

septiembre, fue enviado *prisionero* a Alemania. Después de la firma de París, mandó el ejército de Versalles que arrebató París a la Comuna (1).»

«El 27 de octubre de 1873, las negociaciones se rompieron y la restauración con el conde de Chambord fue considerada imposible. Los monárquicos no renunciaron, sin embargo, a la *esperanza* de restablecer la realeza. Mac-Mahon recibió la presidencia por siete años (19 de noviembre de 1873)... A finales de 1874, tras la renovación general de los consejos municipales, que fue como un *plebiscito en favor o en contra de la República*, no pudo dudarse ya de que Francia era, en su mayoría, republicana. Entonces, a comienzos de 1875, la Asamblea se decidió a emprender el examen de las leyes constitucionales. Votó sucesivamente tres leyes (febrero-julio de 1875) (2). Las tres leyes forman lo que se llama la constitución de 1875: ellas son las que, un poco modificadas en 1884, rigen todavía Francia... La Constitución de 1875 *fundó* en Francia el *régimen parlamentario* (3).»

«La Asamblea nacional se disolvió el 31 de diciembre de 1875. Las *elecciones* senatoriales dieron una débil mayoría a los monárquicos, pero en la Cámara la mayoría republicana fue de 200 votos. Mac-Mahon, para conformarse a la Constitución, tomó un ministerio republicano (3).»

LA PAZ DE FRANKFURT - 10 de mayo de 1871
ANEXION DE ALSACIA Y LORENA
ROMA CAPITAL DE ITALIA - 26 de enero de 1871

VI, 87

L'élection faicte dans Francfort,
N'aura nul lieu (4), Milan s'opposera:
Le sien plus proche semblera si grand fort,
Qu'outre le Rhin es Marechs (5) chassera

La elección hecha en Frankfurt.
No tendrá lugar alguno (4), Milán se opondrá:
Su más próximo parecerá tan gran fuerte
Que más allá del Rhin la frontera (5) llevará.

Traducción:
Realizada la elección (Francia) no será recibida en Frankfurt; Milán

(1) D.L.7.V.
(2) Seis meses.
(3) H.F.A.M.
(4) No tener lugar: no ser recibido, admitido. D.L.7.V.
(5) *Maresche* o *maresc:* en alemán, *marsch;* en inglés, *marsh.* D.A.F.L. De donde procede *Marca:* frontera militar de un estado. D.L.7.V.

se opondrá (a Roma); su vecino cercano parecerá tan grande y poderoso, que llevará las fronteras más allá del Rhin.

La historia:

«La paz de *Frankfurt:* durante el armisticio, se procedió a la *elección* de una Asamblea Nacional que decidió negociar la paz. Los preliminares de paz fueron firmados en *Versalles* el 26 de febrero y ratificados el 1º de marzo en *Burdeos.* Francia perdía Alsacia, menos Belfort y el norte de Lorena con Metz. Estos preliminares fueron transformados en paz definitiva por el tratado de Frankfurt, el 10 de mayo de 1871... De este modo, de tan terrible guerra, Alemania salió unificada, *poderosa, preponderante* en Europa (1).»

«Desde el 25 de enero de 1871, el príncipe heredero y la princesa Margarita se instalan en Roma. El Senado, por 94 votos contra 39, aprueba el cambio de capital... Después de largas pruebas y expiaciones, dice el rey, Italia ha sido devuelta a sí misma y a Roma. Tras reconocer la independencia absoluta de la autoridad espiritual, podremos estar convencidos de que Roma, capital de Italia, continuará siendo la sede pacífica y respetada del Pontificado.»

ANEXION DE ALSACIA-LORENA - 1871
LA DERROTA DE BOURBAKI EN LE MANS,
DE FAIRDHERBE EN CAMBRAI
Y DEL EJERCITO DEL ESTE EN LA FRONTERA SUIZA

X, 51

Des lieux plus bas du pays de Lorraine,
Seront des basses Allemagnes unies:
Par ceux du siège Picard, Normans, du Maisne (2),
Et aux cantons (3) se seront réunis.

De los lugares más bajos que el país de Lorena,
Serán las bases de Alemania unidas:
Por los del sitio Picard, normandos, del Maisme (2),
Y en los cantones (3) se habrán reunido.

Traducción:

Territorios situados más abajo que Lorena (Alsacia) serán unidos a Alemania del sur, a causa de los combatientes (alemanes) en el sitio

(1) H.F.A.M.
(2) Antigua provincia de Francia, limitada al norte por Normandía, al este por el Orleanesado, al sur por Anjou y Turena y al oeste por Bretaña; su capital era Le Mans D.H.B.
(3) En Suiza, cada uno de los Estados que componen la Confederación. D.L.7.V.

(de París), en Picardía, en Normandía y hasta el Maine, y tropas francesas que se habrán reunido en Suiza.

La historia:

«Los últimos combates: sin desesperar, Gambetta organizó una nueva tentativa. Tres ejércitos operan en diciembre y en enero: el ejército del Norte, a las órdenes de Faidherbe, el segundo ejército del Loira, a las órdenes de Chanzy, y el ejército del Este, a las órdenes de Bourbaki. Chanzy se aferró a la orilla derecha del Loira, maniobrando continuamente de modo que pudiera avanzar sobre París si la victoria le favorecía. Por temor a ser desviado, se replegó hacia el Loira , luego, hacia el Sarthe. Vencido *en Le Mans* (10-11 de enero), intentó reunir su ejército en el Mayenne.

En el norte, Faidherbe dio pruebas de la misma tenacidad. Venció en Bapaume el 3 de enero. Pero la derrota de San Quintín (18 de enero) le hizo retroceder hasta *Cambrai* (Picardía).

El ejército del Este tenía como objetivo desbloquear Belfort... Rechazado hacia Besançon y, luego, hacia la frontera suiza (en los cantones se habrán reunido), tomado entre dos ejércitos alemanes, el ejército del Este sólo escapó a una capitulación *entrando en Suiza,* donde fue desarmado (1º de febrero de 1871).

Sin embargo, para apresurar la rendición de París (sitio), los alemanes, inquietos por la duración de la resistencia, habían comenzado a bombardear la ciudad...

«Los preliminares de paz, negociados por Thiers y Jules Faure, fueron firmados el 26 de febrero y ratificados el 1º de marzo por la Asamblea reunida en Burdeos. Francia perdía Alsacia, menos Belfort (lugares más bajos que el país de Lorena), y el norte de Lorena con Metz (1)...»

(1) H.F.A.M.

LA DERROTA DE BOURBAKI - 1.º de febrero de 1871
PAZ DE FRANKFURT - 10 de mayo de 1871

V, 82

Au conclud pache hors de la forteresse
Ne sortira celui en désespoir mis:
Quand ceux d'Arbois (1) de Langres, contre Bresse (2)
Auront monts Dolle (3), bouscade (4) d'ennemis.

Concluida paz fuera de la fortaleza
No saldrá aquél en desesperación metido:
Cuando los de Arbois (1) de Langres, contra Bresse (2)
Tendrán montes Dolle (3), emboscada (4) de enemigos.

Traducción:

Concluida la paz de fuera de (Frank)furt (5), aquel que habrá sido reducido a la desesperación no podrá salir, cuando los de Arbois, venidos de Langres, contra Bresse, hallarán en los montes del Jura una emboscada enemiga.

La historia:

«El ejército del Este —100.000 hombres concentrados en torno a Bourges— tenía como objetivo desbloquear Belfort, donde Denfert-Rochereau resistía desde el 3 de noviembre. Pero, al igual que el ejército de Châlons, maniobró con tal lentitud, que dio tiempo a los alemanes para organizarse. Vencedor en Villersexel (6) (9 de enero de 1871) Bourbaki no pudo forzar las líneas de Hericourt (7) (15-17 de enero). Rechazado hacia *Besançon* y, luego, hacia la frontera suiza, *tomado entre dos ejércitos alemanes,* el ejército del Este sólo escapó a una capitulación entrando en Suiza, donde fue desarmado (1º de enero de 1871).»

«Los preliminares de paz, negociados por Thiers y Jules Fabre, fueron firmados el 26 de febrero y ratificados el 1º de marzo por la Asamblea reunida en *Burdeos.* Estos preliminares fueron transformados en paz definitiva por el tratado de Frankfurt, el 10 de mayo de 1871 (8).»

(1) Capital del cantón del *Jura.*
(2) Región situada en la orilla izquierda del Saona en los departamentos del Ain, Saona, Loira y *Jura.* D.L.7.V.
(3) Capital de la región del *Jura.*
(4) Latín: *boscum:* bosque, emboscada: lugar en donde se ha colocado una tropa para atacar de improviso al enemigo. D.L.7.V.
(5) En francés: *(Franc) fort;* es decir: (Franc) *fuerte* (o *fortaleza).* (N. del T.)
(6) Capital de cantón en Alto-Saona.
(7) Capital de cantón en Alto-Saona. Tras el fracaso de Hericourt, comenzó la desastrosa retirada del ejército del Este a través del *Jura.* D.L.7.V.
(8) H.F.A.M.

LA COMUNA. LA GUERRA CIVIL
18 de marzo-28 de mayo de 1871

II, 77

Par arcs (1) feux, poix (2) et par feux repoussés (3),
Crys, hurlements sur la minuict ouys:
Dedans sont mis par les remparts cassez (4),
Par canicules les traditeurs (5) fuys.

Por arcos (1) fuegos, pez (2) y por fuegos rechazados (3).
Gritos, aullidos escuchados a medianoche:
Dentro se han metido por las murallas vacías (4),
Por canículas los traidores (5) huidos.

Traducción:

Por fuego (de trayectoria) curva, rechazados por los incendios debidos al petróleo; gritos y aullidos se escucharán en la noche; entrarán por murallas vacías y los traidores huirán a causa del extremado calor.

La historia:

«Hacia las 10, algunos hombres pusieron pies en polvorosa; los demás les siguieron. La muerte de los generales Lecompte y Clément Thomas, fusilados a media tarde por una banda de revoltosos y de *soldados amotinados*, exasperó los odios e hizo imposible toda conciliación.

Este fue el primer episodio de una atroz guerra civil que duró dos meses. Thiers no intentó resistir en París. Se retiró a Versalles, dejando el campo libre a los *insurrectos*, entregándoles incluso *los fuertes*. La Comuna organizó la lucha contra el gobierno de Versalles. La guerra tuvo un inaudito carácter de encarnizamiento. Cuando Thiers hubo reconstituido, con los prisioneros regresados de Suiza y Alemania, un fuerte ejército de 150.000 hombres, comenzó un segundo asedio de París. El sitio duró cinco semanas. El domingo 21 de mayo, hacia las cuatro de la tarde, fusileros de marina sorprendieron en Auteuil, cerca del Sena, una *puerta abandonada.*

El ejército entró en París. En una crisis de locura destructiva, los *federados*, sintiéndose perdidos, *incendiaron* con *petróleo* las Tullerías, el Tribunal de Cuentas, el Palacio de Justicia, la Prefectura, el Ayuntamiento, la estación de Lyon y numerosas casas por todas partes. El Sena corría entre dos muros de *fuego*. Los *obuses incendiarios* lanzados

---

(1) Latín: *arcus:* curvas. D.L.L.B.
(2) Mineralogía: nombre frecuentemente dado a los betunes: se distinguen cuatro especies de betunes, son la nafta o *petróleo,* etc. D.L.7.V.
(3) Latín: *repello; repulsus:* empujo hacia atrás, aparto, alejo, rechazo. D.L.L.B.
(4) Latín: *cassus:* vacío. D.L.L.B.
(5) Latín: *traditor:* traidor. D.L.L.B.

desde los altos del este, llovían sobre el centro de la ciudad: Los rehenes eran asesinados (24-26 de mayo). Exasperadas por esos horrores, las tropas no daban cuartel. Según las cifras oficiales, la batalla había causado 6.500 víctimas, caídas en la lucha o fusiladas. Hubo además 36.000 prisioneros que fueron *llevados* ante consejos de guerra. 13.000 de ellos fueron condenados a la pena política de deportación (1).»

BAZAINE. EL ABANDONO DE METZ - 1870
MUERTE DE NAPOLEON III - 1873

IV, 65

Au deserteur de la Grand forteresse,
Après qu'aura son lieu abandonné:
Son adversaire fera grand prouësse
L'empereur tost mort sera condamné.

Al desertor de la gran fortaleza,
Después que habrá su lugar abandonado:
Su adversario hará gran proeza.
El Emperador pronto muerto será condenado.

Traducción:

Cuando el desertor de la gran fortaleza haya abandonado la plaza, el enemigo realizará grandes proezas y el emperador morirá poco después.

La historia:

«Mac-Mahon advertido, por otra parte, de que Bazaine no se ha movido de *Metz,* opta por abandonarle a su suerte... A la una y media del 14 de agosto, Napoleón sale de Metz, precedido por los Cien Guardias. El ejército, poco después, le sigue en compacta multitud... Cae la noche y sigue disparándose. Bazaine ordena proseguir la *retirada...* Desde su cuartel general en Ban-Saint-Martin, barrio de Metz, el mariscal, en este 19 de agosto, asegura al Emperador que sólo ha ordenado un cambio de frente para impedir un movimiento envolvente. Sigue pensando tomar la dirección norte y continuar hacia Sedán e, incluso, hacia Mazières para llegar a Châlons. Engaña así, a sabiendas, a su señor y, persuadiéndole de que sigue intentando reunirse con él, le llevará al abismo. Sedán, la palabra está escrita en su despacho. Bazaine, por su *mentira,* se convierte en el cebo de la trampa final en la que *desaparecerá Napoleón...*

«El gobierno de la Defensa, en contra de la opinión de Gambetta,

(1) H.F.A.M.

ardiendo de patriotismo y que desea proseguir la lucha, solicita por fin una suspensión de las hostilidades y rinde París... Alsacia, un tercio de Lorena, Estrasburgo, Metz y cinco mil millones es el precio exigido por el Shylock prusiano. Los alemanes, victoriosos, desfilan por los Campos Elíseos... Dieciocho meses más tarde, el 7 de enero de 1873, Napoleón III, dispuesto a intentar un nuevo regreso de la isla de Elba, sucumbe en Chislehurst al mal del que tanto ha sufrido (1).»

LA «BELLE EPOQUE» - 1900
REIMS, CENTRO DE LA GUERRA - 1914-1918

III, 18

Après la pluye de laict assez longuette,
En plusieurs lieux de Reims (2) le ciel touché (3):
O quel conflit de sang près d'eux s'appreste,
Peres et fils Roys n'oseront approché.

Tras lluvia de leche bastante prolongada,
En varios lugares de Reims (2) cielo golpeado (3):
¡Oh!, qué conflicto de sangre junto a ellos se prepara,
Padres e hijos reyes no osarán acercarse.

Traducción:

Tras un período de buena vida bastante largo, varios lugares alrededor de Reims serán golpeados por el cielo: ¡Oh!, qué conflictos sangrientos se preparan junto a ellos; padres e hijos, gobernantes no osarán a acercarse a estos lugares.

La historia:

«*Cuarenta y cuatro años,* casi exactamente, después de Froeschwiller y Saint Privat, los ejércitos francés y alemán vuelven a chocar... Aquella guerra, la mayor y más *sangrienta* que jamás se hubiera producido, aparece como un inmenso cataclismo (4).»

«La guerra de 1914, larga y atroz, dará, retrospectivamente, a los años 1900 un regusto de *edad de oro.* Sólo la fácil vida de la burguesía acomodada permite hablar de «*belle époque».* Pero ella fue la que dio el tono (5).»

---

(1) L.S.E.O.A.

(2) Capital del departamento del *Marne.* Objetivo de numerosas batallas. *Reims* sufrió mucho en la primera guerra mundial, como toda la parte Este del país. En parte devastada, fue reconstruida sin que se tuviera muy en cuenta el urbanismo. A.E.

(3) *Touche:* golpe, acción de golpear. D.L.7.V.

(4) L.C.H.3.

(5) H.F.A.M.

«Los *preparativos* en 1913: Alemania se armó de modo formidable, enormes sumas fueron consagradas al aumento del material de guerra. Directamente concernida, Francia respondió el 7 de agosto de 1913 con la votación de una ley que elevaba a tres años la duración del servicio militar.»

«Aquella guerra del siglo XX fue atroz entre las más atroces.»

«En Flandes y en Picardía, los planes de Ludendorff habían sido desbaratados por la rápida respuesta francesa, el 27 de mayo de 1918 con un nuevo golpe de sorpresa, los alemanes rompieron el frente francés entre Soissons y *Reims,* en el Chemin des Dames. El efecto moral fue inmenso... Ludendorff decidió dar a Foch un golpe decisivo atacando en un frente de 90 kilómetros, a una y otra parte del *saliente de Reims...* Por segunda vez, una victoria en el *Marne* decidía la suerte de la guerra.

«Este triunfo de tan conmovedora grandeza Francia se lo había ganado con horrendos sacrificios. De todos los beligerantes era ella la que más *sangre* había vertido: contaba con más de 1.500.000 muertos, cerca de tres millones de heridos. En vastos espacios, los campos más ricos no eran más que un *desierto* sin árboles, ni matorrales, ni casas. Grandes ciudades como *Reims,* Arras, Soissons, Verdún, San Quintín, no eran más que montones de escombros.»

LA GUERRA DE 1914-1918
LA GRIPE ESPAÑOLA - 1918

IX, 55

L'horrible guerre qu'en Occident s'appreste,
L'an ensuyvant viendra la pestilence (1)
Si fort terrible que jeune, vieil et beste,
Sang, feu, Mercur (2), Mars, Jupiter (3), en France.

La horrible guerra en Occidente se prepara,
Al siguiente año llegará la pestilencia (1)
Tan fuerte y terrible que joven, viejo y bestia,
Sangre, fuego, Mercurio (2), Marte, Júpiter (3), en Francia.

Traducción:

La horrible guerra que se prepara en Occidente; al año siguiente vendrá una epidemia tan terrible que afectará a los jóvenes, los viejos, los

(1) Peste: enfermedad contagiosa en general. D.L.7.V.

(2) Hijo de Júpiter, mensajero de los dioses y dios de la elocuencia, del comercio y de los *ladrones.* D.L.7.V.

(3) Principal divinidad de los romanos, dios *soberano del cielo* y del mundo. Jupiterino: Que tiene un caracter imperioso, dominador. D.L.7.V.

animales, cuando el fuego, la sangre, el pillaje, la guerra, la aviación estarán en Francia.

La historia:

«La pandemia de 1918 produjo la muerte de casi quince millones de personas en todo el mundo (1).»

«El conflicto que comienza el 2 de agosto de 1914 es el resultado de las rivalidades imperialistas de las grandes potencias *europeas* desde hace medio siglo... La guerra se desarrolló en diversos lugares del globo, por tierra, mar y aire, siendo europeos los frentes esenciales (4)...» (¡En occidente!). Los alemanes, buscando la completa aniquilación del adversario, atacan masivamente, el 21 de febrero de 1916, en el sector de Verdún. Es el comienzo de la batalla más violenta y más *sangrienta* de la guerra. Causará más de 700.000 muertos y heridos (2).

«*Lanzallamas* y granadas dieron a los combates un tono especialmente cruel. Pero el arma más temida fue el gas asfixiante empleado por primera vez, por los alemanes, el 22 de abril de 1915... Otra máquina: el *aeroplano* que, primero, sirvió para espiar la marcha del enemigo. Pronto le fue confiada la misión de adueñarse de un espacio aéreo (2)...»

EL EJERCITO ALEMAN EN 1914-1918
LAS CONDICIONES DE PAZ

IV, 12

Le camp (3) plus grand de route mis en fuite,
Guaires (4) plus outre ne sera pourchassé:
Ost (5) recampé et légion (6) réduicte
Puis hors de Gaule le tout sera chassé.

El campo (3) mayor de ruta puesto en fuga,
Mucho (4) más allá no será perseguido:
El ejército (5) acampado de nuevo y legión (6) reducida
Luego fuera de Galia todo será arrojado.

Traducción:

El mayor ejército (alemán) puesto en fuga y derrotado, no será perseguido mucho más allá (del Rhin). Porque las tropas habrán ido a acampar

(1) E.U.
(2) A.E.
(3) Terreno en el que se establece un ejército; por extensión: ejército en general. D.L.7.V.
(4) *Guaires (guères):* Mucho. D.A.F.L.
(5) Ejército, campo, tropa. D.A.F.L.
(6) Latín: *legio:* tropa, ejército. D.L.L.B.

de nuevo (después de 1870), el ejército será reducido. Todo será arrojado fuera de Francia.

La historia:

«Como la apuesta de la guerra no era otra cosa que su propio destino y su existencia, los principales beligerantes pusieron en práctica todos sus recursos materiales o morales. Se evalúan en casi *14 millones* el número de alemanes y en más de *8 millones* el número de franceses movilizados de 1914 a 1918.»

De Argonne al mar del Norte, la ardiente ofensiva continuó sin descanso. El 17 de octubre de 1918, Lille se veía liberada de su largo cautiverio. A ojos vista, pese a su desesperada resistencia, el enemigo se debilitaba, *retrocedía* en todas partes... Las principales cláusulas del armisticio del 11 de noviembre de 1918 eran las siguientes: evacuación, en quince días, de los territorios ocupados en Francia, Bélgica y Alsacia-Lorena; evacuación, en un mes, de toda la *orilla izquierda del Rhin* que sería ocupada por los aliados, con cabezas de puente en *la orilla derecha*, en Mayenza, Coblenza y Colonia.»

«Se pusieron fácilmente de acuerdo cuando se trató de imponer a Alemania la supresión del servicio militar obligatorio y la *reducción del ejército alemán* a 100.000 hombres.»

«Una de las condiciones, la más importante para Francia, se hallaba implícitamente contenida en el propio armisticio: por una inmediata reparación de la violación del derecho cometida en 1871, Alsacia-Lorena regresaba a la patria francesa (1).»

LA GRAN GUERRA - 1914-1918
EL AGOTAMIENTO EN HOMBRES
EL HUNDIMIENTO DE LA MONEDA

VII, 25

Par guerre longue l'exercite (2) expuiser,
Que pour soldats ne trouveront pecune (3):
Lieu d'or, d'argent, cuir on viendra cuser (4),
Gaulois aerain (5), signe croissant de Lune.

Por guerra larga el ejército (2) agotar,
Que para soldados no hallarán pecunio (3):
Lugar de oro, de plata, cuero se acuñará (4),
Dinero galo (5), signo de luna creciente.

(1) H.F.A.M.
(2) Latín: *exercitus:* ejército. D.L.L.B.
(3) Latín: *pecunia:* fortuna, bienes, riquezas, moneda. D.L.L.B.
(4) Latín: *cudere argentum:* acuñar moneda. D.L.L.B.
(5) Latín: *aes:* moneda, dinero. D.L.L.B.

Traducción:

Por una larga guerra el ejército estará agotado hasta el punto de que no se hallará dinero para los soldados. Llegará a acuñarse el cuero en vez de oro y plata; la moneda francesa parecerá un cuarto creciente de la luna.

La historia:

«La guerra exige incesantemente *más armas y municiones*. Los beligerantes creyeron hacer una guerra corta y violenta; se hallan comprometidos en una *guerra larga*. Desde septiembre de 1914, en ambos campos, se producen *crisis de material* y municiones.»

«Las consecuencias financieras de la guerra: es muy difícil precisar a qué gastos somete la guerra a los beligerantes. Pero se conocen las deudas de los Estados: la deuda interior es, en 1919, de cerca de 8 mil millones de libras en Inglaterra, de 219 mil millones de francos en Francia. Por lo que se refiere al *papel-moneda emitido* durante la guerra, era de circulación forzada y, por lo tanto, *no convertible en oro*. ¿Se reducirá la cantidad en circulación (deflación)? O, por el contrario, ¿se mantendrá la inflación devaluando la moneda-tipo? ¿Se regresará al *patrón oro*? Estos son algunos de los problemas que se plantean, junto a muchos otros, en el campo de las finanzas.»

«Francia debe abandonar la política que seguía desde el final de la guerra y renunciar a obtener, por sí sola, la ejecución de un tratado que los principales firmantes abandonan en mayor o menor grado. Esta nueva actitud se explica por el estado de las finanzas en un país cuyas arcas están vacías y cuya *moneda* se tambalea.

«La guerra ha durado cuatro años y tres meses, Francia ha tenido 1.393.000 muertos, casi 3 millones de heridos. (Una muerte por cada veintinueve habitantes.) (1).»

(1) L.M.C.

GANTE CIUDAD DE ALIANZAS
Y DE TRATADOS - 1576, 1678, 1792, 1795, 1918
LA TOMA DE AMBERES Y LAS INUNDACIONES
8 de octubre de 1914

X, 52

Au lieu ou LAYE et Scelde (1) se marient
Seront les nopces de longtemps maniées:
Au lieu d'Anvers ou la crappe (2) charient,
Jeune vieillesse conforte (3) intaminées (4).

En el lugar donde LAYE y Scelde (1) se unen
Serán las bodas preparadas durante mucho tiempo:
En el lugar de Amberes donde basuras (2) arrastran
Joven vejez conforta (3) no contaminados (4)

Traducción:

Allí donde confluyen el Lys y el Escalda (Gante) se firmarán alianzas durante mucho tiempo. En Amberes, donde los cursos de agua arrastran basura (cadáveres). Jóvenes y viejos no contaminados todavía mantendrán (el combate).

La historia:

«En 1576, se firmó la famosa Pacificación de Gante, por la cual las provincias del norte y mediodía de los Países-Bajos se *unieron* contra los españoles (alianzas). Gante fue tomada en 1678 por Luis XIV, en 1745 por Lowendahl, en 1792 y 1795 por los ejércitos de la República. Bajo el Imperio se convirtió en capital del departamento del Escalda (Scelde). Luis XVIII se retiró allí durante los Cien-Días (1815). En 1815, Inglaterra y los Estados Unidos firmaron allí un tratado de paz (5).»

«El 11 de noviembre de 1918, a las 5 de la mañana, se firma el armisticio. El alto-el-fuego de la gran guerra suena a las 11. Y en aquel amanecer del 11 de noviembre, el frente pasa cerca de Gante (6)...»

«Los dos mandos intentaron su última oportunidad: las dos alas, esforzándose por desbordarse, suben hacia el norte, en lo que se ha llamado la carrera hacia el mar. Esas grandes batallas de encuentro dejaron a los franceses Amiens y Arras, y a los alemanes Lille, Roubaix, Tourcoing. Ingleses y franceses consiguieron estrechar la mano al ejército belga que, tras haber abandonado *Amberes* (8 de octubre de 1914), consiguió una

---

(1) Scaldis (Scelde): Escalda. La ciudad de Gante se halla en la confluencia del Lys y el Escalda. D.H.B. y A.U.

(2) *Crape:* basura. D.A.F.L.

(3) Confortar: sostener, alentar. D.A.F.L.

(4) Latín: *intaminatu:* puro, no manchado. D.L.L.B.

(5) D.H.B.

(6) H.F.A.C.A.D.

azarosa retirada hasta el Yser. Los alemanes redujeron en nueve días los fuertes de Amberes; la "pistola cargada en el corazón de Inglaterra" caía en manos terribles; las tropas que von Falkenhayn lanzó a la batalla de Flandes eran formaciones nuevas, estudiantes, profesores enrolados, de los dieciséis a los cincuenta años (joven vejez) e *impacientes por dar los últimos golpes* (conforta no contaminados). Tras implacables combates en Dixmude, junto al Yser, pequeño río costero, la batalla se atascó y se extinguió en el *barro de las inundaciones* (basuras arrastran) y las lluvias torrenciales (1).»

«En la declaración de guerra, el 4 de agosto de 1914, jóvenes alemanes dejan estallar su entusiasmo (8).»

LA REVOLUCION BOLCHEVIQUE - 1917
LAS INTERVENCIONES EXTRANJERAS EN RUSIA
1917-1922
LA PROCLAMACION DE LA U.R.S.S. - 1922

Presagio 62

Courses (3) de LOIN, ne s'apprester conflits,
Triste entreprise, l'air pestilent, hideux:
De toutes parts les Grands seront afflits,
Et dix et sept assaillir vint et deux.

Incursiones (3) de lejos, no prepararse a conflictos.
Triste empresa, el aire pestilente, horrendo:
De todas partes los Grandes serán afligidos,
Y diecisiete asaltar veintidós.

Traducción:

Incursiones hostiles venidas de lejos, de gentes que no estarán preparadas para el conflicto, a causa de una triste empresa (la revolución) que hará irrespirable y horrendo el aire; en todas partes los jefes de estado estarán afligidos y atacarán (a los rusos) de 1917 a 1922.

La historia:

«La revolución bolchevique determinó una dirección completamente nueva en la historia rusa, por un cambio de las estructuras políticas, administrativas, económicas y sociales... La realidad del nuevo régimen

(1) *Prologue à nostre Siècle* - Historia Universal t. XI; A. Jourcin, Larousse 1968
(2) E.U.
(3) Arte militar: incursiones hostiles. D.L.7.V.

no se ve nada clara en octubre de *1917*. Veinte años de luchas intestinas constituyen un *período trágico* (triste empresa) de la historia de Rusia, ex imperio convertido, en *1922,* en Unión de Repúblicas Socialistas Soviéticas... Después de octubre, el nuevo gobierno tuvo que luchar, no sólo contra una oposición en el propio país, sino también contra la *intervención extranjera:* Rusia se había retirado de la guerra por el tratado de Brest-Litovsk (3 de marzo de 1918), y los ejércitos francés, inglés, americano y japonés alentaron la guerra civil hasta noviembre de 1920, con una prolongación en *Extremo-Oriente* (de lejos), hasta noviembre de *1922* (1).»

«La revolución rusa había comenzado sin violencia, pero un atentado contra Lenin y la guerra civil desencadenan el *Terror*. De 1919 a 1920, las víctimas de las ejecuciones, del hambre (horrendo), de las *epidemias* (aire pestilente) llegan tal vez a los 7 millones. Lenin lanza la consigna: victoria o muerte (2).»

LA REVOLUCION DE OCTUBRE DE 1917
EL MISTERIO DE LA MATANZA DE LOS ROMANOV

Presagio 89, octubre

Voici le mois par maux tant a doubter (3),
Mors, tous seigner (4) peste, faim, quereller:
Ceux du rebours (5) d'exil viendront noter (6),
Grands, secrets, morts, non de contreroller (7).

He aquí el mes por males tanto a dudar (3).
Muertos, todos estandarte (4), peste, hambre, querella:
Los de al contrario (5) de exilio vendrán condenar (6).
Grandes secretos, muertos, no de controlar (7).

Traducción:

He aquí el mes (octubre) temible por las desgracias que producirá. Todos los de la bandera roja traerán la muerte, la enfermedad, el hambre y la guerra civil. Los opositores serán condenados al exilio y no se podrá controlar la muerte de los grandes, que permanecerá secreta.

(1) E.U.
(2) L.M.C.
(3) Ejemplo de aféresis
(4) Latín: *signum:* bandera roja. D.L.L.B.
(5) En sentido figurado: a contrapié, lo contrario de lo que debe hacerse. D.L.7.V.
(6) Latín: *notare:* censurar, condenar. D.L.L.B.
(7) Antigua forma de *contrôler* (controlar) D.A.F.L.

La historia:

«*En octubre de 1917*, la situación interior de Rusia es *catastrófica*. La inflación del papel-moneda y el peso de las deudas del Estado hacen inevitable una bancarrota financiera...

«*La insurrección de octubre* (25 de octubre-1º de noviembre). Mientras Kerenski sale de Petrogrado para dirigirse a la cabeza de las tropas que ha traído del frente, marineros, soldados, obreros, *guardias rojos* se apoderan del palacio de Invierno, dispersan el Parlamento, detienen a los miembros del gobierno provisional. Las tropas que avanzan hacia Petrogrado, poco dispuestas a combatir, ven, como dos meses antes, su avance detenido; sus jefes entablan conversaciones con los bolcheviques, Kerenski logra escapar al arresto. Sin embargo, en Petrogrado y, luego, en Moscú, las tentativas de los alumnos-oficiales para restablecer el gobierno han fracasado. En el plano político, la revolución bolchevique triunfa el 1º de noviembre.» (1)

«En julio de 1918, mientras estaban en manos de los comunistas, el zar de Rusia Nicolás II, su mujer Alejandra y sus cinco hijos (grandes) desaparecieron y jamás se les volvió a ver. Oficialmente fueron *muertos* a disparos y bayonetazos en la casa donde permanecían prisioneros. Pero durante los cincuenta y ocho años siguientes, el *misterio* y las contradicciones de este asunto no han hecho más que acrecentarse, enmascarando la verdad, creando leyendas, aumentando la confusión... Aunque la versión de la matanza ha sido seriamente puesta en duda, nuestras investigaciones no nos han permitido avanzar mucho en lo que respecta al descubrimiento de la suerte que les estuvo realmente reservada a los Romanov (no de controlar).» (2)

LA INTERNACIONAL Y EL MARXISMO EN RUSIA
LA EXTENSION DE LAS IDEAS COMUNISTAS
LAS CARCELES

I, 14

De gent esclave (3) chansons, cnants et requestes,
Captifs par Princes et Seigneurs aux prisons:
A l'advenir par idiots sans testes,
Seront receus par divines oraisons.

De gente esclava (3) canciones, cantos y requisiciones.
Cautivos por Príncipes y Señores en las cárceles:
En el porvenir por idiota sin cabeza,
Serán recibidos como divinas oraciones.

(1) E.U.
(2) L.D.R.
(3) Esclavonia: Antiguo nombre de Rusia, país de los eslavos. D.H.B.

Traducción:

Los cantos y las requisiciones de los rusos, cuyos jefes de estado encarcelarán a gente, serán aceptados como discursos divinos por gente sin cabeza y estúpida.

La historia:

«Del 3 al 19 de julio de 1921, se efectúa en Moscú el congreso constitutivo de la Internacional sindical roja. En el II Congreso de la Internacional Comunista, sindicalistas rusos, italianos, franceses, españoles, búlgaros, yugoslavos, publicaron una declaración (requisición) que, denunciando la pseudo-neutralidad sindical (el apoliticismo) y la práctica reformista de los dirigentes de la Federación sindical internacional, llamaba a los revolucionarios a militar en los sindicatos reformistas (1).»

«Depuración masiva: mientras los *arrestos* por crímenes contrarrevolucionarios se multiplicaban entre 1936 y 1937, las depuraciones se extendían fuera del marco del Partido para alcanzar a cuantos habían mantenido relaciones con las víctimas, por tenues que fueran.

«Las grandes *cárceles:* tres de las cinco prisiones principales de Moscú estaban reservadas a los políticos, aunque algunos de ellos fueran también encarcelados con delincuentes de derecho común... Se instalaron campos de trabajo por todas partes. El campo de Kargopol, por ejemplo, en la región de Arkhangelsk, consistía en varios pequeños campos repartidos en un radio de 55 kilómetros y albergaba a unos *treinta mil prisioneros* en 1940. Había sido fundado, en 1936, por seiscientos prisioneros a quienes, simplemente, se había arrojado del tren en medio del bosque: acuciados por la necesidad, ellos mismos construyeron sus barracones y sus cercas (2).»

(1) E.U.
(2) L.G.T.

LA UNION SOVIETICA SE EDIFICA
GRACIAS A DOS GUERRAS - 1914-1939
CAIDA DEL ZAR - STALIN AL PODER

V, 26

La gent (1) esclave par un heur (2) martial,
Viendra en haut degré tant eslevée:
Changeront prince, naistra un provincial,
Passer la mer, copie (3) aux monts levée.

La gente (1) esclava por fortuna (2) marcial,
Será en alto grado tan elevada:
Cambiarán príncipe, nacerá un provinciano,
Cruzar el mar, ejército (3) a las montañas levantado.

Traducción:

Rusia alcanzará tal poder gracias a la guerra que cambiará su príncipe por un personaje nacido en provincias, luego su poder llegará al mar y llevará sus tropas más allá de las montañas.

La historia:

«Rusia se había retirado de la guerra por el tratado de Brest-Litovisk (3 de marzo de 1918), los ejércitos francés, inglés, americano y japonés alentaron la guerra civil hasta noviembre de 1920, con una prolongación en Extremo-Oriente hasta noviembre de 1922. Rechazando a los ejércitos extranjeros (fortuna marcial) de intervención y los restos de los ejércitos blancos, aplastados en suelo ruso, el gobierno bolchevique seguía, sin embargo, enfrentado con dificultades. De modo que los tres primeros años de la revolución fueron calificados, por un abuso terminológico, como período del "comunismo de guerra".»

«Iossif (José) Vissarionovitch Djugatchvili nace en Gori, Georgia, en 1879 (un provinciano). ¡Stalin!

«Pasando de una posición defensiva a una situación de fuerza, la U.R.S.S. entró en la Segunda Guerra Mundial en septiembre de 1939, participando, junto a Alemania, con la que había firmado el 23 de agosto un tratado de no agresión, en el nuevo reparto de Polonia, que le permitió anexionarse las provincias polacas occidentales, habitadas por bielorrusos y ucranianos, unidas en noviembre a las Repúblicas Soviéticas de Bielorrusia y Ucrania. Obligó a Rumania a cederle Bessarabia y Bukovina del Norte (28 de junio de 1940). El 22 de junio de 1941, frente al ataque alemán, comenzaba para ella "la gran guerra nacional del pueblo soviético

---

(1) Latín: *gens:* raza, población. D.L.L.B.
(2) Suerte, acontecimiento afortunado. D.L.7.V.
(3) Latín: *copia:* cuerpo de ejército, tropas, fuerzas militares. D.L.L.B.

contra los invasores alemanes'' que, por sus consecuencias, iba a señalar un cambio en su historia (en alto grado tan elevada por fortuna marcial) (1).»

LA GUERRA EN LOS BALCANES - 1908-1919
MUSTAFA KEMAL - 1920

II, 49

Les Conseillers du premier monopole (2),
Les conquérants séduits (3) par la Melite (4)
Rodes, Bisance pour leurs exposant (5) pole (6),
Terre faudra (7) les poursuivants de fuite.

Los Consejeros del primer monopolio (2),
Los conquistadores apartados (3) por Melita (4)
Rodas, Bizancio por sus abandonos (5) ciudades (6),
Faltará tierra (7) a los perseguidores de huida.

Traducción:

Los consejeros jurídicos del primer presidente serán apartados en Malta por los conquistadores (los aliados) a causa del abandono de las ciudades de Rodas y Constantinopla; luego esos territorios faltarán a sus perseguidores que serán puestos en fuga.

La historia:

«En septiembre de 1911, Italia, deseosa de poner la mano sobre Tripolitania, declara la guerra al Imperio otomano y desembarca tropas en Trípoli, mientras su flota conquista *Roda* y el Dodecanesado. La lucha es dura en Tripolitania y sólo el preludio de la guerra en los Balcanes hace ceder a Turquía... El 18 de octubre de 1912, los Estados balcánicos declaran la guerra a Turquía... La flota griega se apodera de las islas del mar Egeo...

«La capitulación de Bulgaria (29 de septiembre de 1918) acarrea con ella la de Turquía; se firma un armisticio el 30 de octubre de 1918, en la rada de Moudros, cuyas cláusulas principales son la libertad de los Estrechos y la *ocupación de Constantinopla.*

(1) E.U.
(2) Cualquier derecho poseido exclusivamente por alguien o por un número restringido de personas. D.L.7.V.
(3) Latín: *seductus:* puesto aparte, alejado. D.L.L.B.
(4) Habitante de Malta
(5) Latín: *expositus:* Abandonado. D.L.L.B.
(6) Griego: πόλις : ciudad. D.G.F.
(7) Futuro de *faillir:* faltar. D.A.F.L.

«El 4 de septiembre de 1919 se reunió el Congreso Nacional de Sivas. Mustafa Kemal es elegido presidente del Congreso (el primero), que toma una posición claramente hostil con respecto a las potencias y al gobierno de Estambul. El 16 de marzo de 1920, los ingleses logran que las fuerzas aliadas ocupen los ministerios de la Guerra y de Marina, las direcciones de Policía y Correos, mientras *diputados y notables* (consejeros) favorables a Mustafa Kemal son detenidos y *deportados a Malta...*

«La conferencia de Lausanne, inaugurada el 21 de noviembre de 1922, desemboca en una paz firmada el 24 de julio de 1923. Es una victoria para los turcos que obtienen, como frontera en Tracia, el cauce del río Maritza y recuperan las islas de Imbros y Tenedos... Los aliados evacuarán *Estambul* seis semanas después de la ratificación de la paz (1).»

LA REVOLUCION TURCA - 1920
EL IMPERIO OTOMANO PIERDE EGIPTO
SU DISOLUCION

I, 40

La trombe (2) fausse dissimulant folie,
Fera Bisance un changement de loix,
Hystra (3) d'Egypte, qui veut que l'on deslie
Edict changeant monnoye et alloi (4).

La tromba (2) falsa disimulando locura
Hará en Bizancio un cambio de leyes,
Saldrá (3) de Egipto, que quiere que se desate
Edicto cambiando moneda y tenor (4).

Traducción:

Una falsa revolución ocultando locura hará cambiar de leyes a Turquía. Egipto saldrá (del Imperio) que quiere desmembrarse. Sus edictos cambiarán las monedas y las cotizaciones.

La historia:

«El Congreso de Berlín (13 de junio de 1978) es una nueva y grave etapa en la desmembración (desate) del Imperio otomano: si en Oriente sólo ha perdido *Egipto,* al que Inglaterra impone cada vez más su dominio, en Europa sólo posee definitivamente algunos territorios reducidos, misera-

(1) H.D.T.
(2) Latín: *tropa:* revolución: D.L.L.B.
(3) Futuro de *issir:* salir, D.A.F.L.
(4) *Aloi* (tenor): título del oro y de la plata. D.L.7.V.

269

bles restos de un dominio que los nacionalismos locales, alentados por las grandes potencias, han ido royendo poco a poco.

«La *revolución* de Mustafa Kemal: al crear un partido único, al amordazar a la oposición, Mustafa Kemal ha conseguido devolver al pueblo turco la confianza en sí mismo (falsa revolución).»

«En política interior, los hechos más señalados son la abolición de la poligamia, la supresión de las órdenes religiosas y la prohibición de llevar fez (agosto-noviembre de 1925), la institución de *nuevos códigos civil* (nuevas leyes) criminal y comercial, establecidos de acuerdo con los códigos suizo, italiano y alemán... la aplicación de tarifas aduaneras protectoras... En 1931, el Banco central de la República es organizado definitivamente: toma el relevo del Banco otomano como banco del Estado e instituto de emisión (moneda) (1).»

EL LAGO LEMAN (GINEBRA, EVIAN), CENTRO DE CONFERENCIAS INTERNACIONALES LA S.D.N., LA O.N.U., LA CRUZ ROJA

I, 47

Du Lac Leman les sermons fascheront,
Des jours seront reduicts (2) par des semaines
Puis mois, puis an, puis tous défailleront
Les Magistrats damneront leurs lois vaines.

Del lago Leman los sermones enojarán,
Días serán llevados (2) por semanas,
Luego meses, luego años, luego todos desfallecerán
Los Magistrados condenarán sus leyes vanas.

Traducción:

Los discursos del lago Leman serán causa de peleas; los días serán convertidos en semanas, luego en meses, luego en años, luego todo se hundirá y los legisladores maldecirán sus vanas leyes.

La historia:

«El problema de la protección de las víctimas se planteó, al término de la Segunda Guerra Mundial, con una magnitud jamás alcanzada. Algunas de las reglas que figuraban en las *Convenciones de Ginebra* del 22 de agosto de 1864, revisadas en 1905 y, luego, en 1929, ya no parecían adaptarse al carácter de guerra total que presentaban los conflictos de 1914-1918 y, sobre todo, de 1939-1945. Nuevos textos (sermones) eran necesarios. Preparados por la Conferencia Internacional de la Cruz Roja cele-

(1) H.D.T.
(2) Latín: *reducto:* reconduzco. D.L.L.B.

brada en Estocolmo, agosto de 1948, fueron sometidos a la Conferencia de Ginebra que, del 21 de abril al 12 de agosto de 1949, reunió a todos los estados adheridos a las convenciones que se trataba de revisar. El 12 de agosto de 1949, se firmaban cuatro convenciones: *Convención de Ginebra* para mejorar la suerte de los heridos y enfermos de los ejércitos en campaña; *Convención de Ginebra* relativa al trato a los prisioneros de guerra; *Convención de Ginebra* relativa a la protección de las personas civiles en tiempo de guerra, *Convención de Ginebra* para mejorar la suerte de los heridos, de los enfermos y de los náufragos de los ejércitos en el mar. Ciertas reglas generales son comunes a las cuatro convenciones. Está prohibido, en todo tiempo y en todo lugar: tomar rehenes (1) (leyes vanas), las ejecuciones sin juicio regular, la tortura, así como cualquier trato cruel y deshonroso... Pese a la mejoría que introducen en las reglas del derecho de guerra, las convenciones de Ginebra de 1949 tropiezan con numerosas dificultades de aplicación en el mundo contemporáneo, a consecuencia de la extremada imbricación de las nociones, antaño muy distintas, de conflicto interno y de conflicto internacional, así como por las implicaciones de los principios de guerra revolucionaria y subversiva (2).»

LOS SIETE CAMBIOS DE ALIANZA DE INGLATERRA EN 290 AÑOS LAS GUERRAS FRANCO-ALEMANAS CONSAGRAN LA UNION FRANCIA-INGLATERRA

III, 57

Sept fois changer verrez gens (3) Britannique
Taints en sang en deux cens nonante ans:
France non point par appui germanique
Ariès (4) doubte son pole (5) Bastarnan (6).

Siete veces cambiar verás gente (3) Británica
Tintos en sangre en doscientos noventa años:
Francia ya no por apoyo germánico
Aries (4) duda su polo (5) Bastarno (6)

(1) Considérese la toma de rehenes en Irán, llevada a cabo al nivel más alto de un estado, el 4 de noviembre de 1979.

(2) E.U.

(3) Latín: *nation*: población, país. D.L.L.B.

(4) Nombre latino del Carnero: máquina de guerra. D.L.7.V. [Téngase en cuenta que el signo zodiacal Aries se traduce en francés por *Belier*, es decir "Carnero". Además *Belier* es también el nombre dado a lo que, en castellano, se traduciría por *ariete*, es decir la *máquina de guerra* utilizada por los antiguos ejércitos para derribar las puertas de las fortalezas enemigas. (N. del T.)]

(5) En sentido figurado; el que dirige o fija como lo hace el polo. D.L.

(6) Bastarnos: pueblo que se extendió, a partir del siglo II después de Cristo, del alto Vístula al bajo Danubio. Era de raza germánica según Tácito. D.L.7.V.

Traducción:

Podrá verse la nación británica cambiando siete veces en doscientos noventa años que estarán tintos en sangre, y eso para con Francia que, cuando no tendrá ya el apoyo de Alemania, dudará de su polo de atracción a causa de la máquina de guerra alemana.

La historia:

1628: Sitio de La Rochelle.

1

1657: Alianza de Francia con Cromwell.

2

1667: Guerra de sucesión en España. Turenne ocupa Flandes.

3   Inglaterra forma contra Francia, Suecia y Holanda, la Triple Alianza. Paz de Aix-la-Chapelle (1668).

1670: Tratado con Inglaterra contra Holanda.

4

1688: Guerra de la Liga de Augsburgo. Guillermo de Orange, rey de Inglaterra, agrupa en la Liga contra Luis XIV a España,

5   Suecia, Holanda, Austria y el duque de Saboya. Paz de Ryswick (1697):

1716: El abate Dubois se dirige a La Haya con la misión de ayudar a los ingleses para conseguir que los holandeses entren en

6   un tratado de alianza contra España: La Triple Alianza se firma el 4 de enero de 1717.

7   1744: Luís XV declara la guerra a Inglaterra y a Austria.

1914-1918: Los ingleses combaten junto a los franceses contra Alemania.

1918-1628 = 290 años.

MAS DE TRESCIENTOS AÑOS DE PODERIO INGLES
1600-1945
OCUPACION DE PORTUGAL POR LOS INGLESES - 1703

X, 100

Le grand empire sera par Angleterre
Le Pempotam (1) des ans plus de trois cens:
Grandes copies (2) passer par mer et terre
Les Lusitains (3) n'en seont pas contens.

El gran imperio será para Inglaterra
El Pempotam (1) de años más de trescientos:
Grandes ejércitos (2) pasar por mar y tierra
Los lusitanos (3) no estarán contentos.

(1) Palabra fabricada a partir de la griega: $\pi\alpha\varsigma$. todo. y de la latina: *potens: potente.* Equivale a omnipotente.

(2) Latín: *copiae:* cuerpos de ejército. tropas. D.L.L.B.

(3) Portugal: parte de la antigua Lusitania. D.H.B.

Traducción:

Inglaterra será un gran imperio y tendrá el supremo poderío durante más de trescientos años. Hará pasar grandes tropas por mar y por tierra; lo que no satisfará a los portugueses.

La historia:

«El prudente gobierno de Isabel avanza por la vía del mercantilismo. Las compañías con contratos de flete se multiplican, siendo la más prestigiosa la Compañía de Indias, fundada en 1600. El bienestar y el lujo se extienden por las clases poseedoras... Si el *expansionismo* inglés del siglo XVII, lejos de reducirse, se afirma por todo el mundo, en el plano interior y europeo, en cambio, este siglo de revolución inaugura un largo periodo de crisis que, finalmente superadas, permitirán a Gran Bretaña instaurar mecanismos políticos eficaces, adquirir los *duraderos* (300 años) rasgos de su personalidad física y moral (1)».

«La guerra cesa en una Europa donde ingleses y americanos acampan frente a los soviéticos (1945). La determinación que había permitido al pueblo inglés, superando sus trastornos y controversias de pre-guerra, resistir heróicamente, no podía ya disimular los cambios que afectaron la *posición de Gran Bretaña en los asuntos mundiales*. Frente a los nuevos gigantes (América, U.R.S.S. y, pronto, la China de Mao-Tse-Tung) se ha *debilitado* en sus recursos y su economía (2)». 1600-1945: más de trescientos años.

«Después de Pedro II, Portugal se inclina hacia Inglaterra que, en 1703, consolidó su preponderancia por el tratado de Methuen. Pronto los ingleses lo tuvieron todo en sus manos, reduciendo a los portugueses a no ser más que sus encomenderos. Bajo el rey, José Pombal quiso *sacudirse este yugo*; sus esfuerzos fueron insuficientes. Napoleón, en su lucha contra Inglaterra, obligó a Portugal a cerrar sus puertos a los ingleses. Habiendo convenido luego, en un tratado secreto firmado con España en 1807, en Fontainebleau, compartir el país con esta potencia, inició su conquista; pero Inglaterra lo defendió como si fuera una de *sus provincias*. Al producirse la paz general de 1815, la familia real portuguesa tuvo que permanecer en Brasil, y el embajador inglés, Beresford, gobernó de hecho el país. En 1820 estalló en Oporto una *revolución* (3)...

(1) H.R.U.
(2) E.U.
(3) D.H.B.

NACIMIENTO DE FRANCO EN GALICIA
SU SALIDA DE MARRUECOS HACIA EL PODER - 1936
LA REVUELTA DE ASTURIAS - Octubre de 1934

X, 48

Du plus profond de l'Espagne enseigne (1),
Sortant du bout et des fins de l'Europe (2);
Trouble passant auprès du pont (3) de Laigne (4),
Sera deffaicte par bande sa grand troppe.

De lo más profundo de la España enseña (1)
Saliendo del extremo y los confines de Europa (2):
Perturbación pasando junto al mar (3) de Llanes (4),
Será deshecha por banda su gran tropa.

Traducción:

De lo más profundo de España (al oeste) (5) nacerá un oficial que saldrá del extremo y los confines de Europa (Gibraltar) cuando la revolución llegará junto al mar de Llanes; y la banda de los revolucionarios será vencida por su gran ejército.

La historia:

«Sin plaza en la Academia Naval, el *gallego* Francisco Franco entró, a los quince años, en la Academia de Infantería de Toledo. De 1912 a 1926 sirvió, casi sin interrupción, en *Marruecos*. A los treinta y tres años se convirtió en el *general más joven de Europa...* En octubre de 1934, *reprimió la revuelta* de las izquierdas unidas en *Asturias*. Tras haber sido jefe del Estado Mayor supremo (enseña), en mayo de 1935 fue enviado a Canarias como capitán-general, a consecuencia de la victoria del Frente Popular en las elecciones de febrero de 1936. El 19 de julio, tomó el mando del *ejército* de Africa, en Tetuán, y pidió enseguida al Eje aviones para transportar sus tropas a la metrópolis (saliendo del extremo y los confines de Europa)... Tras su fracaso de noviembre de 1936 ante Madrid, *venció* al ejército republicano y entró en Madrid el 1º de abril de 1939 (6)».

(1) Nombre dado antaño al oficial que portaba la bandera y a ciertos oficiales de los gendarmes del Rey. D.L.7.V.

(2) Estrecho de Gibraltar, entre la península hispánica y el imperio de Marruecos. D.H.B.

(3) Griego: ποντός : el mar. D.G.F. El litoral de *Asturias* es rico en puertos de pesca entre los que se halla el puerto de Llanes. A.E.

(4) Afrancesamiento del nombre de Llanes.

(5) Galicia: provincia de España situada en el *ángulo* N.O. de la península. D.H.B.

(6) E.U.

FRANCO NOMBRADO JEFE DEL GOBIERNO
EN BURGOS - 1º de Octubre de 1936
PRIMO DE RIVERA ALIADO DE FRANCO
EN EL FASCISMO

IX, 16

De castel (1) Franco sortira l'assemblée (2).
L'ambassadeur (3) non plaisant fera scisme,
Ceux de Ribière (4) seront en la meslée:
Et au grand guolphre (5) desnieront l'entrée.

De castillo (1) Franco saldrá la Asamblea (2).
El embajador (3) no agradable hará cisma,
Los de Ribera (4) estarán en la refriega:
Y al gran abismo (5) negarán la entrada.

Traducción:

Franco saldrá de una junta en una plaza fuerte de Castilla. El enviado que no habrá complacido, hará el (fas)cismo, los de (Primo) de Rivera estarán con él; negarán la entrada al gran abismo de desgracias (Alemania).

La historia:

«*Una junta* de generales le nombró generalísimo en *Burgos*, el 12 de septiembre y, luego, jefe del gobierno el 1º de octubre, tras haber sido jefe del Estado-Mayor supremo, fue *enviado* a Canarias como capitán-general, a consecuencia de la victoria del Frente Popular en las elecciones de febrero de 1936... Caudillo, jefe, concentrando en sus manos todos los poderes y responsable sólo ante Dios y la Historia (régimen de caudillaje, confundido a veces con el *Fascismo*)...

«Fascista a su pesar y liberal sin saberlo, Primo de *Rivera* realizó en Valladolid, el 4 de marzo de 1934, la fusión de la Falange y de las J.O.N.S. (Juntas de Ofensiva Nacional-Sindicalista), convirtiéndose poco después en su único jefe. Los atentados que sufrieron los falangistas le obligaron a autorizar a sus partidarios a que ejercieran represalias (terrorismo falangista) (¡En la refriega!) (6)».

(1 Latín: *castellum:* plaza fuerte. D.L.L.B. Burgos, ciudad de España, capital de *Castilla* la Vieja. D.H.B. Juego de Nostradamus con el doble significado de *Castel:* plaza fuerte y Castilla.

(2) Junta: Consejo, *asamblea,* en España y Portugal. D.L.7.V.

(3) Agente diplomático enviado para representar a un soberano o un Estado. D.L.7.V.

(4) Afrancesamiento de Rivera. La b y la v son dos labiales intercambiables. Ejemplo: Lefèvre y Lefèbre.

(5) Se dice de las desgracias o miserias en las que se cae; caer en un abismo de males. D.L.7.V.

(6) E.U.

«Durante la segunda guerra mundial, el general Franco, pese a sus vínculos con las potencias del Eje, permaneció neutral y *se negó a permitir* el paso de los ejércitos alemanes a través de España (1)».

LA AYUDA DE LAS POTENCIAS DEL EJE A FRANCO
LA GUERRA DE ESPAÑA - 1936-1939
EL MAQUIS DEL SUROESTE
CONTRA LOS ALEMANES - Junio de 1944

III, 8

Les Cimbres (2) joints avec leurs voisins,
Depopuler viendront presque l'Espagne
Gens amassez (3), Guienne (4) et Limosins
Seront en ligue, et leur feront campagne (5).

Los cimbrios (2) junto con sus vecinos
Llegarán casi a despoblar España
Gente reunida (3) Guyenne (4) y Limousin
Estarán en la liga, y les harán campaña (5).

Traducción:

Los alemanes aliados con sus vecinos (italianos) casi llegarán a despoblar España. Gente reunida en Guyenne y en Limousin formarán una liga y se pondrán en campaña contra ellos.

La historia:

«*Italia* enviará a la *España* de Franco material de guerra y tropas expedicionarias; *Alemania,* técnicos y aviones (la legión Cóndor)... El número de cuantos murieron a causa de sus ideas políticas, en los dos campos, es difícil de evaluar, pero puede afirmarse, sin exagerar, que fue *extremadamente elevado.* Añadiendo el de los combatientes muertos, se obtiene una cifra aproximada de 750.000 muertos... Las potencias del Eje *(Alemania e Italia)* fueron los grandes protectores de los franquistas (6)».

«El 6 de junio de 1944, la liberación de Francia comienza en Normandía. Los alemanes emplean sus reservas, diseminadas por la retaguardia.

(1) A.E.
(2) Pueblo germánico establecido en la orilla derecha del Elba. D.L.7.V.
(3) Hacer acumulación de, reunir. D.L.7.V.
(4) Guyenne forma hoy, en todo o en parte, siete departamentos: Gironda, Landas, *Dordoña, Lot,* Aveyron, Lot-et-Garona, Tarn-et-Garona. D.L.7.V.
(5) La palabra campaña es un término empleado para designar el servicio y la situación de los militares en tiempos de guerra, por oposición a los tiempos de paz: estar en campaña. D.L.7.V.
(6) H.E.F.D.P.

Entre ellas la división acorazada SS Das Reich, estacionada en la región de Toulouse. Tenía que poder realizar el trayecto que la separaba del nuevo frente en tres días como máximo. Pero aquello era no contar con la *Resistencia francesa*. Dos formaciones F.F.I. (liga) la brigada Hervé y la brigada Alsacia-Lorena, la aguardan al cruzar *Dordogne*, Charente y *Haute-Vienne*. Algunos combates se producen, a partir del 7 de junio, en el *Lot*, en el puente de Suillac, y luego, el 8, en Cressensac. Aquel mismo día, la división lanza su infantería para abrirse paso y salir de la región de *Dordogne* que acaba de retrasarla treinta horas. Luego se dirige a toda prisa hacia el este, en dirección a *Limoges*. Exasperados, viviendo desde entonces en el temor de los "terroristas", los SS constituyen, para la población civil de las localidades que atraviesan, una amenaza siempre dispuesta a traducirse en exacciones. El 10 de junio de 1944, *cerca de Limoges*, tiene lugar el drama de Oradur-sur-Glanne (1).»

FIN DE LA REPUBLICA ESPAÑOLA - 1939
LAS MATANZAS DE SACERDOTES
LA TOMA DE SEVILLA - 1936

VI, 19

La vraye flamme engloutira la dame (3)
Que voudra mettre les Innocens (4) à feu,
Près de l'assaut l'exercite (5) s'enflamme,
Quand dans Seville monstre (6) en boeuf (7) sera veu.

La verdadera llama devorará a la dama (2).
Que querrá poner los Inocentes (3) en el fuego,
Cerca del asalto el ejército (4) se inflama,
Cuando en Sevilla monstruo (5) en buey (6) será visto.

Traducción:

La verdadera llama (de la guerra) devorará a la República que querrá matar a inocentes. Los guardias de asalto se inflamarán después de haber visto una calamidad bajo la forma de un personaje de Sevilla.

La historia:

«El levantamiento comenzó el 17 de julio de 1936, en Melilla. Franco salió en avión de las Canarias y fue a tomar el mando de las tropas de Marruecos... El golpe de Estado triunfó con bastante facilidad en Zara-

---

(1) *Historama*, número 272.
(2) Utilización constante de un personaje femenino para designar a las repúblicas.
(3) Adviértase la l mayúscula para designar a los sacerdotes.
(4) Latín: *exercitus:* ejércitos. D.L.L.B.
(5) Plaga, calamidad. D.L.L.B.
(6) En sentido figurado: grosero, brutal. D.L.7.V.

goza, en Castilla la Vieja y en Galicia, la *República* (la dama) conservaba el litoral cantábrico. En Andalucia, los militares sólo pudieron controlar algunas ciudades, aisladas aunque importantes: *Sevilla*, con el general Queipo de Llano, Cádiz, Córdoba y Granada... Toda la costa mediterránea permaneció en manos republicanas. En su conjunto, el ejército y la Guardia Civil se habían mostrado favorables al levantamiento, pero no los *Guardias de Asalto*; estas fuerzas se habían enfrentado a las grandes organizaciones obreras...

«En el lado republicano, el gobierno Giral no pudo impedir una auténtica revolución. Salvo en el ·País Vasco, el culto católico no se celebró ya más y *millares de eclesiásticos* (Inocentes) perecieron...

«Tomando la ofensiva a fines de diciembre de 1936, en el frente de Cataluña, los nacionalistas llegaron en seis semanas a la frontera. En la zona Madrid-Valencia, los partidarios de la rendición pudieron más que los de la guerra a ultranza, y todo terminó el 31 de marzo de 1939».

«El bando vencedor en la guerra civil edificó un *nuevo Estado* alrededor de su jefe, Francisco Franco (devorará a la dama) (1)».

EL NACIMIENTO DE HITLER
EN AUSTRO-BAVIERA - 1889
SU LUCHA CONTRA LA UNION SOVIETICA
EL MISTERIO DE SU MUERTE

III, 58

Auprès du Rhin des montagnes Noriques (2)
Naistra un grand de gens trop tard venu,
Qui deffendra (3) Saurome (4) et Pannoniques (5),
Qu'on ne sçaura qu'il sera devenu.

Cerca de Rhin de las montañas Nóricas (2)
Nacerá un grande de gentes venido demasiado tarde
Que defenderá (3) Sarmacia (4) y Panonia (5)
No se sabrá lo que le habrá ocurrido.

(1) E.U.

(2) Noricum es hoy parte de *Baviera, Austria* y Estiria. Los Alpes Nóricos se extienden a través de Kärten y de la región de Salzburgo y Austria hasta las llanuras de Ordemburgo en Hungría. D.H.B.

(3) Latín: *defendo:* rechazo, alejo, me defiendo contra. D.L.L.B.

(4) Saurómatas o Sármatas: de Sarmacia: Nebuloso nombre dado por los antiguos a una vasta región que se sitúa al oeste del Escitia y que se extendía entre Europa y Asia, entre el mar Báltico y el mar Caspio. Se dividía en Sarmacia europea, entre el Vístula y el Tanais (Don), que comprendía todos los países que forman hoy *Rusia* y Polonia... D.H.B.

(5) Antiguo nombre de Hungría.

Traducción:

Cerca del Rhin, nacerá en los Alpes Nóricos un gran jefe de gente que habrá nacido demasiado tarde; se defenderá contra los rusos y los húngaros; y no se sabrá lo que le habrá ocurrido.

La historia:

«Hitler, hijo de un brigadir de aduanas, nació en Braunau am Inn, ciudad fronteriza austro-bávara, en 1889 (1)».

«En esta lucha contra la *Unión Soviética*, el Tercer Reich podía contar con el apoyo de Rumanía, *Hungría* y Eslovaquia... La contribución del regente Horthy fue más modesta, tampoco *Budapest* tenía cuenta alguna que arreglar con Moscú; sólo un cuerpo rápido *húngaro*, compuesto por una brigada motorizada y dos brigadas de caballería, participó en esta primera fase de la campaña (2)».

«Cuando se supo que el mariscal Jukof, comandante en jefe soviético, mantendría una conferencia de prensa el 9 de junio, todo el mundo acudió a ella... Abordó la cuestión que, para todos, superaba a las demás: la de la muerte de Hitler. Pero lo hizo de modo muy sorprendente:
— Las circunstancias son muy *misteriosas*, dijo. No hemos identificado el cuerpo de Hitler. No puedo decir nada definitivo referente a su suerte... Hemos hallado varios cuerpos, entre los que podría estar el de Hitler, pero no podemos afirmar que haya muerto... El 10, a la mañana siguiente de la conferencia de prensa, Jukof se encuentra en Frankfurt con el comandante supremo americano; Eisenhower plantea directamente el problema: "¿Qué saben los rusos del cadáver de Hitler?". Jukof responde no menos directamente:
— Los soldados rusos no han hallado rastro del cadáver de Hitler (3)».

(1) D.S.G.M.
(2) L.D.G.
(3) D.S.H.

III, 35

Du plus profond de l'Occident d'Europe (1)
De pauvres gens un jeune enfant naistra,
Qui par sa langue séduira grande trouppe,
Son bruit au règne d'Orient plus croistra.

De lo más profundo del Occidente de Europa (1)
De pobre gente un niño nacerá
Que con su lengua seducirá a mucha gente,
Su ruido en el reino de Oriente más crecerá.

Traducción:

En la región más al este de Europa occidental, un niño nacerá de padres pobres. Seducirá a grandes muchedumbres con sus discursos y hará más ruido todavía hacia el poder en el este (U.R.S.S.).

La historia:

«Hijo de un brigadier de aduanas, nació en Braunau am Inn, ciudad fronteriza austro-bávara, en 1889. Después de modestos estudios secundarios, comienza su vida, no como vagabundo o parado, sino como pequeño-burgués bohemio, viviendo de la *mediocre herencia de sus padres (2)*»

«Hitler fue, según Allan Bullock, el mayor *demagogo* de la historia. No es casualidad que las páginas del *Mein Kamp* sobre la *conquista de las masas* (seducirá a mucha gente) para la idea nacional estén entre las mejores... La puesta en práctica de estas reglas para la eficaz violación de las *masas* supone talentos de *orador* (lengua) dotado de un sentido casi animal de sus necesidades profundas. Hitler poseía estas cualidades hasta un grado extraordinario.

«La peor trampa reside en el mito con el que Hitler terminó por identificarse, el de la raza superior, mantenida pura a cualquier precio, que debe hallar *al Este* su espacio vital. Lo que produjo su obstinación por jugar todas las cartas *en Rusia*, aquel *furor* (ruido) por traducir, allí, en actos su criminal ideología (3)».

(1) Austria es un país oriental en el interior de la Europa del Oeste.
(2) D.S.G.M.
(3) E.U.

AUSTRIA:
PUNTO DE PARTIDA DE LAS IDEAS NAZIS

III, 67

Une nouvelle secte de Philosophes,
Méprisant mort, or, honneurs et richesses,
Des monts Germains ne (1) seront limitrophes (2),
A les ensuyvre auront appuy et presses.

Una nueva secta de Filósofos,
Despreciando muerte, oro, honores y riquezas,
De los montes Germanos (1) serán limítrofes (2)
Para seguirlos tendrán apoyo y prensa.

Traducción:

Una nueva secta de filósofos despreciando la muerte, el oro, los honores y la riqueza tendrá origen en las fronteras de Alemania y quienes les seguirán tendrán apoyo y audiencia.

La historia:

«La influencia de *Viena:* la escuela más dura, dijo Hitler, pero también la más fructífera de su vida. Afirma deberle los fundamentos de su concepción general de la sociedad, así como un método de análisis político. En realidad, el joven Adolph había recibido ya lo esencial de estas bases en Linz, en los cursos de historia del doctor Poetsch, pangermanista y antisemita, violentamente hostil a los Habsburgo. Pero, en esta capital de *Austria-Hungría*, la vida cotidiana aportaba una justificación concreta a sus tesis pangermanistas y antisemitas». (Limítrofes de los montes Germanos) (3).

«Goering toma efectivamente el mando de la S.A. en la primavera de 1923. Pasando por el tamiz cada sección, elimina los elementos poco seguros, los que considera más perjudiciales para el partido que para sus adversarios. Los demás deben jurar una fidelidad ciega al partido y hacer una verdadera profesión de fe. Goering les hace firmar un compromiso que no les oculta el papel que deberán representar: «Como miembro de la sección de asalto del N.S.D.A.P., me comprometo a mantenerme listo en todo tiempo y *arriesgando mi vida*, si es necesario, para combatir por los objetivos del movimiento, y a obedecer totalmente a mis superiores y al Führer». Entregados en cuerpo y alma a su dueño, los que firman

---

(1) Pese a que el valor propio del adverbio "ne" sea hacer negativo el significado del verbo que modifica, el uso quiere, sin embargo, que se emplee, sin ser completado por ninguna otra palabra negativa, en ciertas proposiciones completivas que siguen siendo afirmativas en la mayoría de las lenguas vivientes y que son realmente más afirmativas que negativas en el pensamiento. D.L.7.V.

(2) Del latín: *limes:* fronteras, límite. Colocado en los límites. D.L.7.V.

(3) E.U.

serán los ejecutores del N.S.D.A.P., su fuerza de asalto. Serán también el principal elemento de la fuerza política de Hitler (1)».

«Hitler advierte muy pronto a Himmler, ese joven S.S. de veinticinco años, y le nombra director de los servicios de propaganda en 1926, al año siguiente de su entrada en las S.S. Parece que ese puesto sea un excelente trampolín para trepar muy deprisa en la jerarquía nazi (2)». (Apoyo y prensa).

LAS SECTAS NAZIS EN ALEMANIA

III, 76

En Germanie naistront diverser sectes,
S'approchant fort de l'heureux paganisme,
Le coeur captif et petites receptes (3)
Feront retour à payer le vray disme (4).

En Germania nacerán diversas sectas,
Aproximándose mucho al feliz paganismo
Cautivo el corazón y pequeños dones (3)
Harán pagar a cambio el verdadero diezmo (4)

Traducción:

Varias sectas nacerán en Alemania que recordarán mucho el feliz paganismo; el espíritu cautivo y sus recursos demasiado débiles les harán a cambio despojar.

La historia:

Las sectas: la S.A., Asociación de Juventud del N.S.D.A.P., la S.S., la Juventud Hitleriana, la Ahnenerbe, la Sociedad de Thule, etc.

«El matrimonio religioso es sustituido por las bodas ancestrales. El jefe de la unidad S.S. preside y, cuando los esposos han intercambiado los anillos, les ofrece como presente el pan y la sal. Todo debe alejar a la pareja de la Iglesia y orientarla hacia un nuevo culto, *una especie de neo-paganismo germánico.*»

«El 30 de enero, aniversario de la toma del poder, el aspirante recibe un carnet de identidad S.S. provisional. El 20 de abril, aniversario de

(1) La S.A., fuerza de asalto del partido nazi, Andrè Tailleter, en *Histoire pour tous.* fuera de serie n° 9, noviembre-diciembre de 1978.

(2) S.A. y S.S.: dos pilares del aparato nazi, Bernard Quentin, en *Histoire pour tous.* fuera de serie n° 9, noviembre-diciembre 1978.

(3) Latín: *recepta:* cosa recibida. D.L.L.B.

(4) Diezmar: despojar. D.A.F.L.

Hitler, obtiene un carnet de identidad definitivo, viste el famoso uniforme del escudo y presta juramento al Führer: «Te juro, Adolph Hitler, jefe mío, fidelidad y bravura. Te prometo, a ti y a los que tú designes para mandarme, *obediencia hasta la muerte* (1)».

HITLER EN EL PODER
GRACIAS A LA REPUBLICA DE WEIMAR - 1933
EL PRIMER TOMO DE *MEIN KAMPF* - 1925

V, 5

Sous ombre saincte d'oster de servitude,
Peuple et cité l'usurpera lui-mesme:
Pire fera par fraux (2) de jeune pute (3),
Livre au champ (4) lisant le faux proësme (5).

Bajo sombra santa de quitar servidumbre,
Pueblo y ciudad usurpará él mismo:
Peor hará por fraude (2) de joven puta (3),
Libro en el campo (4) leyendo el falto proemio (5)

Traducción:

Bajo una santa apariencia de liberar a los pueblos de la servidumbre, él mismo usurpará el poder del pueblo y de la ciudad. Llevará a cabo la peor por bribonada con ayuda de una nueva república, leyendo para su combate, las falsas ideas de la primera parte de su libro.

La historia:

«En Munich, una tentativa de golpe mal concebida, mal ejecutada (8 y 9 de noviembre de 1923) termina con la prohibición del partido nacional-socialista y la detención de su Führer, condenado a cinco años de cárcel (de los que sólo cumple trece meses) en la fortaleza de Landsberg. Esta cautividad, muy confortable, le viene muy bien para escribir por fin lo que tenía en la cabeza; *el primer tomo de Mein Kampf* (el falso proemio del libro) aparece en 1925.

«Disponiendo de formaciones de combate (Antifa, grupos de auto-protección), los comunistas representan en la *República* de Weimar (joven puta) agonizante, una fuerza que contribuyó a debilitar el régimen

(1) Los ritos iniciáticos de la Waffen S.S. Philippe Azirz. En *Histoire pour tous,* fuera de serie n.º 9, noviembre-diciembre de 1978.
(2) Latín: *fraus:* mala fe, artimaña, acto de engaño, bribonada. D.L.L.B.
(3) Latín: *puta:* muchacha. D.L.7.V. Como con la palabra garse (V, 12), Nostradamus designa con un término femenino, frecuentemente injurioso, a la República.
(4) Se dice de toda clase de lucha y del lugar en donde tiene lugar. D.L.7.V.
(5) Proemio: prólogo, preludio de una obra. D.L.7.V.

beneficiando, en definitiva, a los nacional-socialistas. Hostilidad al tratado de Versalles, a la república de Weimar, a la democracia burguesa, al gran capitalismo, todo se halla, mezclado con muchas otras tendencias, en la ideología nacional-socialista. En Munich, febrero de 1925, se sitúa la «segunda fundación» del partido, bajo la dirección de Hitler, recientemente liberado... Los ciento siete diputados elegidos en septiembre de 1930 revelan la amplitud del movimiento y el éxito de una *propaganda* que encontrará en la crisis económica un apoyo considerable y que les conducirá al triunfo de 1933 (1)».

TOMA DEL PODER POR HITLER - 1933
SUS TRES AÑOS EN EL PODER
COMO EL EMPERADOR CLAUDIO - 1933-1945

VI, 84

Celuy qu'en Sparte Claude ne peut regner,
Il fera tant par voye séductive:
Que du court long, le fera araigner (2),
Que contre Roy fera sa perspective.

Quien en Esparta Claudio no puede reinar,
Tanto hará por vía seductiva:
Que de lo corto largo le hará disertar (2).
Que contra el rey hará su perspectiva.

Traducción:

Aquél que, como Claudio, no tiene lo que necesita para reinar en Alemania, hará tánto por vía de seducción que de breves discursos hará largos discursos y realizará una acción proyectada contra el gobierno.

La historia:

Nostradamus establece un paralelismo entre Esparta y la Alemania nazi, por una parte, y entre el emperador Claudio y Hitler por la otra.

«Licurgo constituyó el estado espartano... Instituye la asamblea popular que debía pronunciarse, sólo, con un sí o un no... Dio al Estado un carácter militar, mantenido por medio de una severa disciplina, por una educación y comidas comunes. Concentró entre sus manos todo el poder ejecutivo... *El Estado espartano estaba organizado para la conquista* de modo que su historia es sólo una interminable sucesión de guerras... Arrastró contra su rival (Atenas) a casi toda Grecia (3)...»

«Claudio I, César romano, enfermizo, torpe y tímido, fue en su infancia

---

(1) E.U.
(2) *Araisnier:* discursear, D.A.F.L.
(3) D.L.7.V. Véase: El segundo trasíbulo: el general de Gaulle.

abandonado a los libertos... **Bretaña** fue conquistada por Claudio en persona. Cruzó el *Rhin* y pacificó la orilla derecha del Danubio *(Austria)*. Oriente vio la reconquista de Armenia, Tracia, *(los Balcanes)*; en *Africa* se completó la conquista de Mauritania. En el interior, Claudio tuvo que luchar contra *conspiraciones republicanas.* Las *ahogó en sangre...* Claudio había reinado trece años (1)». Como Hitler: 1933-1945.

«El 30 de enero de 1933, Hitler acepta formar gobierno. Se apoderará de la dictadura en tres etapas: el 1º de febrero el Reichstag es disuelto... El nuevo Reichstag vota la concesión a Hitler, por cuatro años, de los plenos poderes que solicita. Es el *fin de la República* de Weimar... Tras algunos meses de gobierno, Hitler se enfrenta a los críticos, a las *oposiciones.* Hitler se inquieta. En la noche del 30 de junio de 1934, la noche de los cuchillos largos, da la señal *para la represión...* Hitler concentra en sus manos todos los poderes. Nacido en Austria en 1889, ha conocido la pobreza, *vivido en asilos...* Inestable, con crisis de frenesí y de frustración, *orador dotado de extraordinario magnetismo*, transporta a sus auditorios (2)».

LAS DECLARACIONES DE PAZ - 1938

I, 34

L'oyseau de proye volant à la fenestre (3)
Avant conflit fait aux Français parure (4).
L'un bon prendra l'autre ambigu sinistre (5),
La partie faible tiendra par bon augure.

El pájaro de presa volando a la ventana (3)
Antes conflicto hace a los franceses honor (4)
Uno bueno tomaní, el otro ambiguo siniestro (5).
La parte débil tendrá por buen augurio.

Traducción:

El águila haciendo lo que ha decidido hacer, antes de la guerra honrará a los franceses. Una parte lo tomará de buen modo, la otra, la izquierda,

(1) D.L.7.V. Véase: El segundo Trasíbulo: el general de Gaulle.
(2) L.M.C.
(3) Entrar, penetrar por la ventana: hacer una cosa pese a los obstáculos opuestos por la voluntad de alguien. D.L.7.V.
(4) En sentido figurado: lo que embellece, lo que honra. D.L.7.V.
(5) Latín: *sinister:* izquierda. D.L.L.B.

tendrá una posición ambigua. La parte más débil resistirá afortunadamente.

La historia:

«*Ofensivas de paz* de Berlín y de Moscú. *El Reich y la U.R.S.S.*
deciden consultarse acerca de las medidas necesarias en el caso que sus
proposiciones de paz no fueran aceptadas por Francia e Inglaterra. Pretenden establecer así una *paz* duradera en Europa central porque ambos
han procedido a repartirse Polonia».

«La propaganda comunista: los jefes comunistas sólo saben hacer una
cosa: traducir al francés las mentiras del señor Stalin... ¡Oh!, hay que
rendir a los bolcheviques el homenaje que merecen. Saben construir
admirablemente su propaganda. Porque a nosotros, que conocemos las
cargas de la industria y de la prensa, nos es fácil calcular aproximadamente lo que cuestan esos periódicos cotidianos, esos centenares de
semanarios, esos millares de diarios de fábrica. Y ahí está lo que podría
explicar *la imposibilidad de los jefes comunistas* para romper sus vínculos con Moscú. Pues, en territorio francés, les sería mucho más ven-
tajoso declararse *independientes* (1)».

LOS ACUERDOS DE MUNICH - 1938
EL PACIFISMO INGLES. LA GUERRA - 1939

VI, 90

L'honnissement (2) puant abominable,
Apres le faict sera félicité:
Grand excusé (3), pour n'estre favorable (4),
Qu'à paix Neptune ne sera incité.

La infamia (2) hedionda abominable,
Después del hecho será felicitada:
Gran excusa (3), para no ser favorable (4),
Que a paz Neptuno no será incitado

Traducción:

La infamia abominable e infecta sucederá al acto del que se felicitarán
y que sólo será un gran pretexto sin benevolencia, hasta el punto de que
Inglaterra no será incitada a la paz.

(1) *L'Intransigeant* del 30 de septiembre de 1939
(2) Vergüenza, infamia. D.A.F.L.
(3) Latín: *excuso:* alego, pretexto. D.L.L.B.
(4) Latín: *favorabilis:* benevolente. D.L.L.B.

La historia:

«El 6 de diciembre de 1938, en el *quai d'Orsay*, Von Ribbentrop por Alemania y Georges Bonnet por Francia firman la declaración franco-alemana que parece poner fin a la hostilidad tradicional entre ambas naciones. La paz de Europa parece asegurada... Ciertamente sin nombrarlo, pero en un tratado libremente contraído, el autor de Mein Kampf, por la firma de Von Ribbentrop, se prohibía en el futuro hacer valer reivindicación alguna sobre Alsacia y Lorena. *Se felicitaban* también en el *Quai d'Orsay* de que un párrafo del artículo tercero de la declaración común hubiera expresamente puesto a salvo los compromisos internacionales de la Tercera República. Se trataba, en concreto, del tratado de alianza franco-polaco de 1921, y del pacto franco-soviético de 1934 (1)».

«En Extremo-Oriente, como en Europa, Inglaterra dio durante mucho tiempo pruebas de gran voluntad de *paz* y fue hostil a toda acción directa... En 1939, la lección de los hechos fue compendida. La impotencia de la S.D.N. (2) convenció de que era necesario recurrir a los sistemas de alianzas tradicionales. La amenaza de hegemonía, alemana en Europa, japonesa en Extremo-Oriente, el armamento naval alemán, italiano y nipón despertaron temores generalizados. El más *pacifista* de los hombres de Estado, Neville Chamberlain, modificó totalmente su actitud a partir del 15 de marzo de 1939. El establecimiento del servicio militar obligatorio el 26 de abril, *en plena paz*, por primera vez en la historia del reino, fue fácilmente aceptado por la opinión pública. Si, en agosto de 1939, el gobierno multiplica los esfuerzos para evitar la guerra, decide sin la menor duda cumplir sus compromisos con Polonia. La resolución inglesa de 1939 contrasta con las dudas de 1914. La guerra que comienza el 1º de septiembre de 1939, el 3 para el Reino-Unido, es en parte fruto de una larga ceguera y de un *pacifismo* que no supo desembocar en una voluntad de organización internacional eficaz de la paz. En 1939, todo un gran sueño de pacifismo se derrumba (no incitado) y Neville Chamberlain lo confiesa ante el Parlamento (3).»

(1) L.D.G.
(2) Es decir, la Sociedad de las Naciones. (N. del T.)
(3) H.R.U.

V, 56

Par le décès du très vieillard pontife,
Sera esleu Romain de bon aage:
Qu'il sera dict que le Siege debiffe (1)
Et long tiendra et de picquant ouvrage.

Por la muerte del muy viejo pontífice,
Será elegido Romano de buena edad:
De él será dicho que a la Sede perjudica (1)
Y largo tendrá y de escocedora obra.

Traducción:

Tras la muerte del papa muy viejo, será elegido un papa de mediana edad. Será acusado de perjudicar a la Santa-Sede y permanecerá mucho tiempo con obra «escocedora».

La historia:

Pío XI nacido en 1857 muere en febrero de 1939 a la edad de 82 años.

«Eugenio Pacelli, nacido en *Roma*, en una familia de la vieja aristocracia *romana*, nombrado Cardenal y secretario de estado de Pío XI en 1929, le sucedió a su muerte en 1939 con el nombre de Pío XII, a la edad de *63 años*. Pío XII es incontestablemente una personalidad de primer plano *cuya política y cuyas posiciones han sido juzgadas de modos muy diversos*. Se enfrentó a considerables problemas y plantó cara con vigor *desplegando una actividad inmensa...* Su pontificado fue señalado también por varias actas o documentos a los que intenta dar gran importancia doctrinal... En varios puntos Pío XII sigue siendo, pues, un *papa discutido (2)*».

Muere en 1958, tras 19 años de pontificado.

(1) *Debiffer:* poner en mal estado. D.L.
(2) E.U.

MUERTE DE PIO XI - (febrero de 1939)
LOS CINCO AÑOS DE GUERRA - 1940-1945
LA ELECCION DE PIO XII

V, 92

Après le Siège tenu dix et sept ans,
Cinq changeront en tel révolu terme:
Puis sera l'un esleu de même temps (1)
Qui des Romains ne sera trop conforme.

Tras la Sede mantenida diecisiete años,
Cinco cambiarán acabado el plazo:
Luego será elegido uno del mismo tiempo (1)
Que de los Romanos será muy conforme.

Traducción:

Tras un pontificado de diecisiete años, cinco años verán cambios que pondrán término a la revolución. Luego será elegido, en aquel momento, (un papa) que será muy parecido a los romanos.

La historia:

Pío XI fue elegido papa el 6 de febrero de 1922. Murió el 10 de febrero de 1939 tras un pontificado de diecisiete años y cuatro días.

«Pío XII, nacido en *Roma* en una familia de la vieja aristocracia *romana* (2)...»

CHURCHILL APARTADO DE LA POLITICA - 1939
EL PACTO GERMANO-SOVIETICO - 23 de agosto de 1939
GUERRA ENTRE ALEMANIA Y RUSIA
22 de junio de 1941

V, 4

Le gros mastin (3) de cité déchassé,
Sera fasché de l'estrange alliance,
Après avoir aux champs le cerf (4) chassé,
Le loup et l'Ours se donront défiance.

El Gran mastín (3) de ciudad expulsado,
Estará enojado de la extraña alianza,
Tras haber en los campos el ciervo (4) cazado,
El lobo y el Oso se darán desafío.

(1) Parecido por la forma. D.L.7.V.

(2) E.U.

(3) Dogo: la palabra dogo no aparece, en Francia, hasta el siglo XVII. El dogo es entonces considerado como un *gran mastín* proviniente de *Inglaterra*. D.L.7.V.

(4) Simbolismo: sobre todo en las leyendad y monumentos *cristianos*, el ciervo desempeña un papel considerable. D.L.7.V. Por eso el ciervo ha sido elegido para designar a la muy cristiana Polonia.

Extracto de L.D.G.

«Holding the line: ¡Resistid!» - «En el rostro macizo y obstinado de Churchill, los ingleses reconocen los rasgos del *bulldog* nacional, símbolo de la tenacidad y orgullo de los que el pueblo británico da, en 1940, un nuevo y brillante testimonio.

Traducción:

El gran dogo inglés (Churchill), tras haber sido separado de la City, se enfadará por la extraña alianza (el pacto germano-soviético). Tras haber cazado a Polonia en los campos (de batalla), Alemania y Rusia se desafiarán,

La historia:

«Churchill fue, a lo largo de su vida, un personaje de *poderosa* originalidad. Todo en él es poderoso o exagerado (el gran mastín)... Su vida es la de un luchador que jamás se da por vencido... En vísperas de la Segunda Guerra Mundial, pese a una agitada presencia parlamentaria y ministerial, parecía definitivamente apartado de los consejos gubernamentales del partido conservador (1)».

(1) E.U.

«El 9 de septiembre de 1939 comienza la batalla por Varsovia, la Wehrmacht ataca el ejército polaco, al que ha flanqueado, de este a oeste. El 17 de septiembre, en aplicación del *pacto germano-soviético*, el Ejército rojo invade *Polonia* oriental... El 28 de septiembre tiene lugar la quinta partición de Polonia, esta vez entre Alemania y la U.R.S.S. (El oso)... (1). Todas las esperanzas de liberación de los pueblos reposan, a partir de entonces, en Inglaterra, que permanece sola en la lucha. Hitler no consigue conquistarla ni hacerla capitular, ni siquiera forzarla a aceptar una paz de compromiso. La resolución de *Churchill* es inquebrantable (2).»

«Aunque la U.R.S.S. ejecuta escrupulosamente, en beneficio de Alemania, las cláusulas económicas del pacto *germano-ruso*, Hitler ha decidido arrojarla fuera de Europa antes de volverse contra Gran Bretaña para mantener la explicación definitiva. El 21 de junio de 1941, sin declaración de guerra, la Wehrmacht ataca al Ejército rojo (2).»

«Era conveniente que las relaciones germano-soviéticas se hubieran esclarecido antes del 26 de agosto. Tanto más cuanto la reconciliación espectacular del Tercer Reich y de la Rusia bolchevique produciría en Londres y en París el efecto de un verdadero terremoto (3).»

ANEXION DE ESLOVAQUIA - 15 de marzo de 1939
DESEMBARCO ALEMAN EN TRIPOLITANIA
Febrero de 1941

IX, 94

Foibles galeres seront unis ensemble,
Ennemis faux le plus fort en rempart:
Faible assaillies Vratislave (3) tremble,
Lubecq (4) et Mysne (5) tiendront barbare (6) part.

Débiles galeras estarán unidas juntas,
Enemigos falsos el más fuerte en las murallas:
Débiles asaltados Bratislava (4) tiembla,
Lubecq (5) y Mysne (6) tendrán bárbara (7) parte.

Traducción:
Cuando los navíos de guerra poco poderosos se reunirán en el país

(1) Al margen del posible simbolismo, la palabra francesa ours (oso) tiene una semejanza fonética con la pronunciación de las siglas U.R.S.S. (N. del T.)
(2) E.U.
(3) L.D.G.
(4) Bratislava, capital de Eslovaquia.
(5) Ciudad alemana a 15 kilómetros del mar Báltico.
(6) Ciudad alemana a orillas del mar del Norte.
(7) Berbería: región del Africa septentrional que comprende los estados de Trípoli, Túnez, Argelia y Marruecos. D.H.B.

más fuerte (el Reich alemán) se amurallará contra falsos enemigos (los húngaros). Los débiles serán atacados y Bratislava temblará. Los de Lubecq y Misnen (los alemanes) ocuparán una parte del Africa del Norte.

La historia:

«*Debilidad* de la marina alemana: el vicealmirante Kurt Assmann, que se convirtió en el historiador de la estrategia naval alemana, ha escrito: «La situación era inversa a la de 1914. Entonces poseíamos una poderosa flota que podía aceptar un enfrentamiento con la Grand Fleet, pero ninguna posición estratégica le proporcionaba una base de partida. Ahora disponíamos de esta base estratégica, pero no de una flota con la que pudiera contarse para obtener partido de ella».

«El 9 de marzo de 1939, las negociaciones entabladas entre Praga y *Bratislava* sobre la autonomía eslovaca estaban en punto muerto, el presidente Hacha tomó la responsabilidad de destituir a monseñor Tiso y a los ministros Durkansky y Pruzinsky, por acción separatista atentatoria contra la unidad del Estado. Ante tal acto de autoridad, Hitler respondió haciendo, dos días después, redactar para el gobierno checoslovaco un proyecto de *ultimatum* en siete puntos... En esta atmósfera explosiva, al día siguiente, 14 de marzo, ante el temor de la agresión húngara (falsos enemigos) *la dieta de Bratislava* proclamó la independencia de Eslovaquia mientras solicitaba al Canciller-Fürher que aceptara *garantizar* (el más fuerte en las murallas) la existencia del joven Estado y tomar las medidas necesarias para asumir *la protección* de sus fronteras.»

« Del 1º de febrero al 30 de junio de 1941, al menos 81.785 combatientes del Eje desembacaron en *Trípoli* con casi 450.000 toneladas de material, municiones y carburante... Así pasaron a Africa del Norte las D.B. Ariete y D.M. Trento del ejército italiano, así como la 5ª División Ligera que formaba el primer escalón del Deutches Afrikakorps (los de Lubecq) (1)... »

(1) L.D.G.

LA ANEXION DE POLONIA - 1939
INVASION DE FRANCIA A TRAVES DE HOLANDA Y BELGICA
LA RESTITUCION DE ALSACIA-LORENA A LA REPUBLICA - 1939

III, 53

Quand le plus grand emportera le pris (1)
De Nuremberg, d'Ausbourg et ceux de Basle (2),
Par Agrippine (3) chef (4) Frankfort repris,
Traverseront par Flamant jusqu'en Gale.

Cuando el más grande se lleve al tomado (1)
De Nuremberg, de Ausburgo y los de Basilea (2),
Por Agripina (3) jefe (4) Francfort retomada,
Cruzarán por Flandes hasta Galia.

Traducción:

Cuando el más grande (Hitler) se lleve el (país) prisionero (Polonia) los germánicos cruzarán Flandes (Holanda y Bélgica) hasta Francia, después de que el artículo más importante del (Tratado) de Frankfurt haya sido retomado por la República (anexión de Alsacia-Lorena por Alemania).

La historia:

«Desembarazado de *Polonia,* Hitler se dirige hacia el Oeste: corrige su plan de ataque de *Bélgica y Holanda:* decide renunciar a la operación de la 7ª división aérea sobre la orilla derecha del Meuse, así como a la variante que consistía en lanzarla sobre la cabeza de puente de Gante. Desde entonces, salvo el destacamento previsto para los puentes del canal Albert y la obra de Eban-Emaël, la totalidad de las tropas aerotransportadas alemanas se reservó para saltar o aterrizar en el interior del *reducto neerlandés* o *Vesting-Holland.* No convenía transferir al sur de Lieja el centro de gravedad del ataque (5).»

« El tratado de Versailles fue firmado el 28 de junio de 1919, en la misma Galería de los Espejos que, el 18 de enero de 1871, había visto la proclamación del Imperio alemán por Bismarck: se quiso que la firma

(1) Utilizado en vez de prisionero, capturado.
(2) Ciudades habitadas por pueblos germánicos.
(3) Esposa de Domitius Aenobarbus, tomado continuamente por Nostradamus como símbolo de la República.
(4) En sentido figurado: artículo, división, importancia. D.L.7.V.
(5) L.D.G.

de la paz tuviera el caracter de una ceremonia expiatoria... Desde el punto de vista territorial, Alemania *restituía* Alsacia-Lorena a Francia (1)."

LA LINEA MAGINOT. EL RHIN
PARIS OCUPADO - 14 de junio de 1940

IV, 80

Près du grand fleuve, grand fosse (2), terre egeste (3)
En quinze pars sera l'eau divisée:
La cité prinse, feu, sang, cris, conflit mettre,
Et la plus part concerne (4) au collisée (5).

Cerca del gran río, gran fosa (2), tierra roturada (3)
En quince partes se dividirá el agua:
La ciudad tomada, fuego, sangre, gritos, conflicto poner,
Y la mayor parte mezclada (4) en el choque (5).

Traducción:

Cerca del gran río (el Rhin) se cavará un gran atrincheramiento, la red hidrográfica se dividirá en quince partes. La ciudad (París) será tomada y el conflicto lo pasará todo a fuego y sangre; y la mayor parte de los franceses estarán mezclados en el enfrentamiento.

La historia:

« El plan original de la ofensiva daba el papel principal al grupo de ejércitos estacionado más al norte, el grupo B, colocado bajo las órdenes de Von Bock. Debía ejecutar un largo movimiento envolvente a través de los Países-Bajos, apoyado por el grupo A (Von Runstedt) que mantenía el centro del dispositivo alemán, frente a las Ardenas, y por el grupo C (Leeb) colocado en el ala izquierda, ante la *línea Maginot*. Era una repetición de la ofensiva alemana de 1914 que, por lo tanto, no podía sorprender a los aliados; además suponía enviar las fuerzas blindadas a un país cortado por *innumerables canales y riachuelos.* »

« Los carros y los vehículos blindados formaban una columna de 160 kilómetros que se alargaba hasta 80 kilómetros por la otra orilla del Rhin. El plan fue un éxito extraordinario... Hitler deseaba evitar una nueva podredumbre de la guerra, como después de la batalla del Marne, en

(1) H.F.A.M.
(2) Latín: *fossa:* Exavación, atrincheramiento. D.L.L.B.
(3) Latín: *egestu* penitus cavare terras: Cavar retirando la tierra. D.L.L.B.
(4) Latín: *concerno:* mezclo. D.L.L.B.
(5) Latín: *collisio:* choque, topetazo. D.L.L.B.

1914: quería, costara lo que costase, reservar sus fuerzas blindadas para la segunda fase de la ofensiva, la batalla por *París y Francia*... En once días todo había terminado. El 14 de junio los alemanes *entraban en París* (1).»

LA INVASION DE LOS PAISES-BAJOS Y DE BELGICA
10 de mayo de 1940

VI, 30

Par l'apparence de faincte (2) saincteté,
Sera trahy aux ennemis le siège:
Nuict qu'on cuidait (3), dormir en seureté,
Près de Braban (4) marcheront ceux de Liège.

Por la apariencia de fingida (2) santidad,
Será traicionado a los enemigos el sitio:
Noche que creían (3) dormir en seguridad
Cerca de Brabante (4) marcharán los de Lieja.

Traducción:

Bajo la apariencia de santidad fingida, el país será sitiado por los enemigos, a traición, mientras la gente creía dormir con seguridad por la noche. Las tropas que estarán en Lieja marcharán a través de Bélgica.

La historia:

« El 6 de diciembre de 1938, los señores Georges Bonnet, ministro de Asuntos Extranjeros de la República Francesa, y Joachim Von Ribbendrop, que desempeñaba las mismas funciones en el seno del Reich alemán, había firmado en un salón del Quai d'Orsay una *declaración común* que, en base a los acuerdos de Munich, *parecía* poner punto final a las hostilidad tradicional entre las dos naciones... Sin nombrarlo, ciertamente, pero en un tratado libremente pactado, el autor de Mein Kampf, por la firma de Von Ribbentrop, se prohibía hacer nunca valer reinvicación alguna sobre Alsacia y Lorena... De este modo en París podía estimarse que Hitler y Ribbentrop se habían prohibido cualquier nuevo

(1) H.A.B.
(2) *Fainte,* es decir *feinte:* fingido. D.A.F.L.
(3) Creer. D.A.F.L.
(4) Ducado partido en tres provincias: 1º, Noordbraband, que forma la mayor provincia del reino de los Países-Bajos; 2º, la provincia de Brabante, en Bélgica; 3º, la provincia de Amberes, en Bélgica. D.L.7.V.

recurso a esos golpes de fuerza o actuaciones unilaterales que, al menos por tres años, habían estado a punto de incendiar el continente (1). »

« El ejército alemán que invadió los Países Bajos y Francia en la mañana del 10 de mayo de 1940, comprendía 89 divisiones, más 47 mantenidas en reserva... El primer éxito fue la destrucción de los sistemas de defensa holandés y belga. Ello fue posible gracias al empleo de comandos que se apoderaron de los puntos vitales para la ofensiva, así como del famoso fuerte de Eben-Emael en el *canal Albert (Lieja)*... Los blindados de la Wermacht cruzaron rápidamente las Ardenas, atravesaron la frontera francesa el 17 de mayo... El 5 de junio, el ejército alemán continuó la ofensiva cruzando el Somme en dirección al sur. En once días todo había terminado. El 14 de junio, los alemanes entraban en París (2). »

EL GENERAL DE GAULLE: EL SEGUNDO TRASIBULO

«Et le chef et gouverneur sera jeté du milieu et mis au haut lieu de l'air, ignorant la conspiration des conjurateurs avec le second Thrasybulus qui de longue main aura mené tout ceci.»

Lettre à Henri, roi de France second.

"Y el jefe y gobernador será arrojado del medio y puesto en alto lugar del aire, ignorando la conspiración de los conjurados con el segundo Trasíbulo que, desde mucho tiempo atrás, lo habrá dirigido todo."

Carta a Enrique, rey de Francia segundo.

La historia:

Nostradamus extraerá de la guerra del Peloponeso un atractivo paralelismo con la guerra de 1939-1945; paralelismo en el que Esparta representa la Alemania nazi y Atenas la Francia democrática; Tebas, potencia democrática vecina y aliada de Atenas, representa Inglaterra, de donde partirá la llamada lanzada por el general de Gaulle el 18 de junio de 1940.

« Mientras, en el ágora, los oradores de la brillante democracia ateniense se entregaban a estériles justas, Esparta, siempre celosa del brillo civilizador de su rival, activa sus preparativos militares. El Estado espartano estaba organizado para la conquista y su historia es sólo una larga sucesión de guerras. Con este fin se mantenía una disciplina muy severa. La juventud recibía una educación y sufría un entrenamiento en campamentos comunitarios. Los recién nacidos que tenían la desgracia de venir al mundo con deformidades, eran implacablemente sacrificados para conservar intactas las cualidades físicas de la raza. »

(1) L.D.G.
(2) H.A.B.

« Aquel día, que los espartanos llamaron día de liberación y Atenas día de desolación y luto, se habían visto atenienses, coronados de flores, tomando parte en la fiesta, otros yendo hacia los vencedores y testimoniándoles su alegría por la humillación de su patria... El negociador, tan lento en poner la mano sobre el tratado que podía salvar a su pueblo, fue rápido en ponerla sobre la vieja constitución. Propuso confiar los plenos poderes, para revisar las leyes, a un comité de treinta miembros. El ejército del Peloponeso no había salido de Atenas: obedecieron. » Mientras, un cuerpo de tres mil ciudadanos se constituye para proteger a los Treinta, al tiempo que los demás son desarmados. Se destierra a aquellos cuyos sentimientos parecen dudosos para con el nuevo régimen, reservándose el derecho de detenerles y ejecutarles allí donde se encuentren. Tebas, la potencia democrática vecina, irritada por las pretensiones de Lacedemonia, ordena acoger a los desterrados que se citen allí y ayudarles. Trasíbulo, general ateniense, se hallaba entre ellos. Parte con 70 hombres decididos a proseguir la lucha.

Entre tanto, los sicofantes, delatores de profesión que la ley pagaba para que denunciaran a quien robase los frutos de las higueras consagradas a Atenea, atraídos por las sustanciosas ganancias, se ponen a sueldo del enemigo para entregar a aquellos de sus conciudadanos que permanecen fieles a la democracia. Pero la tropa de Trasíbulo crece. Se apodera de la fortaleza de Fyle. Como represalia, los Treinta hacen apresar trescientos habitantes de Eleusis y Salamina para asesinarles. «Ya no era una tiranía, era la demencia.» Tales actos no lograron más que aumentar las fuerzas de Trasíbulo. Cuando contó con mil hombres, marchó sobre el Pireo y se apoderó de la fuerte posición de Munyquia. Los Treinta y los Tres mil «que querían conservar sus privilegios, solicitaron el apoyo de Esparta para salvar Atenas, decían, de manos de los tebanos». Liberada aquélla, Trasíbulo sube, armado, a la ciudadela y sacrifica a Minerva, en acción de gracias por aquella victoria inesperada. Por su valoir había logrado este bien para su patria. «Después de a los dioses, dirá más tarde Demóstenes, la república debe su salvación a Trasíbulo.» (Septiembre del 403 a. de C.)

«Atenas había sido liberada, pero su comercio estaba destruido, su población diezmada, su territorio baldío, su marina caída a un nivel más bajo que en los tiempos de Solón y el tesoro tan agotado que no podía cubrir los gastos de los sacrificios, ni pagar a los tebanos los 200 talentos adelantados a Trasíbulo... El gobierno oligárquico, había sido juzgado por sus actos: la traición es el crimen. Todos quisieron regresar a aquella democracia moderada que Solón había fundado (1). »

«Hay que verle y escucharle cuando cita a Solón: Se preguntaba un día Solón... Tiene una divertida mirada de universitario que comienza a

(1) H.F.V.D.

conocer un poco esos apotegmas del «Viaje del joven Anacharsis''. El Prudente desaparece entre la multitud. Se discute a mi alrededor: no ha hablado de Alemania, del Ruhr... ¡No!, ha hablado de las leyes, del Senado y de Solón. Demos vuelta a la página, aguardemos el próximo capítulo del hermoso álbum de la Historia.» (1)

EL GOBIERNO DE VICHI. LA OCUPACION
1940-1944
EL GENERAL DE GAULLE EN LONDRES - 18 de junio de 1940
EL DESEMBARCO: ROUEN Y CHARTRES

III, 49

Règne (2) Gaulois tu seras bien changé,
En lieu estrange est translaté l'empire:
En autres moeurs et lois seras rangé,
Roan, et Chartres te feront bien du pire.

Reino (2) galo serás muy cambiado,
En lugar extraño es trasladado el imperio:
En otras costumbres y leyes serás colocado, (3)
Rouen y Chartres te harán mucho peor.

Traducción:

Gobierno francés serás muy cambiado; el imperio se habrá transferido a tierra extranjera; estarás sometido a la obediencia de otras costumbres y leyes. Los que vendrán por Rouen y Chartres te harán mucho peor.

La historia:

«La suerte del *Imperio Francés* está en juego. Ya no hay nadie en Francia que quiera o pueda intentar levantarla, ahora que Petain y un equipo de derrotistas han tomado el poder. Si Africa del Norte y el *Imperio Francés* deben ser salvados, sólo puede hacerse desde *Londres...* Regresaría a Inglaterra con de Gaulle y le ayudaría a realizar su plan. Tenía razón, era esencial que, sin un instante de retraso, se lanzara desde *Inglaterra* la llamada a la resistencia, como respuesta a la demanda de armisticio por parte de Petain (4).»

«Luego se produce el avance hacia el Sena, durante el cual ya no se trata, para Alemania, de resistir sino de evacuar con la mayor rapidez posible el país ocupado desde hace cuatro años. Cuatro ejércitos aliados par-

(1) Artículo de Ch. d'Ydevale dando cuenta del discurso del general de Gaulle en Bayeux. *Carrefour* del 20 de junio de 1946
(2) Latín: *regnum:* gobierno. D.L.L.B.
(3) En sentido figurado: someter al deber, a la obediencia.
(4) «Cómo llevé al general de Gaulle a Inglaterra.» Edward Spears. En *Dossier Historama* n.º 23

ticipan en esta persecución: El primer ejército canadiense, a lo largo de las costas de la Mancha, cruza el Sena cerca de Elbeuf, avanza sobre *Rouen* a donde llegará el 27 de agosto... El tercer ejército americano corre hacia *París:* partiendo de Alençon y Le Mans, sus cuerpos de ejército alcanzan, al norte, Verneuil, Dreux, Nantes, al sur, *Chartres* y Rambuillet, que será la última etapa. Tras la toma de París, y el paso del Sena, la campaña cambia definitivamente de aspecto (1).

PETAIN; HITLER Y STALIN
LOS VEINTE MESES DE OCUPACION TOTAL

VIII, 65

Le vieux frustré du principal espoir,
Il parviendra au chef de son empire:
Vingt mois tiendra le règne à grand pouvoir
Tiran cruel en délaissant un pire.

El viejo frustado de la principal esperanza,
Llegará a la cabeza de su imperio:
Veinte meses tendrá el reino en gran poder
Tirano cruel dejando uno peor.

«El progreso de la colaboración germano-rusa».
¡Los dos tiranos! (L.D.G.).

(1) H.L.F.R.A.

Traducción:

El viejo (mariscal) frustrado de la principal esperanza (Hitler) llegará a la cima de su poderío y mantendrá el poder con fuerza durante veinte meses, tirano cruel dejando uno peor tras de sí.

La historia:

«El 11 de noviembre de 1942, la Francia libre es ocupada por los alemanes.»

«El 6 de junio de 1944, los aliados desembarcan en Normandía (1).»

Del 11 de noviembre de 1942 al 6 de junio de 1944 van *19 meses y 25 días.*

El V plan (1951-1955) ruso incide con mayor fuerza en los bienes de consumo. Al mismo tiempo, se acentúa el endurecimiento del régimen. La lucha contra el cosmopolitismo es señalada, en particular, por las persecuciones contra los israelitas.»

«El asesinato de Kirof en Leningrado, 1936, es la señal para una serie de convulsiones. Ahora, la pena capital se abate sobre quienes no están en la línea del régimen. Se ataca a los altos funcionarios... La amplitud de la represión sólo es igualada por la sorprendente complacencia con que los acusados hacen sus confesiones (2).» (¡Uno peor!).

LAS ETAPAS DE LA VIDA DE HITLER:
1889, 1915, 1921, 1939, 1945

Sextilla 53

Plusieurs mourront avant que Phoenix (3) meure,
Jusques six cents septante (4) est sa demeure,
Passé quinze ans, vingt et un, trente-neuf,
Le premier est subjet à maladie,
Et le second au fer (5) danger de vie,
Au feu (5) à l'eau (6) este subjet trente-neuf.

Varios morirán antes de que el Fenix (3) muera
Hasta seiscientos setenta es su morada
Pasados quince años, veintiuno, treinta y nueve,
El primero está sujeto a enfermedad,
Y el segundo a hierro (5) peligro de vida,
Al fuego (5) al agua (6) está sujeto treinta y nueve

(1) P.C.H.F.
(2) L.M.C.

(3) El Fenix de la leyenda *vivía varios siglos.* Tenía el tamaño de un *águila...* Cuando sentía que su fin se acercaba, *construía un nido* con ramas cubiertas de resinas aromáticas, lo exponía a los rayos del sol y se *consumía* en él. D.L.7.V.

(4) Desde abril de 1889 a marzo de 1945 van 670 meses.

(5) Emplear el hierro y el fuego: emplear toda clase de medios violentos para llegar a un fin. Llevar el hierro y las llamas a un país: asolarlo con el crimen y el incendio. D.L.7.V.

(6) En estilo bíblico: diluvio. D.L.7.V.

300

Traducción:

Mucha gente morirá antes de que muera el fénix (Hitler). Al cabo de cincuenta y cinco años y diecinueve meses hallará su (última) morada cuando habrán pasado los años 1915, 1921, 1939. En 1915 será golpeado por la enfermedad; en 1921 tendrá una fuerza guerrera peligrosa para su vida; en 1939 será víctima de un diluvio de fuego.

La historia:

«Adolph Hitler nació en abril de 1889 en Braunau am Inn... Cabo, dos veces *herido* (1915) (1)...»

«El año *1921* es un año de éxito para el partido que, a partir de entonces, cuenta con más de seis mil adheridos, gran número de los cuales se alista en la S.A. bautizada por los periódicos de Munich como *"la guardia de corps de Hitler"* (2).»

«Mientras recorre Alemania para reclutar adherentes (son tres mil a finales de *1921*), el capitán Roechm, su adjunto, pone en pie la organización *paramilitar* de las S.A. o secciones de asalto... Liquida la *oposición* de derechas en la noche de los cuchillos largos, el 30 de junio de 1934. Varios centenares de personas son asesinadas; entre ellos, Schleicher, que intentaba reagrupar a los militares *reticentes* con respecto a Hitler, Roehm, el demasiado *poderoso* y demasiado independiente jefe de las S.A. (3)...»

«A lo largo de las últimas semanas, en *marzo*-abril de 1945 el jefe de guerra, acosado, se suicidará de un disparo en la boca (1).»

«Al atardecer, llega una de las últimas noticias del mundo exterior: la captura y la ejecución de Benito Mussolini y de Clara Petacchi. El Duce y su amante han sido colgados por los pies en Milán... Eva Hitler se derrumba: "¿Van a hacernos lo mismo?" —No nos lo harán, articula el Führer, nuestros cuerpos serán *consumidos* por el fuego hasta que no quede nada, ni siquiera las cenizas (4).»

(1) E.U.
(2) Las primeras maniobras de las S.A. Yves Naud, en *Histoire por tous*, fuera de serie n.º 9, noviembre-diciembre de 1978.
(3) A.E.
(4) L.G.E.S.G.M.

VIII, 27

La voye auxelle (2) l'un sur l'autre fornix (3)
Du muy (4) de fer hor mis brave (5) et genest (6):
L'escript d'empereur le fenix,
Veu en celuy ce qu'a nul autre n'est.

El camino auxilio (2) el uno sobre el otro fornica (3)
Del movimiento (4) de hierro excluídos los valerosos (5) y nacidos (6)
El escrito del emperador el fénix,
Ve en éste lo que no es de ningún otro.

Traducción:

El medio por el que se establecen relaciones carnales entre uno y no importa qué otro en el movimiento de hierro (S.S.) excluidos los bien nacidos. El libro del emperador el Fénix en el cual se ve lo que no se ve en ninguna otra parte.

La historia:

«En los lebensborn, campos de concepción donde las jóvenes igualmente seleccionadas están a su disposicón, los S.S. *procrean sin matrimonio* niños de *"raza pura"* abandonados inmediatamente al cuidado de la organización (6.000 a 7.000 por año).»

«Venidos de la juventud hitleriana, los candidatos a la S.S. deben ser dignos de la idea que los nazis se forjan de la élite germánica: de talla superior a 1,75 metros, salud y dentición perfectas, belleza "aria", herencia nórdica remontando, para los jefes, a 1.750, valor instantáneo y obediencia incondicional (7).»

«*Ningún teórico había estado dispuesto ni había sido capaz* de llevar el mito a la realidad; Hitler, el autodidacta sin prejuicios ni anteojos, de alma de hierro, alimentado por un grosero darwinismo que invocaba a poco precio la "naturaleza" y su crueldad, estaba dispuesto y era apto para efectuar tal transposición con una lógica implacable (8).»

(1) Campos de concepción.
(2) Latín: *auxillium:* ayuda, socorro, D.L.L.B.
(3) Fornicación: relaciones carnales entre personas que no están casadas, ni entre sí ni con otras personas, y que no están ligadas por voto alguno. D.L.7.V.
(4) Forma del presente y el perfecto de *Mouvoir* (mover). D.A.F.L.
(5) Intrépido, *valeroso,* grande, famoso, notable. D.L.7.V.
(6) Griego: γενέσθαι: infinitivo aoristo de γίγνομαι: nacer. D.G.F.
(7) D.S.G.M.
(8) E.U.

HITLER Y EL TERCER REICH
LOS HORNOS CREMATORIOS Y LAS MATANZAS
LA PROSPERIDAD Y EL DESASTRE ALEMAN

IX, 17

Le tiers premier pis que ne fit Néron (1)
Vuider vaillant que sang humain répandre:
Rédifier fera le forneron (2)
Siècle d'or mort, nouveau Roy grand esclandre.

El tercero primero peor que hizo Nerón (1)
Vaciar tan valiente que sangre humana derramar:
Reedificar hará el horno (2)
Siglo de oro muerto, nuevo Rey gran escándalo.

Traducción:

El primer (personaje) del III (Reich) hará peor que hizo Nerón. Será tan valiente para vaciar la sangre humana como para derramarla: hará construir hornos; la prosperidad terminará y este nuevo jefe será motivo de grandes escándalos.

La historia:

«Hitler, *canciller* (el primero) de Alemania en 1933, regularmente nombrado por el presidente Himdenburg, logra que le otorgue, por plebiscito, en 1934, un poder absoluto como Führer y canciller del nuevo régimen, el III Reich. Consigue yugular el enorme paro (6.200.000 desempleados en 1932), restablecer la *prosperidad* (siglo de oro), conducir con éxito una política de alojamiento, de prestaciones sociales y de grandes trabajos, lo que le asegura un gran apoyo popular (3).»

«Las 'Libres Palabras' del tiempo de guerra, ardiendo de odio contra los judíos y cristianos (¡Nerón!), prometen a los rusos vencidos la peor de las esclavitudes, en contraste con la vida *paradisíaca* (siglo de oro) que aguarda al colono alemán.»

«En 1945, libros y películas se titulan de buena gana "Alemania, año cero". Porque el país vencido está tan *destruido* (siglo de oro muerto), tan desesperado que todo parece por reconstruir... Las carnicerías y los *hornos* crematorios permiten, ciertamente, comprender algunas afirmaciones de 1945... El 8 de mayo de 1945, la capitulación sin condiciones de Alemania señala el término de la *gran masacre*, deseada y puesta en marcha por Hitler... Las ciudades estaban en ruinas. Los *muertos*, los prisio-

---

(1) Nerón asistió a un inmenso incendio que devoró la mayor parte de Roma, se le acusó de ser su autor, arrojó esta acusación sobre los cristianos a quines hizo perecer entre atroces torturas. D.H.B. Para Nostradamus, los judíos serán el carnero expiatorio de Hitler como los cristianos lo fueron de Nerón.

(2) Latín: *fornus* o *furnus:* horno. D.L.L.B.

(3) D.S.G.M.

neros, los mutilados se contaban por *millones*. Al caos creado por la guerra total, deseada por Hitler, son arrojados otros millones de alemanes, expulsados de los países de Europa central y de los territorios confiados a Polonia. La Alemania ocupada estaba en la *miseria* (1).»

LAS PERSECUCIONES DE HITLER, EL NUEVO NERON EL ATENTADO DE 20 de julio de 1944

IX, 53

Le Néron (2) jeune dans les trois cheminées (3),
Fera de paiges (4) vifs pour ardoir (5) jetter,
Heureux qui loin sera de tels menées,
Trois de son sang le feront mort guetter.

El Nerón (2) joven en las tres chimeneas (3)
Hará de pajes (4) vivos para arder (5) arrojar
Feliz quien se halle lejos de tales actos.
Tres de su sangre le harán de muerte acechar.

Traducción:
El nuevo Nerón hará arrojar en tres hornos (Auschwitz, Dachau y Birkenau) jóvenes para quemarles vivos. Feliz será quien se halle lejos de tales actos. Tres de su sangre (tres alemanes) le acecharán para darle muerte.

La historia:
«Las grandes líneas del plan de exterminación fueron decididas durante una Conferencia que se mantuvo el 20 de enero de 1942 cerca de Berlín, bajo la presidencia de Reinhard Heydrich, adjunto de Himmler. El acta precisa: "La solución final del problema judío en Europa será aplicada, aproximadamente, a 11 millones de personas".»

«Desde entonces, bajo la dirección de Rudolph Eichmann, toda Europa será pasada al rastrillo, los judíos metódicamente detenidos y enviados, en su mayoría, al campo de Auschwitz donde serán exterminados. Según el director del campo, 3 millones de deportados perecieron en Auschwitz. En todos los campos los cuerpos de los ejecutados eran *incinerados* en hornos crematorios (chimeneas)...»

«Existían, hacia el final de la guerra, numerosos grupos de oposición

(1) E.U.
(2) Véase IX, 17.
(3) Derivado de *caminus:* horno. D.L.7.V.
(4) Muchacho joven. D.A.F.L.
(5) Quemar. D.A.F.L.

con concepciones distintas y, a veces, divergentes. El más importante de ellos era el que organizó un atentado contra Hitler; a su cabeza estaba Karl Goerdeler, ex burgomaestre de Leipzig, y el general Beck. El coronel Von Stauffenberg (tres de su sangre) colocó en el cuartel general de Hitler una bomba de débil potencia, el 20 de julio de 1944. El atentado fracasó: Hitler sólo resultó ligeramente herido (1).»

HITLER EN EL PODER
LA GUERRA CONTRA LOS ESTADOS
EL ATENTADO DE STAUFFENBERG CONTRA HITLER
20 de julio de 1944

IX, 76

Avec le noir Rapax et sanguinaire
Issu du peautre (2) de l'inhumain Néron (3):
Emmy (4) deux fleuves main gauche militaire,
Sera meurtry (5) par joyne chaulveron (6).

Con el negro Rapaz y sanguinario
Salido de la yacija (2) del inhumano Nerón (3):
En medio (4) dos ríos mano izquierda militar,
Será herido (5) por joven quemado (6).

Traducción:

Con (el águila) rapaz, negra y sanguinaria, salida de la yacija del inhumano Nerón, tomado entre dos ríos (7), a causa de las fuerzas militares de izquierda (las tropas rusas), (Hitler) será herido por un joven (Stauffenberg) que le quemará.

(1) E.U.
(2) *Peautre* o *peltre:* yacija, litera. D.A.F.L.
(3) Véase IX, 17
(4) En medio. D.A.F.L.
(5) *Meurtrir:* herir, dañar, perjudicar. D.L.7.V.
(6) Del verbo *chalder:* calentar, caldear. D.A.F.L.
(7) Rastenburg, donde tuvo lugar el atentado contra Hitler, se halla entre el Vístula y el Niemen, a igual distancia de ambos ríos.

Au grand Empire parviendra tost un autre
Bonté distant (1) plus félicité:
Regi par un yssu non loing du peautre,
Corruer regnes grande infelicité.

Al gran Imperio llegará pronto otro
Bondad distante (1) nada de felicidad:
Regido por uno salido no lejos de la yacija,
Atacar reinos gran infelicidad.

Traducción:

Al gran imperio alemán (el Reich) llegará otro jefe pronto al poder. Alejándose la bondad no habrá ya felicidad. Alemania será gobernada por un personaje salido de la yacija (de Nerón) que se lanzará contra algunos países causándoles grandes desgracias.

La historia:

«Stauffenberg había salido no hacía más que uno o dos minutos cuando, a las doce horas cuarenta y dos minutos, una violenta explosión asoló la sala de conferencias, derribó los muros y el techo, *incendió* los escombros que caían sobre los ocupantes. En el humo y la confusión, entre el griterío de los heridos y de los guardias que acudían de todas partes, Hitler salió tambaleante, del brazo de Keitel. La explosión se había llevado una pernera de su pantalón, estaba cubierto de polvo, sufría numerosas *heridas* (será herido). Sus cabellos estaban *quemados*, el brazo derecho rígido e inerte, una pierna *quemada*; la caída de una viga le había contusionado la espalda, sus tímpanos habían sufrido con la explosión (2).»

EL PODERIO DE HITLER EN OCTUBRE DE 1939

Sextilla 21

L'autheur des maux commencera régner (3)
En l'an six cens et sept (4) sans espargner
Tous les subjects qui sont à la sangsue (5),
Et puis après s'en viendra peu à peu,
Au franc pays rallumer son feu,
S'en retournant d'oú elle est issue.

El autor de los males comenzará a reinar (3)
En el año seiscientos y siete (4) sin respetar
Todas las cosas que pertenecen a la sanguijuela (5).
Y luego después irá poco a poco,
Al país franco encender su fuego,
Regresando al lugar de donde ha salido.

(1) Latín: *distans:* alejado. D.L.L.B.
(2) H.A.B.
(3) Latín: *regnum:* reino, imperio, dominación, poderío. D.L.L.B.
(4) Desde abril de 1889 hasta octubre de 1939 hay 607 meses.
(5) Latín: *sanguisuqa:* el que chupa la sangre. D.L.L.B. Palabra utilizada por Nostradamus para referirse a la revolución: la bebedora de sangre.

Traducción:

Aquel que provocará grandes desgracias verá el principio de su poderío en octubre de 1939, sin respetar a los revolucionarios, y poco a poco, irá a prender la guerra en Francia para regresar allí donde nació (a Alemania).

La historia:

«Liberado de Polonia, Hitler se dirige hacia el oeste. En su diario, el antiguo jefe de estado-mayor general del O.K.H. resume de este modo los argumentos sobre los que el Führer basaba su convicción: el Führer intentará utilizar la impresión creada por nuestra *victoria* en Polonia para llegar a un acuerdo. Si fracasa, el hecho de que el tiempo trabaje a favor del enemigo nos obliga a actuar en dirección oeste...

1.º Que el posible abandono de la neutralidad por parte de Bélgica amenaza el Ruhr, lo que nos obliga a *ganar espacio...*

2.º Que aumentará el esfuerzo británico, que comienza a ponerse en marcha, de ahí la necesidad de estudiar las modalidades de una ofensiva, concebida de modo que, comenzada entre el 20 y el 25 de octubre, a través de Holanda y Bélgica, consiga aplastar las fuerzas militares aliadas; nos asegure en el norte de *Francia* espacio suficiente para extender el sistema de nuestras bases aéreas y navales... *El 19 de octubre* los generales Von Brauchitsch y Hadler presentaron un primer plan de operaciones llamado Fall Gelb (1).»

«A Hitler le horrorizaba el marxismo, tanto más cuanto descubrió en él, según dijo, una doctrina judía, inventada por un Marx y propagada en Austria por los Austerlitz, David, Adler (2).»

(1) L.D.G.
(2) E.U..

LA EXTRAÑA GUERRA:
DEL APLASTAMIENTO DE POLONIA septiembre de 1939
A LA INVASION DE FRANCIA
enero de 1940

Sextilla 14

Au grand siège encore grands forfaits,
Recommençant plus que jamais
Six cents et cinq (1) sur la verdure,
La prise et reprise sera,
Soldats es (2) champs jusqu'en froidure
Puis après recommencera.

En el gran sitio aún grandes desaguisados,
Recomenzando más que nunca
Seiscientos y cinco (1) en el verdor.
La conquista y reconquista será,
Soldados fuera (2) de los campos hasta el frío
Luego después recomenzará.

Traducción:

En el gran sitio (de Varsovia) se cometerán grandes desaguisados, y recomenzarán más que nunca en septiembre de 1939, el ejército estará en campaña (verdor). La ciudad será conquistada y reconquistada; los soldados no estarán ya en campaña hasta el frío, luego la guerra recomenzará.

La historia:

«El 28 de septiembre de 1939, Varsovia se rindió tras dos semanas de una resistencia que puede calificarse de heroica. Los bombardeos aéreos habían provocado el incendio de sus harineras y su fábrica de filtrado y bombeado había sido destruida en más de la mitad.»

«Las torrenciales lluvias, a finales de otoño de 1939, habían obligado a Hitler a dar contraorden, en el último momento, por lo que se refiere a la ofensiva que debía comenzar el *12 de noviembre*. Hasta el *16 de enero de 1940, los elementos* le obligaron a suspender la ofensiva al menos trece veces.»

«En la tarde del 10 de enero de 1940, el Führer reunía inesperadamente al Mariscal Göring, al coronel-general Von Brauchitsch, al gran almirante Raeder y sus jefes de estado mayor, en su despacho de la nueva cancillería. Lo hizo para comunicarles su decisión de iniciar la ofensiva en el oeste el día 17 al alba, que se levantaba en Aix-la-Chapelle a las ocho horas dieciséis minutos de la mañana. Según él, la situación meteorológica motivaba tan brusca decisión. Provinente del este se aproximaba una zona de altas presiones que, a partir del 12 o 13, haría reinar, durante una

(1) De abril de 1889 a septiembre de 1939 van 605 meses.
(2) Prefijo que expresa la idea de quitar algo, de extracción. D.A.F.L. Por lo tanto, literalmente: fuera de los campos.

decena de días, tiempo claro y seco en los Países Bajos, mientras el ter-
mómetro descendería hasta *10 e incluso 15 grados por debajo de cero*
(1).»

HITLER EN LOS CAMPOS ELISEOS

Sextilla 25

Six cens et six, six cens et neuf (2),
Un Chancelier gros comme un boeuf (3),
Vieux comme le Phoenix du monde,
En ce terroir plus ne luyra,
De la nef (4) d'oubly passera,
Aux champs Elisiens faire ronde.

Seiscientos y seis, seiscientos y nueve (2)
Un Canciller grande como un buey (3)
Viejo como el Fénix del mundo,
En esta tierra más no lucirá
De la nave (4) de olvido pasará
En los campos Elíseos hacer ronda.

Traducción:
Septiembre de 1939, enero de 1940, un Canciller grosero y brutal, viejo
como el Fénix del mundo, terminará por no brillar ya en Francia, su poder
pasará al olvido cuando haya desfilado por los Campos Elíseos.

La historia:
«Capítulo 8: *1º de septiembre de 1939:* la Segunda Guerra Mundial
comienza (5).»
«Los planes de agresión alemana revelados... Ante la inminencia del
ataque, el *12 de enero de 1940,* Hitler dirigía un nuevo memorial al
O.K.H. (5)...»
«El 14 de junio, los primeros elementos del 18º ejército alemán entran
en la capital de Francia, declarada ciudad abierta... A la entrada de los
Campos Elíseos, muy cerca de los caballos de Marly camuflados por sacos
de arena, oficiales alemanes y una representación de las fuerzas italianas,
vestidos de civil, aguardan la llegada de *un desfile* de tropas por la plaza
de la Concordia.»
«Hitler: la imagen clásica del gran político (Richelieu, Napoleón,
Bismarck) es inseparable de una cierta prestancia o distinción. Pero

(1) L.D.G.
(2) Del nacimiento de Hitler (abril de 1889) a septiembre de 1939 van 606 meses, es
decir 50 años y 6 meses. Y hasta enero de 1940 van 609 meses, es decir 50 años y 9 meses.
(3) Grande, brutal, D.L.7.V.
(4) Latín: *navis:* bajel, *Navis Reipublicae:* el bajel del estado. Ciceron. D.L.L.B.
(5) L.D.G.

Hitler desmiente violentamente esta imagen. Su espíritu, incurablemente vulgar, *grosero y cruel* (que se descubre en las Libres Palabras del tiempo de guerra, exactamente igual que se descubría en Mein Kampf) desconcierta y repele (1).»

EL ARMISTICIO DE VILLA INCISA - 22 de junio de 1940
EL ARMISTICIO DE RETHONDES - 20 de junio de 1940
LA LINEA DE DEMARCACION. LA OCUPACION

I, 78

D'un chef vieillard naistra sens hébété (2),
Dégénérant (3) par scavoir et par armes,
Le chef de France par sa soeur redoubté,
Champs divisez, concedez aux gens d'armes.

De un jefe viejo nacerá sentido mellado (2)
Degenerando (3) por saber y por armas,
El jefe de Francia temido por su hermana,
Campos divididos, concedidos a gente de armas.

Traducción:

El buen sentido de un anciano jefe estará mellado durante el brillo de su mérito, en su saber y en su arte militar; el jefe de Francia será temido por su hermana (latina: Italia). Luego el territorio será dividido y abandonado a los soldados.

La historia:

«Y la *media chochez* de Petain lo explica todo. Que no estuviera al corriente de muchas cosas, que sólo hubiera comprendido a medias las demás, que a menudo se actuara en su lugar. El decano del Colegio de abogados estaba, naturalmente, persuadido de que presentando así a su cliente, favorecía los argumentos tan bien hilvanados en su defensa... Mientras hablaba, Petain parecía tan furioso como el propio informe del fiscal. ¡Ha alegado chochez!, dijo irritado (4).»

«El armisticio de Villa Incisa: En Burdeos, naturalmente, se ignoraba que Mussolini había aceptado por fin el punto de vista de Hitler en lo concerniente a la neutralización de la flota francesa. Por ello, el 22 de junio, a las 18 horas 10 minutos, con la aprobación del *mariscal Petain*, el almirante Darlan envió a los almirantes Esteva, Duplat y Gensoul el siguiente telegrama: Si se ha firmado un armisticio franco-alemán, sólo

(1) E.U.
(2) Mellar, estupidizar. D.L.7.V.
(3) En sentido figurado: perder el brillo del nacimiento, de la nobleza, del mérito.
(4) P.G.B.

debe ponerse en vigor tras la firma de un armisticio franco-italiano, para el cual el chantaje es así posible. En caso de que las condiciones italianas fueran inaceptables, me propongo lanzar la flota francesa a una acción de corto alcance contra las plazas militares y puntos sensibles del litoral italiano... El armisticio franco-italiano fue firmado en Villa Incisa, en la campiña romana, el 22 de junio a las 19 horas 35 minutos (1).»

LA CAIDA DE LA III REPUBLICA
22 de junio de 1940

Sextilla 54

Six cent et quinze, vingt, grand Dame (2) mourra,
Et peu après un fort long temps plouvra (3)
Plusieurs pays, Flandres et l'Angleterre
Seront par feu et par fer affligez,
De leurs voisins longuement assiégés
Contraints seront de leur faire la guerre.

Seiscientos y quince, veinte, gran Dama (2) morirá.
Y poco después mucho tiempo lloverá (3)
Varios países, Flandes e Inglaterra
Serán afligidos por fuego y por hierro,
Por sus vecinos largamente asediados
Serán obligados a hacerles la guerra.

Traducción:

El 20 del 615 mes la República morirá. Y poco después la guerra arderá durante largo tiempo. Varios países y en particular Flandes e Inglaterra sufrirán un diluvio de fuego y de hierro, sitiados por los alemanes se verán obligados a hacerles la guerra.

La historia:

Si, a nuestro punto de partida, 1889, añadimos 615 meses, llegamos al 20 de junio de 1940. Dejemos hablar a la historia:

«*El hundimiento de la III República.* De acuerdo con los términos del armisticio firmado el 22 de junio, los 2/3 de Francia son ocupados por los alemanes, el resto se ve sometido a la autoridad del gobierno francés de Vichy. Investido de plenos poderes por las cámaras, Petain instaura el ESTADO FRANCES...»

«La multiplicación de los Frentes y las primeras dificultades (junio 1940-principio de 1943): Hitler piensa obligar a *Inglaterra* a la capitula-

(1) L.D.G.
(2) Gran Dama: Mariana, símbolo de la República.
(3) Encontramos aquí el sentido del agua como *trastorno*, agitación.

311

ción sometiéndola a *intensos bombardeos...* La entrada en guerra de nuevas potencias (1)...» Advirtamos, además, que las dos ciudades que sufrieron mayores daños a causa de las V-1 y V-2 fueron *Londres* y *Amberes* (Inglaterra y Flandes).

LIBERACION DE ITALIA POR LOS AMERICANOS, LOS INGLESES Y LOS FRANCESES - 1943-1944

V, 99

Milan, Ferrare, Turin et Aquilleye (2),
Capue, Brundis (3) vexez par gent Celtique,
Par le Lyon et phalange aquilée (4),
Quand Rome aura le chef vieux Britannique.

Milán, Ferrara, Turín y Aquileia (2)
Capua, Brindisi (3) vejadas por gente Céltica
Por el León y falange aquilea (4),
Cuando Roma tendrá el viejo jefe Británico.

Traducción:

Milán, Ferrara, Turín y Aquileya, Capua y Brindisi serán vejadas por los franceses, por el león británico y el ejército del águila (americano), cuando el viejo jefe británico (Montgomery) tendrá Roma.

La historia:

«Ante el peligro corrido por el 5.º ejército americano (falange aquilea), Alexander llamó a *Montgomery* (el viejo jefe británico) solicitándole que actuara para coger en flagrante delito a los asaltantes de la cabeza de puente... Por lo que se refiere al 8º ejército británico que, mientras, vio cómo se le atribuía el sector de Pouilles, el armisticio de Casibile le permitió desembarcar con toda tranquilidad su 5º C.A. en los bien equipados puertos de Tarento y de *Brindisi...* Pese a la evacuación de Nápoles, el 1º de octubre, lo mismo ocurre en los ejes que conducen a Roma por Cassino y por Forme... A partir del 22 de noviembre, el cuerpo expedicionario francés (gente céltica) comenzaba a desembarcar en Italia... Su 2ª D.I.M. fue destacada al 6º C.A., que intentaba salir de la región de Mignano, y el general Lucas la puso a su derecha, a unos diez kilómetros al norte de Venatro (pueblo cercano a Capua) (5).»

«El 4 de junio de 1944, las tropas aliadas entran en Roma.»

(1) *La Classe d'Histoire en 3º*, G. Désiré Vuillemin, Ed. Dunod.
(2) Aquileia: Pueblo de Venecia.
(3) Brundisium: Brindisi. D.L.L.B.
(4) Latín: *aquila*: el águila. D.L.L.B.
(5) L.D.G.

DESEMBARCO DEL CUERPO EXPEDICIONARIO
FRANCES EN ITALIA - invierno de 1944
LOS MORTIFEROS COMBATES DEL MONTE CASSINO
Y LA TOMA DE ROMA
DIVERGENCIAS
ENTRE LOS MANDOS ALIADOS

V, 63

De vaine emprinse (1) l'honneur indue plainte,
Galliots (2) errans (3) par latins, froid, faim, vagues,
Non loing du Tymbre de sang la terre tainte,
Et sur humains seront diverses plagues (4).

De vana empresa (1) el honor indebido lamento
Barcos (2) errantes (3) por latinos, frío, hambre, olas,
No lejos del Tymbre de sangre tinta la tierra,
Y sobre humanos serán distintas heridas (4)

Traducción:

Se lamentará una empresa vana e inútil, iniciada por una cuestión de honor, barcos (de desembarco) dirigiéndose hacia las costas italianas las oleadas (de asalto) tendrán lugar en invierno con el hambre; la tierra estará tinta en sangre cerca del Tíber y los hombres serán alcanzados por distintas heridas.

La historia:

«El general Clark nos puso al corriente de las patéticas peripecias de su desembarco en Salermo. Se había encontrado a dos pasos de ser arrojado al mar por un cuerpo blindado alemán. Sólo había resistido gracias a la *flota de apoyo* (barcos), bajo las órdenes del almirante Sir Cunninghan, que no había temido llegar hasta muy cerca de la orilla... Dos días después, 1° de octubre, estuvimos en Pompeya... Era muy poca cosa aquel primer cuerpo que yo iba a aventurar por una dura campaña de *invierno* (frío). Contaba sin embargo con 65.000 hombres. Las operaciones de diciembre de 1944 no habían hecho, en el fondo, más que afectar levemente la posición llamada "de *Invierno*", puesta a cubierto de la posición principal de resistencia, llamada "Gustav", con la que el mariscal Kesselring, nuestro adversario en Italia (latinos), pretendía impedir cualquier progresión de los aliados hacia Roma... A principios de enero de 1944, el asunto de Anzio había permitido a los franceses del C.E.F. obte-

(1) En vez de *entreprise* (empresa), por síncopa.
(2) *Galiot:* barco pequeño, D.A.F.L.
(3) Viajero, caminante. D.A.F.L.
(4) Latín: *plaga:* herida, llaga, contusión. D.L.L.B.

ner una posición. Sin embargo, ello acarrearía sacrificios *inútiles* (indebido)... La carretera que bajaba hacia el Rápido, y que debía tomarse en gran parte de su recorrido, fue *terriblemente mortífera* (de sangre la tierra tinta) durante la campaña de invierno... *Las grandes hecatombes* tuvieron lugar allí sólo para forzar la línea Gustav en el Belvedere...

«Para la continuación de las operaciones y la progresión hacia el norte, el C.E.F. se hallaría de nuevo en su lugar normal al *este del Tíber* (no lejos del Tíber), en las montañas... En Carpinetto, el estado mayor de una agrupación de soldados argelinos que había preferido acantonarse en un castillo, a donde la había precedido una unidad de ingenieros alemana que había dejado su tarjeta de visita, saltó en plena noche a causa de una mina que aniquiló a casi todo el estado mayor de aquella agrupación (diversas heridas) (1).»

LOS ALEMANES EN PARIS - 1940
EL ATAQUE DE LA UNION SOVIETICA - 22 de junio de 1941
LAS TROPAS ALIADAS EN NORMANDIA
Y EN LOS ALPES - 1944

III, 33

En la cité où le loup entrera,
Bien près de là les ennemis seront:
Copie (2) estrange grand pays gastera,
Aux murs (3) et Alpes les amis passeront.

En la ciudad donde el lobo entrará,
Muy cerca de allí estarán los enemigos:
Tropa (2) extranjera gran país asolará,
En los muros (3) y Alpes los amigos pasarán.

Traducción:

En la ciudad donde entrará el alemán (París), los enemigos estarán muy cerca; las tropas extranjeras dejarán un gran país (Rusia). Por los acantilados (de Normadía) y por los Alpes los aliados pasarán.

La historia:

«El armisticio con Alemania se firma el 21 de junio de 1940 en Rethondes; el armisticio con Italia, en Roma, el 24 de junio. Entran en vigor el

(1) L.C.I.
(2) Latín: *copia:* tropas. D.L.L.B.
(3) Acantilado: en los calcáreos homogéneos y bastante blandos, son *murallas* verticales. D.L.7.V.

25 de junio... *Desfile en París:* Con paso cadencioso, cantando, las tropas *alemanas* cruzan una plaza de la Concordia vacía de coches.»

«*El Muro* del Atlántico no es una ficción, tampoco es el sistema de fortificaciones sin fisura descrito por Goebbels. Bolonia, El Havre, Cherburgo están poderosamente organizados; algunas obras importantes han sido construidas en el Pas-de-Calais, pero el resto es, a menudo, un simple esbozo o incluso un plano (1).»

«La Wehrmacht se halla ahora comprometida en dos teatros de operaciones. A fines de abril, un mes antes del desembarco, había 52 divisiones en Francia, 6 en Holanda, 6 en Bélgica y 24 en *Italia* (los *Alpes*) contra 202 en *Rusia* (gran país asolará) (2).»

TRAS SICILIA, DESEMBARCO EN CALABRIA
3 de septiembre de 1943

IX, 95

Le nouveau faict conduira l'exercite (3)
Proche apamé (4) jusqu'auprès du rivage:
Tendant secours de Milannoise eslite
Duc yeux (5) privé à Milan fer de cage.

El nuevo hecho conducirá al ejército (3)
Próximo apamestano (4) hasta cerca de la ribera:
Teniendo socorro de la milanesa élite
Duque ojos (5) privado a Milán hierro de caja.

Traducción:

Un nuevo hecho de armas llevará el ejército a las proximidades de Apamesta (en Calabria) hasta la orilla, pese a una tentativa de socorro de la élite militar de Milán. Luego el Duce, privado del poder, irá a Milán en una caja de hierro (un camión).

La historia:

«El 3 de septiembre, aprovechándose del apoyo de fuego que le proporcionaba una división naval a las órdenes del vicealmirante Willis, de la Royal Navy, el 13º C.A. británico *abordaba la costa de Calabria* al noroeste de Reggio...»

(1) *Historama* n.º 271, «Overlord», la mayor operación anfibia de todos los tiempos, Raymond Cartier.
(2) H.L.F.R.A.
(3) Latín: *exercitus:* ejército, cuerpo de tropa. D.L.L.B.
(4) Latín: *apamestini:* habitante de Apamesta en *Calabria.* D.L.L.B.
(5) En sentido de poder, como el ojo del dueño.

315

«Hitler transfirió al frente del Este la 24 Pz.D. (Panzer-División) y la división S.S. Leibstandarte. Kesselring atribuyó 3 divisiones de infantería al 10° ejército y los restos del ex-grupo de ejércitos B, *mantenido quieto en Italia* (élite milanesa), fueron convertidos en 14° ejército a las órdenes del general Von Mackenser (1).»

«A las 6, Geminazza salió de Dongo, en donde Audisio había dirigido la ejecución de quince fascistas detenidos en Rocca di Musso. Pusieron el cuerpo de Mussolini y de Claretta en el coche de Geminazza que, bajo la lluvia, se dirigió hacia la carretera de Azzano. *El camión de mudanzas* (caja de hierro) aguardaba en el cruce. Arrojaron ambos cadáveres sobre los otros quince. El 29 de abril de 1945, al amanecer, el camión de mudanzas llegó a *Milán* tras haber franqueado varios controles americanos. Se detuvo ante la estructura de cemento de un garaje en construcción en la plaza Loreto (2).»

LIBERACION DE CORCEGA - septiembre de 1943
SOLICITUD DE ARMISTICIO A LOS ALIADOS EN LISBOA
agosto de 1943
EL HUNDIMIENTO
DE LA REPUBLICA SOCIAL ITALIANA;
DESPUES DE LA LINEA GOTICA
LOS 72 MUERTOS DE LA LIBERACION DE CORCEGA

IX, 54

Arrivera au port de Corsibonne (3)
Près de Ravenne qui pillera la dame (4)
En mer profonde légat de la Vlisbonne (5),
Sous roc cachez raviront septante ames (6).

Llegará al puerto de Corsibonne (3).
Cerca de Ravena que pillará la dama (4)
En mar profundo legado de Lisboa (5)
Bajo roca ocultos arrebatarán setenta almas (6).

Traducción:

(El alemán) llegará al puerto de Bonifacio en Córcega, mientras la República (Social Italiana) será despojada cerca de Rávena. La emba-

(1) L.D.G.
(2) M.C.H.
(3) Palabra fabricada por Nostradamus a partir de las palabras *Corse* (Córcega) y Bonifacio, por necesidades de la rima.
(4) Corrientemente utilizado por Nostradamus para designar a la República.
(5) Ejemplo de próstesis: una letra añadida a la palabra *Lisbonne* (Lisboa).
(6) ¡Puede permitírsele a Nostradamus una aproximación de dos muertos!

jada enviada a Lisboa se irá al agua. Los que estarán ocultos en las montañas matarán a 70 hombres.

La historia:

«La cuestión de los italianos está pues resuelta, pero queda la decena de millares de alemanes de la isla, sin contar los que, evacuando Cerdeña, pasan a *Córcega* por el estrecho de *Bonifacio* para embarcarse en Bastia. Toda la campaña de Córcega está ahí... En la costa oriental, los alemanes mantienen *Bonifacio* y Porto-Vecchio en el sur, Ghisonnaccia en el centro, el campo de aviación de Borgo y Bastia en el norte. Los primeros elementos de la 90ª división de Panzer-Grenadiers *desembarcan en Bonifacio,* provinentes de Cerdeña... Pero, ¿por dónde atacar Bastia? Se atacará por la montaña: durante la noche, los soldados argelinos progresan penosamente a través de *rocas* y matorrales. Al alba, acercándose a la cima del Secco, el 47º Goum (1) cae en una verdadera emboscada. En algunos minutos pierde 25 oficiales y soldados... De este modo, en 27 días, Córcega fue liberada por los franceses. El general Henry Martin supo cumplir su misión con un mínimo de pérdidas: *72 muertos* y 220 heridos: Estábamos muy lejos del baño de sangre que algunos habían anunciado (2).»

«Incluso cuando los alemanes lograron reagruparse al norte de Florencia e instalarse para pasar el invierno en la línea gótica entre Rímini (a 40 kilómetros al norte de Rávena) y la Spezia, las violencias prosiguieron, casi en la misma escala, detrás del frente (3).»

«El 17 de julio de 1943, Bastiani intenta una gestión cerca del Vaticano. Recibe una acogida favorable del cardenal Maglione. Ambos hombres deciden enviar un *emisario a Lisboa* para contactar con los aliados. Este, un banquero, el señor Fummi, calificado para la ocasión de administrador de los bienes de la Santa-Sede, debe llegar a Londres vía *Lisboa.* Por desgracia, tendrá que esperar en la capital portuguesa, durante muchos días, su visado británico y, al precipitarse en Roma los acontecimientos, *su misión quedará sin objeto* (en mar profundo) (4).»

(1) Derivado del árabe *gaum* (tropa). Contingente militar proporcionado por una tribu argelina al ejército francés. (N. del T.).
(2) La liberación de Córcega por el coronel Adolphe Goutard, en *Historama.*
(3) M.C.H.
(4) M.A.B.

IV, 59

Deux assiegez en ardante (1) fureur,
De soif (2) estaincts (3) pour deux plaines (4) tasses (5),
Le fort limé (6), et un vieillard resveur,
Aux genevoix de Nira (7) monstre trasse.

Dos asediados en ardiente (1) furor,
De sed (2) agotados (3) por dos aplanados (4) bolsillos (5)
El fuerte roído (6), y un anciano soñador,
A los ginebrinos de Nira (7) muestra rastros.

Traducción:

Dos (países) asediados (Alemania e Italia), a causa de su furor violento estarán agotados, teniendo ambos los bolsillos planos (ruina económica). El más fuerte (Alemania) será roído, así como el anciano soñador (Petain). Se mostrarán en Ginebra las consecuencias (del tratado) de Teherán.

La historia:

«El 27 de noviembre de 1943, el presidente americano, el primer ministro británico y su séquito volaron al alba hacia Teherán, en donde debía mantenerse la Conferencia EUREKA... La primera sesión de la Conferencia se abrió en un salón de la embajada soviética, el 28 de noviembre, a las 16 horas 30. Un poco antes, Stalin se había entrevistado con Roosvelt en privado, y éste le había expuesto sus ideas de reorganización mundial... Concernientes a la reestructuración de la carta y a la institución de un *nuevo orden internacional,* las discusiones entre Stalin, Churchill y Roosvelt jamás llegaron a un diapasón más agudo, por la simple razón de que el primer ministro británico y el presidente de los Estados Unidos ratificaron hasta el menor deseo de su aliado soviético... Al presidente Roosvelt, a petición suya, le fue permitido exponer sus ideas concernientes a la futura organización mundial que, vuelta la paz, *tomaría el*

(1) Latín: *ardeus:* violento. D.L.L.B.
(2) Deseo ardiente. D.L.7.V.
(3) Latín: *extinguo:* agoto. D.L.L.B.
(4) De *planus:* llano, plano. D.A.F.L.
(5) Bolsillo. D.A.F.L.
(6) Roer, apesadumbrar. D.A.F.L.
(7) Anagrama de IRAN.

relevo de la antigua Sociedad de las Naciones... Sería un error disociar Teherán de Yalta y de Postdam (1).»

«La conferencia de Yalta (4-11 de febrero de 1945) sienta las bases de la futura Organización de las Naciones Unidas (2).»

DESEMBARCO DE NORMANDIA
6 de junio de 1944

I, 29

Quand le poisson terrestre et aquatique (3)
Par force vague au gravier (4) sera mis.
Sa forme (5) estrange suave et horrifique,
Par mer aux murs (6) bien tost les ennemis.

Cuando el pescado terrestre y acuático (3)
Por fuerza ola en la playa (4) será puesto:
Su forma (5) extranjera, suave y horrible,
Por mar en los muros (6) muy pronto los enemigos.

Traducción:

Cuando los ingenios anfibios, en numerosas oleadas de asalto, abordarán la playa, su formación hecha de extranjeros (americanos) será agradable (para los franceses) y terrorífica (para los alemanes), y alcanzarán pronto a los enemigos por mar hasta en los acantilados.

La historia:

«Los defensores del punto de apoyo W-5 vieron surgir del agua, sumergidos a medias, informes montruos que parecían arrastrarse: ¡carros anfibios! Chorreantes, avanzaban ahora por la *arena...* Una segunda *oleada* de carros se unió a la primera (7)...»

«En la playa Ouistreham un monumento conmemora el primer desembarco de las tropas *aliadas* en suelo francés; lleva la siguiente inscripción: "En esta playa, al amanecer del 6 de junio de 1944, las tropas del mariscal Montgomery y el comando francés del capitán Kieffert fueron las primeras en poner los pies en suelo de Francia"... Redacción característica. Por los ingleses un mariscal. Por los franceses un capitán. ¿Existe

(1) L.D.G.
(2) V.C.A.H.U.
(3) Anfibio: que vive, que crece, en tierra y en el mar. D.L.7.V.
(4) Playa, costa. D.A.F.L.
(5) Sinónimo: Conformación, configuración.
(6) Acantilado: En los calcáreos homogéneos y bastante blandos, son *murallas* verticales... D.L.7.V.
(7) Paul Carell. En *Histoire pour tous*, fuera de serie nº 7, julio-agosto de 1978.

prueba más impresionante del reducido papel militar desempeñado por nuestros compatriotas (1)?»

Una parte de los elementos del V Cuerpo del ejército (extranjero) *americano* desembarcado en Omaha Beach, tenía la misión de cruzar Grandcamp. La punta de Hoc es un saliente de *acantilados calcáreos*, que se introduce en el mar, a unos 7 kilómetros al este de Vierville. Estos acantilados tienen 30 metros de altura y caen a pico. Abajo, una *playa* de guijarros de unos veinte metros de anchura (2).»

DESEMBARCO EN PROVENZA - agosto de 1944
PROTESTAS EN MONACO
CON RESPECTO A LA GUERRA

X, 23

Au peuple ingrat (3) faictes les remonstrances,
Par lors l'armée se saisira d'Antibe:
Dans l'arc Monech (4) feront les doléances (5),
Et à Frejus l'un l'autre prendra ribe (6).

Al pueblo ingrato (3) hechas admoniciones
Entonces el ejército se apoderará de Antibes
En el arco monegasco (4) presentarán sus quejas (5).
Y en Frejus el uno al otro tomará orilla (6)

Traducción:

Admoniciones serán hechas al pueblo descontento, cuando el ejército se apoderará de Antibes. Las quejas se escucharán en Mónaco y en Frejus uno ocupará la orilla que tenía el otro (el alemán).

La historia:

«En la noche del 10 de agosto de 1944 comienza la concentración de unidades de desembarco. El problema es, pues, que converjan, en el momento previsto, ante las costas de Provenza, los 2.000 navíos que constituyen la mayor armada que jamás haya soportado el Mediterráneo... En una proclama preliminar, el general de Lattre no disimula ni la emoción que el terreno le inspira, ni los problemas que va a plantear. La tierra de Francia es, también, la tierra de los franceses que tanto han sufrido desde hace cuatro años, tan angustiados, tan divididos: ''Se trata

(1) H.L.F.R.A.
(2) Georges Blond en *Histoire pour tous*, fuera de serie nº 7, julio-agosto 1978.
(3) Latín: *ingratus:* descontento. D.L.L.B.
(4) Latín: *Monoeci arx:* fortaleza del puerto de Monecus, en Liguria Mónaco. D.L.L.B.
(5) Quejas apesadumbradas. D.L.7.V.
(6) Provenzal: *Rivo*, del latín *ripa:* orilla, borde, ribera de un río, del mar. D.P.

de Francia, de combatir en Francia, de liberar Francia. Y es especialmente difícil, pues no bastará combatir, será preciso hacerse amar. Y debo *poneros en guardia* (admoniciones) contra vuestros propios sentimientos. Justamente orgullosos de vuestro esfuerzo y del sacrificio de tantos compañeros, tenderéis a esperar agradecimiento"...»

«Cuando a la mañana siguiente, el 16 de agosto, los grandes jefes ponen pie en tierra, éstas son, según el almirante Hewitt, las circunstancias de este primer *atraque* (tomar orilla): "Cuando llegamos a la playa (orilla), el general Patch y yo mismo nos quedamos a un lado para permitir que el almirante Lemonnier pisara primero su suelo natal". Atención de la que hallamos un eco humorístico en la carta que el secretario de Estado americano para la defensa, Forrestal, escribe al almirante Lemmonier, tras haber asistido con él al recibimiento de la población de Saint-Raphaël: "Mi querido almirante, no olvidaré tan pronto, ni fácilmente, la memorable escena de la que he sido testigo esta tarde en la plaza de Saint-Raphaël"...»

«En la costa, el ejército secreto comprendía los 3.000 hombres del grupo Lecuyer, que combatieron, sobre todo, entre Niza y Antibes (1).»

«La preocupación por las actividades humanitarias aparece bajo Alberto I de *Mónaco*, que fundó el Instituto Internacional de la Paz en 1903. Desde entonces, las iniciativas monegascas no han dejado de manifestarse, jalonadas por la organización de conferencias internacionales (por ejemplo, para la humanización de los conflictos en 1934) (2).»

EL RETROCESO DEL COMUNISMO - 1942
RAPTO DE PETAIN - 20 de agosto de 1944

IV, 32

Es lieux et temps chair au poisson donra lieu (3)
La loi commune sera faite au contraire (4),
Vieux tiendra fort puis osté du milieu,
Le Pantacoina Philon (5) mis fort en arrière (6).

En lugar y tiempo la carne dará lugar al pescado (3)
La ley común será hecha al contrario (4)
Viejo tendrá fuerte luego sacado de en medio,
La Pantacoina Filón (5) puesta muy atrás (6)

(1) H.L.F.R.A.
(2) E.U.
(3) No se sabe si es carne o pescado: se dice de un hombre que, por debilidad, flota entre dos decisiones opuestas. D.L.7.V.
(4) Ir en contra de una cosa: oponerse a ella. D.L.7.V.
(5) Griego: πάντα αοίγα φίλων : todo es común entre amigos.
(6) Ablativo absoluto.

Traducción:

En esos tiempos y en esos lugares navegarán, por debilidad, entre dos pareceres opuestos; se opondrán a las leyes democráticas. El viejo (mariscal) tendrá el poder, luego será sacado de en medio (Vichy), habiendo retrocedido mucho el comunismo.

La historia:

«El 20 de junio de 1940, a las dos de la tarde, Petain miraba a los ministros que había convocado al Consejo de aquella tarde: eran dos. Los otros estaban haciendo sus maletas. Los miembros del gobierno debían embarcarse en Port-Vendres. Los hombres que, en Burdeos, seguían dando vueltas a los mismos temas *sin poder tomar una decisión* eran parlamentarios, en número de casi trescientos. No querer proseguir la lucha podía convertirse también, más tarde, en un punto negativo. ¿Qué hacer?»

«Prepárenme un texto que me dé los poderes ejecutivos. La delegación le trajo el texto al día siguiente. Tenía la forma de un *contra*-proyecto, distinto al proyecto Laval: *Suspensión de las leyes constitucionales de 1875;* hasta la conclusión de la paz, plenos poderes para Petain... Más poder sobre el Estado que Luis XIV, el mariscal fuerte en historia decía la verdad. El Estado era él, y, de hecho, *ya no había Parlamento* que se encargara de supervisar, que fuera capaz de crítica (1).»

«El 20 de agosto de 1944, por la mañana, el mariscal *fue raptado* por los alemanes, y llevado bajo escolta militar hacia Sigmaringen, sin que pudiera intentar evadirse (2).»

«*La resistencia soviética atosigada:* al norte de la zona pantanosa del Pripet, la resistencia soviética, desde las primeras horas de aquella cálida jornada, había sido, en todas partes, sorprendida y atosigada, así como *derribados* los refuerzos que subían hacia el frente... Pero antes de que estas distintas medidas hubieran producido su efecto, la situación había cambiado *a pasos agigantados* (muy atrás) entre el mar Negro y el Báltico, y no lo había hecho en provecho de la defensa... Algunos días más tarde, el gobierno soviético y la administración central salían de Moscú para ir a establecerse en Kuibyshef, en la orilla izquierda del Volga (3).»

(1) P.G.B.
(2) H.L.F.R.A.
(3) L.D.G.

IV, 61

Le vieux mocqué et privé de sa place
Par l'estranger qui le subornera (1)
Mains (2) de son fils mangées devant sa face
Les frères à Chartres, Orléans, Rouen, trahira.

El viejo burlado y privado de su lugar
Por el extranjero que lo sobornará (1)
Manos (2) de su hijo devoradas ante su rostro
Los hermanos Chartres, Orleans, Rouen, traicionará

Traducción:

El viejo (mariscal) será burlado y raptado de su lugar por el enemigo que le empujará a una mala acción, el poder que él ha creado destruido bajo sus ojos, cuando los hermanos de armas (los aliados) estarán en Chartres, Orleans y Rouen, traicionará.

La historia:

«Más al Sur, el II Ejército británico toma la ofensiva el 16 de agosto, para cruzar el Dives, y conquistará, sucesivamente, Lisieux, Pont-l'Evêque, Louviers; por el sur de *Rouen* llega también al Sena. El III Ejército americano corre hacia París: saliendo de Alençon y Le Mans, sus cuerpos de ejército llegan por el norte a Verneuil, Dreux, Mantes, por el sur a *Chartres*, Rambouillet, que será la última etapa... El 15 y el 16 de agosto, ejecutando este plan, el III Ejército U.S. entra en *Orleans* y en *Chartres*.»

«*El 20 de agosto* por la mañana el mariscal fue *raptado* por los *alemanes* y llevado bajo escolta militar hacia Sigmaringen, sin haber podido intentar evadirse.»

«La entusiasta acogida dada al mariscal en sus últimas visitas a ciudades francesas, en particular el de París el 26 de abril de 1944 y el de Saint-Etienne el 6 de junio de 1944, el mismo día del desembarco, muestra que su prestigio personal ha sobrevivido al *fracaso de su política*. Pero el porcentaje elevado de mariscalistas no constituye ya, en 1944, una *fuerza política*... Todos los esfuerzos hechos por Pétain y Laval para asegurar la supervivencia del gobierno de Vichy se disuelven en plena irrealidad (3).»

«El 12 de agosto de 1945, el procurador general Mornet toma la palabra:

—Señores. Durante cuatro años —¿qué digo durante cuatro años?, todavía ahora— Francia es víctima de un equívoco, el más temible que

(1) Latín: *subornare:* conducir a una mala acción, corromper, alentar secretamente, ganar. D.L.L.B.
(2) Latín: *manus:* autoridad, fuerza, poder. D.L.L.B.
(3) H.L.F.R.A.

pueda introducir la turbación en los espíritus, y que, al amparo de un hombre ilustre, sirve de pantalla a la *traición*. ¡Oh, señores!, ya sé qué palabra acabo de pronunciar, una palabra cuya relación con el hombre que aquí ven suena de modo penoso (1)...»

LA ZONA DE OCUPACION DE ROUEN A BURDEOS
EL MURO DEL ATLANTICO
LA LIBERACION. ROUEN - 1944

III, 9

Bordeaux, Rouen, et la Rochelle joincts,
Tiendront autour la grand mer Occéane,
Anglois Bretons et les Flaments conjoincts,
Les chasseront jusqu'auprès de Rouane.

Burdeos, Rouen y La Rochelle unidos,
Tendrán alrededor el gran mar Océano,
Ingleses, bretones y los flamencos unidos,
Les arrojarán más allá de Rouen.

Traducción:

Burdeos, Rouen y La Rochelle unidos (en la ocupación) tendrán las costas oceánicas francesas (el muro del Atlántico), los anglo-americanos, los franceses y los belgas unidos los arrojarán más allá de Rouen

LA CAIDA DEL ESTADO FRANCES - 1944
LA PARTIDA DE PETAIN HACIA SIEGMARINGEN
PETAIN EN LA ISLA DE YEU - 1945

III, 47

Le vieux monarque déchassé de son règne
Aux Orients son secours ira querre (2):
Pour peur des croix ployera son enseigne
En Mitylène (3) ira par port (4) et par terre.

El viejo monarca expulsado de su reino
A Oriente su socorro irá a buscar (2)
Por miedo de las cruces plegará su enseña
A Mitylena (3) irá por puerto (4) y por tierra.

(1) P.G.B.
(2) Latín: *quaero:* busco. D.L.L.B. De ahí proviene *querir:* buscar.
(3) Latín: *mitylus:* mejillón, concha. D.L.L.B. La principal actividad de la isla de Yeu es la mitilicultura.
(4) Nostradamus deja la elección entre el Portalet y Port-Joinville en donde desembarcará el mariscal Pétain.

Traducción:

El viejo jefe de Estado, expulsado del poder, irá a pedir socorro al Este (Siegmaringen): por miedo a los de las cruces (gamadas) plegará su bandera y terminará, por Port(-Joinville) y por tierra, en la isla de las conchas (Yeu).

La historia:

«Y hete aquí que entra en escena el portador de la peor *amenaza*. Es el barón Von Neubronn. Si el Mariscal se niega a obedecer, la ciudad de Vichy será bombardeada por la aviación y la artillería *alemana*... No tengo derecho a dejar que bombardeen a las mujeres y a los niños de Vichy, dirá Petain. Debo ceder ante tales amenazas...

«El 16 de noviembre de 1945, hacia las 9 de la mañana, el escampavía Amiral-Mouchez, zarpado la víspera de La Pallice, se hallaba a siete u ocho millas al sudeste de la *isla de Yeu* hacia la que se dirigía... Ahora, Pétain miraba con obstinación aquella isla que iba a convertirse en su prisión. El atraque en *Port-Joinville* no parecía fácil... Pétain había sido transferido al Fuerte del *Port*alet el 15 de agosto, inmediatamente después de su condena (1)».

EL NACIMIENTO DE MUSSOLINI ENTRE RIMINI Y PRATO - 1883
LA OPOSICION DE IZQUIERDAS EN EL MONTE AVENTINO - 1924
EL FIN DE MUSSOLINI
Y DEL FASCISMO EN LA PIAZZA COLONNA - 1943
ASESINATO DE LOS FASCISTAS
Y DE SUS ASESINOS - 1945

IX, 2

Du haut de mont aventin (2) voix ouye,
Vuidez, vuidez de tous les deux costez:
Du sang des rouges sera l'ire assomie (3),
D'Arimin (4) Prato (5), Columna (6) debotez (7)

De lo alto del monte Aventino (2) voz oye,
Vaciados, vaciados de ambos lados:
De la sangre de los rojos la ira será cargada (3),
De Rimini (4) Prato (5), Columna (6) expulsados (7)

(1) P.G.B.

(2) Retirada al monte Aventino: irritados contra la tiranía de los patricios, los plebeyos emigraron en masa y se establecieron en el monte Aventino. De este episodio histórico proviene la locución proverbial: «Retirarse al monte Aventino»; es decir, romper violentamente, cesar toda relación hasta entera satisfacción. D.L.7.V.

(3) Cargar, sobrecargar. D.A.F.L.

(4) Latín: *Ariminum:* Rimini, ciudad de Umbría. D.L.L.B.

(5) Prato: ciudad de Toscana. El pueblo de Predappio está situado en el eje Rimini-Prato, equidistante de ambas ciudades, es decir a una cincuentena de kilómetros.

(6) Latín: *columna;* italiano: *colonna.* Adviértase la C mayúscula.

(7) Expulsar.

Traducción:

Los que se habrán retirado al monte Aventino harán oir su voz; de ambos lados todos serán aniquilados: la cólera de los rojos se cargará con la sangre de los rojos. El originario de Rimini-Prato y los de la Piazza Colonna serán expulsados.

La historia:

«Mussolini había comenzado a escribir su autobiografía: Nací el 22 de julio de 1883 en Varnano dei Costa, cerca del pueblo de Dovia, próximo al pueblo de Predappio (1).

«El 10 de junio de 1924, el diputado *socialista* Matteoti es raptado en Roma por un grupo fascista. Su cuerpo será hallado en unos matorrales a 20 km de la ciudad, el 26 de agosto. En señal de protesta, los diputados de la *oposición* abandonan la Cámara y se *retiran al monte Aventino* (2)».

«Tras haber esperado en vano un mensaje de Mussolini, Scorza, a todo albur, se había dirigido a la sede del partido en la Piazza *Colonna* desde donde decretó la movilización de todos los fascistas de Roma. Ni siquiera cincuenta fascistas respondieron a la llamada. La muchedumbre invadió las casas de los principales militantes del partido. Incendió los despachos de algunas organizaciones fascistas. Una banda de manifestantes se precipitó hacia el Palacio de Venecia para reclamar al hombre que oprimía al país desde hacía 20 años, pero nadie intentó forzar la puerta de la Mappemonde y todos se alejaron agitando banderas *rojas*. En la vía de Tritone, en la *Piazza Colonna*, en la vía Nazionale y la piazza del Popolo, la muchedumbre cantaba y bailaba: «¡El fascismo ha muerto!», se gritaba con alegría por todas partes (2)».

«El 27 de abril de 1945, los principales dirigentes de los voluntarios de la Libertad se reunieron en Milán. Entre ellos se destacaba Luigi Longo, el devoto militante del partido comunista, Walter Audisio, antiguo voluntario de las brigadas internacionales en España. La orden de ejecución de Mussolini había sido dada ya por Palmiro Togliatti, actuando como jefe del partido comunista. Los comunistas del Comité de Milán, supusieron que otras misiones saldrían a la busca del Duce... Moretti y Cabali eran fervientes comunistas. Menos de diez minutos después de la salida de Bellini, Audisio, Lampredi y Moretti salieron precipitadamente de Dongo. El destino de todos ellos es edificante. Algunos autores han escrito que Michele Moretti había muerto. Giuseppe Frangi habló demasiado tras la muerte de Mussolini y pereció en extrañas circunstancias. Luigi Canali desapareció. Su amante Giuseppina Tuisi quiso informarse sobre su desaparición y desapareció a su vez. Su amiga Anna Bianchi, preocupada por lo que le había sucedido a Giuseppina, desapareció también, su cadáver fue hallado en el lago Como; había sido asesinada a bastonazos.

(1) M.C.H.
(2) H.I.S.R.

El padre de Anna juró encontrar y matar a sus asesinos, pero él fue el asesinado (1)». Son las muertes del lado «rojo».

«El primer tiro disparado por Audisio con el arma de Moretti mató a Claretta. El siguiente alcanzó a Mussolini... A las seis, Germinazza salió de Dongo donde Audisio había dirigido la ejecución de los quince fascistas detenidos en Rocca di Musso. El camión de mudanzas llegó al cruce. Se arrojaron ambos cadáveres sobre los otros quince (2)». Son las muertes del lado «fascista».

MUSSOLINI Y EL CARDENAL SCHUSTER - 1945
EJECUCIONES EN EL PIAZZALE LORETO DE MILAN

VI, 31

Roy trouvera ce qu'il désiroit tant,
Quand le Prelat sera reprins (3) à tort,
Response au Duc le rendra mal content,
Qui dans Milan mettra plusieurs à mort.

Rey hallará lo que tanto deseaba,
Cuando el Prelado será reprendido (3) equivocadamente,
Respuesta al Duque le descontentará,
Que en Milán matará a varios.

Traducción:

El jefe hallará lo que tanto deseaba (detener a Mussolini) cuando el Cardenal será reprendido equivocadamente a causa de su respuesta que descontentará al Duce; y hará matar a varios en Milán.

La historia:

«El 13 de marzo de 1945, Mussolini envió a su hijo Vittorio a llevar al *Cardenal* Schuster, arzobispo de *Milán,* una carta solicitando algunas garantías para la población civil en el caso de que los alemanes evacuaran Italia y las fuerzas fascistas tomaran posiciones en los Alpes. El cardenal Schuster creyó que el gesto era perfectamente inútil, pero transmitió el mensaje a los aliados por medio del nuncio apostólico de Berna. En cuanto el mensaje llegó al cuartel general instalado en Caserta, los aliados *respondieron* a él considerándolo no recibido, como si los alemanes hubieran

(1) M.C.H.
(2) H.I.S.R.
(3) Reprender: D.L.7.V.

aceptado ya tal capitulación, Mussolini se negó a tomar en consideración las exigencias aliadas (1)».

«Tras diversos incidentes, a las tres de la madrugada, Valerio se detiene en Milán, en el Piazzale Loreto, el mismo lugar donde, el 9 de agosto de 1944, los alemanes habían hecho fusilar en represalia tras un atentado a quince italianos detenidos políticos en Milán. Allí se descargan los cuerpos de los fusilados... A las once de la mañana, seis de los cadáveres son izados por medio de cuerdas en un travesaño de la estación de servicio, Mussolini, Clara, Pavolini, Zervino, Barracu y Porta... Aproximadamente a las once y diez se lleva a la plaza al antiguo secretario del Partido: Achille Staraze... Seis partisanos le fusilan de espaldas. Su cuerpo es pronto izado, también, junto al de los demás colgados que se balancean (2)».

MATANZAS EN MILAN Y FLORENCIA
EL DUCE EN MILAN, CAPITAL - 19 de abril de 1945
CAIDA DEL FASCISMO EN ROMA, PIAZZA COLONNA
Septiembre de 1944

X, 64

Pleure Milan, pleure Lucques, Florence,
Que ton grand Duc sur le char (3) montera:
Changer le Siege pres de Venise s'advance,
Lorsque Colonne a Rome changera.

Llora Milán, llora Lucca, Florencia,
Que tu gran Duque en el carro (3) subirá:
Cambiar la Sede cerca de Venecia avance,
Cuando Colonna a Roma cambiará

Traducción:

Habrá llanto en Milán, en Lucca y en Florencia, tanto que tu gran Duce partirá en coche. La sede del gobierno cambiará cuando se produzca un avance cerca de (el Palacio) Venecia, cuando en Roma haya un cambio en Piazza Colonna.

(1) H.C.H.
(2) N.A.B.
(3) Coche de cuatro ruedas D.L.7.V.

La historia:

«Las brigate nere se entregaron a represalias, a menor escala que los alemanes, es cierto, pero a menudo con igual salvajismo. Por ejemplo, fueron S.S. quienes ejecutaron a cerca de setecientas personas en Marzabotto (1)... Podía hallarse en estas formaciones fascistas un hampa más peligrosa aún que la que se encontraba entre los menos disciplinados partisanos... Incluso cuando los alemanes lograron reagruparse al norte de *Florencia* e instalarse para pasar el invierno en la línea gótica entre Rimini y La Spezia (2), las violencias prosiguieron casi a la misma escala detrás del frente».

«El 16 de abril de 1945, como se lo había confiado antes a Mellini: "Ahora que Roma está perdida, dijo, la República italiana sólo puede tener *una capital: Milán*". Se preparó para partir hacia Milán el 19 de abril, con una escolta de soldados alemanes. Instaló su despacho en el palacio Monforte, la prefectura de Milán».

«Una banda de manifestantes se precipitó hacia el Palacio *Venecia* para reclamar al hombre que oprimía el país desde hacía veinte años. En

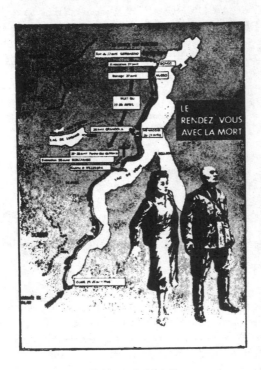

Extracto de M.A.B.

(1) Pueblo al norte de Florencia.
(2) Esta línea pasa por Lucca y Florencia.

la *Piazza Colonna*, sede del partido, la muchedumbre cantaba y bailaba como en una fiesta: «¡El fascismo ha muerto!», se gritaba con alegría por todas partes. Aquella noche, en *Roma*, no se encontraba un solo hombre para defenderlo arriesgando su vida».

«El 29 de abril de 1945, el camión de mudanzas llega a *Milán* tras haber franqueado varios controles americanos. Se detuvo en la piazza Loreto. Los alemanes habían fusilado allí a quince rehenes nueve meses antes. Se arrojaron los cadáveres del camión. Un viandante se tomó el trabajo de alinearlos en relativo orden; colocó a Mussolini un poco aparte. Luego aparecieron dos jóvenes que se encarnizaron con salvajismo dándole patadas en la mandíbula... Una voz autoritaria gritó, ¡Que los cuelguen! (1)».

LA CAIDA DEL REICH - 1945
LA CONTRAOFENSIVA SOVIETICA
EL DESEMBARCO DE SICILIA - 10 de julio de 1943

VIII, 81

Le neuf empire en desolation
Sera changé du pôle aquilonnaire (2)
De la Sicile viendra l'émotion (3)
Troubler l'emprise (4) à Philip tributaire.

El nuevo imperio en desolación
Será cambiado en polo aquilonario (2)
De Sicilia vendrá la expulsión (3)
Turbar la empresa (4) de Philip tributaria

Traducción:

El nuevo imperio (alemán) se hallará en la desolación y sufrirá cambios por el norte (U.R.S.S.). A partir de Sicilia serán expulsados (los alemanes) y la empresa de Philippe (Pétain) que pagaba tributo será perturbada.

La historia:

«Durante los dos años siguientes a la invasión de *Rusia*, Hitler estuvo casi por completo absorbido en la dirección de la guerra en el frente del Este. Pero, en 1943, la pérdida de Africa del Norte y el hundimiento de *Italia* le recordaron que estaba en guerra contra una alianza mundial».

(1) M.C.H.
(2) Aquilón: viento del Norte violento e impetuoso. D.L.7.V. Simboliza a Rusia: el imperio del norte.
(3) Latín: *emoveo*: saco, aparto, expulso, disipo. D.L.L.B.
(4) Antaño: empresa. D.L.7.V.

330

«La noche del 30 de abril de 1945, Goebbels y Bormann intentaron en vano negociar con los *rusos*. La respuesta fue: «*Capitulación* sin condiciones (1)».

«Las exigencias alemanas: los vencedores disponen de millones de prisioneros y ejercen sobre Vichy un chantage eficaz. Francia ha *pagado* ya, para las tropas de ocupación, 631.886 millones de francos, es decir casi 160 mil millones de francos nuevos».

«El ataque de los aliados se esboza entonces. En julio de 1943, la operación «Husky» les da *Sicilia* y 200.000 prisioneros (2).

EL PROCESO DE NUREMBERG - 1945-1946
LA GUERRA FRIA

II, 38

Des condamnez sera fait un grand nombre,
Quand les monarques seront conciliez:
Mais l'un d'eux viendra si mal encombre (3)
Que guerre ensemble ne seront raliez.

De condenados se hará un gran número,
Cuando los monarcas serán conciliados:
Pero uno de ellos provocará tan mal obstáculo (3)
Que guerra unidos no serán aliados.

Traducción:

Habrá gran número de condenados cuando los jefes de los Estados se hayan reconciliado. Pero uno de ellos pondrá tan mál obstáculo que quienes habían hecho la guerra juntos no serán aliados.

La historia:

«El 20 de noviembre de 1945 tiene lugar la primera audiencia del tribunal militar internacional de Nuremberg que se encarga de juzgar a los dirigentes alemanes considerados como criminales de guerra. Este tribunal, compuesto por representantes de las cuatro potencias *aliadas* (U.S.A., U.R.S.S., Gran Bretaña y Francia), debe tratar los crímenes contra la paz. El tribunal de Nuremberg juzga a veinticuatro grandes dirigentes políticos, militares y económicos de la Alemania hitleriana y seis grupos u organizaciones del III Reich. Las audiencias duraron hasta el 1º

(1) H.A.B.
(2) L.M.C.
(3) *Encombrier:* obstáculo, perjuicio. D.A.F.L.

de octubre de 1946. *Numerosos* procesos a criminales de guerra, abiertos contra responsables menos elevados, tuvieron lugar en Alemania...

Los condenados a muerte fueron ejecutados el 16 de octubre de 1946 entre la una y las tres de la madrugada; los condenados a penas de cárcel fueron internados en la prisión de Spandau, cerca de Berlín.

El 2 de febrero de 1953, en su primer mensaje sobre el estado de la Unión, Eisenhower anuncia que ha decidido la neutralización de Formosa; pretende también denunciar los acuerdos de Yalta firmados por Roosevelt. La actitud americana despierta muchas inquietudes (1)».

AMISTAD FRANCO-ALEMANA
TRAS LAS GUERRAS DE 1870-1914-1939
LAS ETAPAS
DE LA AMISTAD FRANCO-ALEMANA-1950-62-63-67

VIII, 3 *bis*

Las quelle fureur! hélas quelle pitié,
Il y aura entre beaucoup de gens:
On ne vit onc une telle amitié,
Qu'auront les loups à courir diligens (2).

¡Ay, qué furor! ¡Ay, qué piedad
Habrá entre mucha gente!:
Jamás se vio tal amistad,
como tendrán los lobos atados (2).

Traducción:

¡Ay! ¡Qué furor y qué piedad habrá entre mucha gente! Jamás se vió amistad como la que vinculará a los alemanes.

La historia:

«En dos entrevistas con un periodista americano (8 y 21 de marzo de 1950), Adenauer propone a Francia una *unión franco-alemana* que comporte una verdadera fusión, con un parlamento único, una economía y una nacionalidad común».

«Del 4 al 12 de agosto de 1962, el general de Gaulle efectúa una visita oficial a Alemania Federal. Viaje triunfal: de Gaulle halla las palabras para ganar el corazón de un pueblo que, pese a su recobrada potencia económica, continúa marcado por el complejo de culpabilidad impuesto en 1945».

(1) V.C.A.H.U.
(2) Latín: *diligens:* que ama, vinculado a D.L.L.B.

«El tratado franco-alemán, que supone consultas periódicas entre los gobiernos y una cooperación orgánica en el terreno de la defensa, de la economía y de la cultura, es firmado el 22 de enero de 1963».

«El 12 y 13 de julio de 1967, de Gaulle y Kiesinger se encuentran en Bonn y deciden la creación de dos comisiones comunes, una para la cooperación económica y técnica, la otra para los intercambios de puntos de vista sobre problemas políticos y estratégicos (1)».

EL REGRESO DE LOS JUDIOS A PALESTINA - 1939-1948
LAS GUERRAS ARABE-ISRAELIES

II, 19

Nouveaux venus lieu basty sans défence,
Occuper la place par lors inhabitable,
Prez, maisons, champs, villes, prendre à plaisance (2)
Faim, peste, guerre, arpen long labourable.

Recién llegados lugar construido sin defensa,
Ocupar lugar entonces inhabitable,
Prados, casas, campos, ciudades, tomar a placer (2)
Hambre, peste, guerra grande extensión laborable.

Traducción:

Recién llegados construirán ciudades sin defensa y ocuparán lugares que hasta entonces eran inhabitables. Tomarán con placer los prados, las casas, los campos y las ciudades. Luego el hambre, la enfermedad y la guerra caerán sobre aquella tierra laborable desde hace mucho tiempo (1939).

La historia:

«Cuando la Segunda Guerra Mundial estalló, el balance del sionismo era el siguiente: la población judía había pasado de 85.000 (11 % del total) a 416.000 (29 %), el número de las *aglomeraciones* judías de 79 a 200. La *agricultura* se había desarrollado considerablemente; la superficie de los naranjales había pasado así de 1.000 a 15.000 *hectáreas*.»

«Al màrgen de una minoría árabe de alrededor del 10%, la casi totalidad de la población está compuesta de *inmigrantes* judíos llegados hace menos de un siglo».

«Sean cuales sean las causas próximas de la *guerra* de junio de 1967, hay que retener el eco que tuvo sobre la psicología de los árabes y de los

(1) V.C.A.H.U.
(2) Placer, gozo, voluptuosidad. D.L.7.V.

israelíes. Los primeros advirtieron que la voluntad de anular los resultados de un hecho consumado precedentemente (1956-1957) fue considerada por la opinión internacional, influenciada por Occidente, como una agresión, mientras que el ataque sorpresa israelí del 1 de junio de 1967 se tenía por un acto de legítima defensa (1)».

Esta cuarteta de Nostradamus debe compararse con el capítulo XXXVIII de la profecía de Ezequiel:

«Tras varios días serás visitado; en los últimos años irás al país que habrá sido salvado de ante la espada y *recogido de varios pueblos*, es decir las montañas de Israel, que habrán permanecido *desiertas* durante mucho tiempo; cuando aquel país haya sido retirado de entre los pueblos, todos *habitarán en él con seguridad*... Y dirás: Edificaré contra el país *ciudades sin murallas* (los kibbutz), invadiré a quienes estén en reposo... para poner la mano sobre los lugares desiertos que habrán sido hechos habitables (2)...»

LA INSURRECCION HUNGARA EN BUDAPEST
23 de octubre de 1956
SU APLASTAMIENTO POR LAS TROPAS SOVIETICAS
4 de noviembre de 1956

II, 90

Par vie et mort changé regne d'Ongrie,
La loy sera plus aspre que service (3):
Leur grand cité d'urlements pleincts et crie,
Castor et polux (4) ennemis dans la lice (5).

Por vida y muerte cambiado reino de Hungría.
La ley será más áspera que el uso (3):
Su gran ciudad de aullidos llena y grito,
Cástor y Pólux (4) enemigos en la liza (5).

Traducción:

El poder será cambiado en Hungría por la vida y por la muerte; la ley será más implacable que los usos, la gran ciudad (Budapest) estará llena de gritos y de aullidos. Los hermanos serán enemigos en ese teatro de lucha (la capital).

(1) E.U.
(2) *La Sainte Bible*, por J.F. Ostervald, 1823.
(3) Uso, utilidad que se obtiene de ciertas cosas. D.L.7.V.
(4) Dos hermanos, hijos de Júpiter.
(5) Campo cerrado para los torneos, por extensión, el teatro de cualquier lucha. D.L.7.V.

La historia:

«En Hungría, la resistencia excesivamente prolongada de la antigua dirección stalinista provoca lo *peor*: la insurrección estalla en *Budapest* el 23 de octubre de 1956 y toma tal amplitud que el regreso al poder de Imre Nagy (Cástor) no logra calmarla... Bajo presión, Inre Nagy que ha formado un gobierno de coalición, el 1º de noviembre, anuncia que Hungría decide apartarse del pacto de Varsovia y solicita a la O.N.U. ser solemnemente reconocida como Estado neutral. Aquella misma mañana, Budapest es por completo rodeada (liza) por los carros soviéticos. Estos entran en acción el 4, mientras que un contra-gobierno, fiel a Moscú, es formado por Janos Kadar (Pólux). De nuevo se combate en Budapest, donde los insurrectos, pese a una feroz resistencia, son aplastados muy pronto. El número de muertos, durante estas jornadas de insurrección, sobrepasará los 25.000. Imre Nagy, que se había refugiado en la embajada de Yugoslavia, es raptado el 21 por la policía y deportado a Rumania. Más de 15.000 personas serán deportadas por los soviéticos. Más de 150.000 refugiados conseguirán pasar al Oeste (lugar cambiado). Budapest muestra que la búsqueda de caminos diversos (uso) hacia el socialismo en ningún caso significa, para los hombres del Kremlin, una ruptura de los vínculos (ley) impuestos desde 1945 a los países de Europa oriental... La persistencia de la agitación obliga al gobierno de Kadar a proclamar *la ley marcial* el 8 de diciembre; todos los consejos revolucionarios obreros son disueltos (1).»

LA CONQUISTA DE AFRICA DEL NORTE POR LA III REPUBLICA - 1881-1911 LA CAIDA DE LA IV REPUBLICA - 13 de mayo de 1958

III, 59

Barbare empire (2) par le tiers (3) usurpé (4),
La plus grand part de son sang mettra à mort:
Par mort sénile par luy le quart (5) frappé,
Pour peur que sang par le sang (6) ne soit mort.

Bárbaro imperio (2) por el tercero (3) usurpado (4),
La mayor parte de su sangre matará:
Por muerte senil por él el cuarto (5) golpeado,
Por miedo de que la sangre sea muerta por la sangre (6).

(1) V.C.A.H.U.
(2) Berbería: Estados berberiscos, región del Africa del norte que comprende los estados de Trípoli, Túnez, Argelia y Marruecos. D.H.B.
(3) Que viene en *tercer lugar*, que se añade a otros dos. D.L.7.V.
(4) Latín: *usurpo:* pretendo, me apropio. D.L.L.B.
(5) Palabra en desuso para decir *cuarto.* D.L.7.V. (En francés contemporáneo *cuarto* se traduce por *quatrième* (N. del·T.)]
(6) Sanguine *barbarorum* modico. Tácito: los bárbaros, habiendo perdido poca gente. D.L.L.B.

Traducción:

La tercera (República) se apropiará del imperio berberisco y matará a la mayor parte de los suyos. A causa de senilidad la cuarta (República) será herida de muerte por él (el Imperio berberisco) por temor a que quienes hayan vertido su sangre hayan muerto inútilmente.

La historia:

«Africa fue el principal campo de la expansión colonial francesa. Desde la monarquía de Julio, Francia *poseía Argelia*. Pero Argelia sólo es la parte central de la región montañosa del Atlas que continúa al este en Túnez y al oeste en Marruecos, y los *tres países* están tan estrechamente unidos por la naturaleza que sólo se puede ser por completo dueño de Argelia a condición de *dominar* los dos países vecinos. Se explica así la importancia que tomaron sucesivamente la cuestión de Túnez y, luego, la cuestión de Marruecos en la política francesa... Los incesantes *pillajes* cometidos en territorio argelino por los montañeses tunecinos, los krumirs, sirvieron de pretexto para la entrada de un ejército francés en Túnez (abril de 1881). Túnez parecía tranquilo y las tropas regresaron. Se produjo de inmediato un levantamiento general, cuyo centro se hallaba en Kairouan, una de las ciudades santas de los musulmanes. La represión fue inmediata...»

«El acta de Algeciras no podía regular definitivamente la cuestión marroquí. Nuevos incidentes surgieron en 1907. Tras haber sido masacrados unos franceses por los indígenas, Francia hizo *ocupar* Casablanca (1907-1908). En 1911 las tropas francesas llegaron hasta Fez...»

«Argelia, Túnez y Marruecos, ahora estrechamente unidos, son una nueva Francia africana en formación (1)».

«La crisis de Argelia se extiende: porque Guy Mollet, ante la hostilidad que le manifiestan los franceses de Argelia, el 5 de febrero de 1956, renuncia a las reformas que había prometido, porque el Presidente del Consejo aprueba la desgraciada iniciativa de un oficial irresponsable que por su cuenta obliga a aterrizar en Argel el avión *marroquí* que transportaba a los jefes del F.L.N. Este acto, sin utilidad alguna, nos malquista con el rey de *Marruecos* y con *Túnez*... Cuando Mollet es derribado, el 21 de mayo de 1957, su sucesor, Felix Gaillard, no lo hace mejor que él, puede pensarse que la IV República ha dado pruebas de su *ineficacia. Inestabilidad* y *debilidad* la han llevado a la impotencia... El general de Gaulle acepta solicitar la investidura de la Asamblea. El 1 de junio de 1958 es investido y obtiene plenos poderes. La IV República ha pasado a mejor vida (2).»

(1) H.F.A.M.
(2) L.M.C.

LA GUERRA DE LOS SEIS DIAS - 5-6 de junio de 1967
LA OCUPACION POR ISRAEL DE GAZA,
LA CISJORDANIA Y EL GOLAN

III, 97

Nouvelle loy terre neuve occuper,
Vers la Syrie, Iudée et Palestine:
Le grand Empire barbare corruer (2),
Avant que Phebes (3) son siècle détermine.

Nueva ley tierra nueva ocupada,
Hacia Siria, Judea y Palestina:
El gran Imperio bárbaro caer (1)
Antes que Febe (2) su siglo determine.

Traducción:

Por una nueva ley nuevos territorios serán ocupados hacia Siria, Judea y Palestina. El poderío árabe se derrumbará antes de que termine el solsticio de verano (21 de junio).

La historia:

«La guerra árabe-israelí (5-10 de junio de 1967): en una campaña relámpago contra Egipto, Jordania y Siria, los ejércitos israelíes *ocupan* toda la península del Sinaí (3) hasta el canal de Suez, la Cisjordania (4) y las alturas del Golan (5)...

Al amanecer del 5, la aviación israelí ataca los aeropuertos egipcios y destruye en el suelo la mayor parte de la aviación enemiga, el ejército egipcio es *aplastado* (caer) en las primeras horas de combate; dueños de *Gaza* y de El-Arich, los israelíes cruzan rápidamente el desierto del Sinaí y, a partir del 7, ocupan el puerto de Charm-el-Cheikh y llegan al canal de Suez. Por el lado jordano hallan mayor resistencia; sin embargo la vieja ciudad de Jerusalén y toda la parte *cisjordana* (Judea) de Jordania son *conquistadas. El mundo árabe* está abrumado por la amplitud y la rapidez de los éxitos israelíes... La U.R.S.S. acusa a Israel de agresión y, a petición suya, la Asamblea General de la O.N.U. se reunió el 19 (antes que Febe). El problema número uno es, ahora, el de los *territorios árabes* ocupados por Israel. A partir del 11, el general Dayan declara que Israel debe conservar Gaza, Charn-el-Cheikh, la vieja ciudad de Jerusalén y Cisjorda-

---

(1) Latín: *corruo:* caigo, me derrumbo. D.L.L.B.
(2) Febe: Diana o la Luna, hermana de Febo, el Sol. D.L.L.B.
(3) Y en ella Gaza: ciudad del Próximo Oriente en la *Palestina* meridional. E.U.
(4) Judea: parte meridional de *Palestina*, comprendida entre el Mar Muerto y el Mediterráneo, y cuya mayor parte constituye hoy la zona meridional de *Cisjordania*, territorio que Israel conquistó a Jordania durante la guerra de los Seis Días en 1967. A.E.
(5) Territorio sirio.

nia. Los israelíes sostienen que no puede hablarse de regreso a las fronteras anteriores al 5 de junio de 1967, pues no se trataba de fronteras sino de líneas de demarcación trazadas por los armisticios de 1949, que jamás habían sido reconocidas *juridicamente* (nueva ley) por los Estados árabes... El 27 de junio, la Knesseth adopta una *«ley fundamental»* para la protección de los santos lugares. El gobierno decide la anexión de la vieja ciudad de Jerusalén (1)».

EL REGRESO DE LOS JUDIOS A PALESTINA - 1948
GOLDA MEIR Y EL SIONISMO
LA DIMISION DE GOLDA MEIR - 1974

VIII, 96

La Synagogue (2) stérile sans nul fruit,
Sera receuë entre les infidèles (3):
De Babylon (4) la fille (5) du poursuit,
Misère et triste lui tranchera les aisles.

La sinagoga (2) estéril sin fruto alguno,
Será recibida entre los infieles (3):
De Babilonia (4) la hija (5) del perseguido,
Mísera y triste le cortará las alas.

Traducción:

El sionismo (6) estéril, sin fruto alguno, será recibido entre los árabes. Llegada de Nueva York (Babilonia) la mujer (jefe) de los perseguidos (Golda Meir) perderá su poder por el infortunio y la tristeza.

La historia:

«Golda Meir: Nacida en Kiev (Ucrania), emigra a los Estados Unidos con su familia, en 1906; se da a conocer como militante responsable de

(1) V.C.H.A.U.

(2) La sinagoga parece haber nacido, entre los judíos exilados en Babilonia, por la necesidad que sintieron, lejos del Templo, de rogar y edificarse en común. A su regreso del exilio se construyó, en Jerusalén, una primera sinagoga en el atrio del Templo. D.L.7.V.

(3) Que no tiene verdadera fe religiosa. D.L.7.V. Los árabes, por oposición a los judíos.

(4) La gran Babilonia, la Babilonia moderna: designa por lo común grandes centros, como Londres, París etc. D.L.7.V.

(5) Los poetas dan con frecuencia el nombre de hijas a seres, animados o no, indicando con un determinativo, el lugar, el origen, sus hábitos favoritos: así llaman a las mujeres de Israel, las hijas de Sion D.L.7.V.

(6) Movimiento político-religioso, fundado por Théodor Herzl a finales del siglo XIX y que tiene como finalidad crear en Palestina un Estado donde puedan reunirse los israelitas dispersos en el mundo entero. A.E.

la Sección local del Partido laborista sionista... En 1924 se adhiere al Histadrouth y, en 1928, es nombrada secretaria de la organización femenina de éste... Durante la Segunda Guerra Mundial, milita junto a David Ben Gurion para asegurar el *regreso de los judíos* a Sion en 1946, cuando Moshe Sharett, jefe del departamento político la Agencia Judía, y otros activistas son detenidos por los británicos, le reemplaza (la hija del perseguido), provisionalmente al principio, y combate para lograr la liberación de activistas emigrados judíos internados... Poco antes de que Ben Gurion proclame la creación del Estado de Israel, es enviada a la O.N.U. para formular un último alegato en favor del reconocimiento de un *Estado Judío en Palestina*... En octubre de 1973, Israel debe enfrentarse en mortífera guerra a las fuerzas egipcias y sirias apoyadas por distintos contingentes de fuerzas árabes. El gobierno de Golda Meir *sufre entonces los ataques* de la derecha israelí y las críticas de los oficiales superiores por la poca preparación del país. Sin embargo, las elecciones del 31 de diciembre llevan de nuevo a Golda Meir y a su partido al poder. En marzo de 1974, las *críticas* contra la señora Meir y el general Dayan se recrudecen, lo que obliga a la primer ministro israelí a presentar la *dimisión* de su gobierno un mes más tarde (mísera y triste) (1).

Nota: Nostradamus establece un paralelismo entre el primer regreso de los judíos, cautivos en Babilonia, y el segundo regreso, partiendo de las Babilonias modernas: Londres, París, Nueva York.

(1) E.U.

GUERRA DEL KIPPUR - octubre de 1973
EL ATAQUE POR SORPRESA DE EGIPTO A ISRAEL

Sextilla 31

Celuy qui a, les hazards surmonte,
Qui fer, feu, eau, n'a jamais redouté,
Et du pays bien proche du Basacle (1),
D'un coup de fer tout le monde estouné,
Par Crocodil (2) estrangement donné,
Peuple ravi de voir un tel spectacle.

Aquel que supera los azares,
Quien a hierro, fuego, agua, jamás ha temido,
Y del país muy próximo al Vivero (1),
De un golpe de hierro todo el mundo se asombrará,
Por Cocodrilo (2) extrañamente dado,
Pueblo contento de ver tal espectáculo.

Traducción:

El pueblo que ha superado los azares, que jamás ha temido la guerra o la revolución, en el país muy próximo al punto de partida del cristianismo, se asombrará por un acto guerrero extrañamente realizado por Egipto, cuya población se alegrará de tal espectáculo.

La historia:

«6 de octubre de 1973. Son las 13 horas 50 minutos. El Consejo de ministros está ocupado en ratificar el conjunto de decisiones y medidas tomadas durante la mañana por Golda Meir, Dayan y Eleazar. La puerta de la sala del Consejo se abre de pronto. Es el general Israel Lior: el enemigo acaba de atacar... *La sorpresa es pues total*: ataque simultáneo de los *egipcios* por el sur y los sirios por el norte... Cinco divisiones egipcias, equipadas y entrenadas por los soviéticos, arrasan los fortines de la línea Bar-Lev y, con la protección aérea de los misiles, conquistan de 5 a 10 kilómetros en el interior del Sinaí. Los blindados israelíes son diezmados por los misiles anti-carros teledirigidos, de 3 kilómetros de alcance, cuyo uso intensivo por parte de los *egipcios* pone en cuestión, de un solo golpe, todo el arte militar moderno: la superioridad de los blindados sobre la infantería... *Mil doscientos carros egipcios han pasado al ataque* (3)...

«El Rais habla de Egipto, sociedad pacífica desde hace miles de años, obligada a combatir por la injusticia y la ocupación. Señala: No éramos

---

(1) Lugar en donde se encierra el pescado para *conservarlo* vivo. D.L.7.V. El pescado fue para los primeros cristianos el emblema por excelencia. D.L.7.V.

(2) La especie de cocodrilo conocida desde más antiguo es el cocodrilo del Nilo. Era venerado por los *egipcios* D.L.7.V.

(3) *L'Express* del 13 al 19 de enero de 1975. «Israel frente a la muerte», Jacques Derogy, Jean-Noël Gurgand, ediciones R. Laffont.

buenos combatientes porque jamás nos ha gustado combatir. Esta vez
es distinto. Tenemos que vengar una humillación (1)».

LA GUERRA DEL KIPPUR - 6 de octubre de 1973
EL ATAQUE SORPRESA DE LOS EGIPCIOS

Sextilla 35

Dame par mort grandement attristée,
Mère et tutrice au sang qui l'a quitée,
Dame et seigneurs, faicts enfants orphelins,
Par les aspics (2) et par les Crocodiles,
Seront surpris forts, Bourgs, Chasteaux, Villes,
Dieu tout-puissant les garde des malins.

Dama por muerte muy entristecida
Madre y tutora en la sangre que la ha abandonado
Dama y señores, hechos niños huérfanos,
Por los áspides (2) y por los Cocodrilos,
Serán sorprendidos fuertes, Burgos, Castillos, Ciudades
Dios todopoderoso les guardará de los malignos.

Traducción:

La dama (Golda Meir) estará muy entristecida por la muerte (de los
soldados israelíes); la madre y la tutora (del Estado hebreo) dejará el
poder a causa de la sangre que habrá corrido. Con los ministros, será
considerada responsable de los huérfanos; a causa de los egipcios que
habrán atacado por sorpresa las fortificaciones (la línea Bar-Lev), los pueblos y las ciudades. Pero Dios todopoderoso les protegerá de la desgracia.

La historia:

«El 6 del mes de octubre, Israel se había reunido en la sinagoga para el
Kippur, la Expiación... A mediodía, sonaron las sirenas. Israel había
sido atacado, simultáneamente, por el norte y por el sur: por Siria y por
Egipto... Durante las primeras horas del 6 de octubre, las líneas del Golán
estaban desguarnecidas, los carros sirios habían estado a punto de llegar
a Galilea, mientras que, en el canal, 3.000 soldados escasos habían tenido
que resistir frente a *decenas de millares de egipcios* (áspides y cocodrilos): En vez de felicitarse por el enderezamiento interior, los israelíes se
preguntaban: «¿Cómo han sido posibles las negligencias del Kippur?»
Algunos añadían, con un cierto humor negro: «Por fortuna los árabes nos
atacaron el día en que hacíamos penitencia. *Dios no podía negarnos un
milagro»* (Dios todopoderoso les guardará de los malignos)... El gobierno

(1) *Le Point* n° 60, 12 de noviembre de 1973, artículo de Marwan Hamade.
(2) Serpiente de Cleopatra: nombre vulgar de los áspides. D.L.7.V. Esta alusión a Cleopatra nos señala a los egipcios como los Cocodrilos.

rechazó desdeñosamente las repetidas advertencias de los servicios secretos del Pentágono. El Estado-Mayor se había adormecido tras la *Línea Bar-Lev*, como los franceses, en 1939, tras la Línea Maginot (fuerte)... En Jerusalén y en Tel-Aviv, donde *se lloran* (entristecida) *2.000 muertos* (cifra considerable en un país de tres millones de almas), en los hospitales donde se amontonan 3.000 heridos, en los frentes donde montan guardia 150.000 reservistas, se le da la puntilla... El 10 de abril de 1974, en plena Pascua judía, la señora Meir, abrumada, agotada, presenta su dimisión (abandonada) al presidente del Estado (1)».

REVOLUCION, GUERRAS, HAMBRES EN IRAN - 1979
LA CAIDA DEL SHA - 1978-1979
EL AYATOLLAH JHOMEINY EN NEAUPHLE-LE-CHATEAU

I, 70

Pluye (2), faim, guerre en Perse non cessée,
La foy trop grande (3) trahira le Monarque (4):
Par la finie en Gaule commencée,
Secret (5) augure (6) pour à un estre parque.

Lluvia (2), hambre, guerra en Persia no cesada,
La fe demasiado grande (3) traicionará al Monarca (4)
Por el fin en Galia comenzado,
Secreto (5) augur (6) en un parque alejado.

Traducción:

La revolución, el hambre, la guerra no cesarán en Irán; el fanatismo religioso traicionará al Sha cuyo fin habrá comenzado en Francia, a causa de un profeta que se habrá colocado en un lugar retirado (Neauphle-le-Chateau).

La historia:

Con sus *fanáticos* manifestantes blandiendo el estandarte de su *fe* y aceptando por ella enfrentarse, a pecho descubierto, a las armas de fuego de los soldados del Sha, Irán ha dado durante la semana pasada el

(1) En *Le Spectacle du Monde*, n° 147, junio 1974.
(2) Como las palabras ola y agua, Nostradamus utiliza la palabra lluvia para designar los trastornos revolucionarios.
(3) El fanatismo religioso es una fe ciega, irreflexiva, inconsciente; celo *a ultranza* por el triunfo de una doctrina religiosa. D.L.7.V.
(4) Persa: *Sha*: rey, soberano. D.L.7.V.
(5) Latín: *secretum:* lugar retirado, *retiro.* D.L.L.B.
(6) Latín: *augur:* sacerdote que anunciaba el porvenir, *profeta.* D.L.L.B.

más espectacular ejemplo del sorprendente despertar musulmán...
Mashad y Qoom, en Irán, Al Nadjaf y Karbala en Irak: estos son los san-
tuarios de los musulmanes chiítas. Ahora se les añade, sin mezquita ni
minaretes de oro, sin cúpulas turquesa, una tercera ciudad santa, boquia-
bierta de lo que les sucede: Neauphle-le-Chateau. Como Medersa (se
minario coránico) solo dispone de un banal pabellón de extrarradio.
Pero allí es donde se prosterna y se agacha el Ayatollah (1) Jhomeiny».

«Este año, la llamada lanzada por el Ayatollah Jhomeiny en la víspera
del Moharran, invitando a los fieles a levantarse en una especie de *santa
insurrección*, ha conseguido llevar las pasiones a su paroxismo. No dudéis
en verter vuestra sangre para proteger al Islám y derribar la tiranía, había
pedido, desde *su retiro* de Neauphle-le-Chateau, el *profeta exilado* de
los chiítas (2)».

«El Irán se encamina hacia una *guerra* fratricida, predice el general
revolucionario Hadavi. Dirigente religioso de los árabes iraníes, el Ayatollah Khafani profetizó *amargas tragedias*... El general Rahini se indignó:
es vergonzoso ver regiones iraníes pasadas a sangre y fuego cuando el
ejército descansa en los cuarteles (3)».

LA CAIDA DEL SHA DEL IRAN - 16 de enero de 1979
EL GOBIERNO MILITAR - 6 de noviembre de 1978
TOMA DEL PODER POR LOS SACERDOTES - 3 de febrero de 1979

X, 21

Par le despit (4) du Roy soustenant (5) moindre;
Sera meurdry (6) lui présentant (7) les bagues (8):
Le père au fils voulant noblesse poindre (9),
Fait comme a Perse jadis feirent les Magues (10).

*Por el despecho (4) del Rey resistente (5) menor;
Será perjudicado (6) presentándole (7) los anillos (8):
El padre al hijo queriendo poner (9) nobleza,
Hace como en Persia antaño hicieron los Magos (10).*

(1) Significa «Signo de Dios».
(2) *Le Point*, número 325, 11 de diciembre de 1978.
(3) *Le Spectacle du Monde*, n° 209, agosto de 1978.
(4) Desprecio. D.A.F.L.
(5) Latín: *sustineo:* resisto. D.L.L.B.
(6) Herir, perjudicar, hacer daño. D.L.7.V.
(7) Exhibir, mostrar D.L.7.V.
(8) Armas. D.A.F.L.
(9) Manifestar. D.L.7.V.
(10) Del griego: μαγος : mago, sacerdote entre los persas. D.G.F. En Persia, los magos
llevaban una vida austera y dura. Las virtudes que poseían (o se les suponían) les habían
dado una autoridad sin límites sobre el espíritu del pueblo y de los *nobles*. El propio rey se
vanagloriaba de ser su alumno y les consultaba. Hay razones para creer que la casta de los
magos fue todopoderosa mientras duró la realeza meda. D.L.7.V. Nostradamus designa por
la palabra mago o sacerdote a los Ayatollahs.

Traducción:

A causa de su desprecio, el Sha, en estado de menor resistencia, será perjudicado cuando exhibirá su ejército, queriendo el padre manifestar la nobleza de su hijo. Luego sucederá en Irán lo que antaño hicieron los sacerdotes (tener el poder).

La historia:

«Lunes 6 de noviembre de 1978; el general Azhari, jefe del ejército de Tierra, es nombrado jefe de gobierno. La fuerte entrada de los militares trastorna radicalmente el planteamiento del problema. Ayer todavía entre bastidores y sin intervenir más que para contener la ola de descontento, el *ejército* ocupa, a partir de ahora, el *proscenio* (presentándole) (1)».

«En 1967, mientras se preparaba para coronarse a sí mismo emperador y coronar a la emperatriz Farah, Mohammed Reza declaraba:«*Quiero dejar a mi hijo* una nación joven, evolucionada, orgullosa, perfectamente moderna, por completo estable y, además, que mire hacia el futuro y hacia la cooperación con los pueblos del mundo entero...» Su padre le ha confiado, en los últimos años, tareas de representación que ha desempeñado muy bien. En 1971 ya, durante las fiestas de Persépolis, el Sha había insinuado que dejaría, un día, *el poder a su hijo* (2)».

«— Martes 16 de enero de 1979, salida del Sha hacia Egipto.
— Domingo 21 de enero de 1979, dimisión del señor Tehrani, presidente del Consejo de regencia.
— Jueves 1 de febrero de 1979, regreso del Ayatollah Jhomeiny a Teherán.
— Sábado 3 de febrero de 1979. El Ayatollah Jhomeiny anuncia la creación de un "consejo nacional islámico".»

«Irán: 200.000 *mollahs* en pie de guerra (3).»

(1) *Le Spectacle du Monde,* n° 201: «La revolución de los ayatollahs», por Régis Faucon.
(2) «El frente común contra la dinastía», en *Spectacle du Monde,* n° 203, febrero de 1979.
(3) Artículo en *Le Figaro-magazine* del 19 de enero de 1980.

VIII, 70

Il entrera vilain, meschant, infâme,
Tyrannisant la Mésopotamie (1):
Tous amis faict d'adulterine (2) dame (3),
Terre horrible noir (4) de phisionomie.

Entrará miserable malvado, infame,
Tiranizando Mesopotamia (1):
Todos amigos hechos de adulterina (2) dama (3)
Tierra horrible negro (4) de fisonomía.

Traducción:

El horrendo personaje, malvado e infame, entrará en Irak para imponer su tiranía. Todos serán amigos de una falsa república (la República islámica); la Tierra estará horrorizada por esta fisonomía odiosa.

La historia:

«Los mollahs incitan a los fieles a la insurrección contra la *tiranía* impía. El Sha es aludido personal y directamente. «¡Sha, te mataremos!», gritan rítmicamente las masas fanatizadas, formando cortejo, tras haber escuchado las prédicas en las mezquitas. Incluso en 1963, durante la primera gran oleada de alborotos provocada en Irán por el Ayatollah Ruallah Mussavi Jhomeiny, exilado desde entonces en *Irak*, la revuelta no había adquirido nunca tamaña amplitud (5)».

«La República islámica, tal como la concibe el Ayatollah Jhomeiny, ha demostrado su incapacidad para gobernar Irán. Impopular en todo el país, sólo se mantiene apoyándose en el fanatismo (tiranía) de la clase menos evolucionada de la población, sometida por entero al poder de los «akhonds», los miembros de la clerecía (6)».

(1) Hoy Irak. Región comprendida entre el Tigris y el Eufrates. D.H.B.
(2) Latín: *adulterinus:* falsificado, falso. D.L.L.B.
(3) Hemos visto este nombre frecuentemente tomado por Nostradamus para designar la República, simbolizada por un personaje femenino.
(4) En sentido figurado: atroz, perverso, odioso. D.L.7.V.
(5) «Irán, dos mundos frente a frente», Jacques Ermont, en *Le Spectacle du Monde*, nº 199, octubre de 1978.
(6) En *Le Spectacle du Monde*.

CAPITULO TERCERO

NOSTRADAMUS PROFETA

EL CLIMA DE PRE-GUERRA

LA PAZ Y LA GUERRA

La crisis económica mundial.
La crisis y la revolución en Italia después de los Juegos Olímpicos
La discordia en Francia.
«La Europa de los Nueve» y China

*
* *

LOS CONFLICTOS DEL SIGLO XX
ENTRE EL ESTE Y EL OESTE:
1914-1918, 1939-1945, TERCERA GUERRA MUNDIAL
1999

VIII, 59

Par deux fois hault, par deux fois mis a bas,
L'Orient aussi l'Occident faiblira,
Son adversaire après plusieurs combats,
Par mer chassé au besoing faillira.

Por dos veces elevado, por dos veces echado abajo,
El Oriente también debilitará al Occidente,
Su adversario tras varios combates,
Expulsado por mar cederá ante las necesidades.

Traducción:
Dos veces elevado en poderío, dos veces abatido, el Occidente, como el Oriente será debilitado. Su adversario, tras varios combates, será expulsado por mar y caerá por penuria.

349

IX, 52

La paix s'approche d'un côte et la guerre
Oncques ne fut la poursuite si grande,
Plaindre homme, femme, sang innocent par terre
Et ce sera de France à toute bande.

La paz se aproxima de un lado y la guerra
Nunca fue la persecución tan grande
Compadecer hombre, mujer, sangre inocente por tierra
Y será de Francia por todo lugar.

Traducción:

Por una parte se aprestan a firmar la paz, por la otra a hacer la guerra. Jamás se habían perseguido tanto ambas. Luego se compadecerá a los hombres, las mujeres; la sangre inocente correrá por tierra, y particularmente en Francia por todos lados.

CONVERSACIONES DE PAZ: U.R.S.S. - U.S.A.

VIII, 2 *bis*

Plusieurs viendront et parleront de paix,
Entre Monarques et Seigneurs bien puissants;
Mais ne sera accordé de si près,
Que ne se rendent plus qu'autres obéissants.

Varios vendrán y hablarán de paz,
Entre Monarcas y Señores muy poderosos;
Pero no será acordada tan pronto,
Pues no se hacen más que otros obedientes.

Traducción:

Se hablará de paz entre jefes de Estados muy poderosos (U.S.A. - U.R.S.S.); pero la paz no será acordada, pues los jefes de Estados no serán más prudentes que los demás.

LAS FALSAS PROCLAMACIONES DE PAZ
EL NO RESPETO DE LOS TRATADOS
LA GUERRA HASTA BARCELONA

VI, 64

On ne tiendra pache (1) aucun arresté,
Tous recevans iront par tromperie:
De paix et tresve, terre et mer protesté,
Par Barcelone classe prins d'industrie (2).

No se tendrá paz (1) ninguna decisión,
Todos recibiendo irán con engaño:
De paz y tregua, tierra y mar protestado,
En Barcelona ejército tomado de actividad (2).

Traducción:

No se tendrá cuenta alguna de las decisiones de los tratados de paz. Los hombres de estado se recibirán con engaño. Se harán por tierra y mar proclamas de paz. El ejército entrará en actividad hasta Barcelona.

LAS POTENCIAS MEDIANAS ENFRENTADAS
A LAS GRANDES

VIII, 4 *bis*

Beaucoup de gens voudront parlementer,
Aux grands Seigneurs qui leur feront la guerre:
On ne voudra en rien les écouter,
Hélas! si Dieu n'envoye paix en terre!

Mucha gente querrá parlamentar,
Con los grandes Señores que les harán la guerra:
No se querrá en nada escucharles.
¡Ay! ¡Si Dios no envía paz a la tierra!

Traducción:

Muchos pueblos (pequeños) querrán iniciar conversaciones (de paz) con las grandes potencias que les harán la guerra. Pero no serán escuchados, ¡ay! si Dios no envía paz a la tierra.

(1) Latín: *pax:* tratado de paz. D.L.L.B.
(2) Latín: *industria:* actividad. D.L.L.B.

351

I, 91

Les Dieux feront aux humains apparences,
Ce qu'ils seront autheurs de grand conflict,
Avant ciel veu serein, espée et lance,
Que vers main (1) gauche sera plus grand afflict.

Los dioses harán a los humanos apariencias,
Que serán autoras de gran conflicto.
Antes el cielo visto sereno, espadas y lanzas,
Que hacia la mano (1) izquierda será mayor aflicción.

Traducción:

Los mitos engañarán a los hombres porque serán causa de grandes guerras, antes de las cuales los hombres verán sereno el cielo, luego las armas terrestres (espada) y aéreas (lanza) serán todavía más aflictivas para las fuerzas de izquierdas.

DE LA SEGUNDA
A LA TERCERA GUERRA MUNDIAL
GRANDES BATALLAS NAVALES

II, 40

Un peu après non point long intervalle:
Par terre et mer sera faict grand tumulte:
Beaucoup plus grande sera pugne navalle (2),
Feux, animaux, qui plus feront d'insulte,

Un poco después de no muy largo intervalo:
Por tierra y mar se hará gran tumulto:
Mucho más grande será pugna naval (2),
Fuego, animales, los que más harán injuria

Traducción:

Tras un intervalo poco importante, estallará una gran guerra por tierra y por mar. Los combates navales serán los más importantes. La ferocidad (de los hombres) será peor que la propia guerra.

(1) Latín: *manus:* fuerza. D.L.L.B.
(2) Latín: *pugnum:* combate. D.L.L.B.

LA TERCERA GUERRA MUNDIAL SUCEDE
A LA SEGUNDA
UTILIZACION DE COHETES NUCLEARES

II, 46

Après grand troche (1) humain plus grand s'appreste,
Le grand moteur (2) les siècles renouvelle;
Pluye, sang laict, famine fer et peste,
Au ciel vu feu, courant longue étincelle (3).

Tras gran reunión (1) humana más grande se prepara,
El gran motor (2) los siglos renueva;
Lluvia, sangre, leche, hambre, hierro y peste,
En el cielo visto fuego, corriendo larga chispa (3).

Traducción:

Tras una gran reunión de hombres (soldados) se prepara una más grande aún; Dios renueva los siglos. La revolución y la efusión de sangre, tras
la buena vida, acarrearán el hambre, la guerra y la epidemia; se verá
entonces fuego en el cielo y correr un gran cohete.

EL CLIMA REVOLUCIONARIO
EN LAS PROVINCIAS FRANCESAS
LA GUERRA EN FRANCIA

XII, 56

Roy contre Roy et le Duc contre Prince,
Haine entre iceux, dissenssion horrible:
Rage et fureur sera toute province (4),
France grand guerre et changement terrible.

Rey contra Rey y el Duque contra Príncipe,
Odio entre ambos, horrible desacuerdo:
Rabia y furor será toda provincia (4),
Francia gran guerra y cambio terrible.

Traducción:

Un jefe de Estado se levantará contra otro jefe de Estado. Desacuerdo y
odio estarán entre ellos. La rabia y el furor se extenderán a todas las provincias, luego una gran guerra causará en Francia terribles cambios
(entre ellos el cambio de capital).

(1) Haz, ramo, reunión. D.A.F.L.
(2) Por analogía: persona que gobierna, que rige: Dios es el primer principio y el motor
universal de todas las criaturas (Bossuet) D.L.7.B.
(3) Pequeño fragmento de materia en combustión que se desprende de un cuerpo. D.L.
7.V. Alusión a los cohetes de cabezas múltiples (M.I.R.V.).
(4) Movimientos revolucionarios en Córcega, Bretaña y el País Vasco.

LA ESCASEZ DE ORO Y PLATA
LA CARESTIA DE LA VIDA

III, 5

Près loing defaut de deux grands luminaires (1),
Qui surviendra entre l'Avril et Mars:
O quel cherté! Mais deux grands débonnaires (2)
Par terre et mer secourront toutes pars.

Cerca lejos falta de dos grandes luminarias (1)
Que se producirá entre abril y marzo
¡Oh, qué carestía! Pero dos grandes benevolentes (2)
Por tierra y mar socorrerán en todas partes.

Traducción:

Poco tiempo después de la falta de los dos metales (oro y plata), que se producirá entre abril y marzo, ¡qué carestía de vida se conocerá! Pero dos jefes de Estado, de estirpe noble, aportarán socorro por mar y por tierra.

LA CRISIS ECONOMICA
FIN DEL SISTEMA MONETARIO

VIII, 28

Les simulachres (3) d'or et d'argent enflez,
Qu'après le rapt lac (4) au feu furent (5) jettez,
Au descouvert (6) estaincts (7) tous et troublez,
Au marbre (8) escripts, perscripts (9) interjettez.

Los simulacros (3) de oro y plata hinchados,
Que tras el rapto de la leche (4) al fuego furioso (5) arrojados,
Al descubierto (6) cansados (7) todos y turbados,
En el mármol (8) escritos, perscritos (9) arrojados.

Traducción:

Las representaciones del oro y de la plata, víctimas de la inflación tras la desaparición de la buena vida, serán arrojadas a un fuego furioso; agotados y perturbados por la deuda pública, los papeles y las monedas serán arrojados en el mortero (10).

(1) Latín: *lumen:* brillo de un metal. D.L.L.B.
(2) De buena estirpe, noble. D.A.F.L.
(3) Latín: *simulacrum:* Imagen, representación. D.L.L.B.
(4) Latín: *lac, lactis:* leche. D.L.L.B. Símbolo de buena vida.
(5) Latín: *furens, furenti:* furioso. D.L.L.B.
(6) Se llama «descubierto» al déficit de la balanza de pagos.
(7) *Estainc:* cansado, agotado, D.A.F.L.
(8) *Mortero:* Vasija de gruesas paredes, de *mármol* u otra substancia, en el que se machaca, pulveriza o aplasta con la ayuda de una mano.
(9) Latín: *perscribo:* pago en billetes. D.L.L.B.
(10) Es decir, serán arrojados a la papelera, no servirán de nada. (N. del T.).

DECADENCIA DEL PODER DEBIDA A LA INFLACION
CORRUPCION DE LAS COSTUMBRES
PARIS EN GRAN CONFUSION

VI, 23

Despit (1) de règne nunismes (2) descriés (3),
Et seront peuples esmeus contre leur Roy:
Paix, fait nouveau, sainctes loix empirées (4)
RAPIS (5) onc fut en si tresdur arroy (6).

Desprecio (1) de reino monedas (2) despreciadas (3)
Y los pueblos se moverán contra su Rey:
Paz, hecho nuevo, santas leyes estropeadas (4)
RAPIS (5) nunca estuvo en tan dura confusión (6).

Traducción:

El poder será despreciado a causa de la devaluación de la moneda y el pueblo se levantará contra el jefe del Estado. Se proclamará la paz; por un hecho nuevo, las sagradas leyes serán corrompidas. Jamás París se halló en tan dura confusión.

LA ABUNDANCIA DE LA PLATA
EL ENGAÑO DEL PODER

VIII, 14

Le grand crédit, d'or d'argent l'abondance
Aveuglera par libide (7) l'honneur:
Cogneu sera l'adultère l'offence,
Qui parviendra à son grand deshoneur.

El gran crédito de oro de plata la abundancia
Cegará por avidez (7) el honor:
Conocido será el adulterio la ofensa
Que llegará a su gran deshonor.

Traducción:

La importancia del crédito y la abundancia del oro y de la plata cegarán a los hombres ávidos de honor. La ofensa del engaño será conocida por aquel que llegará a su gran deshonor.

(1) Desprecio. D.A.F.L.
(2) Latín: *nomisma:* moneda (de oro o de plata) D.L.L.B.
(3) Depreciar. D.A.F.L.
(4) Estropear, corromper, deteriorar. D.A.F.L.
(5) Anagrama de París.
(6) Por aféresis: *désarroi:* confusión, desorden.
(7) Latín: *líbido:* deseo, corrupción. D.L.L.B.

VII, 35

La grande poche (1) viendra plaindre pleurer,
D'avoir esleu: trompez seront en (2) l'aage:
Guière avec eux ne voudra demeurer,
Deceu sera par ceux de son langage.

La gran bolsa (1) vendrá a levantarse llorar,
De haber elegido: engañados serán de vez en cuando (2)
Pocos con ellos querrán permanecer,
Decepcionado será por los de su lenguaje.

Traducción:

Se llorará la riqueza perdida y se lamentará haber elegido (a los hombres políticos responsables) que se equivocarán de vez en cuando. Muy poca gente querrá seguirles, porque estarán decepcionados de sus discursos.

EL FIN DE LA CIVILIZACION DE CONSUMO
LA INFLACION. LA VIOLENCIA
EXPLICACION DE LAS PROFECIAS DE NOSTRADAMUS

III, 26

Des Roys et Princes dresseront simulachres (3),
Augures, creux eslevez aruspices (4):
Corne (5) victime dorée, et d'azur (6), d'acres (7)
Interpretez (8) seront les exstipices (9).

Reyes y Príncipes erigirán simulacros (3)
Augures, vacíos levantados auspicios (4)
Cuerno (5) víctima dorada, y de azur (6), acres (7)
Interpretados (8) serán los arúspides (9)

Traducción:

Los jefes de Estado y de gobierno fabricarán imitaciones (de oro) —las planchas de los billetes—; veremos levantarse profetas que harán

(1) Tener la bolsa vacía: estar sin dinero. D.L.7.V.
(2) Latín: *in aetate:* de vez en cuando. D.L.L.B.
(3) Latín: *simulacrum:* imitación. D.L.L.B.
(4) Latín: *harupex:* adivino, profeta. D.L.L.B.
(5) La abundancia era una divinidad alegórica, que no tenía templo, aunque simboliza la riqueza, el bienestar, etc.; por su brillante salud y por el *cuerpo* lleno de flores y frutos que llevaba entre las manos. D.L.7.V.
(6) Sentido figurado: calma, paz, inocencia, por alusión al color azul que el cielo reviste sólo cuando está sereno. D.L.7.V.
(7) Latín: *acer:* agrio, duro, violento. D.L.L.B.
(8) Latín: *interpretor:* comentar, (un autor), traducir, explicar. D.L.L.B.
(9) Latín: *extipex:* adivino que observaba las entrañas de las víctimas. D.L.L.B.

vaticinios vacíos de sentido (los discursos de los políticos y de los economistas). El cuerno de la abundancia (la sociedad de consumo) será víctima de ello, y la violencia sucederá a la paz. Las profecías serán explicadas.

LAS PROCLAMACIONES DE PAZ Y LA GUERRA
LA EJECUCION DE 300.000 PRISIONEROS

I, 92

Sous un la paix partout sera clamée,
Mais non long temps pille et rebellion,
Par refus ville (1), terre et mer entamée,
Mort et captifs le tiers d'un million.

Bajo uno la paz será invocada en todas partes,
Pero no largo tiempo pillaje y rebelión,
Por negativa de la ciudad (1), tierra y mar afectadas,
Muerte y cautivos el tercio de un millón.

Traducción:

Bajo un (personaje) la paz será proclamada en todas partes, pero poco tiempo después se producirán pillajes y revolución. A causa de la resistencia de la ciudad, la tierra y el mar serán invadidos y trescientos mil prisioneros serán ejecutados.

LA REVOLUCION EN ITALIA

VIII, 16

Au lieu HIERON (2) fait sa nef fabriquer,
Si grand déluge sera et si subite,
Qu'on n'aura lieu ne terres s'ataquer,
L'onde monter Fesulan (3) Olympique.

En el lugar donde HIERON (2) hace fabricar su nave
Tan gran diluvio ocurrirá y tan súbito,
Que no habrá lugar ni tierra sin atacar.
La ola subir Fesulano (3) Olímpico.

Traducción:

En el lugar donde Dios levantó su Iglesia (Roma) habrá tan gran revolución y tan súbita, que no habrá lugares ni tierras que no sean asaltadas. La revolución llegará a Toscana (Florencia) después de los Juegos Olímpicos.

(1) Cuando Nostradamus utiliza la palabra *ville* (ciudad) sin otra precisión, se trata de París. Dice también «la gran ciudad».

(2) Griego: ιερός : santo, sagrado, divino. D.G.F. Alusión a la frase de Cristo: «Tú eres Pedro y sobre esta piedra edificaré mi Iglesia».

(3) Faesula: ciudad de Etruria (Toscana), Fiesole. D.L.L.B.

X, 65

O vaste Rome ta ruine s'approche
Non de tes murs de ton sang et substance:
L'aspre par lettres fera si horrible coche,
Fer pointu mis à tous jusqu'au manche.

¡Oh vasta Roma, tu ruina se aproxima!
No de tus muros de tu sangre y sustancia:
El áspero por letras hará tan horrible atentado
Hierro puntiagudo metido en todos hasta la empuñadura.

Traducción:

¡Oh, vasta Roma, tu ruina se aproxima!; no la de tus muros sino la de tu sangre y tu sustancia. La maldad hará tan horrible atentado por los escritos, que todos serán perseguidos.

LA DISCORDIA DE LOS FRANCESES
LUCHAS INTESTINAS EN MARSELLA

XII, 59

L'accord et pache sera du tout rompuë:
Les amitiés polluées par discorde,
L'haine envieille, toute foy (1) corrompuë,
Et l'espérance, Marseille sans concorde.

El acuerdo y paz será roto del todo:
Las amistades ensuciadas por la discordia,
El odio envejecido, toda fe (1) corrompida,
Y la esperanza, Marsella sin concordia.

Traducción:

El acuerdo de paz será completamente roto. Las alianzas serán desgarradas por la discordia. El viejo odio vendrá a corromper toda confianza y toda esperanza. No habrá concordia en Marsella.

(1) Latín: *fides:* confianza. D.L.L.B.

LA EUROPA DE LOS NUEVE Y CHINA

Presagio 41, julio

Predons (1) pillez chaleur, grand seicheresse,
Par trop non estre cas non veu, inoui:
A l'estranger la trop grande caresse,
Neuf pays Roy. L'Orient esblouy.

Bandidos (1) pillar calor, gran sequía,
Demasiado será caso no visto, inaudito:
En el extranjero la excesivamente grande caricia,
Nueve países Rey. El Oriente deslumbra.

Traducción:

Bandidos realizarán pillajes durante una gran sequía, que demasiado constituirá un acontecimiento nunca visto, se será en exceso tierno con los países extranjeros (del Este). Los jefes de gobierno de la «Europa de los Nueve» serán seducidos por Oriente (China).

---

(1) O *préo* (de *préder* o *préer*): bandolero, bandido. D.A.F.L.

LA TERCERA GUERRA MUNDIAL

INVASION DE ITALIA

— Huida de Roma de Juan Pablo II.
— Juan Pablo II se dirige a Francia —a orillas del Ródano.
— Bombardeo de las ciudades del Gers.
— El cometa.
— Revolución en el País Vasco y en Italia.
— Muerte del Papa.
— Saqueo del Vaticano.
— Guerra en Italia, en Grecia y en el mar Rojo.

*
* *

JUAN PABLO II HUYE DE LA INVASION RUSA
RESISTENCIA AL INVASOR

IX, 99

Vent (1) Aquilon (2) fera partir le siège,
Par mur jetter cendres, platras chaulx et poussière:
Par pluye apres qui leur fera bien piège,
Dernier secours encontre leur frontière.

Viento (1) Aquilón (2) hará partir la sede
Por muro arrojar cenizas, yesos, cales y polvo:
Por lluvia luego que les hará buena trampa
Ultimo socorro hacia sus fronteras.

Traducción:
El movimiento de las fuerzas rusas hará que el Papa se marche de Roma. Arrojará por tierra, reduciéndolos a cenizas, los muros de yeso,

(1) Sentido figurado: impulso, causa que acarrea y que produce un efecto general. D.L. 7.V.
(2) Viento del norte, violento e impetuoso. El Norte. D.L.7.V. Símbolo de Rusia: el Imperio del Norte, del mar Báltico a Vladivostok

363

de cal y de polvo: Pero la revolución subsiguiente será para ellos una trampa, dirigiéndose un último socorro hacia sus fronteras.

JUAN PABLO II A ORILLAS DEL RODANO
LA ALIANZA DEL GALLO Y DE LOS U.S.A.

VIII, 46

Pol (1) mensolée (2) mourra à trois lieues du Rosne,
Fuis les deux prochains tarasc détroits:
Car Mars fera le plus horrible trosne,
De Coq et d'Aigle (3) de France frères trois.

Pol (1) mensoleo (2) morirá a tres leguas del Ródano,
Huido por los dos próximos estrechos tarascos:
Pues Marte hará lo más horrendo trono,
El Gallo y el Aguila (3) de Francia hermanos tres.

Traducción:

(Juan)-Pablo II, el trabajo del sol, morirá cerca del Ródano, tras haber huido cerca de los desfiladeros de Tarascón (y Beaucaire); la guerra hará cosas horribles en el trono (de San Pedro); luego habrá en Francia tres aliados del Rey de Francia y de los Estados Unidos.

BOMBARDEOS DE CIUDADES DEL SUDOESTE

VIII, 2

Condom et Aux et autour de Mirande,
Je vois du ciel feu qui les environne:
Sol (4), Mars conjoint au Lyon, puis Marmande,
Foudre grand gresle, mur tombe dans Garonne.

Condom y Aux y alrededor de Mirande,
Veo del cielo fuego que las rodea:
Sol (4), Marte junto a Lyon, luego Marmande
Rayo, gran granizo, muro cae en Garona.

Traducción:

Veo las ciudades de Condom, Auch y Mirande y sus alrededores ro-

---

(1) Nostradamus, como otras veces, da un doble significado a la palabra Pol: El nombre Pablo [es decir, Paul (pronunciado «pol») en francés] de Juan Pablo II y el comienzo de la palabra Polonia para indicar su origen.

(2) La palabra está escrita dos veces con una *a* en IX, 85 y X, 29. Palabra fabricada por Nostradamus con dos vocablos latinos: *manus:* obra del hombre, trabajo, industria; y *sol:* el sol; que corresponde a la divisa de Juan Pablo II en la profecía de Malaquías: *de labore Solis,* del trabajo del sol.

(3) El águila americana: Véase V, 99: «Falange aquilea».

(4) Alusión a la divisa de Malaquías «de labore Solis».

364

deados del fuego venido del cielo, el Papa alcanzado en Lyon por la guerra; luego bombardeos en Marmamde y edificios cayendo en el Garona.

BOMBARDEOS DEL GERS
TERREMOTO

I, 46

Tout aupres d'Aux, de Lestore et Mirande,
Grand feu du ciel en trois nuits tombera:
Cause adviendra bien stupende (1) et mirande (2),
Bien peu après la terre tremblera.

Muy cerca de Aux, de Lestore y Mirande,
Gran fuego del cielo en tres noches caerá:
Causa sucederá muy estupenda (1) y sorprendente (2)
Poco después la tierra temblará.

Traducción:

Muy cerca de Auch, de Lectoure y de Mirande se efectuarán grandes bombardeos incendiarios durante tres noches. La causa será sorprendente y maravillosa y poco tiempo después habrá un terremoto.

JUAN PABLO II CERCA DE TARASCON
LIBERACION DESDE SALON HASTA MONACO

IV, 27

Salon, Mansol (3), Tarascon (4) de SEX (5), l'arc (6)
Où est debout encore la piramide (7)
Viendront livrer (8) le Prince Dannemarc,
Rachat (9) honny au temple d'Artémide (10).

Salón, Mansol (3), Tarascón (4) de SEX (5), el arco (6)
Donde permanece en pie todavía la pirámide (7)
Vendrán liberar (8) el Príncipe Dinamarca.
Rescate (9) infamado en el templo de Artemisa (10).

(1) Latín: *stupendus:* sorprendente, maravilloso. D.L.L.B.
(2) Latín: *mirandus:* digno de asombro, admirable, maravilloso. D.L.L.B.
(3) Véase VIII, 46.
(4) Véase VIII, 46.
(5) Véase V, 57.
(6) *Arx Monoeci:* Mónaco. D.L.L.B.
(7) Por extensión, colina o montaña de forma piramidal. D.L.
(8) Ejemplo de aféresis.
(9) *Rachatere:* redentor. D.A.F.L.
(10) Diana, en griego Artemisa; su templo más célebre era indiscutiblemente el de Efeso. M.G.R. Efeso estaba situado en Asia Menor, hoy Turquía. A.V.L.

Traducción:

Cerca de Salón, «el trabajo del Sol» (Juan Pablo II) en Tarascón, desde Aix-en-Provence hasta Mónaco, donde está todavía en pie la roca, (los franceses) vendrán a liberar al príncipe de Dinamarca. El salvador será infamado en Turquía.

LA INVASION DE GIRONDE, EN EL SUROESTE
EL CONFLICTO LLEGA A MARSELLA
EL VATICANO OCUPADO

IX, 85

Passer Guienne, Languedoc et le Rosne,
D'Agen tenans de Marmande et la Roole (1):
D'ouvrir par foy (2) parroy (3) Phocen tiendra son trosne.
Conflit aupres sainct pol de Manseole (4).

Pasar Guyenne, Languedoc y el Ródano
De Agen tenientes de Marmande y la Réole (1)
De abrir por horror (2) grava (3) Focea tendrá su trono.
Conflicto cerca San pol de Manseole (4)

Traducción:

(La invasión) pasará por Guyenne, y el Languedoc hasta el Ródano. De Agen los ocupantes llegados de Marmande y la Réole vendrán a abrir por medio del horror las riberas de Marsella, pues ocuparán el trono (de San Pedro) y el conflicto llegará cerca del lugar donde estará refugiado (Juan)-Pablo II, «el trabajo del sol».

(1) Ciudad a orillas del Garona, a 67 km al S.E. de Burdeos y a 18 km de Langon. A.V.L. Véase I, 90 y XII, 65.
(2) En vez de *foui*, término que marca el horror que se siente ante una cosa sucia y repulsiva, del celta *fouy*. D.P.
(3) O *perei*: grava, playa de arena gruesa. D.A.F.L.
(4) Véase VIII, 46.

LOS PARTIDARIOS DE JUAN PABLO II DETENIDOS Y ENCARCELADOS EN BIGORRE

X, 29

De Pol MANSOL (1) dans caverne caprine (2),
Caché et pris extrait hors par la barbe (3):
Captif mené comme beste mastine (4),
Par Begourdans (5) amenée près de Tarbe.

De Pol MANSOL (1) en caverna caprina (2),
Oculto y tomado sacado fuera por la barba (3):
Cautivo llevado como bestia mastín (4)
Por begurdanos (5) traido cerca de Tarbes.

Traducción:

(El entorno) de (Juan)-Pablo II, el trabajo del sol, refugiado en la isla de Capri, será hecho prisionero y llevado por los revolucionarios. Serán encarcelados, como animales domésticos, cruzando Bigorre, cerca de Tarbes (¿Lourdes?).

EL PAPA EN LYON
SU PASO POR CAPRI Y POR MONACO
SU MUERTE

II, 35

Dans deux logis de nuict le feu prendra
Plusieurs dedans estouffez et rostis:
Près de deux fleuves pour seul il adviendra,
Sol (6), l'Arq (7) et Caper (8), tous seront amortis (9).

En dos habitáculos de noche prenderá el fuego
Varios dentro ahogados y asados:
Cerca de dos ríos por solo quedará
Sol (6), el Arco (7) y Caper (8), todos serán muertos (9)

(1) Véase VIII, 46.

(2) Capri: isla del goldo de Nápoles, notable por lo escarpado de sus costas, a donde los turistas van para admirar la *gruta* de Azur, gruta que debe su nombre a un curioso efecto de descomposición de la luz solar. D.L.7.V.

(3) Abreviación de Aenobarbo que representa, para Nostradamus, las fuerzas revolucionarias de destrucción... Domitius Aenobarbus fue el padre de Nerón; mancillado por todos los crímenes, era consciente de su infamia, pues se le atribuyen estas palabras: «De Agripina y de mí sólo puede nacer un monstruo». D.L.7.V. Se comprende entonces que Nostradamus haya designado a Hitler con el nombre de Nerón. —Pese al éxito electoral de Brüning, estaba amenazado. El ejército excitaba a Hindenburg contra él diciendo que Brüning le había hecho elegir por los «rojos». H.D.A. Y fue Hindemburg quien ofreció la cancillería a Hitler.

(4) Raza de perro doméstico. D.L.7.V.

(5) Habitantes de Bigorre. Ciudad principal, Tarbes. D.L.7.V.

(6) Alusión a la divisa de Juan Pablo II: «De labore Solis».

(7) *Monoeci Arx:* Mónaco. D.L.L.B.

(8) Capri.

(9) *Amortir:* hacer que algo parezca muerto. D.A.F.L.

El fuego prenderá de noche en dos edificios (¿ministerios?) donde varios serán quemados y ahogados. El Papa llegará solo cerca de dos ríos (Lyon); tras su paso por Capri y Mónaco, todos serán inmolados.

EL PAPA SALE DE ROMA E ITALIA
FIN DE SU REINO

V, 57

Istra du mont Gaulsier (1) et Aventin (2),
Qui par le trou advertira (3) l'armée,
Entre deux rocs (4) sera prins le butin,
De SEXT (5) mansol (6) faillir la renommée.

Saldrá del monte Gaulsier (1) y Aventino (2),
Que por el agujero dirigirá (3) el ejército,
Entre dos rocas (4) será tomado el botín,
De SEXT (5) mansol (6) decaer la fama.

Traducción:

Saldrá de Roma y pasará por las montañas del norte de Italia, por causa de quien dirigirá su ejército hacia un túnel (Suiza). Entre dos rocas (Beaucaire y Tarascón) serán tomados bienes. A partir de Aix-en-Provence decaerá la fama del «trabajo del Sol» (Juan Pablo II).

(1) La Galia Cisalpina, Italia del Norte D.J.B.
(2) Una de las siete columnas de Roma D.L.7.V.
(3) Latín: *adverto:* girar, dirigir un objeto hacia. D.L.L.B.
(4) Véase «los dos estrechos tarascos», VIII, 46.
(5) *Aquae Sextiae*: Aix-en-Provence. D.L.L.B.
(6) Véase VIII, 46.

COMBATES EN EL JURA Y LOS ALPES
MUERTE DE JUAN PABLO II EN LYON

VIII, 34

Apres victoire du Lyon (1) au Lyon,
Sus la montagne de JURA secatombe (2).
Delues (3) et brodes (4) septiesme million.
Lyon, Ulme (5) a Mausol (6) mort et tombe.

Tras victoria del león en Lyon, (1)
Sobre el monte de JURA hecatombe (2).
Destruidos (3) y brodiontinos (4) séptimo millón.
Lyon, Ulme (5) a Monsol (6) muerte y tumba.

Traducción:

Tras la victoria del jefe violento en Lyon, habrá una hecatombe en los montes del Jura, un séptimo de millón de soldados será aniquilado en los Alpes. «El trabajo del Sol» (Juan Pablo II) hallará la muerte y su sepultura en Lyon.

MUERTE DEL PAPA EN LYON
LA IZQUIERDA AL PODER EN FRANCIA

II, 97

Romain Pontife garde de t'approcher
De la cité que deux fleuves arrose (7):
Ton sang viendra auprès de là cracher,
Toy et les tiens quand fleurira la Rose (8).

Romano Pontífice guárdate de acercarte
A la ciudad que dos ríos riegan (7):
Tu sangre vendrá a escupir cerca de allí.
Tú y los tuyos cuando florecerá la Rosa (8)

Traducción:

Papa romano no te acerques a la ciudad que riegan dos ríos (Lyon). Tu sangre y la de los tuyos correrá cerca de este lugar, cuando la izquierda llegue al poder.

(1) Persona violenta y furiosa. D.L.7.V.
(2) Griego ἑχατόμβη: hecatombe. La s reemplaza el espíritu áspero en vez de la *h*.
(3) Latín: *deleo, delui*: aniquilar, destruir. D.L.L.B.
(4) Latín: *Brodiontii*, brodiontinos, pueblo de los Alpes. D.L.L.B.
(5) Anagrama de *mule* (zapatilla, babucha): pantufla blanca del Papa. D.L.7.V.
(6) Véase VIII, 46.
(7) Lyon, regada por el Ródano y el Saona.
(8) Emblema del partido socialista.

ASESINATO DE JUAN PABLO II POR LA NOCHE
JUAN PABLO II: UN PAPA EMPRENDEDOR,
PRUDENTE, BUENO Y DULCE.

X, 12

Esleu en Pape d'esleu sera mocqué,
Subit soudain esmeu (1) prompt (2) et timide (3):
Par trop bon doux a mourir provoqué,
Crainte estreinte la nuit de sa mort guide.

Elegido papa del elector será burlado,
Muy pronto súbitamente enmudecerá (1) activo (2) y tímido (3):
Por demasiado bueno y dulce a morir provocado,
Temor oprime la noche de su muerte guía

Traducción:

Aquél que habrá sido elegido Papa será objeto de la burla de quienes le eligieron. Este personaje emprendedor y prudente será de pronto reducido al silencio. Se provocará su muerte a causa de excesiva bondad y de su dulzura. Oprimido por el temor, de noche le conducirán a la muerte.

MUERTE DE JUAN PABLO II EN LYON
EL 13 DE DICIEMBRE
SU PASO POR MONTELIMAR

IX, 68

Du mont Aymar (4) sera noble (5) obscurcie,
Le mal viendra au joinct de Saone et Rosne:
Dans bois cachez soldats jour de Lucie (6),
Qui ne fut onc un si horrible throsne.

Del monte Aymar (4) será noble (5) oscurecido.
El mal vendrá en la unión de Saona y Ródano:
En bosque ocultos soldados el día de Lucía (6).
Que nunca fue tan horrible trono.

Traducción:

Desde Montelimar el Papa perderá su brillo. Su desgracia llegará

---

(1) *Esmuir:* quedarse mudo.
(2) Latín: *promptus:* hablando de las personas: activo, resuelto, emprendedor. D.L.L.B.
(3) Latín: *timidus:* prudente, circunspecto. D.L.L.B.
(4) En vez de Montelimar, por síncopa que permite a Nostradamus ganar un pie para su verso.
(5) Los papas, a causa de sus blasones, pueden ser considerados nobles. Pero Nostradamus alude aquí a la nobleza de corazón de Juan Pablo II.
(6) Santa Lucía se celebra el 13 de diciembre.

en la confluencia del Saona y del Ródano (Lyon) a causa de los soldados ocultos en los bosques el 13 de diciembre. Nada ocurrirá nunca más horrible al trono (de San Pedro).

LA IZQUIERDA AL PODER
TRASTORNOS REVOLUCIONARIOS

V, 96

Sur le milieu du grand monde (1) la rose (2),
Pour nouveaux faicts sang public espandu:
A dire vray, on aura bouche close (3):
Lors au besoing tard viendra l'attendu.

En medio de la buena sociedad (1) la rosa (2),
Por nuevos hechos sangre pública derramada:
A decir verdad, se tendrá la boca cerrada (3):
Entonces a la necesidad tarde llegará el esperado.

Traducción:

Cuando el socialismo llegue al poder en medio de los burgueses, la sangre del pueblo correrá a causa de nuevos actos. A decir verdad, la libertad de expresión desaparecerá. Entonces (el salvador) esperado llegará tarde a causa de la penuria.

HUIDA DEL PAPA A OCCIDENTE
PERSECUCIONES RELIGIOSAS

VII, 8

Flora (4), fuis, fuis le plus proche Romain,
Au Fesulan (5) sera conflict donné:
Sans espandu, les plus grands prins à main,
Temple ne sexe ne sera pardonné.

Flora (4), huye, huye el más próximo Romano.
En Fesolano (5) será dado conflicto:
Sangre derramada, los más grandes capturados,
Templo ni sexo serán perdonados.

(1) Conjunto de gente distinguida por su posición, su fortuna, su educación, sus costumbres de lujo y elegancia. Se dice también «gran mundo». D.L.7.V.
(2) Emblema del partido socialista.
(3) Cerrar la boca a alguien: hacerle callar autoritariamente. D.L.7.V.
(4) Flora, esposa de Céfiro, el viento de Occidente.
(5) Latín: *Faesulae:* hoy Fiesole, ciudad de Toscana. D.H.B. O anagrama de Felsina, antiguo nombre de Bolonia. D.H.B.

Traducción:

Tú, el más próximo Romano (el Papa), huye, huye a Occidente, el conflicto llegará a Fiesole: la sangre se derramará y los más grandes serán capturados. Ni las iglesias ni los sexos serán respetados.

LA HUIDA DE ROMA DEL PAPA POLACO

X, 3

En après cinq troupeau (1) ne mettra hors,
Un fuytif (2) pour Penelon (3) laschera (4):
Faux murmurer secours venir par lors,
Le chef, le siège lors abandonnera.

Despúes cinco rebaño (1) no arrojará fuera,
Un fugitivo (2) para Penelon (3) abandonará (4):
Falso murmullar socorro llegar entonces,
El jefe, la sede entonces abandonará.

Traducción:

Tras cinco (días o meses) (5) la Iglesia será expulsada; un personaje huirá abandonando al Polaco: se harán circular falsos rumores de auxilio, el jefe (de la Iglesia) abandonará entonces la (Santa)-Sede.

UN COMETA VISIBLE DURANTE SIETE DIAS
PETICION DE SOCORRO DEL JEFE DE ESTADO INGLES
EL PAPA ABANDONA ROMA

II, 41

La grande estoille par sept jours bruslera
Nuë fera deux soleils apparoir
Le gros mastin (6) toute nuict hurlera
Quand grand Pontife changera de terroir.

La gran estrella por siete días arderá
El cielo mostrará dos soles
El gran mastín (6) toda la noche aullará
Cuando gran Pontífice cambiará de tierra.

Traducción:

El cometa arderá durante siete días. El cielo mostrará dos soles; el jefe inglés aullará toda la noche cuando el Papa cambiará de territorio.

(1) Rebaño de Jesucristo: la Iglesia. D.L.7.V.
(2) *Fuitif:* fugitivo (forma culta); a menudo tiene un sentido peyorativo. D.A.F.L.
(3) «Los países que formaron Polonia se reunieron bajo el nombre de *Polènes,* Polacos». D.H.B. Penelon es el anagrama de Polene.
(4) Soltar, abandonar. D.A.F.L.
(5) Probablemente cinco meses después del comienzo de la tercera guerra mundial.
(6) Este símbolo ha sido ya atribuido a un jefe inglés por Nostradamus. Véase Churchill en V, 4.

CAPTURA DEL PAPA DURANTE UN VIAJE
EL ASESINATO DE SU PREFERIDO

V, 15

En navigant captif prins grand pontife;
Grand apres faillir les clercs tumultuez:
Second (1) esleu absent son bien debife (2),
Son favori (3) bastard a mort tué.

Navegando cautivo tomado gran pontífice;
Grande después de caer los clérigos tumultuosos:
Segundo (1) elegido ausente su bien perjudicado (2)
Su favorito (3) bastardo muerto.

Traducción:

El gran pontífice será hecho prisionero durante un desplazamiento.
El Papa morirá luego y los religiosos harán tumultos. Estando ausente
(del Vaticano) el que habrá sido elegido segundo, verá perjudicados sus
bienes y su favorito de origen humilde será inmolado.

QUERELLA ENTRE TRES JEFES DE ESTADO
DURANTE EL COMETA.
EL PAIS VASCO Y ROMA
PRESAS DE LA REVOLUCION.

II, 43

Durant l'estoille chevelue apparante,
Les trois grands princes seront faits ennemis
Frappez du ciel paix terre trémulent (4),
Pau, Timbre (5) undans (6), serpent sur le bort mis.

Durante la estrella cabelluda aparente,
Los tres grandes príncipes se habrán hecho enemigos
Golpeado por el cielo paz tierra tremolante (4)
Pau, Timbre (5) agitado (6), serpiente puesta en el borde.

Traducción:

Mientras se vea el cometa, los tres grandes jefes de Estado se habrán

(1) Juan Pablo II, después de Juan Pablo I.
(2) *Debiffer:* poner en mal estado. D.A.F.L. Véase V, 56.
(3) Tal vez el secretario de Estado.
(4) Latín: *tremo:* Tiemblo. Ha dado temblor D.L.B.
(5) El Vaticano está a orillas del Tíber.
(6) Latín: participio presente de *undo:* estoy agitado, burbujeo.

hecho enemigos; serán golpeados por el cielo y la tierra temblará. Los bajos Pirineos y el Tíber sentirán la agitación. Satán se instalará en sus orillas.

IRAK CONTRA OCCIDENTE
EL PAPA A ORILLAS DEL RODANO
ITALIA OCUPADA

VII, 22

Les Citoyens de Mésopotamie (1)
Irez encontre amis de Tarragone (2):
Jeux, ritz, banquets, toute gent endormie,
Vicaire (3) au Rosne, prins cité, ceux d'Ausone (4).

Los ciudadanos de Mesopotamia (1)
Irán al encuentro amigos de Tarragona (2):
Juegos, risas, banquetes, toda la gente dormida,
Vicario (3) en el Ródano, tomada ciudad, los de Ausonia (4)

Traducción:

Los iraquíes marcharán contra los aliados de España mientras la gente se divertirá, se reirá, celebrará. banquetes, estando dormido todo el pueblo; habiendo huido el Papa a orillas del Ródano y estando ocupada la ciudad del Vaticano, al igual que Italia.

EL SAQUEO DEL VATICANO
EL PAPA A ORILLAS DEL RODANO

VIII, 62

Lorsqu'on verra expiler (5) le sainct temple,
Plus grand du Rhosne et sacres prophanes:
Par eux naistra pestilence si ample,
Roy faict injuste (6) ne fera condamner.

Cuando se verá expoliar (5) el santo templo,
Más grande del Ródano y sagrado profanado:
Por ellos nacerá tan amplia pestilencia,
Rey hecho injusto (6) no hará condenar.

(1) Región comprendida entre el Tigris y el Eufrates. Hoy Irak. D.H.B.
(2) Ciudad de España (Cataluña). D.H.B.
(3) Vicario de San Pedro, de Jesucristo, título llevado por los papas. D.L.7.V.
(4) Ausonia: Antigua región de Italia, por extensión toda Italia. D.L.L.B.
(5) Latín: *expilo*: saqueo, robo, despojo. D.L.L.B.
(6) Latín: *injustus*: duro, malvado. D.L.L.B.

374

Traducción:

Cuando se vea saquear el Vaticano, el más grande (el Papa) a orillas del Ródano y las cosas sagradas serán profanadas por (los enemigos) que serán causa de una gran calamidad. El jefe del gobierno sólo condenará estos crueles actos.

MUERTE DE UN JEFE DE ESTADO ENEMIGO, ENVENENADO. LLUVIA DE AEROLITOS

II, 47

L'ennemy grand vieil dueil (1) meurt de poyson,
Les souverains par infinis subjuguez:
Pierres pleuvoir, cachez, soubs la toison,
Par mort articles en vain sont alleguez.

El enemigo grande viejo duelo (1) muere de veneno
Los soberanos por infinitos subyugados:
Piedras llover, ocultado bajo la pelambrera,
Por muerte artículos en vano son alegados.

Traducción:

Cuando el gran y viejo enemigo que trae la desgracia será envenenado, los soberanos serán sometidos por (tropas) innumerables. Los aerolitos ocultos en la cabellera del cometa lloverán sobre la tierra cuando se invoquen en vano los artículos (de los tratados de Ginebra) sobre los derechos de la guerra (la muerte).

LA CAIDA DE LOS INVASORES EL COMETA

II, 62

Mabus (2) puis tost alors mourra, viendra,
De gens et bestes une horrible défaite,
Puis tout à coup la vengeance on verra,
Cent (3), main, soif, faim, quand courra la comète.

Malhechor (2) luego pronto entonces morirá, vendrá
De gente y bestias un horrible destrozo,
Luego súbitamente la venganza se verá,
Palabreo (3), mano, sed, hambre, cuando correrá el cometa.

(1) *Duel*, convertido en *deuil*: dolor, aflicción, desgracia. D.A.F.L.
(2) En varias ediciones se encuentra: *malus*: malo, malvado, perjudicial. D.L.L.B.
(3) Latín: *cento*: discurso sin consecuencia, palabrería. D.L.L.B. Alusión a las Convenciones Internacionales de Ginebra.

El invasor maléfico morirá pronto, tras haber provocado una horrible hecatombe de hombres y de animales. Luego, de pronto, se asistirá a la venganza. A causa de los inútiles discursos, reinará la fuerza; se conocerá la sed y el hambre cuando el cometa recorra el cielo.

APARICION DE UN COMETA
CERCA DE LA OSA MENOR EN JUNIO.
GUERRA EN ITALIA Y GRECIA
Y EN EL MAR ROJO.
MUERTE DEL PAPA

VI, 6

Apparoistra vers le Septentrion (1)
Non loing de Cancer (2) l'estoille cheveluë:
Suse (3), Sienne (4), Boëce (5), Eretrion (6),
Moura de Rome grand, la nuit disparuë.

Aparecerá cerca del Septentrión (1)
No lejos de Cáncer (2) la estrella cabelluda:
Susa (3), Siena (4), Beocia (5), Eretrion (6),
Morirá de Roma grande, la noche desaparecida.

Traducción:

El cometa aparecerá cerca de la Osa Menor no lejos del 21 de junio. Susa y Toscana, Grecia y el mar Rojo temblarán. El Papa de Roma morirá la noche en que desaparezca el cometa.

(1) Latín: *septentrio, septentriones:* constelación de siete estrellas situada cerca del Polo Artico. Osa menor. D.L.L.B.
(2) El sol entra en el signo de Cáncer el 21 de junio. D.L.7.V.
(3) Situada en la confluencia de las dos grandes rutas del Mont-Cenis y del Mont-Genèvre, Susa es por aquel lado la llave de Italia. D.H.B.
(4) Plaza fuerte de Toscana. D.H.B.
(5) *Boeotia:* Beocia, región de Grecia. D.L.L.B.
(6) *Erythraeum mare:* el mar Rojo. D.L.L.B.

LA MUERTE DEL PAPA. EL COMETA
LA RUINA ECONOMICA
ITALIA TIERRA PROHIBIDA

II, 15

Un peu devant monarque trucidé,
Castor Pollux (1) en nef, astre crinite (2),
L'erain (3) public par terre et mer vuidé,
Pise, Ast, Ferrare, Turin (4), terre interdite.

Un poco antes monarca asesinado,
Càstor Pólux (1) en nave, astro cabelludo (2),
El bronce (3) público por tierra y mar vaciado,
Pisa, Asti, Ferrara, Turín (4), tierra prohibida.

Traducción:

Un poco antes de que el Papa sea muerto, la Iglesia habrá tenido dos hermanos (Juan Pablo I y Juan Pablo II), se verá entonces el cometa; los caudales públicos serán saqueados por tierra y por mar, Pisa, Asti, Ferrara y Turín serán tierras prohibidas.

(1) Dos hermanos, hijos de Júpiter.
(2) Latín: *crinita stella:* Astro cabelludo, cometa, D.L.L.B.
(3) Latín: *aes, aerum:* dinero, moneda. D.L.L.B.
(4) Toscana, Piamonte y Romaña. A.V.L.

CAIDA DE LA QUINTA REPUBLICA

— Querella entre el bloque soviético y los musulmanes.
— La huida del jefe del Estado.

*
* *

LA HUIDA DEL JEFE DEL ESTADO
LOS ENEMIGOS ABRUMADOS POR LA MUERTE

IV, 45

Par conflit Roy, regne abandonnera
Le plus grand chef faillira au besoing
Morts profligez, peu en reschappera
Tous destrangez, un en sera tesmoing.

Por conflicto Rey, reino abandonará
El más gran jefe sucumbirá por necesidad
Muertos afligidos, pocos escaparán
Todos inmolados, uno será testigo

Traducción:
A causa del conflicto el jefe del Estado abandonará el poder. El mayor jefe de Estado (Rusia) sucumbirá a la penuria y los suyos serán abrumados por la muerte a la que pocos escaparán. Todos serán masacrados; un personaje dará testimonio de ello.

EL TIRANO MUERTO EN TIERRA MUSULMANA
LA GUERRA DE REVANCHA CONTRA EL OCCIDENTE
LA CAIDA DE LA REPUBLICA

I, 94

Au port Selin (1) le tyran mis à mort,
La liberté non pourtant recouvrée:
Le nouveau Mars par vindicte et remort,
Dame (2) par force de frayeur honorée.

En puerto Selin (1) el tirano muerto,
La libertad sin embargo no recobrada:
El nuevo Marte por venganza y remordimiento,
Dama (2) por fuerza de terror honrada.

Traducción:

El tirano será asesinado en un puerto musulmán, pero no por ello se recobrará la libertad. Una nueva guerra se iniciará por espíritu de venganza y de revancha; la República será pagada, por la fuerza, con el terror.

LA CAIDA DE LA REPUBLICA
LAS TROPAS MUSULMANAS EN ITALIA
EL GOBIERNO DE OCUPACION EN ITALIA

VI, 42

A (3) Logmyon (4) sera laissé le regne,
Du Grand Selyn (5) qui plus fera de faict:
Par les Itales estendra son enseigne
Sera régi par prudent (6) contrefaict.

Por (3) Logmyon (4) será dejado el reino,
Del gran Selyn (5) que más hará de hecho:
Por las Italias extenderá su enseña.
Será regido por prudente (6) fingido.

Traducción:

El poder será abandonado por la República francesa a causa de las fuer-

---

(1) Griego: Σελήνη : la luna. D.G.F. Designa la media luna musulmana.
(2) Designa constantemente la República, simbolizada por Mariana, personaje femenino.
(3) Latín: *a* o *ab:* por. D.L.L.B. Frecuentemente utilizado por Nostradamus en este sentido; una de las más terribles trampas filológicas.
(4) Ogmius u ogmios; Dios de la elocuencia entre los galos. D.H.B. Designa en Nostradamus el sistema republicano francés.
(5) Griego: Σελήνη : la Luna. D.G.F. Designa la media luna de los musulmanes.
(6) Latín: *prudens:* previsor, inteligente. D.L.L.B.

zas musulmanas que llevarán a cabo muchas acciones y extenderá poder en Italia, que será gobernada por un personaje que fingirá se inteligente.

<h3 style="text-align:center">FIN DE LA V REPUBLICA
LA QUERELLA ENTRE LOS RUSOS
Y SUS ALIADOS MUSULMANES</h3>

I, 3

Quand la lictière du tourbillon (1) versée,
Et seront faces de leurs manteaux couverts (2)
Le république par gens nouveaux vexée (3)
Lors blancs et rouges jugeront à l'envers.

Cuando la litera del torbellino (1) volcada,
Y estarán los rostros con sus mantos cubiertos (2)
La República por gente nueva vejada (3)
Los blancos y rojos jugarán al contrario.

Traducción:

Cuando sea volcado el lecho de la revolución y (los revolucionarios) se resignen a su desgracia, la república será abandonada cuando los blancos (los musulmanes) y los rojos (las fuerzas del Este) estén en desacuerdo.

(1) Latín: *turbo:* revolución. D.L.L.B.
(2) Envolverse en su manto, resignarse, esperar estoicamente la desgracia que nos amenaza. D.L.7.V.
(3) Latín: *vexo:* trastorno, perjudico. D.L.L.B.

su

— El papel de Malta.
— El jefe de Estado libio.
— Israel.

*
* *

GUERRAS EN PALESTINA
CONFLICTOS ARABE-ISRAELIES

II, 95

Les lieux peuplez seront inhabitables,
Pour champs avoir grande division:
Regnes livrez à prudens incapables,
Entre les frères mort et dissention.

Los lugares poblados serán inhabitables,
En los campos haber gran división
Reinos entregados a prudentes incapaces.
Entre los hermanos muerte y disensión.

Traducción:

Lugares poblados serán hechos inhabitables (¿polución atómica?) en territorios muy divididos (Palestina). Los poderes serán entregados a gobiernos incapaces. La muerte y las disensiones reinarán entre los hermanos (árabes y judíos).

EL ORIGEN ORIENTAL
DEL TERCER CONFLICTO MUNDIAL

I, 9

De l'Orient viendra le coeur Punique (1)
Fascher Hadrie et les hoirs (2) Romulides,
Accompagné de la classe Libique,
Tremblez Mellites (3) et proches isles vuides.

De Oriente vendrá el corazón púnico (1)
Enojar Adria y los herederos (2) de Rómulo
Acompañado de la flota libia
Temblad Melitas (3) e islas próximas.

(1) Fe púnica: mala fe. D.L.
(2) Término legal: heredero. D.L.7.V.
(3) Latín: *Melita:* Malta. D.L.L.B.

Traducción:

De Oriente llegará el acto pérfido que golpeará el mar Adriático y a los herederos de Rómulo (los italianos), con la flota de Libia; temblad habitantes de Malta y su archipiélago.

EL CORONEL GHADAFI LEVANTA EL MUNDO ARABE CONTRA OCCIDENTE. EL GRAN REY: PERSONAJE CULTIVADO CONTRA LOS ARABES

III, 27

Prince libinique puissant en Occident,
François d'Arabe viendra tant enflammer:
Scavant aux lettres sera condescendent,
La langue Arabe en François traslater.

Príncipe libio poderoso en Occidente,
Francés de árabe vendrá tanto inflamar:
Sapiente en letras será condescendiente,
La lengua árabe al francés traducir.

Traducción:

Un jefe de Estado libio poderoso en Occidente inflamará muchos árabes contra los franceses, luego vendrá un personaje cultivado y complaciente que hará traducir al francés la lengua árabe.

LAS FUERZAS MUSULMANAS ANTI-CRISTIANAS EN IRAK Y SIRIA

III, 61

La grande bande et secte crucigère (1),
Se dressera en Mésopotamie (2):
Du proche fleuve compagnie lege,
Que telle loy tiendra pour ennemie.

La gran banda y secta crucifígera (1)
Se levantará en Mesopotamia (2):
Del próximo río compañía blindada
Que tal ley tendrá por enemigo.

(1) *Crucifígere,* latín: crucificar, poner en cruz. D.L.L.B. Ejemplo de síncopa.
(2) Corresponde a Irak y al norte de Siria. A.U.

Traducción:

La gran banda y secta anti-cristiana de los musulmanes se levantará en Irak y Siria, junto al Eufrates (1) con un ejército blindado (caballería) y considerará la ley (cristiana) como su enemiga.

PERSECUCIONES EN LOS PAISES MUSULMANES DE ASIA ESPECIALMENTE EN TURQUIA

III, 60

Par toute Asie grande proscription (2),
Mesme en Mysie, Lysie et Pamphylie (3):
Sang versera par absolution (4),
D'un jeune noir (5) remply de felonnie.

En todo Asia gran proscripción (2),
Incluso en Misia, Lisia y Panfilia (3),
Sangre derramará por liberación (4),
De un joven negro (5) lleno de felonía.

Traducción:

Habrá grandes confiscaciones (de los bienes de los cristianos) en toda Asia y particularmente en Turquía, donde la sangre será derramada con la excusa de la liberación por un joven jefe musulmán lleno de traición.

CONFERENCIA ENTRE ARABES Y JUDIOS ASESINATO DE SADAT

II, 34

L'ire insensée du combat furieux
Fera à table par frères le fer luyre,
Les départir mort blessé curieux,
Le fier duelle viendra en France nuyre.

La ira insensata del combate furioso
Hará en la mesa por hermanos brillar el hierro,
Separarles muerto herido furioso,
El fiero duelo vendrá a perjudicar en Francia.

(1) El Eufrates es común a ambos países.
(2) Latín: *proscriptio:* confiscaciones, poner fuera de la ley. D.L.L.B.
(3) Regiones de la Turquía asiática.
(4) Latín: *absolutio:* liberación. D.L.L.B.
(5) Nombre dado a la dinastía musulmana de los Abasidas, porque había adoptado el color negro para sus vestiduras y sus banderas. D.L.7.V.

La enloquecida cólera del combate furioso hará brillar el hierro entre hermanos sentados a la misma mesa; para separarles será preciso que uno de los dos sea herido de muerte de modo curioso; su fiero duelo vendrá a perjudicar en Francia.

ITALIA OCUPADA. ESPAÑA EN EL CONFLICTO
EL JEFE DE ESTADO LIBIO

V, 14

Saturne et Mars en Leo (1) Espagne captive,
Par chef libyque au conflict attrapé,
Proche de Malte, Heredde (2) prinse vive,
Et Romain sceptre sera par coq (3) frappé.

Saturno y Marte en Leo (1) España cautiva,
Por jefe libio en el conflicto atrapada,
Próximos a Malta, Herederos, (2) cogidos vivos,
Y Romano cetro será por gallo (3) golpeado.

Traducción:

En la época en que la guerra llegue a León, la España prisionera será comprometida en el conflicto por el jefe de Estado libio, habiendo sido tomada súbitamente Italia. Luego el poder (rojo) instalado en Roma será golpeado por el rey francés.

LA INVASION RUSO-MUSULMANA EN EL RHIN
Y EL DANUBIO. COMBATES EN MALTA
Y EN EL GOLFO DE GENOVA

IV, 68

En l'an bien proche esloingné de Vénus,
Les deux plus grands de l'Asie et d'Affrique:
Du Ryn et Hister (4) qu'on dira sont venus,
Cris, pleurs à Malte et costé Lygustique (5).

El año muy próximo alejado de Venus
Los dos más grandes de Asia y de Africa
Del Rhin y del Hister (4) que se dirá han venido
Gritos, llanto en Malta y costa Ligústica (5).

(1) Por León: una de las 15 grandes divisiones antiguas de España. D.H.B. Ejemplo de apócope.
(2) Latín: *heres, edis:* heredar. D.L.L.B. Los italianos. Véase I, 9: «*Les hoirs romulides* (los herederos de Rómulo)».
(3) Emblema de Francia, pero también de la rama menor de Orleans.
(4) Antiguo nombre del Danubio. D.H.B.
(5) Latín: *Ligusticus sinus:* el golfo de Génova. D.H.B.

El año en que estarán dispuestas a alejarse del engaño, las dos mayores potencias de Asia (U.R.S.S.) y Africa (los países árabes) llegarán hasta el Rhin y el Danubio. Habrá entonces gritos y llantos en Malta y en el golfo de Génova.

INVASION DE ITALIA
LA COSTA MEDITERRANEA
LOS TERREMOTOS

X, 60

Je pleure Nisse, Mannego, Pize, Gennes,
Savone, Sienne, Capue, Modene, Malte:
Le dessus sang et glaive par estrennes (1),
Feu, trembler terre, eau, malheureuse nolte (2).

Lloro Niza, Mónaco, Pisa, Génova,
Savona, Siena, Capua, Módena, Malta:
Encima sangre y espada por opresión (1)
Fuego, tierra temblar, agua, desgracia no querida (2)

Traducción:

Lloro por Niza, Mónaco, Pisa, Génova, Savona, Siena, Capua, Módena y Malta que serán cubiertas de sangre por la opresión de las armas. La guerra, los terremotos y la revolución causarán desgracias que no habrán sido queridas. .

RUPTURA DE LA PAZ EN EL ORIENTE MEDIO
FRANCIA Y PORTUGAL ALCANZADOS
POR EL CONFLICTO

II, 60

La foy Punique en Orient rompue,
Grand Iud (3), et Rosne Loire, et Tag changeront
Quand du mulet (4) la faim sera repue,
Classe espargie, sang et corps nageront.

La fe púnica en Oriente rota.
Gran Judío (3), y Ródano, Loira y Tajo cambiarán
Cuando el mulo (4) habrá saciado su hambre.
Flota hundida, sangre y cuerpos nadarán.

(1) Estrechamiento, compresión. D.A.F.L.
(2) Latín: *noltis;* arcaico por *non vultis;* no queremos. D.L.L.B.
(3) Latín: *Judaei;* los judíos. D.L.L.B.
(4) Alusión histórica: el rey de Macedonia decía que no existía fortaleza invulnerable si a ella podía subir un mulo cargado de oro. Se recuerda la frase de Filipo para expresar el poder irresistible del oro. D.L.7.V.

Traducción:

La mala fe musulmana provocará una ruptura en Oriente Medio. A causa de un gran personaje de Judea, el Ródano, el Loira y el Tajo sufrirán cambios cuando la fiebre del oro habrá caído. La flota será hundida, la sangre y los cuerpos de los marinos nadarán.

ESTRUENDO DE GUERRA EN ISRAEL
RESISTENCIA EN LOS PIRINEOS

VI, 88

Un regne grand demourra desolé,
Aupres de l'Hebro (1) se feront assemblées.
Monts Pyrénées le rendront consolé,
Lorsque dans May seront terres tremblées.

Un gran reino será asolado,
Cerca de Hebrón (1) se realizarán asambleas
Los montes Pirineos le consolarán.
Cuando en mayo las tierras temblarán.

Traducción:

Un gran país será asolado cuando tropas se concentrarán cerca de Hebrón (Israel); será consolado del lado de los Pirineos cuando en mayo haya terremoto.

DESDE ISRAEL, LA GUERRA SE EXTIENDE
A LA EUROPA DEL OESTE

III, 12

Par la tumeur (2) de Heb, Po, Tag Timbre et Rome,
Et par l'estang Leman et Aretin (3):
Les deux grands chefs et citez de Garonne,
Prins, morts, noyez. Partir humain butin.

Por el trastorno (2) de Heb, Po, Tajo, Timbre y Roma,
Y por el estanque Leman y Aretino (3):
Los dos grandes jefes y ciudades del Garona
Tomados, muertos, ahogados. Partir humano botín.

(1) Plaza fuerte de la antigua Palestina, en la tribu de Judá, al sur de Jerusalén. D.H.B.
(2) Latín: *tumor:* transtorno, agitación: D.L.L.B.
(3) Habitante de Arezzo (Italia), en Toscana. D.L.7.V.

Traducción:

Los trastornos de Hebrón (Israel) llegarán al Po, Tajo, Tíber, Roma. el lago Leman y Toscana. Los dos jefes de ciudades del Garona (Burdeos y Toulouse) serán hechos prisioneros, ejecutados y ahogados. Se hará partir botín humano.

CONFLICTO EN EL MAR ADRIATICO
EGIPTO EN LA GUERRA

II, 86

Naufrage à classe près d'onde Hadriatique,
La terre tremble, esmüe sus l'air en terre mis,
Egypte tremble augment Mahométique,
L'Héraut (1) soy rendre à crier est commis.

Naufragio de la flota cerca de la ola Adriática
La tierra tiembla, cuando lo del aire puesto en tierra,
Egipto tiembla aumento mahometano.
El Heraldo (1) gritar rendición es obligado.

Traducción:

Una flota naufragará cerca del mar Adriático, la tierra temblará cuando una flota aérea sea abatida. El aumento de las tropas musulmanas hará temblar a Egipto. Se pedirá al general en jefe que se rinda.

(1) Oficial público que se encargaba antaño de declarar la guerra y cuya persona era sagrada. D.L.7.V.

MONSEÑOR LEFEVRE
Y LOS TRADICIONALISTAS
(LOS TONSURADOS)

— Suspendido «a Divinis».
— El seminario de Albano.
— El seminario de Ecône.
— Los tradicionalistas y España.
— Muerte de Monseñor Lefèvre.
— El regreso a la Iglesia de algunos tradicionalistas.
— Los rayos del Vaticano contra los tradicionalistas.
— El cisma y el antipapa.
— El tratado de paz firmado cerca de Venecia.

*
* *

MONSEÑOR LEFEVRE SUSPENDIDO «A DIVINIS»
EL SEMINARIO TRADICIONALISTA DE ALBANO

Presagio 54, septiembre

Privés seront Razes (1) de leurs harnois (2),
Augmentera leur plus grande querelle,
Père Liber (3) deceu fulg. (4) Albonois,
Seront rongés sectes à la moelle.

Privados serán los Tonsurados (1) de sus arneses (2)
Aumentará su mayor querella,
Padre liberado (3) caído fulg. (4) albanés
Serán roídas sectas en la médula

Traducción:

Los Tonsurados serán privados de sus atributos, lo que aumentará más todavía su espíritu peleador. Quien se ha liberado del Papa caerá y la gente de Albano será alcanzada por los rayos (del Vaticano). Las sectas serán roídas hasta la médula.

(1) Tonsura: espacio circular que se *afeita* en la cabeza de los clérigos. D.L.7.V.
(2) Familiarmente: vestidos. D.L.7.V.
(3) Latín: *liber a patre:* liberado de la patria potestad. D.L.L.B. De donde: liberado de la autoridad del Papa.
(4) Latín: *fulgor:* Rayo. D.L.L.B.

EL MOVIMIENTO TRADICIONALISTA
EL COMETA Y LA GUERRA

Presagio 52

Longue crinite (1) le fer le Gourverneur
Faim, fièvre ardente, feu et de sang fumée:
A tous estats Joviaux (2) grand honneur (3),
Seditions par Razes allumée.

Larga cabellera (1) el hierro el Gobernador
Hambre, fiebre ardiente, fuego y de sangre humo:
A todos estados Joviales (2) gran honor (3).
Sediciones por Tonsurados encendidas

Traducción:

Cuando se verá el gran cometa, el jefe del gobierno será golpeado por la guerra; el hambre, la enfermedad, el humo del fuego de la guerra y la sangre se verán en todos los países del Occidente con todos sus adornos externos, cuando una sedición haya sido encendida por los Tonsurados (los tradicionalistas).

EL SEMINARIO DE ECONE
Y MONSEÑOR LEFEVRE

Presagio 50, abril

Du lieu esleu Razes n'estre contens,
Du lac Leman (4) conduite non prouvée:
Renouveller on fera le vieil temps,
Espeuïllera la trame (5) tant couvée (6).

Del lugar elegido Tonsurados no estar contentos,
Del lago Leman (4) conducta no aprobada:
Se hará renovar el viejo tiempo.
Despojará la trama (5) tan empollada (6)

Traducción:

Los Tonsurados no estarán contentos de la elección en el Vaticano. La conducta de la gente del lago Leman no será aprobada porque renovarán las costumbres del tiempo antiguo (7), la intriga tan secretamente llevada les hará despojar.

(1) Latín: *crinitus:* cabelludo. D.L.L.B. Véase II, 15, «*astre crinite* (astro cabelludo)».
(2) Del latín *jovialis*, relativo a Júpiter; el planeta Júpiter es mirado como una fuente de felicidad por los astrólogos. D.L.7.V. Nostradamus designa de este modo a los países occidentales y su bienestar.
(3) Latín: *honor:* ornamento, adorno, belleza exterior. D.L.L.B.
(4) El seminario de Ecône se halla en Riddes, Suiza, a orilla del Ródano, a unos treinta kilómetros del lago Leman.
(5) Complot, intriga. D.L.7.V.
(6) Desarrollar en secreto. D.L.7.V.
(7) Los tradicionalistas se niegan a admitir las reformas del Concilio Vaticano II, y sólo aceptan la misa de Pío V, papa de 1566 a 1572.

Presagio 99, julio

En péril monde et Rois féliciter,
Razes esmeu (1) par conseil (2) ce qu'estoit
L'Eglise Rois pour eux peuple irriter (3)
Un montrera apres ce qu'il n'estoit.

En peligro mundo y Reyes felicitar,
Tonsurados movidos (1) por consejo (2) lo que era
La Iglesia Reyes para ellos pueblo irritar (3)
Uno mostrará luego lo que no era.

Traducción:

El mundo estará en peligro pese a que los jefes de Estado se felicitarán (4). Los Tonsurados se rebelarán a causa de lo que en la reunión se haya decidido. Los cardenales excitarán al pueblo contra ellos. Y uno de ellos mostrará luego su verdadero rostro.

LOS EXCESIVOS ERRORES DE MONSEÑOR LEFEVRE SUS PARTIDARIOS PRIVADOS DE TODO PODER

Presagio 88, septiembre

De bien en mal le temps se changera
Le pache (5) d'Aust (6) des plus Grands esperance:
Des Grands deul (7) L V I S (8) trop plus trebuchera,
Cognus Razez pouvoir ni cognoissance.

De bien en mal el tiempo cambiará
La paz (5) de Aust (6) de los más Grandes esperanza:
De los Grandes sufrimiento (7) L V I S (8) demasiado tropezará.
Tendrán Tonsurados ni poder ni conocimiento.

Traducción:

El tiempo de bienestar se cambiará en tiempo de desgracia, aunque la

(1) Latín: *movere:* levantarse, revelarse. D.L.L.B.
(2) Latín: *consilium:* asamblea deliberante. D.L.L.B.
(3) Latín: *irritare:* encolerizar, excitar, provocar. D.L.L.B.
(4) Alusión a los acuerdos de Camp David entre Beghin, Sadat y Carter.
(5) Latín: *pax:* La paz. D.L.L.B.
(6) *Auster:* palabra latina que servía para designar el viento del mediodía. D.L.7.V. Nostradamus designa aquí los acuerdos de Camp David firmados entre países del Mediodía, por oposición a la U.R.S.S., el imperio de Aquilón, es decir del Norte.
(7) Del verbo *doloir:* sufrir, lamentar, quejarse. D.A.F.L.
(8) Abreviación de Lefèvre; el mismo nombre que Faivre, Fabri, Fauri, etc. «Diccionario etimológico de los nommbres de familia». A. Dauzat.

paz del Sur haga nacer las mayores esperanzas. Los grandes (los cardenales) deplorarán los actos de Monseñor Lefèvre, que cometerá demasiados errores. Sus partidarios no tendrán ya ni poder ni conocimiento.

MUERTE DE MONSEÑOR LEFEVRE Y DEL PAPA

Presagio 57, diciembre

Les deuils laissez, supremes alliances,
Raze Grand mort refus fait en à l'entrée:
De retour estre bien fait en oubliance,
La mort du juste à banquet (1) perpétrée.

Los duelos abandonados, supremas alianzas,
Gran Tonsurado muerto negativa hecha a la entrada:
De retorno bien hecho en olvido,
La muerte del justo en banquete (1) perpetrada.

Traducción:

Abandonada la tristeza, habiéndose hecho grandes alianzas, el gran Tonsurado morirá, habiéndosele negado la entrada en el seno de la Iglesia. En contrapartida se terminará por olvidarlo; la muerte del justo (del Papa) será conmemorada por la comunión (misas).

FIN DE LA SECESION
DEL MOVIMIENTO TRADICIONALISTA. LES ARREBATAN
SUS ATRIBUTOS ECLESIASTICOS

Presagio 101

Tout innonder (2) à la Razée perte,
Vol de mur, mort de tous biens abondance:
Eschappera (3) par manteau (4) de couverte,
Des neufs et vieux sera tournée chance.

Todo inundar (2) a la tonsurada pérdida,
Robo de muros, muerte de todos los bienes abundancia:
Escapará (3) por manto (4) de cubrirse,
De nuevos y viejos será cambiada suerte.

Traducçión:

La revolución causará la pérdida del movimiento tradicionalista cuando

(1) El banquete sagrado: la comunión. D.L.7.V.
(2) Agua, ola son tomados como símbolos de movimientos revolucionarios.
(3) Desvanecerse, desaparecer. D.L.7.V.
(4) Manto de obispo *(Bischofsmantel):* esta vestidura, que se usaba en la Edad Media y que los alemanes llevaron aproximadamente hasta en 1530, era una esclavina de punto. D.L.7.V.

los bienes raíces serán robados y llegará el fin de la sociedad de consumo. El movimiento tradicionalista desaparecerá por la privación de las vestiduras sacerdotales; la suerte de los novicios y de los viejos cambiará.

EL EXODO PROVOCADO POR LA GUERRA
LOS RAYOS DEL VATICANO CONTRA
LOS TRADICIONALISTAS

Presagio 98

Au lieu mis la peste et fuite naistre,
Temps variant vent. La mort des trois Grands:
Du ciel grand foudres estat (1) des Razes paistre (2),
Vieil (3) près de mort bois peu dedans vergans (4).

*El lugar puesta la peste y fuga nacerá,
Tiempos variando viento. La muerte de los tres Grandes:
Del cielo grandes rayos se verán (1) de los Tonsurados pastor (2)
Viejo (3) cerca de muerte poco dentro declive (4).*

Traducción:

Se comenzará a huir de los lugares que aguardarán la guerra y la enfermedad. El viento de la historia cambiará el curso del tiempo y los tres grandes jefes de Estado morirán. El gran pastor mostrará los rayos del cielo a los Tonsurados. El sistema envejecido, cerca de la muerte, se hallará un poco más próximo de su declive.

CIERTOS TRADICIONALISTAS VUELVEN A LA IGLESIA

Presagio 75, septiembre

Remis seront en leur pleine puissance,
D'un point d'accord conjoints, non accordez:
Tous defiez plus aux Razes fiance,
Plusieurs d'entre eux à bande debordez.

*Repuestos serán en su pleno poder,
De un punto de acuerdo unidos, no acordados:
Todos desafiados más a los Tonsurados confianza.
Varios de entre ellos la banda desbordados.*

(1) *Extare:* mostrarse ser visible. D.L.L.V.
(2) Latín: *pastor:* pastor. D.L.L.B. Como *el gran profeta* (XI, 36), el gran pastor designa al Papa.
(3) Véase I, 7 «*Par le Rousseau sennez les entreprises* (por el Rousseau senectas las empresas)».
(4) Latín: *vergo:* Declinar estar en su declive. D.L.L.B.

Los tradicionalistas serán rehabilitados y se unirán a la Iglesia por medio de un acuerdo. Quienes no acepten este acuerdo serán desafiados. No se confiará ya en los Tradicionalistas, varios de los cuales serán desbordados por la Cofradía.

EL CISMA DE LA IGLESIA CATOLICA
EL PRINCIPE CARLOS DAÑADO EN LONDRES

VI, 22

Dedans la terre du grand temple Celique (1),
Neveu (2) à Londres par paix fainte (3) meurtry,
La barque alors deviendra schismatique
Liberté fainte sera au corn (4) et cry.

En la tierra del gran templo Célico (1),
Nieto (2) en Londres por paz fingida (3) dañado,
La barca entonces se hará cismática
Fingida libertad será a coro (4) y grito.

Traducción:

En el territorio del Vaticano, cuando el nieto sea dañado en Londres por una falsa paz, la barca (de Pedro) se hará cismática y una falsa libertad será proclamada a voz en grito.

EL CISMA DURANTE LA GUERRA

IV, 40

Les forteresses des assiégez serrez,
Par poudre à feu profondes en abysme
Les proditeurs (5) seront tous vifs serrez (6),
Onc aux Sacristes n'advint si piteux scisme.

Las fortalezas de los cerrados sitiados,
Por pólvora y fuego profundas en abismo.
Los traidores (5) serán vivos encerrados (6),
Nunca a los Sagrados sucedió tan lamentable cisma

(1) Celeste. D.A.F.L. Templo: poéticamente, la Iglesia católica. D.L.7.V.
(2) *Neveu*, en la actualidad «sobrino», pero antaño «nieto». D.A.F.L. El Príncipe Carlos de Inglaterra es el nieto del último rey de Inglaterra Jorge VI.
(3) *Faindre* o *feindre:* fingir. D.A.F.L.
(4) Coro D.A.F.L.
(5) Latín: *proditor:* traidor, pérfido. D.L.L.B.
(6) Lugar cerrado, pero también barra para cerrar, cerradura. D.A.F.L.

Traducción:

Los sitiados estarán encerrados en fortalezas que serán destruidas por las armas incendiarias, los traidores serán encerrados vivos. Jamás acaeció tan lamentable cisma en la Iglesia.

EL CISMA Y EL ANTI-PAPA
EL TRATADO DE PAZ FIRMADO CERCA DE VENECIA

VIII, 93

Sept mois sans plus obtiendra prélature (1)
Par son décez grand schisme fera naistre:
Sept mois tiendra un autre la préture,
Près de Venise paix, union renaistre.

Siete meses sin más obtendrá prelatura (1)
Por su deceso gran cisma hará nacer:
Siete meses tendrá otro la pretura,
Cerca de Venecia paz, renacida unión.

Traducción:

No obtendrá la prelatura (el trono de San Pedro) más que durante siete meses y al morir hará nacer un gran cisma. Otro, distinto al Papa, ocupará el trono de San Pedro durante siete meses, y luego se firmará la paz cerca de Venecia y la unidad de la Iglesia se habrá recobrado.

EL CISMA Y EL PAPA EXTRANJERO

V, 46

Par chapeaux rouges querelles et nouveaux scismes
Quand on aura esleu la Sabinois (2)
On produira contre lui grands sophismes
Et sera Rome lésée par Albannois.

Por sombreros rojos querellas y nuevos cismas
Cuando se haya elegido al sabino (2)
Contra él se producirán grandes sofismas.
Y Roma será perjudicada por los albaneses.

(1) Cuerpo de prelados romanos u oficiales de la casa del Papa. D.L.7.V.
(2) Los sabinos eran extranjeros para los romanos.

Traducción:

A causa de los Cardenales habrá grandes querellas y un nuevo cisma, cuando se haya elegido al extranjero. Se enunciarán contra él grandes sofismas y el Vaticano será perjudicado por la gente de Albano.

LOS TRADICIONALISTAS Y ESPAÑA *

VIII, 94

Devant le lac où plus cher fut jetté
De sept mois et son ost (1) tout déconfit,
Seront Hispans par Albannois gastez
Par délay perte en donnant le conflit.

Ante el lago donde más caro fue arrojado
De siete meses y hueste (1) decepcionado,
Serán hispanos por albaneses contaminados.
Por pérdida dando el conflicto

Traducción:

Junto al lago Leman donde fue arrojada (una herejía) más querida, (el calvinismo) al cabo de siete meses sus partidarios serán decepcionados. Españoles serán contaminados por la gente de Albano (los tradicionalistas) y el conflicto será causa de su pérdida.

EL FRACASO DE LAS TENTATIVAS DE MONSEÑOR LEFEVRE SU MUERTE EN UNA MODESTA MANSION

Presagio 68, febrero

Pour Razes Chef ne parviendra à bout,
Edicts changez, les serrez mis au large:
Mort Grand trouvé moins de foy. bas dedo (2)
Dissimulé, transi frappé à bauge (3).

Por Tonsurados Jefe no llega: al final,
Edictos cambiados, los encerrados puestos en libertad:
Muerto Grande hallado menos fe bajo dedo (2)
Disimulado, transido, golpeado en choza (3).

* Un ejemplo reciente (mayo, 1982) de la mencionada contaminación lefrevista es el intento de atentado al Papa en Portugal, cometido por un sacerdote español seguidor de la gente de Albano. (N. del E.)

(1) Muchedumbre, tropa. D.A.F.L.
(2) Por *debout:* (en pie). En otras ediciones consta la palabra *debout.*
(3) Habitación miserable. D.L.7.V.

Traducción:

El jefe de los Tonsurados no conseguirá su objetivo; habiendo sido cambiadas las reglas (por el concilio), los que estaban oprimidos (por el Papa) serán liberados. Encontrarán al jefe (de los tradicionalistas) muerto cuando, habiendo descendido la fe, se levantará de nuevo y éste estará oculto, transido, herido en una casa miserable.

LA 3ª GUERRA MUNDIAL - LA INVASION

Ejes de invasión

■ Ciudades destruidas o dañadas

○ Ciudades donde se librarán combates

LA INVASION. LAS OPERACIONES MILITARES

Las definiciones clave

— La U.R.S.S.: el oso, Esclavonia, Aquilón, Tramontana, Normandos, Boristenos, Rojos.
— El pacto de Varsovia: el grifo, el gavilán, los 7 países.
— Juan Pablo II: Memmel (el Niemen), Pol Mansol, el gran pontífice, el noble, Penelon (Polene), Vicario, el Carnero, Sol.
— El mundo musulmán: los bárbaros, púnico, Aníbal.
— Los países musulmanes citados: Argelia, Túnez, Marruecos, Libia, Persia (Irán), Mesopotamia (Irak), Carmania (Afganistán), Bizancio (Turquía).

La guerra

— La guerra entre los paralelos 45, 48 y el Trópico de Cáncer.
— Las llamadas de atención de Juan Pablo II en Saint-Denis.
— Los rusos en Afganistán, base de partida.
— La invasión de Gran Bretaña.
— Los rusos en Yugoslavia.
— La invasión de Italia.
— La invasión de Suiza.
— La invasión de Francia; ciudades concernidas: Burdeos, Langon, Nantes, Tours, Reims, París, Lyon, Marsella, Seyne-sur-Mer, Agde, Narbona, Beziers, Carcasona, Toulouse, Pau, Bayona.
— La invasión de la R.F.A. y Austria.
— La ocupación de París y Roma.
— El ataque de España y Portugal.
— La invasión de Grecia por las tropas iraníes.
— El Irak contra Occidente, su derrota.
— Destrucción de Tours.

— Estambul destruida por Francia.
— Combates en el mar Negro.
— Túnez, Argelia y Turquía sublevados por Irán.
— El papel de Portugal.
— El papel de Juan Pablo II.

*
* *

EL EJE DE LA GUERRA: EL PARALELO 45:
BURDEOS, GINEBRA, BAKU
LA DESTRUCCION DE GINEBRA

VI, 97

Cinq et quarante degrez ciel bruslera,
Feu approcher de la grand'cité neuve (1):
Instant grand flamme esparse (2) sautera,
Quand on voudra des Normans (3) faire preuve (4).

Cinco y cuarenta grados cielo arderá
Fuego acercar a la gran ciudad nueva (1)
En un instante gran llama esparcida (2) saltará
Cuando se querrá a los Normandos (3) poner a prueba (4)

Traducción:
El fuego de la guerra se propagará a lo largo del paralelo 45 y se aproximará a la gran ciudad nueva (Ginebra). En un instante la gran llama dividida saltará (por encima de los mares), cuando se querrá reemprender la guerra contra los rusos.

(1) Ginebra significa «tierra nueva». Está situada en el paralelo 46.
(2) Diseminado, disperso, separado, dividido D.L.7.V. Probablemente una alusión a los M.I.R.V., los cohetes de cabeza mútiple.
(3) Los hombres del norte. D.H.B. Los rusos, el imperio de Aquilón.
(4) Probar: hacer sufrir, someter a pruebas dolorosas. D.L.7.V.

LA GUERRA DEL PARALELO 48
AL TROPICO DE CANCER
LA POLUCION DE LAS AGUAS

V, 98

A quarante huict degré climaterique (1),
A fin de Cancer (2) si grande sècheresse,
Poisson en mer, fleuve, lac cuit hectique (3),
Bearn, Bigorre par feu ciel en détresse.

A cuarenta y ocho grados climatéricos (1),
A final de Cáncer (2) tan gran sequía,
Pez en mar, río, lago cocido héctico (3),
Bearn, Bigorre por fuego cielo en aflicción.

Traducción:

Desde el paralelo 48 hasta los confines del Trópico de Cáncer, habrá una gran aridez. Los peces morirán en el mar, en los ríos, en los lagos cocidos por un calor continuo. Bearn y Bigorre conocerán la angustia a causa de los bombardeos incendiarios.

LA DERROTA DEL OCCIDENTE
ADVERTENCIAS DEL PAPA
EL MENSAJE DE NOSTRADAMUS
DESPRECIADO POR LA IZQUIERDA Y POR ALEMANIA
EL RETORNO DE LA MONARQUIA

Sextilla 46

Le Pourvoyeur mettra tout en desroutte
Sangsuë (4) et loup, en mon dire n'escoutte
Quand Mars sera au signe du Mouton (5)
Joint à Saturne, et Saturne à la Lune,
Alors sera ta plus grande infortune,
Le Soleil lors en exaltation.

El abastecedor lo pondrá todo en fuga
Sanguijuela (4) y lobo, mi dicho no escuchan
Cuando Marte esté en el signo del Cordero (5)
Junto a Saturno, y Saturno a la Luna.
Entonces será tu gran infortunio,
Entonces el sol en exaltación.

(1) Griego: χλιματήρ : escalón, grado. D.G.F. El paralelo 48 delimita las fronteras entre China y la U.R.S.S. Es también el paralelo de París y de Kiev.

(2) El trópico de Cáncer atraviesa el Sahara ex español, Mauritania, Argelia, Libia, Egipto, Arabia Saudita y el golfo de Oman, en la entrada del golfo Pérsico.

(3) Continuo. Fiebre héctica, estado habitual de la fiebre con paulatino debilitamiento en ciertas enfermedades de lenta evolución.

(4) La revolución, la bebedora de sangre.

(5) El cordero ha sido dado por atributo a la Inocencia, a la Dulzura, a la Virginidad. El arte cristiano ha hecho del cordero la figura simbólica por excelencia del Hijo de Dios, inmolado por los pecados del mundo. Ha sido dado por atributo al *Buen Pastor.* D.L.7.V.

Traducción:

El abastecedor (ruso) pondrá en fuga al Occidente. Ni la gente salida de la revolución (hombres de izquierda) ni los alemanes, escucharán mi mensaje cuando los peligros de la guerra serán señalados por el Papa durante su pontificado, y bajo la república; entonces, ¡Francia!, conocerás tu mayor infortunio. Luego, regresará la monarquía.

LA DEFECCION DE DOS PAISES
DEL PACTO DE VARSOVIA
EL PAPA, PARIS Y PROVENZA ATACADOS
PESE A POLONIA

II, 88

Le circuit du grand fait ruyneux,
Au nom septiesme du cinquiesme sera:
D'un tiers (1) plus grand l'estrange belliqueux
Mouton (2), Lutèce, Aix ne garantira.

El circuito del gran hecho ruinoso.
El número séptimo a quinto estará:
De un tercio (1) mayor el extranjero belicoso.
Cordero (2), Lutecia, Aix no garantizará.

Traducción:

El desarrollo de la gran guerra que producirá la ruina hará que aquellos que se denominan los siete (países del pacto de Varsovia) no serán ya más que cinco. El país extranjero tomado en la guerra, el mayor y representando un tercio (del conjunto) no podrá garantizar la seguridad del Papa, de París y de Aix-en-Provence.

(1) Las superficies respectivas de los países del pacto de Varsovia son: R.D.A., 108.178 Km²; Checoslovaquia, 127.876 Km²; Rumania, 237.500 Km²; Bulgaria, 110.912 Km²; Hungría, 93.032 Km²; *Polonia*, 312.677 Km², por un total de 990.175. Polonia representa, pues, la tercera parte del conjunto de los satélites de la U.R.S.S.
(2) Véase sixtilla 46.

UTILIZACION DE ARMAS QUIMICAS
DESCUBRIMIENTO
DE NUEVOS YACIMIENTOS DE PETROLEO
LAS DECLARACIONES DE JUAN PABLO II
EN SAINT-DENIS
ATAQUE DE LA MARINA MUSULMANA

Presagio 125, julio

Par pestilence et feu fruits d'arbres périront,
Signe (1) d'huile (2) abonder. Père Denys non guères (3):
Des grands mourir. Mais peu d'étrangers failliront,
Insult (4), marin Barbare, et dangers de frontières.

Por pestilencia y fuego frutos de árboles perecerán
Signo (1) de aceite (2) abundar. Padre Denis no muchos (3):
Grandes morir. Pero pocos extranjeros perecerán,
Ataque (4), marina Bárbara, y peligros de frontera

Traducción:

Por el fuego y la pestilencia los frutos de los árboles serán destruidos cuando se descubrirán abundantes indicios de petróleo. El (Santo) Padre en (Saint)-Denis no será muy escuchado. Jefes de Estado morirán (5), pero pocos extranjeros hallarán la muerte. La marina musulmana pondrá en peligro las fronteras con su ataque.

(1) Latín: *signum:* indicio, traza. D.L.L.B.

(2) Se da el nombre de aceites minerales a diversos hidrocarburos líquidos, el aceite de esquisto, de nafta, de petróleo. D.L.T.V.

(3) «En Saint-Denis, el encuentro con el mundo obrero. Juan Pablo II concluiría su discurso con una requisitoria implacable contra lo nuclear: Nuestro mundo contemporáneo, señalaría en especial, ve cómo crece la terrible amenaza de la destrucción de los unos por los otros, principalmente por la acumulación de medios nucleares... También, en nombre de la fuerza moral que en ella se encierra, la gran sociedad de los trabajadores debe plantear la cuestión de saber por qué la fuerza moral y creadora se ha transformado en una fuerza destructora, el odio, en las nuevas formas de egoismo colectivo, que deja aparecer la amenaza de la posibilidad de una lucha de todos contra todos y de una monstruosa auto-destrucción.» Artículo de J.M. Durand-Souffland en *Le Monde* n.º 10.992, del martes 3 de julio de 1980.

(4) Latín: *insulto:* ataco, D.L.L.B.

(5) Tito, Breznev, el Ayatollah Jomeiny y otros.

LOS PREPARATIVOS
Y LAS ARTIMAÑAS DE LAS TROPAS MUSULMANAS
JUAN PABLO II EN SAINT-DENIS
DESPREOCUPACION DEL OCCIDENTE

Presagio 11, septiembre

Pleurer le ciel ail (1) cela fait faire,
La mer s'appreste. Annibal (2) fait ses ruses:
Denys (3) mouille (4) classe (5) tarde ne taire (6),
N'a sceu secret et à quoy tu t'amuses.

Llorar al cielo, ay (1), eso hace hacer,
El mar se apresta. Aníbal (2) usa sus artimañas:
Denis (3) moja (4) flota (5) tarda en no callar (6)
No ha sabido secreto y en qué te diviertes.

Traducción:

Ver llorar al cielo le hace prorrumpir en un grito de dolor. Las flotas de guerra se preparan. El jefe musulmán utiliza sus artimañas. (El Papa) moja en (Saint)-Denis (7). El ejército tardará en manifestarse porque no se habrá sabido lo que en secreto se preparaba y mientras se divertían.

(1) Es decir *ay:* grito de dolor que se repite ordinariamente D.L.7.V.
(2) Aníbal: general cartaginés, hijo de Amílcar, su padre había hecho jurar, desde su infancia, odio implacable a los romanos. D.H.B. Nostradamus, entre otras, utiliza las palabras cartaginés, púnico o Aníbal para designar al mundo musulmán. Véase III, 93.
(3) Nostradamus utiliza tres veces la palabra Denis, siempre en el sentido de Saint-Denis. Véase IX, 24.
(4) Alusión a los desplazamientos en helicóptero de Juan Pablo II; pero también a la intemperie.
(5) Latín: *classis;* Flota, armada. D.L.L.B.
(6) No manifestarse. D.L.7.V.
(7) «En Saint-Denis, el encuentro con el mundo obrero... Una muchedumbre disciplinada, numerosa, paciente. Son las 16 horas 30 minutos. Todavía casi dos horas de espera, con las piernas entumecidas y, además, de vez en cuando, sobre los rostros, las *mojadas* bofetadas de los fuertes chaparrones que hacen abrir, de una sola vez, algunos millares de paraguas...» En *Le Monde* n.º 10.992, del martes 3 de junio de 1980:

V, 23

Les deux contens (1) seront unis ensemble,
Quand la plupart à Mars seront conjoint:
Le grand d'Affrique en effrayeur et tremble,
Duumvirat (2) par la chasse (3) desioinct (4).

Los dos contendientes (1) se unirán uno a otro,
Cuando la mayoría estará junto a Marte:
El grande de Africa aterrorizado y tiembla,
Duumvirato (2) por la caza (3) desunido (4).

Traducción:

Los dos países que se peleaban se unirán cuando la mayoría de los países se verán arrastrados a la guerra. El gran país de Africa (Egipto) temblará y aquel duumvirato se deshará a causa de su derrota.

COHETES UTILIZADOS CONTRA OCCIDENTE Y EL JAPON
LA III GUERRA MUNDIAL
EL REINO DE LOS ROJOS

Sextilla 27

Celeste feu du costé d'Occident,
Et du midy, courir jusqu'au Levant (5),
Vers demy morts sans poinct trouver racine (6)
Troisième aage, à Mars le belliqueux,
Des Escarboucles on verra briller feux,
Aage Escarboucle (7), et à la fin famine.

Celeste fuego del lado de Occidente,
Y del mediodía, correr hasta el Levante (5),
Gusanos medio muertos sin encontrar raíz alguna (6)
Tercera edad, a Marte el belicoso,
Carbúnculos se verá brillar fuego,
Edad carbúnculo (7) y al final hambre.

(1) Latín: *contendere:* pelearse. D.L.L.B. ¿Irak e Irán?
(2) Latín: *duumviratus: duumvirs:* nombre de los dos magistrados que componen un tribunal. D.L.L.B.
(3) Se emplea, en lenguaje ordinario, para significar perseguir, cazar, correr hacia alguien. D.L.7.V.
(4) Latín: *disjunctus:* Desunido, peleado, separado. D.L.L.B.
(5) El Imperio del Sol Naciente (Levante): el Japón.
(6) Imagen para estigmatizar la penuria.
(7) El carbúnculo o granate noble es de un rojo de amapola o de un rojo sangre. D.L.7.V.

Traducción:

Fuego procedente del cielo (cohetes) alcanzará el Occidente y, luego, el Mediodía (el mundo musulmán) correrá hasta el Japón. Los gusanos morirán de hambre sin ni siquiera encontrar raíces para alimentarse. Será la Tercera Guerra Mundial que hará brillar los fuegos de la guerra de los Rojos que reinarán, y al final se conocerá el hambre.

PERSECUCIONES RELIGIOSAS EN POLONIA

V, 73

Persécutée de Dieu sera l'Eglise,
Et les saincts temples seront expoliez,
L'enfant, la mère mettra nud en chemise,
Seront Arabes aux Polons ralliéz.

Perseguida de Dios será la Iglesia
Y los santos templos serán expoliados,
El niño, la madre pondrá desnuda en camisa,
Estarán los Arabes a los Polacos aliados.

Traducción:

La Iglesia católica será perseguida en Polonia y las iglesias serán expropiadas. La madre (la Iglesia) será desnudada por sus propios hijos y los árabes estarán aliados a los polacos (Pacto de Varsovia).

LA CRISIS ECONOMICA
GUERRA CONTRA OCCIDENTE
Y CONTRA LA IGLESIA CATOLICA

II, 65

Le parc (1) enclin (2) grande calamité,
Par l'Hesperie (3) et Insubre (4) fera,
Le feu en nef, peste et captivité,
Mercure (5) en l'Arc (6) Saturne fenera (7).

El parque (1) declinando (2) gran calamidad
Por Hesperia (3) e Insubre (4) hará
El fuego en nave, peste y cautiverio,
Mercurio (5) en el Arco (6) Saturno fenecerá (7)

(1) Latín: *parcus:* económico. D.L.L.B.
(2) Latín: *inclino:* rebajar, declinar. D.L.L.B.
(3) Griego: Εσπερις : Occidente. D.G.F.
(4) El Milanesado. D.H.B.
(5) Hijo de Júpiter, mensajero de los dioses y, él mismo, dios de la elocuencia, del comercio y de los *ladrones.* D.L.7.V.
(6) Latín: *monoeci Arx:* Mónaco. D.L.L.B.
(7) Latín: *feneror:* arruinar. D.L.L.B.

Traducción:

Con la economía en baja, habrá una gran calamidad en Occidente, y en Italia la guerra, la calamidad y el cautiverio alcanzarán a la Iglesia. El tiempo del pillaje arruinará Mónaco.

INTEMPERANCIA EN INGLATERRA
EXTENSION DEL CONFLICTO A GRAN BRETAÑA

IV, 33

Jupiter (1) joinct plus Venus qu'à la Lune,
Apparoissant de plenitude blanche:
Venus cachée sous la blancheur Neptune,
De mars frappée par la gravée (2) branche (3).

Júpiter (1) unido más a Venus que a la Luna,
Apareciendo de blanca plenitud:
Venus oculta bajo la blancura Neptuno
De Marte golpeada por la pesada (2) rama (3).

Traducción:

El mundo estará más bajo la dominación de la venenosa palabra y de la lujuria que bajo la de los principios republicanos que aparecerán en una plenitud de candor. La intemperancia se ocultará bajo el candor en Inglaterra que será golpeada por la pesada extensión del conflicto.

TRABAJO DE ZAPA DE LA SOCIEDAD INGLESA
GRAN BRETAÑA SORPRENDIDA POR LA GUERRA

Presagio 12, Octubre

Venus, Neptune poursuivra l'entreprise,
Serrez (4) pensifs, troublez les opposans:
Classe en Adrie. citez (5) ver la Tamise,
Le quart bruit (6) blesse de nuict les reposans.

Venus, Neptuno proseguirá la empresa,
Aprisionados (4) pensativos, turbados los opositores:
Flota en Adria, movidos (5) hacia el Támesis.
El cuarto ruido (6) hiere de noche a los que reposan.

(1) Dios soberano del cielo y del mundo. Personificaba la luz, los fenómenos celestes. D.L.7.V.
(2) Latín: *gravis:* pesado. D.L.L.B.
(3) Sentido figurado: extensión. D.L.7.V.
(4) *Serre:* cárcel. D.A.F.L.
(5) Latín: *cito:* pongo en movimiento. D.L.L.B.
(6) Querella, disputa. D.L.7.V.

Traducción:

La palabra venenosa y la intemperancia proseguirán su empresa en Gran Bretaña. Los pensadores serán encarcelados y los opositores atormentados. Una flota en el mar Adriático se pondrá en movimiento hacia el Támesis. El estruendo (de la guerra) sacará de su sueño por la noche el cuarto de los habitantes.

EL ATAQUE DE INGLATERRA
TRAS LA INVASION DE ALEMANIA
LA GUERRA Y LA REVOLUCION

Sextilla 50

Un peu devant ou après l'Angleterre
Par mort de loup mise aussi bas que terre,
Verra le feu resister (1) contre l'eau,
Le ralumant avec telle force
Du sang humain, dessus l'humaine escorce (2)
Faute de pain, bondance de couteau (3).

Un poco antes o después Inglaterra
Por muerte de lobo puesta tan bajo como el suelo,
Verá el fuego resistir (1) contra el agua,
Encendiéndolo de nuevo con tal fuerza
Sangre humana sobre la humana corteza (2)
Falta de pan, abundancia de cuchillo (3).

Traducción:

Poco antes o poco después, Inglaterra será arruinada a causa de la caída de Alemania y verá como la guerra pone fin a la revolución; habiéndose encendido de nuevo la guerra con tal fuerza que la sangre humana se derramará sobre la tierra, que faltarán los alimentos y se tendrán armas en abundancia.

(1) Latín: *resisto:* detengo. D.L.L.B.
(2) La corteza terrestre.
(3) Poético: puñal. D.L.7.V.

LOS MOVIMIENTOS REVOLUCIONARIOS
EN GRAN BRETAÑA E ITALIA

III, 70

La Grande Bretagne comprise l'Angleterre,
Viendra par eaux (1) si haut inonder,
La ligne neusve d'Ausonne (2) fera guerre,
Que contre eux ils se viendront bander (3).

Gran Bretaña, comprendida Inglaterra,
Vendrá por aguas (1) tan alto inundar,
La línea nueva de Ausonia (2) hará guerra
Que contra ellos vendrán a tensarse (3).

Traducción:

Gran Bretaña, comprendida Inglaterra, se hallará muy sumergida por la revolución. La nueva liga italiana hará la guerra y los italianos se esforzarán para resistirle.

INVASION DE GRAN BRETAÑA
POR LOS RUSOS

II, 68

De l'Aquilon les efforts seront grands,
Sur l'Océan sera la porte ouverte:
Le regne en l'Isle sera réintégrand,
Tremblera Londres par voille descouverte.

Del Aquilón los esfuerzos serán grandes,
Al Océano estará la puerta abierta:
El reino en la Isla será reintegrado,
Temblará Londres por vela descubierta.

Traducción:

Los esfuerzos (de guerra) de Rusia serán grandes; tendrá acceso al océano Atlántico. El gobierno será reestablecido en Inglaterra y Londres, cubierta de barcos, temblará.

(1) Simboliza la revolución.
(2) Pueblo de Italia. La denominación Ausonia se extiende frecuentemente a toda Italia. D.H.B.
(3) Hacer esfuerzos por resistir. D.L.7.V.

III, 71

Ceux dans les Isles de long temps assiegez:
Prendront vigueur force contre ennemis,
Ceux par dehors morts de faim profligez
En plus grand faim que jamais seront mis.

Estos en las Islas mucho tiempo cercados:
Tomarán vigor fuerza contra enemigos.
Esos por fuera muertos de hambre afligidos
En mayor hambre que nunca serán puestos.

Traducción:

Los habitantes de las islas Británicas serán sitiados durante mucho tiempo; resistirán con fuerza a los enemigos. Estos morirán de hambre a causa de aquellos llegados del exterior y conocerán un hambre mayor que nunca.

ATAQUE A LAS ISLAS BRITANICAS
COMBATE ENTRE FRANCESES Y MUSULMANES

II, 78

Le grand Neptune du profond de la mer,
De gent Punique et sang Gaulois meslé:
Les Isles à sang pour le tardif ramer (1),
Plus luy nuira que l'occult mal celé.

El Gran Neptuno de lo profundo del mar,
De gente Púnica y sangre Gala mezclado:
Las Islas a sangre por el tardío esfuerzo (1),
Luego le perjudicará que el oculto mal guardado.

Traducción:

Inglaterra será atacada desde el fondo del mar (ataque submarino); la sangre francesa y musulmana se mezclará. Las islas Británicas se verán ensangrentadas por haberse esforzado demasiado tarde, lo que será todavía más perjudicial que haber ocultado la desgracia (al pueblo).

(1) Darse mucho trabajo, esforzarse. D.L.7.V.

LA INVASION DE AQUITANIA Y DE INGLATERRA
LA INVASION DE LAS TROPAS MUSULMANAS

II, 1

Vers Aquitaine par insuls Britanniques,
De par eux mesmes grandes incursions:
Pluyes, gelées feront terroirs iniques (1),
Port Selyn (2) fortes fera invasions.

Hacia Aquitania por islas Británicas
Por ellos mismos grandes incursiones:
Lluvias, heladas harán tierras desgraciadas (1),
Puerto Selyn (2) fuertes hará invasión.

Traducción:

Hacia Aquitania y por las islas Británicas, habrá grandes desembarcos de tropas. Los movimientos revolucionarios y un invierno riguroso harán desgraciadas aquellas tierras que habrán sufrido fuertes invasiones llegadas de un puerto musulmán.

EL SITIO DE LONDRES
CAPTURA DEL JEFE DE ESTADO INGLES

VIII, 37

La forteresse aupres de la Tamise,
Cherra (3) par lors, le Roy dedans serré,
Auprès du pont (4) sera veu en chemise,
Un devant mort, puis dans le fort barré (5).

La fortaleza cerca del Támesis
Caerá (3) entonces, el Rey estará encerrado dentro,
Cerca del mar (4) será visto en camisa
Uno delante muerto, luego en el fuerte cerrado (5)

Traducción:

Las fortificaciones cercanas al Támesis se derrumbarán entonces, estando sitiado en ellas el jefe del gobierno. Se verán sus despojos cerca del mar, habiendo muerto uno antes, luego será encerrado en el fuerte.

---

(1) Latín: *iniquus:* infeliz, desgraciado. D.L.L.B.
(2) Griego: Σελήνη : la Luna. D.G.F. Designa la Media Luna musulmana. El puerto del mundo musulmán de donde partirá la invasión no está indicado.
(3) Futuro de *cheoir:* caer. D.A.F.L.
(4) Griego: ποντός : mar. D.G.F.
(5) Cerrar por medio de una barra. D.L.7.V.

LA GUERRA EN EL VALLE DEL RODANO
LA OCUPACION DE INGLATERRA

V, 62

Sur les rochers sang on verra plouvoir.
Sol Orient, Saturne Occidental:
Pres d'Orgon (1) guerre, à Rome grand mal voir,
Nefs parfondrées et prins le Tridental (2).

Sobre las rocas se verá llover sangre.
Sol Oriente, Saturno Occidental:
Cerca de Orgon (1) guerra, en Roma muy mal ver,
Naves hundidas y tomado el Tridentario (2).

Traducción:

Se verá sangre llover sobre los macizos montañosos, cuando el rey,
llegue de Oriente, para restablecer el Occidente. La guerra alcanzará
Orgon, el Papa será avergonzado en Roma, habiendo sido hundidos barcos y ocupada Inglaterra.

LA INVASION DE LA R.F.A.
Y DE ITALIA POR LOS RUSOS
YUGOSLAVIA ENTREGADA A LAS MATANZAS

II, 32

Laict (3), sang grenouilles (4) escoudre (5) en Dalmatie (6),
Conflict donné, peste près de Balennes (7)
Cry sera grand par toute Esclavonie (8),
Lors naistra monstre (9) pres et dedans Ravenne.

Leche (3), sin ranas (4), corre (5) en Dalmacia (6),
Conflicto dado, peste junto a Ballenstedt (7)
Grito será grande en toda Esclavonia (8),
Entonces nacerá monstruo (9) cerca y dentro de Ravena.

(1) Capital del Cantón de las Bouches-du-Rhône, en la orilla izquierda del Durance.
D.H.B.

(2) En lenguaje figurado, el «tridente de Neptuno» designa el imperio de los mares.
D.L.7.V. Símbolo de Inglaterra.

(3) Tomado por Nostradamus como símbolo de la buena vida. Viejo símbolo bíblico.

(4) Las ranas representan a todos los pueblos de la historia, y también a los valerosos
que jamás están contentos con su situación. D.L.7.V.

(5) En vez de *escorre:* manar, correr, fluir. D.A.F.L.

(6) Región de Europa situada entre el Adriático, al oeste, y los montes de Liburnia, al
este. Formaba parte de la gran región ilírica. D.H.B.

(7) Afrancesamiento de Ballenstedt: ciudad del ducado de Anhalt, en el Gretel. D.H.B.
Esta ciudad se encuentra a algunos kilómetros de la frontera de la R.F.A. y de la R.D.A.,
en territorio de Alemania del Este.

(8) Esclavonia o Eslavonia: Bajo los romanos, formaba parte de Panonia (Hungría).
Debe su nombre a los SLAVI, pueblo sármata que se estableció allí en el siglo VII. D.H.B.
Designa a Rusia.

(9) Latín: *monstrum:* plaga. D.L.L.B.

414

Traducción:

Tras la leche del bienestar, la sangre del pueblo correrá en Yugoslavia cuando se encenderá el conflicto, así como una calamidad cerca de Ballenstedt. El grito (de guerra) será grande a través de toda Rusia. Entonces una plaga nacerá cerca y dentro de Ravena.

INVASION DE ITALIA Y YUGOSLAVIA ESCASEZ DE PETROLEO

II, 84

Entre Campagne (1), Sienne (2), Flora, Tustie (3),
Six mois neuf jours ne pleuvra une goute,
L'estrange langue en terre Dalmatie,
Courira sus, vastant la terre toute.

Entre Campania (1), Siena (2), Flora, Tuscia (3),
Seis meses nueve días no lloverá una gota,
La extranjera lengua en tierra Dalmacia,
Correrá por encima, devastando toda la tierra.

Traducción:

Entre las provincias de Campania, Siena y Umbría, en Occidente, habrá seis meses y nueve días de penuria total (¿petróleo?). Se oirá hablar una lengua extranjera en Dalmacia (¿ruso o árabe?) que correrá y devastará a toda la tierra.

GUERRA MUSULMANA EN EL MAR NEGRO Y EN YUGOSLAVIA EL AUXILIO DE PORTUGAL: ¿DESEMBARCO AMERICANO?

IX, 60

Conflict Barbar en la Cornere noire,
Sang espandu trembler la Dalmatie
Grand Ismael mettra son promontoire (4)
Ranes (5) trembler, secours Lusitanie (6).

Conflicto Bárbaro en la Esquina negra,
Sangre derramada temblar Dalmacia,
Gran Ismael pondrá su promontorio (4)
Ranas (5) temblar, auxilio lusitano (6).

(1) Campania: Provincia de Italia. Ciudad principal. Nápoles. Comprende las siguientes provincias: Caserta, Nápoles, Salerno, Avellino y Benevento. D.L.7.V.
(2) Provincia de Siena: provincia de Italia (Toscana). D.L.7.V.
(3) Tuscia comprendía Etruria y Umbría. D.H.B.
(4) Latín: *promontorium:* punto culminante. D.L.L.B.
(5) Latín: *rana:* D.L.L.B. Idéntico significado al de II-32.
(6) Antiguo nombre de Portugal.

Traducción:

El conflicto será provocado por los musulmanes en el mar Negro y la sangre que se derramará hará temblar Yugoslavia, donde el gran jefe musulmán llegará a su punto culminante. El pueblo temblará y luego el socorro vendrá de Portugal.

ATAQUE RUSO EN YUGOSLAVIA Y EN EL ADRIATICO EL JEFE DE ESTADO TURCO SOCORRO VENIDO DE ESPAÑA Y DE SU REY

IX, 30

Au port de PUOLA (1) et de Saint Nicolas (2),
Péril Normande (3) au goulfre Phanatique (4)
Cap. (5) de Bisance rues crier hélas.
Secours de Gaddes (6) et du grand Philippique (7).

En el puerto de Puola (1) y de San Nicolás (2)
Peligro Normando (3) en el golfo Flanático (4)
Cap. (5) de Bizancio calles gritar lamento
Auxilio de Gades (6) y del gran Filípico (7).

Traducción:

Llegado a Pola desde Rusia (¿el 6 de diciembre?), el peligro de los hombres del Norte (los rusos) llegará a la costa yugoslava. El jefe de Turquía pedirá gracia, luego el auxilio llegará de España con el descendiente de Felipe V.

(1) En vez de Pola, o Pula, por epéntesis; ciudad yugoslava del Adriático, al sur de Trieste. Hermoso *puerto* militar. D.H.B. y A.U.

(2) Patrón de Rusia; se celebra el 6 de diciembre.

(3) O North-mans, es decir, hombres del Norte. D.H.B.

(4) Golfo Flanático, concavidad del Adriático entre Istria e Ilidia, en Yugoslavia, hoy golfo de Kvarner. D.H.B. Nostradamus ha sacado la letra *l* por síncopa. Pola se halla a la entrada de este golfo.

(5) Latín: *caput:* Jefe. D.L.L.B.

(6) Antiguo nombre de Cádiz, ciudad española. D.H.B.

(7) Felipe V, iniciador de la casa de los Borbones de España. D.H.B. Nostradamus designa aquí al Rey de España.

TURQUIA ENTREGADA AL SAQUEO
A PARTIR DE YUGOSLAVIA

VII, 83

Le plus grand voile (1) hors du port de Zara (2)
Près de Bisance fera son entreprise:
D'ennemi perte et l'amy ne sera,
Le tiers à deux fera grand pille et prise.

La mayor vela (1) fuera del puerto de Zara (2)
Cerca de Bizancio hará su empresa:
Del enemigo pérdida y el amigo no estará
El tercio en dos hará gran saqueo y pillaje.

Traducción:

La mayor flota aérea saldrá del puerto de Zara para llevar a cabo una empresa de guerra en Turquía. Hará una gran hecatombe de enemigos y no estará aliada (a los turcos); realizará un gran saqueo y un gran botín en los dos tercios del país.

LA INVASION MUSULMANA

Presagio 60, abril

Le temps purge (3), pestilence, tempeste,
Barbare insult. Fureur, invasion:
Maux infinis par ce mois nous appreste,
Et les plus Grands, deux moins, d'irrision (4).

El tiempo basura (3), pestilencia, tempestad,
Bárbaro ataque. Furor, invasión:
Infinitos males para este mes nos prepara
Y los más Grandes, menos dos, en irrisión (4).

Traducción:

El tiempo será asqueroso, pestilente y violento a causa de un furioso ataque musulmán y de una invasión. Grandes calamidades se preparan para el mes de abril y se burlarán de los mayores personajes a excepción de dos de ellos.

(1) Utilizado por Nostradamus para designar a los aviones, los primeros de los cuales eran de tela.
(2) Puerto de Dalmacia, en Yugoslavia, en el mar Adriático. D.H.B.
(3) Latín: *purgamen:* basuras, inmundicias. D.L.L.B.
(4) Latín: *irrisio:* burla. D.L.L.B.

EL FIN DE LA BUENA VIDA
EL SAQUEO REALIZADO POR LOS MUSULMANES

X, 97

Triremes pleines tout aage captifs,
Temps bon à mal, le doux pour amertume:
Proye à Barbares trop tost seront bastifs (1),
Cupide de voir plaindre au vent la plume (2)

Trirremes llenos toda edad cautivos,
Tiempo bueno y malo, el bueno para amargura:
Presa de Bárbaros muy pronto serán procurados (1).
Avido de ver planear al viento la pluma (2).

Traducción:

Las naves se llevarán prisioneros de todas las edades. El tiempo bueno se convertirá en tiempo de desgracia; la amargura reemplazará a la benignidad: demasiado pronto los musulmanes se procurarán botín, deseosos de venir a ver (Francia) y los franceses lamentándose y flotando a capricho del viento.

COMBATE ENTRE LAS FUERZAS ALEMANAS Y ESPAÑOLAS
CONTRA LOS MUSULMANES

Presagio 29

Guerre, tonnerre, maints champs depopulez,
Frayeur et bruit, assault à la frontière:
Grand Grand failli, pardon aux Exilez,
Germains, Hispans par mer Barba. bannière.

Guerra, trueno, muchos campos despoblados.
Espanto y estruendo, asalto en la frontera:
Grande Grande caído, perdón a los exilados.
Germanos, hispanos, por mar Barba estandarte.

Traducción:

La guerra y los bombardeos despoblarán muchos territorios entre espanto y estruendo; las fronteras serán atacadas, habiendo sucumbido el gran jefe y los exilados habiendo sido perdonados. Los alemanes y los españoles atacarán por mar a las fuerzas musulmanas.

(1) Disponer, procurarse, D.A.F.L.
(2) Poner la pluma al viento: flotar, vagar a capricho del viento. D.L.7.V.

II, 4

Depuis Monach jusju'auprès de Sicile,
Toute la plage demourra désolée,
Il n'y aura fauxbourg, cité ne ville,
Que par Barbares pillée soit et volée.

Desde Mónaco hasta más allá de Sicilia
Toda lu playa estará desolada
No habrá barrio, ciudad ni pueblo
Que por Bárbaros no sea saqueada

Traducción:

Desde Mónaco hasta Sicilia, la costa será asolada. Ni una sola ciudad, ni un solo barrio escaparán al saqueo de las tropas musulmanas.

INVASION DE LA R.F.A.
Y DE LAS COSTAS MEDITERRANEAS
Y ATLANTICAS
RECONOCIMIENTO DE LA INEFECTIVIDAD
DE LAS CONVENCIONES DE GINEBRA

V, 85

Par les Sueves (1) et lieux circonvoisins,
Seront en guerre pour cause des nuées (2):
Camp marins locustes (3) et cousins (4),
Du Leman fautes seront bien desnuées (5).

Por los suevos (1) y lugares circunvecinos,
Estarán en guerra por causa de las nubes (2):
Campos marinos saltamontes (3) y cénzalos (4),
Del Leman faltas serán muy descubiertas (5)

Traducción:

Alemania Occidental y sus vecinos (Suiza, Holanda, Francia y Bélgica) estarán en guerra a causa de la innumerable multitud (de las tropas

(1) Nombre dado por los romanos a los pueblos de la Gran-Germania... El principal asentamiento de la liga sueva, que se formó en el siglo tercero, fue el sudoeste de Germania, desde el Rhin hasta el Mein, el Saale y el Danubio. D.H.B. Hoy territorio de Alemania Occidental.
(2) Innumerable multitud. D.L.7.V.
(3) Latín: *locusta:* langosta, saltamontes. D.L.L.B. Nostradamus designa así los aviones. Véase Apocalipsis IX.
(4) Género de insecto dípteros... Sus costumbres, en el primer estado, son acuáticas. D.L.7.V. Designa a los navíos de guerra.
(5) Desnudar, despojar. D.A.F.L.

rusas) los puertos de guerra se hallarán cubiertos de aviones y de barcos y las faltas del Lago Leman (los tratados y convenciones de Ginebra) serán perfectamente descubiertas.

BOMBARDEOS EN ITALIA

IV, 48

Planure (1), Ausonne (2) fertille, spacieuse,
Produira (3) taons si tant de sauterelle,
Clarté solaire deviendra nubileuse,
Ronger (4) le tout, grand peste venir d'elles.

Llanura (1), Ausonia (2), fértil, espaciosa,
Producirá (3) tábanos y tantos saltamontes,
Claridad solar se hará neblinosa,
Roer (4) todo, gran peste venir de ellos.

Traducción:

Tal cantidad de aviones avanzará sobre la fértil y amplia llanura del Po que oscurecerá el sol. Estos aviones traerán destrucciones y calamidades.

PILLAJE Y SAQUEO
DE LA COSTA MEDITERRANEA

III, 82

Erins (5), Antibor, villes autour de Nice
Seront vastées, fort par mer et par terre
Les sauterelles (6) terre et mer vent propice,
Prins, morts, troussez, pillez, sans loy de guerre.

Erins (5), Antibor, ciudades alrededor de Niza
Serán devastadas, mucho por mar y por tierra
Los saltamontes (6) tierra y mar viento propicio,
Tomados, muertos, atados, pillados, sin ley de guerra.

Traducción:

Las islas de Lérins, Antibes y las ciudades próximas a Niza serán devastadas por las fuerzas venidas por mar y por tierra, con carros de com-

(1) Latín: *planura:* llanura, llano. D.L.L.B.
(2) Latín: *Ausonia:* Antigua región de Italia; por extensión Italia entera. D.L.L.B.
(3) Latín: *produco:* hacer avanzar, empujar hacia adelante. D.L.L.B.
(4) Atacar y destruir sucesivamente. D.L.7.V.
(5) Las islas de Lérins (ejemplo de aféresis), islas francesas del Mediterráneo en la costa del Var, frente a la punta que termina, por el este, el golfo de La Napoule. D.H.B.
(6) Véase Apocalipsis IX, 3 y 7: «Del humo saldrán los saltamontes que se extenderán por la tierra... Estos saltamontes parecerán caballos preparados para el combate...» La caballería, es decir los carros.

bate traídos por mar y por tierra, siéndole favorable el viento (de la historia). Los habitantes serán hechos prisioneros masacrados, atados, pillados, sin respeto por las leyes de la guerra.

SAQUEOS MUSULMANES EN EL MEDITERRANEO
CORCEGA, CERDEÑA E ITALIA

VII, 6

Naples, Palerme, et toute la Cecile,
Par main barbare sera inhabitée,
Corsique, Salerne (1) et de Sardeigne l'Isle,
Faim, peste, guerre, fin des maux intemptee (2).

Nápoles, Palermo y toda Sicilia,
Por mano bárbara serán inhabitadas
Córcega, Salerno (1) y la isla de Cerdeña,
Hambre, peste, guerra, hacia el fin de los males dirigirse (2)

Traducción:

Nápoles, Palermo y toda Sicilia serán despobladas por las fuerzas musulmanas, así como Córcega, Cerdeña y Salerno, donde reinará el hambre, la enfermedad y la guerra, luego se dirigirán hacia el fin de los infortunios.

INVASION DE AGDE POR MAR
DESEMBARCO DE UN EJERCITO
DE UN MILLON DE HOMBRES
DERROTA NAVAL OCCIDENTAL EN EL MEDITERRANEO

VIII, 21

Au port de Agde trois fustes (3) entreront,
Portant l'infect (4) non foy et pestilence:
Passant le pont (5) mil milles (6) embleront (7),
Et le pont rompre à tierce résistance.

En el puerto de Agde tres fustas (3) entrarán
Llevando mezclados (4) no fe y pestilencia:
Pasando el mar (5) mil miles (6) reunirán (7)
Y el mar romper tercera resistencia.

(1) Ciudad de Italia en el antiguo reino de Nápoles.
(2) Latín: *intento:* dirigirse, tender hacia. D.L.L.B.
(3) Embarcación de borda baja a vela y remo. D.A.F.L.
(4) Latín: *inficio:* mezclar, impregnar, penetrar. D.L.L.B.
(5) Griego: ποντός : mar, D.G.F.
(6) Mil veces mil: un millón.
(7) Ejemplo de aféresis. [*Embleront* en vez de *assembleront.* (N. del T.)]

Traducción:

Tres navíos de guerra entrarán en el puerto de Agde llevando con ellos la invasión sin fe ni ley y la epidemia. Un millón de soldados se reunirán para cruzar el mar y por tres veces será rota la resistencia en el mar.

DERROTA DE UN EJERCITO FRANCO-ESPAÑOL EN LOS PIRINEOS. LA GUERRA EN SUIZA Y EN ALEMANIA. EL RODANO Y EL LANGUEDOC ALCANZADOS POR EL CONFLICTO

IV, 94

Deux grands frères seront chassez d'Espagne
L'aisné vaincu sous les monts Pyrénées
Rougir mer, Rosne, sang Léman d'Alemagne,
Narbon, Blyterres (1), d'Agath contaminées (2).

Dos grandes hermanos serán expulsados de España
El mayor vencido bajo los montes Pirineos
Enrojecer mar, Ródano, sangre Leman de Alemania
Narbona, Blyterres (1) de Agath contaminada (2)

Traducción:

Dos grandes aliados serán expulsados de España. El mayor de ambos (Juan Carlos I) será vencido al pie de los Pirineos. El mar estará ocupado por la flota roja y la sangre correrá a orillas del Ródano, en el lago Leman y en Alemania. Narbona, Béziers y Agde serán contaminadas.

(1) *Béziers:* conquistada por los romanos hacia el año 120 a. de J.-C., fue colonizada en el 52 por Julio César, por lo que recibió el nombre de Julia Biterra. D.H.B. La letra *l* ha sido añadida por epéntesis.
(2) Latín: *contamino:* mancho, infecto. D.L.L.B.

LA GUERRA EN EL LANGUEDOC
LA DERROTA DEL EJERCITO FRANCES

I, 5

Chassez seront sans faire long combat,
Par le pays seront plus fort grevez (1):
Bourg et cité auront plus grand débat (2),
Carcas. Narbonne auront coeur esprouvez.

Expulsados serán sin hacer largo combate,
Por el país serán más fuerte abrumado (1)
Burgo y ciudad tendrán mayor debate (2)
Carcas, Narbona tendrán corazón probado.

Traducción:

El ejército francés será derrotado sin combatir mucho tiempo. Los más poderosos serán abrumados a través del país. Las ciudades y los pueblos serán presa de luchas todavía mayores. El centro de las ciudades de Carcasona y de Narbona será duramente puesto a prueba.

INVASION DESDE LA SUIZA
HASTA LA CUENCA PARISINA
DERROTA DE LOS ALEMANES, DE LOS SUIZOS Y DE LOS
ITALIANOS

IV, 74

Du lac Lyman et ceux de Brannonices (3),
Tous assemblez contre ceux d'Aquitaine,
Germains beaucoup, encore plus Souisses,
Seront defaicts avec ceux d'humaine (4).

Del lago Leman y de los de Branovicos (3)
Todos reunidos contra los de Aquitania
Muchos germanos, todavía más suizos,
Serán derrotados con los de humana (4).

Traducción:

Desde Suiza hasta el Eure, tropas se reunirán para marchar contra el sudeste de Francia. Los alemanes (del Oeste) y todavía más los suizos serán aplastados con aquéllos que están en el origen de humanismo (los italianos).

(1) Abrumar, atormentar, oprimir. D.A.F.L.
(2) Resistencia, lucha. D.A.F.L.
(3) Branovicos, sobrenombre de los aulercios, pueblo de la Galia, entre el Sarthe y el Eure. D.L.L.B.
(4) El primer centro del humanismo es Florencia... Desde Italia, el humanismo se extendió por toda Europa occidental, a partir del final del siglo XV. D.L.7.V.

EL PODER INSTALADO EN SABOYA
LA OCUPACION DEL LANGUEDOC POR LAS TROPAS
DEL PACTO DE VARSOVIA

III, 92

Le monde proche du dernier période (1),
Saturne encor tard sera de retour:
Translat empire devers (2) nations Brode (3),
L'oeil (4) à Narbon par Autour (5).

El mundo próximo al último período (1),
Saturno aún tarde estará de regreso:
Traslado imperio hacia (2) naciones Brode (3),
El ojo (4) arrancado a Narbon por gavilán (5).

Traducción:

El mundo occidental se acerca a su fin; la época de la renovación tarda todavía en llegar. El poder será transferido hacia Saboya, tras haber sido arrebatado a Narbona por el pacto de Varsovia.

PERPIGNAN ABANDONADO POR SUS HABITANTES
CONTRA ATAQUE OCCIDENTAL
EN EL MEDITERRANEO

VI, 56

La crainte armée de l'ennemy Narbon,
Effroyera si fort les Hespériques (6):
Parpignan vuidé par l'aveugle darbon (7),
Lors Barcelon par mer donra les piques (8).

El temor ejército del enemigo Narbon,
Asustará tan fuerte a los Hespéricos (6)
Perpignan vaciado por el ciego darbon (7)
Entonces Barcelona por mar dará las lanzas (8).

(1) El último período, el fin. El poderío de este imperio llegaba a su último período. D.L.
(2) Del lado de. D.L.7.V.
(3) «Después que los Alobroges, que los provenzales por corrupción y síncopa, llamaban Brodes, fueran vencidos por Fabius Maximus cerca del Isere.» *Histoire de Provence.* César Nostradamus. En Simon-Rigaud, Lyon 1614. Saboya. D.H.B.
(4) Poder, en el sentido de derecho a mirar.
(5) Especie de pájaro rapaz. D.L.7.V. El mismo significado que el Grifo: El pacto de Varsovia.
(6) Griego: Ἑσπερίς : Occidente.
(7) En vez de De Narbo: anagrama. Véase III, 92.
(8) Alusión a la extremidad puntiaguda de los cohetes.

Traducción:

El temor al ejército enemigo de Narbona asustará terriblemente a los Occidentales (americanos). Perpignan será abandonada a causa de que Narbona perderá el poder; entonces, cerca de Barcelona, serán enviados cohetes por mar (submarinos nucleares).

GUERRA EN LOS PIRINEOS Y EN LANGUEDOC

IX, 63

Plainctes et pleurs, cris et grands hurlements,
Pres de Narbon à Bayonne et en Foix:
O quels horribles calamitez changemens,
Avant que Mars revolu quelques fois.

Lamentos y lloros, gritos y grandes aullidos,
Cerca de Narbon, en Bayona y en Foix:
¡Oh, qué horribles calamitosos cambios!,
Antes que Marte pase algunas veces.

Traducción:

Se escucharán lamentos, llantos, gritos y grandes aullidos cerca de Narbona y desde los bajos Pirineos hasta Ariège. ¡Oh, qué espantosos serán los cambios!, antes de la época en que la guerra haya pasado.

EL JEFE MILITAR GERMANO-ORIENTAL EN LOS PIRINEOS Y EN EL LANGUEDOC EL REY CAPETO EN DIFICULTADES

IX, 64

L'Æmathion (1) passer mont Pyrénées,
En Mars Narbon ne fera résistance:
Par mer et terra fera si grand menée,
Cap n'ayant terre seure pour demeurance.

El Emaciano (1) cruzar montes Pirineos,
En Marte Narbon no hará resistencia:
Por mar y tierra hará tan gran alboroto
Capeto no teniendo tierra segura para permanecer.

Traducción:

El jefe alemán (R.D.A.) cruzará los Pirineos; Narbona no resistirá

(1) Ver X, 7.

425

durante la guerra. Habrá tan grandes acciones en mar y en tierra que el Capeto no tendrá lugar donde pueda permanecer seguro.

ATAQUE POR PORTUGAL HASTA LOS PIRINEOS

III, 62

Proche del duero (1) par mer Cyrenne (2) close,
Viendra percer les grands monts Pyrénées.
La main plus courte et sa percée gloze (3),
A Carcassonne conduira ses menées.

Próximo al Duero (1) por mar Cirena (2) cerrada,
Llegará a atravesar los grandes montes Pirineos.
La mano más corta y su penetración canalla (3).
A Carcasona conducirá sus mesnadas.

Traducción:

Cerca del Duero por las costas de Libia que habrán permanecido cerradas, llegará a cruzar los Pirineos, con fuerzas inferiores y con una penetracion de bandolero, llevará sus acciones hasta Carcasona.

TRAICION DE UN HOMBRE POLITICO. SU MUERTE. ASALTO EN EL LANGUEDOC

III, 85

La Cité prise par tromperie et fraude,
Par le moyen d'un beau jeune attrapé,
Assaut donné, Raubine (4) près de l'AUDE,
Luy et tous morts pour avoir bien trompé.

La ciudad tomada por engaño y fraude,
Por medio de un hermoso joven atrapado,
Asalto dado, Robin (4) cerca de AUDE.
El y todos muertos por haber bien engañado.

Traducción:

París será ocupado gracias a un engaño y a una maniobra fraudulenta,

(1) Duero, río de España y Portugal; cruza Portugal de este a oeste. D.H.B.
(2) Cirene, capital de la Cirenaica, hoy Grennah, ciudad de Libia. D.H.B. y A.U.
(3) *Gloz, glos,* sujeto de *glot,* adjetivo, y de *gloton:* malvado, bandido, canalla. D.A.F.L.
(4) Nombre que se da, en el Midi, a canales de escasa anchura, y que ha pasado como apelativo geográfico a varios canales de navegación: los Robines de Narbona, de Vic, de Aigues-Mortes. D.L.7.V.

426

por la utilización de un hermoso hombre (político) que se dejará coger. La región de los Robines de Narbona será asaltada; este hombre político y los suyos hallarán la muerte a causa de su engaño.

LAS TROPAS MUSULMANAS EN ITALIA

X, 33

La faction cruelle à robe longue
Viendra cacher souz les pointus poignards:
Saisir Florence le duc et lieu diphlongue (1),
Sa descouverte (2) par immeurs (3) et flangnards (4).

La facción cruel de vestido largo
Vendrá a ocultar debajo los puntiagudos puñales:
Apoderar Florencia el duque y lugar disflongo (1)
Su descubierta (2) inmores (3) y engañadores (4).

Traducción:

La facción cruel de los musulmanes vendrá, ocultando sus armas bajo sus largos ropajes. Su jefe se apoderará de Florencia y hará que este lugar arda por dos veces, tras haber enviado por adelantado gente mentirosa y sin ley (espías).

INVASION DE ITALIA POR LAS TROPAS MUSULMANAS

II, 30

Un qui les dieux d'Annibal (5) infernaux,
Fera renaistre, effrayeur des humains:
Oncq'plus d'horreur ne plus dire iournaulx,
Qu'avint viendra par Bable (6) aux Romains.

Uno de los dioses de Aníbal (5) infernales,
Hará renacer, terror de los humanos:
Nunca mayor horror pudieron decir periódicos,
Que sucedió vendrá por Babel (6), a los romanos.

(1) Del griego: δίς : dos veces, en dos veces, y φλογόω: inflamar. D.G.V.

(2) Arte militar: movimiento de una tropa que se destaca para examinar el estado de un país o la disposición de los enemigos. D.L.7.V.

(3) Del latín *im* y *mos, moris:* ley, es decir, sin ley.

(4) De *flasnier:* engañar: D.A.F.L.

(5) General cartaginés. Su padre le había hecho jurar, desde su infancia, un odio implacable a los romanos. Inició de nuevo la guerra con los romanos, tomando y saqueando, en medio de la paz y contra la fe de los tratados, la ciudad de Sagunto, aliada de Roma (219 a J.C.) Pensando que sólo en Roma podía vencerse a los romanos, cruzó la Galia e invadió Italia. D.H.B. Nostradamus establece un paralelismo entre la historia de la Roma antigua y la de la Roma actual.

(6) Significa confusión. D.L.7.V.

427

Un personaje que resucitará los aterrorizadores dioses de los cartagineses asustará a los hombres. Los periódicos no podrán decir jamás que mayor horror aconteció a los romanos a causa de su confusión.

INVASION DE LAS TROPAS MUSULMANAS
EN PORT-DE-BOURG
LLEGADA DE UNA FLOTA OCCIDENTAL

I, 28

La tour de Boucq (1) craindra fuste Barbare,
Un temps, longtemps après barque hespérique.
Bestail, gens, meubles, tous deux feront grand tare
Taurus (2) et Libra, quelle mortelle picque.

La torre de Bouc (1) temerá fusta bárbara,
Un tiempo, mucho tiempo después barca hespérica.
Animales, gente, muebles, los dos harán gran tara.
Taurus (2) y Libra, qué mortal lanzazo.

Traducción:

Port-de-Bouc temerá un tiempo la flota musulmana; mucho tiempo después llegará una flota occidental. Los animales, los hombres y los bienes serán perjudicados por las dos (flotas). ¡Qué mortal herida para la fecundidad de la justicia!

EL PACTO DE VARSOVIA Y LOS RUSOS
INVASION DE FRANCIA

X, 86

Comme un gryphon (3) viendra le Roy d'Europe,
Accompagné de ceux de l'Aquilon:
De rouges et blancs (4) conduira grande troppe
Et iront contre le Roy de Babylone (5).

Como un grifo (3) vendrá el Rey de Europa
Acompañado de los de Aquilón:
De rojos y blancos (4) conducirá gran tropa.
E irán contra el Rey de Babilonia (5).

(1) Port-de-Boue, ciudad en el interior del golfo de Fos. D.L.7.V.
(2) Astrología: segundo signo del zodíaco regido en el horóscopo por Venus. Este signo simboliza la fecundidad y las fuerzas procreadoras.
(3) Grifo: del latín *gryphus:* buitre; nombre vulgar de distintas aves de presa. D.L.7.V. Las armas de Polonia incluyen una rapaz.
(4) Alusión al albornoz blanco que llevan los musulmanes.
(5) La gran Babilónia, la Babilonia moderna: designa por lo común grandes ciudades, como París, Londres. D.L.7.V.

Traducción:

El jefe de Europa (del Este) vendrá como un buitre, acompañado de los rusos. Conducirá un gran ejército de soldados de los países comunistas y los países musulmanes que irán contra el gobierno de París.

EL EJERCITO TURCO DESEMBARCA EN ESPAÑA
ALEMANIA OCCIDENTAL OCUPADA

VIII, 51

Le Bizantin faisant oblation (1),
Apres avoir Cordube (2) à foy reprinse:
Son chemin long repos pamplation (3),
Mer passant proy (4) par Colongna (5) prinse.

El bizantino haciendo doble oblación (1)
Tras poseer Córdoba (2) para la fe retomada:
Su largo camino reposo pamplación (3)
Mar pasando presa (4) por Colonia (5) tomada.

Traducción:

El jefe turco hará una oferta (de paz) tras haber recuperado Córdoba para la fe musulmana, se detendrá en su expansión tras un largo camino, cuando pasando por mar, Alemania Occidental habrá sido ocupada por el pacto de Varsovia.

INVASION RUSA DE EUROPA OCCIDENTAL

VIII, 15

Vers Aquilon grands efforts par hommasse,
Presque l'Europe et l'univers vexer (6),
Les deux eclypses mettra en telle chasse (7)
Et aux Pannons (8) vie et mort renforcer.

Hacia Aquilón grandes esfuerzos por masa de hombres,
Casi Europa y el universo vejar (6)
Los dos eclipses pondrán en tal huida (7)
Y a los panonios (8) vida y muerte reforzar.

(1) Latín: *oblatio:* ofrecimiento, oferta. D.L.L.B.
(2) Latín: *Corduba:* Córdoba. D.L.L.B.
(3) Palabra fabricada a partir de πάν, todo, y *ampliatio,* aumento. D.L.L.B.
(4) Alusión al grifo, ave de presa, para designar al Pacto de Varsovia. Véase X, 86.
(5) Agrippinensi Colonia: Colonia de Agripina en el Rhin (Colonia). D.L.L.B. Alemania Occidental.
(6) Latín: *vexo:* Agitar fuertemente, trastornar, sacudir. D.L.L.B.
(7) Irse, huir. D.L.7.V.
(8) Panonia: antiguo nombre de Hungría.

Traducción:

Hacia Rusia grandes esfuerzos (de guerra) serán hechos por una masa de hombres que trastornará Europa (Occidental) y, casi, el universo. Entre dos eclipses, esta masa de hombres pondrá en tal fuga (a las tropas occidentales), que los húngaros recibirán refuerzos de vida y muerte.

REGALO DEL JEFE DEL IRAN A LOS OCCIDENTALES
ATAQUE DE FRANCIA E ITALIA
A PARTIR DEL AFGANISTAN

III, 90

Le grand Satyre (1) et Tigre (2) d'Hircanie (3),
Don présenté à ceux de l'Oçcean,
Un chef de classe istra (4) de Carmanie (5)
Qui prendra terre au Tyrren (6) Phocean (7).

El gran Sátiro (1) y Tigris (2) de Hircania (3).
Regalo presentado a los del Océano
Un jefe de flota saldrá (4) de Carmania (5)
Que tomará tierra en el Tirreno (6) Focea(7)

Traducción:

El gran personaje cínico del Tigris y de Irán presentará un don a los de la Alianza Atlántica; luego un jefe de ejército saldrá de Afganistán para desembarcar en el mar Tirreno y en Marsella.

(1) Personaje desvergonzado. D.L.7.V.

(2) Río de Asia que desemboca en el golfo Pérsico, en Irán.

(3) Hircania: Región de la antigua Asia que se extendía a lo largo de la costa sureste del mar Caspio. Pertenecía al Imperio de los Persas. D.H.B. Hoy territorio iraní.

(4) *Istre*, forma de *issir*: salir. D.A.F.L.

(5) Provincia del antiguo imperio de los persas, forma en la actualidad el territorio de Afganistán. D.L.7.V.

(6) Nápoles, base importante de la O.T.A.N. (¡El Océano!).

(7) Nostradamus ha añadido «an» a la palabra *Phocée* (Focea) por paradoja y por necesidades de la rima.

LA INVASION RUSA EN AFGANISTAN
LA RESISTENCIA AFGANA, SU EXTERMINIO

X, 31

Le sainct empire (1) viendra en Germanie (2),
Ismaëlites trouveront lieux ouverts:
Anes (3) voudront aussi la Carmanie (4),
Les soustenans (5) de terre tous couverts.

El Santo Imperio (1) llegará a Germania (2)
Ismaelitas hallarán lugares abiertos:
Asnos (3) querrán también Carmania (4)
Los resistentes (5) de tierra cubiertos.

Traducción:

Los rusos llegarán a Afganistán; los musulmanes hallarán abiertos estos lugares. Los afganos querrán conservar Afganistán, pero los resistentes serán enterrados.

UTILIZACION DE ARMAS NUCLEARES
CONTRA RUSIA

II, 91

Soleil levant un grand feu on verra,
Bruit et clarté (6) vers Aquilon tendans (7),
Dedans le rond (8) mort et cris l'on orra (9),
Par glaive (10) feu, faim, morts les attendans.

Sol naciente un gran fuego se verá
Ruido y claridad (6) hacia Aquilón tendiendo (7)
En el círculo (8) muerte y gritos se oirán (9)
Por espada (10) fuego, hambre, muertes les esperarán.

(1) Imperio de Rusia, el más vasto Estado del globo... La religión ortodoxa domina en Rusia, el Zar es su jefe desde Pedro el Grande; es secundado en la administración de los asuntos eclesiásticos por el Santo-Sínodo. D.H.B. Es conocida la expresión: la Santa Rusia

(2) Véase nota 4.

(3) Ciertos pueblos de Carmania, según dice Strabon, llevaban asnos a la guerra. D.L.7.V. Nostradamus alude así a los resistentes afganos a la invasión rusa.

(4) Provincia del antiguo imperio de los persas, formando actualmente el territorio del Afganistán. Es la Germania de los antiguos. D.L.7.V. Alusión a la invasión de Afganistán y de Alemania.

(5) Latín: *sustineo:* resisto. D.L.L.B.

(6) Luz, antorcha. D.L.7.V.

(7) Latín: *tendo:* tiendo, extiendo.

(8) Círculo, *línea* circular. D.L.7.V.

(9) Futuro de *oir,* oír, escuchar. D.A.F.L.

(10) Símbolo de la guerra, de los combates. D.L.7.V.

Se verá al este un gran fuego, el ruido y las llamas (de la guerra) se extenderán a Rusia. Habrá muertes en un círculo (bomba A o H) y se oirán gritos. Por la guerra, el hambre, el fuego, los hombres aguardarán la muerte.

ALIANZA RUSO-MUSULMANA

X, 69

Le fait luysant de neuf vieux eslevé,
Seront si grands par midy Aquilon:
De sa seur (1) propre (2) grandes alles (3) levé
Fuyant meurtry au buisson (4) d'ambellon (5).

El hecho brillando de nuevo viejo elevado
Serán tan grandes por mediodía Aquilón.
De su hermana (1) propia (2) grandes alas (3) levanta.
Huyendo lastimado a los matorrales (4) débiles (5).

Traducción:

El notable hecho de la elevación (al poder) de un nuevo (tras la desaparición) de un viejo jefe (los esfuerzos) serán tan grandes para los musulmanes y Rusia, que reclutarán muchas tropas aéreas (alas) en la ciudad vecina (Pacto de Varsovia) y, lastimado, saldrá del asunto pese a su debilidad.

LA REVOLUCION EN PARIS
TURQUIA SUBLEVADA POR IRAN
CONTRA OCCIDENTE

X, 86

Par les deux testes, et trois bras (6) séparés,
La grand cité sera par eaux vexée (7):
Des Grands d'entre eux par exil esgarés,
Par teste Perse Bysance fort pressée.

Por las dos cabezas y tres brazos (6) separados,
La gran ciudad será por aguas vejada (7),
Algunos Grandes de entre ellos por exilio perdidos,
Por testa Persa Bizancio muy apremiado.

(1) Latín: *soror:* adjetivo: *soror civitas:* una ciudad hermana. D.L.L.B.
(2) Latín: *propio:* más próximo, más vecino. D.L.L.B.
(3) Latín: *ales:* alado, que tiene alas. D.L.L.B.
(4) Huir a través de los matorrales: salir del asunto por medio de escapatorias, en una discusión en la que se lleva las de perder. D.L.7.V.
(5) Latín: *imbellis:* impropio para la guerra, débil, sin defensa. D.L.L.B.
(6) Persona, considerada desde el punto de vista del trabajo, de la acción, de la lucha, para lo que el brazo es instrumento natural. D.L.7.V.
(7) Latín: *vexo:* trastorno, sacudo. D.L.L.B.

A causa de dos jefes separados de sus tres adjuntos, París será sacudida por la revolución. Cierto número de sus jefes (ministros) serán alejados por el exilio cuando Turquía sea lanzada (contra Occidente) por el jefe de Irán.

LA FLOTA FRANCESA EN EL MEDITERRANEO
LAS TROPAS MUSULMANAS EN EL ADRIATICO
SU DERROTA

III, 23

Si France passe outre mer Lygustique,
Tu te verras en isles et mers enclos:
Mahommet contraire, plus mer Hadriatique,
Chevaux et Asnes (1) tu rongeras les os (2).

Si, Francia, pasas más allá del Mar Ligústico
Te verás en islas y mares cerrada:
Mahoma contrario, más mar Adriático,
Caballos y asnos (1) roerás los huesos (2)

Traducción:

Si la flota francesa sobrepasa las costas de Liguria, se verá encerrada entre las islas (Cerdeña, Córcega y Sicilia) y el mar. Las tropas musulmanas estarán contra ella, y más aún en el mar Adriático. Acabará por destrozar completamente las tropas musulmanas.

ESTRUENDO DE GUERRA EN RUSIA

Presagio 26

Par la discorde effaillir au défaut,
Un tout à coup le remettra au sus (3):
Vers l'Aquilon seront les bruits si haut,
Lesions (4), pointes (5) à travers, par dessus.

Por la discordia desfallecer en defecto
Uno de pronto le pondrá de pie (3).
Hacia Aquilón será tan fuerte el ruido
Lesiones (4) puntas (5) a través, por encima.

(1) Véase X, 31.
(2) Roer a alguien hasta los huesos: arruinarlo, destrozarlo poco a poco y por completo.
(3) En alto. D.A.F.L.
(4) Perjuicio, males. D.A.F.L.
(5) Extremidad aguzada. D.L.7.V. Alusión a los cohetes cuyo extremo es puntiagudo.

Traducción:

Por la discordia, (el pueblo francés) se hundirá por carencia. Un (personaje) le pondrá de nuevo en alto súbitamente. Hacia Rusia se producirán tan grandes estruendos (de guerra) que habrá perjuicios por los cohetes a través y por encima del cielo.

RUPTURA DE RELACIONES DIPLOMATICAS CON IRAN

Sextilla 8

Un peu devant l'ouvert commerce,
Ambassadeur viendra de Perse,
Nouvelle au franc pays porter,
Mais non receu, vaine espérance
A son grand Dieu sera l'offence,
Feignant de le vouloir quitter.

Un poco antes el abierto comercio,
Embajador vendrá de Persia.
Noticia al franco país llevar,
Pero no recibido, vana esperanza,
A su gran Dios será la ofensa
Fingiendo quererle abandonar.

Traducción:

Poco antes de firmar acuerdos comerciales, un embajador llegará de Irán para traer una noticia a Francia. Pero no será recibido y su esperanza será vana. Considerará esto como una ofensa a su bien y fingirá querer abandonar el país.

EL HEXAGONO ATACADO POR CINCO DE SUS LADOS TUNEZ Y ARGELIA SUBLEVADOS POR IRAN ATAQUE DE ESPAÑA

I, 73

France a cinq pars (1) par neglect assaillie,
Tunis, Argal esmeuz (2) par Persiens:
Léon, Seville, Barcelonne faillie,
N'aura la classe (3) par les Vénitiens.

Francia por cinco partes (1) por negligencia asaltada.
Túnez, Argel movidos (2) por los persas
León, Sevilla, Barcelona, caerán.
No habrá el ejército (3) por los venecianos.

(1) Cinco de los seis lados del hexágono, exceptuados los Pirineos.
(2) Latín: *emovere:* desplazar, mover, trastornar. D.L.L.B.
(3) Latín: *classis:* flota, armada. D.L.L.B.

434

Traducción:

Francia será atacada por cinco de sus lados a causa de negligencia. Túnez y Argelia serán sublevados contra ella por los iraníes. León, Sevilla y Barcelona sucumbirán y no podrán ser socorridas por el ejército italiano.

LA 3.ª GUERRA MUNDIAL

● Ciudades españolas que sufrirán los rigores de la Tercera Guerra Mundial.

➤ Líneas de penetración de la invasión.

UN NOTABLE INGLES
Y SEIS NOTABLES ALEMANES CAPTURADOS
POR LOS MUSULMANES
INVASION DE ESPAÑA POR GIBRALTAR
EL NUEVO Y TEMIBLE JEFE IRANI

III, 78

Le chef d'Escosse, avec six d'Allemagne,
Par gens de mer Orientaux captif:
Traverseron le Calpre (1) et Espagne,
Present en Perse au nouveau Roy craintif.

El jefe de Escocia, con seis de Alemania
Por gente de mar orientales cautivo:
Cruzarán el Calpre (1) y España.
Presente en Persia al nuevo Rey temible.

Traducción:

El jefe de Gran Bretaña y seis jefes alemanes serán capturados en el mar por los orientales que cruzarán Gibraltar y España tras haber hecho un ofrecimiento al nuevo y temible jefe iraní.

DESEMBARCO DE TROPAS MUSULMANAS
EN TOULON Y MARSELLA

I, 18

Par la discorde negligence Gauloise,
Sera passage à Mahomet ouvert:
De sang trempez la terre et mer Senoise,
Le port Phocen (2) de voiles et nefs couvert.

Por la discordia negligencia gala
Estará a Mahoma el paso abierto:
De sangre empapados la tierra y el mar del Sena
El puerto Foceano (2) de velas y naves cubierto.

Traducción:

A causa de la discordia y de la negligencia de los franceses, será dejado paso a las tropas musulmanas. La tierra y el mar del Sena estarán empapados en sangre. El puerto de Marsella estará cubierto de aviones y de barcos.

(1) Del latín: *calpe,* montaña de la Bética: Gibraltar. D.L.L.B. Ejemplo de epéntesis.
(2) *Focea:* antiguo nombre de Marsella.

IV, 82

Amas s'approche venant d'Esclavonie (1)
L'Olestant (2) vieux cité ruynera:
Fort désolée verra sa Romainie,
Puis la grand flamme estaindre ne sçaura.

Montón se acerca viniendo de Esclavonia (1)
El Olestante (2) vieja ciudad arruinará:
Muy desolada verá su Romaña
Luego la gran llama extinguir no sabrá.

Traducción:

Grandes tropas reunidas se acercarán, procedentes de Rusia. El destructor llenará de ruinas la vieja ciudad (París). Se verá Italia muy desolada y no sabrá extinguir el gran fuego (de la guerra) que habrá encendido.

DESTRUCCION DE TOURS
COMBATES DESDE NANTES HASTA REIMS
FIN DE LA GUERRA EN NOVIEMBRE

IV, 46

Bien defendu le faict par excellence,
Garde toy Tours de ta prochaine ruine.
Londres et Nantes par Reims fera deffence,
Ne passe outre au temps de la bruyne.

Bien prohibido el hecho por excelencia.
Guárdate tú, Tours, de tu próxima ruina,
Londres y Nantes por Reims harán defensa,
No pasa más allá en el tiempo de la bruma.

Traducción:

El acto (de guerra) será prohibido en el más alto grado. ¡Guárdate, Tours, de tu próxima ruina! Inglaterra y Francia se defenderán hasta Reims, y (la guerra) no pasará del mes de noviembre.

(1) Véase nota de II, 32»
(2) Griego: infinitivo aoristo de 'αλλυμι, 'αλεσθαι : hacer perecer. D.G.F. Nostradamus ha fabricado, a partir del tiempo del verbo griego, un participio presente que utiliza como substantivo.

LA INVASION DE LA R.F.A. Y DE AUSTRIA
LA ASAMBLEA EUROPEA

I, 82

Quand les colonnes de boix grande (1) tremblée,
D'Austere (2) conduicte, couverte de rubriche (3),
Tant vuidera dehors grande assemblée,
Trembler Vienne et le pays d'Autriche.

Cuando las columnas del bosque grande (1) temblado
De Austera (2) conducta, cubierto de rojez (3)
Tanto arrojará fuera gran asamblea,
Temblar Viena y el país de Austria.

Traducción:

Cuando los grandes bosques (de los países del Pacto de Varsovia) temblarán (el rugido de las divisiones blindadas), el ejército será conducido a Alemania Occidental, que será cubierta por el Ejército Rojo; la gran asamblea (europea) será expulsada, Viena y Austria serán invadidas.

EL EJERCITO ROJO EN EL RHIN
INVASION DE ALEMANIA, DE AUSTRIA Y DE
ITALIA

V, 94

Translatera en la Grand Germanie (4),
Brabant et Flandres, Gand, Bruges et Bologne (5):
La trefve feinte (6), le grand Duc d'Arménie (7)
Assaillira Vienne et la Cologne (8).

Trasladará a la Gran Germania (4)
Brabante y Flandes, Gante, Brujas y Bolonia (5)
La tregua fingida (6), el gran Duque de Armenia (7)
Asaltará Viena y Colonia (8)

Traducción:

El Gran general armenio cruzará Alemania Occidental, Brabante, Flandes, Gante, Brujas y Bolonia, tras haber simulado la paz, y atacará Austria y la región de Colonia.

(1) Es conocida la selva polaca, última selva primitiva de Europa.
(2) Latín: *Austerania:* isla de las costas de Alemania, D.L.L.B. Hoy isla de Arneland, en la R.F.A.
(3) Latín: *ruber:* rojo. D.L.L.B. Véase «classe rubre», IV, 37.
(4) Alemania Occidental es mayor que Alemania del Este: 248.774 Km², contra 108.178. A.U.
(5) Ciudad de Italia, la más importante de Romaña. D.H.B.
(6) Ejemplo de ablativo absoluto.
(7) Probablemente un jefe del ejército rojo de origen armenio.
(8) Ciudad de Alemania Occidental, a orillas del Rhin.

INVASION DE LA R.F.A., SUIZA Y FRANCIA
OCUPACION DE PARIS

V, 12

Auprès du Lac Leman sera conduite,
Par garse (1) estrange cité voulant trahir (2),
Avant son meurtre (3) a Augsbourg la grande fuite,
Et ceux du Rhin la viendront invahir.

Cerca del lago Leman será conducida
Por moza (1) extranjera ciudad queriendo tomar (2)
Antes de su crimen (3) en Augsburgo la gran huida,
Y los del Rhin vendrán a invadirla.

Traducción:

(El ejército) será conducido cerca del lago Leman por una república extranjera (soviética) queriendo tomar por fuerza París. Antes de cometer tan gran mal, los habitantes de Baviera, huirán y los que hayan alcanzado el Rhin (los rusos) vendrán a invadir París.

INVASION DE MARSELLA Y DE ITALIA DEL NORTE
YUGOSLAVIA Y EL GOLFO PERSICO:
BASES DE PARTIDA

IX, 28

Voille Symacle (4) port Massiliolique (5),
Dans Venise port marcher aux Pannons (6):
Partir du goulfre (7) et Synus Illyrique (8)
Vast à Socille, Lygurs (9) coups de canons.

Vela Simacla (4) puerto Masiliólico (5)
En Venecia puerto marchar a los panonios (6)
Partir del golfo (7) y Seno Ilírico (8)
Devastar Sicilia, Ligures (9) cañonazo.

Traducción:

Flotas aliadas entrarán en Marsella, el ejército de tierra entrará en Venecia a partir de Hungría. Tropas partirán del Golfo (Pérsico) y de la costa yugoslava para devastar Sicilia e Italia del Norte con la artillería.

(1) Según su costumbre, Nostradamus designa con esta palabra la República, personaje femenino. Véase dama.
(2) Latín: *traho:* Arrebato por la fuerza. Robo. D.L.L.B.
(3) Gran mal. D.L.7.V.
(4) Griego: συμμαχος :aliado. D.G.F.
(5) Latín: *Massilia:* antiguo nombre de Marsella.
(6) Panonia: antiguo nombre de Hungría. D.H.B.
(7) El golfo Pérsico: el golfo por excelencia. D.H.B.
(8) Iliria: Dalmacia, parte de Yugoslavia en el mar Adriático. D.H.B.
(9) Pueblos de Italia del Norte. D.H.B.

LA DESTRUCCION DE ESTAMBUL POR FRANCIA
LA LIBERACION DE LOS PRISIONEROS DE LOS MUSULMANES
POR PORTUGAL

VI, 85

La grande cité de Tharse (1) par Gaulois
Sera destruite: captifs tous a Turban (2)
Secours par mer du grand Portugalois,
Premier d'esté le jour du sacre Urban (3).

La gran ciudad de Tracia (1) por galos
Será destruida: cautivos todos en Turbante (2)
Socorro por mar del gran portugués.
Primero de estío el día del sagrado Urbano (3)

Traducción:

Estambul será destruida por los franceses; todos los que hayan sido capturados por los musulmanes serán socorridos por el gran jefe portugués entre el 25 de mayo y el 21 de junio (solsticio de estío).

GUERRA ENTRE GRECIA Y TURQUIA
LA DERROTA DE TURQUIA

IV, 38

Pendant que Duc (4), Roy, Royne (5) occupera,
Chef Bizantin captif en Samothrace (6):
Avant l'assaut l'un l'autre mangera,
Rebours ferre (7) suyvra de sang la trace.

Mientras que Duque (4), Rey, Reina (5) ocupará,
Jefe bizantino cautivo en Samotracia (6):
Antes del asalto uno al otro comerá,
Al revés llevar (7) seguirá de sangre el rastro.

Traducción:

Mientras que el rey, general en jefe del ejército, ocupará el lugar de la República, el jefe de Turquía estará prisionero en Grecia, pues antes del asalto uno vencerá al otro y, obligado a retroceder, se seguirá el rastro de sangre que deje.

(1) Anagrama de *Thrase* (Tracia). La mayor ciudad de Tracia es Estambul.
(2) Tocado usado por todos los pueblos musulmanes. D.L.7.V.
(3) San Urbano Papa, de 222 a 230. Se celebra el 25 de mayo. D.L.7.V.
(4) Latín: *dux:* jefe de un ejército. D.L.L.B.
(5) Reina; como dama, es utilizado frecuentemente por Nostradamus para simbolizar la república, personaje femenino.
(6) Isla del mar Egeo, en las costas de Tracia. D.H.B.
(7) Latín: *fero:* llevo. D.L.L.B.

CATASTROFE EN EL MAR EGEO
CARESTIA EN GRECIA E ITALIA

II, 3

Pour la chaleur solaire (1) sus la mer,
De Negrepont (2) les poissons demy cuits,
Les habitans les viendront entamer (3),
Quand Rhod (4) et Gennes leur faudra le biscuit.

Por el calor solar (1) sobre el mar,
Del Negroponto (2) los pescados medio cocidos.
Los habitantes les vendrán a destruir (3),
Cuando Rodas (4) y Génova necesitarán galleta.

Traducción:

A causa de un calor parecido al del sol, los pescados del mar Negro estarán cocidos a medias, y sus habitantes irán a destruirlos, cuando los griegos y los italianos necesitarán alimento.

LA GUERRA EN EL MEDITERRANEO ORIENTAL

V, 16

A son hault pris plus la lerme (5) sabée (6),
D'humaine chair par mort en cendre mettre,
A l'Isle Pharos (7) par Croisars perturbée,
Alors qu'à Rhodes paroistra dur espectre (8).

A su alto precio más la lágrima (5) saboreada (6)
De humana carne por muerte en cenizas poner
En la isla Faros (7) por Cruzados perturbada
Mientras en Rodas aparecerá duro espectro (8).

Traducción:

Por su muy caro precio (la vida) sabrá a lágrima, porque la carne humana será reducida a cenizas. La isla de Faros (Egipto) será perturbada por los cristianos, mientras en Grecia aparecerá el espectro de la guerra.

(1) Tal vez una explosión atómica.
(2) Latín; *Niger:* negro. Y, griego: ποντός : el mar.
(3) Atacar por primera vez, destruir. D.L.7.V.
(4) Posesión de Gracia desde 1947. A.E.
(5) Forma antigua de *larme* (lágrima). D.A.F.L.
(6) Latín: *sapio:* tener el gusto de, saber a. D.L.L.B.
(7) Pequeña isla de las costas de Egipto, cerca del puerto de Alejandría. A.V.L.
(8) Sentido figurado: espantajo: el espectro de la guerra. D.L.7.V.

V, 47

Le grand Arabe marchera bien avant,
Trahy sera par le Bisantinois:
L'antique Rodes lui viendra au devant,
Et plus grand mal par autre Pannonois.

El gran Arabe marchará muy adelante,
Será traicionado por los bizantinos:
La antigua Rodas se le pondrá delante.
Y mayor mal por otros panonios.

Traducción:

El gran jefe árabe se pondrá en camino mucho antes y será traicionado por el jefe turco, la antigua Grecia se le pondrá delante y le será hecho un mayor mal por los húngaros (Pacto de Varsovia).

EL REY DE BLOIS, EL LIBERADOR
ALIANZA CON EL PAPA
LOS ESPAÑOLES Y LOS YUGOSLAVOS
LA CAIDA DE LOS SIETE PAISES DEL ESTE

X, 44

Par lors qu'un Roy sera contre les siens,
Natif de Blois subjuguera Ligures (1):
Mammel (2), Cordube (3) et les Dalmatiens,
Des sept (4) puis l'ombre à Roy estrennes (5) et lémures (6).

Cuando un Rey estará contra los suyos,
Nativo de Blois subyugará ligures (1):
Mammel (2), Córdoba (3) y los dálmatas.
De los siete (4) después de la sombra de Rey fortuna (5) y lemures (6).

Traducción:

Cuando el gobierno tendrá contra sí a los suyos, el personaje originario de Blois subyugará a los ocupantes de Italia del Norte, con la ayuda del Polaco (el Papa), de España y de los yugoslavos, luego el rey   resucitado y providencial cubrirá de sombra los siete (países).

(1) Liguria: región de la antigua Italia, formaba la parte S.O. de la Galia Cisalpina. D.H.B.
(2) Memel o Niemen. D.H.B. El Niemen, hasta el siglo XVIII, estaba en el centro de Polonia.
(3) Latín: *Corduba:* Córdoba, ciudad de España.
(4) Los siete países del bloque del Este: U.R.S.S., Rumania, Polonia, R.D.A., Bulgaria, Hungría y Checoslovaquia.
(5) Suerte, fortuna. D.A.F.L.
(6) Latín: *lemures:* sombras de los muertos, aparecidos. D.L.L.B.

LA CAIDA DE LOS SIETE PAISES DEL ESTE EN TURQUIA
PERSECUCIONES RELIGIOSAS
LLEVADAS A CABO POR LOS TURCOS

VII, 36

Dieu, le ciel tout le divin verbe à l'onde,
Porté par rouges sept razes (1) à Bisance:
Contre les oingts trois cents de Trebisconde (2),
Deux loix mettront, et horreur, puis crédence (3).

Dios, el cielo todo el divino verbo en la ola,
Llevado por rojos siete razias (1) en Bizancio:
Contra los ungidos trescientos de Trebisonda (2),
Dos leyes pondrán, y horror, luego creencia (3).

Traducción:

Dios, todo el divino verbo entregado a la revolución, llevado por los rojos los siete países serán derrotados en Turquía. Trescientos turcos promulgarán dos leyes contra los cardenales y les harán sufrir el horror, luego la fe será restablecida.

LAS CAMPAÑAS DE LIBERACION CONTRA LOS ROJOS
EL PAPA POLACO

VI, 49

De la partie de Mammer (4) grand Pontife,
Subjuguera les confins du Danube:
Chasser les croix, par fer raffe (5) ne riffe (6),
Captifs, or, bagues plus de cent mille rubes (7).

De la parte de Mammer (4) gran Pontífice,
Subyugará los confines del Danubio:
Perseguir las cruces, por hierro robar (5) y saquear (6),
Cautivos, oro, anillos más de cien mil rojos (7).

Traducción:

Originario de Polonia el gran Papa rechazará hasta los confines del Danubio (el mar Negro) a quienes persigan a los cristianos a los que, por la guerra, habrán robado y saqueado, recuperará riquezas y hará prisioneros a cien mil rojos.

(1) Demoler, arrasar. D.L.7.V.
(2) Trebisonda, puerto de la Turquía asiática, en el mar Negro. D.H.B.
(3) Creencia. D.A.F.L.
(4) Por Memel, otro nombre de Niemen. D.H.B. El Niemen, hasta el siglo XVIII, ocupaba el centro del territorio polaco.
(5) Forma antigua de arrebatar. D.A.F.L.
(6) Forma antigua de saquear, arrebatar, D.A.F.L.
(7) Latín: *rubens:* rojo. D.L.L.B.

U.R.S.S. HACE TEMBLAR EL ORIENTE
JUAN PABLO II Y LA IGLESIA CATOLICA
BATALLAS EN TURQUIA.

VI, 21

Quand ceux du pole artic (1) unis ensemble,
En Orient grand effrayeur et crainte:
Esleu nouveau, soustenu le grand temple (2),
Rodes, Bizance de sang barbare teinte. ·

Cuando los del polo ártico (1) unidos conjuntamente,
En Oriente gran terror y miedo:
El nuevo elegido, sostenido el gran templo (2),
Rodas, Bizancio tinto en sangre bárbara.

Traducción:

Cuando los territorios árticos se hayan unido (*Unión* Soviética), se sufrirán grandes terrores y miedos en Oriente. Cuando un nuevo Papa sea elegido, para sostener la Iglesia Católica, Rodas y Turquía estarán tintas en sangre musulmana.

LA INVASION DE ITALIA EN PERUGIA Y RAVENA

VIII, 72

Champ perusin ô l'énorme deffaicte,
Et le conflit tout auprès de Ravenne:
Passage (3) sacre lors qu'on fera la feste,
Vainceur vaincu cheval manger l'avenne.

En campo de Perugia, ¡oh, enorme derrota!,
Y el conflicto muy cercano a Ravena:
Sufrido (3) sagrado cuando se hará la fiesta.
Vencedor vencido caballo comer avena.

Traducción:

¡Oh, la enorme derrota en el campo de Perugia y la guerra cercana a Ravena!: lo que es sagrado sufrirá males cuando el vencedor celebrará su victoria y su caballo comerá la avena del caballo del vencido.

(1) El Imperio de Aquilón, la U.R.S.S. y todos los territorios que ocupa desde el Báltico hasta Vladivostock.
(2) Poéticamente: la Iglesia Católica. D.L.7.V.
(3) Latín: *passare*: sufrir. D.L.L.B.

DERROTA DEL EJERCITO FRANCES EN ITALIA
HUIDA DE LOS ROMANOS. DERROTA DE FRANCIA
BATALLA EN LOS ALPES SUIZOS
Y EN EL ADRIATICO

II, 72

Armée Celtique en Italie vexée,
De toutes parts conflit et grande perte,
Romains fuis, ô Gaule repoussée (1),
Près de Thesin, Rubicon (2) pugne incerte.

Ejército céltico en Italia vejado,
Por todas partes conflicto y grandes pérdidas,
Romanos huidos, ¡oh, Galia golpeada! (1),
Cerca de Ticino, Rubicon (2) pugna incierta.

Traducción:

El ejército francés será derrotado en Italia. El conflicto se extenderá por todos lados y producirá grandes daños, ¡Huid, habitantes de Roma! Francia será golpeada cuando haya un incierto combate cerca de Ticino (Suiza) y del Adriático.

INVASION DE ITALIA POR LAS TROPAS MUSULMANAS

Presagio 31

Pluye, vent, classe Barbare Ister (3). Tyrrhene,
Passer holcades (4) Ceres (5), Soldats munies:
Reduits bien faicts par Flor, franchie Sienne,
Les deux seront morts, amitiez unies.

Lluvia, viento, ejército bárbaro Ister (3). Tirreno,
Pasar navíos (4) Ceres (5), soldados pertrechados:
Reducidos bien hechos por Flor, cruzada Siena,
Ambos estarán muertos, amistades unidas.

Traducción:

La revolución, la tormenta, el ejército musulmán, del mar Tirreno hasta el Danubio, llevará tropas por barco a Ceres, con soldados equipados.

---

(1) Latín: *repello:* golpeo. D.L.L.B.
(2) Pequeño río de Italia, tributario del Adriático. D.H.B.
(4) Río de Europa, hoy Danubio. D.H.B.
(5) Del griego: 'ολκάς, άδος : bajel de transporte, navío. D.G.F.
(6) Pueblo de Italia, Piamonte, provincia de Turín. D.L.7.V.

Se reducirá el bienestar a través de Occidente, a causa de aquellos que habrán franqueado los mares hasta Siena, cuando los dos jefes unidos por la amistad habrán muerto.

LA UTILIZACION DE ARMAS QUIMICAS
EL GOBIERNO SOVIETICO EN FRANCIA
ITALIA ASOLADA

IV, 58

Soleil ardant dans le gosier coller,
De sang humain arrouser en terre Etrusque:
Chef seille (1) d'eau, mener sons fils filer (2),
Captive dame conduite en terre Turque.

Sol ardiente en el gaznate agarrar,
De sangre humana regada en tierra etrusca:
Jefe hoz (1) de agua, llevar su hijo preparar (2)
Cautiva dama conducida a tierra turca.

Traducción:

Quemaduras se producirán en la garganta. Italia será regada de sangre humana. El jefe de la hoz (Rusia) revolucionaria se preparará para conducir su régimen. Los jefes de la República serán llevados cautivos a Turquía.

INVASION DE MARSELLA HASTA LYON
INVASION DE LA GIRONDE Y DE LA CUENCA AQUITANA

I, 72

Du tout Marseille les habitants changéz,
Course et poursuite aupres de Lyon,
Narbon, Toloze, par Bourdeaux outragée,
Tuez captifs presque d'un million.

De todo Marsella los habitantes cambiados,
Carrera y persecución cerca de Lyon,
Narbona, Toulouse, por Burdeos ultrajada,
Cautivos muertos casi un millón.

Traducción:

En todo Marsella los habitantes serán cambiados, serán perseguidos

(1) Contracción de *sëeille:* hoz. D.A.F.L.
(2) Preparar, hablando del porvenir. D.L.7.V.

hasta casi Lyon. Narbona y Toulouse serán perjudicadas por la invasión venida de Burdeos. Cerca de un millón de cautivos serán ejecutados.

LA INVASION DE MARSELLA POR MAR

X, 88

Pieds et cheval à la seconde veille (1),
Feront entrée vastantout par la mer.
Dedans le port entrera de Marseille,
Pleurs, crys, et sang, onc nul temps si amer.

Pies y caballos en la segunda vigilia (1),
Harán entrada devastándolo todo por mar.
En el puerto entrará de Marsella,
Lloros, gritos y sangre, nunca se vio tiempo tan amargo.

Traducción:

La infantería y los carros (la caballería) entrarán en Marsella, entre las 21 h. y medianoche, devastándolo todo por mar. Habrá tantos lloros, tantos gritos y tanta sangre, que jamás se vio tiempo tan duro.

LA INVASION DE LA COSTA MEDITERRANEA DE BARCELONA A MARSELLA LA OCUPACION DE LAS ISLAS

III, 88

De Barcelonne par mer si grande armée,
Tout Marseille de frayeur tremblera,
Isles saisies, de mer ayde fermée,
Ton traditeur (2) en terre nagera (3).

De Barcelona por mar tan gran ejército,
Todo Marsella de terror temblará,
Islas ocupadas, por mar ayuda cerrada,
Tu traidor (2) en tierra nadará (3).

Traducción:

Se verá en el mar tan gran ejército, desde Barcelona hasta Marsella,

(1) Latín: *vigilie:* vigilia; una de las cuatro divisiones de la noche. La primera vigilia de seis a nueve, la segunda de nueve a medianoche. D.L.L.B.
(2) Latín: *traditor:* traidor. D.L.L.B.
(3) Un personaje culpable de traición.

que temblará de terror. Las islas (Baleares, Córcega, Cerdeña, Sicilia) serán ocupadas. Una posibilidad de ayuda venida del mar será cerrada (Gibraltar). Y el que te habrá traicionado será enterrado.

TRES PAISES ALIADOS INICIAN LA GUERRA

VIII, 17

Les bien aisez subit seront desmis (1),
Le monde mis par les trois frères en trouble.
Cité marine saisiront ennemis,
Faim, feu, sang, peste, et de tous maux le double.

Los bien situados súbitamente serán rebajados (1)
El mundo trastornado por los tres hermanos.
Ciudad marina ocuparán enemigos,
Hambre, fuego, sangre, peste y de todos los males el doble.

Traducción:

Los ricos serán rebajados de pronto. El mundo será revolucionado por tres aliados. Los enemigos se apoderarán de Marsella que sufrirá hambre, incendio, amenaza, enfermedad y de todos estos males el doble.

INVASION EN EL OESTE Y EN PROVENZA

I, 90

Bourdeaux, Poitiers au son de la campagne (2),
A grande classe (3) ira jusqu'à l'Angon (4),
Contre Gaulois sera leur tramontane (5),
Quand monstre (6) hideux naistra (7) près de Orgon.

Burdeos, Poitiers, al son de la campana (2),
El gran ejército (3) irá hasta Angón (4),
Contra galos será su tramontana (5),
Cuando monstruo (6) horrible nacerá (7) cerca de Orgon.

(1) Latín: *demissus:* hundido, rebajado. D.L.L.B.
(2) Del latín: *campana.* D.L.L.B.
(3) Latín: *classis:* flota, ejército, D.L.L.B.
(4) Puerto del Garona; la antigua Alingo.
(5) Del italiano: *tramontana:* Norte, luego viento del norte, llamado así en el Mediterráneo porque, en Italia, el norte está más allá de los Alpes. D.L.7.V.
(6) Latín: *monstrum:* presagio divino, cosa extraña, plaga. D.L.L.B.
(7) Latín: *nascor:* nacer, tomar su origen, comenzar. D.L.L.B.

Traducción:

Se escuchará el rebato de Burdeos a Poitiers; el gran ejército irá hasta Langon; el imperio de Aquilón marchará contra los franceses cuando una plaga espantosa nacerá cerca de Orgon.

INVASION EN EL SUDOESTE

XII, 65

A tenir fort par fureu contraindra,
Tout cœur trembler. Langon advent (1) terrible:
Le coup de pied mille pieds se rendra (2);
Guirond, Guaron, ne furent plus horribles.

A resistir fuerte por furor obligará,
Todo corazón temblar. En Langón acontecimiento (1) terrible:
El paso a mil pies irá (2)
Gironde y Garona no fueron más horribles.

Traducción:

Obligará por su furor a resistir y hará temblar todos los corazones. En Langon tendrá lugar una terrible invasión que recorrerá gran distancia. Jamás hubo acontecimientos más horribles en Gironde y el Garona.

INVASION DEL SUDOESTE DE FRANCIA, DESDE ITALIA TOULOUSE Y BAYONA

VIII, 86

Par arnani (3) Tholoser Ville Franque,
Bande infinie par le mont Adrian (4),
Passe riviere, Hutin (5) par pont (6) la planque (7),
Bayonne entrer tous Bichoro criant.

Por arnani (3), Tholoser Ville Franque,
Banda infinita por el monte Adrian (4)
Pasa río, pelea (5) por mar (6) el lugar (7),
Bayona entrar todos Bichoro gritando.

(1) Latín: *adventus:* llegada, venida, presencia; *adventus gallicus:* invasión de los galos. D.L.L.B.

(2) *Donner un coup de pied jusqu'à un endroit* (dar un paseo hasta un lugar): ir hasta aquel lugar prolongando un poco el camino. D.L.7.V.

(3) Anagrama de Narnia, ciudad de Umbría a orillas del Nar. D.L.L.B. Hoy Narni.

(4) Las montañas de Yugoslavia y de Italia.

(5) En vez de *hustin:* disputa, lucha, tumulto. D.A.F.L.

(6) Griego: ποντός : el mar. D.G.F.

(7) Lugar, casa. D.L.7.V.

449

Desde Umbría hasta Toulouse y Villefranche, un gran ejército pasará a través de las montañas que bordean el Adriático, atravesará los ríos tras haber combatido en el mar, para entrar en Bayona, todos los habitantes de Bigorre gritando de terror.

LA GUERRA EN BORGOÑA, AGOSTO
LAS MATANZAS
Y LAS EJECUCIONES DE MARZO A JUNIO

I, 80

De la sixieme claire splendeur celeste (1),
Viendra tonnerre si fort en la Bourgongne,
Puis naistra monstre de tres hideuse beste
Mars, Avril, Mai, Juin grand charpin (2) et rongne 3).

Del sexto claro esplendor celeste (1)
Vendrá trueno tan fuerte a Borgoña,
Luego nacerá monstruo de muy horrible bestia
Marzo, abril, mayo, junio gran destrozo (2) y decapitación (3)

Traducción:
A fines de agosto, el trueno de la guerra será intenso en Borgoña, luego nacerá una plaga a causa de un personaje horrible y bestial que provocará una gran matanza y grandes ejecuciones.

GRANDES BATALLAS NAVALES EN EL ATLANTICO *

III, 1

Après combat et bataille navalle,
Le grand Neptune (4) à son plus haut befroy (5)
Rouge adversaire de peur deviendra pasle
Mettant le Grand Occean en effroy.

Tras combate y batalla naval,
El gran Neptuno (4) en su mayor campanario (5)
Rojo adversario de miedo palidecerá.
Aterrorizando el Gran Océano.

(1) La Virgen (Virgo): nombre de una de las constelaciones del zodíaco, la sexta a partir de Aries. El sexto signo del zodíaco, en el que el sol saliendo de Leo entra hacia el 22 de agosto y del que sale al cabo de un mes para pasar a Libra, es llamado signo de la Virgen (Virgo). D.L.7.V.
(2) De *charpir:* destrozo, destrozar. D.A.F.L.
(3) Cortar la cabeza. D.A.F.L.
* Esta profecía podría hacer referencia a la confrontación bélica (abril-junio, 1982) entre Argentina e Inglaterra en el Atlántico Sur a causa de las Islas Malvinas. (N. del E.)
(4) Dios del mar. Simboliza siempre a Inglaterra.
(5) Torre en la que hay una campana para dar la alarma. D.L.

Traducción:

Tras un combate naval, Inglaterra conocerá su mayor alarma. Luego el adversario soviético palidecerá de miedo, tras haber sembrado el terror en el Atlántico (o en la Alianza Atlántica).

FRANCIA ALIADA DE INGLATERRA
INVASION DE PROVENZA
Y DEL LANGUEDOC

II, 59

Classe Gauloise par appuy de grande garde,
Du grand Neptune et ses tridens soldats,
Rongée Provence pour soustenir grande bande,
Plus Mars Narbon par javelots et dards.

Ejército francés por apoyo de gran guardia,
Del gran Neptuno y sus tridentes soldados
Roída Provenza para sostener gran banda,
Más Marte Narbona por jabalinas y dardos.

Traducción:

El ejército francés, con el apoyo de la gran Guardia (Royal Guards) de Inglaterra y de sus soldados verá roída Provenza para defenderse contra una gran banda, y la guerra será más dura todavía en Narbona alcanzada por cohetes y obuses.

OCUPACION DE PARIS POR LOS RUSOS

Presagio 34, 1559. Sobre dicho año.

Poeur, glas grand pille passer mer, croistre eregne (1),
Sectes, sacrez outre mer plus polis:
Peste, chant (2), feu, Roy d'Aquilon l'enseigne,
Dresser trophée (3) cité d'HENRIPOLIS (4).

Miedo, campana, gran saqueo pasará el mar, él sin-trono crece (1)
Sectas, sagrados ultramar más brillantes:
Peste, canto (2), fuego, Rey de Aquilón la enseña,
Levantar trofeo (3) ciudad de HENRIPOLIS (4).

(1) *Esregner:* Destronar. D.A.F.L.
(2) Se dice, en un sentido determinado, de un fragmento cantado, de palabras o de tonos que se hacen oír modulándolos: canto de alegría, de dolor, de victoria. D.L.7.V.
(3) Victoria, éxito. D.L.7.V.
(4) Palabra fabricada por Nostradamus: Henri (Enrique) y la palabra griega: πόλις: ciudad. Alusión a la célebre frase pronunciada por Enrique IV: «París bien vale una misa».

Miedo, rebato cuando (el enemigo) pasará por mar para hacer un gran saqueo, el «sin trono» comenzará a crecer y, pese a las sectas, será consagrado en ultramar por gente muy brillante, la epidemia, cantos de dolor el incendio, el jefe de Rusia se alegrará de su victoria en la ciudad de Enrique IV (París).

ATAQUE Y SITIO DE PARIS
EL COMUNISMO ACARREA
LA CAIDA DE LA REPUBLICA

I, 41

Siège à Cité et de nuict assaillie,
Peu eschappez, non loin de mer conflit,
Femme de joie retour fils deffaillie,
Poison es lettres caché dedans le plic.

Cerco a Ciudad y de noche asaltada,
Pocos escapados, no lejos del mar conflicto,
Mujer pública regreso hijo vencida,
Veneno en letras ocultas en el pliego.

Traducción:

París será sitiada y atacada de noche, y poca gente podrá escapar. No lejos de allí se producirá una batalla naval. Al regreso de su hijo (el comunismo), la República se hundirá a causa de documentos envenenados y que habían sido ocultados.

ATAQUE DE PARIS Y OCUPACION DE ROMA
GRANDES BATALLAS NAVALES

V, 30

Tout à l'entour de la grande Cité,
Seront soldats logez par champs et ville,
Donner l'assaut Paris, Rome incité (1)
Sur le pont (2) lors sera faict grand pille.

Alrededor de la gran Ciudad
Estarán soldados alejados en campos y ciudades.
Dar asalto a París, Roma invadida (1)
En el mar (2) entonces se hará gran saqueo.

(1) Latín: *incito:* lanzarse, arrojarse encima. D.L.L.B.
(2) Griego: πόντος : el mar. D.G.F.

Traducción:

Alrededor de París los soldados estarán alejados en los campos y en la ciudad, cuando París haya sido atacada y Roma haya sido invadida, y entonces se realizará un gran saqueo en el mar.

EL EJERCITO FRANCES DE LIBERACION COMBATE CONTRA EL EJERCITO ROJO EN ITALIA

IV, 37

Gaulois par sauts monts viendra penetrer,
Occupera le grand lieu de l'Insubre (1),
Au plus profond de son ost (2) fera entrer,
Gennes, Monech pousseront classe rubre (3).

Galos por saltos montes vendrán penetrar,
Ocupará el gran lugar de Insubre (1)
En lo más profundo de su hueste (2) hará entrar,
Génova, Mónaco rechazarán ejército rojo (3).

Traducción:

Los franceses cruzarán las montañas en etapas sucesivas y ocuparán el Milanesado. Harán penetrar su ejército en profundidad y, desde Génova y Mónaco, rechazarán al ejército rojo.

HUIDA DE FRANCIA DE UN JEFE DE LA IGLESIA ALIANZA TURCO-TUNECINA

VI, 53

Le grand Prelat Celtique à Roy suspect,
De nuict par cours sortira hors du regne:
Par Duc fertile à son grand Roy Bretagne,
Bisance à Cypres et Tunes insuspect (4).

El gran Prelado Céltico a Rey sospechoso,
De noche por curso saldrá fuera del reino:
Por Duque fértil a su gran Rey Bretaña,
Bizancio en Chipre y Túnez no sospechoso (4)

Traducción:

El gran prelado francés será sospechoso al jefe del Estado. Abandonará el país de noche. La abundancia será devuelta a Bretaña por el gran rey-soldado. Turquía no será sospechosa para Chipre y Túnez.

(1) El Milanesado. D.H.B.
(2) Ejército, campamento. D.A.F.L.
(3) Latín: *ruber.* rojo. D.L.L.B.
(4) Latín: *insuspecte:* sin sospecha. D.L.L.B.

IMPORTANTE PAPEL DE ARGELIA
EN EL CONFLICTO
DESEMBARCO RUSO
INVASION DE SUIZA POR LOS GRISONES

X, 38

Amoura legre (1) non loin pose le siege,
Au saint barbare (2) seront les garnisons:
Ursins Hadrie pour Gaulois feront plaige,
Pour peur rendus de l'armée aux Grisons (3).

Amoura legre (1) no lejos pone sede
En Santo Bárbaro (2) estarán las guarniciones:
Ursinos Hadria para galos harán playa
Para miedo idos del ejército a los Grisones (3)

Traducción:

El cuartel general se establecerá no lejos de Amoura y de Argel, donde se hallarán las guarniciones de los soldados de Mahoma. Luego los jóvenes soldados rusos desembarcarán en Francia a partir del Adriático, cuando se habrán dirigido a Suiza, a los Grisones, para aterrorizar al ejército.

ATAQUE AEREO EN MARSELLA Y GENOVA
INVASION DE LOS GRIEGOS POR IRAN

II, 96

Flambeau ardant au ciel soir sera veu,
Pres de la fin et principe (4) du Rosne,
Famine, glaive, tard le secours pourveu,
La Perse tourne envahi Macedoine (5).

Antorcha ardiente en el cielo noche será vista,
Cerca del fin y principio (4) del Ródano,
Hambre, espada, tarde el socorro previsto,
Persia vuelve a invadir Macedonia (5)

Traducción:

Un cohete será visto de noche en el cielo, cerca de la desembocadura y las fuentes del Ródano. El hambre, la guerra reinarán y se habrá pre-

(1) Palabra fabricada por Nostradamus con Amoura, ciudad de Argelia, al sur de Argel, en el macizo de los Ouled-Naïl, departamento de Argel (A.V.L.), y la ciudad de Argel.

(2) El profeta Mahoma.

(3) Uno de los cantones suizos, regado por el Rhin y el Inn; consta de cinco grandes valles: Rhin posterior y anterior, Engadina, Albula y Prettigaus. D.H.B.

(4) El Ródano nace en Suiza, en el Valais, cerca del monte Saint Gothard, corre hacia el Oeste hasta el lago Leman, al que atraviesa y del que sale en Ginebra. D.H.B.

(5) Reino de la antigua Grecia.

visto demasiado tarde el socorro, cuando Irán se pondrá en camino para invadir Macedonia.

INVASION DE SUIZA
A TRAVES DE LOS TUNELES

X, 49

Jardin (1) du monde auprès de cité neuve (2),
Dans le chemin des montagnes cavées (3),
Sera saisi et plongé dans la cuve,
Beuvant par force eaux soulphre envenimées.

Jardín (1) del mundo junto a la ciudad nueva (2)
En el camino de las montañas agujereadas (3)
Será tomado y hundido en el barreño.
Bebiendo por fuerza aguas azufre envenenadas.

Traducción:

El país más rico de Occidente, cerca de Neuchâtel, será tomado y sumergido a través de las montañas por los túneles, y su población se verá obligada a beber aguas polucionadas.

INVASION POR ITALIA DEL NORTE Y SUIZA
LA CARESTIA

IV, 90

Les deux copies aux murs ne pourront joindre,
Dans cet instant trembler Milan, Ticin(4):
Faim, soif, doutance si fort les viendra poindre
Chair, pain, ne vivres n'auront un seul boucin (5).

Los dos ejércitos en los muros no podrán unirse,
En aquel instante temblar Milán y Ticino (4).
Hambre, sed, duda tan fuerte vendrá alcanzar
Carne, pan, ni víveres tendrán una sola pizca (5).

Traducción:

Los dos ejércitos occidentales no podrán hacer su convergencia hasta

(1) En sentido figurado: país fértil. D.L. «Jardín del mundo», alusión a Suiza, caja fuerte de Occidente.
(2) Neufchâtel, Neuenburg en alemán, *Novisburgum* en latín, etimológicamente significa «ciudad nueva». Ciudad de Suiza, al pie del Jura. D.H.B.
(3) Latín: *cavo:* cavar, agujerear. D.L.L.B. Las montañas agujereadas: el macizo alpino.
(4) Latín: *Ticinus:* D.L.L.B.
(5) Provenzal: *boucoun:* bocado, pizca. D.B.

las defensas. En aquel instante se temblará en Milán y en Ticino, donde el hambre, la sed y la inquietud alcanzarán a los habitantes, que no tendrán ni carne, ni pan, ni la menor vitualla.

LA INVASION DE FRANCIA POR SUIZA

IV, 79

Pres du Tesin les habitans de Loyre
Garonne et Saone, Seine, Tain, et Gironde:
Outre les monts dresseront promontoire,
Conflict donné, Pau granci (1), submergé onde.

Cerca de Ticino los habitantes del Loira,
Garona y Saona, Sena, Tain y Gironde:
Más allá de los montes levantarán promontorios,
Conflicto dado, Pau garantizado (1), sumergido en las olas.

Traducción:

Cerca de Ticino (Suiza) los enemigos pasarán más allá de las montañas, donde levantarán bases estratégicas para atacar a los habitantes del Loira, del Garona, del Saona, del Sena, del Tain y de Gironde. La guerra se iniciará. La ciudad de Pau será protegida, la revolución lo sumergirá todo.

INVASION DESDE SUIZA
HASTA LOS BAJOS PIRINEOS

II, 26

Pour la faveur que la cité fera,
Au grand qui tost perdra camp de bataille
Puis le rang (2) Pau Thesin versera (3),
De sang, feux mors (4) noyez (5) de coups de taille (6).

Por el favor que la ciudad hará
Al grande que pronto perderá campo de batalla
Luego la hilera (2) Pau Ticino se dirigirá (3)
De sangre, fuego mordido (4) ahogados (5) de golpes de hoja (6)

(1) *Garance:* protección garantía. Otra forma de *garantir* (garantizar) D.A.F.L. Ejemplo de síncopa.
(2) Formación militar, compuesta de hombres colocados unos junto a otros. D.L.7.V.
(3) Latín: *verto:* me dirijo hacia, tomo una dirección. D.L.7.V.
(4) Mordedura, mordisco. D.A.F.L.
(5) Latín: *necare:* matar. D.L.7.V.
(6) Filo, parte cortante de un arma. D.L.7.V.

A causa del favor que París hará al gran país (U.S.A.), que desde el principio de la guerra abandona el campo de batalla, luego el ejército (ruso) desde Ticino se dirigirá a los bajos Pirineos, donde la sangre correrá y donde los habitantes sufrirán la mordedura del fuego y serán pasados por las armas.

LA INVASION Y EL SAQUEO DE SUIZA

IV, 9

Le chef du camp au milieu de la presse,
D'un coup de flesche sera blessé aux cuisses (1),
Lors que Genève en larmes et en detresse
Sera trahy (2) par Lozan et par Soysses.

*El jefe del campo en el centro de la tenaza
De un flechazo será herido en el muslo (1)
Cuando Ginebra entre lágrima y desolación
Será traicionada (2) por Lausanne y por los suizos.*

Traducción:

El jefe del ejército sitiado será alcanzado en sus defensas cuando los habitantes de Ginebra estarán en la desolación y llorarán y serán saqueados por una invasión a través de Suiza y Lausanne.

SAQUEO DE LAS RIQUEZAS DE FRANCIA Y SUIZA

IV, 42

Geneve et Langres par ceux de Chartres et Dole (3)
Et par Grenoble captif au Montlimard,
Seysset (4), Losanne, par frauduleuse dole (5),
Les trahiront (6) par or soixante marc.

*Ginebra y Langres por los de Chartres y Dole (3)
y por Grenoble cautivo en Montlimard.
Seysset (4), Laussane, por fraudulento dolor (5)
Les traicionarán (6) por oro sesenta marcos.*

(1) *Cuissel:* armadura que cubre los muslos. D.A.F.L.
(2) Arrebatar por fuerza, robar, quitar. *Trahere pagos:* saquear las poblaciones. D.L.L.B.
(3) Montaña del Jura (Suizo), cantón de Vaud, en la frontera francesa. D.L.7.V.
(4) Seyssel: capital de cantón de Ain, pero también otra capital de cantón en la alta Saboya. D.H.B.
(5) Dolo: Maniobra fraudulenta. D.L.7.V. Fraudulento: engañador, D.A.F.L.
(6) *Trahere pagos:* saquear ciudades. D.L.L.B.

Ginebra y Langres atacados por quienes ocuparán Chartres y el Jura suizo y que, llegando por Grenoble, habrán tomado Montélimar, así como Seyssel y Lausanne, serán despojados de su oro por una maniobra fraudulenta.

LA GUERRA EN LYON, EN EL ROSELLON

VIII, 6

Clarté fulgure (1) à Lyon apparante,
Luysant (2), print Malte, subit sera estainte,
Sardon (3), Mauris (4) traitera décevante (5),
Genève à Londes (6) a Coq trahison fainte.

Claridad fulgura (1) en Lyon aparente,
Brillante (2), tomado Malta, súbitamente será extinguida,
Sardon (3), Moros (4) tratará decepcionante (5),
Ginebra en Londres (6) a Gallo traición fingida.

Traducción:

Un brillo del incendio que se verá en Lyon, habiendo sido tomada con brillantez Malta, se extinguirá de pronto. Un tratado mentiroso será firmado en el Rosellón con los musulmanes, a causa de una traición hecha al rey por los ocupantes de Suiza e Inglaterra.

LA GUERRA LLEVADA A SUIZA, A INGLATERRA Y A ITALIA, PAISES MAS AFECTADOS

VI, 81

Pleurs, cris et plaincts, hurlements, effrayeurs,
Coeur inhumain, cruel noir (7), et transy (8):
Léman, les Isles, de Gennes les majeurs,
Sang espancher, frofaim (9), à nul mercy.

Llantos, gritos y lamentos, aullidos aterradores,
Corazón humano cruel, negro (7) y transido (8):
Leman, las Islas, de Ginebra las mayores,
Sangre derramar, frofaim (9), a nadie gracias.

(1)Latín: *fulgur:* relámpago, luz del rayo. D.L.L.B.
(2) En sentido figurado: Aparecer, manifestarse brillantemente. D.L.7.V.
(3) Sardones: pueblo de la región de Narbona. Su país formó el Rosellón. Hoy está en el departamento de los Pirineos Orientales. D.H.B.
(4) Latín: *maurus:* moro. D.L.L.B.
(5) Latín: *decípere:* engañar.
(6) Londres: *Londinum* en latín, *London* en inglés. D.H.B.
(7) En sentido figurado: atroz, perverso, odioso. D.L.7.V.
(8) Transir: sentido figurado: hacer temblar de miedo. D.L.7.V.
(9) Palabra compuesta por Nostradamus a partir de frío *(froid)* y hambre *(faim)*. [Fontbrune da la traducción, pero no incluye la nota que me parece evidente. (N. del T.)]

Los llantos, los gritos, los lamentos, los aullidos de terror se dejarán oír a causa de un personaje inhumano, cruel, odioso y terrible, en Suiza, en las islas Británicas y entre los dirigentes de Italia, donde derramará sangre, reinarán el frío y el hambre, no habrá misericordia para nadie.

TERROR EN SUIZA

Presagio 4, febrero

Près du Leman la frayeur sera grande,
Par le conseil, cela ne peut faillir:
Le nouveau Roy fait apprester sa bande,
Le jeune meurt faim, poeur fera faillir.

Cerca del Leman el terror será grande
A causa del consejo, eso no puede fallar:
El nuevo Rey hace preparar su banda.
El joven muere hambre, miedo hará sucumbir.

Traducción:

El terror será grande cerca del lago Leman, a causa de una resolución (O.N.U.) y esto es inevitable. El nuevo jefe hará preparar su ejército cuando el joven jefe habrá muerto de hambre, se sucumbirá de miedo.

HUIDA DE LOS HABITANTES DE SUIZA Y DE SABOYA

XII, 69

EIOVAS proche esloigner, lac Léman,
Fort grands apprest, retour, confusion:
Loin les nepveux (1), du feu grand Supelman (2),
Tous de leur fuyte.

EIOVAS próximo alejar, lago Leman,
Muy grandes preparativos, regreso, confusión:
Lejos los sobrinos (1), del fuego grande Supelman (2)
Todos de su huida.

(1) Historia: Título dado por los Emperadores de Alemania a los efectores seculares del Imperio. D.L.7.V.
(2) En vez de *super Leman*: Sobre el Leman.

Será preciso alejarse de los lugares próximos a Saboya (*) y del lago Leman. Se harán grandes preparativos (de guerra) que harán regresar la confusión. Será preciso mantenerse lejos de los alemanes, y de la gran guerra en el Leman, de donde huirán todos los habitantes.

EJECUCION DE LOS GINEBRINOS
Y DE SU JEFE DE ESTADO

X, 92

Devant le pere l'enfant sera tué,
Le pere apres entre cordes de jonc:
Genevois peuple sera esvertué (1),
Gisant le chef au milieu comme un tronc (2).

Ante el padre el hijo será muerto
El padre luego entre cuerdas de junco:
El pueblo ginebrino será destruido (1)
Yaciendo el jefe en medio como un tronco (2)

Traducción:

El hijo será muerto ante su padre, que luego será encarcelado. Los habitantes de Ginebra serán destruidos, su jefe muerto decapitado.

DESTRUCCION DE GINEBRA. SUIZA E IRAN

IX, 44

Migrés, migrés de Genève trestous,
Saturne (3) d'or en fer se changera:
Le contre RAYPOZ (4) exterminera tous
Avant l'advent de ciel signes fera.

Emigrad, emigrad de Ginebra todos,
Saturno (3) de oro en hierro cambiará
El contra RAYPOZ (4) exterminará a todos
Antes del acontecimiento el cielo hará signos

(*) Adviértase *Savoie* (Saboya en francés): *eiovas* (N. del T.).
(1) Latín: *everto:* derribar, abatir, destruir, arruinar. D.L.L.B.
(2) Latín: *truncus:* cuerpo mutilado, tronco sin cabeza. D.L.L.B.
(3) Dios del tiempo.
(4) Anagrama de Zopyra: uno de los siete señores persas que asesinaron al pseudo-Smerdis y que hicieron rey a Darío I. D.L.7.V.

¡Abandonad todos vuestra ciudad, habitantes de Ginebra! Vuestra edad de oro se convertirá en edad de guerra. El que se levantará contra el jefe iraní os exterminará a todos. Antes de este acontecimiento habrá señales en el cielo.

DESTRUCCION DE PARIS Y DE GINEBRA
HUIDA DE SUS HABITANTES

II, 6

Auprès des portes et dedans deux citez
Seront deux fléaux onc n'aperceu un tel,
Faim, dedans peste, de fer hors gens boutez,
Crier secours au Grand Dieu immortel.

Junto a las puertas y dentro de ambas ciudades
Habrá dos plagas como no se vieron igual
Hambre, peste dentro, hierro fuera, gente expulsada,
Gritar socorro al Gran Dios inmortal.

Traducción:

Cerca de la periferia y en las dos ciudades (París y Ginebra) habrá dos plagas como jamás parecidas se vieron. El hambre y la enfermedad reinando en estas ciudades, la gente será expulsada e implorará al gran Dios inmortal.

DESTRUCCION DE GINEBRA
DERROTA DE LAS TROPAS MUSULMANAS

II, 64

Seicher de faim, de soif, gent Genevoise,
Espoir prochain viendra au defaillir,
Sur point tremblant sera loy Gebenoise (1),
Classe au grand port ne se peut accueillir.

Secar de hambre, de sed, gente ginebrina,
Esperanza próxima vendrá a fallar
En punto temblando será ley gebanita (1)
El ejército en el gran puerto no puede acogerse

Traducción:

Los habitantes de Ginebra morirán de hambre y sed (Suiza) sucumbirá sin esperanza próxima. En este punto de la guerra la ley musulmana será trasiornada. Marsella no podrá acoger el ejército.

(1) Latín: *gebanitae:* gebanitas, pueblos de la Feliz Arabia. D.L.L.B.

CATASTROFE EN LAUSANA

VIII, 10

Puanteur grande sortira de Lausanne
Qu'on ne sçaura l'origine du faict,
L'on mettra hors toute la gent lointaine
Feu veu au ciel, peuple estranger deffaict.

Gran hediondez saldrá de Lausana
Que no se sabrá el origen del hecho
Se pondrá fuera toda la gente lejana
Fuego visto en el cielo, pueblo extranjero deshecho.

Traducción:

Saldrá de Lausana una hediondez cuyo origen no se conocerá. Se alejará a toda la población de la ciudad cuando se vea fuego en el cielo (cohete) y un país extranjero sea vencido (Alemania o Italia).

LA INVASION DESDE SUIZA HASTA PARIS
CAIDA DEL JEFE DEL ESTADO

VIII, 7

Verseil, Milan donra intelligence,
Dedans Tycin sera faicte la playe (1):
Courir par Seine, eau, sang, feu par Florence,
Unique cheoir d'hault en bas faisant maye (2).

Hacia Milan dará inteligencia
En Ticino será hecha la herida (1)
Correr por Sena, agua, sangre, fuego por Florencia.
Unico situado de lo alto a lo bajo haciendo alegría (2)

Traducción:

Habrá acuerdos secretos con el enemigo en Italia del Norte. La penetración del ejército tendrá lugar en Ticino para correr hasta el Sena, donde reinará la revolución, la sangre y la guerra habiendo alcanzado Florencia. El jefe del Estado caerá provocando alegría.

(1) Poético: brecha, perforación. D.L.7.V.
(2) Mayo: Maia, madre de Mercurio, cuyas fiestas se celebraban en los primeros días del mes de mayo. D.P. Mayo: regocijo, buen tiempo. D.A.F.L.

COMBATE CERCA DE ORGON Y DE LA MESETA DE ALBION
DERROTA DE IRAK EN FRANCIA

III, 99

Aux champs herbeux d'Alein (1) et du Varneigue (2),
Du mont Lebron (3) proche de la Durance,
Camp des deux parts conflit sera si aigre,
Mesopotamie (4) defaillira (5) en la France.

En los campos herbosos de Alein (1) y de Varneigue (2)
Del monte Lebrón (3) cercano a Durance
Campo de dos partes conflicto será tan agrio
Mesopotamia (4) desfallecerá (5) en Francia.

Traducción:

En la llanura de Alleins y de Vernègues y en la meseta de Albión, cerca de Durance, el conflicto será muy duro para ambos campos y el Irak perderá sus fuerzas en Francia.

TRANSPORTE DE ORO POR EL RODANO

V, 71

Par la fureur d'un qui attendra (6) l'eau,
Par la grand rage tout l'exercite esmeu:
Chargé des nobles (7) à dix-sept bateaux
Au long du Rosne, tard messager venu.

Por el furor de uno que aguardará (6) el agua
Por la gran rabia todo el ejército conmovido:
Cargado de nobles (7) diecisiete barcos
a lo largo del Ródano, tarde mensajero llegado

Traducción:

Por el furor de un personaje la revolución se extenderá. Con gran rabia todo el ejército será puesto en movimiento. Una flota de diecisiete barcos cargados de oro remontará el Ródano, habiendo llegado demasiado tarde el mensajero.

(1) Alleins, comuna de Bouches-du-Rhône. D.L.7.V. Cerca de Orgon.

(2) Vernègues, comuna de Bouches-du-Rhône, cerca de la nacional 7.

(3) Lubéron o Léberon: montaña de la Francia meridional (bajos Alpes y Vaucluse), por encima del valle del Durance. D.L.7.V. La meseta de Albión forma parte del macizo del Luberón.

(4) Región comprendida entre el Tigris y el Eufrates. Hoy Irak D.H.B.

(5) Perder sus fuerzas. D.L.7.V.

(6) Latín: *attendo:* tiendo, dirijo hacia. D.L.L.B.

(7) Numismática: En 1334, Eduardo III de Inglaterra hizo la primera emisión de oro inglés e hizo acuñar «nobles de oro» cuyo peso modificó a continuación. La libra de oro servía para fabricar 45 nobles D.L.7.V.

III; 46

Le ciel (de Plencus (1) la cité) nous présage
Par clers (2) insignes et par estoilles fixes (3),
Que de son change subit s'approche l'aage,
Ne pour son bien ne pour les malefices.

El cielo [de Plencus (1) la ciudad] nos presagia
Por claras (2) insignias y por estrellas fijas (3)
Que de su cambio súbito se acerca el tiempo
Ni por su bien ni por los maleficios.

Traducción:

El cielo nos anuncia por señales luminosas y por satélites que el momento de un cambio sufrido por Lyon se aproxima, ni por el bien, ni por el mal de la ciudad.

(1) Munatius Plancus, orador y general romano... Fundó o, al menos, descubrió Lugdunum (Lyon) mientras era procónsul en las Galias. D.H.B.

(2) Forma primitiva de clair (claro) D.A.F.L.

(3) Así se denominan los astros dotados de brillo propio, y que ocupan o parecen ocupar siempre la misma posición en el espacio. D.L.7.V.

OCUPACION DE PARIS POR EL EJERCITO ROJO
SU DESTRUCCION: GRAN MORTANDAD

VI, 96

Grande Cité à soldats abandonnée,
Onc n'y eust mortel tumult si proche,
O qu'elle hideuse mortalité s'approche,
Fors una offense ny sera pardonnée.

Gran ciudad a soldados abandonada
Nunca fue mortal tumulto tan cercano
¡Oh!, qué horrenda mortandad se acerca
Ni una ofensa será perdonada.

Traducción:

París será abandonada a los soldados (enemigos). Jamás se vio tal conflicto tan cercano a la ciudad. ¡Oh, qué horrenda mortandad se aproxima a ella!

PARIS INCENDIADO

V, 8

Sera laissé le feu vif, mort caché,
Dedans les globes (1) horrible espovantable,
De nuict a classe cité en poudre (2) lasché,
La cité à feu, l'ennemy favorable.

Será dejado el fuego vivo, muerte oculta
En los globos (1) horrible espantoso,
De noche la flota ciudad en polvo (2) dejada
La ciudad en fuego, enemigo favorable.

Traducción:

Quien se haya ocultado morirá abrasado en horribles y espantosos torbellinos de llamas. La ciudad será reducida a polvo, de noche, por la flota (aérea). La ciudad incendiada será favorable al enemigo.

(1) Latín: *globus:* masa, montón. *Globi flammarum:* torbellinos de llamas. Virgilio. D.L. L.B.
(2) Latín: *pulvis:* Polvo. D.L.L.B.

PARIS SALVADO EN 1945
PARIS DESTRUIDO EN EL III CONFLICTO MUNDIAL

Sextilla 3

La ville sens dessus dessous
Et renversée de mille coups
De canon: et fort dessous terre:
Cinq ans tindra: le tout remis,
Et laschée à ses ennemis,
L'eau leur fera après la guerre.

La ciudad revuelta
Y derribada de mil tiros
De cañón: y muy bajo tierra:
Cinco años resistirá: todo devuelto,
Y dejada a sus enemigos,
El agua les hará después la guerra.

Traducción:

La ciudad destrozada de arriba a abajo por mil cañonazos y muy bajo tierra (el metro). Resistirá cinco años (1940-1945), todo será devuelto a su lugar, luego será abandonada a sus enemigos, a quienes la revolución hará la guerra.

UN COHETE CONTRA PARIS
TRASTORNOS REVOLUCIONARIOS EN LA CIUDAD

VI, 34

De feu volant la machination (1),
Viendra troubler au grand chef assiegez;
Dedans sera telle sedition,
Qu'en desespoir seront les profligez.

De fuego volante la máquina (1),
Vendrá a turbar al gran jefe sitiado:
Dentro habrá tal sedición
Que en desesperación serán afligidos.

Traducción:

Una máquina de guerra volante e incendiaria turbará al jefe de los sitiados. Habrá en el interior tal sedición, que los infelices estarán desesperados.

---

(1) Latín: *machinatio:* aparato mecánico, máquina. D.L.L.B.

VI, 4

Le Celtique fleuve changera de rivage,
Plus ne tiendra la cité d'Aggrippine (1)
Tout transmué, hormis le vieil langage,
Saturn. Leo, Mars, Cancer en rapine (2).

El Céltico río cambiará de orilla
No resistirá más la ciudad de Agripina (1)
Todo transmutado, salvo el antiguo idioma,
Saturno, Leo, Marte, Cáncer en rapiña (2)

Traducción:

Las orillas del río francés (el Sena) cambiarán de aspecto. París no resistirá más. Todo será transformado salvo la lengua francesa, pues será época de totalitarismo, guerra y miseria por el saqueo.

DESTRUCCION DE PARIS

III, 84

La grand Cité sera bien désolée,
Des habitants un seul n'y demourra,
Mur sexe, temple et vierge violée,
Par fer, feu, peste, canon peuple mourra.

La gran Ciudad será muy asolada
De los habitantes ni uno sólo permanecerá
Muro sexo, templo y virgen violada
Por hierro, fuego, peste, cañón pueblo morirá

Traducción:

París será muy devastada. Ni uno solo de sus habitantes permanecerá allí. Los edificios, las iglesias serán destruidos, las mujeres y las muchachas serán violadas. Por el hierro de la guerra, el fuego, la enfermedad y la artillería el pueblo de París morirá.

(1) Nostradamus llama así a París porque compara la República francesa de la Revolución de 1789 con Agripina, y el comunismo, salido de la Revolución, a Nerón. Y como Agripina fue asesinada por su hijo Nerón, la República francesa será ejecutada por su hijo: el comunismo, que incendiará París como Nerón incendió Roma.
(2) La palabra rapiña designaba un delito consistente en un robo acompañado de violencia cometido por una banda de hombres armados.

LA REGION PARISINA HECHA INHABITABLE
LA INVASION DE INGLATERRA

IV, 43

Long temps sera sans estre habitée,
Où Seine et Marne (1) autour vient arrouser,
De la Tamise et martiaux temptée (2),
De ceux les guardes en cuidant repousser

Largo tiempo estará sin ser habitada,
Donde Sena y Marne (1) en torno vienen a regar,
Del Támesis y marciales ataques (2),
De ellos los guardas cuidando rechazar

Traducción:

La confluencia del Sena y del Marne permanecerá mucho tiempo inhabitada cuando los guerreros que habrán atacado Inglaterra creerán rechazar sus defensas.

EL REY CONTRA EL OCUPANTE DE PARIS
UN COHETE INCENDIARA PARIS
EL GOBERNADOR MILITAR OCUPANTE ODIADO

VI, 92

Prince sera de beauté tant venuste (3),
Au chef menée, le second faict trahy:
La cité au glaive de poudre face (4) aduste (5),
Par trop grande meurtre le chef du Roy haï.

Príncipe será de belleza tan agradable (3)
Al jefe ardid, el segundo hecho traicionado:
La ciudad por la espada de polvo tizón (4) quemada. (5)
Por demasiado gran crimen el jefe del Rey odiado.

Traducción:

El príncipe será de una belleza muy agradable y utilizará un ardid contra el jefe del gobierno, también el segundo (gobierno) será traicionado. La ciudad (París) entregada a la matanza arderá a causa de un cohete incendiario. El jefe del gobierno (rojo) será odiado a causa de sus crímenes demasiado importantes.

(1) París está en la confluencia del Sena y el Marne.
(2) Latín: *tempto:* atacar, D.L.L.B.
(3) Latín: *venustus:* encantador, agradable. D.L.L.B.
(4) Latín: *fax:* tizón. D.L.L.B.
(5) Latín: *adustus:* quemado. D.L.L.B.

EL ATAQUE MUSULMAN

VIII, 73

Soldat Barbare le grand Roy frappera,
Injustement non esloigné de mort,
L'avare (1) mère du faict cause sera
Conjurateur et regne en grand remort.

Soldado bárbaro el gran Rey golpeará
Injustamente no alejado de la muerte
El avaro (1) madre de hecho causa será
Conjurador y reino en gran remordimiento.

Traducción:

Las tropas musulmanas golpearán al gran jefe cuya muerte, injustamente, no se hallará muy lejos. La avidez de la madre (la República) será causa del acontecimiento. El conjurador y el poder serán muy atormentados.

LOS TRES AÑOS Y SETENTA DIAS
DE REGIMEN ROJO
LA CONJURACION

VI, 74

La déchassée (2) au regne tournera,
Ses ennemis trouvez des conjurés:
Plus que jamais son temps triomphera
Trois et septante à mort trop asseurés.

La déchassée (2) al reino llegará,
Sus enemigos hallados conjurados
Más que nunca su tiempo triunfará
Tres y setenta a muerte demasiado asegurado.

Traducción:

La izquierda llegará al poder. Se descubrirá que los enemigos están conjurados. Más que nunca triunfará su tiempo, pero es seguro que morirá al cabo de tres años y setenta días.

(1) Latín: *avarus:* ávido de dinero. D.L.L.B.
(2) Paso de danza que se realiza hacia la *izquierda,* por oposición al *chassé* que se realiza hacia la derecha. D.L.7.V.

EL FIN DEL SISTEMA REPUBLICANO
POR UNA CONJURACION
LA SENILIDAD DE LAS IDEAS DE J.-J. ROUSSEAU

I, 7

Tard arrivé l'exécution faite,
Le vent contraire, lettres au chemin prises:
Les conjurez XIIII d'une secte,
Par le Rousseau senez les entreprises.

Tarde llegado la ejecución hecha,
El viento contrario, cartas tomadas en el camino
Los conjurados XIIII de una secta
Por el Rousseau senectas las empresas

Traducción:

(El salvador) llegado tarde, la ejecución (del régimen) se habrá ejecutado, el viento (de la historia) habiéndose vuelto contrario y habiendo sido aprehendidos documentos. Catorce conjurados de un partido harán seniles las empresas comenzadas por Jean-Jacques Rousseau.

FIN DEL JEFE ROJO. LOS CONJURADOS

V, 17

De nuict passant le Roy près d'une Androne (1),
Celui de Cypres (2) et principal guette,
Le Roy failly, la main fuit long du Rosne,
Les conjurez l'iront à la mort mettre.

De noche pasando el Rey cerca de una Androna (1)
El de Chipre (2) y principal acecho,
El Rey derrotado, la mano huye largo del Ródano,
Los conjurados irán a darle muerte.

Traducción:

Pasando de noche cerca de un estrecho (¿el Bósforo?) que el jefe de Chipre vigila, el jefe (enemigo) se hundirá cuando sus fuerzas huirán a lo largo del Ródano; los conjurados irán entonces a darle muerte.

(1) Provenzal:*Androuno:* paso estrecho, calleja. D.P.
(2) La antigua Cypros: Chipre.

LA VICTORIA DE OCCIDENTE

— Fin de la V República y cumplimiento de la profecía de Nostradamus en 1999.
— Caída de las fuerzas rusas ante las de los musulmanes.
— Derrota musulmana en el mar Adriático.
— Flota hundida en el mar Rojo.
— Muerte del jefe musulmán en el mar Rojo.
— Rusia y Turquía.
— Caída de los siete países de la Europa del Este.
— El rey de España contra las tropas musulmanas.
— Gran reunión de tropas en la frontera irano-armenia.
— Tres años y siete meses de guerra.
— Dos años de ocupación total.
— «El Imperio roto».
— La liberación de Marsella.
— Liberación del Sudoeste por los americanos.
— Proclamación de la República de Occitania.
— Las fuerzas comunistas aplastadas en Toulouse.
— Movimientos rojos en el sudoeste - 1982.
— Los movimientos revolucionarios en Toulouse.
— Detención de las tropas musulmanas en el Drôme.
— Derrota de las tropas musulmanas.
— Alianza de Rumania, Inglaterra, Polonia y Alemania del Este.
— Retroceso de las tropas musulmanas en Túnez.
— Derrota de las tropas rusas en los Alpes (Chambéry).
— Victoria final en Armenia.
— Fin de la guerra en el mes de noviembre (1985 u 86).

LA V REPUBLICA: UN POCO MAS DE VEINTE AÑOS.
EL REGRESO DE LA MONARQUIA HASTA 1999.
FIN Y CUMPLIMIENTO
DE LA PROFECIA DE NOSTRADAMUS: 1999

I, 48

Vingt ans du règne de la Lune passéz (1),
Sept mille ans autre tiendra sa Monarchie
Quand le soleil prendra ses jours lasséz (2),
Lors accomplir et mine (3) ma prophétie.

Veinte años del reino de la Luna, pasados (1)
Siete mil años otro tendrá su Monarquía
Cuando el sol tomará sus días infortunados (2)
Entonces cumplir y terminar (3) mi profecía

Traducción:

Después de veinte años de poder republicano, otro establecerá la monarquía hasta el séptimo milenio (1999). Cuando el Borbón conocerá la desgracia, entonces mi profecía estará terminada y cumplida.

PORTUGAL: BASE DE PARTIDA DE LA LIBERACION
DE FRANCIA
COMBATES EN EL SUDOESTE Y EN EL LANGUEDOC

X, 5

Albi et Castres feront nouvelle ligue,
Neur (4) Arriens (5) Libon et Portugues:
Carcas. Tholose consumeront leur brique,
Quand chef neuf monstre (6) de Lauragues (7).

Albi y Castres harán nueva liga,
Nuevo (4) Arriano (5) Lisboa y portugueses
Carcas, Tholose consumirán su ladrillo,
Cuando jefe nuevo monstruo (6) de Lauragues (7).

(1) Principio de la Vª República: septiembre de 1959; fin: septiembre de 1984 como máximo.

(2) Latín: *lassae res:* mala fortuna. D.L.L.B.

(3) En vez de *terminer* (terminar): por aféresis.

(4) En vez de *neuf:* nuevo: D.A.F.L.

(5) Arriano, historiador griego, hombre de Estado y guerrero. Rechazó a los alanos y fue, como recompensa por sus servicios, nombrado cónsul. D.H.B. Nostradamus establece un paralelismo entre Arriano y el jefe francés que expulsará el ejército de ocupación de Alemania del Este. D.H.B.

(6) Latín: *monstrum:* plaga, calamidad. D.L.L.B.

(7) Región comprendida en el departamento del alto Garona y del Aude. D.H.B.

472

Traducción:

Se creará un nuevo partido en el Tarn, luego un nuevo Arriano, desde Lisboa a Portugal, destruirá sus ardides hasta Carcasona y Toulouse, cuando el nuevo jefe haga una calamidad en el Lauraguais.

HUNDIMIENTO DEL BLOQUE RUSO-MUSULMAN

III, 95

La loy Moricque (1) on verre déffaillir,
Après une autre beaucoup plus séductive:
Boristhènes (2) premier viendra faillir,
Par dons et langue une plus attractive.

La ley morisca (1) se verá desfallecer
Tras otra mucho más seductora
Boristenes (2) primero vendrá declinar,
Por dones y lengua una más atractiva.

Traducción:

Podrá verse cómo se hunde la ley musulmana, tras otra ley mucho más seductora (la ley comunista). Rusia se hundirá en primer lugar y será atraída por los beneficios y la lengua (de los franceses).

DERROTA NAVAL DE LAS TROPAS RUSO-MUSULMANAS
LA DEFENSA DEL GRAN PAPA

V, 44

Par mer, le rouge sera prins de pyrates,
La paix sera par son moyen troublée:
L'ire et l'avare (3) commettra (4) par sainct acte,
Au Grand Pontife sera l'armée doublée.

Por mar, el rojo será cogido con piratas,
La paz será por su medio turbada:
La ira y el avaro (3) reunirá (4) por santo acto,
Al Gran Pontífice será el ejército doblado.

Traducción:

Por el mar las fuerzas soviéticas serán cogidas con los musulmanes que habrán turbado la paz. La cólera y la avidez se unirán contra las acciones de la Iglesia. Los efectivos del ejército de protección del gran Papa serán doblados.

(1) Moros: los musulmanes.
(2) Antiguo nombre del Dnieper, río de la Rusia europea. D.H.B.
(3) Latín: *avaritia:* avidez. D.L.L.B.
(4) Latín: *committo:* unir, reunir juntar. D.L.L.B.

GRANDES BATALLAS EN EL MAR NEGRO
LAS TROPAS IRANIES EN TURQUIA
DERROTA NAVAL ARABE EN EL ADRIATICO

V; 27

Par feu et armes non loin de la marnegro (1),
Viendra de Perse occuper Trebisonde (2):
Trembler Phato (3), Methelin (4), sol alegro,
De sang Arabe d'Adrie couvert onde.

Por fuego y armas no lejos del mar Negro (1)
Vendrá de Persia a ocupar Trebisonda (2)
Temblar Fato (3), Methelin (4), sol alegre,
De sangre árabe de Adria cubierta la ola.

Traducción:

Por el fuego de las armas de la guerra no lejos del mar Negro, tropas de Irán irán a ocupar Trebisonda. La desembocadura del Nilo y Grecia temblarán, por la habilidad del Borbón que cubrirá el Adriático de sangre árabe.

COMBATES ENTRE INGLATERRA Y LA R.D.A.
LA GUERRA EN FRANCIA
OCUPACION DE MARSELLA
VICTORIA DE OCCIDENTE.

X, 58

Au temps du deuil que le félin monarque (5)
Guerroyera le jeune Aemathien (6)
Gaule bransler pérecliter la barque.
Tenter (7) Phossens (8) au Ponant (9) entretien (10).

El tiempo de luto que el felino monarca (5)
Guerreará el joven Emacio (6)
Galia trastornar periclitar la barca.
Tener (7) Foceanos (8) al Poniente (9) conservación (10)

(1) Latín: *mar:* el mar, y Negro, de *niger:* Negro. D.L.L.B. [Adviértase, para justificar esta nota, que la palabra francesa-*noir* es bastante distinta a la española negro. (N. del T.)]

(2) Ciudad de la Turquía asiática a orillas del mar Negro. D.H.B.

(3) Fatmético: uno de los antiguos brazos del Nilo, hoy la rama de Damiette. D.H.B.

(4) Antaño Mitilene, antigua capital de la isla de Lesbos; era una de las principales ciudades griegas de Asia. D.H.B.

(5) Alusión al leopardo de las armas de Inglaterra.

(6) Simboliza el espíritu de conquista y de guerra en Alemania. Véase X, 7.

(7) Latín: *teneo. temtum:* tengo, ocupo. D.L.L.B.

(8) Los foceanos: los marselleses.

(9) Palabra empleada antaño, en el Mediterráneo, para designar el Océano o el Occidente, por oposición al Levante. D.L.7.V.

(10) Mantener en buen estado, hacer duradero. D.L.7.V.

Traducción:

Cuando el jefe inglés hará la guerra al joven jefe alemán, Francia será trastornada, la Iglesia periclitará. Marsella será ocupada y, luego, el Occidente se mantendrá.

LA VICTORIA DE OCCIDENTE

Presagio 8, junio

Loin près de l'Urne (1) le malin (2) tourne arrière,
Qu'au grand Mars feu donra empeschement:
Vers l'Aquilon au midy le grand fiersl (3),
FLORA (4) tiendra la porte en pensement (5).

Lejos, cerca de la Urna (1) el maligno (2) vuelve atrás
Que el gran Marte fuego dará impedimento
Hacia el Aquilón al mediodía el gran orgulloso (3)
FLORA (4) mantendrá la puerta en pensamiento (5).

Traducción:

Cuando se aproxime la era de Acuario, el diablo retrocederá mucho y se pondrán obstáculos al fuego de la gran guerra. De Rusia a los países musulmanes, al gran orgulloso, y el Occidente mantendrá la libertad de pensamiento.

(1) Latín: *Urna:* atributo de Acuario. D.L.L.B.
(2) Nombre masculino: Diablo, demonio; se representa con frecuencia al maligno en forma de serpiente. D.L.7.V.
(3) Orgulloso. D.L.7.V.
(4) Céfiro era en realidad el viento de Occidente. Los poetas griegos y latinos lo celebraron porque llevaba el frescor a los climas ardientes que habitaban. Su soplo, a la vez suave y poderoso, devuelve la vida a la naturaleza. Los griegos le dieron por esposa a Chloris, y los latinos a la diosa Flora. M.G.R.
(5) Acción de pensar. D.L.7.V.

Presagio 32, noviembre

Venus (1) la belle entrera dedans FLORE,
Les exilez secrets (2) lairront (3) la place:
Vesves beaucoup. mort de Grand on déplore,
Oster du regne. le Grand Grand ne menace.

Venus (1) la bella entrará en FLORA
Los exiliados secretos (2) dejarán (3) lugar:
Viudas mucho, muerte de Grande se deplora,
Sacar del reino, el Gran Grande no amenaza.

Traducción:

Cuando la palabra venenosa y los placeres sexuales seductores se introducirán en Occidente, algunos exilados dejarán el lugar por parajes retirados. Habrá muchas viudas y se deplorará la muerte de un gran personaje que será sacado del poder; pese a que la grandeza de este gran personaje no amenazaba a nadie.

LA LIBERACION DE FRANCIA POR NANTES
UNA GRAN FLOTA HUNDIDA EN EL MAR ROJO
UNA PLAGA EN ALEMANIA
PROVOCADA POR RUSIA Y TURQUIA

VI, 44

De nuict par Nantes Lyris apparoistra,
Des arts marins susciteron la pluye:
Arabiq goulfre (4) grand classe parfondra,
Un monstre en Saxe naistra d'ours et de truye (5).

De noche por Nantes la paz aparecerá,
Artes marinas suscitarán lluvia:
Arábigo golfo (4) gran flota hundirá
Un monstruo en Sajonia nacerá de oso y de cerda (5)

Traducción:

La paz será entrevista de noche a partir de Nantes (los franceses) iniciarán bombardeos de la marina. Una gran flota será hundida en el mar Rojo, cuando una plaga nacerá, a causa de Rusia y de Turquía, en Alemania.

(1) Veneno: latín: *venus:* deseo sexual personificado en Venus, diosa del amor. D.L.7.V.
(2) Latín: *secretum:* retiro, lugar retirado. D.L.L.B.
(3) *Lairai:* futuro de *laïer:* dejar. D.A.F.L.
(4) Mar Rojo o golfo de Arabia.
(5) Latín: *troja,* que se relaciona con la expresión *sus trojanus,* cerdo troyano, es decir, relleno, aludiendo al caballo de Troya. D.L.7.V. Nostradamus designa así a Turquía, pues la ciudad de Troya está situada en Asia Menor.

LOS EJERCITOS FRANCO-BELGAS
CONTRA LAS TROPAS MUSULMANAS
MUERTE DEL JEFE MUSULMAN EN EL MAR ROJO

VIII, 49 (1)

Satur (2) au boeuf (3) iove (4) en l'eau, Mars en fleiche,
Six de Fevrier mortalité donra:
Ceux de Tardaigne (5) à Bruge (6) si grand breche (7),
Qu'à Ponterose (8) chef Barbarin mourra.

Satur (2) al buey (3) Júpiter (4) en el agua, Marte en flecha
Seis de febrero mortaliada dará:
Los de Tardaigne (5) en Brujas (6) tan gran brecha (7)
Que Ponteroso (8) jefe Bárbaro morirá.

Traducción:

Cuando llegue el tiempo de la violencia y la atmósfera de la revolución, la guerra aumentará. El seis de febrero se conocerá la mortandad. Los franceses y los belgas harán tan gran brecha en las tropas enemigas, que el jefe musulmán morirá en el mar Rojo.

VICTORIA DE OCCIDENTE
COMBATES CONTRA LAS TROPAS MUSULMANAS

IV, 39

Les Rhodiens (9) demanderont secours,
Par le neglet de ses hoyrs delaissée,
L'Empire Arabe ravalera (10) son cours (11)
Par Hespéries (12) la cause redressée.

Los de Rodas (9) pedirán socorro
Por la negligencia de sus herederos olvidados
El imperio árabe rebajará (10) su curso (11)
Por Hesperia (12) la causa puesta de nuevo en pie.

(1) Gran número de exegetas, preocupándose poco de la precisión de Nostradamus, han atribuido este texto a los sangrientos acontecimientos del 6 de febrero de 1934. Si exceptuamos el día, nada concuerda con tal suceso. [Del 6 al 9 de febrero de 1934, para reprimir las manifestaciones convocadas como protesta contra el régimen y la corrupción parlamentaria, la policía abrió fuego contra la muchedumbre en la plaza de la Concordia, provocando quince muertos e innumerables heridos. (N. del T.)]

(2) Saturno, Cronos en griego: el tiempo.

(3) En sentido figurado: brutal. D.L.7.V.

(4) Júpiter, Jovis: aire, cielo, atmósfera. D.L.L.B.

(5) Tardenois: antigua y pequeña región de Francia, en el Soissonnais, hoy comprendida en el departamento del Aisne. D.H.B.

(6) Ciudad de Bélgica, capital de Flandes occidental. D.H.B.

(7) Por analogía, abrirse paso en una tropa, en un conjunto de hombres. D.L.7.V.

(8) Palabra fabricada a partir de πόντος: el mar, y rojo.

(9) Rodas: isla del mar Egeo que fue devuelta a Grecia en 1947.

(10) Hacer disminuir, abatir, rebajar. D.L.7.V.

(11) Marcha, progresión, desarrollo. D.L.7.V.

(12) Griego: Ἑσπερις: Occidente. D.G.F.

Traducción:

Los griegos pedirán socorro a causa de la negligencia de sus herederos que les habrán abandonado. El desarrollo del imperio árabe será rebajado y Occidente se pondrá de nuevo en pie.

VICTORIA DE OCCIDENTE
CAIDA DE LOS SIETE PAISES DEL ESTE

IV, 50

Libra verra regner les Hesperies,
Du ciel et terre tenir la Monarchie,
D'Asie forces nul ne verra peries
Que sept ne tiennent par rang la hiérarchie (1).

Libra verá reinar las Hesperias
Del cielo y la tierra tener la Monarquía
De Asia fuerzas nadie verá perecidas,
Que siete no tienen por rango la jerarquía (1).

Traducción:

La justicia verá reinar a los occidentales, la monarquía tendrá cielo y tierra, pero las fuerzas de Asia no serán destruidas mientras siete países mantengan su jerarquía.

REVOLUCION EN LOS PAISES DEL ESTE
LLUVIA DE AEROLITOS EN TIERRA Y MAR
CAIDA DE LOS SIETE PAISES DEL PACTO DE VARSOVIA

II, 18

Nouvelle pluye (2) subite, impétueuse,
Empeschera subit deux exercites:
Pierres, ciel, feux faire la mer pierreuse,
La mort de sept terre et marins subite.

Nueva lluvia (2) súbita, impetuosa,
Pondrá impedimento de pronto a dos ejércitos,
Piedras, cielo, fuego hacer el mar pedregoso,
La muerte de siete tierra y marinos súbita.

Traducción:

Una nueva revolución repentina y violenta obstaculizará bruscamente dos ejércitos (en su progresión). Aerolitos en fusión caídos del cielo empedrarán el mar y provocarán la caída súbita de los siete países del (Pacto de Varsovia) por tierra y por mar.

(1) Los siete países del pacto de Varsovia: U.R.S.S., R.D.A., Polonia, Rumania, Hungría, Checoslovaquia y Bulgaria.
(2) Símbolo constante de la revolución en el texto de Nostradamus.

INCENDIO DE PARIS, INVASION DE CERDEÑA POR LOS MUSULMANES. VICTORIA DE OCCIDENTE

II, 81

Par le feu du ciel la cité presque aduste (1),
L'urne (2) menace encore Ceucalion (3),
Vexée Sardaigen par la Punique fuste (4),
Après le Libra (5) lairra (6) son Phaëton (7).

Por el fuego del cielo la ciudad casi quemada (1),
La urna (2) amenaza todavía Ceucalión (3),
Vejada Cerdeña por la púnica fusta (4)
Después de Libra (5) dejará (6) su Faetón (7)

Traducción:

Por fuego caído del cielo, la ciudad quemada casi por completo; la revolución y la muerte amenazan todavía al hombre justo. Cerdeña será dañada por una flota musulmana, tras de lo cual la guerra dejará paso a la justicia.

EL REY DE ESPAÑA CONTRA LOS MUSULMANES

X, 95

Dans les Espagnes viendra Roy très puissant,
Par mer et terre subjugant le midy:
Ce mal fera, rabaissant le croissant,
Baisser les aesles à ceux du vendredy (8).

A las Españas llegará rey muy poderoso,
Por mar y tierra subyugará el mediodía:
Este mal hará, rebajando el creciente,
Bajar las alas a los del viernes (8)

(1) Latín: *adustus:* quemado. D.L.L.B.
(2) Recipiente que servía a los antiguos para sacar agua del pozo, recoger los sufragios, conservar las cenizas de los muertos. D.L.7.V. Tomado por Nostradamus como símbolo de la revolución (agua) y de la muerte.
(3) Error de tipografía: en vez de Deucalión (véase X, 6 y presagio 90). Hijo de Prometeo, bajo su reinado aconteció el famoso diluvio. Júpiter, viendo crecer la maldad de los hombres, decidió sumergir el género humano. La superficie de la tierra fue inundada, menos una sola montaña en Focida, donde se detuvo la pequeña barca que llevaba a Deucalión, el más justo de los hombres. M.G.R.
(4) Italiano: *fusta:* especie de nave larga y de borda baja, que funcionaba a vela y a remos. D.L.7.V.
(5) Latín: *Libra:* constelación, la Balanza. D.L.L.B. Símbolo de la justicia.
(6) Futuro de *laïer:* dejar. D.A.F.L.
(7) Nombre griego del planeta Júpiter: Los cíclopes dieron a Júpiter el trueno, el relámpago y el rayo, a Plutón un casco y a Neptuno un tridente. Con estas armas los tres hermanos vencieron a Saturno. M.G.R. Tomado como símbolo de las guerras.
(8) Día santo de los musulmanes.

Traducción:

Un rey muy poderoso llegará a España, subyugando los países del Mediodía (Africa del Norte) por mar y por tierra; lo hará para rebajar el poderío del Creciente (árabe) y hacer bajar las alas a los adoradores del viernes.

DERROTA DE LOS MUSULMANES

V, 80

Logmion (1) grande Bisance approchera,
Chassée sera la barbarique ligue (2):
Des deux loix l'une l'estinique (3) lachera,
Barbare et franche en perpétuelle brigue (4).

Logmion (1) gran Bizancio acercará,
Expulsada será la bárbara liga (2):
De las dos leyes una, la pagana (3) cederá
Bárbaro y franco en perpetuo tumulto (4).

Traducción:

El elocuente personaje se acercará a la gran Turquía, la alianza musulmana será derrotada: de las dos leyes musulmanas, una (la chiíta) será abandonada; habrá perpetuos tumultos entre musulmanes y franceses.

(1) Ogham, Ogmios u Ogmius, dios de la elocuencia y de la poesía entre los galos; era representado como un anciano, armado con un arco y una maza, atrayendo hacia él a numerosos hombres por las redes de ámbar y oro que brotaban de su boca. D.H.B.

(2) Alianza, confederación de varios Estados: Liga ofensiva y defensiva, D.L.7.V. Véase: «Y será la secta bárbara de todas las naciones grandemente afligida y expulsada.» Carta a Enrique, Rey de Francia segundo.

(3) Latín: *ethnicus:* pagano. D.L.L.B. Las dos leyes musulmanas: los sunitas, secta musulmana, de la palabra árabe *sunnah* (tradición), porque sus fieles pretenden conservar la verdadera tradición. Los chiítas, secta musulmana opuesta a la de los sunitas. El nombre de chiítas (falsos, heréticos) les fue dado por los sunitas, que se consideran los únicos ortodoxos. D.H.B.

(4) Tumulto, pelea. D.A.F.L.

EL REY DE FRANCIA EN ITALIA
COMBATES EN LOS ALPES

V, 50

L'an que les frères du lys seront en l'aage,
L'un d'eux tiendra la Grande Romanie,
Trembler les monts, ouvert latin passage (1),
Pache marcher (2) contre fort d'Arménie.

El año que los hermanos del lis estarán en edad
Uno de ellos tendrá la gran Romaña,
Temblar los montes, abierto latino paso (1),
Paz marchar (2) contra fuerte de Armenia.

Traducción:

El año o el momento de los hermanos Borbones (los reyes de Francia y España) habrá llegado, uno de ellos (el rey de Francia) ocupará Italia, las montañas (Alpes) temblarán, el paso hacia Italia estará abierto. La paz tardará en llegar a causa de las fuerzas de Armenia.

REUNION DE GRANDES TROPAS EN IRAN
Y EN ARMENIA
DERROTA DE LAS TROPAS MUSULMANAS

III, 21

Aux chands de Mede (3), d'Arabe et d'Arménie,
Deux grands copies (4) trois fois s'assembleront:
Près du rivage d'Araxes (5) la mesgnie (6)
Du grand Soliman en terre tomberont.

En los campos de Media (3), de Arabia y de Armenia,
Dos grandes ejércitos (4) tres veces se reunirán:
Cerca del río Araxes (5) la mesnada (6)
Del gran Solimán en tierra caerá.

Traducción:

En los territorios de Irán, Arabia y Armenia, dos grandes ejércitos se reunirán, el ejército será concentrado en la frontera irano-armenia, luego los soldados del gran jefe musulmán caerán al suelo.

(1) Collado del Mont-Cenis, de Tende o del Mont-Blanc.
(2) Latín: *marcens pax:* paz enervante, indolencia de la paz. D.L.L.B.
(3) Media: parte del Asia Menor. La llanura, bien regada al pie de las montañas, se hace estéril hacia el Este y el Sudeste, y termina formando, en el centro de la meseta iraní, lo que se llamaba el gran desierto de Media. D.L.7.V.
(4) Latín: *copiae:* cuerpo de ejército, tropa. D.L.L.B.
(5) Río fronterizo entre la Armenia rusa e Irán. Desemboca en el mar Caspio.
(6) Mesnada: tropa. D.A.F.L.

DURACION DE LA TERCERA GUERRA MUNDIAL:
3 AÑOS Y 7 MESES
REVUELTA DE DOS REPUBLICAS SOCIALISTAS
VICTORIA EN ARMENIA

IV, 95

Le règne a deux laissé bien peu tiendront,
Trois ans sept mois passés (1) feront la guerre:
Les deux vestales (2) contre rebelleront
Victor (3) puisnay (4) en Armonique terre.

El reino a dos dejado bien poco mantendrán
Tres años siete meses pasados (1) harán la guerra:
Las dos vestales (2) contra se rebelarán
Víctor (3) nacido después (4) en Armónica tierra.

Traducción:

Los dos personajes a quienes habrá sido abandonado el poder, lo conservarán poco tiempo. La guerra durará algo más de tres años y siete meses. Dos de las repúblicas del pacto de Varsovia se rebelarán contra (la U.R.S.S.), y el hermano menor (el rey de Francia en relación con el rey de España) será vencedor en Armenia.

LOS DOS AÑOS DE OCUPACION SOVIETICA
FIN DEL IMPERIO SOVIETICO

X, 32

Le grand empire chacun an devait estre,
Un sur les autres le viendra obtenir:
Mais peu de temps sera son regne et estre
Deux ans aux naves (1) se pourra soustenir.

El gran imperio cada año debía ser
Uno sobre los demás vendrá a obtenerlo
Pero poco tiempo estará su reino y su ser
Dos años en las naves (5) se podrá sostener.

(1) Véase Apocalipsis 13: «Luego vi salir de la mar una bestia que tenía diez cuernos y siete cabezas (los siete países del Pacto de Varsovia)... La bestia que vi era parecida a un leopardo; sus pies eran como los de un oso (U.R.S.S.), y sus fauces como las de un león... Y le fue dado poder para actuar durante *cuarenta y dos meses...*»

(2) Nombre dado a las sacerdotisas de Vesta... Su vestido consistía en una túnica de tela gris y blanca, recubierta de un gran manto de *púrpura* D.L.7.V. Nostradamus designa siempre las repúblicas con personajes femeninos.

(3) Latín: *Victor:* vencedor. D.L.L.B.

(4) *Puîné:* Que ha venido al mundo tras el nacimiento de un hermano o de una hermana. Persona nacida después de otra. D.L.7.V.

(5) Latín: *navis:* toda embarcación, bajel, barco. D.L.L.B.

Traducción:

El gran Imperio (soviético) que debía durar cada año, obtendrá los países unos tras otros, pero su poder y su existencia no serán muy largos. No podrá mantenerse más que dos años gracias a su marina.

GRAN CAMBIO MUNDIAL
EN LAS RELACIONES INTERNACIONALES
LIBERACION DE MARSELLA

III, 79

L'ordre fatal (1) sempiternel par chaine,
Viendra tourner par ordre conséquent:
Du port Phocen (2) sera rompuë la chaine (3)
La cité prinse, l'ennemy quant et quant (4).

El orden fatal (1) sempiterno por cadena
Vendrá a cambiar por orden consecuente:
Del puerto foceo (2) será rota la cadena (3)
La ciudad tomada, el enemigo cuanto y cuanto (4)

Traducción:

El orden universal que siempre se encadena será cambiado por el orden que le sucederá. La servidumbre de Marsella será rota, después de que la ciudad haya sido ocupada por tantos y tantos enemigos.

(1) Orden universal, ley que, según Malebranche, regula todas las determinaciones de Dios, del mismo modo que debe también regular las nuestras. D.L.7.V.
(2) Focense: marsellés. Focea: nombre griego de Marsella.
(4) Dependencia, servidumbre. D.L.7.V.
(5) Latín: *quantum:* tan gran cantidad. D.L.L.B.

DESEMBARCO ANGLO-AMERICANO EN BURDEOS
LIBERACION DEL SUDESTE
PROCLAMACION DE UNA REPUBLICA DE OCCITANIA

IX, 6

Par la Guyenne infinité d'Anglois,
Occuperont par nom d'Anglaquitaine:
Du Languedoc I. palme (1) Bourdelois,
Qu'ils nommeront après Barboxitaine (2).

Por Guyenne infinidad de ingleses
Ocuparán por nombre de Angloquitania:
Del Languedoc I. palma (1) bordelés,
que llamarán luego Barboxitania (2)

Traducción:

Una gran cantidad de anglo-sajones americanos desembarcarán en Guyenne, que ocuparán llamándola Aquitania anglo-americana. Habiendo conseguido la victoria desde el Languedoc hasta el Bordelais, llamarán a esta región «República de Occitania».

DESEMBARCO EN LA COSTA DE GUYENNE
LAS BATALLAS DE POITIERS
LYON, MONTLUEL Y VIENNE

XII, 24

Le grand secours venu de la Guyenne
S'arrestera tout auprès de Poitiers:
Lyon rendu par Mont Luel (3) et Vienne (4),
Et saccagez par tout gens de mestier (5).

El gran auxilio venido de Guyenne
Se detendrá muy cerca de Poitiers:
Lyon dirigido por Mont Luel (3) y Vienne (4)
Y saqueado por toda la gente del oficio (5).

Traducción:

El gran socorro venido de Guyenne se detendrá cerca de Poitiers. El ejército de liberación se dirigirá a Lyon, por Montluel y Vienne, que serán saqueados por los soldados.

(1) En sentido figurado: signo de victoria. D.L.7.V.
(2) Palabra compuesta de Barbo, es decir, Aenobarbo, Domitius Aenobarbus, marido de Agripina, que simboliza la República, y de la palabra Occitania.
(3) Montluel: capital de cantón en el Ain. D.H.B.
(4) Capital de la región de Isère, en la confluencia del Gère y el Ródano. D.H.B.
(5) Se dice «el oficio de las armas».

OCUPACION DE TOULOUSE
PROFANACION DE SU CATEDRAL

III, 45

Les cinq estranges entrez dedans le Temple,
Leur sang viendra la terre prophaner,
Aux Thoulousains sera bien dur exemple,
D'un qui viendra ses lois exterminer.

Los cinco extranjeros entrados en el Templo
Su sangre vendrá la tierra profanar
A los tolosinos será muy duro ejemplo
De uno que vendrá sus leyes a exterminar

Traducción:

Los cinco jefes extranjeros entrarán en la catedral, donde su sangre profanará el suelo; éste será un terrible ejemplo para los de Toulouse a causa de aquél que habrá llegado para aniquilar sus leyes.

MOVIMIENTOS REVOLUCIONARIOS EN EL SUDOESTE
LA REPUBLICA DE OCCITANIA

I, 79

Bazar (1), Lestore, Condon, Auch, Agine,
Esmeus par loix, querelle et monopole:
Car Bourd, Tholose Bay mettra en ruyne,
Renouveler voulant leur tauropole (2).

Bazar (1), Lestore, Condon, Auch, Agine,
Amotinados por leyes, querella y monopolio:
Pues Burdeos, Toulouse y Bayona pondrá en ruina,
Renovar queriendo su tauropolo (2)

Traducción:

Bazas, Lectoure, Condom, Auch y Agen se levantarán contra las leyes y las querellas políticas de París, pues la guerra arruinará Burdeos, Toulouse y Bayona que querrán reconstituir una república.

(1) En vez de Bazas, capital de la región de la Gironde.
(2) Griego: ταυροπόλος: Adorada en Tauride, Diana o Hecate. D.G.F. La Luna, símbolo de la República.

APLASTAMIENTO DE LAS FUERZAS COMUNISTAS EN TOULOUSE

IX, 46

Vuydez, fuyez de Tholose les rouges,
Du sacrifice faire expiaton:
Le chef du mal dessous l'ombre (1) des courges (2)
Mort estrangler carne (3) omination (4).

Desalojad, huid de Toulouse rojos
Del sacrificio hacer expiación:
El jefe del mal bajo la sombra (1) de los imbéciles (2)
Muerto estrangulado carnal (3) presagio (4)

Traducción:

Abandonad, huid de Toulouse, comunistas. Expiaréis vuestras exacciones. El jefe que habrá iniciado la desgracia con apariencia de simpleza será ejecutado según un presagio humano.

APLASTAMIENTO DE LAS FUERZAS REVOLUCIONARIAS EN NÎMES Y EN TOULOUSE

IX, 9

Quand lampe (5) ardente (6) de feu inextinguible,
Sera trouvée au temple des Vestales (7):
Enfant (8) trouvé, feu, eau (9) passant par crible (10),
Nismes eau périr, Tholose cheoir les hales (11).

Cuando lámpara (5) ardiente (6) de fuego inextinguible,
Será hallada en el templo de las Vestales (7):
Horrendo (8) hallado, fuego, agua (9) pasando por criba (10).
Nîmes es agua parecer, Toulouse caer palacios (11).

Traducción:

Cuando un cohete incendiario que provoca un fuego inextinguible sea hallado en Roma, cosa que se juzgará abominable, la guerra llegará a su máximo, los revolucionarios serán aplastados y perecerán en Nîmes; Las iglesias de Toulouse se derrumbarán.

(1) Bajo la sombra de: con el pretexto, con la apariencia. D.L.7.V.
(2) Provenzal: *coucoureou:* simple, imbécil, tonto. P.P.
(3) Latín: *carnea lex:* ley de origen humano. D.L.L.B.
(4) Latín: *ominatio:* presagio. D.L.L.B.
(5) Latín: *lampas:* fuego del cielo, bólido. D.L.L.B.
(6) Latín: *ardens:* inflamado, ardiente, D.L.L.B.
(7) En Roma, la casa de las Vestales se hallaba situada entre el Foro y el Palatino, cerca del pequeño templo de Vesta. D.L.7.V.
(8) Latín: *infans:* abominable, horrendo. D.L.L.B.
(9) Símbolo de la revolución como las palabras ola, torbellino, lluvia.
(10) Anonadar, aplastar, D.L.7.V.
(11) Del antiguo sajón *halla:* palacio, templo. D.L.7.V.

DESTRUCCIONES EN EL AUDE POR COHETES O METEOROS
LAS LUCHAS INTESTINAS ENTRE REVOLUCIONARIOS DE PERPIGNAN Y DE TOULOUSE.
MUERTE DEL JEFE REVOLUCIONARIO

VIII, 22

Gorsan (1), Narbonne, par le sel (2) advertir (3),
Tucham (4), la grâce Parpignan trahie (5),
La ville rouge n'y voudra consentir,
Par haulte (6) voldrap (7) gris (8) vie faillie.

Gorsan (1), Narbona, por el meteoro (2) castigar (3).
Tucham (4), la gracia Perpignan querrá honrarse (5)
La ciudad roja no querrá consentir
Por alto (6) voldrap (7) embriagado (8) vida declinar.

Traducción:

Coursan y Narbona serán dañadas por un cohete, a causa de los revolucionarios, Perpignan querrá atribuirse el honor (del movimiento revolucionario), pero Toulouse se opondrá, y el personaje sanguinario será ejecutado por aquél que llevará un noble estandarte (el rey de Francia, liberador).

(1) Coursan: ciudad del Aude, a siete kilómetros de Narbona, en la Nacional 113.

(2) Griego: σέλας : especie de meteoro, brillo. D.G.F.

(3) Latín: *adverto:* actúo contra, castigo, D.L.L.B.

(4) La revuelta de los *Tuchins:* El «tuchinado» fue una verdadera «jacqueria». Los *Tuchins* de las ciudades combatieron sobre todo a los agentes del duque de Berry, pero se esforzaron también por organizar la resistencia contra los ingleses (alusión a las tropas americanas de liberación). La insurrección se extendió rápidamente en los senescalatos de Béziers y Carcasona, en el *Toulousain,* en el Rouergue, hasta Auvergne y por el Limousin y el Poitou. Los *Tuchins* campesinos atacaron los castillos, destruyendo gran número de ellos, a los nobles, los clérigos y los ricos, que eran masacrados a su paso (1382-1384). D.L.7.V. Nostradamus establece un paralelismo entre los *Tuchins* y los movimientos revolucionarios del S.O. de Francia.

(5) Latín: *Rei sibi gratiam trahere:* atribuirse el honor de una cosa. D.L.L.B .

(6) Latín: *altus:* noble. D.L.L.B.

(7) Palabra fabricada a partir de *Volt:* imagen, ídolo; y *bandera* («drapeau»). D.A.F.L.

(8) Alusión a la burra de Robespierre: se dice que la burra de Robespierre era la guillotina, ebria de la sangre que había bebido. D.L.7.V.

LOS MOVIMIENTOS REVOLUCIONARIOS
EN EL SUDOESTE DE FRANCIA
SUS SAQUEOS Y EXACCIONES
REBELION CONTRA ESTOS

IX, 72

Encore seront les saincts temples pollus (1)
Et expillez par Senat Tholosain:
Saturne deux trois (2) siècles revollus (3);
Dans Avril, May, gens de nouveau levain.

Todavía serán los santos templos profanados (1)
Y pillados por el senado tolosino
Saturno dos tres (2) siglos sublevados (3):
En abril, mayo, gente de nuevo levantada.

Traducción:

Las iglesias serán profanadas de nuevo y saqueadas por los miembros de una asamblea de Toulouse. La época (del saqueo) volverá seis siglos más tarde (1982), luego en abril y mayo se levantará de nuevo la gente, (para resistir).

LOS PARTIDOS CONTRA LOS COMUNISTAS

IX, 51

Contre les rouges sectes se banderont (4)
Feu, eau, fer, corde (5) par paix se minera (6)
Au point mourir ceux qui machineront,
Fors un que monde sur tout ruynera.

Contra los rojos sectas se esforzarán (4)
Fuego, agua, hierro, inteligencia (5) por paz se consumirán (6)
A punto morir los que maquinarán,
Salvo uno que mundo sobre todo arruinará.

Traducción:

Los partidos resistirán a las fuerzas comunistas, durante la guerra y la revolución; el espíritu de paz se debilitará. Los traidores morirán excepto uno de ellos que llevará la ruina a la tierra.

(1) Latín: *polluo:* profanar. D.L.L.B.
(2) Dos por tres son seis.
(3) La revuelta de los *tuchins* en 1382, añadiéndole 6 siglos, tenemos 1982. Véase VIII, 22.
(4) Hacer esfuerzos para resistir.
(5) Latín: *cor, cordis:* inteligencia, espíritu, sentido común. D.L.L.B.
(6) Consumir, deteriorar, debilitar progresivamente. D.L.7.V.

IX, 37

Pont et molins (1) en Decembre versez,
En si hault lieu montera la Garonne (2):
Murs, édifices, Tholose renversez,
Qu'on ne saura son lieu autant matronne.

Puentes y molinos (1) en diciembre derramados,
A tan alto lugar subirá el Garona (2)
Muros, edificios, Toulouse derribada,
Que no se sabrá su lugar muchas matronas.

Traducción:

Los puentes y los molinos de Toulouse serán destruidos en diciembre; la revolución será tan fuerte en las orillas del Garona que las casas y los edificios públicos serán destruidos hasta el punto de que las madres de familia no reconocerán ya su domicilio.

LA OCUPACION DE CARCASONA POR LOS RUSOS

IX, 71

Aux lieux sacrez animaux veu à trixe (3),
Avec celui qui n'osera le jour:
A Carcassonne pour disgrace propice,
Sera posé pour plus ample séjour.

En los lugares sagrados animales ver de pelo (3)
Con aquel que no se atreverá el día:
En Carcasona por desgracia propicia
Será puesto por más larga estancia.

Traducción:

Se verá a los rusos en las iglesias con el personaje que no tendrá el valor de mostrarse a la luz del día. Tras una desgracia propicia, se establecerá por un mayor lapso de tiempo en Carcasona.

---

(1) *Molins:* forma antigua de *Moulin* (molino). D.A.F.L.
(2) Agua, ola, lluvia, inundación simbolizan siempre la revolución.
(3) Griego: θρίς, τρίχος : cabello, pelo, pelambrera. D.G.F. Los osos son grandes animales pesados, revestidos de *espeso pelo.* D.L.7.V.

ALIANZA ENTRE RUMANIA, INGLATERRA, POLONIA Y LA R.D.A.
SU COMBATE CONTRA LOS MUSULMANES EN LA CUENCA MEDITERRANEA

V, 51

La gent de Dace (1), d'Angleterre, et Polonne,
Et de Boësme (2) feront nouvelle ligue:
Pour passer outre d'Hercules la colonne (3),
Barcins (4), Tyrrans dresser cruelle brigue (5).

La gente de Dacia (1), de Inglaterra y Polonia,
Y de Bohemia (2) harán nueva liga:
Para pasar más allá de Hércules la columna (3)
Barcinos, (4), tiranos levantar cruel tumulto (5).

Traducción:

Rumanía, Inglaterra, Polonia y Alemania del Este harán una nueva alianza, para ir más allá de Gibraltar (al Mediterráneo) y dirigirse contra los musulmanes que habrán provocado un cruel tumulto para imponer su tiranía.

EL FIN DE LA GUERRA. LA MISERIA EN ITALIA
LAS TROPAS MUSULMANAS VENIDAS DEL DANUBIO Y DE MALTA
SU DETENCION EN EL DROME

Presagio 15, enero

L'indigne (6) orné (7) craindra la grande fornaise,
L'esleu premier, des captifs n'en retourne:
Grand bas du monde, l'Itale non alaise (8)
Barb. Ister (9), Malte. Et le Buy (10) ne retourne.

El indigno (6) armado (7) temerá el gran horno.
El primero elegido, de los cautivos no regresa:
Gran bajo del mundo, Italia no feliz (8)
Barb. Ister (9); Malta. Y el Buy (10) no regresan.

(1) Antiguo nombre de Rumania. D.H.B.
(2) Bohemia, hoy Alemania del Este. A.V.L.
(3) Las columnas de Hércules; Gibraltar. D.H.B.
(4) Barcino: poderosa familia de Cartago cuyo jefe era Amílcar Barca; fue sobre todo ilustre por Aníbal y Asdrúbal. Fue siempre enemiga jurada del nombre romano. D.H.B. Como con los nombres Aníbal o Púnico, Nostradamus designa aquí a los musulmanes.
(5) Tumulto: D.A.F.L.
(6) Latín: *indignus:* infame. D.L.L.B.
(7) Latín: *orno:* equipar, armas, D.L.L.B.
(8) Griego: 'αίσιος : feliz. D.G.F.
(9) Hister: antiguo nombre del Danubio. D.H.B.
(10) Le Buis: capital de cantón en el Drôme.

El infame jefe militar temerá el gran horno. El primer elegido no se hallará entre los prisioneros regresados. La gran potencia (la U.R.S.S.) estará en lo bajo del mundo, Italia estará en la desgracia a causa de los musulmanes venidos por el Danubio y por Malta. Retrocederán a partir del Drôme.

LA U.R.S.S. Y LA GUERRA EN EUROPA
LA U.R.S.S. Y TURQUIA

V, 70

Des régions subjectes à la Balance (1)
Feront troubler les monts par grande guerre,
Captif tout sexe deu (2) et tout Bisance,
Qu'on criera à l'aube terre à terre.

Regiones sometidas a Libra (1)
Harán turbar los montes por gran guerra,
Cautivo todo sexo (2) y todo Bizancio
Que gritará al alba tierra a tierra.

Traducción:
Las regiones sometidas a la U.R.S.S. vendrán a turbar las montañas (los Alpes) con una gran guerra y harán prisioneros de todo sexo en toda Turquía, de modo que al alba se gritará de un país a otro.

(1) Es el séptimo signo del Zodíaco. Los egipcios habían consagrado Libra y Escorpio al dios del mal, Tifón, que no satisfecho con tal homenaje astronómico, y menos inocentemente, se hacía inmolar hombres pelirrojos. D.L.7.V. Triple alusión a los siete países del Este, a la revolución, el Tifón, y a los rojos.
(2) Contracción de *de le* (del). D.A.F.L.

IV, 96

La soeur aisnée de l'Isle Britannique,
Quinze ans (1) devant le frère aura naissance,
Par son promis moyennant verrifique,
Succedera au regne de balance (2).

La hermana mayor de la isla Británica
Quince años (1) ante el hermano tendrá nacimiento
Por su promesa mediante verifico
Sucederá al reino de Libra (2).

Traducción:

La hermana mayor de los ingleses (los U.S.A.) sucederá al poderío soviético. Quince años antes, el hermano inglés nacerá (en Europa), con reserva de promesas verificables.

LA GUERRA DEL REY DE FRANCIA CONTRA LA U.R.S.S.

V, 61

L'enfant du Grand n'estant à sa naissance
Subjuguera les hauts monts Appenis (3),
Fera trembler tous ceux de la balance (4),
Et des monts feux jusques à Mont-Senis.

El hijo del Grande no estando en su nacimiento
Subyugará los altos montes Apeninos (3)
Hará temblar a todos los de Libra (4)
Y montes fuego hasta el Mont-Senis.

Traducción:

El heredero del gran (poder monárquico) hallándose sólo al comienzo de su poder, subyugará Italia, hará temblar a todos los de la U.R.S.S. y llevará la guerra hasta el Mont-Cenis.

(1) Del primero al 12 de diciembre de 1969, se celebró la «cumbre» europea de los Seis en La Haya. El principio de la entrada en el Mercado Común de Inglaterra se ha conseguido ya y las negociaciones comenzaron en julio de 1970... A su regreso a París, el presidente Pompidou declara que esta reunión ha contribuido a borrar *injustificadas desconfianzas* (promesa verifico). V.C.A.H.U. 1970 + 15 años = agosto de 1984, que marcará por lo tanto el giro de la guerra y la caída de la U.R.S.S.

(2) Véase V, 70 y V, 61.

(3) Nostradamus, por síncopa, ha quitado una letra a la palabra Apeninos *(Apennins)* para hacerla rimar con Mont-Cenis.

(4) Véase V, 70 y V, 46.

EL EJERCITO RUSO VENCIDO EN CHAMBERY
Y EN MAURIENNE

X, 37

Grande assemblée pres du lac du Borget (1),
Se rallieront près de Montmelian (2):
Passant plus oultre pensifs feront projet,
Chambry, Moriane (3) combat Saint-Julian (4).

Gran asamblea cerca del lago del Borget (1)
Se reunirán cerca de Montmelian (2):
Pasando más allá pensativos harán proyectos,
Chambry, Moriane (3) combate Saint-Julian (4)

Traducción:

Grandes tropas se reunirán junto al lago de Le Bourget y se reagruparán cerca de Montmélian. No pudiendo ir más lejos los jefes militares, perplejos, harán proyectos y serán derrotados en Chambéry y en Saint-Julien-de-Maurienne.

LA RECONQUISTA DESDE BARCELONA HASTA VENECIA
DERROTA DE LAS TROPAS MUSULMANAS
SU RETIRADA A TUNEZ

IX, 42

De Barcelonne, de Gennes et Venise,
De la Secille peste Monet (5) unis:
Contre Barbare classe prendront la vise (6),
Barbar poulsé bien loing jusqu'à Thunis.

De Barcelona, de Génova y Venecia,
De Sicilia peste Monet (5) unidos:
Contra Bárbara flota tomarán reconocimiento (6)
Bárbaro empujado muy lejos hasta Túnez.

Traducción:

De Barcelona y Génova hasta Venecia, de Sicilia hasta Mónaco reinará la pestilencia, reconocerán el ejército musulmán y lo rechazarán muy lejos hasta Túnez.

---

(1) Lago del departamento de Saboya, no lejos de Chambéry y de Aix-les-Bains. D.L.7.V.
(2) Ciudad de Saboya a quince kilómetros de Chambéry. D.H.B.
(3) Valle del Maurienne: domina el acceso a Italia por el collado de Mont-Cenis.
(4) Pueblo cerca de Saint-Jean-de-Maurienne.
(5) *Monoeci Arx:* Mónaco. D.L.L.B.
(6) *Vísere copias hostium:* reconocer el ejército enemigo. D.L.L.B.

DERROTA DE LA MARINA OCCIDENTAL POR EL EJERCITO ROJO LOS ECLESIASTICOS PERSEGUIDOS VICTORIA DE OCCIDENTE EN EL MES DE NOVIEMBRE

IX, 11

Navalle pugne (1) nuict (2) sera supérée (3),
Le feu, aux naves à l'Occident ruine:
Rubriche (4) neusve, la grand nef (5), colorée,
Ire a vaincu, et victoire en bruine (6).

Naval pugna (1) noche (2) será superada (3)
El fuego, en las naves a Occidente arruina:
Rojizo (4) nuevo, la gran nave (5), colorada,
Cólera al vencido, y victoria en bruma (6).

Traducción:

Una batalla naval se ganará de noche, y la guerra arruinará la marina de Occidente (U.S.A.). Un nuevo ejército rojo hará correr la sangre en el Vaticano, los vencidos serán abrumados, pero terminarán por obtener la victoria en noviembre.

(1) Latín: *pugna:* lucha entre dos ejércitos, combate, batalla, D.L.L.B.

(2) Esta cuarteta ha sido atribuida, por algunos exegetas, a la batalla de Trafalgar que transcurrió de las 11 de la mañana a las 5 de la tarde (¡) Véase D.L.7.V.

(3) Latín: *supero:* tener ventaja (en la guerra), vencer. D.L.L.B.

(4) Latín: *ruber:* rojo. D.L.L.B. Véase I, 82 y IV, 37.

(5) Designa la nave de la Iglesia católica.

(6) Véase VI, 25. Golpe de estado del 18 brumario.

EL ULTIMO Y EL MAS GRANDE
LOS REYES DE FRANCIA - 1983-1986 a 1999

— Nostradamus da a este rey varios nombres, títulos o atributos que convergen todos hacia una idea de legitimidad:

1° CHIREN: Anagrama de HENRIC, del latín *Henricus*, Henri (Enrique).

2° *El rey de Blois:* Sus condes procedían de la familia de Hugo Capeto (1).

3° *El Gallo:* La primera medalla en la que se ve un gallo fue acuñada en 1601, por el nacimiento de Luis XIII (2).

4° *Hércules:* Frecuentemente se hace de Hércules el prototipo de la fuerza y del valor (3).

— LAS ETAPAS DE SU REINADO:

- Su llegada a Roma.
- La guerra contra Libia.
- La reconquista de Francia desde España hasta Italia.
- Su establecimiento en Avignon, capital.
- Guerra en el mar Negro.
- Reconcilia a los franceses.
- Derrota del ejército rojo en Italia.
- Derrota de las fuerzas ruso-musulmanas en los Alpes.
- Su consagración en Reims.
- Su alianza y su defensa de la Iglesia católica.
- La liberación de Occidente hasta Israel.
- Su lucha contra las fuerzas musulmanas.
- Su presencia en Egipto.

(1) D.H.B.
(2) *Le Coq.* L. Arnould de Gremilly, colección «Symboles», Flammarion, 1958.
(3) D.L.7.V.

ENTRADA DEL REY DE FRANCIA EN ROMA
LA ALIANZA DEL PAPA Y DEL REY DE FRANCIA

VI, 28

Le Grand Celtique entra dedans Rome
Menant amas d'exilez et bannis:
Le grand pasteur mettra à port (1) tout homme
Qui pour le Coq estoyent aux Alpes unis.

El Gran Céltico entrará en Roma
Conduciendo multitud de exilados y expulsados:
El gran pastor pondrá en puerto (1) todo hombre
Que para el Gallo esté en los Alpes unido.

Traducción:

El gran Francés entrará en Roma conduciendo un gran número de exilados y de expulsados. El gran papa dará abrigo a todo hombre que haya sostenido al rey de Francia en los Alpes.

GUERRA DEL REY DE FRANCIA CONTRA LIBIA
PERSECUCION DE HUNGRIA HASTA GIBRALTAR

V, 13

Par grand fureur le Roy Romain Belgique
Vexer voudra par phalange barbare:
Fureur grinssant (2) chassera gent Libyque,
Depuis Pannons (3) jusques Hercules (4) la hare (5).

Por gran furor el Rey Romano Bélgica
Vejar querrá por falange bárbara:
Furor rechinante (2) expulsará gente líbica
Desde los panonios (3) hasta Hércules (4) la acosará (5)

Traducción:

Empujado por un gran furor, el rey venido de Roma irá a Bélgica vejada por las tropas musulmanas. En furor y en cólera expulsará a los libios y les acosará desde Hungría hasta Gibraltar.

---

(1) Latín: *portes:* abrigo, retiro. *In portu esse:* estar fuera de peligro. D.L.L.B.

(2) Sentido figurado: estar encolerizado. D.L.7.V.

(3) Panonia: antiguo nombre de Hungría.

(4) Las columnas de Hércules: nombre dado por los antiguos al pretendido término de los trabajos de Hércules, es decir a los dos puntos de Africa y de Europa que marcan al Este, en uno y otro lado, la entrada al estrecho de Gibraltar.

(5) *Harer:* acosar, atormentar. D.A.F.L.

EL REY CONTRA LOS REVOLUCIONARIOS
SU LLEGADA A PROVENZA

Sextilla 40

Ce qu'en vivant le père n'avait sceu,
Il acquerra ou par guerre ou par feu,
Et combattra la sangsue (1) irritée (2),
Ou jouyra de son bien paternel
Et favory du grand Dieu Eternel,
Aura bien tost sa Province Héritée.

Lo que en vida del padre no había sabido,
Adquirirá o por guerra o por fuego,
Y combatirá la sanguijuela (1) inútil (2),
Se gozará su bien paternal
Y favorecido del gran Dios Eterno,
Muy pronto habrá heredado su Provincia.

Traducción:

Lo que habrá conocido su padre durante su vida, la guerra y el incendio se lo harán adquirir, y combatirá la revolución estéril. Se beneficiará de los bienes de su padre y, favorecido por el gran Dios Eterno, pronto heredará Provenza.

LA GUERRA EN NORUEGA
EN RUMANIA, EN INGLATERRA
EL PAPEL DEL JEFE FRANCES EN ITALIA

VI, 7

Norneigre (3) et Dace (4), et l'isle Britannique,
Par les unis frères seront vexées (5):
Le chef Romain issu du sang Gallique,
Et les copies (6) aux forêts repoussées.

Norneigre (3) y Dacia (4), y la isla Británica,
Por los unidos hermanos serán vejadas (5):
El jefe Romano salido de sangre Gala,
Y los ejércitos (6) a los bosques rechazados

(1) La revolución: la bebedora de sangre.
(2) Latín: *irritus:* inútil, vano, estéril. D.L.L.B.
(3) Anagrama de NERIGON, al que Nostradamus ha añadido *re* por paragoge, antiguo nombre de Noruega. D.H.B.
(4) Los rastros de la dominación romana son todavía visibles allí: los valacos y los moldavos se denominan rumanos. D.H.B. Rumanía.
(5) Latín: *vexo:* daño, trastorno. D.L.L.B.
(6) Latín: *copias:* tropa, ejército. D.L.L.B.

Noruega, Rumanía y Gran Bretaña serán dañadas por los aliados unidos (Unión Soviética y Pacto de Varsovia) (1). Luego el jefe Romano salido de sangre francesa rechazará sus tropas a través de los bosques.

EL PAPEL DE LA SOCIEDAD SAUDITA TAG EN LA LIBERACION DE FRANCIA

VIII, 61

Jamais par le découvrement (2) du jour (3),
Ne parviendra au signe sceptrifère,
Que tous ses sièges ne soient en séjour,
Portant au Coq don du TAG (4) armifère.

Nunca por el descubrimiento (2) del día (3),
No llegará al signo cetrífero.
Que todas estas sedes no estén en permanencia
Llevando el Gallo dos del TAG (4), armífero.

Traducción:

Jamás llegará al poder la monarquía por el descubrimiento de lo que hará comprender (sus orígenes) mientras todas las ciudades no hayan sido liberadas, cuando el TAG ofrezca al rey armamento.

EL REY DE BLOIS CONTRA LOS RUSOS EL SAQUEO DE LAS BALEARES

VII, 10

Par le grand Prince limitrophe du Mans (5),
Preux et vaillant chef de grand exercite (6)
Par mer et terre de Gallois et Normans (7),
Caspre (8) passer Barcelonne pillé Isle.

Por el Gran Príncipe limítrofe de Le Mans (5)
Esforzado y valeroso jefe de gran ejército (6)
Por mar y tierra de galos y normandos (7)
Caspre (8) pasar Barcelona saqueada isla.

(1) «El 14 de mayo de 1955, se firma el tratado de amistad, cooperación y asistencia mutua: el Pacto de Varsovia, entre la U.R.S.S., Albania, Hungría, Bulgaria, Polonia, R.D.A., Rumania y Checoslovaquia. Se constituye un mando militar *único*.» V.C.A.H.U. Señalemos que Albania se retiró del Pacto y que Rumanía es el país más contestario.

(2) Acción de descubrir. D.L.

(3) En sentido figurado: lo que ilumina, lo que sirve para hacer comprender. D.L.7.V.

(4) La sociedad saudita Akkram Ojjeh, gran amigo de Francia, se llama TAG y su sede está en Ginebra.

(5) Lois-et-Cher, donde se halla Blois, es limítrofe del Sarthe.

(6) Latín: *exercitus:* ejército. D.L.L.B.

(7) O *northmans*, es decir, hombres del Norte. D.H.B. Nostradamus designa así a los rusos, habitantes del país del Aquilón, el viento del Norte.

(8) Capraria: Cabrera, una de las baleares al sur de Mallorca.

Traducción:

El gran príncipe originario de Blois, que será el jefe valeroso y esforzado de un gran ejército, (conducirá la guerra) por tierra por mar entre los franceses y los rusos que, desde Barcelona, habrán pasado a las Baleares para saquearlas.

ENRIQUE V ESTABLECIDO EN AVIGNON

VIII, 38

Le Roy de Blois (1) en Avignon régner,
Une autre fois le peuple en monopole,
Dedans le Rosne par murs fera baigner
Jusques à cinq (2) le dernier près de Nole (3).

El rey de Blois (1) en Avignon reinar,
Otra vez el pueblo en monopolio,
En el Ródano por muros hará bañar
Hasta cinco (2) el último cerca de Nola (3)

Traducción:

El rey de Blois gobernará en Avignon, que servirá de capital al pueblo francés; el Ródano bañará los muros de su mansión. El será el último hasta cinco (Enrique V) e irá hasta cerca de Nola (en Italia).

OCUPACION DE LA R.F.A.
POR EL PACTO DE VARSOVIA
INVASION POR EL VALLE DEL LOIRA

VIII, 52

Le Roy de Bloys dans Avignon regner,
D'Amboise et seme (4) viendra le long de Lyndre:
Ongle à Poitiers, sainctes aisles ruyner,
Devant Boni (5).

El Rey de Blois en Avignon reinar
De Amboise y seme (4) vendrá a lo largo del Lyndre:
Uña en Poitiers, santas alas arruinar
Ante Bon (5)

(1) Antes de Gregoire de Tour, Blois era ya un lugar considerable. Sus condes procedían de la familia de *Hugo Capeto.* D.H.B. Nostradamus designa así la ascendencia capetiana de este rey.

(2) Véase el Lorenés V, presagio 76.

(3) Ciudad de Italia (Piamonte), a 37 Km. al S.E. de Capua. D.H.B.

(4) Sedme, del latín *septimum:* séptimo. D.A.F.L. Rusia y los seis países del Pacto de Varsovia.

(5) Latín: *Bonna:* D.L.L.B. Capital de la R.F.A.

Traducción:

El rey de Blois reinará en Avignon. Los siete países vendrán a lo largo del Indre hasta Amboise: (el oso ruso) sacará sus garras en Poitiers y arruinará la aviación de Occidente, pero antes habrá ocupado Bonn.

AVIGNON CAPITAL DE FRANCIA

III, 93

Dans Avignon tout le chef de l'Empire
Fera arrest pour Paris désolé:
Tricast (1) tiendra l'Annibalique (2) ire,
Lyon par change sera mal consolé.

En Avignon todo el jefe del Imperio
Hará detención por París desolado
Tricast (1) tendrá el Anibálico (2) furor
Lyon en cambio será mal consolado.

Traducción:

La capital será llevada a Avignon porque París estará destruido. El Tricastin será causa de la cólera musulmana. Lyon se consolará mal del cambio de capital.

AVIGNON CAPITAL DE FRANCIA

I, 32

Le grand empire sera tost translaté
En lieu petit qui bientost viendra croistre
Lieu bien infime d'exiguë comté (3)
Où au milieu viendra poser son sceptre.

El gran imperio será pronto trasladado
A lugar pequeño que pronto crecerá
Lugar muy íntimo de exiguo condado (3)
Donde en medio vendrá a poner su cetro.

(1) Tricastín: en el bajo Dauphiné, repartido entre los departamentos del Drôme (cantones de Saint-Paul-Trois Châteaux, Grignan y Pierrelate) y del Vaucluse (canton de Bollène). D.L.7.V. Es ahí donde se encuentra la fábrica de uranio enriquecido financiada por Irán.
(2) Aníbal: general cartaginés hijo de Amílcar. Su padre le había hecho jurar, desde su infancia, un implacable odio hacia los romanos. D.H.B. Nostradamus utiliza las palabras cartaginés, púnico o Aníbal para designar el mundo musulmán.
(3) Condado Venaissin: *pequeña región* del Midi de Francia... A veces, erróneamente, esa región ha sido llamada *condado* de Avignon. D.H.B.

El Gran Imperio (Francés) será transferido a un pequeño lugar que crecerá pronto. Un lugar muy pequeño de un condado donde (el rey) irá a establecer su poder.

GRAN CAMBIO EN FRANCIA
LA CAPITAL EN PROVENZA

IV, 21

Le changement sera fort difficile,
Cité, province au change gain sera:
Coeur haut, prudent mis, chassé luy habile,
Mer, terre, peuple son estat changera.

El cambio será muy difícil,
Ciudad, provincia al cambio beneficio tendrá
Corazón alto, prudente metido, expulsado él hábil,
Mar, tierra, pueblo, su estado cambiará.

Traducción:

El cambio será muy penoso. La provincia (o Provenza) ganará en el cambio de capital. El (rey) de noble y prudente corazón será puesto en el poder tras haber expulsado (al enemigo) por su habilidad; cambiará el estado del pueblo en tierra y en el mar.

LA INSTALACION DEL REY EN AVIGNON
OFERTAS DE OTRAS CIUDADES DECLINADAS

V, 76

En lieu libere (1) tendra son pavillon (2)
Et ne voudra en citez prendre place:
Aix, Carpen, l'Isle (3) volce (4), mont Cavaillon,
Par tout ces lieux abolira sa trasse.

El lugar liberado (1) tendrá su pabellón (2)
Y no querrá en ciudades tomar lugar:
Aix, Carpen, La Isla (3) Volce (4), monte Cavaillon,
Por todos estos lugares abolirá su rastro.

(1) Avignon permaneció sometida a la Santa-Sede hasta el año 1791, cuando se unió a Francia, al mismo tiempo que el condado Venaissin. Esta reunión fue confirmada en 1797 por el tratado de Tolentino. D.H.B.

(2) Alojamiento portátil de forma redonda o cuadrada que servía antaño para la acampada de gente de guerra. D.L.7.V.

(3) Isle-sur-Sorgue: capital de cantón en el Vaucluse, a 22 km al Este de Avignon. D.H.B.

(4) Volces: pueblo de Galia en la región de Narbona; ocupaba la mayor parte del Languedoc. D.H.B.

Traducción:
En un lugar liberado establecerá su residencia y no querrá instalarse en las siguientes ciudades: Aix, Carpentras, Isle-sur-Sorgue, Cavaillon y tampoco en el Languedoc, donde borrará el rastro de su paso.

ENRIQUE V CONSIGUE LA VICTORIA
ENRIQUE V REINA EN FRANCIA E ITALIA

VIII, 60

Premier en Gaule, premier en Romanie,
Par mer et terre aux Anglais et Paris
Merveilleux faits par celle grand mesnie (1)
Violant (2), terax (3) perdra le NORLARIS.

Primero en Galia, primero en Romaña
Por mar y tierra a los ingleses y París
Maravillosos hechos por aquella gran casa (1)
Violando (2), terax (3) perderá el NORLARIS.

Traducción:
(Enrique V) será el primer personaje en Francia y en Italia. En tierra y en mar para los ingleses y los parisinos, hechos excepcionales serán llevados a cabo por esta gran casa (la casa de los Borbones) y el Lorenés logrará la perdición del monstruo (el oso ruso) atacándole.

ENRIQUE V, DESCENDIENTE DE LOS CAPETO
Y DE LOS GUISA
SUS HECHOS DE ARMAS EN EL MAR NEGRO

VII, 24

L'ensevely sortira du tombeau,
Fera de chaînes lier le fort du pont (4),
Empoisonné avec oeufs du Barbeau (5),
Grand de Lorraine par le Marquis (6) du Pont (7).

Enterrado saldrá de la tumba
Hará de cadenas ligar el fuerte del mar (4)
Envenenado con huevos de barbo (5)
Grande de Lorena por el Marqués (6) del Ponto (7)

(1) de *mansionem:* casa. Conjunto de quienes habitan la casa: familia D.A.F.L.

(2) Latín: *violo:* hacer violencia a alguien, atacar. D.L.L.B.

(3) Griego: τέρας : prodigio, monstruo. D.G.F.

(4) Griego: πόντός : el mar. D.G.F.

(5) Bar-le-Duc: patria del duque de Guisa, apodado «el de la cicatriz». Las armas de la ciudad comportan dos barbos. D.L.7.V.

(6) Señor destinado a la custodia de las Marcas; era en sus orígenes un jefe militar encargado de custodiar de una Marka o marca fronteriza.

(7) Reino de Ponto: estado situado en la parte septentrional del Asia Menor, en las orillas del Ponto-Euxino (el mar Negro). D.L.7.V. Hoy Armenia

502

Traducción:

El descendiente del Capeto enterrado (Luis XVI) saldrá de la sombra y pondrá fin al poderío marítimo (soviético) que será envenenado por ese descendiente de los Guisa. El gran Lorenés será el garante de las fronteras del mar Negro.

EL LORENES V PONE FIN A LAS DISENSIONES

Presagio 76, octubre

Par le legat (1) du terrestre et marin,
La grande Cape a tout s'accomoder (2):
Estre à l'escoute tacite LORVARIN (3),
Qu'à son advis ne voudra accorder.

Por el legado (1) del terrestre y marino
El gran Capeto a todo acomodarse (2)
Estar a la escucha tácita LORVARIN (3)
Que su opinión no querrá compartir.

Traducción:

A causa del embajador de la potencia terrestre y marítima, el gran Capeto se reconciliará con todos: sabrá escucharle sin decir nada, al Lorenés V, cuya opinión todos querrán compartir.

LIBERACION DEL VATICANO POR ENRIQUE V

X, 27

Par le (4) cinquiesme et un grand Herculès,
Viendront le temple (5) ouvrir de main bellique:
Un Clément, Jule (6) et Ascans (7) reculés,
Lespe (8), clef (9) aigle, n'eurent onc si grand picque.

Por (4) quinto y un gran Hércules,
Vendrán el templo (5) abrir con mano bélica
Un Clemente, Juliers (6) y Ascanio (7) retrocedidos,
Lespe (8), llave (9) águila, jamás tuvieron tan gran lanza.

(1) Latín: *legatus:* nombre masculino: enviado, diputado, embajador. D.L.L.B.
(2) Arreglarse, reconciliarse. D.L.7.V.
(3) Ducado de Lorena: el ducado de alta Lorena tuvo como primer duque particular a Frederic de Alsacia, hermano de Algaberon, obispo de Metz y cuñado de Hugues Capeto (959). D.H.B. Nostradamus llama así a Enrique V para precisar sus ascendentes Capetos. LORVARIN es el anagrama de LORRAIN V (Lorenés V).
(4) En varias ediciones consta Carle en vez de *Par le* (por el)...»
(5) Poético: la Iglesia católica. D.L.7.V.
(6) Juliers: ciudad de Alemania; hoy en la R.F.A.
(7) Ascania: una de las más antiguas familias alemanas, origen de la familia de Anhalt. Dio varios soberanos a Brandeburgo y Sajonia. D.H.B. Territorio de la R.D.A.
(8) En varias ediciones consta España *(L'Espagne)* en vez de Lespe.
(9) Atributos del pasado, las llaves son una de las formas de los regalos que los soberanos pontífices hacían a los monarcas en ocasión de ciertas solemnidades. D.L.7.V.

Traducción:

Por el quinto (Enrique) que también será un gran y poderoso personaje, se volverá a abrir el Vaticano con una fuerza militar. Un papa llamado Clemente será elegido habiendo retrocedido las dos Alemanias. Jamás España y el papado sufrieron tan gran ataque de una fuerza militar (águila).

EL REY DE FRANCIA, DE ITALIA Y DE DINAMARCA
LA LIBERACION DE ITALIA
Y DEL MAR ADRIATICO

IX, 33

Hercules (1) Roy de Rome et d'Annemarc,
De Gaule trois le Guion (2) surnommé:
Trembler l'Itale et l'unde de Sainct Marc (3),
Premier sur tous Monarque renommé.

Hércules (1) Rey de Roma y de Dinamarca
De Galia tres el Guía, (2) apodado:
Temblar Italia y la ola de San Marcos (3)
Primero sobre todos Monarca afamado.

Traducción:

Hércules (el rey de Francia) será rey de Roma y de Dinamarca. Por tres jefes (de guerra o de partidos) será apodado «El Guía de Francia». Italia y el mar Adriático temblarán. Primero de todos los jefes de Estado, será un monarca afamado.

RECONQUISTA DE FRANCIA
LA DERROTA DE UN JEFE DEL PACTO DE VARSOVIA
EL PAPEL DE LAS DIVISIONES BLINDADAS

IX, 93

Les ennemis du fort bien esloignez.
Par chariots conduict le bastion:
Par sur les murs de Bourges esgrongnez (4)
Quand Hercules battra l'Haemathion (5).

Los enemigos del fuerte bien alejados
Por carros conducido el bastión:
Por sobre los muros de Bourges destrozados (4)
Cuando Hércules vencerá al Emacio (5).

(1) Nostradamus da el sobrenombre de Hércules al último rey para significar la fuerza del personaje y los «trabajos» que deberá llevar a cabo.
(2) Guía, jefe. D.A.F.L.
(3) El león de San Marcos: león alado; símbolo de la República de Venecia, cuyo patrón es San Marcos. D.H.B.
(4) *Esgruignier:* hacer pedazos, destrozar. D.A.F.L.
(5) Esta palabra designa siempre a un jefe alemán. Véase X, 7.

Traducción:

Los enemigos serán rechazados y la defensa asegurada por los carros; serán hechos a trozos en Bourges cuando el rey de Francia vencerá al jefe alemán (R.D.A.).

EL REY DE FRANCIA RECONOCIDO
SU VICTORIA EN CAMPO ALEMAN
LA SUMISION DEL MUNDO MUSULMAN

Presagio 38, abril

Roy salué Victeur, Imperateur (1),
La foy faussée le Royal faict cogneu:
Sang Mathien. Roy faict superateur (2)
De gent superbe (3) humble par pleurs venu.

Rey saludado Victor, Imperator (1)
La fe falseada al Real hecho conocido,
Sangre (E) macia Rey hecho vencedor (2)
De gente soberbia (3) humilde por llanto convertida.

Traducción:

El rey será saludado como vencedor y como jefe, tras su traición, su origen real será conocido. Será vencedor por la sangre de un jefe alemán, Los musulmanes se harán humildes a causa de sus desgracias.

(1) Latín: *imperator:* el que manda, jefe. D.L.L.B.
(2) Latín: *superator:* vencedor. D.L.L.B.
(3) Latín: *superbes:* violento, tiránico, orgulloso. D.L.L.B. Véase II, 79: «La gente cruel y orgullosa».

IV, 23

La legion (1) dans la marine classe
Calcine (2), Magne (3), souphre et poix (4) bruslera,
Le long repos de l'asseurée place,
Port Selin (5), Hercle feu les consumera.

La legión (1) en la marina flota
Calcina (2) Magna (3), azufre y pez (4) arderá
El largo reposo de la asegurada plaza
Port Selin (5), Hércules fuego las consumirá.

Traducción:

Un ejército transportado por mar incendiará Tracia y Morea, tras una larga tranquilidad de estos lugares, Hércules (el rey de Francia) los incendiará en el puerto musulmán (Estambul).

RESTAURACION DE UN BORBON
FIN DEL SISTEMA REVOLUCIONARIO

Sextilla 4

D'un rond (6), d'un lis (7) naistra un si grand Prince,
Bien tost, et tard venu dans sa Province (8),
Saturne en Libra en exaltation (9):
Maison de Venus en decroissante force,
Dame en apres masculin soubs l'escorce (10),
Pour maintenir l'heureux sang de Bourbon.

De un disco (6), de un lis (7) nacerá tran gran Príncipe,
Muy pronto, y tarde llegado a su Provincia (8)
Saturno en Libra en exaltación (9):
Casa de Venus en fuerza decreciente.
Dama después masculino bajo la corteza (10)
Para mantener la feliz sangre de Borbón.

(1) Latín: *legio:* tropas, ejército. D.L.L.B.
(2) Calcedonia: ciudad de Bitinia, en el Bósforo de Tracia, frente a Bizancio. D.H.B.
(3) Maina o Magna, región de Grecia (Morea). D.H.B.
(4) Mineralogía: nombre dado frecuentemente a los betunes: se distinguen algunas especies de betún, la nafta o petróleo, etc. D.L.7.V. Probablemente una alusión al napalm.
(5) Griego: ζελήνη : la luna. D.G.F. La Media Luna musulmana.
(6) Latín: *rota:* el carro del Sol. D.L.L.B. Símbolo de los Capeto.
(7) Nombre del emblema real. D.L.7.V.
(8) La provincia romana: Provenza. D.L.L.B.
(9) Latín: *exalto:* levanto, realzo. D.L.L.B.
(10) Exterior, apariencia. D.L.7.V.

De un Capeto, del lis (de los Borbones) nacerá un muy gran príncipe, llegado pronto y tarde simultáneamente a su Provenza, habiéndose levantado de nuevo el tiempo de la justicia: el establecimiento de la mentira y la lujuria viendo decrecer su fuerza, tras el reino de la república bajo apariencias masculinas, para mantener la feliz sangre de Borbón.

MUERTE DE UN JEFE DE ESTADO
ES REEMPLAZADO POR UN JOVEN PRINCIPE

IV, 14

La mort subite du premier personnage
Aura changé et mis un autre au règne:
Tost, tard venu à si haut et bas aage,
Que terre et mer faudra qu'on le craingne.

La muerte súbita del primer personaje
Habrá cambiado y puesto otro en el reino
Pronto, tarde llegado tan alto y poca edad,
Que tierra y mar tendrán que temerle.

Traducción:

La súbita muerte del jefe del Estado habrá producido un cambio y puesto otro en el poder, venido a la vez temprano y tarde, tan joven, pese a su antiguo origen, que deberá temérsele en la tierra y en el mar.

ENRIQUE V - UN JEFE DEL MUNDO

VI, 70

Un chef du monde le gran CHRIEN (1) sera:
PLUS OULTRES apres aymé craint redoubté:
Son bruit et los les cieux surpassera,
Et du seul titre Victeur fort contenté.

Un jefe del mundo el gran CHIREN (1) será
PLUS ULTRA después amado temido
Su ruido y loanza los cielos sobrepasará
Y del único título Victor muy contento.

Traducción:

El gran Enrique será un jefe del mundo. Cada vez será más amado y temido. Su fama y sus alabanzas sobrepasarán los cielos y se contentará con el único título de vencedor.

(1) Anagrama de HENRIC, del latín *Henricus:* Henri (Enrique).

IX, 41

Le grand CHYREN soy saisir d'Avignon (1),
De Rome lettres en miel plein d'amertume
Lettre ambassade partir de Chanignon (2),
Carpentras pris par duc noir rouge plume.

El gran CHYREN se apodera de Avignon (1)
De Roma a cartas en miel llenas de amargura.
Carta embajada partir de Chanignon (2)
Carpentras tomado por duque negro roja pluma.

Traducción:

El gran Enrique se apoderará de Avignon cuando recibirá cartas amargas de Roma: una misión diplomática partirá de Canino, cuando Carpentras sea tomado por un general negro de rojo penacho.

DERROTA DEL EJERCITO ROJO EN ITALIA
EL JEFE ENEMIGO PRISIONERO DEL REY ENRIQUE

IV, 34

Le grand mené captif d'estrange terre,
D'or enchaîné au Roy CHYREN offert:
Qui dans Ausone (3) Milan perdra la guerre,
Et tout son ost (4) mis a feu et a fer.

El grande llevado cautivo de extraña tierra
De oro encadenado el rey CHYREN ofrecido:
Que en Ausona (3) Milán perderá la guerra.
Y toda su hueste (4) pasada a fuego y hierro.

Traducción:

El gran jefe de un país extranjero (¿Rusia?), conducido prisionero, será presentado prisionero de su oro al rey Enrique. En Italia, en Milán, perderá la guerra y todo su ejército será entregado al fuego y al hierro de la guerra.

---

(1) Véase «En Avignon todo el jefe del Imperio».
(2) Afrancesamiento de la ciudad italiana de Canino.
(3) Latín: *Ausonia*: antigua región de Italia, por extensión Italia. D.L.L.B.
(4) Ejército, campamento. D.A.F.L.

INVASION DE AUSTRIA, DE ALEMANIA, Y DE FRANCIA
LA DERROTA DE LAS TROPAS RUSO-MUSULMANAS EN LOS ALPES

V, 68

Dans le Dannube et du Rhin viendra boire,
le grand Chameau (1) ne s'en repentira:
Trembler du Rosne, et plus fort ceux de Loire,
Et pres des Alpes Coq le ruinera.

En el Danubio y en el Rhin vendrá a beber,
El gran Camello (1) que se arrepentirá.
Temblar del Ródano, y más fuerte los del Loira,
Y cerca de los Alpes Gallo le arruinará.

Traducción:

El gran jefe ruso-musulmán vendrá a beber en el Danubio y en el Rhin. Los habitantes de las orillas del Ródano temblarán y más todavía los del Loira. Luego, cerca de los Alpes, el rey le aniquilará.

EL FIN DE LA REVOLUCION
EL REY RECIBIDO EN AIX Y CONSAGRADO EN REIMS

IV, 86

L'an que Saturne en eau sera conjoinct,
Avecques Sol, le Roy fort et puissant,
A Reims et Aix sera receu et oingt,
Après conquestes meurtrira innocens.

En año en que saturno a agua se halle unido,
Con sol, el rey fuerte y poderoso,
En Reims y Aix será recibido y ungido
Tras conquistas matará inocentes.

Traducción:

El año en que la Revolución y la monarquía se hayan unido, el rey fuerte y poderoso será recibido en Aix y ungido en Reims, luego por sus conquistas hará inofensivos, matándolos, a los enemigos.

---

(1) Los camellos parecen originarios del Asia central... Es el animal más útil para los transportes en Asia central, el *Turkestán* el *Afghanistán*, Mongolia, el sur de *Siberia* y el norte de *Persia*. D.L.7.V. Nostradamus designa así a un jefe de las tropas ruso-musulmanas. Ver X, 37.

EL REY DE FRANCIA PONE FIN A LA GUERRA
LIBERA EL SUDOESTE

VII, 12

Le grand puisnay fera fin de la guerre,
Aux dieux assemble les excusez (1):
Cahors, Moissac iront loin de la serre (2)
Refus (3) Lectore, les Agenois razez.

El gran nacido después finalizará la guerra
A los dioses une los expulsados (1)
Cahors, Moissac irán lejos de la opresión (2)
Rechazo (3) Lectore, los de Agen arrasados.

Traducción:

El nacido en segundo lugar (Enrique V, después de Juan-Carlos I) pondrá fin a la guerra y, por la gracia de Dios, reunirá a quienes habían sido expulsados. Estos liberarán Cahors y Moissac. Los ocupantes del Lectoure serán rechazados y Agen será arrasado.

EL GRAN REY PONE EN PIE UN EJERCITO DE LIBERACION
COMBATES EN EL LANGUEDOC

I, 99

Le Grand Monarque que fera compagnie
Avec deux Roys unis par amitié:
O quel souspir fera la grand mesgnie (4)
Enfans Narbon à l'entour, quelle pitié!

El Gran Monarca que hará compañía
Con dos reyes unidos por amistad
Oh qué suspiro dará la gran mesnada (4)
Niños Narbona alrededor, qué compasión.

Traducción:

El gran rey pondrá en pie un ejército. Los dos reyes (Francia y España) estarán unidos por amistad. ¡Oh, qué suspiro (de alivio) lanzará el gran ejército! ¡Qué compasión para los niños en los alrededores de Narbona!

(1) Latín: *excussus:* expulsado, rechazado. D.L.L.B.
(2) Acción de apretar, oprimir, someter a una presión. D.L.7.V.
(3) Latín: *refusus:* hacer retroceder, rechazar. D.L.L.B.
(4) Tropa. D.A.F.L.

EL CUARTEL GENERAL - EL REY DE FRANCIA
EN ARIÈGE

IX, 10

Moyne moynesse d'enfant (1) mort exposé,
Mourir par ourse et ravy par verrier (2)
Par Fois et Pamyes le camp sera posé,
Contre Tholose Carcass dresser forrier (3).

Monje monja de niño (1) muerto expuesto
Morir por oso y raptado por vidriero (2)
En Foix y Pamiers el campamento será instalado,
Contra Toulouse Carcasona levantar furriel (3)

Traducción:

Un religioso y una religiosa verán a un niño amenazado de muerte. Los rusos le darán muerte, tras haber sido capturado por un jefe italiano. El campamento del ejército de liberación será establecido en el Ariège y un oficial, enviado del Rey, se levantará contra Toulouse y Carcasona (ocupadas).

EL REY DE FRANCIA LLEGA A LOS PIRINEOS
LA MONARQUIA Y EL FIN DEL SUFRAGIO UNIVERSAL

IX, 73

Dans Fois (4) entrez Roy cerulée (5) Turban,
Et régnera moins evolu (6) Saturne:
Roy Turban blanc Bisance coeur ban (7),
Sol, Mars, Mercure (8) près la hurne(9).

En Foix (4) entrado rey cerúleo (5) turbante,
Y reinará menos transcurrido (6) Saturno
Rey turbante blanco Bizancio corazón expulsado (7)
Sol, Marte, Mercurio, (8) cerca de la urna (9)

Traducción:

El rey de Francia, de azul emblema, reinará durante un tiempo poco transcurrido (poco tiempo). El jefe turco de turbante blanco será expul-

---

(1) Sólo los acontecimientos desvelarán la identidad del niño de que se trata.

(2) Las grandes vidrierías se hallaban, durante el Imperio romano y la Edad Media, en Italia. E.U.

(3) Oficial que precede a un príncipe de viaje y se encarga de disponer el alojamiento de la corte. D.L.7.V.

(4) Ciudad principal de Navarra.

(5) Azulado, azul. D.A.F.L. Color de los duques de Francia. D.L.7.V.

(6) Latín: *evolutus:* transcurrido. D.L.L.B.

(7) Substantivo verbal de *bannir* (expulsar). D.L.7.V.

(8) Dios de los ladrones. D.L.7.V.

(9) La urna, símbolo del sufragio universal.

sado de su corazón; la monarquía reinará tras la guerra y la desaparición del sufragio universal.

LIBERACION DESDE LOS PIRINEOS HASTA ROMA

VI, 1

Autour des Monts Pyrénées grand amas,
De gent estrange secourir Roy nouveau:
Près de Garonne du grand temple du Mas (1)
Un Romain chef le craindra dedans l'eau.

Alrededor de los montes Pirineos gran montón
De gente extraña socorrer rey nuevo
Cerca del Garona del gran templo del Mas (1)
Un romano jefe le temerá en el agua.

Traducción:

Alrededor de los Pirineos se acumularán grandes tropas extranjeras (americanas) que vendrán en socorro del nuevo rey, cerca del Garona en el Más-d'Agenais, que un jefe de Roma deberá temer durante la revolución.

LA RECONQUISTA DESDE ESPAÑA HASTA ITALIA

X, 11

Dessus Jonchère (2) du dangereux passage,
Fera passer le posthume (3) sa bande (4),
Les monts Pyrens passer hors son bagage (5),
De parpignan courira (6) Duc (7) à Tende (8).

Sobre La Junquera (2) de peligroso paso
Hará pasar el póstumo (3) su banda (4).
Los montes Pirineos pasar su equipaje (5)
De Perpignan correrá (6) Duque (7) hacia Tende. (8)

(1) Mas-d'Agenais: capital de cantón de Lot-et-Garonne, a orillas del Garona. Se piensa que en estos parajes se hallaba el templo galo-romano de Vernemet. D.L.7.V.
(2) Afrancesamiento de La Junquera: pueblo de España (Cataluña, provincia de Gerona), al pie meridional de los Alberes. D.L.7.V.
(3) Latín: *posthumus:* el último, nacido tras la muerte de su padre. D.L.L.B.
(4) Tropa organizada para combatir bajo una misma bandera. D.L.7.V.
(5) Anillo, arma. D.A.F.L.
(6) Perseguir, intentar alcanzar a la carrera.
(7) Latín: *dux:* jefe de un ejército, general. D.L.L.B.
(8) Uno de los pasos de la cadena de los Alpes marítimos, entre Niza y Coni. D.H.B.

Traducción:

Por el peligroso paso de La Junquera, el último (de los Borbones) hará pasar su tropa y cruzará los Pirineos con sus armas y perseguirá al general (enemigo) hasta el collado de Tende.

EL JOVEN PRINCIPE DEVUELVE LA PAZ. SU CONSAGRACION

IV, 10

Le jeune prince accusé faussement,
Mettra en trouble le camp (1) et en querelles:
Meurtry le chef pour le soustenement (2)
Sceptre appaiser: puis guerir escrouëlles (3).

El joven príncipe falsamente acusado
Pondrá el campo (1) en trastornos y querellas
Dañado el jefe por el valor (2)
Cetro apaciguar, luego curar escrófulas (3)

Traducción:

El joven príncipe será falsamente acusado y llegará la perturbación y la querella al territorio. Dañará con su valor al jefe (enemigo), devolverá la paz por su poder y luego curará las escrófulas (se le consagrará).

EL REY CONSAGRADO POR EL PAPA
SU LUCHA
CONTRA LAS FUERZAS DE IZQUIERDA EN ITALIA

V, 6

Au Roy l'Augur (4) sur le chef la main mettre,
Viendra prier pour la paix Italique:
A la main gauche viendra changer de sceptre (5),
De Roy viendra Empereur pacifique.

Al Rey el Augur (4) sobre la cabeza la mano pondrá
Vendrá a orar por la paz Itálica,
A la mano izquierda se cambiará el cetro (5)
De rey se convertirá en emperador pacífico.

(1) Latín: *campus:* territorio. D.L.L.B.
(2) Latín: *sustinentia:* valor, paciencia. D.L.L.B.
(3) El rey de Francia, y también el de Inglaterra, tenían la reputación de poseer el poder de curar la escrófula. En Francia, tras la ceremonia de consagración, el rey tocaba por primera vez escrófulas. Imponía las manos sobre los enfermos diciendo: «El rey te toca, Dios te sane». Esta costumbre subsistió hasta Luis XIV, que tocó a casi dos mil enfermos. D.L.7.V.
(4) Latín: profeta: D.L.L.B. Nótese la A mayúscula. Utilizado por Nostradamus para designar al Papa: Véase II, 36: «Del gran profeta...».
(5) Autoridad ejercida de modo absoluto. D.L.7.V.

Traducción:

El papa pondrá la mano sobre la cabeza del rey (para consagrarlo) e irá a suplicarle que devuelva la paz a Italia. Cambiará el poder de las fuerzas de izquierda y este rey se convertirá en un pacífico gobernante.

LA MUERTE DE LA REPUBLICA EN LA GUERRA
FIN DE LAS GRANDES REPUBLICAS: U.R.S.S.

Presagio 11, mayo

Au menu peuple par débats et querelles,
Et par les femmes et défunts grande guerre:
Mort d'une Grande. Celebrer escrouëlles.
Plus grandes Dames expulsées de la terre.

Al pueblo bajo por debates y querellas
Y por las mujeres y difuntos gran guerra:
Muerte de una Grande. Celebrar consagración.
Las mayores Damas expulsadas de la tierra.

Traducción:

El pueblo bajo (el proletariado) será agitado por debates y querellas a causa de las mujeres y de los muertos de la gran guerra. La República (una grande: Mariana) morirá. Se celebrará la consagración y las mayores repúblicas (U.R.S.S. por ejemplo) serán expulsadas de la tierra.

EL FIN DE LA REVOLUCION BOLCHEVIQUE

VIII, 18

De FLORE(1) issuë de sa mort sera cause,
Un temps devant par jeusne et vieille bueyre (2)
Car les trois Lys luy feront telle pause,
Par son fruit sauve comme chair cruë mueyre (3).

De FLORA (1) salida de su muerte será causa.
Un tiempo antes por joven y vieja confusión (2)
Pues los tres lis le harán tal pausa,
Por su fruto salvo como carne cruda cambiar (3)

Traducción:

Su origen occidental será causa de su muerte (la revolución) debida un momento antes a una vieja confusión renovada, pues los tres lis (del Borbón) le harán tal detención que su hijo salvado (Luis XVII) será transmutado en carne viva.

(1) Esposa del Céfiro, el viento de Occidente.
(2) Occitano: mezcla, confusión. D.P.
(3) *Muer:* cambiar. D.A.F.L.

EL ORIGEN CAPETO DEL REY
EL REY EXPULSA A LOS MUSULMANES
EL REY DEVUELVE A LA IGLESIA SU ESTADO PRIMITIVO

V, 74

De sang Troyen naistra coeur Germanique,
Qui deviendra en si haute puissance:
Hors chassera gent estrange Arabique,
Tournant l'Eglise en pristine prééminence.

De sangre troyana nacerá corazón germánico
Que llegará a tan alto poderío:
Fuera expulsará gente extranjera Arábiga,
Volviendo la iglesia en pristina preeminencia

Traducción:

De sangre de los Capeto, el rey nacerá con sentimientos pro-germá-
nicos y alcanzará tan gran poderío que expulsará de Francia a los musulmanes y devolverá a la Iglesia católica su primitivo explendor.

LIBERACION DE LOS CRISTIANOS
PRISIONEROS DE LOS ARABES POR ENRIQUE V

II, 79

La barbe crespe et noire par engin (1)
Subjuguera la gent cruelle et fière:
Un grand Chyren ostera du longin (2)
Tous les captifs par Seline bannière.

La barba crespa y negra por ingenio (1)
Subyugará a la gente cruel y orgullosa:
Un gran Chyren sacará a lo lejos (2)
Todos los cautivos por Selina bandera.

Traducción:

Subyugará por el ingenio la raza cruel y orgullosa de barba crespa y
negra. El gran Enrique liberará, a lo lejos, a todos los prisioneros de
la bandera de la Media Luna.

(1) *Ingenium:* inteligencia, genio. D.L.L.B.
(2) Latín: *longinque:* a lo lejos. D.L.L.B.

EL REY EN MONACO
LA CAIDA DEL PACTO DE VARSOVIA

VIII, 4

Dedans Monech (1) de Coq sera receu,
Le Cardinal de France apparoistra:
Par Logarion (2) Romain sera deceu?
Foiblesse à l'Aigle, et force au Coq naistra.

En Mónaco (1) el Gallo será recibido,
El Cardenal de Francia aparecerá:
Por Logarion (2) Romano será decepcionado
Debilidad al Aguila, y fuerza al Gallo nacerá.

Traducción:

El rey será recibido en Mónaco; un cardenal francés se mostrará. El jefe romano (el Papa) estará decepcionado por los discursos del jefe del Estado inglés. El águila (del pacto de Varsovia) se debilitará y la fuerza del rey comenzará a manifestarse.

DESEMBARCO DEL REY EN MONACO
INSTALA SU ESTADO-MAYOR EN ANTIBES
EXPULSA LAS TROPAS MUSULMANAS

X, 87

Grand roy viendra prendre port près de Nisse
Le grand empire de la mort si en fera
Aux Antipolles (3) posera son genisse (4)
Par mer la Pille (5) tout esvanouyra.

Gran rey vendrá a entrar en puerto cerca de Niza.
El gran imperio de la muerte tanto hará
En los Antipólicos (3) pondrá su genio (4)
Por mar el Saqueo (5) todo desaparecerá.

Traducción:

El gran rey desembarcará cerca de Niza (Mónaco) y actuará contra el gran Imperio (soviético), revelará su genio en Antibes y expulsará a los saqueadores del mar.

(1) Mónaco. D.H.B.
(2) Palabra fabricada a partir de dos palabras griegas: λογος : discurso, y: Αριων : Arión, nombre del caballo que Neptuno hizo surgir de la tierra con un golpe de tridente. D.L.7.V. Nostradamus designa siempre a Inglaterra por medio de Neptuno y su tridente.
(3) Antípolis: Antibes. D.H.B.
(4) En vez de genio, por paragoge, a causa de las necesidades de la rima.
(5) Véase II, 4.

Sextilla 30

Dans peu de temps Medecin du grand mal,
Et la Sangsuë (1) d'ordre et rang inégal,
Mettront le feu à la branche d'Olive (2),
Poste (3) courir (4), d'un et d'autre costé,
Et par tel feu leur Empire accosté
Se ralumant du franc finy salive (5).

En poco tiempo Médico del gran mal,
Y la Sanguijuela (1) de orden y rango desigual,
Encenderán la rama de Olivo (2)
Puesto (3) correr (4) de uno a otro lado.
Y por tal fuego su Imperio alcanzado
Reencendiéndose del franco terminada la saliva (5)

Traducción:

En poco tiempo quien traerá el remedio a la gran catástrofe (la tercera guerra mundial) y los países de la revolución (los países del Este) desiguales en naturaleza y en rango, llevarán la guerra a Israel, luego les perseguirá a sus posiciones por todos lados y el Imperio (soviético) será alcanzado por el fuego de la guerra que, incendiándose de nuevo, pondrá fin, en Francia, al régimen de los discursos políticos.

EL GRAN ENRIQUE Y LOS MUSULMANES
UN EJERCITO ESPAÑOL EN AUXILIO DE ISRAEL

VIII, 54

Soubs la couleur du traicté mariage,
Fait magnanime par grand Chyren (6) selin (7):
Quintin, Arras recouvrez au voyage,
D'Espagnols faict second banc (8) macelin (9).

Bajo el color del tratado matrimonio
Hecho magnánimo por gran Chyren (6) selín, (7)
Quintín, Arras, recobrados en el viaje
De españoles hecho segundo pescado (8) macelino (9).

(1) La bebedora de sangre.
(2) Monte de los Olivos, colina próxima a Jerusalén en la que ocurrieron algunas de las escenas de la pasión. D.L.7.V.
(3) Posición. D.A.F.L.
(4) Perseguir. D.L.7.V.
(5) Alusión a los discursos de las campañas electorales.
(6) Anagrama de *Henricus:* Enrique.
(7) Griego: Σελήνη : La Luna. D.G.F. La Media Luna musulmana.
(8) Latín: *bancus:* pescado de mar desconocido. D.L.L.B.
(9) Latín: *macellum:* mercado (donde se vende carne, aves, *pescado*, legumbres). D.L. L.B. Alusión a los Santos Lugares, punto de partida del cristianismo. Véase *Le basacle*. Sixtilla 31.

Con el pretexto de un tratado de alianza, el gran Enrique tendrá una actitud magnánima para con los musulmanes. San Quintín y Arras serán liberadas durante su periplo. Y un segundo hecho de guerra será llevado a cabo por los españoles en Israel.

RIVALIDAD
ENTRE LOS REYES DE FRANCIA Y ESPAÑA
CAIDA DE LAS FUERZAS MUSULMANAS
LIBERACION DE INGLATERRA E ITALIA

VI, 58

Entre les deux monarques eslongnez,
Lorsque le Sol par Selin (1) clair perdue:
Simulte (2) grande entre deux indignez,
Qu'aux Isles et Sienne la liberté, rendue.

Entre los dos monarcas alejados.
Cuando el Sol por Selín (1) clara perdida
Rivalidad (2) grande'entre dos indignos.
Que a las Islas y Siena la libertad devuelta.

Traducción:

Entre los dos reyes (Francia y España) que estarán lejos uno de otro, cuando el Borbón hará perder su esplendor (poderío) a las fuerzas de la Media Luna, habrá gran rivalidad indigna de ellos, y las islas Británicas e Italia serán liberadas.

LIBERACION DE ITALIA POR EL REY DE FRANCIA
SU LUCHA CONTRA LAS FUERZAS MUSULMANAS

IV, 77

SELIN (3) Monarque l'Italie pacifique.
Regnes unis, Roy Chrestien du monde:
Mourant voudra coucher en terre blésique (4).
Apres pyrates avoir chassé de l'onde.

SELIN (3) Monarca Italia pacífica,
Reinos unidos, Rey Cristiano del mundo:
Muriendo querrá acostar en tierra de Blesois (4)
Asperos piratas haber expulsado de las olas.

(1) Griego: Σελήνη : Luna, claro de luna. D.G.F.
(2) Latín: *simultas:* rivalidad. D.L.L.B.
(3) Griego: Σελήνη : La Luna. D.G.F. Designa la Media Luna de los musulmanes.
(4) Blaisois o Blesois: pequeña región cuya capital era Blois. D.H.B.

El rey de Francia devolverá la paz a Italia derrotando a los musulmanes; ciertos países se unirán. Será un rey cristiano del mundo y pedirá ser enterrado en Blois, tras haber expulsado de los mares las flotas musulmanas.

SECESION EN ITALIA
EL SOCORRO DEL REY DE FRANCIA

VI, 78

Crier victoire du grand Selin (1) Croissant,
Par les Romains sera l'Aigle clamé,
Ticcin (1), Milan, et Gennes ny consent,
Puis par eux mesmes Basil (2) grand réclamé.

Clara victoria del gran Selín (1) Creciente,
Por los romanos será el Aguila reclamada,
Ticino (1), Milán y Génova no consienten,
Luego para ellos mismos Basil (2) gran reclamado

Traducción:

Se anunciará a grandes gritos la victoria de los musulmanes. Los romanos llamarán en su socorro al águila (americana). Ticino e Italia del Norte rechazarán este socorro, luego reclamarán al gran rey (de Francia).

EL SUCESOR DE JUAN PABLO II
LA ALIANZA ENTRE EL PAPA Y EL REY DE FRANCIA

Sextilla 15

Nouveau esleu patron du grand vaisseau (3),
Verra long temps briller le cler flambeau
Qui sert de lampe (4) à ce grand territoire,
Et auquel temps armez sous son nom,
Joinctes à celles de l'heureux de Bourbon
Levant, Ponant, et Couchant sa mémoire.

Nuevo elegido patrón del gran bajel (3)
Verá largo tiempo brillar la clara antorcha
Que sirve de lámpara (4) a este gran territorio
Y en aquel tiempo armados bajo su nombre,
Unidos a aquellos del feliz de Borbón
Levante, Poniente y Occidente su memoria.

(1) Griego: Σελήνη : D.G.F. El cuarto creciente de la Luna, símbolo de los musulmanes.
(2) Griego: βασιλεύς : rey. D.G.F.
(3) La barca de San Pedro.
(4) Fuente metafórica de vida o de claridad. D.L.7.V.

Cuando un nuevo jefe del gran bajel de la Iglesia será elegido, se verá durante mucho tiempo brillar la antorcha luminosa que sirve de símbolo de vida al mundo. En esta época se reunirán ejércitos bajo su nombre y se aliarán con los del rey de Francia, cuya memoria permanecerá en los países del Este, en los países árabes y africanos y en América.

LA PELEA ENTRE LOS TRES GRANDES
(U.S.A. - RUSIA - CHINA)
FIN DEL REINADO DEL REY DE FRANCIA

Presagio 44, octubre

Icy dedans se parachevera
Les trois Grands hors (1) le *BON BOURG* sera loing:
Encontre d'eux l'un d'eux conspirera,
Au bout du mois on verra le besoin (2).

Aquí dentro terminará
Los tres Grandes artimañas (1) el BUEN BURGO será largo
Contra ellos uno de ellos conspirará
Al cabo del mes se verá la tarea. (2)

Traducción:

Aquí (en Francia) su reino terminará. Las tres grandes potencias (U.S.A. Rusia y China) tramarán maquinaciones y el Borbón estará lejos. Uno de los tres (China) conspirará contra los otros dos y, a finales de octubre, se verán sus obras.

(1) En vez de *Horde:* maquinación, artimaña. D.A.F.L.
(2) Tarea, trabajo. (*Besogne* forma femenina de *Besoin*). D.L.7.V.

EL FIN DEL PROTESTANTISMO EN SUIZA
LA MUERTE DEL GRAN REY

VIII, 5

Apparoistra temple (1) luisant orné (2)
La lampe et cierge (3) à Borne (4) et Breteuil (5):
Pour la Lucerne (6) le canton destorné (7),
Quand on verra le grand Coq au cercueil.

Aparecerá templo (1) luciendo adornado (2)
La lámpara y cirio (3) en Borne (4) y Breteuil (5)
Por Lucerna (6) el cantón desviado (7)
Cuando se verá el gran Gallo en el ataud.

Traducción:

Se verá la Iglesia católica brillante y honrada; se dirán misas en Holanda y en Picardía. En Suiza se cambiará de ideología religiosa, cuando el gran rey morirá.

EL REY DE FRANCIA RECIBIDO EN EL CAIRO

X, 79

Les vieux chemins seront tous embellis.
L'on passera à Memphis (8) somentrées (9):
Le Grand Mercure (10) d'Hercules fleur de lys,
Faisant trembler terre, mer et contrées.

Todos los viejos caminos se habrán embellecido.
Se pasará a Menfis (8) advertidos (9)
El Gran Mercurio (10) de Hércules flor de lis.
Haciendo temblar tierra, mar y parajes.

(1) Poéticamente: la Iglesia católica. D.L.7.V.
(2) Latín: *ornatus:* distinguido, honrado, considerado. D.L.L.B.
(3) Alusión a la lámpara y a los cirios que se encienden en el altar durante la misa.
(4) Pueblo de los Países Bajos. D.L.7.V. País de mayoría protestante.
(5) Capital de cantón en el Oise, en las fuentes del *Noye.* D.L.7.V. Picardía.
(6) Ciudad de Suiza, capital de cantón de Lucerna, a 94 Km. al S.-E. de *Bâle.* D.H.B.
(7) Cambiar de dirección. D.L.7.V. Nostradamus indica aquí el final de la «herejía» protestante, tomando lugares geográficos precisos que hubieran tenido una relación directa con la vida de Calvino: «Jean Calvin (Calvino), fundador de la Reforma en Francia, nació en *Noyon,* Picardía, en 1509, y murió en Ginebra en 1564... Durante el otoño de 1534 se retira a Estrasburgo y luego a *Bâle.* En esta última ciudad termina, en 1535 su libro *La Institución cristiana...* Al mismo tiempo, se ocupaba de la propagación exterior de su doctrina; mantenía correspondencia con Francia, los *Países Bajos,* Escocia, Inglaterra, Polonia...» D.L.7.V.
(8) Ciudad del antiguo Egipto, en la orilla izquierda del Nilo, al sur de las célebres pirámides de Gizeh. Cuando Egipto entero estuvo reunido en un solo imperio, fue durante algún tiempo su capital. D.H.B.
(9) *Somondre* o *Semondre:* advertir. D.A.F.L.
(10) Se le representa en forma de un hermoso joven. D.H.B.

Traducción:

Los viejos caminos serán adornados para el paso hacia el Cairo (1), cuya población habrá sido advertida, del poderoso rey de la flor de lis que hará temblar varios países en tierra y mar.

EL REY DE FRANCIA EN EGIPTO
LA CAIDA DEL MURO DE BERLIN
LOS RUSOS A PARIS EN SIETE DIAS

V, 81

L'oyseau Royal sur la cité solaire (2)
Sept mois devant fera nocturne augure:
Mur d'Orient cherra tonnerre esclaire,
Sept jours aux portes les ennemis à l'heure.

El pájaro Real sobre la ciudad solar (2)
Siete meses delante hará nocturno augurio
Muro de Oriente caerá trueno relámpago
Siete días a las puertas los enemigos entonces.

Traducción:

El rey, en El Cairo, hará una sombría advertencia siete meses antes (del fin de la guerra). El muro de (Europa) del Este (Berlín) caerá bajo el trueno y el fuego de la guerra, así como los enemigos que habían alcanzado París en siete días.

(1) Véase V, 81.

(2) Latín: *Solis Urbs:* Heliópolis. D.L.L.B. Heliópolis, es decir Ciudad del Sol, ciudad del bajo Egipto que estaba situada a 11 km del N.E. de El Cairo. D.H.B.

IMPORTANTE PAPEL DE AFRICA DEL SUR EN EL TERCER CONFLICTO MUNDIAL

LA U.R.S.S. Y EL PACTO DE VARSOVIA CONTRA EL AFRICA DEL SUR COMBATES EN PALESTINA

Sextilla 56

Tost l'Eléphant (1) de toutes parts verra
Quand pourvoyeur au Griffon (2) se joindra,
Sa ruine proche, et Mars qui toujours gronde:
Fera grands faits aupres de terre saincte,
Grands estendars (3) sur la terre et sur l'onde,
Si (4) la nef a esté de deux frères enceinte.

Pronto el Elefante (1) de todas partes vendrá
Cuando proveedor al Grifo (2) se unirá
Su ruina próxima, y Marte sigue gruñendo:
Hará grandes hechos cerca de Tierra Santa.
Grandes estandartes (3) sobre la tierra y las olaś.
Si (4) la nave ha sido preñada de dos hermanos.

Traducción:

El Africa del Sur verá por todas partes (acontecimientos) cuando el proveedor (ruso) se unirá al Pacto de Varsovia. Su ruina se acerca y la guerra que sigue gruñendo provocará grandes acontecimientos cerca de Tierra Santa (Israel). Habrá en tierra y mar grandes fuerzas militares cuando la Iglesia haya dado nacimiento a dos hermanos (Juan Pablo I y Juan Pablo II).

(1) Olifante: (del latín *elephantus:* elefante): Nombre dado a varias montañas y ríos del Africa austral a causa de los elefantes que en tan gran número hallaron los primeros europeos que las visitaron y que les dieron esta designación. Las montañas Olifante se hallan en la parte Occidental de la colonia de El Cabo, junto a un pequeño río, el Olifante, que desemboca en el Atlántico. D.L.7.V.

(2) Véase X, 96: «Como un grifo vendrá el rey de Europa».

(3) Estandarte de guerra. D.L.7.V.

(4) Latín: en caso de que, a condición de, cuando. D.L.L.B.

Sextilla 29

Le Griffon (1) se peut apprester
Pour à l'ennemy resister,
Et renforcer bien son armée,
Autrement l'Elephant (2) viendra
Qui d'un abord le surprendra,
Six cens et huict, mer enflammée.

El Grupo (1) puede aprestarse,
Para el enemigo resistir,
Y reforzar bien su ejército
De otro modo el Elefante (2) vendrá
Que en su embate le sorprenderá
Seiscientos y ocho, mar inflamada.

Traducción:

La Europa del Este (Pacto de Varsovia) puede prepararse para resistir al enemigo y reforzar bien su ejército, pues las tropas venidas de Africa del Sur le sorprenderán.

DERROTA DEL BLOQUE DEL ESTE

Sextilla 39

Le pourvoyeur du monstre sans pareil,
Se fera voir ainsi que le Soleil,
Montant le long la ligne Méridienne,
En poursuivant l'Eléphant et le loup (3),
Nul Empereur ne fit jamais tel coup,
Et rien plus pis à ce Prince n'advienne.

El proveedor del monstruo sin igual,
Se hará ver como el Sol
Subiendo por la línea Meridiana
Persiguiendo al Elefante y al lobo (3)
Ningún Emperador dio jamás golpe semejante,
Y nada peor a este Príncipe suceda.

Traducción:

El proveedor (ruso) de una plaga sin igual se dejará ver al mismo tiempo que el Borbón, subiendo a lo largo de un meridiano, persiguiendo a Africa del Sur y Alemania. Ningún Emperador (Hitler por ejemplo) dio jamás un golpe semejante, pero nada peor podrá llegar a tal jefe.

(1) Véase X. 86 y Sextilla 56.
(2) Véase Sextilla 56.
(3) Africa del Sur (El Cabo) y Alemania están situadas en el mismo meridiano.

EL FIN DE LA CIVILIZACION OCCIDENTAL

— El penúltimo Papa: Su instalación y muerte en el monte Aventino.
— El anticristo. Su nacimiento en Asia.
— Su elección.

GUERRAS DEL ANTICRISTO

— Invasión de Francia (Rouen y Evreux).
— Fin del reinado de Enrique V.
— Ruina económica de Israel.
— Alianza de los amarillos y de los musulmanes.
— Alianza de los blancos y de los negros.
— Caída de Europa.
— Conquista de España.
— Persecuciones religiosas.
— Ruina de Roma y del Vaticano.
— Captura del último Papa.
— Fin de la monarquía y ruina de la Iglesia Católica.

LA SANTA SEDE CAMBIA DE LUGAR

VIII, 99

Par la puissance des trois Roys temporels,
En autre lieu sera mis le saint-siège:
Où la substance de l'esprit corporel (1),
Sera remis et reçu pour vray siège.

Por el poderío de tres Reyes temporales
En otro lugar será puesta la santa-sede
Donde la substancia del espíritu corporal (1)
Será entregado y recibido por verdadera sede.

Traducción:

A causa del poderío de tres jefes de Estado, la Santa-Sede será instalada en otro lugar (distinto al Vaticano) y se celebrará de nuevo la misa.

EL SUCESOR DE JUAN PABLO II SE INSTALA Y MUERE EN EL MONTE AVENTINO

II, 28

Le penultième du surnom de prophète (2),
Prendra Diane (3) pour son jour et repos:
Loing vaguera (4) par frenetique teste,
En delivrant un grand peuple d'impos.

El penúltimo del sobrenombre de profeta (2)
Tomará Diana (3) para su día y reposo.
Lejos vagará (4) por frenética (5) testa
Liberando un gran pueblo de impuesto.

Traducción:

El penúltimo papa se establecerá en el Monte Aventino y morirá allí,

(1) Corporal: lienzos bendecidos que el sacerdote extiende sobre el altar para depositar sobre ellos el cáliz y la hostia durante la misa. Estos lienzos litúrgicos, destinados a representar el sudario de Jesucristo eran, en sus orígenes, mucho más grandes que hoy. D.L.7.V.
(2) Latín: *propheta:* Sacerdote que predica el porvenir. D.L.L.B. El Papa es también sacerdote. Véase II, 36.
(3) El templo de Diana, en Roma, se hallaba en el monte Aventino. D.L.7.V.
(4) *Vaguer:* forma antigua de *vaquer.* D.A.F.L. Estar vacante, desocupado (vagar). D.L.7.V.
(5) Que sufre locura furiosa. D.L.7.V.

el trono de San Pedro estará vacante a causa de un jefe loco venido de lejos que habrá liberado de impuestos a un gran pueblo (China).

EL ANTICRISTO. HIJO DE UN MONJE BUDISTA O ZEN. EL ANTICRISTO, UN GEMELO

I, 95

Devant moustier (1) trouvé enfant besson (2).
D'héroicq (3) sang de moyne vetutisque (4),
Son bruit par secte, langue et puissance son,
Qu'on dira soit eslevé le vopisque (5).

Ante monasterio (1) hallado niño gemelo (2)
De heroica (3) sangre de monje vetusto (4)
Su ruido por secta, lengua y poderoso sonido,
Que se dirá sea elevado el gemelo (5).

Traducción:

Un gemelo será encontrado ante un monasterio, nacido de sangre noble de un monje que se ha hecho viejo. Su ruido será grande por su partido, su lengua y la potencia de su voz, tanto que se pedirá que sea llevado al poder el gemelo superviviente.

NACIMIENTO DEL ANTICRISTO EN ASIA SU INVASION HASTA FRANCIA

V, 84

Naistra du gouphre et cité immesurée,
Nay de parents obscurs et ténébreux (6):
Quand la puissance du grand Roy revérée,
Voudra destruire par Rouen et Evreux.

Nacerá de la sima y ciudad inconmensurada,
Nacido de padres oscuros y tenebrosos (6)
Cuando el poderío del gran Rey reverenciado
Querrá destruir por Rouen y Evreux.

(1) *Moustier:* forma popular de monasterio. D.E.N.F.
(2) Gemelo. D.A.F.L.
(3) Noble, elevado, épico D.L.7.V.
(4) Latín: *vetustus:* envejecer. D.L.L.B.
(5) Latín: *vopiscus:* gemelo nacido con esperanzas de vida. D.L.L.B.
(6) Secreto, pérfido. D.L.7.V.

Nacerá de la desgracia y de una ciudad inconmensurable (ciudad china o japonesa) y habrá nacido de padres oscuros y pérfidos, cuando el poderío del gran rey (de Francia) habrá sido honrado, él querrá destruir (el Occidente) hasta Rouen y Evreux.

LA INVASION VENIDA DE ASIA A ITALIA Y A FRANCIA

II, 29

L'Oriental sortira de son siège
Passer les monts Apennins voir la Gaule:
Transpercera le ciel les eaux les neiges
Et un chacun frappera de sa gaule (1).

El oriental saldrá de su sede
Pasar los montes Apeninos ver Galia:
Cruzará el cielo, las aguas, las nieves,
Y uno cada uno golpeará con su impuesto (1)

Traducción:

El jefe asiático saldrá de su país para franquear los montes Apeninos y llegar a Francia. Cruzará el cielo (invasión aérea), pasará los ríos y las montañas, y fijará impuestos a los países.

ATAQUE AEREO CONTRA LA SEDE DEL REY DE FRANCIA. SIETE MESES DE ENCARNIZADA GUERRA. LA INVASION EN ROUEN Y EVREUX Y LA CAIDA DEL REY

IV, 100

De feu celeste au Royal édifice
Quand la lumière de Mars deffaillera:
Sept mois grand guerre, mort gent de maléfice,
Rouën, Evreux au Roy ne faillira.

De fuego celeste en el real edificio
Cuando la luz de Marte desfallecerá
Siete meses gran guerra, muerta gente de maleficios
Rouen, Evreux el rey caerá.

(1) Tasa, impuesto. D.L.7.V.

Traducción:

El palacio del rey será destruido por un cohete cuando las hogueras de la guerra declinarán. Grande será la guerra durante siete meses, y provocará la muerte del pueblo por sus calamidades. Y la invasión hasta Rouen y Evreux provocará la caída del Rey.

EL NACIMIENTO DEL ANTICRISTO
EL HAMBRE EN LA TIERRA

III, 42

L'enfant naistra à deux dentś en la gorge,
Pierre en Tuscie (1) par pluy tomberont,
Peu d'ans apres ne sera bled ni orge,
Pour saouler ceux qui de faim failliront.

El niño nacerá con dos dientes en la garganta.
Piedra en Tuscia (1) por lluvia caerá
Pocos años después no crecerá trigo ni cebada
Para satisfacer a quienes perecerán de hambre.

Traducción:

El niño nacerá con dos dientes en la garganta, habrá en Italia (Toscana) una lluvia de piedras (¿bombardeo?). Algunos años más tarde no habrá ni trigo ni cebada para satisfacer a los hombres que morirán de hambre.

EL ANTICRISTO: EL MAYOR ENEMIGO
DEL GENERO HUMANO

X, 10

Tasche de murdre (2) enormes adultères (3),
Grand ennemy de tout le genre humain:
Que sera pire qu'ayeuls, oncles ne peres (4),
En fer, feu, eau, sanguin et inhumain.

Maculado de crimen (2) enormes adulterios (3),
Gran enemigo de todo el género humano:
Será peor que abuelos, tíos o padres (4)
En hierro, fuego, agua, sanguinario e inhumano.

(1) Una de las diecisiete provincias de la diócesis de Italia en el siglo IV; comprendía Etruria y Umbria, y su capital era Florencia. D.H.B.
(2) Forma primitiva de *meurtre* (crimen, asesinato) D.A.F.L.
(3) Latín: *adulterium:* comercio criminal. D.L.L.B.
(4) ¡Incluyendo a Hitler!

Manchado por los crímenes y los abominables asesinatos, el gran enemigo será peor que todos sus predecesores. Por el hierro y el fuego de la guerra y la revolución derramará sangre de un modo inhumano.

NACIMIENTO DEL ANTICRISTO
UTILIZACION DE DEFOLIANTES. EL HAMBRE
LAS DEPORTACIONES EN ASIA
(CAMBOYA - VIETNAM)

II, 7

Entre plusieurs aux isles desportez,
L'un etre nay a deux dents en la gorge:
Mourront de faim les arbres esbrotez (1),
Pour eux neuf Roy, nouvel edict leur forge.

Entre varios a las islas deportados
Uno de ellos nace con dos dientes en la garganta
Morirán de hambre los árboles estropeados (1)
Para ellos nuevo Rey, nuevo edicto les forja.

Traducción:

Habiendo sido deportados a las islas varios hombres, uno de ellos nacerá con dos dientes en la garganta. Los hombres morirán de hambre a causa de los defoliantes. Un nuevo jefe les impondrá nuevas leyes.

ELECCION DEL ANTICRISTO
SOMETE LOS MAYORES ESTADOS

VIII, 41

Esleu sera Renard (2) ne sonnant mot (3),
Faisant le sainct public vivant pain d'orge (4),
Tyrannizer apres tant a un cop?
Mettant à pied des plus grands sur la gorge (5).

Elegido será Zorro (2) sin sonar palabra (3),
Haciendo el santo público viviendo pan de cebada (4)
Tiranizar después tanto de un golpe
Poniendo el pie a los más grandes en la garganta (5).

(1) Provenzal: *esbroutar:* quitar los brotes. D.P.
(2) En sentido figurado: hombre astuto. D.L.7.V.
(3) *Ne sonner mot:* no decir una palabra, callarse. D.L.7.V.
(4) Grosero como un pan de cebada: muy grosero. D.L.7.V.
(5) Poner, tener el pie en la garganta: poner, tener a alguien en un estado de absoluta dominación. D.L.7.V.

Traducción:

Un hombre astuto será elegido sin decir nada; fingirá ser santo viviendo de modo rústico. Luego, súbitamente, ejercerá su tiranía poniendo los mayores países en un estado de absoluta dominación.

EL ANTICRISTO
LOS PAISES COMUNISTAS DEL ASIA ARRASTRADOS
A LA GUERRA - 1999

X, 66

Le chef de Londres par regne l'Americh,
L'isle d'Escosse t'empiera par gelée (1):
Roy Reb (2) auront un si faux Antechrist,
Que les mettra trestous dans la meslée.

El jefe de Londres por reino América,
La isla de Escocia se empedrará por helada (1)
Rey Rep (2) tendrán tan falso Anticristo
Que les pondrá a todos en el tumulto.

Traducción:

El jefe del gobierno inglés será apoyado por el poder de los Estados Unidos, cuando el frío hará que el suelo de Escocia se vuelva duro como una piedra, los jefes rojos tendrán a su cabeza un Anticristo tan pervertido que les arrastrará a todos a la guerra.

LOS VEINTISIETE AÑOS DE GUERRA DEL ANTICRISTO
1999 - 2026

VIII, 77

L'antechrist trois bien tost annichilez,
Vingt et sept ans sang durera sa guerre:
Les heretiques (3) morts, captifs exilez,
Sang corps humain eau rougie greler terre.

El anticristo tres muy pronto aniquilado
Veinte y siete años sangre durará su guerra
Los heréticos (3) muertos, cautivos exilados,
Sangre cuerpo humano agua enrojecida granizar tierra.

(1) Alusión a un invierno particularmente riguroso.
(2) Latín: *robeus:* rojo. D.L.L.B.
(3) Por extensión, el que profesa opiniones contrarias a las generalmente admitidas. D.L.7.V.

El Anticristo aniquilará pronto tres países. La guerra que provocará durará veintisiete años. La sangre de los cuerpos enrojecerá el agua, la tierra estará cubierta de golpes (cohetes, bombardeos).

ALIANZA ENTRE LOS MUSULMANES Y LOS AMARILLOS. INVASION DE EUROPA. PERSECUCION DE LOS CRISTIANOS

VI, 80

De Fez le regne parviendra à ceux d'Europe,
Feu leur cité, et lame tranchera:
Le grand d'Asie terre et mer à grand troupe,
Que bleux (1), pers (2), croix à mort déchassera.

De Fez el reino llegará al de Europa.
Fuego su ciudad, y hoja cortará:
El grande de Asia tierra y mar a gran ejército.
Que lívido (1), pálido (2), cruz a muerte perseguirá:

Traducción:

El poder de Marruecos llegará hasta Europa, incendiará sus ciudades y matará a sus habitantes. El gran jefe asiático lanzará nuevos ejércitos por tierra y por mar, los amarillos, de tez pálida, perseguirán a los cristianos para hacerles perecer.

GRANDES CAMBIOS CON EL FIN DE LA REPUBLICA INVASION AEREA

I, 56

Vous verrez tard et tost faire grand change,
Horreurs extrêmes et vindications.
Que si la Lune conduicte par son ange,
Le ciel (3) s'approche des inclinations (4).

Veréis tarde y pronto hacer gran cambio,
Horrores extremos y venganza.
Que si la Luna conducida por su ángel,
El cielo (3) se aproxima a los cambios (4).

(1) No indica un color definido: lívido, del latín *flabus: amarillo.* D.A.F.L.
(2) Pálido: D.A.F.L.
(3) Alusión a X, 72: «Del cielo vendrá un gran rey de horror».
(4) Latín: *inclinatio:* cambio, variación, vicisitud. D.L.L.B.

Traducción:

Más pronto o más tarde asistiréis a grandes cambios, terribles horrores y venganzas hasta que la República haya muerto, cambios estarán cercanos, entonces, por el cielo.

LA INVASION AMARILLA A TRAVES DE RUSIA Y TURQUIA

V, 54

Du pont Euxine (1), et la grand Tartarie (2),
Un roy sera qui viendra voir la Gaule,
Transpercera Alane (3) et l'Arménie,
Et dans Bizance lairra (4) sanglante Gaule (5).

Del Ponto Euxino (1), y la gran Tartaria (2),
Será un rey que vendrá a ver Galia,
Cruzará Alania (3) y Armenia
Y en Bizancio dejará (4) sangrante mástil (5).

Traducción:

Del mar Negro y de China un jefe llegará hasta Francia, tras haber cruzado Rusia y Armenia, y dejará su estandarse enrojecido por la sangre en Turquía.

EL FIN DEL REY DE FRANCIA EL PODERIO DEL JEFE ASIATICO

X, 75

Tant attendu ne reviendra jamais,
Dedans l'Europe, en Asie apparoistra:
Un de la ligue yssu du grand Hermes (6)
Et sur tous Roys des Orients croistra.

Tan esperado no regresará jamás
En Europa, en Asia aparecerá:
Uno de la liga salida del gran Hermes (6)
Y sobre todos los Reyes del Oriente crecerá.

(1) El Ponto-Euxino, antiguo nombre del mar Negro. D.H.B.
(2) La Tartaria asiática se dividía en Tartaria china (Mongolia, Manchuria, etc.) al Este, y Tartaria independiente (o Turquestán) al Oeste. D.H.B.
(3) Latín: *Alani:* pueblo de Sarmacia (antiguo nombre de Rusia). D.L.L.B.
(4) Futuro de *Laïer:* dejar. D.A.F.L.
(5) Marina: *gaule d'enseigne:* asta de bandera.
(6) Mercurio, dios de los ladrones. Embajador plenipotenciario de los dioses, asiste a los tratados de alianza, los sanciona, los ratifica y no es extraño a las declaraciones de guerra entre ciudades y pueblos. M.G.R.

Traducción:

(El rey Borbón) que tanto había sido esperado no volverá jamás a Europa. Un personaje aparecerá en Asia para saquear y tomará poderío sobre todos los Estados asiáticos.

EL ANTICRISTO CONTRA ENRIQUE V
RETROCESO DEL PODERIO COMUNISTA
NUEVO TERROR MUSULMAN

IX, 50

MENDOSUS (1) tost viendra a son hat regne,
Mettant arrière un peu le Norlaris:
Le Rouge blesme (2) le masle à l'interegne (3)
La jeune crainte et frayeur Barbaris.

MENDOSUS (1) vendrá pronto a su alto reino,
Dejando un poco atrás al Norlaris:
El Rojo débil (2) durante el interregno (3)
Joven temor y espanto Bárbaros.

Traducción:

El mentiroso llegará pronto al máximo de su poder, dejando atrás al Lorenés (4). Habiéndose debilitado el poder comunista entre los dos conflictos, será preciso volver a temer y asustarse a causa de los musulmanes.

FIN DEL BORBON
RUINA ECONOMICA DE ISRAEL

Sextilla 34

Princes et Seigneurs tous se feront la guerre,
Cousin germain le frère avec la frère,
Finy l'Arby (4) de l'heureux de Bourbon,
De hierusalem les Princes tant aymables,
Du fait commis enorme et execrable
Se ressentiront sur la bourse sans fond.

Príncipes y Señores todos se harán la guerra,
Primo hermano, el hermano contra el hermano,
Terminado el Arbitraje (5) del feliz de Borbón
De Jerusalén los príncipes tan amables,
Del hecho cometido enorme y execrable
Se resentirán en la bolsa sin fondo.

(1) Latín: *mendosus:* que tiene defecto, defectuoso, vicioso, falso. D.L.L.B.
(2) Debilitarse. D.L.7.V.
(3) Tercer conflicto mundial y guerras del Anticristo. 1999
(4) *Norlaris:* anagrama de *Lorrain* (el Lorenés). (N. del T.)
(5) Latín: *arbiter:* árbitro supremo. D.L.L.B.

Traducción:

Todos los jefes de Estado y de Gobierno se harán la guerra, se combatirá entre primos y entre hermanos. El supremo arbitraje del feliz príncipe de Borbón habrá terminado. Los jefes tan amables de Israel, a causa de un acto enorme y execrable, caerán en la ruina económica.

CONQUISTA DE ESPAÑA
POR LAS TROPAS MUSULMANAS

V, 55

De la Felice (1) Arabie contrade (2),
Naistra puissant de la loy Mahométique,
Vexer l'Espagne conquester la Grenade,
Et plus par mer à la gent Ligustique.

De la feliz (1) Arabia región (2)
Nacerá poderoso de la ley Mahometana,
Vejar España, conquistar Granada,
Y además por mar a la gente Ligústica.

Traducción:

A partir del territorio de la rica Arabia nacerá un poderoso jefe musulmán que vejará España con la conquista de Granada y, más aún, a Italia por mar.

EL ULTIMO CONFLICTO DEL SIGLO XX - 1999

I, 51

Chefs d'Aries (3), Jupiter (4) et Saturne (5),
Dieu éternel quelles mutations,
Puis par long siecle son maling temps retourne
Gaule et Italie, quelles émotions.

Jefes de Aries (3). Júpiter (4) y Saturno (5),
Dios eterno qué cambios,
Luego por largo siglo su maligno tiempo regresa,
Galia e Italia, qué emoción

(1) Latín: *felix:* fecundo, rico, opulento. D.L.L.B. (el petróleo).

(2) Forma primitiva de *contrée* (paraje, región) D.A.F.L.

(3) Nombre latino de la constelación del Carnero (*Belier:* carnero, pero también ariete): máquina de guerra utilizada por los antiguos para derribar las murallas. D.L.7.V.

(4) Júpiter era objeto de culto entre todos los pueblos itálicos, para quienes personificaba la luz y los fenómenos celestes. D.L.7.V.

(5) O Cronos: se convirtió en el símbolo del tiempo. En la mitología; tiempo de Saturno y de Rea, Edad de oro que duró mientras Saturno gobernó el universo.

Qué cambios serán provocados por los jefes de guerra, antes del regreso a la luz y a la Edad de oro; luego, tras un largo siglo (el XX) el tiempo del maligno (de la destrucción) regresará. Qué trastornos en Francia e Italia.

EL COMUNISMO ASIATICO CONTRA EUROPA Y AFRICA NEGRA

VI, 10

Un peu de temps les temples des couleurs,
De blanc et noir des deux entremeslée:
Rouges et Jaunes leur embleront les leurs
Sang, terre, peste, faim, feu d'eau affollée.

Un poco de tiempo los templos de los colores,
De blanco y negro los dos entremezclados:
Rojos y amarillos unirán los suyos.
Sangre, tierra, peste, hambre, fuego de agua enloquecida.

Traducción:

Durante algún tiempo las Iglesias recuperarán su esplendor. Los blancos y los negros harán uniones entre sí. Los rojos y los chinos se unirán contra ellos y la tierra estará enloquecida por la sangre, la enfermedad, el hambre, la guerra y la revolución.

LA INVASION DE EUROPA POR CHINA

Presagio 40, junio

De maison sept par mort mortelle suite,
Gresle, tempeste, pestilent mal, fureurs:
Roy d'Orient d'Occident tous en fuite,
Subjuguera ses jadis conquereurs (1).

De casa siete por muerte mortal consecuencia
Granizo, tempestad, pestilente mal, furores:
Rey de Oriente y de Occidente todos en fuga,
Subyugará a sus, antaño, conquistadores. (1)

(1) «En 1839, habiéndose la China apoderado de algunas cajas de opio indio, *Inglaterra* comenzó la guerra del «Opio». El tratado de Nankin cedía a Inglaterra la isla de Hong-Kong y abría a su comercio cinco puertos chinos. Estos puertos fueron abiertos en 1884 (Tratado de WAM-POA) al comercio de los *Estados Unidos, Francia* y, luego, otros *estados occiden-*

Traducción:

Por haber sembrado la muerte, los siete países de la Europa del Este conocerán mortales consecuencias. Serán aplastados por los bombardeos, la tempestad, la epidemia y el furor de sus enemigos. El jefe de Asia pondrá en fuga a todos los Occidentales y subyugará a sus antiguos conquistadores.

LA INVASION DE FRANCIA EN JULIO DE 1999
INVASION AEREA

X, 72

L'an mil neuf cent nonante neuf sept mois,
Du ciel (1) viendra un grand Roy d'effrayeur
Ressusciter le grand Roy d'Angoulmois (2),
Avant apres Mars regner par bonheur.

El año mil novecientos noventa y nueve siete meses,
Del cielo (1) vendrá un gran rey de terror,
Resucitar el gran rey de Angoulmois (2),
Antes después Marte reinar por fortuna.

Traducción:

En julio de 1999, un gran jefe aterrorizador vendrá por vía aérea para hacer revivir al gran conquistador de Angoûmois. Antes y después la guerra reinará por fortuna.

tales. Bajo Hien-Foung (1851-1862), el asesinato de misioneros cristianos produjo la intervención *franco-inglesa*, la toma de Cantón (1857) y la de Tien-Tsin (26 de junio de 1858). El tratado fue conculcado, *Pekín ocupado* (1860) y China obligada a firmar el segundo tratado de Tien-Tsin (24 de octubre de 1860). En el norte, China tuvo que ceder a los rusos (1858, 1860) territorios en el Hei-Lung-Shian (Ussuri) y en la costa... En 1871, Rusia ocupa Kuldja y todo el valle de Illi. De 1882 a 1885, China estuvo en guerra con Francia por el Tonkin; a causa de los tratados de Tien-Tsin (11 de mayo de 1884 y 4 de abril de 1885), tuvo que renunciar a sus pretensiones en el Tonkin y abrir al comercio francés las provincias limítrofes de este país... Por fin China era perjudicada, no sólo por el Japón, sino también por *Rusia, Alemania, Inglaterra y Francia*» D.L.7.V. (¡Sus, antaño, conquistadores!).

(1) Recuérdese las langostas del Apocalipsis.
(2) El Angoûmois fue conquistado por los visigodos y, pronto, amenazado por los hunos, raza mongola al mando de Atila.

EL FIN DEL REINADO DE ENRIQUE V
EL FIN DE LA IGLESIA CATOLICA

I, 4

Par l'univers sera fait un Monarque,
Qu'en paix et vie ne sera longuement:
Lors se perdra la piscature barque (1),
Sera régie en plus grand détriment (2),

Por el universo será hecho un Monarca,
Que en paz y vida no será largo:
Entonces se perderá la pescadora barca (1)
Será regida mayor detrimento (2)

Traducción:

Un monarca será consagrado por el mundo, pero no vivirá mucho tiempo en paz. Entonces se hundirá la Iglesia, gobernada en el mayor desastre.

INVASION PROVENIENTE DE ASIA A TURQUIA Y A EGIPTO
EL FIN DE LA IGLESIA CATOLICA

V, 25

Le prince Arabe, Mars, Sol, Venus, Lyon (3),
Regne d'Eglise par mer succombera:
Devers la Perse bien près d'un million,
Bizance, Egypte, ver. serp. (4) invadera (5).

El príncipe Arabe, Marte, Sol, Venus, León (3)
Reino de Iglesia por mar sucumbirá:
Hacia Persia muy cerca de un millón,
Bizancio, Egipto, ver. serp. (4) invadirá (5)

Traducción:

El jefe árabe iniciará la guerra y la subversión contra la soberanía monárquica, y el poder de la Iglesia sucumbirá ante una invasión marítima. Cerca de un millón de soldados estarán en Irán y Satán invadirá Turquía y Egipto.

(1) Barca de San Pedro o nave de la Iglesia; forma parte de los símbolos que eran queridos en la naciente Iglesia. D.L.7.V. Alusión también a la frase del Cristo a Pedro: «Te haré pescador de hombres».
(2) Desastre. D.L.7.V.
(3) Emblema de soberanía. D.L.7.V.
(4) Latín: *versus serpens:* serpiente que se ha rebelado. Alusión al Apocalipsis, XII, 9: «Y fue precipitado, el gran dragón, la antigua serpiente, llamado el diablo y Satán, fue precipitado en tierra, y sus ángeles fueron precipitados con él.»
(5) Latín: *atacar, cruzar, invadir.* D.L.L.B.

X, 99

La fin le loup, le lyon, boeuf (1) et l'asne (2),
Timide dama (3) seront avec mastins (4):
Plus ne cherra (5) à eux la douce manne,
Plus vigilance et custode aux mastins.

El fin del lobo, el león, buey (1) y el asno (2)
Tímido gamo (3) estarán con mastines (4):
Más no caerá (5) en ellos el dulce Maná,
Más vigilancia y custodia (6) de los mastines.

Traducción:

Cuando se vea el fin de Alemania, Inglaterra, Africa del Sur y las tropas musulmanas, la tímida Polonia estará aliada con Inglaterra. No tendrán ya la vida fácil y los ingleses no serán ya vigilados y custodiados.

PERSECUCION DE LOS RELIGIOSOS. CARESTIA DE LA VIDA

I, 44

En bref seront de retour sacrifices,
Contrevenans seront mis à martyre,
Plus ne seront moines, abbés, novices,
Le miel sera beaucoup plus cher que cire.

En breve estarán de regreso sacrificio,
Contraventores serán puestos en martirio,
Más no serán monjes, abates, novicios,
La miel será mucho más cara que cera.

Traducción:

El sacrificio de los creyentes comenzará de nuevo; los que se opondrán al poder serán martirizados. Ya no habrá monjes, ni abates ni novicios, se conocerá la carestía de la vida.

(1) Buey de Lucania, nombre dado al elefante por los romanos. D.L.7.V. Hemos visto ya que el elefante representaba a Africa del Sur: Sixtillas 26, 39 y 56.
(2) Véase III, 23 y X, 31.
(3) Latín: *dama:* Gamo. D.L.L.B. Género de mamíferos rumiantes, familia de los *cérvidos.* D.L.7.V. Véase V, 4.
(4) Véase V, 4: Ciertamente no es por azar que Nostradamus reunió, de nuevo, en una cuarteta, el ciervo (Polonia) y los mastines (los ingleses).
(5) Del verbo *choir:* caer. D.A.F.L.
(6) Latín: *custos:* guardia, centinela. D.L.L.B.

INCENDIO DE ROMA
EXPULSION DE UN CARDENAL POR EL PAPA
ESCANDALOS COMETIDOS POR ECLESIASTICOS

III, 17

Mont Aventin (1) brusler nuict sera veu,
Le ciel obscur tout à un coup en Flandres,
Quand le Monarque chassera son neveu (2),
leurs gens d'Eglise commettront les esclandres.

Monte Aventino (1) quemar noche será visto,
El cielo oscuro de pronto en Flandes
Cuando el monarca expulsará a su nepote (2)
Su gente de Iglesia cometerán escándalos.

Traducción:

Se verá arder Roma durante la noche, el cielo se oscurecerá bruscamente en Bélgica cuando el Papa expulse a un cardenal y los eclesiásticos cometan escándalos.

EL ASESINATO DEL PAPA. MUERTE DEL CAPETO
DESEMBARCO EN LAS COSTAS DE VAR

VII, 37

Dix envoyez, chez de nef mettre à mort,
D'un adverty (3), en classe guerre ouverte:
Confusion chef. l'un se picque et mord (4),
Leryn (5), Stecades (6) nefs, cap (7) dedans la nerte (8).

Diez enviados, jefe de naves dar muerte,
De un contrario (3) en ejército guerra abierta:
Confusión jefe. Uno se hiere y muere (4)
Leryn (5), Stecades (6) naves, cap (7) en la tierra. (8)

(1) Una de las colinas de Roma. D.L.7.V.
(2) Cardenal nepote: cardenal que es el nepote del Papa vivo. D.L.7.V. [nepote: familiar
y privado del Papa. (N. del T.)].
(3) Latín: *adverso:* oponerse, contrariar. D.L.L.B.
(4) De *mordir:* asesinar, matar. D.A.F.L.
(5) Islas francesas del Mediterráneo, en la costa del departamento de Var, frente a la
punta que termina, al Este, el golfo de La Napoule. D.H.B.
(6) Staechades: Islas de Hyères; se denominan así cuatro islas que están situadas en las
costas del departamento de Var, son: Porquerolles, Port-Gros, Bagneaux e Isla de Levante
o Titán. D.H.B.
(7) El Capeto: Véase Luis XVI y Varennes. IX, 20.
(8) O Hertha, la Tierra, divinidad de los germanos. D.L.L.B.

Diez hombres serán enviados para asesinar al Papa, pero uno de ellos se opondrá, la guerra será iniciada por el ejército. En la confusión el jefe (del grupo) se suicidará y morirá, barcos desembarcarán en las costas de Var, el Capeto será entonces puesto en tierra.

RUINA DE ROMA Y DEL VATICANO

I, 69

La grand montagne ronde de sept stades (1),
Après paix, guerre, faim, inondation,
Roulera loing, abismant grand contrades (2),
Mesmes antiques, et grand fondation.

La gran montaña redonda de siete estadios (1)
Después paz, guerra, hambre, inundación,
Irá lejos, arruinando grandes regiones (2).
Aun las antiguas, y gran fundación.

Traducción:

La gran ciudad de las siete colinas, tras un periodo de paz, conocerá la guerra, el hambre y la revolución que llegará muy lejos, arruinando grandes países e incluso las antiguas ruinas y la gran fundación (el Vaticano).

RUINA DE ROMA Y DEL VATICANO
CAPTURA DEL PAPA

II, 93

Bien pres du Tymbre presse la Lybitine (3),
Un peu devant grande inondation:
Le chef du nef prins, mis à la sentine (4),
Chasteau (5), palais en conflagration.

Muy cerca del Tymbre acosa la Libitina (3)
Un poco antes gran inundación:
El jefe de naves tomadas, puesto en la sentina (4)
Castillo (5), palacio en conflagración.

(1) Grada. D.L.7.V. «Ninguna ciudad en el mundo ofrece tantos monumentos *antiguos* y modernos acumulados en tan poco espacio... Construida en principio, sobre *siete* colinas, invadió progresivamente muchas otras y terminó por abarcar entre sus muros doce *montañas.*» D.H.B.
(2) *Contrade:* forma primitiva de *contrée* (paraje, región). D.A.F.L.
(3) Latín: *Libitina:* Diosa que presidía los funerales; por extensión, la muerte. D.L.L.B.
(4) Latín: *sentina:* Heces, desechos. D.L.L.B.
(5) El castillo de Sant-Angelo está situado frente al Vaticano. D.L.7.V.

Traducción:

Muy cerca del Tiber amenaza la muerte. Un poco antes se habrá producido una gran revolución. El jefe de la Iglesia será hecho prisionero y puesto entre los desperdicios. El castillo (de Sant-Angelo) y el Palacio (del Vaticano) estarán en conflagración.

FIN DE LA MONARQUIA
Y RUINA DE LA IGLESIA CATOLICA

X, 55

Les mal'hereuses nopces celebreront,
En grande joye mais la fin mal'heureuse:
Mary en mere nore (1) desdaigneront,
Le Phybe (2) mort, et nore plus piteuse (3).

Las desgraciadas nupcias celebrarán,
Con gran alegría, pero con fin desgraciado:
Marido y madre nuera (1) desdeñarán
El Febo (2) muerto, y nuera más lamentable (3).

Traducción:

La gente se felicitará de alianzas desafortunadas que producirán mucho gozo pero que, a fin de cuentas, causarán desdichas. La gente desdeñará a la Virgen María y a la Iglesia. La monarquía se extinguirá y la Iglesia quedará en un estado todavía más lamentable.

(1) *Nora* en vez de *nurus*. D.A.F.L. Nuera, esposa del hijo D.L.L.B. Esposa de Jesucristo, Iglesia de Jesucristo. D.L.7.V.

(2) Febo: apodo de Apolo, dios del Sol. D.L.7.V. Según su costumbre, Nostradamus designa así la monarquía.

(3) Se comprende así la terrible sentencia de Nostradamus, en la carta a César: «Los hombres de partido, de gobierno o de *religión*, lo encontrarían tan poco de acuerdo con sus oídos que no dejarían de condenar lo que se verá y reconocerá en los siglos por venir...»

EPILOGO

MODESTIA

«El hombre es una caña, la más débil de la naturaleza;
pero es una caña pensante».

Blaise PASCAL

Si se considera la magnitud de los conocimientos necesarios para la perfecta comprensión de una obra como la de Nostradamus, nos vemos llevados a constatar que el individuo capaz de tal prodigio no existe. Ante tal monumento de conocimientos, es imposible dejar de sentirse muy pequeño.

Cuanto más avanzaba en mi trabajo, más se acumulaba el descubrimiento del sentido de esta u aquella cuarteta, más se me imponía la certidumbre en lo referente a la autenticidad y la seriedad de las centurias, más me parecía que tenía, por fin, la «clave» del rompecabezas y más pequeño me sentía, ignorante e insuficientemente dotado para comprender la sorprendente inteligencia que transpira toda la obra de Nostradamus.

Si, de la carta que escribió el 1º de marzo de 1555 a su hijo espiritual y traductor, tuviera yo la audacia de atribuirme un párrafo cualquiera, con seguridad sería éste: «y no quiero hablar aquí de los años que no han llegado todavía, sino de tus meses de guerra durante los cuales no serás capaz, en tu débil entendimiento, de comprender lo que me veré obligado, tras mi muerte, a abandonarte».

Realizando este trabajo no he pretendido en absoluto, como otros, ¡ay!, haber esclarecido y traducido definitivamente el mensaje de Michel de Notredame. Sólo tengo la sensación de aportar al edificio una modesta contribución, realizada con la mayor sinceridad y una honestidad intelectual que, así lo espero, no será puesta en duda.

Al término de esta obra, tengo la impresión de imperfección pese a todo el esfuerzo que he debido realizar para, durante veinte años, preparar los útiles de trabajo, acumular documentación, leer numerosas obras de historia, acumular en mi cabeza, por el método del «memorión» —el único que ha probado siempre su eficacia— el vocabulario de Nostradamus y un gran número de cuartetas y sixtillas.

Con la mayor lucidez, me doy cuenta de las imperfecciones del trabajo llevado a cabo, de los riesgos de error —¡y Dios sabe que son muy grandes!—, de los extravíos subjetivos. Así, es muy probable que haya atribuido cierto número de cuartetas a la tercera guerra mundial cuando, en realidad, se refieren a la guerra del Anticristo que comienza en 1999; este tipo de errores es tanto más fácil cuanto que los musulmanes son aliados de los rusos en el Tercer Conflicto Mundial y lo serán de los chinos en la guerra del Apocalipsis. Por esta causa, las cuartetas que se refieren al mundo musulmán son difíciles de situar en el tiempo, al menos con precisión.

Esta obra presenta aproximadamente la mitad de las 1.160 cuartetas y sixtillas que comprende la obra de Nostradamus. Las cuartetas restantes serán objeto de un segundo libro. Los textos traducidos aquí son, en su mayoría, los más precisos y permiten tener ya una idea de conjunto, tanto en el plano de la lengua como en el del espíritu del profeta.

Cuartetas y sixtillas incluidas aquí dan bastantes precisiones como para tener un buen conocimiento de los acontecimientos pasados y por venir anunciados por Michel de Notredame.

Tras haber traducido y confrontado con la historia más de 200 cuartetas relacionadas con acontecimientos pasados me pregunté, durante algún tiempo, por qué Nostradamus había incluido en su obra detalles de la historia cuya utilidad no está probada a primera vista.

Probablemente, tres razones lo justificaron. Primero, Nostradamus quiso imponer así a su traductor una importante cantidad de trabajo, mostrando de este modo que el hombre no puede enriquecerse en la facilidad. Luego, como ve viera obligado a oscurecer su mensaje a causa del contexto religioso del siglo XVI, los detalles históricos tenían entonces muy pocas oportunidades de ser comprendidos o encontrados. Lo que aseguraba, durante cuatro siglos, la incomprensión necesaria para que su mensaje llegara hasta los hombres del siglo XX. Por fin, y es sin duda la razón más importante, la sorprendente profusión de precisiones que se hallan en las cuartetas, aporta una demostración casi irrefutable de la autenticidad, del valor y del acierto de sus profecías. Así el ejército francés con Mac Mahon en *Buffalora*, el desembarco de Garibaldi en *Magnavacca*, la huida a *Varennes*, el número de grandes navíos (los tres-puentes, los portaviones de entonces) de la flota de Nelson en Trafalgar, la duración de la vida de Hitler (670 meses), etc., son otros tantos detalles que hacen difícilmente contestables las centurias.

En su mayor parte, los contradictores de Nostradamus son gente que no conoce la obra, pero que la contesta porque lo poco que conoce daña sus convicciones o compromisos personales o —y éstos son excusables— porque han leído libros cuyo texto ha sido deformado a placer y cuya traducción es tan imprecisa como impresionante es la precisión del texto original, una vez ha sido realizado el trabajo filológico e histórico indispensable.

Cuando pienso en el trabajo que he debido realizar para dar aquí la mitad del texto, y además con todas las imperfecciones de las que soy consciente, me pregunto cuánta gente puede permitirse discutir, criticar, contestar este monumento de cultura que constituye la profecía de Michel de Notredame.

El fenómeno, muy extendido en el Occidente del siglo XX, por el que, hágase lo que se haga, todo es criticado y contestado en principio, incluso antes de haber sopesado su valor, constituye un freno para el espíritu creativo. Destouches escribió: «La crítica es fácil, pero el arte es difícil».

No he llevado a cabo pues, para intentar comprender a Nostradamus, más que un trabajo de hormiga; cosa que no pertenece al genio y debiera, en realidad, ser una regla general.

Dos principales defectos humanos son responsables del estado de espíritu destructor: el orgullo y la envidia. Si el individuo no se creyera siempre superior a su vecino, esgrimiendo algunos buenos pretextos (medio social, diplomas, nacimiento, raza, etc.), se abriría al conocimiento mientras que, ahora, cierra su espíritu con la pretensión.

*
*   *

El mensaje aquí expuesto no será ciertamente agradable a todo el mundo, tánto parece la historia del hombre, a través de la obra y el espíritu de Nostradamus, independiente de los compromisos o concepciones políticas, filosóficas, ideológicas o religiosas.

Mi padre, al anunciar en 1938 la guerra franco-alemana, la derrota de Alemania y el miserable fin de Hitler, fue tachado de germanofobia, lo que produjo el secuestro y la destrucción de su libro.

Del mismo modo, hoy, corro el riesgo de ser acusado de sovietofobia o de anticomunismo primario, mientras que el sovietismo, en la historia de Rusia, sólo es un episodio, relativamente corto si se compara con los diez siglos de continuidad del régimen zarista, que comenzó en 998 cuando Vladimiro el Grande introdujo el cristianismo en Rusia. Del mismo modo, el sistema republicano francés sólo representa, sumando la duración de las cinco Repúblicas, unos ciento quince años, comparándolo con los trece siglos de sistema monárquico (496-1792), que comenzó el día en que Clovis se hizo consagrar en Reims por San Remigio.

Me gustaría que mi lector, sean cuales sean su raza, su religión o sus convicciones políticas o religiosas, intente por un momento olvidar todo cuanto considera la Verdad, que sólo es la suya, y abra su espíritu a una misión trascendental de la historia que, tal vez, sólo la profecía puede hacer adquirir; porque ella no se halla ni en el tiempo, ni en el espacio, sinó ligada a la relación espacio-tiempo ante la que el hombre es sólo un tullido. Para llegar a una reflexión liberada de ideas partidistas, hay que meditar sobre el análisis que hizo, hacia el 411 antes de Jesucristo, el historiador griego Tucídides, de la guerra del Peloponeso:

«Tucídides muestra lo que es la guerra, por qué se produce, lo que hace y lo que continuará haciendo, a menos que los hombres aprendan a portarse mejor. Atenienses y espartanos sólo combatieron por una razón... Porque eran poderosos y por ello se veían obligados (son palabras de Tucídides) a intentar aumentar su poderío. Los dos adversarios combatieron no porque fueran distintos —siendo Atenas una democracia y Esparta una oligarquía— sino porque eran semejantes. La guerra nada tenía que ver con la divergencia de ideas o sus concepciones del bien y del mal. ¿Es un bien la democracia y un mal el gobierno de la masa por unos pocos? Plantearse esta pregunta habría sido, para Tucídices, intentar alejarse del problema. No había una potencia que representara el bien. La *potencia*, fuera quien fuese el que la ejerciera, era el demonio, el corruptor de hombres... Tucídides fue, probablemente, el primero en comprender, y en cualquier caso en expresar por medio de palabras, esta nueva doctrina que iba a convertirse en la del mundo entero (1)».

¿No se habla hoy en día de las dos superpotencias (U.S.A.-U.R.S.S.), algo que fueron ya Esparta y Atenas en su tiempo? Y, desde Tucídides, los ejemplos de rivalidades entre potencias se han multiplicado; antagonismos ocultos, en su mayor parte, tras diferencias de religiones o de ideologías.

Tomar partido por una de las dos grandes potencias, cuya rivalidad nos oprime poco a poco, sería tomar partido por la guerra. Dejarse cegar por el aspecto político o ideológico del problema permite a los jefes de Estado, devorados por la ambición y el deseo de poder, formar sus regimientos y, para saciar su locura hegemónica, hacer que se maten entre sí pueblos de quienes no puedo asegurar que sus aspiraciones profundas no sean exclusivamente pacíficas.

¿Cuándo dejaremos de glorificar victorias como las de Austerlitz, Iena, Eylau (¡carnicería bajo la nieve!) que, para nuestros adversarios, fueron derrotas, como lo fueron para nosotros Trafalgar o Waterloo, con, para ambos campos, su fúnebre cortejo de violaciones, masacre, cuerpos ensangrentados, siniestros polichinelas de la desesperación, frutos nauseabundos de la tragedia humana en el jardín de los suplicios?.

---

(1) Edith Hamilton: *The Great Age of Greek Literature*. New York, 1942.

¿Cuándo dejaremos de levantar monumentos a los muertos? Como el Arco de Triunfo que fue erigido para inmortalizar las victorias de Napoleón I ¿Un triunfo obtenido gracias a millares de muertos y a sufrimientos con frecuencia indescriptibles, es un triunfo?

¿Cuándo nos decidiremos pues a glorificar la vida con todo lo que supone de felicidad para el hombre?

¿El hombre, entre todos los mamíferos, debe seguir siendo el más feroz, matando por placer y no por necesidad?

Montesquieu escribía en sus *Lettres persanes:* «Temes, dices, que se invente algún modo de destrucción más cruel que el usual, No. Si un fatal invento se descubriera, pronto sería prohibido por el derecho de gentes». He aquí el ejemplo-tipo de antiprofecía que el cartesianismo ha hecho proclamar a los pensadores del siglo XVIII, con, como cabeza visible, Jean-Jacques Rousseau, a quien Nostradamus considera el principal responsable de los dramas del siglo XX. Sus utopías, tomadas por los pensadores de los siglos XIX y XX (Proudhom, Saint-Simon, Karl Marx), han sido «recuperadas» por los hombres de Estado ambiciosos y les han servido de temibles armas para saciar su desenfrenada ambición. ¿Se ha olvidado ya que un cierto Adolfo Hitler creó en Alemania un régimen que tomó el nombre de Nacional-*Socialismo*? ¡Socialismo, socialismo, cuántos crímenes se han cometido en tu nombre!.

Toda mi atención se dirige a los humildes, a los pequeños, profundamente buenos y creyendo en un socialismo que, ciertamente, no está alejado del mensaje de Cristo, que —en su tiempo— trastornó a los poderosos del mundo y les arrojó al rostro las monstruosas responsabilidades que les correspondían en la desgracia de los pueblos. ¿Es un azar que, en sus discursos, y pertenezcan al partido que pertenezcan, los hombres políticos no tengan jamás el menor acento de sinceridad? La voluntad de poder y el amor al prójimo no pueden llevarse bien. De ahí, tal vez, podríamos extraer el sentido profundo de esta frase del Cristo: «Dad al César lo que es del César, y a Dios lo que es de Dios». César es poder, Dios es amor...

Mi padre, en 1937, sumido en el esclarecimiento de las cuartetas de Nostradamus, escribía:

«Que durante sesenta años todavía, el hombre se afane en toda la superficie del miserable grano de polvo que habitamos bajo la infinita bóveda del cielo, acumulando, perfeccionando los ingenios de destrucción y de muerte, al ritmo que ya ahora ha comenzado, y las masacres serán tan grandes, que la tierra se despoblará, verificando no sólo la palabra de los profetas del Antiguo Testamento, sino también la de Nostradamus que aquí nos ocupa «que de tres cuartas partes del mundo más de las dos despoblará» (1).

(1) Carta a Enrique, Rey de Francia Segundo, Adyar, 1937.

El arma atómica no existía todavía y la apocalíptica destrucción de Hiroshima fue un comienzo de realización de aquella «visión profética», que acababa de inspirar a mi padre el fresco de catástrofes descrito a través de la centuria.

La búsqueda, el descubrimiento y la puesta a punto de armas nucleares, químicas, bacteriológicas continúa a ritmo acelerado, pese a que los países que poseen estas armas firmaron, en 1925, la Convención de Ginebra que las prohíbe.

El 14 de julio de 1790, la diosa «RAZON» era consagrada en el altar del ateísmo e iba a inspirar, por la exportación de las ideas de la Revolución francesa, a gran número de países que, poco a poco, se agruparían en la Sociedad de Naciones y, luego, en la Organización de las Naciones Unidas. Pues bien, todos los países que combaten desde la última guerra son miembros de esta organización: U.S.A. contra Corea del Norte, U.S.A. contra Vietnam, Turquía contra Chipre, U.R.S.S. y Cuba contra Angola y Etiopía. ¡Los movimientos de liberación nacional tienen las espaldas anchas! ¡La normalización y la pacificación también!

Hitler comenzó su guerra hegemónica acudiendo en auxilio de las minorías alemanas de Europa. Las guerras, están hechas por monarquías, dictaduras o repúblicas, tienen todas el mismo objetivo: el poder, y todas el mismo resultado: el infortunio de los pueblos.

Podríamos preguntar porqué la profecía de Nostradamus está centrada, sobre todo, en catástrofes de las que son responsables los hombres; en efecto, el número de cuartetas o sextillas consagradas a tal o cual suceso es proporcional a su aspecto destructor y terrorífico. Así, la Francia de Luis XIV, sin Lorena, Mulhouse, Saboya, Niza, Córcega y el condado Venaissin, con sus veinte millones de habitantes y su ejército de 300.000 hombres, interesó menos a Nostradamus que la Francia del siglo XX. En efecto, en 1914, Francia contaba 41 millones de habitantes. Dejó en los campos de batalla del Marne 1.400.000 muertos. Alemania, con sus 58 millones de habitantes, perdió 2 millones de hombres. En total la guerra de 1914-1918 produjo 8.700.000 muertes. La segunda Guerra Mundial produjo 36 millones.

A estas guerras modernas, espantosamente costosas en vidas humanas, hay que añadir los millones de individuos que salieron mutilados, tullidos, disminuidos, gaseados, abrasados, enloquecidos e inadaptables a una vida normal. Y qué decir de las destrucciones masivas de poblaciones civiles: Hiroshima, 160.000 muertos, Dresde, 300.000; campos de la muerte, exterminio de millones de judíos, cíngaros, armenios, vietnamitas, camboyanos, etc. ¡Cifras, terribles cifras! ¡Secas, implacables! Y que no precisan interpretación alguna, comentario alguno...

Llegados al umbral del siglo XXI, desde estas sombrías previsiones del doctor de Fontbrune, es obligado constatar que la carrera hacia las destrucciones cada vez más masivas no ha cesado y no cesa de hacer pesar sobre la propia especie humana una terrible amenaza de aniquilación.

El siglo XX ha visto como una gran parte de la humanidad era entregada a jefes de Estado sin fe, animados por un materialismo estricto, que ha hecho más acerbas y peligrosas las rivalidades de poder de lo que fueron en los siglos precedentes. Sin duda esto explica que la visión de Nostradamus esté centrada en este periodo en el que las naciones, y sobre todo las más poderosas, están con sus armas monstruosas y apocalípticas, enfrentándose unas a otras con una furia destructora jamás alcanzada todavía. De la ballesta a la bomba de neutrones hay una terrible constante que representa un movimiento uniformemente acelerado en la puesta a punto de ingenios de muerte.

La cuestión fundamental es, pues, saber si el hombre, tras milenios de progreso científico, ha realizado algún progreso en el campo de lo humano, tomado en el sentido del hombre creado a imagen de Dios. Es muy penoso constatar que esta imagen es solo una grosera caricatura y que el hombre está todavía muy lejos de este Dios de amor del que Cristo vino a hablarnos pronto hará dos mil años.

Si el hombre, en su materialismo, permanece entregado a sí mismo, corre a su pérdida.

Sin embargo, no hay que desesperar, si sólo dispusiéramos del análisis lógico que actualmente hacen los futurólogos, los políticos, los demógrafos, los sociólogos y los economistas, el horizonte del hombre se hallaría completamente cerrado. La humanidad no tendría otra perspectiva que la destrucción final. El pesimismo absoluto sería la regla y ninguna perspectiva nos permitiría esperar la mejora de una situación planetaria que no debería y no podría conducir más que a la explosión final.

En este panorama apocalíptico, sólo nos queda, como esperanza, el mensaje profético aportado al hombre más allá de sus locuras. Sean los profetas del Antiguo Testamento o los del Nuevo, sea Cristo o Michel de Notredame, todos nos anuncian la realización de un «Reino» en el que reinaría por fin una paz universal entre los hombres.

«Habrá una gran aflicción; como no la ha habido, ni la habrá igual desde el comienzo del mundo hasta el tiempo presente. Que si estos días no fueran abreviados, nadie escaparía; pero serán abreviados a causa de los elegidos... Pues los falsos Cristos y falsos profetas (1) se elevarán y harán grandes señales y prodigios, para *seducir a los propios elegidos*, si fuera posible... Porque, como el rayo sale de Oriente y se deja ver hasta el Occidente, así ocurrirá con la venida del Hijo del hombre (2).»

El profeta Malaquías (3) lo confirmó también atribuyendo al último Papa el siguiente comentario en latín: «In persecutione extrema sacrae Romanae Ecclesiae, sedebit Petrus Romanus qui pascet oves in multis

---

(1) Russel, Moon, Georges Roux —el cristo de Montfavet— y todos aquellos que fundaron, en nombre de Cristo, sectas, capillas o Iglesias.

(2) Mateo XXIV, 21, 22, 24, 27.

(3) Autor de la célebre Profecía de los Papas.

tribulationibus; quibus transactis, civitas septicollis diruetur, et Judex tremendus judicabit populum». («En la última persecución de la Santa Iglesia Romana, gobernará Pedro el Romano, que apacentará sus ovejas entre numerosas tribulaciones. Estas tribulaciones pasadas, la ciudad de las siete colinas (Roma) será destruida y el Juez terrible juzgará al pueblo». (1).

Dicho de otro modo, el Cristo vendrá, al final de los tiempos profetizados, para poner orden entre los mercaderes de cañones, como lo puso, en su tiempo, entre los mercaderes del Templo.

Todas las profecías están centradas en la historia de Israel, detentador del Antiguo Testamento, y en la de la Iglesia Católica, con su hija primogénita, Francia, detentadora del Nuevo Testamento. Y yo señalaría, sin sacar precipitadas conclusiones, algunas curiosas «coincidencias». El símbolo de Israel es una estrella de seis puntas y la Francia moderna se designa con el nombre de hexágono, en el que puede inscribirse la estrella de seis puntas. La bandera de Israel es azul y blanca; la bandera nacional de Francia, antes de 1790, era un escudo azul, con tres flores de lis, sobre fondo blanco.

Y en este final del siglo XX, la importancia planetaria de estos dos países, alrededor de los cuales giran los más importantes problemas internacionales, no está en relación con su poderío material y económico. Tres ciudades hacen que se hable de ellas más que de ninguna otra, a saber: Jerusalén, con sus lugares santos, Roma con su Papa, y París, siempre escuchada, sea cual sea el jefe de Estado que gobierne Francia. Esas tres ciudades constituyen los tres pilares de la civilización Occidental judeo-cristiana, de la que han transcurrido ya los seis primeros milenios; se abrirá entonces, dentro de unos cincuenta años, el séptimo milenio o era de Acuario, que ofrecerá al hombre la paz universal y la prosperidad tanto espiritual como material.

La importancia de este aspecto positivo para el hombre del mensaje es tal como Nostradamus ha señalado en la carta a su hijo César:

«Pues según los signos del cielo (2) la Edad de Oro volverá, tras un período revolucionario que lo trastornará todo de arriba abajo y al que el mundo se está acercando, y que en el momento presente en el que escribo, comenzará a desarrollarse antes de ciento setenta y siete años, tres meses, once días, acarreando la corrupción de las ideas y costumbres, guerras y una larga hambruna...»

El plazo indicado por el profeta, referido a marzo de 1555, fecha en la que escribió la carta a César, coincide con la primera llegada de J.-J. Rousseau a París, en 1732.

Vivimos el fin de un mundo y no el fin del mundo, como pretenden

---

(1) Abate Joseph Maître: *Les Papes et la Papauté*, Librería P. Lethielleux, París, 1902.
(2) El tránsito del sol de Piscis a Acuario, representado por un cuerno de la abundancia; los pescados viven en el agua, símbolo de la revolución.

algunos explotadores de lo morboso. Esta muerte de una civilización, entre tantas otras, producirá el nacimiento de una nueva civilización liberada de las aberraciones de la precedente. Eso es lo que presentía Henry Miller cuando escribió, en 1945:

«Un nuevo mundo está naciendo, un nuevo tipo de hombre germina hoy día. La gran masa de la humanidad, destinada en nuestros días a sufrir tal vez más cruelmente que nunca, acaba paralizada de miedo, se ha replegado en sí misma, trastornada hasta el alma y no escucha, no ve, no siente ya nada distinto a las cotidianas urgencias del cuerpo. Así mueren los mundos. En primer lugar, la forma es lo que muere. Pero, muy pocos lo advierten con lucidez, jamás la forma habría muerto si no se hubiera matado ya el espíritu.»

Toda civilización se creyó inmortal. Y estoy seguro de que los romanos de los años 200 a 250 después de Jesucristo no podían imaginar, exceptuando sus profetas, que, algunos siglos más tarde, se visitarían las ruinas de lo que fue su inmenso y brillante imperio.

En conclusión, las profecías de Nostradamus, como las de los grandes profetas del Antiguo Testamento, como las de Cristo o las del Apocalipsis, no son pues una morbosa teoría de catástrofes ininterrumpidas o imprecaciones contra el hombre, sino un mensaje de esperanza. ¿Qué sería del porvenir del hombre sin este divino mensaje? El hombre sin Dios, pero adorador de la diosa «Razón» debía, según nos habían prometido, establecer en el mundo el reinado de los Derechos del Hombre. Tras dos siglos de lo que se autodenomina nuevo orden mundial, sería precisa una buena dosis de deshonestidad para pretender que el hombre, su razón y, sobre todo, su orgullo han mejorado la suerte de los pueblos. ¿Debemos imaginar que el papa Juan Pablo II ha hecho este análisis para tomar a su cargo la defensa de los Derechos del Hombre y, con su bastón de Pastor de todos los pueblos de la tierra, ir, como en Saint-Denis o la UNESCO, a poner al hombre en guardia contra su materialismo destructor? Realmente con ello está haciendo obra de profeta, algo que un Papa debe ser, a imagen de Pedro, a quien Cristo confió la misión de evangelizar hombres. Por otra parte, Nostradamus utiliza precisamente por ello la palabra profeta para designar al Papa.

Aprendí historia en la escuela, en manuales de sorprendente mediocridad, dotados de un evidente poder soporífero; hasta el punto de que, teniendo en el bolsillo mi título de bachiller, conservaba muy pocas cosas de cuanto me habían enseñado y, lo que es mucho más grave, algunas falsas ideas; los historiadores de derechas o de izquierdas han deformado los hechos históricos para acomodarlos a sus ideologías. ¡Los émulos de Tucídides son, por desgracia, muy raros!

En la época en que el historiador Alain Decaux, al entrar en la Academia Francesa, denuncia el sabotaje de la enseñanza de la historia en Francia, quisiera formular un deseo: que este libro dé a los jóvenes fran-

ceses una pasión por la historia comparable a la que en mí ha despertado la profecía de Nostradamus.

Pese a las tribulaciones anunciadas por los profetas, quiero creer
en el Hombre, en su perfectibilidad y, particularmente, en este año
1980, cuando las nubes se amontonan en el horizonte, antes de que
estalle la tormenta. Por ello citaré este juicio de Shakespeare puesto en
boca de Hamlet:

«¡Qué obra maestra el hombre! ¡Qué noble es su razón! ¡Qué infinito
en sus facultades! ¡Qué expresivo y admirable en su fuerza y movimientos! ¡Por su acción parece un ángel! ¡Por su pensamiento parece un
dios! ¡Es la maravilla del mundo!...

«¿Qué es el hombre si el bien supremo, la felicidad de su vida, consiste
sólo en comer y dormir?... Una bestia, nada más. Ciertamente, aquél
que nos creó con tan vasta inteligencia, con esta mirada hacia el pasado
y *hacia el porvenir,* no nos dio esta capacidad, esta razón divina, para
que se enmohecieran, inactivas, en nosotros.»

APENDICE

NOSTRADAMUS HISTORIADOR

(Siete cuartetas «españolas»)

MARIA DE MEDICIS
SU EXILIO EN LOS PAISES-BAJOS ESPAÑOLES
SU MUERTE EN 1642

IX, 78

La dame Grecque de beauté laydique (1),
Heureuse faicte de proces (2) innumérable:
Hors translatée au règne Hispanique,
Captive prinse mourir mort miserable.

La dama Griega de belleza laydica (1)
Feliz hará proceso (2) inumerable:
Fuera trasladada al reino Hispánico,
Cautiva, tomada morir muerte miserable.

Traducción:

Una dama tan hermosa como la cortesana griega Laïs (María de Médicis) será feliz hasta que produzca numerosas querellas. Saldrá (de Francia) para dirigirse al reino de España (los Países-Bajos españoles). Prisionera, cautiva, morirá en la miseria.

La historia:

«María de Médicis (3), hija del gran duque de Toscana Francisco I, era de *notable belleza*... Nombrada regente tras la muerte de Enrique IV, 1610, sólo se ocupó de destruir la obra de aquel gran rey... Cuando consiguió dar a Richelieu la dirección de los asuntos públicos (1624) comenzó *perpetuas intrigas* contra aquel antiguo protegido, a quien acusaba de ingratitud porque no le sacrificaba los intereses de Francia.

Intentó conseguir que Richelieu cayera en desgracia, pero no pudo lograrlo *(Journèes des Dupes,* 12 de noviembre de 1630) (4). *Detenida,* consiguió huir, llegó a los *Países-Bajos,* y *murió en la indigencia* (5).

(1) Griego: λαίς, ίδος, Laïs. D.G. Cortesana griega célebre por su ingenio y su belleza, nacida en Hicara *(Sicilia).* D.H.B. Nostradamus alude aquí a la población griega de Italia.
(2) Figurado, querella. D.L.7.V.
(3) Antigua familia güelfa de Florencia. Cuando llegó al poder supremo se le buscaron *orígenes lejanos y brillantes.* D.L.7.V.
(4) Las *Journèes des Dupes (Jornadas de los Engañados)* hacen referencia a los adversarios de Richelieu que se creyeron vencedores cuando, en realidad, ocurría todo lo contrario. Luis XIII le había prometido a María de Médicis despedir al cardenal, pero cambió de opinión tras una entrevista y le entregó sus enemigos (11 de noviembre de 1630). (N. del T.)
(5) D.H.B.

V, 49

Nul de l'Espagne, mais de l'antique France,
Ne sera esleu pour le tremblant nacelle (1)
A l'ennemy sera faicte fiance,
Qui dans son regne sera peste cruelle.

Nadie de España, sino de la antigua Francia,
Será elegido para la temblorosa navecilla (1)
Al enemigo será hecha confianza,
Que en su reino habrá peste cruel.

Traducción:

Un rey de la antigua Francia, y no de España, será elegido para un poder vacilante. Se confiará en el enemigo (Francia) de la víspera. Y bajo su reino se producirá una cruel calamidad.

La historia:

«Carlos II: *La agonía de España.* Como si quisiera simbolizar en su persona una *España moribunda* Carlos II era enfermizo, triste... Y aquella España *disminuida* debe enfrentarse a una Francia llegada al zenit de su poderío... Cansado, desalentado, el rey Carlos II lega su corona al pretendiente que, siendo el más fuerte, posee las mayores oportunidades de conservar unida la gigantesca herencia. Se trata de Felipe de Anjou, nieto de Luis XIV *(de la antigua Francia).* (2)»

«Guerra de sucesión en España: La guerra duraría quince años. Fue la *más larga y terrible* del reinado de Luis XIV. Tuvo lugar, simultáneamente, en *España,* Italia, Alemania, los Países-Bajos, el este y el norte de Francia... La paz de Utrecht se firmó en 1713. Felipe V conservaba España y sus Colonias; renunciaba solemnemente a todos sus derechos a la corona de Francia... La guerra de sucesión en España había sido estéril y *ruinosa (peste cruel):* Francia no sólo no había obtenido provecho alguno de tal empresa sino que había perdido, también, su preponderancia en Europa, *estaba agotada de sangre* y dinero». (3)

(1) *Navicella,* diminutivo de *navis,* nave. Figurado. Metafórico barco en la que se cruzan las vicisitudes de la vida, comparada así al mar. D.L.7.V. Hermosa imagen que designa a España, rodeada de mar desde Irún hasta Barcelona, pasando por Gibraltar.
(2) H.E.F.D.P.
(3) H.F.A.M.

LA SUCESION DE LOS FARNESIO EN ITALIA - 1732-1733
DON CARLOS, HIJO DE FELIPE V, REY DE ESPAÑA

VIII, 67

PAR (1) CAR. (2) NERSAF (3), à ruine grande discorde,
Ne l'un ne l'autre n'aura election:
Nersaf du peuple aura amour et concorde,
Ferrare (4) Collonne (5) grande protection.

PAR (1) CAR. (2) NERSAF (3), arruina gran discordia,
Ni el uno ni el otro tendrán elección:
Nersaf del pueblo tendrá amor y concordia
Ferrara (4) Collonna (5) gran protección.

Traducción:

Se producirá una gran y ruinosa discordia entre el duque de Parma, por una parte, y don Carlos e Isabel Farnesio por la otra. Ni el uno (el duque de Parma) ni la otra (Isabel Farnesio) serán elegidos. Don Carlos (heredero de los Farnesio) tendrá amor y concordia y será protegido en los Estados de la Iglesia.

La historia:

«La sucesión de España en Italia estaba apenas definitivamente resuelta cuando la del ducado de Parma y Piacenza excitó ambiciones e intrigas. Francisco (6), *duque de Parma,* sólo tenía, como herederos, un hermano, Antonio, de cuarenta y cinco años de edad, monstruosamente obeso, que no auguraba ni larga vida ni prosperidad, y una hija, Isabel, casada con el rey de España Felipe V. El ducado debía pasar a Isabel, de eso no cabía duda alguna, y el emperador de Alemania estaba dispuesto a reconocer los derechos de *don Carlos,* uno de sus hijos... La antigua rivalidad de la casa de Habsburgo y la casa de Borbón renacía en Italia, bajo una nueva forma... El Emperador ordenó al gobernador de Milán que entrara en el ducado de Parma y Piacenza para defender sus derechos de soberano. El rey de España, por su lado, envió seis mil soldados, con su hijo don Carlos, a Toscana... A comienzos del año 1733, en el norte, Villars y Carlos-Manuel I, rey de Cerdeña, invadieron el Milanesado y lo ocuparon rápidamente. Al sur, don Carlos, tras haber expulsado al duque de Módena de sus dominios, se arrojó, *atravesando los Estados de la Iglesia,* sobre el reino de Nápoles, el Virrey imperial, Julio de Visconti, abandonado y sin socorro, no pudo resistir. *La marcha de don Carlos fue un triunfo.*

(1) En vez de PARMA, por apócope.
(2) En vez de CARLOS, por apócope.
(3) Anagrama de FARNES (10). La mayoría de los exegetas han hecho de esta palabra el anagrama de Francia.
(4) Pueblo del sudeste de Parma. A.V.L. Estado de la Iglesia.
(5) Pueblo al este de Roma. A.V.L. Estado de la Iglesia.
(6) Francisco Farnesio, duque de Parma, (1694-1727) D.H.B.

Los napolitanos, felices de tener por lo menos un rey propio, corrieron con entusiasmo al encuentro de don Carlos, le abrieron sus ciudades una tras otra y le proclamaron solemnemente rey de las Dos Sicilias el 10 de mayo. Capua y Gaeta, donde el virrey quiso defenderse, capitularon con bastante rapidez. Al año siguiente, desde Nápoles, don Carlos, a la cabeza de una considerable flota, puso rumbo a Palermo y fue coronado allí con *idéntica facilidad y alegría (amor y concordia).*» (1).

GUERRA ENTRE FRANCIA, ALEMANIA Y ESPAÑA - 1795
CAIDA DEL SISTEMA REPUBLICANO

II, 39

Un an devant le conflict Italique,
Germains, Gaulois, Espagnols pour le fort,
Cherra l'escolle maison de république,
Où hors mis peu, seront suffoquez mors.

Un año antes del conflicto itálico,
Germanos, Galos, Españoles por el fuerte,
Caerá la casa escuela de república,
Donde exceptuando pocos, serán muertos ahogados.

Traducción:

Un año antes de la campaña de Italia, los alemanes, los franceses y los españoles realizarán pruebas de fuerza, luego la enseñanza republicana se hundirá, a excepción de algunos que serán muertos y ahogados.

La historia:

«Tratados de Basilea y de La Haya. Las victorias francesas y los asuntos de Polonia produjeron, en 1795, una primera desunión en la coalición. *El rey de Prusia,* preocupado por no permitir que Rusia y Austria procedieran solas a un tercer reparto de Polonia, y *el rey de España* bajo la amenaza de una *invasión francesa,* firmaron la paz de Basilea (abril de 1795). Prusia reconocía la ocupación de las tierras de la orilla izquierda del Rhin, Bélgica y tierras del Imperio, por los ejércitos franceses. El rey de España cedía la parte española de Santo Domingo, en las Antillas».

«La campaña de Italia duró un año, de abril de 1796 a abril de 1797» (abril de 1795, un año antes de la campaña de Italia).

«Las conspiraciones. La dictadura de Bonaparte había producido des-

(1) *Histoire de l'Italie;* Jules Zeller (Librairie Hachette, 1853).

contentos, bien entre los generales republicanos, bien entre los realistas decepcionados en sus esperanzas. Se tramaron varios complots contra el usurpador... En agosto de 1803, un antiguo jefe de los *chouans*, Georges Cadoudal, debía, a la cabeza de una banda de gente decidida, atacar y matar al Primer Cónsul en medio de su escolta... El complot fue descubierto en enero de 1804. El duque de Enghien, de quien Bonaparte sospechaba que se había comprometido en el complot, fue llevado a Vincennes, juzgado por un consejo de guerra, condenado y fusilado. Poco después era guillotinado Cadoudal; Pichegru se había ahorcado (ahogado) en su casa. Moreau fue expulsado».

«El complot de Cadoudal apresuró la transformación del Consulado en monarquía hereditaria. El 18 de mayo de 1804 un senado-consulto estableció que *el gobierno de la República* era confiado al Emperador Napoleón (1).

NAPOLEON EMPERADOR GRACIAS A SUS VICTORIAS LUIS XVII ACOGIDO POR EL VATICANO LAS COALICIONES CONTRA NAPOLEON

VI, 12

Dresser copies (2) pour monter à l'Empire
Du Vatican le sang Royal tiendra (3):
Flamens, Anglois, Espagne avec Aspire (4)
Contre l'Italie et France contendra (5).

Levantar ejércitos (2) para subir al Imperio.
En el Vaticano la sangre Real resistirá (3):
Flamencos, ingleses, España con Speyer (4)
Contra Italia y Francia contenderá (5).

Traducción:

Él (Bonaparte), levantará un ejército para subir hasta el Imperio. La sangre real se mantendrá en el Vaticano. Los flamencos, los ingleses y los españoles, unidos a los alemanes, combatirán contra Italia y Francia.

La historia:

El Directorio, acuciado por la necesidad, quiere llevar la ofensiva si-

(1) H.F.A.M.

(2) *Copiae*, cuerpo de ejércitos, tropas, fuerzas militares. Diccionarios de latín (Lebegue, Gassiot, Quicherat...)

(3) Luis XVII habría así sido protegido por el Vaticano tras su evasión del Temple. Véase VI, 51; II, 58 y IX, 24.

(4) En vez de Speyer, por próstesis; ciudad de Baviera, capital del Círculo del Rhin o Palatinado, a orillas del pequeño río Speyer. D.H.B.

(5) *Contendere:* Luchar, combatir. (Diccionarios de latín: Lebegue, Gassiot, Quicherat...)

multáneamente a todas partes. La guerra debe nutrir la guerra. Hay que conquistar *Italia* para explotarla... A la llegada de Bonaparte, el ejército de Italia cuenta con 35.000 hombres... El Directorio decide poner en marcha 40.000 hombres de refuerzo...»

«Waterloo: Inglaterra, Prusia, Austria y Rusia se comprometen a mantener cada una de ellas, constantemente en campaña, 50.000 hombres. Un ejército constituido por *ingleses, holandeses y alemanes* se reúne en *Bélgica* a las órdenes de Wellington.

«Pese a que, tras once meses de esfuerzos y éxitos, haya vuelto casi a su punto de partida, el ejército de 1812 no ha sido estéril para Wellington... El general inglés se dirige a Cádiz y consigue que le nombren comandante en jefe de las *fuerzas españolas*... Los franceses evacuan Valladolid, más tarde Burgos, y se repliegan al otro lado del Ebro. Bajo un sol tórrido, las tropas anglo-hispano-portuguesas les persiguen...»

«Por el tratado de paz del 30 de mayo de 1814, Francia había abandonado de un plumazo todas las conquistas de la Revolución y el Imperio. *Italia* a la que la dominación napoleónica había dotado, por lo menos, de un esbozo de unidad en su parte septentrional, con un gobierno y una bandera nacional, Italia es de nuevo desintegrada en arcaicas soberanías y cae bajo la hegemonía odiosa del tedesco...» (1).

LA SUCESION AL TRONO DE ESPAÑA
CAUSA DE LA GUERRA DE 1870
LAS TROPAS FRANCESAS RODEADAS CERCA DE METZ
EL EJERCITO DEL ESTE EN VILLERSEXEL

I, 89

Tous ceux de Illerde (2) seront dans la Moselle,
Mettant à mort tous ceux de Loire et Seine,
Le cours (3) marin viendra près d'hautevelle, (4)
Quand Espagnols ouvrira toute veine.

Todos los de Iller (2) estarán en el Mosela
Matando a todos los del Loira y el Sena,
El curso (3) marino llegará cerca de Hautevelle (4),
Cuando españoles abrirán toda vena.

(1) N.E.E.
(2) Iller, río de Alemania, nace al N.O. del Tirol, separa Baviera de Wurtenberg y desemboca en el Danubio, a 2 km de Ulm. D.H.B. Nostradamus designa con este río tanto a los alemanes como a los austríacos. Ejemplo de paragoge.
(3) Figurado: marcha, progresión. D.L. 7 V.
(4) Comuna de Haute-Saône a quince kilómetros de Villersexel.

Traducción:

Alemanes y austríacos llegarán al Mosela diezmando los ejércitos del Loira y de París. El que haya progresado por mar llegará cerca de Hautevelle, cuando los españoles habrán abierto la sucesión al trono (oportunidad para los Hohenzollern).

La historia:

«A consecuencias de una revolución, *el trono de España estaba vacante* desde 1868. *Los españoles buscaban un rey.* Súbitamente, el 2 de julio de 1870, surgió la candidatura del príncipe Leopoldo de Hohenzollern, primo del rey de Prusia. En Francia, la opinión pública cayó en la trampa y perdió enseguida su sangre fría. Todos creyeron que, reinando en España un príncipe prusiano, Francia se hallaría entre dos fuegos y se habló de la reconstitución del Imperio de Carlos Quinto...»

«De acuerdo con las convenciones de 1866, los de Bâde, *los bávaros y los de Wurtemberg* se alinearon junto a los prusianos... Del lado francés, en diciembre y enero, operan tres ejércitos: el ejército del Norte, con Fadherbe a la cabeza, el segundo ejército *del Loira,* mandado por Chanzy, y el ejército del Este a las órdenes de Bourbaki (1)».

«De acuerdo con el plan establecido por Moltke, los alemanes se han dividido en tres ejércitos. El primero a la derecha, llegado por el Mosela... En frente del príncipe real, Mac Mahon, *llegado de Argelia (curso marino)* tendrá que defender Alsacia...» (2).

«Vencedor en *Villersexel* (9 de enero de 1871), Bourbaki no pudo forzar las líneas de Hericourt. Rechazado hacia Besançon, y luego hasta la frontera suiza, tomado entre dos ejércitos alemanes, el ejército del Este no escapa a una capitulación más que entrando en Suiza, donde fue desarmada».

«Sin embargo, para apresurar la rendición de París (el Sena) los alemanes habían comenzado a bombardear la ciudad... Se intentó una salida con 90.000 hombres, el 19 de enero, hacia Buzenval y Montratout, en las altiplanicies que dominan el *Sena* al oeste de París. Fue un nuevo y *sangriento* fracaso». (6).

(1) H.F.A.M.
(2) L.S.E.D.A.

LOS MOVIMIENTOS ANARQUISTAS EN ESPAÑA - 1897-1939
EL EXILIO DE ALFONSO XIII - 1931
FRANCO Y EL BAÑO DE SANGRE DE LA GUERRA CIVIL - 1936-1939

I, 19

Lorsque serpens (1) viendront circuire (2) l'are, (3)
Le sang Troyen (4) vexé par les Espagnes:
Par eux grand nombre en sera faict tare, (5)
Chef fruict (6), caché (7) au mares dans les saignes.

Cuando serpientes (1) vayan a circundar (2) el área (3)
La sangre troyana (4) vejada por las Españas:
Por ellas gran número será estropeado (5),
Jefe aprovecha (6) expulsará (7) hacia los estanques de sangre.

Traducción:

Cuando los anarquistas se manifiesten en el territorio (español), la sangre de los Borbones será vejada en las Españas. Gran número de muertos será provocado por esos anarquistas. Un jefe (Franco) lo aprovechará y los expulsará hacia los estanques de sangre.

La historia:

«El anarquismo. Las reivindicaciones obreras españolas son del mismo género que las de los demás proletariados europeos. Sin embargo, lo que singulariza a España es la presencia *anarquista,* mucho más considerable en la península ibérica, donde se convierte en la expresión política del guerrillero. Su ideal es la acción directa, el *atentado...* El anarquismo, entre 1897 y 1923, pondrá en su activo el asesinato de tres jefes de gobierno, Cánovas, Canalejas y Dato, sin contar varios atentados frustrados contra el rey de España. El anarquista declara la guerra a la Iglesia, el Ejército y a la Sociedad. Contra la primera incendiará los templos de Barcelona durante la «Semana Trágica» de 1909. Y lo hará también al comienzo de la guerra civil, en 1936. Y, contra la burguesía, arrojará una bomba en la platea del teatro lírico Liceo de Barcelona o al paso de una procesión del Corpus en la misma ciudad.»

En 1931 se proclama la República y Alfonso XIII se ve forzado a exilarse.

«En zona republicana, las persecuciones contra la Iglesia se producirán

---

(1) Nostradamus designa aquí a los revolucionarios anarquistas. Véase II, 43.
(2) Dar la vuelta, rodear. D.A.F.L.
(3) Unidad de superficie utilizada aquí para designar a todo país.
(4) Véase VI, 52.
(5) Estropear, corromper. D.L.
(6) En sentido figurado, provecho, ventaja, resultado útil. D.L.7 V.
(7) Del latín *cogere:* empujar ante sí, expulsar, forzar, violentar. (Diccionarios de latín Lebegue, Gassiot, Quicherat...)

desde el comienzo (1936). Numerosos edificios religiosos fueron incendiados y destruidos. Muchos sacerdotes fusilados o encarcelados... Por lo que se refiere a la zona nacional, la persecución tomó como blanco cualquier persona sospechosa de haber mantenido relaciones directas con organizaciones de izquierda. Se produjeron, también, ejecuciones por grupos incontrolados. Pero la mayoría de condenas a muerte fueron pronunciadas por los Consejos de Guerra que funcionaron ininterrumpidamente durante todo el conflicto... El número de quienes murieron por sus ideas políticas en ambos campos fue muy elevado. Se acepta una cifra aproximada de 750.000 muertos (1)». (Estanques de sangre.)

(1) H.E.F.D.P.

NOSTRADAMUS PROFETA

(Seis cuartetas «españolas»)

INVASION, EN FEBRERO, DE LA EUROPA DEL SUR
ESPAÑA ATACADA EN TRES DE SUS COSTAS
INVASION DE SUIZA

VIII, 48

Saturne (1) en Cancer, Jupiter (2) avec Mars,
Dedans Fevrier Caldondon (3) salvaterre (4):
Sault Castallon (5), assailly de trois pars,
Pres de Verbiesque (6) conflit, mortelle guerre.

Saturno (1) en Cáncer, Júpiter (2) con Marte,
En febrero Caldonazzo (3) Salvaterra (4):
Castulón (5) asaltado por tres partes,
Cerca de Verbier (6) conflicto, mortal guerra.

Traducción:

El bienestar será reemplazado por la miseria, se hará la guerra a Dios (la Iglesia). En febrero, desde Trento hasta Lisboa, España será atacada por tres costas, situándose el conflicto cerca de Verbier; será una guerra mortal.

(1) La edad de Oro.
(2) Padre o señor del cielo. Dios por excelencia.
(3) En vez de Caldonazzo, pueblo de Italia cerca de Trento, en el eje viario Innsbruck-Bolonia-Milán.
(4) Salvaterra de Magos: pueblecito cerca de Lisboa.
(5) Castulón: ciudad de la Tarraconensis. Véase I, 31 y I, 93.
(6) En vez de Verbier por paragoge; pueblo suizo del Valais en el eje Milán-Lausanne.

I, 93

Terre Italique près des monts tremblera,
Lyon et Coq non trop confederez,
En lieu de peur l'un l'autre s'aydera,
Seul Catulon et Celtes moderez.

Tierra itálica junto a montes temblará,
León y Gallo no demasiado confederados,
En lugar de miedo uno y otro se ayudarán,
Solo Catulón y Celtas moderados.

Traducción:

El territorio italiano temblará (divisiones blindadas) junto a los Alpes. Inglaterra y el rey de Francia no serán demasiado aliados. Pero la una ayudará al otro a causa del miedo. Sólo el rey de España y los franceses darán pruebas de prudencia (1).

---

(1) Véase I, 31; VIII, 48 y la *Carta a Enrique, rey de Francia Segundo.*

I, 31

Tant d'ans en Gaule les guerres dureront,
Outre la course du Castulon (1) monarque:
Victorie incerte trois grands couronneront,
Aigle (2), Coq (3), Lune (4), Lyon (5), Soleil en marque.

Tantos años en Galia las guerras durarán,
Ultra el curso del Castulón (1) monarca:
Victoria incierta tres grandes coronarán,
Aguila (2), Gallo (3), Luna (4), León (5) Sol en marca.

Traducción:

Las guerras durarán en Francia muchos años y más allá del reino del rey de España. Tres jefes de Estado (USA - Francia e Inglaterra) festejarán una indecisa victoria. USA, el rey de Francia, la República, Inglaterra verán el signo de la monarquía.

(1) Castulón: Ciudad de la Tarraconensis, hoy Cazlona. D.L.L.B. La Tarraconensis era una de las tres grandes provincias de la España antigua y comprendía las modernas Cataluña, Aragón, Navarra, Vizcaya, Asturias, Tras os Montes, León, Castilla la Vieja y parte de la Nueva, Valencia. D.H.B. Nostradamus, de acuerdo con un frecuente procedimiento, designa al rey de España por una pequeña ciudad de la principal provincia del país. Véase VII, 22 en *«Nostradamus, historiador y profeta»*.
(2) El Águila americana. Véase V, 99 en *«Nostradamus, historiador y profeta»* y VIII, 9.
(3) Véase *«Nostradamus, historiador y profeta»* pág. 495 nota 2.
(4) Tomado como símbolo de la República por oposición al Sol, símbolo de la Monarquía.
(5) El León británico.

COMBATES EN PORT-DE-BOUC
SAQUEO DE PROVENZA

I, 71

La tour marine (1) trois fois prise et reprise,
Par Espagnols, Barbares, Ligurins:
Marseille et Aix, Arles par ceux de Pise,
Vast, feu, fer pillè Avignon des Thurins (2).

La torre marina (1) tres veces tomada y retomada,
Por españoles, bárbaros, ligures:
Marsella y Aix, Arles por los de Pisa
Devastación, fuego, hierro saqueado Avignon por los turingios (2)

Traducción:

Port-de-Bouc será tomada y retomada tres veces por el ejército español, por las tropas musulmanas y por las tropas venidas de Italia. Marsella, Aix y Arles serán tomadas por las tropas venidas de Pisa que llevarán la devastación, el fuego y la guerra, y Avignon será saqueada por los alemanes orientales.

(1) Véase I, 28.
(2) Turingia, antigua región de Alemania Central; ocupaba la Alta Sajonia. D.H.B. Hoy provincia de Thuringen en la República Democrática Alemana cuya ciudad principal es Weimar.

FUGA A ESPAÑA DE UN JEFE DE ESTADO
COMBATE EN LOS ALPES
SU REINADO EN LA PAZ

III, 54

L'un des plus grands fuyra aux Espagnes
Qu'en longue playe après viendra seigner,
Passant copies (1) par les hautes montagnes,
Devastant tout, et puis en paix régner.

Uno de los más grandes huirá a las Españas
Que en larga llaga después sangrará,
Pasando tropas (1) por las altas montañas,
Devastándolo todo, y luego en paz reinar.

Traducción:

Uno de los más grandes huirá a España, tras de lo cual una larga llaga (guerra) la ensangrentará. Luego hará pasar tropas a través de los Alpes (2) devastándolo todo (¿armas nucleares tácticas?) y luego reinará en la paz.

(1) *Copiae:* cuerpo de ejército, tropas, fuerzas militares. (Del latín.)
(2) Véase X, 37.

REGRESA LA PAZ
UNION DE FRANCIA Y ESPAÑA

IV, 5

Croix paix, soubs un accomply divin verbe,
Espagne et Gaules seront unis ensemble:
Grand clade (1) proche, et combat tresacerbe,
Coeur si hardy ne sera qui ne tremble.

Cruz paz, bajo un cumplido verbo divino,
España y galos serán unidos juntos:
Gran pérdida (1) próxima, y combate muy acerbo,
Corazón tan valeroso que no tiemble no existirá.

Traducción:

Los cristianos (católicos y protestantes) estarán en paz; la palabra de Dios (las profecías) se cumplirá. España y Francia estarán unidas, después de que una gran derrota y una guerra muy dura se hayan aproximado a ellas, hasta el punto de que el más valeroso haya temblado.

---

(1) *Claves:* del latín; pérdida, perjuicio, desastre. En particular derrota en la guerra.

BIBLIOGRAFIA SOBRE NOSTRADAMUS

Abreviaciones

B.N.: Bibliothèque Nationale. (Paris)
B.M.A.: Bibl. Municipale Aix-en-Provence.
B.M.L.: Bibl. Municipale Lyon.

ALLAINES Henri d'.: *Actualité de l'Apocalypse,* La Colombe, Paris, 1963.
ALLEAU René: *Nostradamus le plus grand prophète de l'histoire,* en revista "Sallonensa", Salon, 1957.
ALLIAUME Maurice: *Magnus Rex de Nostradamus et son drapeau,* editado por el autor en Chartres, 1948.
   Prédictions vraies de Nostradamus et Mandragore, editado por el autor en Chartres, 1949.
   Tableau Miraculeux de Rubens cryptographiquement prédit par Nostradamus représentant au réel la naissance de Louis XIII, mais au figuré celle du masque de fer, Chartres, 1958.
AMADOU Robert: *Le Devin et son Art, in* Le Crapouillot, n.º 18, 1952.
AMIAUX: *Nostradamus,* Sorlot, Paris.
ANQUETIL Georges: *L'Anti-Nostradamus,* Éd. de la Maison des Écrivains, Paris, 1940.
ARTIGNY Abbé d'.: *Nouveaux mémoires d'histoire, de critique et de littérature,* 1794.
ASTRUC Jean: *Mémoires pour servir à l'histoire de la faculté de Montpellier,* 1767.
AUCLAIR Raoul: *Les Centuries de Nostradamus,* Deus Rives, Paris, 1958.
   Le Crépuscule des Nations, La Colombe, Paris.
   Les Centuries de Nostradamus ou le dixième livre sibyllin, Nouvelles Éditions Latines, 1957.

BARBARIN Georges: *Les Derniers Temps du monde, de l'Antéchrist au Jugement dernier,* col. "Histoire et Tradition", Éd. Dervy, Paris, 1951.
BARESTE Eugène: Éditions des Centuries, Maillet, Paris, 1840-1842. (B.M.A.)
BARTOSHEK Norbert: *Nostradamus und Seine berühmte Prophezeiungen,* 1946.
BELLAND docteur: *Napoléon, premier emperaur des français, prédit par Nostradamus,* Paris, 1806.
BELTIKHINE G.: *Un document chiffré: Le Secret des Centuries,* en revista "Inconnues", n.º 12, Lausanne, 1956.
BERTRAND Michel: *Histoire secrète de la Provence,* "Histoire secrète des provinces françaises", Albin Michel, Paris, 1978.

579

BJORNDAHL-VEGGERBY Paul: *Nostradamus et les ruines gallo-romaines à Martres-Tolosane.* Éd. Leisner, Copenhague, 1976.

BLANCHARD et REYNAUD-PLENSE: *La Vie et l'OEuvre de Michel Nostradamus,* Imp. León Guillaumichon, Salon 1933. (B.M.A.)
Histoire de Salon, Salon 1935.

BONIFACE A.: *Buonaparte prédit par des prophètes et peint par des historiens, des orateurs et des poètes ou morceaux en prose et en vers sur les circonstances actuelles, recueillis par A. Boniface.* De l'imprimerie de d'Hautel, Paris, 1814.

BONNELIER Hippolyte: *Nostradamus, roman historico-cabalistique,* A. LEDOUX, Paris, 1833, 2 vol.

BONNET Jean: *Résumé des prophéties de Nostradamus. Les événements et les symboles,* seguido de: *Commentaires de la Bible par Nostradamus et de détermination des dates dans Nostradamus,* Jean Bonnet, Paris, 1973.

BONNOT Jean de: *Les oracles de Michel de Nostradame dit Nostradamus.* Comentarios de Anatole le Pelletier y Serge Hutin, Paris, 1976, 2 volúmenes.

BOROCH Erick Karl: *Der Prophet Nostradamus,* 1912.

BOSWELL Rolfe: *Nostradamus speaks,* 1941.

BOUCHE Honoré: *La Chrographie et l'Histoire de Provence,* Charles David, Aix-en-Provence, 1664.

BOUCHET Marguerite: *Les Oracles de Michel de Nostradame,* Les Livres Nouveaux, Paris, 1939.

BOULENGER Jacques: *Nostradamus,* Excelsior, Paris, 1933.

BOUSQUET Raoul: *Nostradamus, sa famille et son secret,* Fournier-Valdes, Paris, 1950.
La Maladie et la Mort de Nostradamus, en "Aesculape", noviembre 1950.

BOUTIN André: *Michel de Nostre-Dame, astrologue et médecin,* Tesis para el doctorado en medicina, Librairie Le François, Paris, 1941.

BOUYS Théodore: *Nouvelles considérations sur les Oracles et particulièrement sur Nostradamus,* Paris, 1806, Desenne, Debray.

BOYER Jean: *Deux peintres oubliés du XVIIe siècle, Étienne Martellange et César Nostradamus,* en "Bulletin de la Societé de l'histoire de l'Art Français", 1971, pp. 13 a 20.

BRICAUD Joanny: *La Guerre et les Prophéties célèbres,* Paris, 1916.

BUGET P.F.: *Étude sur Nostradamus,* en "Bulletin du bibliophile de la librairie Techner", Paris, 1860.

BUSET Claude: *Nostradamus et autres prophètes du Père et de l'Esprit,* La Pensée Universalle, Paris, 1974.

CADRES Geoffroy: *L'Étrange docteur Nostradamus,* La Pensée Universelle, Paris, 1978.

CANDOLLE (conde de): *Armonial de César de Nostradame,* Arles, 1899. (B.M.A.)

CAVANAGH John: *Michel de Nostradamus,* 1923.

CAVE Térence C.: *Peinture et émotion dans la poésie religieuse de César de Nostradame,* en "Gazette des Beaux-Arts", t. LXXV, Enero 1970. (B.M.A.)

CENTURIO N.: *Nostradamus, der Prophet der Weltgeschichte.* Richar Schikowski, Berlin, 1955.

CHABAUTY (abbé E.A.): *Lettres sur les Prophéties modernes et concordance de toutes les prédictions jusqu'au règne de Henry V,* Éd Henri Houdin, Poitiers, 1872.

CHAVIGNY (A. de): *Les pléiades du Sieur de Chavigny, Beaunois, divisées en VII livres, prises et tirées des anciennes prophéties et conférées avec les oracles du tant célèbre et renommé Michel de Nostradame, jadis conseiller et médecins de trois Rois très chrestiens. Où est traité du renouvellement des siècles, changement de l'Empire et advancement du nom Chrestien...* Lyon, Pierre Rigaud, 1604, 2 partes en 1 vol. in-8 vel.

CHAVIGNY J.A. (de): *Commentaires du Sieur de Chavigny sur les Centuries et Prognostications de feu Michel de Nostradame du Breuil*, Paris, 1596.
  La première Face du Janus français extraite et colligée des Centuries de Michel Nostradamus, par les héritiers de Pierre Roussin, en Lyon, 1594. (B.M.L.)
  Vie et testament de Michel Nostradamus, Paris, 1789.
  Bref discours sur la Vie de Michel de Nostradame, en "Revue de l'Agenois", 1876.

CHEETHAN Erika: *The Prophéties of Nostradamus*. Capricorn Books. Putnam's sons, New York, 1973.

CHOLLIER Antoine: *Les prophéties de maistre Michel Nostradamus*, Imp. Allier, Grenoble, 1940.

CHOMORAT Michel: *Nostradamus entre Rhône et Saône*, Éd. Ger, Lyon, 1971.
  Supplément à la bibliographie Lyonnaise des Nostradamus. Centre culturel de Buenc, Lyon, 1976. (100 ejemplares numerados de 1 a 100).) Nouvelles recherches sur les "prophéties" de Michel Nostradamus en Revue française d'histoire du livre, n.º 22, 1er trimestre 1979.
  Bibliographie lyonnaise de Nostradamus, seguido de un inventario de los manuscritos relativos a la familia Nostradamus. Centre Culturel de Buenc. Lyon, 1973.

COLIN DE LARMOR: *La Guerre de 1914-1918 vue en 1555 par Nostradamus*. La Roche-sur-Yon, 1922.
  Merveilleux Quatrains de Nostradamus, Nantes, 1925. (B.M.A)

COLIN-SIMARD: *Rois et Reines au rendez-vous des astrologues*, en "Historia", n.º 157, 1959.

CORVAJA Mireille: *Les Prophéties de Nostradamus*, de Vecchi, Paris, 1975.

COUILLARD Antoine: *Les Contredits aux prophéties de Nostradamus*, Charles l'Angelier, Paris, 1560.

CRESCIMBENI Giovanni-Mario: *Istoria della volgar poesia-TII: Le vite de'piu celebri poeti provenzali, seritte in lingua francese da G.M. Crescimbeni*. B.U. Montpellier (véase Jean de Nostradame).

CRISTIANI (Chanoine): *Nostradamus, Malachie et Cie*, Le Centurion, 1955.
  Un Curieux Homme: Nostradamus, en "Ecclesia", n.º 73, 1955.

CROUZET François: *Nostradamus*, in "Ecclesia", n.º 73, 1955.

CROUZET François: *Nostradamus, Poète français*, Col. "Idée Fixe", Julliard, Paris, 1973.

DAUDET L.: *Nostradamus*, en "Revue universelle", 1925, t.I. (B.M.A.)

DAVID-MARESCOT Yves et Yvonne: *Prédictions et Prophéties*. Éd. Idéagraf et Vernoy, Genève, 1979.

D.D.: *The Prophéties of Nostradamus concerning the kings and queens of Great Britain*, London, 1715.

DELCOURT Marie: *L'Oracle de Delphes*, 1954.

DEMAR-LATOUR: *Nostradamus et les Événements de 1914-1916*, Paris, 1916. (B.N.)

DEPERLAS Félix: *L'Avenir ou les Grands Personnages et les Grands Événements de ce temps*, Paris, 1885.
  Révélations de la Providence, Paris, 1885.

DESCONOCIDO (Autor): *La Première Invective du Seigneur Hercules, Le François, contre Nostradamus*, Michel Jove, Lyon, 1558.
  Huictain contre Nostradamus, Roux, Lyon, 1557.

Déclaration des abus, ignorances, séditions de Michel Nostradamus, Pierre Roux et Jean Tremblay, Avignon, 1558. (Estos tres libros están en la B.M.L.)

DUPONT-FOURNIEUX Y.: *Les Derniers Jours des Derniers Temps.* (prefacio del doctor Fontbrune), La Colombe, Paris, 1959.

ÉDOUARD P.: *Texte original et complet des Prophéties de Michel Nostradamus,* Les Belles Éditions, Paris, 1939.

ÉDOUARD ET MEZERETTE: *Texte original des Prophéties de Nostradamus de 1600 à 1948 et de 1948 à l'an 2000,* Les Belles Éditions, Paris, 1947.

ÉRLANGER Ph.: *La Reine du Massacre,* en *Historia,* Nº 340, mars 1975.

FERVAN Jean: *La Fin des temps,* éd. La Bourdonnais, Paris, 1937.

FONTBRUNE (doctor de): *Les Prophéties de Nostradamus dévoilées. Lettres à Henry Second,* Adyar, 1937.
Les prophéties de Maistre Michel Nostradamus expliquées et commentées, éd. Michelet, Sarlat, 1938, 1939, 1940, 1946, 1958 et 1975, J.-Ch. de Fontbrune en Aix-en-Provence, difundido por Groupe des Presses de la Cité.

FONTBRUNE (doctor Max de): *Ce que Nostradamus a vraiment dit,* Prefacio de Henry Miller. Éd. Stock, 1976.

FONTBRUNE (doctor de): *La Prédiction mystérieuse de Prémol,* Michelet, Sarlat, 1939, épuisé.
La divine Tragédie de Louis XVII, Michelet, Sarlat, 1949, algunos ejemplares disponibles: J.-Ch. de Fontbrune, 3 cours Gambetta à Aix-en-Provence.

FONTBRUNE (doctor de): *L'Étrange XXᵉ siècle vu par Nostradamus,* Michelet, Sarlat, 1950, agotado.
Pourquoi je crois en Nostradamus, en "Ecclesia", n.º 82, 1956.
Le docteur Nostradamus vous parle, en "Les Cahiers de Marottes et Violons d'Ingres", n.º 10, Paris, 1953.
Nostradamus, en "Synthèses", n.º III, août 1955.

FORETICH Rodolphe: *La Prophétie des Papes, analysée à la lumière des prédictions de Nostradamus,* Salvador, 1961. (B.N.)

FORMAN Henry-James: *Les Prophéties à travers les siècles,* Payot, 1938.

FRONTENAC Roger: *La Clé secrète de Nostradamus,* Denoël, Paris, 1850.

FULKE: *Contra inutiles Astrologorum praedictiones, Nostradamus,* Cunningham, 1560. (British Museum).

GARÇON Maurice: *Il y a 450 ans Nostradamus naissait,* en "Historia", n.º 85, 1953.

GARENCIERES Theophilus: *The True Prophecies of Prognostications of Michael Nostradamus,* London, 1672.

GAUQUELIN Michel: *Les Astres ont-ils changé le cours de l'histoire?,* en "Historia", n.º 203, 1963.

GAY-ROSSET Claude: *Michel de Nostredame, une rencontre du quatrième type,* en "Midi'Mutualité", n.º 12, janvier-février 1979. Marseille.

GIMON Louis: *Chroniques de la ville de Salon depuis son origine jusqu'en 1792,* adaptadas a la historia, Aix-en-Provence, 1882.

GIRARD Samuel: *Histoire généalogique de la Maison de Savoie,* 1660.

GRAVELAINE Joëlle (de): *Prédictions et Prophéties,* Hachette, Paris, 1965.

GUÉRIN Pierre: *Le Véritable secret de Nostradamus,* Payot, Paris, 1971.

GUICHARDAN S.: *La Chasse aux prophéties,* Bnne Presse, Limoges, 1941.

GUICHENOU Joseph: *Catalogue de tableaux au musée Calvet,* Avignon, 1909.

GUYNAUD Balthazard: *Concordance des prophéties depuis Henri II jusqu'à Louis le Grand*, Jacques Morel, Paris, 1693.

HADES: *Que sera demain?*, La Table Ronde, Paris, 1966.
HAITZE Pierre Joseph de: *La Vie de Nostradamus*, Aix-en-Provence, David, 1712. *Vie et Testament de Nostradamus*, 1789.
HAITZE Pierre Joseph de: *La Vie de Nostradamus*, Aix-en-Provence, 1911.
HAROLD R.A.: *Les Prophètes et les Prophéties de l'Apocalypse à nos jours*, Éd. La Caravelle à Bruxelles et l'Avenir à Paris, 1948.
HILDEBRAND Jakob: *Nostradamus sueddeutsche monatshefte*, 1932.
HOLTZAUER Jean Louis: *Nostradamus, un praèticien sous la Renaissance*, en revista "Laboratoires S.O.B.I.O.", Éd. Labo, 92 —Levallois, 1975.
HUTIN Serge: *Les Prophéties de Nostradamus avec présages et sixains*, Pierre Belle-fond, Paris, 1962, 1972, 1978, Poche-Club, Paris, 1966, Hachette, Paris, 1975. *Les Prophéties de Nostradamus*, Club Géant Historique. Les éditions de la Re-naissance, Paris, 1966.

IACCHIA U.: *La Tunisie vue par Nostradamus*, Imp. d'Art, Tunis.
IAF: *Le Substrat mathématique de l'Oeuvre de Nostradamus*, Éd. de Psyché, Paris, 1949.
I.M.: *Les vrayes centuries de Me Michel Nostradamus expliquées sur les affaires de ce temps*, I. Boucher, 1652.
IONESCU Vlaicu: *Le Message de Nostradamus sur l'Ère Prolétaire*, editado por el autor, difundido por Dervy livres, Paris, 1976. *Nostradamus et la gnose*, en "Atlantis", n.º 301, enero-febrero 1979. 30, rue de la Marseillaise 94300 — Vincennes.

JACQUEMIN Suzanne: *Les Prophéties des Derniers Temps*, La Colombe, Paris, 1958.
JANT (caballero de): *Prédictions tirées des Centuries de Nostradamus qui, vraisem-blablement peuvent s'expliquer à la guerre entre la France et l'Angleterre contre les provinces unies*, 1673. *Prophéties de Nostradamus sur la longueur des jours et la félicité du règne de Louis XIV*, 1673.
JAUBERT Étienne: *Éclaircissement des véritables quatrains de Nostradamus et Vie de M. Nostradamus*, Amsterdam, 1656.

KERDELAND Jean (de): *De Nostradamus à Cagliostro*, Éd. Self, Paris, 1945.
KLINCKOWSTROEM (G.C. Von): *Die altesten Ausgaben des "Prophéties" des Nostra-damus*, marzo 1913.
KNIEPF Albert: *Die Weisagungen des alt Französischen Sehers Michel Nostradamus und der Weltkrieg*, Hambourg, 1915.
KRAFFT Karl E.: *Nostradamus prezice viitorul Européi*, Bucarest, 1941.

LABADIE Jean: *Peut-on dire l'avenir?* Aubanel, Avignon, 1941.
LAMONT André: *Nostradamus sees all*, 1942.
LAMOTTE Pierre: *De Gaulle révélé par Nostradamus il y a quatre siècles*, le Scor-pion, Paris, 1961. (B.N.)
LANGLOIS Charles: *Les Contradictions de Nostradamus*, 1560.
LAURENT: *Prédictions jusqu'a l'an 2000. Prophéties du Christ, de Nostradamus, des Papes St Malachie*, Laurent, 91 Brunoy.
LAVER James: *Nostradamus*, Penguin Books, 1942. *Nostradamus, the future foretold*, Georges Mann, Maidstone, 1973.

LEE MAC CANN: *Nostradamus, the man who saw through time*, 1941.

LEGRAND Jean René: *Pronostics pour l'an 1959, en* "Initiation et science" n.º XLVII, 14ᵉ année, enero-marzo 1959. Omnium littéraire, Paris.

LEONI Edgar: *Nostradamus, life and literature*, 1961.

LE PELLETIER Anatole: *Les Oracles de Nostradamus, astrologue, médecin et conseiller ordinaire des rois Henry II, François II et Charles IX*, Le Pelletier, impresor, tipógrafo, 40, rue d'Aboukir, Paris, 1867, 2 vol.

LE ROUX Jean: *La Clé de Nostradamus, Isagoge ou Introduction au véritable sens des Prophéties de ce fameux auteur*, Pierre Giffard, rue Saint-Jacques-près-les-Maturins, Paris, 1710. (Museo de Arbaud, Aix-en-Provence).

LEROY Edgar (doctor): *Les Origines de Nostradamus, en* "Mémoires de l'institut historique de Provence", t. XVIII, Marseille, 1941.
Sur un quatrain de Nostradamus.
Jaume de Nostredame et la Tour de Canillac "Mémoires de l'Institut historique de Provence" t. XIX, Marseille, 1942.
Pierre de Nostredame de Carpentras, comunicación al Institut historique de Provence, 1948.
Nostradamus et le curé d'Argoeuvres, en "cahier de pratique médico-chirurgicale" Avignon, 1939 n.º 5.
Saint-Paul de Mausole à Saint-Rèmy de Provence, Imp. générale du Sud-Ouest, Bergerac, 1948.
Nostradamus, ses origines, sa vie, son oeuvre, Imp. Trillaud, Bergerac, 1972.
Romanin, les cours d'amour de Jehan de Nostredame, Avignon, 1933 (B.M.A.)
Saint-Rémy de Reims, Marseille, 1937. (B.M.A.)
Nostradamus, détective avant la lettre, Avignon, 1949. (B.N.)
Le Latin du tabellion provençal Jaume de Nostredame, notaire à Saint-Rémy-de-Provence dans les actes de 1501 à 1513, Avignon, 1961.
Saint-Paul-Tricastin et Saint-Paul-de-Mausole, Contribution à l'histoire d'une légende, "Bull. Philologique et Historique", 1959.

LIGEOIX-DE-LA-COMBE: *La Troisième Guerre Mondiale d'après les prédictions de Nostradamus*, Bordeux, 1961.

LOOG C.L.: *Die Weisagungen des Nostradamus*, 1921.

LORIOT Louis: *Entretien de Rabelais et de Nostradamus*, Nogent-Le-Rotrou, 1960 y Paris, 1907 *en* "Revue des Études rabelaisiennes", t. V, pp. 176-184.

MABILLE Pierre: *Nostradamus, ses prophéties, son temps, en* "Inconnues", Lausanne, 1955.

MABY Pascale: *Le Dossier des Prophètes, voyants et astrologues*. Coll. "Les Chemins de l'Impossible", Albin Michel, Paris, 1977.

MAC NEICE Louis: *l'Astrologie*, Tallandier, Paris, 1966.

MADELEINE Georges: *La Prochaine Guerre Mondiale vue par Nostradamus*, Toulon, 1952, Éd. Proventia.

MAIDY Léon-Germain (de): *Sur une inscription liminaire attribuée à Nostradamus*, Nancy, 1917.

MARQUES DA CRUZ: *Profecias de Nostradamus*, Éd. Cultrix, Sao Paulo.

MARTEAU Pierre: *Entretiens de Rabelais et de Nostradamus*, 1690.

MENESTRIER François: *La Philosophie des images énigmatiques*, Lyon, 1694.

MERICOURT M.J.: *Gesta Dei per Francos*, Paris, 1937.
Nostradamus et la crise actuelle, Paris, 1937.

MONDOVI Pierre: *Un Provençal hors du commun: Nostradamus, en* "Racines" n.º 4, Mayo 1979, Aix-en-Provence.

MONNIER: *Résurrection merveilleuse en 1877 de Michel de Nostredame*, varios folletos de 1889 à 1896.

MONTEREY Jean: *Nostradamus, prophète du XXᵉ siècle*, La Nef, Paris, 1963.

MOTRET: *Essai d'explication de deux quatrains de Nostradamus*. Nevers, 1806.

MOUAN L.: *Aperçus littéraires sur César Nostradamus et ses lettres inédites à Peiresc*, "Mémoires de l'Académie", t. X, Aix, 1873. (B.M.A.)

MOULT Thomas-Joseph: *Prophéties perpétuelles, très anciennes et très certaines*, Almanach XVIIᵉ siècle.

Prophéties perpétuelles, Éd. des Cahiers astrologiques, Nice, 1941.

MOURA Jean et LOUVET Paul: *La vie de Nostradamus*, Gallimard, Paris, 1930.

MURAISE Éric: *Du Roy perdu à Louis XVII*, Julliard, Paris.

Saint-Rémy de Provence et les secrets de Nostradamus, Julliard, Paris, 1969.

Histoire et Légende du grand Monarque, Coll. "Les Chemins de l'Impossible", Albin Michel, Paris, 1975.

NECROMAN Don: *Comment lire les Prophéties de Nostradamus*, Éd. Maurice d'Hartoy, Paris, 1933.

NEYRAL Georges: *La Vraie Vie de Michel de Nostredame*, Tesis en Toulouse, 1951.

NICOULLAUD Charles: *Nostradamus, ses prophéties*, Perrin et Cⁱᵉ, Paris, 1914.

NOSTRADAMUS César: *Poésies*, chez Colomiez, Toulouse, 1606-1608.

L'Entrée de la reine Marie de Médicis en sa ville de Salon, Jean Tholosan, Aix-en-Provence, 1602.

Histoire et Chroniques de Provence, Simon Rigaud, Lyon, 1614.

NOSTRADAMUS Michel: *Les Prophéties de M. Michel Nostradamus: Principales Éditions:*
— Macé Bonhomme, Lyon, 1555;
— Antoine du Rosne, Lyon, 1557-1558;
— Barbe Régnault, Paris, 1560;
— Pierre Rigaud, Lyon, 1566;
— Benoist Rigaud, Lyon, 1568; en 8. B.U. Montpellier n.º 48340.
— Charles Roger, Paris, 1569;
— Pierre Meunier, Paris, 1589;
— Jean Poyet, Lyon, 1600 (B.N.);
— Benoist Rigaud, Lyon, 1605;
— Pierre Rigaud, Lyon, 1605 (B.N.);
— Pierre Rigaud, Lyon, 1610 (B.N.), 1649;
— Claude La Rivière, Lyon, 1611;
— Vincent Sève, Beaucaire, 1610;
— Pierre Chevillot, Troyes, 1611;
— Simon Rigaud, Lyon, 1644;
— Pierre de Ruau, Troyes, 1649 (B.N.);
— Winckermans, Amsterdam, 1657;
— Jean Balam, Lyon, 1665;
— Jean Ribon, vis-à-vis la Sainte Chapelle à l'image saint Louis, Paris, 1669;
— Jean Huguetan, Lyon, (XVIIᵉ siècle);
— Jean Ianson, Amsterdam, 1668;
— Jean Besongne, Rouen, 1681;
— Besson, Lyon, 1691;
— Jean Viret, Lyon, 1697 (B.M.L.);
— Lambert-Gentot, *Nouvelles et Curieuses prédictions de M. Nostradamus, pour sept ans depuis l'année 1818 jusqu'à l'année 1824*, Lyon, 1818.
— Landriot, Riom, pas de date d'édition (XIXᵉ);
Fac Similé: Éd. Chevillot, 1611, Delarue, Paris;
— Éd. d'Amsterdam (1668) par Éd. Adyar, Paris 1936.

Prognostication nouvelle et prédiction portenteuse pour l'an 1555 composées par Maistre M. Nostradamus, Jean Brotot, Lyon.

Démonstration d'une comette, Jean Marcorelle, Lyon, 1571. (B.N.)

Prognostication et prédiction des quatre temps pour 1572, Melchior Arnoullet, Lyon, 1572. (B.N.)

Prophéties par l'Astrologue du Très Chrétien Roy de France et de Madame la Duchesse de Savoye, F. Arnoullet, Lyon, 1572. (B.N.)

NOSTRADAMUS Michel: *Lettre de Maistre Michel Nostradamus de Salon-de-Craux-en-Provence à la Royne, mère du Roy,* Benoist Rigaud, Lyon, 1566.

Almanach pour l'an 1573 avec les présages, Pierre Roux, Avignon, 1562.

Prophétie ou Révolution merveilleuse des 4 saisons de l'an. Michel Jove, Lyon, 1567.

Traité de fardements et confitures, Antoine Volant, Lyon, 1555.

Paraphrase de C. Galen, traducida por Nostradamus, Antoine du Rosne, Lyon 1557.

Excellent et très utile opuscule de plusieurs exquises receptes, Benoist Rigaud, Lyon, 1572.

Almanach pour l'an 1567, Benoist Odo, Lyon.

La Grant pronostication nouvelle avec la déclaration ample de 1559, Jean Brotot, Lyon, 1558.

Prophéties sur Lyon, La France et le monde entier dans les premières années du XXᵉ siècle, 5 fascículos, Lyon, P. Bousset et M. Paquet, 1907-1909.

Almanach des prophéties, P. N. Jausserand, Lyon, 1871-1872.

Les Merveilleuses Centuries et Prophéties de Nostradamus, ilustraciones en color de Jean Gradassi, Éd. André Virel, Éd. Artisanales SEFER, 880 ejemplares, Nice, 1961.

Les Prophéties de Nostradamus, texto completo, libro "Club des Champs Élysées", Éd. Baudelaire, Paris, 1967.

Prophéties nouvelles de Michel Nostradamus trouvées dans sa tombe au moment de l'ouverture dans l'église des Cordeliers de Salon pour 1820, 1821, 1822, 1823, 1824, 1825 et 1826. A Toulon de l'Imprimerie de Calmen, imprimeur du Roi, 11, rue d'Angoulême.

Les Prophéties de Nostradamus (texto completo) "Les Cent un chefs-d'oeuvre du Génie Humain" Prodifu, 5, rue du Coq Héron, 75001 — Paris.

Les Prophéties de Nostradamus, a cuenta de autor por Marc Billerey, Mallefougasse (Alpes de Provence), 1973.

Ediciones no fechadas (XVIᵉ et XVIIᵉ siècles): Antoine Baudraud et Pierre André. Lyon.

NOSTREDAME Jean (de): *Les Vies des plus célébres et anciens poètes provençaux qui ont fleuri du temps des comtes de Provence,* Basile Bouquet, Lyon, 1575.

NOVAYE (baron de): *Aujourd'hui et demain,* Paris, 1905.

PAGLIANI Coraddo: *Di Nostradamus e idi sue una poco nota iscrizione Liminare torinen, in* "Della Rassegna mensile Municipale", n.º 1, Turin, 1934.

PARISOT F.: *Le Grand Avènement précédé d'un grand prodige,* tipografía de los Célestins, Bar-le-Duc, 1873.

PARKER Eugène: *La Légende de Nostradamus et sa vie réelle,* Paris 1923.

PATRIAN Carlo: *Nostradamus, le Profezie.* Edizioni Méditerranée Roma 1978. Via Flaminia, 158.

PELAPRAT Jean Marie: *Varennes et 1792, sauvent Nostradamus, in* "Historia", n.º 397 bis, "Voyance et Prophéties" Éd. Tallendier. Paris.

PICHON Jean-Charles: *Nostradamus et le Secret des temps*, les productions de Paris, 1959.

Nostradamus en clair, R. Laffont, Paris, 1970.

Le Royaume et les Prophètes, R. Laffont, 1963.

PIOBB P. V.: Facsímil de la edición de Amsterdam, Adyar, Paris, 1936. *Le Sort de l'Europe d'après la célèbre Prophétie des papes de Saint-Malachie, accompagnée de la Prophétie d'Orval et de toutes dernières indications de Nostradamus*, Dangles, Paris, 1939.

PRIVAT Maurice: *1938, année de relèvement.*

1938, année d'échéance.

1939, année de reprise. Médicis. Paris, 1938.

Demain, la guerre.

1940, prédictions mondiales, année de grandeur française. Éditions Médicis, Paris.

PUTZIEN Rudolf: *Friede unter volkern? Die Weisagungen des M. Nostradamus und ihre Bedeutung fur Atomzeitalter.* Drei eichen Verlag. H. Kissener, München, 1958.

REED Clarence: *Great Propheties about the war.* Faber and Faber, London, 24, Russell Square, 1941.

REYNAUD Jean-Lucien: *Nostradamus n'a pas menti*, conférence, ville d'Avray, 1948.

Nostradamus délié, ville d'Avray, 1949.

REYNAUD-PLENSE: *Les Vraies Prophéties de Nostradamus*, Salon, 1939.

ROBB Steward: *Nostradamus on Napoleón*, The Oracle Press, New York, 1961.

Nostradamus on Napoleón. Hitler and the Present crisis. Ch. Scribnerb sons. New York, 1941.

Prophecies on world Events by Nostradamus, New York, 1961.

ROBERT Henry: *The Complete Prophecies of Nostradamus*, Ed. H. Roberts Great Neck, New York, 1971. Traducido al japonés por Kasuko Daijyo bajo la dirección de Hidéo Uchida. Ed. Tama Tokio, 1975.

ROCHETAILLE P.: *Prophéties de Nostradamus.* La clef des centuries, son application à l'histoire de la Troisème République, Adyar, 1939.

ROISIN Michel (de): *Ulrich de Mayence, maitre de Nostradamus*, en "Aesculape", nᵒ 5, 1969, 52ᵉ année.

Plus fort que Nostradamus: Ulrich de Mayence en "Constellation", n.º 199, novembre 1964.

ROLLET Pierre: *Interprétation des Hiéroglyphes de Horapollo*, Ramoun Bérenguié, Aix-en-Provence, 1968.

ROUDENE Alex: *Les Prophéties, vérité ou mensonge*, Coll. "Mondes magiques", éd. de l'Athanor, Paris, 1976.

ROUELLOND DE LA ROUELLONDIÈRE DE CHOLLET: *La Prophétie de Rouellond, Manuscrit du XVIᵉ siècle*, Victor Pipeau, librero en Beauvais, 1861.

ROUVIER Camille: *Nostradamus*, Marseille, La Savoisienne, 1964.

RUIR Émile: *Le Grand Carnage d'après les prophéties de Nostradamus de 1938 à 1947*, Éd. Médicis, Paris, 1938.

L'Écroulement de l'Europe, d'après les prophéties de Nostradamus, 1939, Paris.

RUIR Émile: *Nostradamus, ses Prophéties, 1948-2023*, Paris, 1948.

Nostradamus. Les Proches et Derniers Événements, Éd. Médicis, Paris, 1953.

RUZO Daniel: *Les Derniers Jours de l'Apocalypse*, Payot, 1973.

Los últimos días del apocalipsis. Michel Shultz, nᵒ 21, México 4 DF.

SEDE Gérard de: *Les Secrets de Nostradamus*, Julliard, Paris, 1969.

SPICA-CAPELLA: *La Clef des prédictions nostradamiques*, Éd. des soirées astrologiques, 1941.

TAMIZEY DE LARROQUE: *"Les Correspondants de Pieresc."* César Nostradamus, cartas inéditas escritas de Salon a Peiresc en 1628-1629, Typographie Marius Olive, Marseille, 1880.

TARADE GUY: *La Clef des centuries de Nostradamus*, en "Pégase", nº 3, 1974.

Les Dernières Prophéties pour l'Occident, Coll. "Les Enigmes de l'Univers", Robert Laffont, Paris, 1979.

TORNE-CHAVIGNY H.: La reedición del libro de las profecías de Nostradamus, Éd. de 1862 y aumentada en 1872.

Prospectus: interprétation de 30 quatrains 1860.

L'Histoire prédite et jugée par Nostradamus, 3 vol. Bordeaux, 1860.

Carteles: cuadro de la historia predicha y juzgada, 1862.

Prospectus des lettres du grand prophète: interprétation de 20 quatrains.

Les lettres du grand prophète.

Henri V à Anvers.

Nostradamus et l'astrologie.

Les Blancs et les rouges.

La Salette et Lourdes.

La mort de Napoleón III.

Mac Mahon et Napoleón IV.

Le roy blanc et la fusion.

Portraits prophétiques d'après Nostradamus.

Prophéties dites d'Olivarius et d'Orval.

L'Apocalypse interprétée par Nostradamus, 1872.

Almanach du grand prophète Nostradamus pour 1873.

Nostradamus éclairci ou Nostradamus devant monseigneur Dupanloup, Saint-Denis-du-Pin, 1874.

Ce qui sera d'après le grand prophète Nostradamus, seguido del *Almanach pour 1878.*

Influence de Nostradamus dans le gouvernement de la France, 1878.

Concordance de Nostradamus avec l'Apocalypse, Veuve Dupuy en Bordeaux, 1861.

TOUCHARD Michel: *Nostradamus*, Grasset, 1972, et Éd. Celt., coll. "Histoire des personnages mystérieux et des sociétés secrètes", Paris, 1972.

TOUCHARD Michel: *Les Prophéties de Michel Nostradamus. Le rêve fou*, *in* "Historia", hors série nº 34, 1974.

TRONC DE CONDOULET: *Abrégé de la vie de Nostradamus*, seguido de una *Nouvelle découverte de ses quatrains*, J. Adibert, Aix-en-Provence. (B.M.A.)

VAN GERDINGE René: *Le Nez de Cléopàtre*, en "Messidor" nº 29 Montfavet, Vaucluse.

VERDIER (du): *Les Vertus de notre maistre Nostradamus*, Genève 1562.

VIAUD Jean: 1999, *Un tournant dans l'histoire des hommes*, en "Constellation" nº 166, février 1962.

VIDÉL Laurent: *Déclaration des abus, ignorances et séditions de Michel Nostradamus*, Avignon, 1558.

VIGNOIS Élisée (du): *Notre Histoire racontée à l'avance par Nostradamus*, Paris, 1910.

L'Apocalypse, interprète de la Révolution, d'après Nostradamus, Noyon, 1911.

VOGEL Cyrille: *Saint Césaire d'Arles*, 1937.
VOLDBEN A.: *After Nostradamus*, Neville Spearman, London, 1973.

WARD Charles A.: *Oracles of Nostradamus*, London, 1891.
WILLOQUET Gaston: *La Vérité sur Nostradamus*, Éd. Traditionnelles, Paris, 1967.
WINCKERMANS: *Éditions des Centuries*, Amsterdam, 1657.
WOOLF H. I.: *Nostradamus*, London, 1944.

YRAM: *Prophéties connues et prédictions inédites*, Prefacio de Papus, l'Édition d'Art, Paris.

ZEVACO Michel: *Nostradamus* (novela) Fayard, 1909 et Livre de Poche, n° 3306.

CUADRO

DE LAS CUARTETAS, SEXTILLAS Y PRESAGIOS

Esta plantilla indica las páginas donde se encuentran las cuartetas, sextillas y presagios. Las centurias van en cifras romanas, las cuartetas y sextillas en cifras árabes. S: sextilla; P: presagio.

	I	II	III	IV	V	VI	VII	VIII	IX	X	XI	XII	S	P			P
1	57	413	450			512										101	394
2	58	112		177				350 364	325					102		102	
3		440	381		230			332	240	372			466			103	
4	539	419			289	467		351 y 516					506	459		104	
5	423		354		283			521	163	472						105	
6	227	461			513	376	421	458	484				88			106	
7	470	531				461		462		233						107	
8			276	73	465	108	371						434	475		108	
9	383		324	457		173			486				116			109	
10			513	223	537	498		462	511	530				514		110	
11		198		132		75		147	123	512				406		111	
12	158		388	259	438		510	225		370				409		112	
13			197		496	243	157			168						113	
14	265			507	386			355					308			114	
15	242	377	103		373			429					519	490		115	
16				239	440			357	275							116	
17			541		470		448		303	124						117	
18	435	478	257	85				514	94							118	
19		333				277	236	137								119	
20				146					120							120	
21				501		444		421	135	343			306			121	
22			189			396	374	487								122	
23	195		433	506	407	355		119		320						123	
24							502		127	192	484					124	
25		245	169		539	155	260						309			125	405
26	191	456	356		267	149	167	95		89				433		126	
27			384	365	474			302		503			407			127	
28	428	527	222	105		496		354	438							128	
29	319	529			152		60		87	367			524	418		129	
30		427	74		452	295			416				517			130	
31			481			327	238			431			340	445		131	
32	500	414		321		205				483				476		132	

	I	II	III	IV	V	VI	VII	VIII	IX	X	XI	XII	S	P			P
33			314	409	133			150	504	426						133	
34	285	385	139	508		466		369	115				535	451		134	
35	61	367	280	199			356		204				341			135	
36		171		184			443					68				136	
37			244	453			541	413	489	493						137	
38		331		439		156	220	499		454				505		138	
39	214		144	477	229								524			139	
40	568	352				396				136			497	537		140	
41	452	372						531	508				166	359		141	66
42			530	457	228	380		216	493								
43		373	183	179		468				107			92				
44	540	246			473	476			460	442				520			
45			485		247	379				83							
46	365	353	464	436	397			364	486	159			403				
47	270	375	324		441												
48	472			420						274							
49		267	298	122		443		477	99	455							
50			235	478	481				535				410	392			
51	536		77		490	125		429	488	252							
52					250			499	350	262		63	72	392			
53		104	293			453		231	304				300				
54	217			165	534			517	316				311	391			
55			78		536				258	543			128				
56	533				288	424						353	523				
57	121	110	271		368	138		172					161	394			
58	201	126	278	446		518			117	474							
59		451	335	318				349				358					
60	142	387	385	79	164	91		502	415	387				417			
61	154		384	323	492			498	67								
62	106	375	426	62	414	84		374		209				263			
63				141	313	113			425								
64		461	70	218		351			425	328							
65		408		256				299		358		449					
66			131							532							
67		202	281			306											
68		411	212	386	509				370					398			

	I	II	III	IV	V	VI	VII	VIII	IX	X	XI	XII	S	P
69	542	213								432		459		
70	342		411	187	491	507		345						
71			412	463				86	489					
72	446	445						444	488	35 y 538				
73	435			224	408		175	469	511					
74	162			423	515	469								
75	181		176	196		71			207	534				395
76	143	193	282		501				305					503
77	180	254		518				532						
78	310	412	435			519								
79	485	515	483		182	456				521				
80	450			294	480	533		140						
81		479			522	458		330						
82	437	420		436	254									
83							417							
84		415	467		528	284								
85			426		419	439		188	366					
86	129	389		509				449	81	428 y 432				
87			97			251				516				
88	201	404	447	65		388		153		447				393
89			206			100			221	98				264
90	448	334	430	455	210	286								
91	352	431												
92	357		424		289	468				460				
93		542	500					397	504					
94	380			422	437			398	291					
95	528	383	473	482		247			315	479				
96		454			371 y 492	465		338						
97		369	337				402			418				
98	200	130	76		403									395
99	510	170	463		312			527	363	540				393
100				529					494	272				

INDICE

EPILOGO

APENDICE

1320